2024
MANI 마니 행정학

공무원 7·9급, 군무원, 경간부, 공기업 준비

M
ani

2024
기출 OX 총정리

6

- 총 3,800개 기출지문 완전 수록
- 행정학 최신 법령 및 제도 개편 사항을 모두 반영
- 다양하게 지문을 엄선하고, 특히 중요 기출 지문의 빠른 총정리

김만희 편저

Preface

행정학 기출문제의 방대함 속에 학습해야할 길을 잃지 않도록 하기위해 만든 것이 **'마니행정학 기출지문 OX 총정리'** 입니다. 실제 나온 기출문제들을 보다 효율적이고 체계적으로 정리가 이루어 지면서, 이를 통해 행정학 기본내용의 복습 효과와 객관식 적응 훈련이 쉽게 될 수 있도록 구성한 것입니다.

'2024 마니행정학 기출 OX 총정리'의 활용 및 특징

- 16년간 나온 행정학 모든 기출 지문을 분석정리 하여 광대한 학습 범위를 효율적으로 압축하였습니다.
- 년에 맞춰 최신 법령 및 제도 개편 사항을 모두 반영하였습니다.
- 다양하게 지문을 엄선하고, 특히 중요 기출 지문의 빠른 총정리가 되도록 구성하였습니다.
- 문제 지문과 해설을 마니행정학의 특화된 구조인 '자문우해(왼쪽 지문, 오른쪽 해설)'로 편성 하였습니다.
- 모든 지문에는 명확하고 상세한 해설을 추가하여 체계적 학습이 이루어 지도록 하였습니다.
- 기존의 어떤 기본서, 기출문제집과도 연계될 수 있는 체계적 구성을 하였습니다.

MANI 마니 행정학 기출 OX 총정리

기출 OX집, 이 한 권만으로 행정학이 완성된다고 할 수는 없지만,
기출 OX 총정리를 보완 기재로 활용하면 보다 효율적인 고득점 합격에 많은 도움을 줄 것을 확신합니다.

본 교재가 출간되도록 노력해준 가치산책 출판사 관계자분들에게 감사의 마음을 전합니다.

항상 마음 속 빛나는 별을 향해 하나, 둘, 셋.......

- 해커스 행정학 김만희 -

Contents

PART 01 총론

01 행정의 개념과 특성 ·· 10
02 행정과 경영 ··· 16
03 행정과 정치 ··· 18
04 정부관의 변화 ·· 22
05 시장실패 ··· 26
06 정부규제 ··· 30
07 정부실패와 해결방안 ······································ 36
08 제3섹터, NGO, 시민참여 ······························· 40
09 민영화 ··· 42
10 행정이념(본질적 가치) ··································· 48
11 행정이념(수단적 가치) ··································· 54
12 최신 행정이념, 이념 간 조정 ························· 60
13 행정학 성립과 접근법, 학문적 특징 ··············· 64
14 과학적 관리론과 인간관계론 ·························· 68
15 행태론 ··· 72
16 생태론과 체제론&비교행정·발전행정론 ········· 74
17 신행정론과 현상학 ··· 78
18 포스트모더니즘 등(비판이론,담론행정) ·········· 82
19 공공선택론 ·· 84
20 신제도주의 ·· 90
21 신공공관리론 ··· 94
22 뉴거버넌스 ·· 100
23 신공공서비스론, 기타 최신이론 ···················· 106

MANI 행정학 기출 OX 총정리

PART 02 정책론

01 정책의 의의와 특징 ················· 114
02 정책유형, 정책과정 참여자 ············ 116
03 정책의제 설정 ···················· 124
04 권력모형-엘리트주의vs다원주의 ········ 130
05 무의사결정이론 ··················· 134
06 정책네트워크와 이슈네트워크 ·········· 138
07 권력모형-기타 국가주의, 조합주의 등 ····· 142
08 정책목표 ······················· 144
09 정책문제 구조화, 정책분석 유형 ········· 146
10 불확실성과 미래예측기법 1 ············ 148
11 미래예측기법 2 - 직관적 예측 ·········· 152
12 비용편익분석,비용효과분석 ············ 156
13 정책결정모형 1 - 개인산출지향 ········· 160
14 정책결정모형 2 - 집단산출지향 ········· 168
15 정책결정과정 기타 ················· 174
16 정책집행론, 일선관료제 ·············· 176
17 정책평가 ······················· 188
18 정책실험, 타당도, 신뢰도 ············· 192
19 정부업무평가 및 기타 ··············· 200
20 기획론 ························ 204

PART 03 조직론

01 조직의 의의 및 조직유형 ············· 208
02 동기부여 이론(내용이론) ············· 214
03 동기부여 이론(과정이론) ············· 220
04 조직의 주요원리 ·················· 224
05 조직구조 변수 ··················· 228
06 공식·비공식조직&계선·참모기관 ········ 232
07 관료제와 탈관료제 ················· 234
08 위원회 ························ 240
09 책임운영기관 ···················· 242
10 공기업 ························ 246
11 조직문화, 조직목표 ················ 250
12 리더십1 - 리더십 발달 ·············· 254
13 리더십2 - 기타 최신이론 ············· 258
14 조직관리(의사전달, 갈등, 권위) ········· 262
15 정보공개, 행정PR, 행정참여 등 ········· 266
16 조직과 환경 ···················· 268
17 조직발전(OD) ··················· 274
18 조직동태화(애드호크라시, 네트워크, 학습조직, 기타) ·· 276
19 MBO, TQM 및 최근 조직혁신기법 ······· 284

Contents

PART 04 인사행정론

01 인사행정의 발달, 엽관주의, 실적주의 ·············· 290
02 직업공무원제 ·············· 296
03 적극적 인사행정 ·············· 300
04 대표관료제 ·············· 302
05 고위공무원단 ·············· 306
06 중앙인사기관 ·············· 308
07 공직분류체계 ·············· 310
08 계급제와 직위분류제 ·············· 316
09 공무원 임용, 모집, 시험 ·············· 324
10 능력발전(근무성적평정,다면평가 등) ·············· 328
11 교육훈련, 승진, 배치전환 ·············· 336
12 사기관리, 보수·연금 ·············· 340
13 신분보장·징계 ·············· 346
14 공무원단체, 정치적 중립 ·············· 352
15 공직윤리와 공직부패 ·············· 356

PART 05 재무행정론

01 예산의 의의·기능·형식, 예산관련법률 등 ·············· 368
02 예산의 원칙과 예외 ·············· 374
03 예산의 종류-일반회계, 특별회계, 기금 ·············· 378
04 예산의 분류 ·············· 382
05 예산결정이론 ·············· 390
06 예산이론전개 ·············· 394
07 예산편성, 예산심의 ·············· 404
08 예산집행과 집행상 신축성 확보방안 ·············· 408
09 결산 및 회계감사 ·············· 412
10 정부회계, 조달(구매) 행정 ·············· 416
11 최근 예산제도개혁-신성과주의 등 ·············· 422

PART 06 행정통제·개혁론

01 행정책임 ·· 432
02 행정통제 및 통제유형 ······························ 434
03 옴부즈만 및 행정참여 ······························ 438
04 행정개혁, OECD 국가 및 한국의 행정개혁 ······ 442
05 정보화, 전자정부 ···································· 446

PART 07 지방행정론

01 지방자치의 의의, 자치권 ·························· 456
02 자치단체의 종류와 계층, 구역 ·················· 462
03 사무(기능)배분, 사무 종류 ······················· 466
04 자치기관(장과 의회), 자치조직, 교육자치, 자치경찰 등
   ·· 470
05 지방재정(Ⅰ)-지방세 등 ··························· 476
06 지방재정(Ⅱ)-의존재원, 지방채, 지방공기업 등 ·· 480
07 주민참여와 주민통제 ······························· 486
08 정부 간 관계론, 일선기관, 광역행정 ·········· 494
09 중앙통제, 정부 간 분쟁조정, 도시행정 및 도시화 ·· 500

PART 01

총론

- 01 행정의 개념과 특성
- 02 행정과 경영
- 03 행정과 정치
- 04 정부관의 변화
- 05 시장실패
- 06 정부규제
- 07 정부실패와 해결방안
- 08 제3섹터, NGO, 시민참여
- 09 민영화
- 10 행정이념(본질적 가치)
- 11 행정이념(수단적 가치)
- 12 최신 행정이념, 이념 간 조정
- 13 행정학 성립과 접근법, 학문적 특징
- 14 과학적 관리론과 인간관계론
- 15 행태론
- 16 생태론과 체제론 & 비교행정·발전행정론
- 17 신행정론과 현상학
- 18 포스트모더니즘 등(비판이론, 담론행정)
- 19 공공선택론
- 20 신제도주의
- 21 신공공관리론
- 22 뉴거버넌스
- 23 신공공서비스론, 기타 최신이론

01 행정의 개념과 특성

해설

01 ☐☐ 04 국회8
공유자원은 시장에서는 공급되지 않기 때문에 정부가 직접 공급해야 한다. O X

공유자원은 경합성과 비배제성을 갖는 반면 공공재처럼 비경합성을 갖는 것이 아니기 때문에 정부가 직접 공급할 필요는 없다.

02 ☐☐ 04 충북9
행정은 공익이라는 목적달성을 위한 공공문제의 해결 및 공공서비스의 생산과 관련된 제반활동으로서 사적 이익의 추구를 목적으로 한다. O X

행정은 사적 이익이 아닌 공적 이익을 추구한다.

03 ☐☐ 05 경기7
국민의 권리를 제한하고 의무를 부과하는 것은 행정의 본질에 어긋난다. O X

공익을 추구하며 시장의 실패를 해결하기 위하여 필요시 국민의 권리를 제한하고 의무를 부과하는 것이 공공행정의 본질이다.

04 ☐☐ 05 국가9
공유지의 비극은 공공재의 기본적인 이론으로 정부의 규제나 개입이 필요하다는 것을 설명하는 이론이다. O X

공유지의 비극은 정부가 공공재를 직접 공급하거나 공공재를 규제해야 하는 정당성을 제공하는 이론적 토대가 된다.

05 ☐☐ 06 국회8
공공재는 무임승차자의 문제, 비배제성과 비경합성, 소비자 선호 파악의 제한, 축적성과 유형성, 비시장성의 특성을 갖는다. O X

공공재는 비축적성과 무형성의 성격을 갖는다.

06 ☐☐ 08 부산소방
국립공원, 녹지, 하천, 국방, 외교 등은 공유재의 성격을 가진 재화에 해당한다. O X

국방, 외교는 공공재에 해당하는 재화이다.

07 ☐☐ 08 선관위
사바스(E. S. Savas)의 기준에 따르면 집합재(collective goods)의 비배제성과 비경합성은 민간투자의 저해요인이 될 수 있다. O X

공공재는 비배제성과 비경합성으로 인해 수익을 기대하기 어려우므로 민간투자의 저해요인이 된다.

08 ☐☐ 09 서울9
무임승차의 문제는 요금재(toll goods)에서 가장 크게 나타난다. O X

무임승차의 문제는 배제성을 띠지 않는 공공재나 공유재에서 가장 크게 나타난다.

09 ☐☐ 09 서울9
행정은 정치과정과는 분리된 정부의 활동으로 공공서비스의 생산 및 공급, 분배에 관련된 모든 활동을 의미한다. O X

행정은 정치적 환경 하에서 이루어지며, 정치적 지지를 얻어야 하므로 행정은 정치로부터 분리될 수 없는 활동이다.

📖 01. X 02. X 03. X 04. O 05. X 06. X 07. O 08. X 09. X

10 ☐☐   10 국가7
공유재적 성격을 가지는 공공서비스는 소비의 배제는 불가능하지만, 경합성은 있는 공유재에 대한 정부의 실패를 설명해 준다. ⓞⓧ

> 공유재를 시장에 맡기게 되면 자원이 고갈될 위험이 있으므로 공유재는 시장실패의 원인이 된다.

11 ☐☐   10 국가7
공유재는 비용회피와 과잉소비의 문제가 발생하지 않는다. ⓞⓧ

> 공유재는 구성원 모두가 공동으로 소유하는 재화이므로 시장에 맡길 경우 '공유재의 비극' 현상이 나타난다.

12 ☐☐   10 지방7
요금재의 서비스 상당 부분이 정부에서 공급되는 이유는 부정적 외부효과로 인한 시장실패에 대응해야 하기 때문이다. ⓞⓧ

> 요금재가 정부에서 공급되는 이유는 자연독점으로 인한 시장실패에 대응해야 하기 때문이다.

13 ☐☐   10 지방7
공동재는 '공유재의 비극'을 초래하는 서비스로서 공급비용 부담 규칙과 무분별한 사용에 대한 규제 장치가 요구된다. ⓞⓧ

> 공유재는 공유지의 비극을 초래하므로 공공부문에서는 공급비용에 대한 부담과 무분별한 사용에 따른 규제에 대한 규칙설정이 필요하다.

14 ☐☐   10 지방7
사적재는 기본적인 수요조차 충족하기 어려운 저소득층이나 사회적 약자를 위해 부분적인 정부개입이 필요하다. ⓞⓧ

> 사적재의 경우 일반적으로 시장에 의한 서비스 공급이 활성화 될 수 있어 공공부문의 개입이 최소화되는 영역이나 계층 간 수직적 형평성이라는 개념이 강조되면서 기본적 수준의 수요충족을 위한 정부 개입이 정당화되는 영역이다.

15 ☐☐   11 국회8
공유지의 비극은 비용의 집중과 편익의 분산관계로 인해 발생한다. ⓞⓧ

> 공유지의 비극은 비용의 분산과 편익의 집중으로 인하여 발생한다.

16 ☐☐   11 지방9
정부가 행정을 수행하는 과정에서 국민의 권리구제를 위한 사법적 결정을 하는 경우도 있다. ⓞⓧ

> 행정행위에 대한 사법적 심사를 통한 국민의 권리구제기능(행정구제법)은 어디까지나 사법부의 역할이며 행정은 이러한 사법적 심사를 통하여 책임성을 확보하게 된다.

17 ☐☐   12 국가7
공유재의 비극을 해결하기 위해 고전적 공유재 모형이 제시한 전형적인 대안들은 공유재산을 사유화하는 방식이었다. ⓞⓧ

> 공유재의 비극을 해결하기 위해 고전적 대안으로 공유재를 사유화하여 소유권의 명확화를 제시하였다.

18 ☐☐   12 서울9
정부의 기능 중 기획기능은 정책과정에서 정책결정과 계획 수립을 위한 기능을 말한다. ⓞⓧ

> 행정 활동의 형태에 따라 기획기능, 규제기능, 조장 및 지원기능, 중재 및 조정기능으로 나뉘고 그 중 기획기능에 대한 옳은 지문이다.

19 ☐☐   12 지방9
공유지의 비극(the tragedy of the commons)은 개인적으로는 합리적인 선택이 사회 전체적으로는 비효율을 초래하게 된다는 현상이다. ⓞⓧ

> 사회적 최적소비량에 비해 개인의 최적소비량이 많아 공유지의 고갈이 발생하여 자원 배분에 비효율이 발생한다.

정답 10. X   11. X   12. X   13. O   14. O   15. X   16. O   17. O   18. O   19. O

20 ☐☐ 13 국가전환특채
유료재는 비경합성과 배제성의 성격을 가지며 자연독점의 문제가 발생한다. O X

해설: 유료재는 비경합성과 배제성의 특징을 띠며 자연독점의 문제가 발생한다.

21 ☐☐ 13 행정사
좁은 의미의 행정은 행정부의 구조와 공무원을 포함한 정부 관료제를 중심으로 이뤄지는 활동을 말한다. O X

해설: 좁은 의미의 행정은 정부관료에 의한 행정을 말한다.

22 ☐☐ 14 국가7
무임승차의 문제가 발생하는 근본적인 원인으로는 비경합성을 들 수 있다. O X

해설: 무임승차의 문제의 근본적인 원인은 비배제성이다.

23 ☐☐ 14 국가9
경합성과 배제성을 고려할 때 국립도서관, 고속도로, 올림픽 주경기장 등이 공공재(public goods)에 속한다. O X

해설: 국립도서관 및 올림픽 주경기장과 같은 공공시설은 경합성이 있으나 배제가 불가능한 공유재이고, 고속도로는 요금을 지불하지 않으면 재화를 사용 및 수익할 수 없는 요금재이다.

24 ☐☐ 14 국회8
노벨상을 수상한 오스트롬(E. Ostrom)은 정부의 규제에 의해 공유자원의 고갈을 방지할 수 있다는 보편적 이론을 제시하였다. O X

해설: 오스트롬(E. Ostrom)은 공공선택이론을 행정학에 접목한 학자로 권력의 행사를 제한하고 통제하기 위하여 권한은 분산되어야 한다고 주장하였으므로 정부의 규제를 강조하였다는 설명은 옳지 않다.

25 ☐☐ 14 국회8
의료, 교육, 문화행사와 같은 가치재는 경합적이므로 시장을 통한 배급도 가능하나 정부가 개입할 수도 있다. O X

해설: 가치재는 민간부문에서 공급이 가능한 사적재의 일종이나, 재화소비가 바람직성을 띠기 때문에 정부가 직접 재화소비를 장려할 목적으로 직접 개입하는 재화이다.

26 ☐☐ 14 서울7
공유재는 개인의 사용량이 증가함에 따라 나머지 사람들이 사용할 수 있는 양이 감소하는 특성을 가진 자원이다. O X

해설: 공유재는 배제성은 없으나, 경합성의 성격을 지니고 있어 타인이 물건을 소비하거나 썼을 경우 나머지 사람들이 사용할 수 있는 양이 감소한다.

27 ☐☐ 14 서울7
공유재는 잠재적 사용자의 배제가 불가능 또는 곤란한 자원으로, 개인의 사용량이 증가함에 따라 나머지 사람들이 사용할 수 있는 양이 감소하는 특성을 지닌다. O X

해설: 공유재는 경합성과 비배제성을 가진다.

28 ☐☐ 15 국가7
사바스(Savas)가 구분한 공공서비스 중 요금재(toll goods)는 대가를 지불하지 않는 소비자를 배제할 수 없다. O X

해설: 요금재는 비경합성(비분할성)과 배제성의 특징을 띠므로 대가를 지불하지 않는 소비자를 배제할 수 있다.

29 ☐☐ 15 국가7
공유재(common pool goods)는 과잉소비의 문제가 발생할 수 있다. O X

해설: 공유재의 과잉소비 문제를 지적한 것이 공유재의 비극이다.

정답: 20. O 21. O 22. X 23. X 24. X 25. O 26. O 27. O 28. X 29. O

30 □□   15 지방9
행정은 민주주의의 원칙에 따라 재원의 확보와 사용에 있어서 국회의 통제를 받는다. ○|X|

해설: 행정의 정책은 재정과 불가분의 관계에 있으며, 정부의 재정은 정부의 예산의 편성과 국회의 심의, 의결로 집행된다.

31 □□   15 지방9
행정은 정부의 단독행위가 아니라 사회의 다양한 주체들이 함께 참여하는 협력행위로 변해가고 있다. ○|X|

해설: 최근 거버넌스로서의 행정개념이 강화됨에 따라 공공문제 해결에 있어 협력을 강조하는 추세이다.

32 □□   16 교행9
사적재는 시장에 맡겨 두고 정부가 간섭을 하지 않아야 한다. ○|X|

해설: 사적재는 원칙적으로 시장에 생산과 공급을 맡겨두는 것이 가장 바람직하나, 시장에 맡겨 두면 재화를 공급하는 시장 공급자들의 독과점 등의 문제가 발생할 수 있기 때문에 정부의 적절한 규제가 필요하다.

33 □□   16 교행9
공공재는 무임승차 문제를 야기하기 때문에 원칙적으로 정부가 직접 공급해야 한다. ○|X|

해설: 공공재는 비배제성과 비경합성을 특징으로 하므로 원칙적으로 정부가 공급해야 한다.

34 □□   16 교행9
요금재의 상당 부분을 정부가 공급하는 이유는 자연독점에 의한 시장실패에 대응해야 하기 때문이다. ○|X|

해설: 요금재는 배제성을 띠므로 대가를 지불하지 않는 소비자를 배제할 수 있으며 자연독점의 문제가 발생할 수 있으므로 정부가 상당 부분 공급해야 한다.

35 □□   17 경간부
국방의 경우는 경합성은 있지만 배제가 불가능한 서비스로서 대표적인 공유재에 해당한다. ○|X|

해설: 국방은 비경합, 비배제성의 공공재(집합재)에 해당한다.

36 □□   17 경간부
의료, 교육 등의 가치재는 경합적이므로 시장을 통한 배급도 가능하지만 정부가 개입할 수도 있다. ○|X|

해설: 가치재는 기본적으로 사적재이지만 일정 수준 소비하는 것이 바람직하기 때문에 정부가 직접 공급하는 경우도 있다.

37 □□   17 국가7
정부가 공공서비스의 생산부문까지 반드시 책임져야 할 필요성은 약해지고 있다. ○|X|

해설: 생산부문은 민영화 하고 있는 추세이다.

38 □□   18 서울7
공유재의 사례로 전기, 통신, 상하수도를 들 수 있다. ○|X|

해설: 전기, 통신, 상하수도는 요금재의 사례이다.

39 □□   18 서울7(3월)
행정은 공공서비스의 생산, 공급, 분배를 통해 공공 욕구를 충족시켜 국민 삶의 질을 증대하고자 한다. ○|X|

해설: 행정은 공공서비스의 생산, 공급, 분배를 통해 국민 삶의 질을 증대하고자 한다.

📖 30. ○   31. ○   32. X   33. ○   34. ○   35. X   36. ○   37. ○   38. X   39. ○

40 ☐☐   18 서울7(3월)

행정의 활동은 정치권력을 배경으로 공공서비스의 생산 및 공급을 정부가 독점한다. O X

> 오늘날 행정의 활동은 정부가 독점하기보다 정치권력을 배경으로 공공서비스의 생산 및 공급을 정부와 민간이 함께 담당하는 협력적 통치로서의 행정을 의미한다.

41 ☐☐   18 지방7

E.Savas의 재화유형론에 따라 사적재는 구두, 유료재는 해저광물, 공유재는 고속도로, 공공재는 등대를 각각 사례로 들 수 있다. O X

> 구두는 사적재, 해저광물은 공유재, 고속도로는 요금재, 등대는 공공재의 사례로 들 수 있다.

42 ☐☐   18 행정사

전기·수도와 같은 공공서비스 공급에 정부가 개입하는 이유는 해당 서비스가 비경합성과 비배제성을 지니고 있기 때문이다. O X

> 전기·수도와 같은 공공서비스 공급에 정부가 개입하는 이유는 해당 서비스가 비경합성과 배제성을 지니고 있어 자연독점의 발생 우려가 있기 때문이다.

43 ☐☐   20 경간부

요금재는 기본적인 수요조차 충족하기 어려운 저소득층이나 사회적 약자를 위해 부분적인 정부개입이 필요하다. O X

> 기본적인 수요조차 충족하기 어려운 저소득층이나 사회적 약자를 위해 부분적인 정부개입이 필요한 것은 사적재이다.

44 ☐☐   20 행정사

행정의 영역과 범위는 명확하게 설정되고 있지 않으며 그 한계도 분명하지 않아서 고도로 체계화된 개념화는 어렵다. O X

> 정부의 역할은 시대와 환경에 따라 달라지므로 행정의 영역과 범위는 명확하게 설정되지 않으며 그 한계도 분명하지 않아서 고도로 체계화된 개념화가 어렵다.

45 ☐☐   21 경정승진

인터넷 서비스, 상하수도는 요금재(Toll Goods)에, 등대, 목초지는 공유재(Common Goods)에 해당한다. O X

> 인터넷 서비스, 상하수도는 요금재, 목초지는 공유재, 등대는 공공재에 해당한다.

답 40. X   41. X   42. X   43. X   44. O   45. X

MEMO

CHAPTER 02 행정과 경영

01 ☐☐   07 전북9
행정과 경영은 모두 본질적으로 정치로부터 분리된다. O|X

해설
경영은 정치로부터 분리되어 자유롭지만 행정은 본질적으로 정치적 영향을 받으며 정치적 환경 하에서 수행되고 광범위한 정치적 지지가 필요하므로 정치적 성격을 띤다.

02 ☐☐   08 국가7
행정과 경영은 인적·물적 자원을 동원하며 기획, 조직화, 통제방법, 관리기법, 사무자동화 등 제반 관리기술을 활용한다는 점에서 유사성을 띤다. O|X

행정과 경영의 유사점에 대한 설명으로 옳은 지문이다.

03 ☐☐   08 국가7
행정과 경영은 모두 조직 내 의사결정 과정에서 많은 대안 중에서 가능한 한 최선의 대안을 선택하고 결정하는 협동행위가 나타난다. O|X

행정과 경영의 공통점에 대한 옳은 지문이다.

04 ☐☐   09 서울9
행정과 경영은 비교적 유사한 활동이라고 할 수 있으나 그 목적하는 바가 다르다. O|X

행정은 공익실현을, 경영은 기업의 이윤달성을 목적으로 한다.

05 ☐☐   09 국가전환특채
행정은 법 앞에 평등하다는 규범이 강하게 적용되나 경영은 고객들 간 차별대우가 허용된다. O|X

행정은 모든 국민을 평등하게 대우하여야 하지만 경영은 고객 간 차별이 허용된다.

06 ☐☐   10 국회8
Bozeman의 공공성에 따르면, 사조직도 흔히 정부규제와 정치적 압력 하에 있게 된다. O|X

Bozeman에 따르면 사조직도 독점규제 등 정부규제와 정치적 압력 하에 놓여있게 된다.

07 ☐☐   14 국가9
경영과 구분되는 행정은 효과적인 업무수행을 위해 관리성이 강조된다. O|X

행정과 경영은 관리라는 유사점을 가지고 있다.

08 ☐☐   14 국가9
행정은 경영과 달리 사익이 아닌 공익을 우선적으로 추구하며 모든 시민을 평등하게 대우하여야 한다. O|X

행정은 공익을 우선적으로 추구하며 모든 국민을 평등하게 대우하여야 한다.

09 ☐☐   15 경정승진
행정과 경영은 모두 관료제적 성격을 가지고 있으며 능률적인 관리의 관점에서 볼 때는 유사하다. O|X

행정과 경영은 모두 관료제적 성격을 띠며 관리라는 유사점을 지닌다.

01. X   02. O   03. O   04. O   05. O   06. O   07. X   08. O   09. O

10 ☐☐ 15 경정승진
행정과 경영은 모두 엄격한 법적 규제를 받으므로 환경 변화에 따른 조직의 대응능력이나 인력의 충원과정에서 탄력성이 떨어진다. O X

해설: 행정은 경영보다 법적 규제가 강하고, 환경 변화에 따른 조직의 대응능력이나 인력 충원과정에서 탄력성이 떨어진다.

11 ☐☐ 15 국회9
행정은 경영보다 본질적으로 정치적 성격을 갖고 있으며, 엄격한 법적 규제를 받는다. O X

해설: 행정은 경영보다 법적 규제가 강하다.

12 ☐☐ 16 경간부
오늘날 전 세계적인 정부개혁으로 인해 행정과 경영간의 차이점이 더욱 뚜렷해지고 있다. O X

해설: 오늘날 행정과 경영간의 차이점은 점차 줄어들고 있다.

13 ☐☐ 16 경간부
행정은 고객에 대한 서비스 공급이 평등하나 경영은 고객에 따라 서비스 정도가 다르다. O X

해설: 행정은 서비스 공급을 평등하게 하나 경영은 고객에 따라 서비스의 정도가 다르다.

14 ☐☐ 19 경간부
경영과 비교할 때 행정은 독점성 측면에서 경쟁자가 없다고 볼 수 있다. O X

해설: 행정은 독점성을 지니고 있어 경쟁성이 없거나 극히 제한되었다고 볼 수 있다.

15 ☐☐ 19 경간부
경영과 비교할 때 행정은 본질적으로 정치적 공권력을 배경으로 수행된다. O X

해설: 행정은 정책결정 과정에 있어 정치적 성격을 강하게 내포하므로 정치적 공권력을 바탕으로 수행된다.

16 ☐☐ 19 행정사
상대적으로 행정은 관리적 측면이 강하게 나타나고 경영은 권력적 측면이 강하게 나타난다. O X

해설: 상대적으로 행정은 권력적 측면이 강하게 나타나고 경영은 관리적 측면이 강하게 나타난다.

17 ☐☐ 19 행정사
행정과 경영은 능률성을 추구하는 과정에서 유사한 관리기법을 많이 사용한다. O X

해설: 행정과 경영은 관리적 측면에서 능률성을 추구하며 경영과 유사한 관리기법을 사용하기도 한다.

18 ☐☐ 20 소방간부
행정관리론과 신공공관리론을 통하여 행정에 사기업 관리방식을 도입한 것은 공사행정일원론의 관점이다. O X

해설: 행정관리론과 신공공관리론은 모두 공사행정일원론으로 민간의 기법을 행정에 도입해야 한다고 보았다.

19 ☐☐ 21 군무원9
행정과 경영은 비슷한 수준의 법적 규제를 받는다. O X

해설: 행정이 경영보다 법적 규제를 더 많이 받는다.

정답 10. X 11. O 12. X 13. O 14. O 15. O 16. X 17. O 18. O 19. X

03 행정과 정치

01 ☐☐   02 입법고시
정치행정이원론의 대두배경 중 하나는 행정을 좀 더 과학적으로 연구하기 위한 것이었다. O X

> 해설
> 행정의 독자성, 자율성을 추구하기 위하여 행정의 과학적 연구를 중시하므로 학문적 정체성을 확보하기 쉽다.

02 ☐☐   04 경북9
정치행정이원론은 과학적 관리법을 행정에 적용하였다. O X

> 행정과 경영을 동일시하며 민간의 과학적 관리법의 도입을 강조하였다.

03 ☐☐   07 대구7
윌슨(W. Wilson)은 '행정의 연구'에서 행정과 정치의 분리를 강조하며 행정의 능률성을 강조하였다. O X

> 윌슨(W. Wilson)은 정치행정이원론을 주장한 학자이다.

04 ☐☐   07 대구7
애플비(P. Appleby)는 '정책과 행정'에서 정치와 행정의 현실을 양자의 분리로 보면서 행정에서 정치적 가치판단의 배제를 강조하였다. O X

> 애플비(P. Appleby)는 '정책과 행정'에서 정치와 행정의 현실을 양자의 혼합으로 보면서 행정에서 정치적 가치판단요소의 존재를 강조하였다.

05 ☐☐   08 국회8
정치행정이원론에 따르면 행정은 전통적인 당파정치에서 분리되어 전문적·과학적 관리 중심이어야 한다. O X

> 정치학으로부터 분리된, 독자적인 행정학의 정체성을 확보하고자 시도하였다.

06 ☐☐   12 국회8
정치행정이원론은 과학적 관리론의 영향을 받아 행정을 비정치적인 관리현상으로 이해하며, 행정의 전문성과 중립성 확보의 필요성을 강조한다. O X

> 정치행정이원론은 정책결정기능은 정치가 담당하고, 정책집행기능은 행정이 담당하도록 분리할 것을 주장하였다.

07 ☐☐   13 국회8
전통적으로 민주주의 정치체제에서 정치는 가치개입적 행위이며 행정은 가치중립적 행위이다. O X

> 정치는 결정의 기능을, 행정은 집행의 기능을 담당한다.

08 ☐☐   13 국회8
정치는 효율성을 확보하는 과정인데 반해 행정은 민주성을 확보하는 과정이다. O X

> 정치는 민주성을 중시하고, 행정은 효율성을 중시한다.

09 ☐☐   13 국회8
사이먼(A. Simon)등 행태주의 학자들은 행정의 정책결정 기능을 인정한다는 점에서 기존의 정치행정이원론과 구분된다. O X

> 사이먼(A. Simon) 등 행태주의 학자들은 행정의 정책기능을 인정한다는 점에서 기존의 정치행정이원론과는 구분된다.

---

01. O   02. O   03. O   04. X   05. O   06. O   07. O   08. X   09. O

10 □□ 15 행정사
정치행정일원론은 행정에 있어서 정책수립이라는 정치적·가치배분적 기능이 중요시된다. ⓞⓧ

해설
행정을 사회문제를 적극 처방하기 위한 가치판단기능으로 보고 정책의 단순한 집행뿐만 아니라, 정책결정기능까지 포함한다고 본다.

11 □□ 16 행정사
정치행정이원론은 행정의 정치적 기능을 강조한다. ⓞⓧ

해설
정치행정일원론은 행정의 정치적 기능을 강조한다.

12 □□ 16 행정사
정치행정이원론은 엽관주의의 폐해를 극복하기 위하여 대두되었다. ⓞⓧ

해설
정치행정이원론은 엽관주의의 폐단을 극복하고 실적주의의 확립을 위해 대두되었다.

13 □□ 17 서울7
19세기 이후 엽관제의 비효율 극복을 위해 제퍼슨-잭슨 철학에 입각한 진보주의 운동과 행정의 탈정치화를 강조한 정치-행정이원론이 전개되었다. ⓞⓧ

해설
19세기 이후 엽관주의의 비효율과 부패를 극복하기 위해 공직개혁운동인 진보주의 운동이 전개되었다. 한편 제퍼슨-잭슨 철학은 엽관주의를 주장한 이론이다.

14 □□ 18 행정사
행정에서 '가치의 권위적 배분'을 강조하는 것은 행정의 정치적 특성을 나타낸다. ⓞⓧ

해설
행정을 가치의 권위적 배분, 즉 가치개입의 성격으로 보는 것은 행정의 정치적 기능을 의미한다.

15 □□ 19 국회9
윌슨(Wilson)은 1887년 '정치와 행정(Politics & Administration)'이라는 논문에서 정치와 행정의 분리를 주장하였다. ⓞⓧ

해설
윌슨(Wilson)은 1887년 '행정연구'라는 논문에서 정치와 행정의 분리를 주장하였다. 한편 '정치와 행정'은 굿노(Goodnow)의 논문이다.

16 □□ 19 서울7(2월)
윌슨은 행정의 본질을 의사결정과 이에 따른 집행의 효과성을 높이는 것으로 파악하고 있으며, 근본적으로 효율적인 정부가 되어 돈과 비용을 덜 들여야 한다고 주장하고 있다. ⓞⓧ

해설
윌슨은 행정의 본질을 의사결정이 아닌 집행의 효율성을 높이는 것으로 파악하고 있으며, 근본적으로 효율적인 정부가 되어 돈과 비용을 덜 들여야 한다고 주장하고 있다.

17 □□ 19 서울9
정치-행정 일원론에 따르면 공공조직의 관리자들은 정책결정자를 위한 지원, 정보제공의 역할만을 수행한다. ⓞⓧ

해설
공공조직의 관리자들은 정책결정자를 위한 지원, 정보제공의 역할만을 수행하는 것은 정치행정이원론에 해당한다.

18 □□ 19 서울9
정치-행정 일원론에서 행정의 파급효과는 정치적인 요소를 내포한다. ⓞⓧ

해설
정치행정일원론은 집행자가 정책을 실질적으로 결정하는 것으로 행정의 파급효과는 정치적인 요소를 내포한다.

19 □□ 20 국가9
과학적 관리론과 행정개혁운동은 정치·행정 이원론의 한계를 지적하였다. ⓞⓧ

해설
과학적 관리론과 행정개혁운동은 정치·행정 일원론의 한계를 지적하면서 대두하게 되었다.

10. O 11. X 12. O 13. X 14. O 15. X 16. X 17. X 18. O 19. X

20 ☐☐　　　　　　　　　　　　　　　　　　　　20 국가9
정치·행정 이원론은 정당정치의 개입으로부터 자유로운 행정 영역을 강조하였다. ☐O☐X☐

> **해설**
> 정치행정이원론은 행정을 정치와 분리시키고 정치로부터 독립성과 자율성을 강조하였다.

21 ☐☐　　　　　　　　　　　　　　　　　　　　21 경정승진
윌슨(W. Wilson)은 행정의 영역을 전문적(專門的)·기술적(技術的) 영역으로 인식하였다. ☐O☐X☐

> 윌슨은 행정의 영역을 전문적, 기술적인 분야로 인식하고 집행의 효율성을 높이는 것으로 파악하였다.

22 ☐☐　　　　　　　　　　　　　　　　　　　　21 지방(서울)9
정치·행정 일원론은 행정국가의 등장과 연관성이 깊다. ☐O☐X☐

> 정치·행정 일원론은 1930년대 경제대공황 등을 배경으로 행정국가가 등장하면서 주장되었다.

23 ☐☐　　　　　　　　　　　　　　　　　　　　21 지방(서울)9
정치·행정 일원론은 정치는 의사결정의 영역이고, 행정은 결정된 내용을 집행한다고 보았다. ☐O☐X☐

> 정치는 의사결정의 영역이고 행정은 집행의 영역으로 보는 것은 정치·행정이원론의 입장이다.

24 ☐☐　　　　　　　　　　　　　　　　　　　　22 국가7
정치행정이원론 입장에서 윌슨(Wilson)은 행정을 전문적·기술적 영역으로 규정하고, 정부는 효율성과 전문성을 갖추어야 한다고 주장하였다. ☐O☐X☐

> 윌슨은 정치행정이원론자이다.

정답 20. O　21. O　22. O　23. X　24. O

MEMO

04 정부관의 변화

01 ☐☐   02 경남9
최근 신자유주의자들이 보는 정부의 시장에 대한 기능은 직접개입보다는 간접지원을 요구한다. ☐O☐X☐

> 신자유주의 또는 신행정국가의 패러다임은 정부의 시장에 대한 직접개입이 오히려 비효율을 초래한다고 하면서, 국가의 역할은 노젓기보다 방향잡기에 집중되어야 한다고 주장한다.

02 ☐☐   04 대구9
행정국가화 현상의 확대로 인해 행정의 지나친 지방분권화로 인하여 국가행정의 효율적 수행이 어렵다. ☐O☐X☐

> 행정국가하에서는 신중앙집권화가 나타나 국가행정을 효율적으로 수행하는데 용이하다.

03 ☐☐   05 경남9
현대행정의 질적 특징으로 공무원의 수나 정부기구(조직)의 증가 등이 있다. ☐O☐X☐

> 행정기구 확대, 예산 확대 및 공무원 수 증가 등은 현대행정의 양적 특징에 해당한다.

04 ☐☐   06 국가9
'작은 정부'의 판단기준으로 공무원의 수, 조직 및 예산의 규모, 기능의 범위 등이 포함되나, 국민 생활에 대한 규제의 범위나 정부와 국민 사이의 권력관계에는 포함되지 않는다. ☐O☐X☐

> '작은 정부'의 판단기준으로 공무원의 수, 조직 및 예산의 규모, 기능의 범위 등 공식적 측면뿐 아니라 정부의 규제나 국민과의 권력관계 등도 포함한다.

05 ☐☐   06 전북9
복지국가에서 나타나는 일반적인 현상으로는 저소득층의 보호, 경제성장률의 둔화 경험, 누진적 조세 부담, 빈부격차의 감소 등이 있다. ☐O☐X☐

> 복지국가는 성장위주의 정책보다는 복지 위주의 정책을 표방하는 국가형태이다.

06 ☐☐   07 대전7
공공서비스는 정치적 계약이나 협상으로 인하여 과다 공급된다. ☐O☐X☐

> 다수결투표나 로그롤링(투표담합)과 같은 정치적 계약이나 협상으로 인해 과다공급된다고 보는 것은 뷰캐넌의 다수결 투표에 대한 내용으로, 이는 과다공급설에 해당한다.

07 ☐☐   08 국회8
분화된 정체의 모형은 정책연결망과 정부 간의 관계, 장관책임과 중립적 관료제, 공동화 국가, 핵심행정부, 신국정관리 등의 특징을 지닌 모형이다. ☐O☐X☐

> 장관책임과 중립적 관료제는 전통적인 의회정체모형의 특징에 해당한다.

08 ☐☐   08 군무원
보수주의 정부는 기회의 평등을 강조하는 반면, 진보주의 정부는 결과의 평등을 강조한다. ☐O☐X☐

> 보수주의와 진보주의 간에는 인간관, 가치판단의 기준, 시장의 평가에 차이가 있으며 이에 따라 정부의 역할 인식에도 간격이 발생한다.

09 ☐☐   08 군무원
자유방임 사상가들은 정부의 역할을 국방, 공공토목사업, 환경규제 등의 최소한의 분야로 한정하고 있다. ☐O☐X☐

> 자유방임 사상가들은 정부의 역할을 국방, 외교, 치안, 공공토목사업 등의 분야로 한정하고 있다. 환경규제는 현대행정국가에 와서 최근에야 강조되는 기능이다.

01. O   02. X   03. X   04. X   05. O   06. O   07. X   08. O   09. X

10 □□ 08 군무원
행정수요의 복잡 다양화, 정치와 행정의 일원화, 사회변동에의 적극적 대응 등이 현대행정의 특징이다. ⓞⓧ

해설 행정수요의 복잡다양화, 정치행정일원화, 사회변동에 적극적 대응 모두 현대행정의 특징이다.

11 □□ 09 5급 승진
파킨슨의 법칙은 업무량의 증감과 관련이 없이 공무원의 수가 증가한다는 특징이 있다. ⓞⓧ

공무원의 수는 본질적인 업무량의 증가와는 관련없이 자기보존 및 세력확장이라는 두 가지 심리적 요인(부하배증과 업무배증)의 악순환으로 인하여 필연적으로 증가하는 현상이다.

12 □□ 09 서울9
행정국가는 정책이 정책을 낳는 관성이 발생하며 행정의 팽창을 가져온다. ⓞⓧ

시장실패를 치유하기 위한 정부규제나 정책들이 오히려 자원의 효율적 배분을 왜곡하고 공공재가 과다 공급되는 문제점이 나타난다.

13 □□ 11 경간부
Galbraith의 의존효과, Musgrave의 조세저항, Downs의 합리적 무지, Peacock과 Wiseman의 전위효과는 공공재의 적정 공급규모에 관한 논의 중 정부기능이 축소되었다는 입장을 가진다. ⓞⓧ

Peacock과 Wiseman의 전위효과는 과다공급설에 해당한다.

14 □□ 11 경간부
진보주의 정부관은 합리적이고 이기적인 경제인의 인간관을 전제로 한다. ⓞⓧ

진보주의 정부관은 합리적이고 이기적인 경제인관을 부정하며, 오류의 가능성이 있는 인간을 전제한다.

15 □□ 11 서울9
진보주의 정부관은 소극적 자유를 선호하고 조세를 통한 소득재분배를 강조하며 효율과 공정에 대한 자유시장의 잠재력을 인정하는 특징을 지닌다. ⓞⓧ

소극적 자유를 선호하는 것은 보수주의 정부관의 특징에 해당하고 진보주의 정부관은 적극적 자유를 추구한다.

16 □□ 12 경북전환특채
신행정국가의 입장에서 본 현대행정의 특징은 시민참여를 중시하는 뉴거버넌스의 관점을 수용한다. ⓞⓧ

신행정국가는 공공부문의 시장화와 행정의 탈정치화를 강조하는 신공공관리보다는 네트워크와 시민참여를 중시한다는 점에서 뉴거버넌스 쪽에 가까운 개념이라 볼 수 있다.

17 □□ 12 국회8
시장주의자는 경제활동의 당사자가 정부보다 정보의 획득면에서 유리하다고 보고, 정부가 경제활동에 개입하는 것을 반대한다. ⓞⓧ

시장주의란 국가의 개입을 줄이고 시장의 힘으로 모든 문제를 해결할 수 있다고 보는 보수주의자들이나 최근의 신자유주의자들의 입장을 말하는 것으로, 옳은 지문이다.

18 □□ 13 국가9
신자유주의 정부는 케인즈(Keyens) 경제학에 기반을 둔 수요중시 거시 경제정책을 강조하므로 공급측면의 경제정책에 대하여는 반대입장을 견지한다. ⓞⓧ

신자유주의 정부는 케인즈 경제학의 한계를 인식하면서 등장한 공급 중시 경제학과 관련된다.

19 □□ 15 경간부
와그너(Wagner)의 국가활동 증대 법칙(law of expanding state activity)은 경제발전에 따른 국민의 다양한 요구로 인해 발생하게 되었다. ⓞⓧ

와그너(Wagner)의 국가활동 증대 법칙(law of expanding state activity)으로 옳은 지문이다.

10. O **11.** O **12.** O **13.** X **14.** X **15.** X **16.** O **17.** O **18.** X **19.** O

20 ☐☐ 15 행정사
공무원의 수가 업무량에 관계없이 일정 비율로 증가하는 현상을 파킨슨의 법칙(Parkinson's law)이라 한다. O X

> 파킨슨의 법칙에 대한 옳은 지문이다.

21 ☐☐ 16 해경간부
다수결 투표는 투표의 거래, 즉 log-rolling에 의하여 과다지출을 초래한다. O X

> Buchanan의 다수결 투표는 투표의 교환 행위를 통해 서로 불필요한 사업을 끼워서 거래함으로써 정부사업이 팽창하게 된다.

22 ☐☐ 16 해경간부
보몰효과란 규모의 경제로 인하여 평균 비용이 줄고 평균수익은 늘어나는 현상이다. O X

> 보몰효과는 규모의 경제와는 반대로 고정비용보다 변동비용이 더 많은 비중을 차지하는 관계로 비용 절감이 힘들고 생산비용이 빨리 증가하여 정부지출의 규모가 점차 커질 수밖에 없는 현상이다.

23 ☐☐ 17 서울9
복지국가(현대행정국가)에서는 민간부문을 조정·관리·통제하는 공공서비스 기능이 강조된다. O X

> 복지국가의 공공서비스 공급 접근 방식은 민간부문에 대한 공공서비스의 기능에 대해 조정·관리·통제를 강조한다.

24 ☐☐ 17 서울9
복지국가(현대행정국가)의 서비스 배분 준거는 재정효율화이다. O X

> 재정효율화는 신공공관리주의에서의 공공서비스에서의 배분준거이다. 복지국가의 서비스 배분 준거는 형평적 배분이다.

25 ☐☐ 19 지방7
파킨슨의 법칙(Parkinson's Law)에 따르면 관료는 본질적인 업무가 증가하지 않으면 파생적인 업무도 줄이려는 무사안일의 경향을 가진다. O X

> 관료는 본질적인 업무의 증가 없이도, 파생적인 업무량이 증가하는 업무 배증의 경향을 가진다.

26 ☐☐ 19 지방7
파킨슨의 법칙(Parkinson's Law)은 브레넌과 뷰캐넌(Brennan&Buchanan)의 리바이던 가설(Leviathan Hypothesis)처럼, 관료제가 '제국의 건설'을 지향한다는 입장이다. O X

> 브레넌과 뷰캐넌의 리바이던 가설처럼, 관료제가 '제국의 건설'을 지향한다는 관료제국주의 입장과 동일한 현상이다.

27 ☐☐ 20 군무원9
진보주의 정부에서는 조세감면 확대, 정부규제 강화, 소득재분배 강조 등의 정책을 선호한다. O X

> 진보주의 정부에서는 조세의 감면이 아니라 더 많은 조세를 거두고 이를 바탕으로 정부활동의 증대를 할 수 있다고 본다.

28 ☐☐ 20 서/지9
행정권 우월화를 인정하는 정치·행정 일원론, 경제공황 극복을 위한 뉴딜정책, 신공공관리론은 작은정부를 적극적으로 옹호하는 요인이다. O X

> 행정권 우월화를 인정하는 정치·행정일원론, 경제공황 극복을 위한 뉴딜정책은 모두 큰 정부와 관련된다.

29 ☐☐ 22 경간부
큰 정부를 지지하는 케인즈 경제학은 공급 중시 거시경제정책을 강조한다. O X

> 큰 정부를 지지하는 케인즈 경제학은 수요 중시 거시경제정책을 강조한다.

20. O 21. O 22. X 23. O 24. X 25. X 26. O 27. X 28. X 29. X

30 ☐☐ 22 국가직9
하이에크(Hayek)는 『노예의 길』에서 시장실패를 비판하고 큰 정부를 강조하였다. ⓞⓧ

해설: 하이에크(Hayek)는 『노예의 길』에서 정부실패를 비판하고 작은 정부를 강조하였다.

31 ☐☐ 22 국가직9
대공황 이후 케인스주의, 루스벨트 대통령의 뉴딜정책은 큰 정부관을 강조하였다. ⓞⓧ

해설: 행정국가의 큰정부 시기의 국가관이다.

32 ☐☐ 23 지방직9
피코크(Peacock)와 와이즈맨(Wiseman)은 전쟁과 같은 사회적 변동이 끝난 후에도 공공지출이 그 이전 수준으로 되돌아가지 않는 데에서 예산팽창의 원인을 찾고 있다. ⓞⓧ

해설: 정부팽창의 근거이론이다.

33 ☐☐ 23 지방직9
보몰(Baumol)은 정부 부문과 민간 부문 간의 생산성 격차를 통해 정부 예산의 팽창 원인을 설명하고 있다. ⓞⓧ

해설: '보몰의 병'에 대한 설명이다.

정답 30. X 31. O 32. O 33. O

CHAPTER 05 시장실패

01 ☐☐　　　　　　　　　　　　　　　　02 행정고시
일반적으로 경제적 규제는 시장경쟁을 제한하는 속성을 띤다. ⓄⓍ

> **해설**
> 일반적 의미의 경제적 규제는 경쟁을 제한하는 규제를 의미한다.

02 ☐☐　　　　　　　　　　　　　　　　04 충북9
시장실패가 발생할 때 주로 정부가 규제하므로 시장실패는 정부개입을 정당화한다. ⓄⓍ

> 시장실패는 정부개입의 근거이다.

03 ☐☐　　　　　　　　　　　　　　　　05 울산9
시장실패가 발생하는 원인으로는 비배제성과 비경합성의 특성을 갖는 공공재의 생산, 외부효과가 발생하는 산업, 계약에 의한 민간위탁 등을 들 수 있다. ⓄⓍ

> 민간위탁은 정부실패에 대한 대응책의 하나이지 시장실패의 원인은 아니다.

04 ☐☐　　　　　　　　　　　　　　　　05 울산9
외부불경제를 지니는 재화의 경우 과소공급의 문제가 발생하므로, 공적규제의 방식으로 이를 해결하여야 한다. ⓄⓍ

> 외부불경제의 특성을 지니는 재화는 일반적으로 시장에서 과다공급 되므로, 공적규제의 방식으로 해결하여야 한다.

05 ☐☐　　　　　　　　　　　　　　　　05 울산9
규모의 경제가 시장기구가 갖는 본질적 한계로 인하여 파생되는 문제라면 소득불평등은 자원의 효율적 배분을 떨어뜨리는 문제를 안고 있다. ⓄⓍ

> 생산규모의 확대에 따라 평균비용이 감소하는 규모의 경제로 인한 자연독점이 자원의 효율적 배분을 떨어뜨리는 문제와 관련된다. 한편 소득불평등은 소득분배상의 불공평성으로 시장기구가 갖는 본질적 한계로 인해 파생되는 문제이다.

06 ☐☐　　　　　　　　　　　　　　　　07 국회8
이로운 외부효과가 존재하는 경우 효율적인 양보다 지나치게 많이 생산되므로 시장에 의한 자원배분은 비효율적이다. ⓄⓍ

> 긍정적 외부효과를 시장에 방치하게 되면 과소공급이 일어나게 된다.

07 ☐☐　　　　　　　　　　　　　　　　09 국회9
시장실패의 원인으로는 외부효과의 발생, 공공재의 존재, 정보의 비대칭성, 내부성의 존재, 자연독점 현상의 발생 등이 있다. ⓄⓍ

> 내부성은 정부실패의 요인에 해당한다.

08 ☐☐　　　　　　　　　　　　　　　　09 세무사
시장실패는 정부개입의 필요조건이 되는데, 정부의 시장개입은 또 다른 비효율을 초래할 수 있기 때문에 신중해야 한다. ⓄⓍ

> 비용과 편익의 절연, 내부성, 규제실패 등 정부실패가 나타날 수 있다.

09 ☐☐　　　　　　　　　　　　　　　　10 국가7
자연독점에 의해서 발생하는 시장실패는 공적유도(보조금)의 방식으로 해결하는 것이 바람직하다. ⓄⓍ

> 자연독점에 의한 시장실패의 경우 직접 공급(공적 공급)하거나 정부규제를 통해 해결하는 것이 바람직하다.

---

01. Ⓞ　02. Ⓞ　03. Ⓧ　04. Ⓧ　05. Ⓧ　06. Ⓧ　07. Ⓧ　08. Ⓞ　09. Ⓧ

10 ☐☐ 10 국가7
공공재의 존재에 의해서 발생하는 시장실패는 공적공급의 방식으로 해결하는 것이 적합하다. ○|X|

> **해설**
> 공공재는 시장에 맡겨두면 자율적으로 공급되지 않으므로 공적공급의 방식으로 해결하는 것이 바람직하다.

11 ☐☐ 13 국가7
규모의 경제, 정보의 비대칭성, X-비효율성, 외부효과의 발생 등은 시장실패의 원인이다. ○|X|

> X-비효율성은 정부실패의 원인에 해당한다.

12 ☐☐ 14 국가7
공공서비스 공급을 정부가 담당해야 하는 이유로는 공공재의 존재 및 정보의 비대칭성 등이 있다. ○|X|

> 정보의 비대칭성은 공적유도나 정부규제의 방식으로 대응한다.

13 ☐☐ 15 교행9
외부불경제에서 나타나는 문제에 대응하기 위해 정부는 보조금을 지원한다. ○|X|

> 외부불경제에서 나타나는 문제에 대응하기 위해 정부는 규제의 방법을 사용한다.

14 ☐☐ 15 국가9
긍정적 외부효과를 유발하는 기업에게 정부는 보조금을 지급하여 사회적으로 최적의 생산량을 생산하도록 유도한다. ○|X|

> 긍정적 외부효과를 유발하는 기업에게 각종 유인(보조금 지급 등)을 제공하여 사회적 최적의 생산량을 생산하도록 유도한다.

15 ☐☐ 15 서울7
공공조직의 내부성은 시장실패의 원인이다. ○|X|

> 공공조직의 내부성은 정부실패의 원인이다.

16 ☐☐ 15 국가9
'코즈의 정리'는 시장에서 외부성이 발생한다 하더라도 거래비용이 적고 소유권이 명확하면 정부의 개입이 불필요하다고 주장하는 원리이다. ○|X|

> 코즈의 정리에 대한 옳은 지문이다.

17 ☐☐ 15 서울7
제3자에게 의도하지 않은 이득이나 손해를 주는 현상은 시장실패의 원인이 되기도 한다. ○|X|

> 외부효과에 대한 정의이며 이는 시장실패의 원인에 해당한다.

18 ☐☐ 16 서울9
불완전경쟁에 대해서는 보조금 혹은 공적공급으로 대응할 수 있다. ○|X|

> 불완전경쟁에 대해서는 정부규제로 대응할 수 있다.

19 ☐☐ 16 지방9
시장실패는 시장기구를 통해 자원배분의 효율성을 달성할 수 없는 경우를 의미한다. ○|X|

> 시장실패의 정의로 옳은 지문이다.

10. **O** 11. **X** 12. **X** 13. **X** 14. **O** 15. **X** 16. **O** 17. **O** 18. **X** 19. **O**

20 □□
외부효과 발생 시 규제와 보조금 등을 사용하여 외부효과를 제거한다.
O X
18 국회9

해설
외부경제(긍정적 외부효과) 발생 시에는 보조금으로, 외부불경제(부정적 외부효과)의 발생 시에는 정부규제로 대응할 수 있다.

21 □□
긍정적 외부효과가 존재하는 시장의 경우 과소공급에 따른 비효율성이 초래된다.
O X
18 행정사

외부경제가 발생하는 시장의 경우 사회적으로 바람직한 수준보다 과소생산되어 비효율성이 발생한다.

22 □□
자연적 독점은 공적유도와 공적규제의 방식으로 해결할 수 있다.
O X
19 경간부

자연적 독점으로 인한 시장실패에는 공적공급과 정부규제의 방식을 활용하여 대응해야 한다.

23 □□
시장에서 부정적 외부효과가 발생해도 소유권을 명확히 한다면 시장실패가 발생하지 않는다는 이론은 코즈의 정리이다.
O X
19 경간부

코즈의 정리는 개인 간의 외부성이 존재하는 경우 재산권을 어떻게 규정하고 누구에게 부여하는가에 따라 경제적 효율성이 달라질 수 있음을 설명한 이론이다.

24 □□
공공재, 외부효과, 파생적 외부성, 정보의 비대칭성, 불완전한 경쟁은 모두 시장실패의 원인이다.
O X
19 행정사

공공재의 존재, 외부효과, 정보의 비대칭성, 불완전경쟁은 시장실패의 원인에, 파생적 외부성은 정부실패의 원인에 해당한다.

25 □□
시장의 독점 상태, X-비효율성의 발생은 시장실패의 원인으로 정부개입의 근거가 된다.
O X
21 국가9

X-비효율성은 정부실패의 원인에 해당한다.

26 □□
코오즈(R. Coase) 정리에서는 부정적 외부효과의 해결을 위해 정부의 규제정책을 강조한다.
O X
2022 경간부

코오즈 정리에서는 부정적 외부효과의 해결을 위해 개인 소유권(사유재산)을 명확하게 해야 한다고 강조한다.

20. O 21. O 22. X 23. O 24. X 25. X 26. X

MEMO

06 정부규제

01 ☐☐ 04 충남9
윌슨(J. Q. Wilson)이 제시한 규제의 4가지 정치적 상황 중 규제의 비용은 이질적인 불특정 다수인에게 부담되나 그것의 편익은 대단히 크며 동질적인 소수인에게 귀속되는 상황으로서 피규제 산업에 의한 규제기관의 포획이 이루어질 가능성이 높은 정치는 고객정치이다. ⃞O⃞X⃞

> 고객정치에 대한 옳은 설명이며 수입규제, 직업면허, 택시사업 인가 등 대부분의 협의의 경제규제가 여기에 해당한다.

02 ☐☐ 05 국가7
사회적 규제 및 공익에 관련되는 규제는 존치하되 규제수단과 기준의 합리화를 도모하는 것이 더 타당하다. ⃞O⃞X⃞

> 정부규제제도에 대한 옳은 지문이다.

03 ☐☐ 05 국회8
독과점 및 불공정거래 규제는 정부가 시장경쟁을 대치하는 경우로서 경제적 규제완화의 우선적인 초점이 되고 있다. ⃞O⃞X⃞

> 정부가 시장경쟁을 대치하는 경우로서 경제적 규제완화의 우선적 초점이 되는 것은 진입규제이다.

04 ☐☐ 05 국회8
일반적으로 사회적 규제의 경우 기업에 의무를 부과하되 그 방법에 대해서는 기업의 재량을 인정하는 시장유인적 방법이 일괄적인 행위기준이나 규칙에 근거한 명령지시적 방법보다 정책의 효과성이 적은 것으로 알려져 있다. ⃞O⃞X⃞

> 규제방식에 따라 효율성이 다르게 나타나며 사회적 규제는 명령지시적 방법보다 효과성 및 효율성이 상대적으로 적다.

05 ☐☐ 05 국회8
정부규제로 인해 발생하게 될 비용은 이질적인 불특정 다수인에게 작은 부담으로 돌아가게 되나 그것의 편익은 동질적인 소수인(소수 기업)에게 크게 귀속되는 고객정치(client politics)적 상황에서는 규제기관의 포획현상이 발생하기 쉽다. ⃞O⃞X⃞

> 고객정치의 폐단인 미시적 절연을 의미한다.

06 ☐☐ 05 인천9
특정의 개인 및 기업이 자기들의 경제적 이득을 증대시킬 목적으로 정치인·관료와 결탁하여 각종 정부규제 및 해제, 법률제정 등을 요구·지지함으로써 그 사회의 다른 집단으로부터 부(富)나 가치(價値)의 이전을 꾀하는 사회적으로 생산적이지 못한 로비활동을 지대추구라고 한다. ⃞O⃞X⃞

> 지대추구에 대한 옳은 설명이다.

07 ☐☐ 06 전북9
자동차관리법, 공정거래법, 식품위생법, 소비자보호법, 근로기준법 등은 사회적 규제에 관한 법률에 해당한다. ⃞O⃞X⃞

> 공정거래법은 독과점 및 불공정거래 등을 규제하여 바람직한 경제질서를 구현하기 위한 법이므로 경제적 규제에 관한 법률이라 할 수 있다.

01. O 02. O 03. X 04. O 05. O 06. O 07. X

08 ☐☐   06 충남9
경제적 규제는 경쟁을 촉진시키려는 규제와 경쟁을 제한하려는 규제가 있으나 규제완화의 주대상은 경쟁을 제한하려는 규제이다. ⓞⓧ

> 경제적 규제에는 경쟁제한 규제와 경쟁촉진 규제가 있으며, 규제완화의 대상은 경쟁제한 규제이다.

09 ☐☐   07 대구9
사회적 규제는 시장메커니즘에 의하여 적정하게 다루어지지 않는 가치와 집단을 보호함으로써 사회적 형평을 확보하는 규제이다. ⓞⓧ

> 사회적 규제는 사회적 약자 보호, 삶의 질 향상 등 바람직한 사회질서를 유지하고 사회적 형평성을 확보하기 위하여 규제한다.

10 ☐☐   07 부산9
사회적 규제인 환경규제와 관련하여 시장유인적 규제방식이 명령지시적 규제방식보다 효율적이지만 정치적 수용성은 낮은 것으로 알려져 있다. ⓞⓧ

> 사회적 규제와 관련해서는 정치적 설득력과 수용도가 높은 명령지시적 규제방식이 시장유인적 규제방식보다 효율적인 것으로 평가된다.

11 ☐☐   09 지방7
피규제집단에게는 비용이 좁게 집중되지만 일반 시민들에게는 편익이 넓게 분포되는 성격을 지닌 모형은 윌슨의 규제정치 유형 중에서 기업가적 정치에 해당하며 사례로는 환경오염규제, 수입규제 등이 있다. ⓞⓧ

> 피규제집단에게는 비용이 좁게 집중되지만 일반 시민에게는 편익이 넓게 분포되는 모형은 기업가의 정치(운동가의 정치)모형이며 사례로는 환경오염 규제 등이 있다. 한편 수입규제는 고객정치에 해당한다.

12 ☐☐   10 경정승진
정부규제기관의 포획현상은 경제규제보다 사회규제에서 잘 나타난다. ⓞⓧ

> 포획현상은 사회적 규제보다 경제적 규제에서 더욱 잘 나타난다.

13 ☐☐   11 국가7
환경규제를 위한 정책수단을 명령지시적 규제와 시장유인적 규제로 나눌 경우, 시장유인적 규제 수단에는 부과금 제도, 공해권 제도, 성과기준 제도, 보조금 제도 등이 있다. ⓞⓧ

> 성과기준 제도는 명령지시적 규제에 해당한다.

14 ☐☐   11 국회8
윌슨(J. Q. Wilson)의 규제정책의 네 가지 정치상황 중에서 로비활동이 가장 약하게 발생하는 것은 고객 정치상황이다. ⓞⓧ

> 고객정치는 로비활동이 가장 강력하게 발생하는 모형이다.

15 ☐☐   13 경정승진
윌슨(J. Wilson)의 규제정치 모형 중 '다수의 정치(대중의 정치)"는 비용과 편익이 모두 이질적인 불특정 다수에게 분산되는 경우로 음란물 규제가 이에 해당한다. ⓞⓧ

> 다수의 정치(대중의 정치)에 대한 옳은 설명이다.

16 ☐☐   13 군무원
윌슨(Wilson)의 규제정치 모형 중 비용이 소수의 동질적 집단에 집중되고, 편익을 기대할 수 있는 측은 집단행동의 딜레마에 빠지는 특성을 가진 모형은 기업가적 정치에 대한 설명이다. ⓞⓧ

> 기업가적 정치에 대한 옳은 설명이다.

답 08. O 09. O 10. X 11. X 12. X 13. X 14. X 15. O 16. O

17 ☐☐ 14 국회8
현행「행정규제기본법」에 따르면 규제는 법률에 근거를 두어야 하며 규제개혁위원회는 위원장 1명을 포함한 20명 이상 25명 이하의 위원으로 구성된다고 명시되어 있다. [O|X]

> 규제개혁위원회는 위원장 2명을 포함한 20명 이상 25명 이하의 위원으로 구성한다.

18 ☐☐ 14 서울7
규제영향분석은 불필요한 정부규제를 완화하고자 할 때 현존하는 규제의 사회적 편익과 비용을 점검하고 측정하는 체계적인 의사결정 도구이다. [O|X]

> 규제영향분석은 규제를 완화하고자 할 때 분석하는 것이 아니라 규제를 신설 또는 강화하고자 할 때 분석하는 도구이다.

19 ☐☐ 15 국회8
관리규제란 정부가 특정한 사회문제 해결에 대한 목표달성 수준을 정하고 피규제자에게 이를 달성할 것을 요구하는 것이다. [O|X]

> 성과규제에 대한 설명이다.

20 ☐☐ 15 서울7
정부규제를 포지티브(positive) 규제와 네거티브(negative) 규제로 구분할 경우, 포지티브(positive) 규제는 네거티브(negative) 규제에 비해 규제대상기관의 자율성이 크다. [O|X]

> 포지티브(positive) 규제는 네거티브(negative) 규제보다 규제대상기관의 자율성이 낮다.

21 ☐☐ 16 국가7
식품안전을 위해 그 효용이 부각되는 위해요소중점관리 기준(HACCP: Hazard Analysis Critical Control Point)을 지킬 것을 요구하는 것은 관리규제의 예에 해당한다. [O|X]

> 관리규제란 규제과정과 절차를 규제하는 것을 말하며 옳은 예이다.

22 ☐☐ 16 지방 7
정부의 규제정책을 심의·조정하고 규제의 심사·정비 등에 관한 사항을 종합적으로 추진하기 위하여 국무총리 소속으로 규제위원회를 두고 있다. [O|X]

> 정부의 규제정책을 심의·조정하고 규제의 심사·정비 등에 관한 사항을 종합적으로 추진하기 위하여 대통령 소속으로 규제위원회를 두고 있다.

23 ☐☐ 17 경간부
Wilson의 규제정치 모형 중 규제의 편익과 비용이 모두 이질적인 불특정 다수에게 분산되는 것은 다수의 정치(대중적 정치) 모형에 해당한다. [O|X]

> 다수의 정치(대중적 정치)는 규제의 편익과 비용이 모두 불특정 다수에게 분산된다.

24 ☐☐ 17 경간부
Wilson의 규제정치 모형 중 기업가의 정치(운동가적 정치) 모형에서는 규제의 수혜자들이 잘 조직화되어 있다. [O|X]

> 기업가의 정치 모형에서는 다수의 수혜집단에서 집단행동의 딜레마가 발생하여 조직화되지 못하고 활동이 미약하다. 한편 규제의 수혜자들이 잘 조직화되어 있는 모형은 고객정치 모형이다.

25 ☐☐ 17 경간부
환경오염 규제는 Wilson의 규제정치 모형 중 이익집단 정치 모형에 속하는 사례라고 볼 수 있다. [O|X]

> 의제채택이 가장 어려운 오염이나 안전 등의 사회적 규제는 이익집단정치가 아니라 대부분 기업가적 정치(운동가적 정치)에 해당한다.

17. X 18. X 19. X 20. X 21. O 22. X 23. O 24. X 25. X

26 17 국회8
자율규제방식은 피규제집단의 고도의 전문성을 기반으로 하기 때문에 소비자단체의 참여를 보장하는 직접규제이다. O|X

> 자율규제방식은 간접규제의 방식이다. 자율규제는 피규제자가 스스로 합의된 규범을 만들고 이를 구성원들에게 적용하는 형태의 규제방식을 말한다.

27 17 지방9
정부규제를 사회적 규제와 경제적 규제로 나눌 경우 진입규제, 환경규제, 산업재해규제, 소비자안전규제 중 경제적 규제의 성격이 가장 강한 것은 진입규제이다. O|X

> 진입규제는 경제적 규제에 해당하고, 환경규제, 산업재해규제, 소비자안전규제는 사회적 규제에 해당한다.

28 17 지방9(추)
규제영향분석은 규제의 경제·사회적 영향을 과학적으로 분석해 타당성을 평가한다. O|X

> 규제영향분석은 경제·사회적 영향을 과학적으로 분석해 타당성을 평가하는 것이다.

29 17 지방9(추)
규제영향분석은 규제의 비용보다 규제의 편익에 주안점을 둔다. O|X

> 규제영향분석은 새롭게 만들어지거나 현존하는 규제의 사회적 편익과 비용을 점검하고 측정하는 체계적인 의사결정 도구로 비용과 편익 모두에 주안점을 둔다.

30 17 지방9(추)
행정지도는 입법과정의 복잡한 절차가 필요하다. O|X

> 입법과정의 복잡한 절차를 피함으로써 시간과 노력을 절약할 수 있는 편의성이 있다.

31 17 지방9(추)
행정지도는 행정의 과도한 경계확장을 유도한다. O|X

> 행정지도는 행정의 과도한 팽창을 야기할 수 있다.

32 17 해경간부
윌슨의 규제정치 중 운동가의 정치는 규제로부터 예상되는 비용과 편익이 모두 소수의 동질적인 집단에 국한되고 쌍방이 모두 조직적인 힘을 바탕으로 이익 확보를 위해 첨예하게 대립하는 상황으로 수입규제 등이 사례에 해당한다. O|X

> 규제로부터 예상되는 비용과 편익이 모두 소수의 동질적인 집단에 국한되고 쌍방이 모두 조직적인 힘을 바탕으로 이익 확보를 위해 첨예하게 대립하는 상황은 이익집단정치에 대한 설명이고, 수입규제는 고객정치의 사례이다.

33 18 경간부
윌슨(Wilson)의 '기업가적 정치'는 규제의 수혜자들이 잘 조직화되어 있으며, 환경오염규제가 이에 해당한다. O|X

> 기업가적 정치는 비용이 소수집단에 집중되고 편익이 불특정 다수에게 확산되므로 규제의 비용부담자들이 잘 조직화되어 있다.

34 18 서울7
수단규제의 사례로 개발 신약에 대한 허용 가능한 부작용 발생 수준 규제가 있으며 산출규제의 특징을 갖는다. O|X

> 개발 신약에 대한 허용 가능한 부작용 발생 수준 규제를 사례로 하며 산출규제의 특징을 갖는 것은 성과규제이다.

35 18 서울7
성과규제의 사례로 작업장 안전확보를 위한 안전 장비 착용 규제가 있으며 투입규제의 특징을 갖는다. O|X

> 작업장 안전확보를 위한 안전 장비 착용 규제를 사례로 하며 투입규제의 특징을 갖는 것은 수단규제이다.

26. X 27. O 28. O 29. X 30. X 31. O 32. X 33. X 34. X 35. X

36 ☐☐ 18 지방9
경제규제는 주로 시장의 가격 기능에 개입하고 특정 기업의 시장 진입을 배제하거나 억압하는 방식으로 작동된다. O X

해설 경제규제는 민간경제주체의 자유로운 판단에 의한 경제활동에 정부가 직접 개입하여 사회·경제적 효율성을 강화하는 규제로, 동일 산업에 속한 기업 간의 자유로운 경쟁을 제약한다.

37 ☐☐ 18 지방9
식품에 대한 위생규제는 윌슨(Wilson)의 규제정치 유형 중 기업가정치에 해당한다. O X

해설 식품에 대한 위생규제, 환경오염규제, 각종 안전규제 등 사회적 규제는 기업가정치에 해당한다.

38 ☐☐ 18 지방9
신문·방송·출판물의 윤리규제는 윌슨(Wilson)의 규제정치 유형 중 이익집단정치에 해당한다. O X

해설 신문·방송·출판물의 윤리규제는 대중정치에 해당한다.

39 ☐☐ 18 지방9
규제영향분석은 「행정규제기본법」상 규제를 신설·강화할 때, 규제를 받는 집단과 국민이 부담해야 할 비용과 편익도 비교·분석해야 한다. O X

해설 「행정규제기본법」상 규제영향분석은 규제를 신설·강화할 때 규제를 받는 집단과 국민이 부담해야 할 비용과 편익을 비교·분석하는 것이다.

40 ☐☐ 18 지방9
포지티브 규제는 네거티브 규제보다 피규제자의 자율성을 더 보장한다. O X

해설 네거티브 규제는 포지티브 규제보다 피규제자의 자율성을 더 보장한다.

41 ☐☐ 18 지방9
자율규제는 피규제자가 스스로 합의된 규범을 만들고 이를 구성원들에게 적용하는 형태의 규제방식이다. O X

해설 자율규제는 피규제자가 합의된 규범을 만들고 이를 구성원들에게 적용하는 형식이다.

42 ☐☐ 19 경간부
수단규제에서는 관리규제에 비해 유연한 규제설계가 가능해질 수 있다. O X

해설 관리규제는 수단규제에 비해 자율성이 높아 유연한 규제설계가 가능해질 수 있다.

43 ☐☐ 19 국가9
포지티브(positive) 규제가 네거티브(negative) 규제보다 자율성을 더 보장해준다. O X

해설 네거티브 규제가 포지티브 규제보다 자율성을 더 보장해준다.

44 ☐☐ 19 국가9
환경규제와 산업재해규제는 사회규제의 성격이 강하다. O X

해설 환경규제와 산업재해규제는 사회적 규제의 대표적 사례로 사회적 형평성 확보 등을 목표로 한다.

45 ☐☐ 19 국회8
지대추구이론은 재정권을 독점한 정부에서 정치가나 관료들이 독점적 권력을 국민에게 남용하여 재정규모를 과도하게 팽창시키는 행위를 의미한다는 내용을 담고 있다. O X

해설 재정권을 독점한 정부에서 정치가나 관료들이 독점적 권력을 국민에게 남용하여 재정규모를 과도하게 팽창시키는 행위를 의미한다는 내용을 담고 있는 것은 리바이어던(Leviathan) 가설이다.

36. O 37. O 38. X 39. O 40. X 41. O 42. X 43. X 44. O 45. X

46 ☐☐ 19 국회9
공해배출권 거래제도, 폐기물처리비 예치제도 등은 외부효과에 대한 직접적 규제 방법이다. O X

> 공해배출권 거래제도, 폐기물처리비 예치제도 등은 외부효과에 대한 간접적 규제 방법으로 시장유인적 규제에 해당한다.

47 ☐☐ 20 경간부
이익집단정치에 해당하는 사례로는 수입규제, 농산물 최저가격 규제가 해당된다. O X

> 수입규제, 농산물 최저가격 규제는 고객정치의 사례이다.

48 ☐☐ 21 국회8
관리규제에서는 정부가 제시한 성과 기준만 충족하면 되기 때문에 이를 달성하는 수단과 방법의 선택은 피규제자가 자유롭게 선택할 수 있으며, 수단규제에 비해 피규제자가 많은 자율성을 갖는다. O X

> 성과규제에서는 정부가 제시한 성과 기준만 충족하면 되기 때문에 이를 달성하는 수단과 방법의 선택은 피규제자가 자유롭게 선택할 수 있으며, 수단규제에 비해 피규제자가 많은 자율성을 갖는다.

49 ☐☐ 21 국회8
네거티브 규제 방식에서는 명시적으로 금지하는 것 이외의 모든 것을 자유로이 할 수 있다. O X

> 네거티브 규제는 원칙 허용, 예외 금지를 의미하는 것으로 명시적으로 금지한 것 이외의 모든 것을 자유롭게 할 수 있다.

50 ☐☐ 22 경간부
윌슨(J. Wilson)의 규제정치이론 중 '고객 정치' 상황에서는 불특정 다수의 논리가 투영될 가능성이 높다. O X

> 고객 정치 상황에서는 조직화된 소수 수혜자 집단의 논리가 투영될 가능성이 높다.

51 ☐☐ 22 경간부
「행정규제기본법」에 따르면 중앙행정기관의 장은 규제를 신설·강화·완화하려면 규제영향분석을 하고 규제영향분석서를 작성하여야 한다. O X

> 규제영향분석은 규제를 강화하거나 신설하고자 할 때 사용하는 체계적인 의사결정도구로, 중앙행정기관의 장은 규제를 신설하거나 강화하려면 규제영향분석을 하고 규제영향분석서를 작성하여야 한다.

52 ☐☐ 22 경간부
스티글러(G. Stigler)의 정부규제이론에 따르면 관료는 공익을 대변하는 대다수 국민을 위해 필요한 규제를 실시한다. O X

> 피규제자는 자신의 이익을 위해 규제기관에 로비 등을 하게 되고, 관료는 피규제자에게 포획됨으로써 피규제기관의 입장을 위해 규제를 실시하기도 한다.

46. X 47. X 48. X 49. O 50. X 51. X 52. X

07 정부실패와 해결방안

01 ☐☐ 03 행정고시
감축관리 지향, 민영화, 정부의 재정지원 확대, 시장에 대한 정부개입 축소, 규제완화, 공공부문에 경쟁원리 도입 등은 정부실패의 대응방안에 해당한다. O X

해설
정부의 재정지원 확대는 정부기능의 팽창을 초래한다.

02 ☐☐ 04 국가7
X-비효율성이란 기술적 비효율성을 의미하는 것으로 일반적으로 경제학자들에 의해서는 중요하지 않은 것으로 간주되었다. O X

일반적으로 경제학자들은 X-비효율성보다 배분적 비효율성에 주목하였다.

03 ☐☐ 05 울산9
문제해결의 당위성만을 강조하는 정치인들의 왜곡된 보상체계는 정부실패의 원인 중 수요측면의 특성에 해당한다. O X

정부실패의 원인 중 수요측면의 특성이다.

04 ☐☐ 06 서울9
더 많은 예산의 확보, 최신 기술에 대한 집착, 정보의 통제, 파생적 외부효과의 통제는 내부성의 결과에 해당한다. O X

파생적 외부효과란 정부의 개입이 의도치 않은 역작용을 초래하는 것으로 정부실패의 원인은 되지만 내부성과는 무관하다.

05 ☐☐ 07 국회8
파생적 외부효과는 시장을 통한 가격에 있지 아니하고 다른 경제주체에게 영향을 미치는 요인이 있을 때 발생한다. O X

시장을 통한 가격에 있지 아니하고 다른 경제주체에게 영향을 미치는 요인이 있을 때 발생하는 것은 외부효과에 해당한다. 한편 파생적 외부효과는 정부의 개입이 의도하지 않은 역작용을 초래하는 현상이다.

06 ☐☐ 07 국회8
선거를 의식하는 정치인의 시간할인율은 사회의 시간할인율에 비해 높아, 단기적 이익과 손해의 현재가치를 낮게 평가하는 경향이 있다. O X

선거를 의식하는 정치인의 시간할인율은 사회의 시간할인율에 비해 높아, 단기적 이익과 손해의 현재가치를 높게 평가하는 경향이 있다.

07 ☐☐ 09 국가9
공공재의 존재, 사적 목표의 설정, 외부효과의 발생, 파생적 외부효과, 불완전경쟁, 정보의 비대칭성, 권력 편재, X의 비효율, 자연독점 등은 정부실패의 요인에 해당한다. O X

사적목표의 설정, 파생적 외부효과, 권력의 편재, X의 비효율은 정부실패의 요인이다. 정보의 비대칭성은 시장실패, 정부실패 모두의 요인에 해당한다.

08 ☐☐ 09 서울7
최근 시장실패와 정부실패를 함께 교정할 수 있는 제도로서 네트워크 거버넌스가 제시되고 있다. O X

최근 시장실패와 정부실패를 함께 해결할 수 있는 제3의 제도로서 시민사회, 제3섹터, 네트워크 거버넌스 등의 개념이 대두되었다.

09 ☐☐ 10 국가7
파생적 외부효과로 인한 정부실패는 정부 보조 삭감 또는 규제 완화의 방식으로 해결하는 것이 적합하다. O X

파생적 외부효과란 정부에 의한 개입이 의도하지 않은 결과를 초래하는 것으로서 정부 보조 삭감 또는 규제 완화의 방식으로 해결하여야 한다.

01. X 02. O 03. O 04. X 05. X 06. X 07. X 08. O 09. O

10 □□
작은 정부를 실현하기 위한 처방이란 정부의 어떠한 부분적 확대도 용납하지 않고, 모든 면에서 축소해야 하는 것을 의미한다.

10 국회9
O X

> 작은정부를 실현하기 위한 처방이란 생산성이 떨어진 부분의 인력을 감축하여 필요한 분야에 재투자하여 생산성을 높이려는 적극적인 전략이다.

11 □□
사적목표의 설정, 파생적 외부효과, 권력의 편재, X-비효율성 등은 민영화를 통해 효과적으로 해결할 수 있다.

11 서울9
O X

> 파생적 외부효과는 정부규제나 보조금 등 유인을 줄이는 방법으로 해결하여야 한다.

12 □□
목표관리제의 도입, 사업시행의 보류, 영기준예산의 도입, 일몰법의 도입, 정책종결, 위원회의 설치 등은 감축관리와 관련된 방안이다.

12 경간부
O X

> 목표관리제의 도입과 위원회의 설치는 감축관리 방안과 관련이 없다.

13 □□
정부활동의 비용은 수익자부담의 원칙이 적용되어 불필요한 정부활동에 많은 자원이 소요된다.

12 경정승진
O X

> 정부활동의 비용은 수익자부담의 원칙이 적용되지 않아 과잉공급 및 과잉소비로 이어지며 불필요한 정부활동에 많은 자원이 소요된다.

14 □□
X-비효율성은 법제적 비효율성을 의미한다.

12 군무원
O X

> X-비효율성은 자원배분이나 법규정으로 명시할 수 없는 행정이나 관리상 또는 심리적·기술적 요인으로 인하여 야기되는 비효율을 말한다.

15 □□
정부실패의 요인으로는 내부성의 존재, 편익향유와 비용부담의 분리, 예측하지 못한 파생적 외부효과 등이 제시되고 있다.

12 해경간부
O X

> 내부성의 존재, 편익향유와 비용부담의 분리, 파생적 외부효과는 모두 정부실패의 요인이다.

16 □□
공공서비스 제공 시 사용료 부과 등 수익자 부담의 원칙을 적용할 때 공공서비스의 불필요한 수요를 줄일 수 있으며 누진세에 비해 사회적 형평성 제고 효과가 크다.

13 국가9
O X

> 수익자 부담주의는 사회적 형평성을 저해한다.

17 □□
신자유주의적 정부이념은 민간기업의 성공적 경영기법을 행정에 접목시켜 효율적인 행정관리를 추구할 뿐 아니라 개방형 임용, 성과급 등을 통하여 행정에 경쟁원리 도입을 추진한다.

13 국가9
O X

> 신자유주의적 정부이념이 행정에 반영된 것이 신공공관리론이며, 이는 위에 제시된 경쟁원리의 도입을 적극 지지하는 입장이다.

18 □□
큰 정부론자는 "비용과 편익이 괴리되어 시장실패가 발생하는 경우, 정부가 시장에 개입해야 한다"라고 주장한다.

14 지방9
O X

> 비용과 편익의 괴리는 정부실패의 요인이다. 한편 큰 정부론자는 정부가 시장에 개입해야 한다고 주장한다.

---

10. X 11. X 12. X 13. X 14. X 15. O 16. X 17. O 18. X

19 □□ 15 경정승진
정부실패가 발생할 경우 이를 교정하기 위한 정부의 대응방식은 공적 공급, 보조금 등 금전적 수단을 통해 유인구조를 바꾸는 공적유도, 그리고 법적 권위에 기초한 정부규제 등이 있다. ⓞⓧ

> **해설**
> 공적공급, 보조금 등 금전적 수단을 통해 유인구조를 바꾸는 공적유도, 정부규제 등은 시장실패의 대응책에 해당한다.

20 □□ 16 국가9
정부실패는 관료나 정치인들의 개인적 요인 때문에 발생하며, 정부라는 공공조직에 내재하는 구조적 요인 때문에 발생하는 것은 아니다. ⓞⓧ

> 정부실패는 관료나 정치인들의 잘못된 사고방식 및 행태 등 개인적 요인 때문에 발생하기도 하지만 정부부문의 비시장성이나 정부산출물의 비계량화 등 공공부문에 내재하는 구조적 요인 때문에 발생하는 경우도 있다.

21 □□ 16 지방9
X-비효율성으로 인해 시장실패가 야기되어 정부의 시장개입 정당성이 약화된다. ⓞⓧ

> X-비효율성은 정부실패의 요인이다.

22 □□ 17 국가9
X-비효율성은 과열된 경쟁에서 나타나는 정부의 과다한 비용발생을 의미한다. ⓞⓧ

> X-비효율성은 과열된 경쟁이 아닌 정부의 독점적 지위나 특정 민간기업에 정부가 독점적 지위를 허용함으로써 발생하는 현상이다.

23 □□ 17 지방7
경제 활동에 영향을 주는 외부불경제(external diseconomy)는 정부실패의 요인이다. ⓞⓧ

> 외부불경제는 시장실패의 요인이다.

24 □□ 17 지방7
의도하지 않은 파생적 외부효과는 정부실패의 요인이다. ⓞⓧ

> 파생적 외부효과는 정부실패의 요인이다.

25 □□ 18 경간부
권력의 편재에 대한 방안으로 정부보조 삭감, 규제 완화 등이 있다. ⓞⓧ

> 권력의 편재에 대한 방안으로 민영화, 규제 완화 등이 있다.

26 □□ 19 서울7
예산극대화모형, 지대추구이론, 외부효과는 작은 정부의 등장을 지지하게 된 이론적 배경이다. ⓞⓧ

> 작은 정부의 등장을 지지하게 된 이론적 배경은 정부실패로, 예산극대화모형, 지대추구이론은 정부실패의 요인에 해당하지만 외부효과는 시장실패의 원인에 해당한다.

27 □□ 20 국회8
정부실패의 요인 중, 관료들이 자기 부서의 이익 혹은 자신의 사적 이익에 집착함으로써 공익을 훼손하게 되는 경우를 분배적 불공평이라고 한다. ⓞⓧ

> 정부실패의 요인 중, 관료들이 자기 부서의 이익 혹은 자신의 사적 이익에 집착함으로써 공익을 훼손하게 되는 경우를 내부성이라고 한다.

28 □□ 21 경간부
X-비효율성이란, 관료제 안에서 공익보다는 개인과 조직의 이익을 우선하는 현상을 의미한다. ⓞⓧ

> 관료제 안에서 공익보다는 개인과 조직의 이익을 우선하는 현상은 내부성(사적목표의 설정)이다. 한편 X-비효율성은 정부의 독점적 지위로 인해 발생하는 비효율을 의미한다.

📋 19. X 20. X 21. X 22. X 23. X 24. O 25. X 26. X 27. X 28. X

29 22 국가직7

'파생적 외부효과'는 시장실패를 해결하기 위해 정부가 개입하지만 의도하지 않은 부작용을 초래하는 것이다. O X

해설
파생적 외부효과는 정부실패 원인이 된다.

30 22 국가직7

'내부성(internalities)'은 공공조직이 공익적 목표보다는 관료 개인이나 소속기관의 이익을 우선적으로 고려하는 것이다. O X

내부성은 정부실패 원인이 된다.

29. O 30. O

08 제3섹터, NGO, 시민참여

01 ☐☐ 03 광주9
정부실패의 대안 중 하나로 꼽히는 제3섹터는 관료의 잠재적 이해관계나 정부책임의 회피수단으로 악용될 수 있다. O X

> 정부실패의 대안 중의 하나인 제3섹터는 정부 규모를 축소시키는 것처럼 보이나 실제로는 이것이 정부팽창의 은폐수단 및 정부책임의 회피수단으로 악용될 수 있다.

02 ☐☐ 04 군무원
공생산(co-production)은 시장실패와 정부실패를 동시에 극복할 수 있는 가능성을 제시한다. O X

> 공생산은 시장실패와 정부실패를 동시에 극복할 수 있는 방안이다.

03 ☐☐ 04 부산9
준정부조직은 정부와 공동생산(co-production)의 기능을 수행하면서도 정부로부터는 독립성을 갖고 운영되는 조직이다. O X

> 준정부조직에 대한 옳은 지문이다.

04 ☐☐ 05 경북9
현대적 의미에서 시민사회는 민주화와 시장실패에 대처하려는 노력을 통하여 부활되었다. O X

> NGO 등 현대적 의미의 시민사회는 행정국가화 사회현상이 절정에 달하면서 나타난 정부실패를 해소하려는 차원에서 등장하였다.

05 ☐☐ 05 국회8
시민사회가 활성화되기 위해서는 NGO, NPO 등과 같은 시민단체들 뿐만 아니라 지역사회의 역할도 중요하다. O X

> 시민사회가 활성화되기 위해서는 시민단체 뿐만 아니라 지역사회의 역할도 중요하다.

06 ☐☐ 06 대구9
비정부조직(NGO)은 임시조직, 제3의 영역조직이며 자발적이고 자치적인 속성을 지니고 있다. O X

> 비정부조직(NGO)은 제3섹터, 자발적 조직, 자치적 조직이며 공식적이고 지속성을 지닌 조직이다.

07 ☐☐ 08 지방7
NGO에 관한 이론 중 하나인 공공재 이론은 사회의 구성원들에게 기본의 공공재 공급구조체제에서 충족되지 못한 수요를 만족시키는 역할을 하는 NGO의 특성을 잘 나타낸 이론이다. O X

> NGO의 이론적 배경의 하나인 공공재 이론에 대한 옳은 지문이다.

08 ☐☐ 09 지방9
비정부조직(NGO)는 높은 전문성을 보유하고 있어 정책과정에서 영향력이 크며 정부나 시장에 대한 감시와 견제의 역할을 한다. O X

> NGO는 안전성 및 구성력, 전문성이 부족하다는 비판을 받는다.

09 ☐☐ 11 경정승진
시민공동생산(Co-production)은 시민들의 무임승차 문제를 해결하기 위한 대안이 될 수 있으며, 정책집행부문보다는 주요 정책결정부문에서 아이디어 제공 등 시민참여로 유용하게 활용될 수 있다. O X

> 공동생산은 시민들의 무임승차 문제를 해결하기 위한 대안이 될 수 있으며 정책결정부문보다는 주로 정책집행부문에서 아이디어 제공 등 시민참여로 유용하게 활용될 수 있다.

01. O 02. O 03. O 04. X 05. O 06. X 07. O 08. X 09. X

10 □□　　　　　　　　　　　　　　　　　　　　11 지방7
사회적 기업은 재화 및 서비스의 생산 및 판매 등 영업활동을 하여야 한다.
O X

해설 사회적 기업은 유급근로자를 고용하여 재화와 서비스의 생산 및 판매활동을 하여야만 고용노동부 장관으로부터 인증을 받을 수 있다.

11 □□　　　　　　　　　　　　　　　　　　　　11 국회8
자원봉사자로만 구성된 비영리조직이라도 사회적 기업으로 인증받을 수 있다.
O X

해설 사회적 기업은 유급근로자를 고용하여 영리활동을 해야 한다.

12 □□　　　　　　　　　　　　　　　　　　　　11 국회8
사회적 기업으로 인증받기 위해서는 민법상 법인·조합, 상법상 회사 또는 비영리민간단체 등 대통령령으로 정하는 조직형태를 갖추어야 한다.
O X

해설 「사회적기업 육성법」에 따라 사회적 기업으로 인증받기 위해서는 민법상 법인·조합, 상법상 회사 또는 비영리민간단체 등 대통령령으로 정하는 조직형태를 갖추어야 한다.

13 □□　　　　　　　　　　　　　　　　　　　　12 지방9
현대 민주주의 국가에서 정부와 시민사회의 관계는 시민의식이 성숙되고 시민의 참여욕구가 증대하면서 정부와 시민사회의 새로운 파트너십이 요구되고 있다.
O X

해설 정부와 시민사회는 적대적 관계보다는 서로의 존재를 인정하는 '동반자적 관계'가 점차 일반화되어 가는 추세이다.

14 □□　　　　　　　　　　　　　　　　　　　　13 지방7
시민공동생산 논의는 시민과 지역주민을 정규생산자로 파악하는 데에서 출발한다.
O X

해설 공동생산에서는 시민들을 정규생산자가 아니라 공동생산자로 규정한다.

15 □□　　　　　　　　　　　　　　　　　　　　15 국가7
시민단체는 이익집단 간 갈등이나 지역이기주의로 나타나는 지역 간 갈등 등에 대한 조정자 역할을 한다.
O X

해설 시민단체는 이익집단이나 지역 간의 갈등을 조정하는 역할을 한다.

16 □□　　　　　　　　　　　　　　　　　　　　16 사복9
정부와 시민단체의 지나친 유착은 시민단체의 정체성 문제를 야기한다.
O X

해설 정부와 시민단체 간의 유착으로 관변단체화될 우려가 있으며 이는 시민단체의 정체성 문제를 야기한다.

17 □□　　　　　　　　　　　　　　　　　　　　16 사복9
우리나라에서는 시민단체의 자율성을 위하여 정부가 재정지원을 하지 않는다.
O X

해설 우리나라에서는 2000년 「비영리민간단체 지원법」을 제정하여 비영리민간단체에 보조금 등의 재정지원을 하고 있다.

정답 10. O　11. X　12. O　13. O　14. X　15. O　16. O　17. X

09 민영화

01 ☐☐　　　　　　　　　　　　　　　　　　05 국가7
공기업의 민영화에 따른 문제점으로는 요금 인상 우려, 자본시장 및 통화의 안정적 관리 저해, 서비스 공급의 형평성에 의문, 정부와 공급자 간의 책임소재 불분명 등이 있다. O X

> 대형 우량기업의 민영화는 자본시장의 저변확대와 통화의 안정적 관리에 기여한다.

02 ☐☐　　　　　　　　　　　　　　　　　　06 경기7
행정의 시장지향적 운영기법이 최근 들어 행정의 수익자부담원칙 차원에서 강조되고 있는데 행정의 시장지향적 운영기법이 갖는 한계는 행정이념 중 형평성의 저해와 관련 된다. O X

> 수익자 부담주의 등 시장지향적 운영기법은 자원배분의 효율성은 제고하나 행정의 형평성은 저해된다.

03 ☐☐　　　　　　　　　　　　　　　　　　07 경기9
면허제는 공공서비스가 기술적으로 복잡하여 예측이 어렵고 서비스 목표달성의 방법을 정확히 알 수 없을 경우 이용하는 방식이다. O X

> 보조금 방식에 대한 설명이다.

04 ☐☐　　　　　　　　　　　　　　　　　　08 국회8
면허는 일정한 구역 내에서 특정 공공서비스를 제공하는 권리를 민간조직에 인정하는 공공서비스 공급방식이다. O X

> 시민 또는 이용자는 민간서비스 제공자에게 비용을 지불하며 서비스 수준과 질은 정부가 규제한다.

05 ☐☐　　　　　　　　　　　　　　　　　　08 지방9
교육부의 '방과후 수업'과 국토부의 '주택장기임대 사업'은 소비자가 자유롭게 선택할 수 있는 바우처(voucher)형식을 이용하여 공공서비스를 공급하는 제도이다. O X

> 바우처에 대한 옳은 사례이다.

06 ☐☐　　　　　　　　　　　　　　　　　　09 경북소방
계약자들이 경쟁하는 환경이 조성되어 있을 때, 정부가 목표보다 수단에 관심을 가질 때 등은 민간위탁을 성공하기 위한 조건에 해당한다. O X

> 민간위탁은 정부가 수단보다 목표에 더 관심을 가질 때 용이해진다.

07 ☐☐　　　　　　　　　　　　　　　　　　09 국가7
자원봉사자 방식은 서비스의 생산과 관련된 현금지출에 대해서만 보상받고 직접적인 보수는 받지 않는 방식이다. O X

> 자원봉사자 방식에 대한 옳은 지문이다.

08 ☐☐　　　　　　　　　　　　　　　　　　10 국가전환특채
신공공관리론 등이 중시하는 공기업의 민영화 추진목적으로 공공서비스 능률 향상, 시장실패의 치유, 작은 정부의 구현, 재정적자의 완화 등이 있다. O X

> 시장실패의 치유는 민영화의 목적이 아니라 오히려 정부개입의 이유이다.

01. X　02. O　03. X　04. O　05. O　06. X　07. O　08. X

09 ☐☐ 11 국회8
민간투자사업의 추진 방식은 소유권, 운영권을 민간부문과 공공부문 중에서 누가 보유할 것인가에 따라 구분된다. ⓞⓧ

> 민간투자사업의 추진 방식은 소유권 및 운영권을 민간과 공공부문 중에서 누가 보유할 것인가에 따라 구분된다.

10 ☐☐ 11 국회8
BTO 방식에서는 사회간접자본시설의 준공 후 민간의 운영이 종료되는 시점에 시설의 소유권이 지방자치단체에 귀속된다. ⓞⓧ

> BOT 방식에 대한 설명이다.

11 ☐☐ 11 국회8
BTL방식에서는 사회간접자본시설의 준공과 동시에 당해 시설의 소유권이 지방자치단체에 귀속되며, 사업시행자에게 일정 기간의 운영권을 인정한다. ⓞⓧ

> BTL방식에서는 사회간접자본시설의 준공과 동시에 당해 시설의 소유권이 지방자치단체에 귀속되며, 사업시행자가 직접 운영하는 것이 아니라 정부가 시설을 임대받아 운영한다.

12 ☐☐ 11 서울7
계약 및 면허 방식 모두 정부가 민간기업에 재화나 서비스의 공급권을 부여하며, 두 방식 모두 공공서비스 공급(provision)의 책임은 정부에 귀속되어 있다. ⓞⓧ

> 계약 및 면허 방식 모두 공급에 대한 책임은 정부가 지면서 민간기업에 재화나 서비스의 공급권을 부여한다는 점에서 공통점을 갖고 있다.

13 ☐☐ 12 국가7
민간위탁방식 중 면허방식은 공공서비스에 대한 요건을 구체적으로 명시하기 곤란하거나 서비스가 기술적으로 복잡하고 서비스의 목표를 어떻게 달성할 것인지가 불확실한 경우에 해당한다. ⓞⓧ

> 면허방식이 아니라 보조금 방식에 해당한다.

14 ☐☐ 12 국가7
공기업 민영화와 관련한 '역대리인' 이론이 제기하는 문제점으로는 민영화 이후에 공공서비스가 제대로 공급되지 못하는 경우가 나타나는 점을 들 수 있다. ⓞⓧ

> 공기업 민영화와 관련한 역대리인 이론이 제기하는 문제점으로 옳은 지문이다.

15 ☐☐ 12 지방9
자조활동(self-help) 방식은 서비스의 생산과 관련된 현금지출에 대해서만 보상받고 직접적인 보수는 받지 않으면서 공익을 위해 봉사하는 사람들을 활용하는 것이다. ⓞⓧ

> 자원봉사(volunteer) 방식에 대한 설명이다.

16 ☐☐ 13 지방7
사바스(E. S. Savas)의 분류에 따르면, 계약·허가·보조금 등은 지방정부가 공급을 결정하고 민간부문이 생산을 담당하는 공급유형에 속한다. ⓞⓧ

> 사바스(E. S. Savas)에 따르면 계약·허가·보조금 등은 정부가 공급을 결정하고 민간부문이 생산을 담당하는 유형이다.

17 ☐☐ 15 서울7
민영화의 계약방식(contracting-out)은 일반적으로 경쟁 입찰을 통해 서비스 생산주체가 결정되므로 정부재정 부담을 경감시킬 수 있다. ⓞⓧ

> 정부가 민간부문과 위탁계약을 맺고 기업 간 경쟁입찰을 통해 서비스 생산주체를 결정하므로 정부의 재정부담이 경감될 수 있다.

09. O 10. X 11. X 12. O 13. X 14. O 15. X 16. O 17. O

Chapter 09 민영화 43

18 ☐☐ 16 경간부
면허제는 공공서비스가 기술적으로 복잡하여 예측하기 어렵고 서비스 목표달성의 방법을 정확히 알 수 없는 경우 주로 이용하는 방식이다. [O|X]

> 보조금 방식에 대한 설명이다.

19 ☐☐ 16 경간부
자조활동이란 공공서비스의 수혜자와 제공자가 같은 집단에 소속되어 서로 돕는 방식이다. [O|X]

> 자조활동(자급방식)의 의의로 자조활동은 공공서비스와 수혜자가 제공자가 같은 집단에 소속되어 돕는 방식이다.

20 ☐☐ 16 국회8
민간위탁이란 정부기관이 조사·검사·검정 등 국민의 권리·의무와 직접 관계되는 사무 일부를 민간부문에 위탁하는 것을 말한다. [O|X]

> 국민의 권리·의무와 직접 관계되는 사무는 민간위탁보다는 정부가 직접 수행하는 것이 바람직하다.

21 ☐☐ 16 국회8
BTL은 최종수요자에게 부과되는 사용료만으로 투자비 회수가 어려운 시설에 대해서 실시하는 경우가 일반적이다. [O|X]

> BTL과 BLT는 비수익사업에 실시하는 경우가 일반적이다.

22 ☐☐ 16 국회8
면허방식에서는 서비스 제공자들 간의 경쟁이 약할 경우 이용자 고객의 비용부담이 증가할 수 있다. [O|X]

> 면허방식에서 공급자들 간의 경쟁이 미약할 경우 이용자의 비용부담이 과중될 수 있다.

23 ☐☐ 16 국회8
바우처는 소비자가 아닌 공급자에게 서비스의 선택권을 부여한다. [O|X]

> 바우처는 공급자가 아닌 소비자에게 서비스의 선택권을 부여한다.

24 ☐☐ 16 국회9
우리나라는 2007년 보건복지부에서 전자바우처 시스템을 도입했다. [O|X]

> 우리나라는 전자바우처 시스템을 2007년 도입하였다.

25 ☐☐ 17 경정승진
전자바우처는 수요자 중심의 서비스 전달과 바우처 관리의 투명성 및 효율성 제고에 기여한다. [O|X]

> 전자바우처는 전자적 수단으로 서비스를 이용하고 지불하는 방식으로 수요자 중심의 서비스 전달이 가능하고 바우처 관리의 투명성 및 효율성 제고에 기여한다.

26 ☐☐ 17 국가9(추)
바우처는 수혜자에게 현금을 지원하는 대신 특정 재화나 서비스를 구매할 수 있는 쿠폰이나 포인트를 제공하는 제도이다. [O|X]

> 바우처 제도란 시민들의 공공서비스 구입 부담을 완화시키는 금전적 가치가 있는 쿠폰을 제공하는 방식이다.

27 ☐☐ 17 국가9(추)
사회기반시설에 대한 민간투자사업에 있어서 사업시행자가 시설을 건설한 후 해당 시설의 소유권 및 운영권을 사업시행자가 가지는 방식은 BTO(Build-Transfer-Operate) 방식이다. [O|X]

> 사회기반시설에 대한 민간투자사업에 있어서 사업시행자가 시설을 건설한 후 해당 시설의 소유권 및 운영권을 사업시행자가 가지는 방식은 BOO(Build-Own-Operate) 방식이다.

18. X 19. O 20. X 21. O 22. O 23. X 24. O 25. O 26. O 27. X

28 ☐☐ 17 국가9(추)
전자바우처의 도입을 통해 행정비용을 절감할 수 있다. ⓞⓧ

> 전자바우처의 도입을 통해 바우처 관리의 투명성·효율성을 제고할 수 있다.

29 ☐☐ 17 서울7
공공부문이 생산자(productor)인 동시에 배열사(arranger)인 경우의 예로 정부 간 협약을 통해 한 정부가 또 다른 정부의 공공서비스를 구매하는 방식이 있다. ⓞⓧ

> 정부 간 협약은 서로 협의를 통하여 공공서비스가 제공되는 것으로 어떤 정부가 공급 주선자가 되고 다른 정부는 생산자가 되는 것이다.

30 ☐☐ 17 서울7
민간부문이 생산자인 동시에 배열자인 경우의 예로 임대형 민자사업(BTL), 보조금에 의한 서비스 제공 등을 들 수 있다. ⓞⓧ

> 임대형 민자사업(BTL)방식과 보조금은 민간부문에서 생산하고, 공급주선자(배열자)는 공공부문이다.

31 ☐☐ 18 국가9
정부의 직접적 공급이 아닌 대안적 서비스 공급체계(ASD)는 생활쓰레기 수거, 사회복지사업운영, 시설 관리 등의 분야에 적용되고 있다. ⓞⓧ

> 정부의 대안적 서비스 공급체계는 생활쓰레기 수거나 사회복지사업 운영 등과 같은 한정된 분야에 적용된다.

32 ☐☐ 18 국가9
사바스(E. Savas)가 제시한 공공서비스 공급유형론에 따르면, 자원봉사(voluntary service)방식은 민간이 결정하고 정부가 공급하는 유형에 속한다. ⓞⓧ

> 자원봉사(voluntary service)방식은 민간이 결정하고 민간이 공급하는 유형에 속한다.

33 ☐☐ 18 지방7
BTO의 경우 민간사업자는 시설을 운영하면서 사용료 징수로 투자비를 회수하는데, 주로 도로·철도 등 수익창출이 가능한 영역에 적용된다. ⓞⓧ

> BTO는 민간사업자가 시설을 운영하면서 사용료 징수로 회수하며 수익창출이 가능한 영역에 적용한다.

34 ☐☐ 18 지방7
BTO의 경우 시설에 대한 수요변동 위험은 정부에서 부담하며, 정부는 사전에 약정한 수익률을 포함한 리스료를 민간사업자에게 지출한다. ⓞⓧ

> 시설에 대한 수요변동 위험은 정부에서 부담하며, 정부는 사전에 약정한 수익률을 포함한 리스료를 민간사업자에게 지출하는 것은 BTL에 해당한다.

35 ☐☐ 19 국회9
자조활동 방식은 서비스 생산과 관련된 직접적 보수를 받지 않는 봉사자들이 생산을 담당한다. ⓞⓧ

> 서비스 생산과 관련된 직접적 보수를 받지 않는 봉사자들이 생산을 담당하는 것은 자원봉사자 방식이다.

36 ☐☐ 19 서울9(2월)
보조금 방식은 정부가 개인들에게 특정 상품 및 서비스 구입이 가능한 쿠폰을 제공하는 방식이다. ⓞⓧ

> 바우처 방식은 정부가 개인들에게 특정 상품 및 서비스 구입이 가능한 쿠폰을 제공하는 방식이다.

37 ☐☐ 19 서울9(2월)
임대형 민자사업(BTL) 방식은 민간이 시설을 건설하고 정부가 소유하며 민간은 정부로부터 임대료 수익을 보장받는 방식이다. ⓞⓧ

> 임대형 민자사업은 민간이 시설을 건설, 정부가 소유하며 민간은 정부로부터의 임대료를 통해 수익을 보장받는다.

28. O   29. O   30. X   31. O   32. X   33. O   34. X   35. X   36. X   37. O

38 ☐☐ 20 서/지9
BTO(Build-Transfer-Operate)는 민간투자사업자가 사회기반시설 준공과 동시에 해당 시설 소유권을 정부로 이전하는 대신 시설관리운영권을 획득하고, 정부는 해당 시설을 임차 사용하여 약정기간 임대료를 민간에게 지급하는 방식이다. ⓄⓍ

> BTL(Build-Transfer-Lease)에 대한 설명이다.

39 ☐☐ 21 경간부
바우처 제도는 소수의 공급자가 있는 경우에 유용하게 활용될 수 있다. ⓄⓍ

> 바우처 제도는 다수의 공급자가 있는 경우 선택의 폭이 넓어져 더욱 유용하게 활용될 수 있다.

40 ☐☐ 21 경간부
바우처 제도는 수요자와 공급자 간의 결탁 또는 바우처 전매 등으로 정책효과가 제대로 발생하지 않을 수 있다. ⓄⓍ

> 바우처 제도는 수요자와 공급자 간의 결탁이나 바우처의 전매 및 서비스의 누출이 발생할 수 있다.

41 ☐☐ 21 경간부
사회적 기업은 취약계층에 대한 일자리 창출과 사회서비스 수요에 대한 공급 확대 정책으로 시작되었다. ⓄⓍ

> 사회적 기업은 취약계층에게 사회서비스나 일자리를 제공하는 등의 공익적 목적을 추구하는 기업이다.

42 ☐☐ 21 경간부
고용노동부는 매년 사회적 기업의 활동실태를 조사하고 고용정책심의회에 통보하여야 한다. ⓄⓍ

> 고용노동부장관은 사회적기업의 활동실태를 5년마다 조사하고, 그 결과를 고용정책심의회에 통보하여야 한다.

43 ☐☐ 21 국회8
사회간접자본(SOC)에 대한 대규모 민간투자사업은 기획재정부가 결정한다. ⓄⓍ

> 사회간접자본에 대한 민간투자사업은 주무관청이 결정한다.

38. X 39. X 40. O 41. O 42. X 43. X

MEMO

10 행정이념(본질적 가치)

해설

01 ☐☐ 04 서울9
공익의 개념에 대한 관심이 대두하게 된 요인으로 쇄신적 정책결정의 중요성, 행정인의 재량권이나 자원배분권의 확대, 행정이론의 윤리적 기초에 대한 관심, 행정행태의 논리적 준거기준의 필요성, 정치·행정이원론의 대두 등이 있다. OX

정치·행정이원론이 아니라 정치·행정일원론의 대두이다.

02 ☐☐ 05 경기7
공익은 추상적·신축적·상대적인 모호성을 가지고 있으나 행정의 본질적 가치에 해당한다. OX

공익은 행정을 통해 이루고자 하는 궁극적 가치이지만, 개념이 신축적·상대적이어서 공익의 본질에 대한 논쟁이 있다.

03 ☐☐ 05 경북9
대표관료제는 수직적 형평에는 기여하나, 수평적 형평을 크게 저해할 우려가 크다. OX

대표관료제는 사회경제적 여건이 불리한 계층에 대한 공직진출의 기회균등을 보장한다는 면에서 수직적 형평성을 제고하나, 수평적 형평성을 저해시킨다.

04 ☐☐ 07 광주9
공익은 행정권한의 확대를 초래하며 정치·행정이원론의 등장과 연계되어 있다. OX

정치·행정일원론의 등장과 연관된다.

05 ☐☐ 07 서울9
과정설에 의하면 공익을 사익 간의 협상과 조정을 통한 집단과정의 결과로 본다. OX

과정설은 사익의 합으로써 공익을 이해한다.

06 ☐☐ 07 전북9
실체설은 사익을 초월하는 실체적·규범적·도덕적 개념으로 공익을 파악하며, 공익과 사익 간의 갈등이란 있을 수 없다고 본다. OX

실체설에 의하면 공익과 사익은 구분되지만 공익과 사익이 충돌될 경우 공익 우선주의이므로 공익과 사익 간에 근본적인 갈등은 있을 수 없다.

07 ☐☐ 08 선관위
형평성은 총체적 효용 개념을 강조한다. OX

분배적 공평을 중시하는 형평성은 총체적 효용(효율성)과 상충하는 개념이다.

08 ☐☐ 08 지방7
공익의 과정설은 대립적인 이익들을 평가할 수 있는 기준을 제시하고 있다. OX

과정설은 사익이 자동으로 공익으로 승화된다는 기계적 관념을 지니고 있기 때문에 대립적인 이익들을 평가할 수 있는 기준을 제시하지 못하는 한계를 가지고 있다.

09 ☐☐ 09 서울7
롤스는 무지의 베일(veil of ignorance)의 개념을 통해서 계급·계층·신분·직업이 고려되어야 한다는 입장을 취하였다. OX

무지의 베일(veil of ignorance)이란 자신의 능력, 가치관 및 심리성향, 사회경제적 지위 등을 전혀 알지 못하는 상태를 의미한다.

01. X 02. O 03. O 04. X 05. O 06. O 07. X 08. X 09. X

10 ☐☐   11 경간부
롤스의 정의의 두 가지 기본 원리는 특수한 사실의 유·불리 여부에 대한 판단이 불확실한 원초적 상태에서 구성원들이 합의하는 규칙 또는 원칙은 불공정할 것이라고 전제하고 있다. ○ X

> 롤스의 정의의 두 가지 기본 원리는 특수한 사실의 유·불리 여부에 대한 판단이 불확실한 원초적 상태에서 구성원들이 합의하는 규칙 또는 원칙은 공정할 것이라고 전제하고 있다.

11 ☐☐   11 경남전환특채
모든 대학교가 등록금을 획일적으로 반값으로 내리거나 특정 대학교가 등록금을 전 학생에게 절반 또는 얼마씩 동일하게 내려주는 것은 수평적 형평성과 관련된다. ○ X

> 수평적 형평에 대한 옳은 지문이다.

12 ☐☐   11 경정승진
누구나 건강상 문제가 없다면 병역의무의 기회가 균등하게 주어져야 한다는 것은 사전적 형평성의 문제이고, 결과적으로 군복무를 한 사람과 하지 않은 사람 사이의 문제는 사후적 형평성의 문제이다. ○ X

> 사전적, 사후적 형평성에 대한 옳은 지문이다.

13 ☐☐   11 국회8
공익의 실체설은 절차적 합리성을 강조하여 적법절차의 준수에 의해서 공익이 보장된다고 본다. ○ X

> 공익의 과정설에 대한 설명이다.

14 ☐☐   12 인천9
공익에 대한 접근방법 가운데 과정설은 사익을 초월한 별도의 공익이란 존재하지 않으며, 공익이란 사익의 총합이거나 사익 간의 타협 또는 집단 간의 상호작용의 산물이라고 보는 입장이다. ○ X

> 공익의 과정설에 대한 특징으로 옳은 지문이다.

15 ☐☐   14 서울9
정의의 제2원리의 하나인 기회균등의 원리는 사회·경제적 불평등은 그 모체가 되는 모든 직무와 직위에 대한 기회균등이 공정하게 이루어진 조건하에서 직무나 지위에 부수해 존재해야 한다는 원리이다. ○ X

> 기회균등의 원리는 직무와 직위는 모든 사람에게 공정하게 개방되어야 한다는 것으로 기회의 공평을 강조한다.

16 ☐☐   15 경정승진
실체설에 의하면 공익 결정은 다수에 의해 민주적으로 이루어지는 것으로 본다. ○ X

> 과정설에 대한 입장이다.

17 ☐☐   15 교행9
사회적 형평은 행정이 중립적이어야 한다는 신념에 바탕을 두고 있다. ○ X

> 사회적 형평은 사회적 약자나 소외계층에게 더 나은 서비스를 제공해야 한다는 적극적 신념을 바탕으로 한다.

18 ☐☐   15 국회8
장애인들에게 특별한 세금감면 혜택을 부여하는 것은 모든 국민이 동등한 서비스를 제공받아야 한다는 사회적 형평성에 어긋나는 제도이다. ○ X

> 장애인들에게 특별한 세금감면 혜택을 부여하는 것은 수직적 형평성으로 인간의 가치는 개인의 능력에 관계없이 누구나 동일하기 때문에 개인의 능력이나 업적과 관계없이 동일한 대우(결과의 공평)를 받아야 한다는 개념이다.

📋 10. X   11. O   12. O   13. X   14. O   15. O   16. X   17. X   18. X

19 □□ 15 사복9
롤스의 정의의 제2원리의 하나인 '차등원리'는 저축 원리와 양립하는 범위 내에서는 가장 불우한 사람들의 편익을 최대화하여야 한다는 원리이다. ⓞⓧ

> 차등원리에 대한 옳은 지문이다.

20 □□ 16 경정승진
지나친 집단 이기주의를 극복하기 위해서는 공익에 대한 과정설적인 입장을 반영할 필요가 있다. ⓞⓧ

> 공익에 대한 실체설적인 입장을 반영할 필요가 있다.

21 □□ 17 국가9
공익(public interest)의 실체설은 공익이라는 미명하에 개인의 이익이 침해될 수 있는 위험요소를 내포하고 있다. ⓞⓧ

> 공익의 실체설에서는 공익을 사익을 초월한 실체로 정의하므로 공익이라는 미명하에 개인의 이익이 침해될 수 있다고 본다.

22 □□ 17 국가9
과정설은 공익과 사익이 명확히 구분된다는 입장으로 대표적인 학자에는 플라톤(Platon)과 루소(Rousseau)가 있다. ⓞⓧ

> 실체설에 대한 설명이다.

23 □□ 17 국가9
공익(public interest)의 실체설은 집단 간 상호작용의 산물이 공익이라고 본다. ⓞⓧ

> 집단 간 상호작용의 산물이 공익이라고 보는 것은 공익의 과정설이다.

24 □□ 17 서울7
롤스의 정의관은 자유와 평등의 조화를 추구하고 있다. ⓞⓧ

> 롤스는 자유와 평등의 조화를 추구한다.

25 □□ 17 서울7
롤스는 사회계약론의 입장에서 정의의 원리를 도출한다. ⓞⓧ

> 롤스는 사회계약론의 입장에서 정의의 원리를 도출하였다.

26 □□ 17 서울7
롤스의 정의론에서 제1의 원리는 사회적 약자의 편익을 최대화하는 것이다. ⓞⓧ

> 롤스의 정의론에서 제1의 원리는 다른 사람의 유사한 자유와 상충되지 않는 범위에서 기본적 자유에 대해 동등한 권리를 갖는 평등한 자유의 원칙이다.

27 □□ 18 국가9
롤스(J. Rawls)의 정의론은 원초적 자연상태(state of nature) 하에서 구성원들의 이성적 판단에 따른 사회형태는 극히 합리적일 것이라고 가정하는 사회계약론적 전통에 따른다. ⓞⓧ

> 롤스(J. Rawls)의 정의론은 사회계약론적 입장을 취한다.

28 □□ 18 국가9
롤스(J. Rawls)의 정의론은 자유와 평등의 조화를 추구하는 중도적 입장보다는 자유방임주의에 의거한 전통적 자유주의 입장을 취하고 있다. ⓞⓧ

> 롤스(J. Rawls)의 정의론은 자유방임주의에 의거한 전통적 자유주의 입장보다는 자유와 평등의 조화를 추구하는 중도적 입장을 취하고 있다.

19. O 20. X 21. O 22. X 23. X 24. O 25. O 26. X 27. O 28. X

29 ☐☐ 18 서울7(3월)
롤스(Rawls)의 최소최대 원칙(minimax principle)은 사회에서 가장 취약한 집단에게 최대의 편익이 돌아가게 하는 정책이 바람직하다는 기준을 의미한다.
O X

> **해설**
> 롤스(Rawls)의 최소극대화 원칙(maximin principle)은 사회에서 가장 취약한 집단에게 최대의 편익이 돌아가게 하는 정책이 바람직하다는 기준을 의미한다.

30 ☐☐ 18 서울7(3월)
인간의 기본욕구 충족과 최소한의 평등확보 측면에서 욕구이론은 수평적 형평에 대한 유용한 기준을 제시한다.
O X

> 인간의 기본욕구 충족과 최소한의 평등확보는 수평적 형평성과 관련된다.

31 ☐☐ 18 서울9
실체설에서 도덕적 절대가치를 공익의 실체로 보는 관점에서는 사회공동체나 국가의 모든 가치를 포괄하는 절대적인 선의 가치가 있다고 가정한다.
O X

> 실체설은 절대적인 선의 가치가 있다고 전제한다.

32 ☐☐ 18 서울9
실체설에서도 전체효용의 극대화를 강조하는 입장에서는 사회구성원의 효용을 계산한 다음에 전 구성원의 총효용을 극대화함으로써 공익에 도달할 수 있다고 본다.
O X

> 실체설은 전체효용의 극대화를 강조하는 입장으로, 사회구성원의 효용을 계산한 다음 전 구성원의 총효용을 극대화함으로써 공익에 도달할 수 있다고 본다.

33 ☐☐ 18 서울9
실체설에서는 적법절차의 준수를 강조하며 국민주권원리에 의한 행정의 중심적 역할을 강조한다.
O X

> 적법절차의 준수를 강조하며 국민주권원리에 의한 행정의 중심적 조정자 역할을 강조하는 입장은 실체설이 아니라 과정설에 해당한다.

34 ☐☐ 18 행정사
형평성은 '최대 다수의 최대 행복'을 강조한다.
O X

> 형평성은 공정한 가치배분 및 사회적 약자를 배려함으로써 국민의 균등한 삶을 지향하는 이념으로 최대다수의 최대행복의 공리주의와는 거리가 멀다.

35 ☐☐ 18 행정사
롤스(J. Rawls)의 「정의론」은 사회적으로 최소의 혜택을 받는 사람들에게 차별적 이익을 제공하는 이론적 근거를 제공한다.
O X

> 롤스(J. Rawls)는 불평등이 심화될 경우 사회적으로 최소의 혜택을 받는 사람들의 편익을 최대화해주어야 한다는 최소극대화 및 결과의 상대적 평등을 강조하였다.

36 ☐☐ 18 행정사
실체설은 개인의 사익을 초월한 공익이 존재한다고 본다.
O X

> 실체설은 공익을 개인의 사익을 초월한 것으로 본다.

37 ☐☐ 18 행정사
실체설에서는 개인의 사익 추구가 결과적으로 공동체의 선을 최대한 증대시킨다고 본다.
O X

> 개인의 사익 추구가 결과적으로 공동체의 선을 최대한 증대시킨다고 보는 것은 과정설에 대한 설명이다.

38 ☐☐ 19 경간부
민주화의 과정에서 발생하는 집단이기주의를 극복하기 위해서는 과정설의 입장을 반영할 필요가 있다.
O X

> 집단이기주의를 극복하기 위해서는 공익이란 사익을 초월한 개념으로 파악하는 공익의 실체설 입장을 반영할 필요가 있다.

정답 29. X 30. O 31. O 32. O 33. X 34. X 35. O 36. O 37. X 38. X

39 □□ 19 국회9
플라톤과 루소는 사회의 다양한 집단 간 상호 이익을 타협하고 조정한 결과가 공익이라는 입장을 강조한다. ⓄⓍ

해설 사회의 다양한 집단 간 상호 이익을 타협하고 조정한 결과가 공익이라는 입장은 과정설에 해당한다. 한편 플라톤과 루소는 실체설을 주장하였다.

40 □□ 19 서울7
공익의 실체설은 사회공동체나 국가의 모든 가치를 포괄하는 절대적 선의 가치가 있다. ⓄⓍ

해설 공익의 실체설에서는 공익은 공공선이나 실체로서 존재한다고 본다.

41 □□ 19 서울7
공익의 실체설은 적법절차의 준수에 의해 공익이 보장된다. ⓄⓍ

해설 적법절차의 준수에 의해 공익이 보장된다고 보는 것은 공익의 과정설이다.

42 □□ 19 서울9
과정설은 개인의 사익을 초월한 공동체 전체의 공익이 따로 있다고 보는 견해이다. ⓄⓍ

해설 개인의 사익을 초월한 공동체 전체의 공익이 따로 있다고 보는 견해는 실체설이다.

43 □□ 19 서울9
실체설은 사회 전 구성원의 총효용을 극대화함으로써 공익에 도달할 수 있다고 보는 견해이다. ⓄⓍ

해설 실체설은 사회 전 구성원의 총효용을 극대화함으로써 공익에 도달할 수 있다고 본다.

44 □□ 19 서울9(2월)
과정설에서는 공익은 사익을 초월한 실체·규범·도덕 개념으로 파악한다. ⓄⓍ

해설 실체설에서는 공익은 사익을 초월한 실체·규범·도덕 개념으로 파악한다.

45 □□ 19 지방7
슈버트(Schubert)는 공익실체설의 입장에서 공익이 민주적 정부 이론의 중심에 놓여 있다고 주장했다. ⓄⓍ

해설 슈버트는 공익과정설의 입장에서 공익이 민주적 정부 이론의 중심에 놓여 있다고 주장했다.

46 □□ 19 지방9
수평적 형평성이란 동등한 것을 동등하게 취급하는 것, 수직적 형평성이란 동등하지 않은 것을 서로 다르게 취급하는 것을 의미한다. ⓄⓍ

해설 수평적 형평성은 같은 것을 같게, 수직적 형평성은 다른 것을 다르게 하는 것을 의미한다.

47 □□ 20 경간부
롤스의 정의론에서 기회균등의 원리는 결과의 공평을 중시하며 차등의 원리는 기회의 공평을 중시한다. ⓄⓍ

해설 기회균등의 원리는 기회의 공평을, 차등의 원리는 결과의 공평을 중시한다.

48 □□ 20 국가9
공리주의적 관점에서는 사회 전체의 효용이 증가하면 공익이 향상된다고 본다. ⓄⓍ

해설 공리주의는 최대다수 최대행복을 의미하며, 개인 간 효용의 비교보다 사회 전체의 효용이 증가하면 공익이 향상된다고 본다.

39. X 40. O 41. X 42. X 43. O 44. X 45. X 46. O 47. X 48. O

49
공리주의적 관점에서의 공익은 효율성(efficiency)보다는 합법성(legitimacy)이 윤리적 행정의 판단기준이다. ⓄⓍ

해설: 공리주의적 관점에서의 공익은 전체이익의 총합을 최대화하는 것이므로 합법성보다는 효율성을 윤리적 판단기준으로 삼는다.

50
파레토 최적 상태는 형평성 가치를 뒷받침하는 기준이다. ⓄⓍ

해설: 파레토 최적 상태는 형평성이 아니라 능률성을 뒷받침하는 기준이다.

51
롤스(J. Rawls)의 정의에 따르면 개인의 재능과 노력에 의한 성과는 사회공동의 자산이 아닌 개인의 소유로 할 것을 주장하였다. ⓄⓍ

해설: 롤스는 개인의 자연적 재능뿐 아니라 개인의 재능과 노력에 의한 성과 또한 사회공동의 자산으로 삼아 공동의 이익을 공유하여야 한다고 주장하였다.

52
수평적 형평성이란 동등하지 않은 것을 서로 다르게 취급하는 것, 수직적 형평성이란 동등한 것을 동등하게 취급하는 것을 의미한다. ⓄⓍ

해설: 동등하지 않은 것을 서로 다르게 취급하는 것은 수직적 형평성이고, 동등한 것을 동등하게 취급하는 것은 수평적 형평성이다.

53
공익의 실체설은 다원적 민주주의에 도움을 준다. ⓄⓍ

해설: 실체설은 전체주의, 권위주의, 엘리트주의, 개발도상국, 관료의 적극적 역할을 강조한다. 이에 반해 과정설은 개인주의, 다원주의, 민주주의, 다수의 이해관계자의 적극적 역할을 강조한다.

49. X 50. X 51. X 52. X 53. X

11 행정이념(수단적 가치)

01 □□   00 행정고시
행정을 통해서 이루고자 하는 궁극적 가치를 본질적 가치라고 할 때, 대표적인 것에는 공익, 정의, 형평성, 합법성 등이 있다. O X

> 합법성, 능률성, 효과성 등은 공익이나 정의, 형평성 등의 본질적 가치를 실현하기 위한 수단적 가치이다.

02 □□   04 서울7
가외성은 조직 내에서 각 기능들 간의 충돌 가능성을 축소시킨다. O X

> 가외성은 단위부서 간 기능중복과 공유로 인해 갈등과 충돌이 발생할 수 있다.

03 □□   04 행정고시
조직효과성 평가방법 중 경쟁적 가치접근법의 합리적 목표모형은 조직구조에서 통제를 강조하고 조직 그 자체보다는 조직 내 인간을 강조하는 모형이다. O X

> 내부과정모형에 대한 설명이다.

04 □□   05 국가7
체제모형 접근법은 목표나 산출보다는 목표달성을 위해 필요로 하는 수단에 초점을 둔다. O X

> 체제모형은 조직이 필요로 하는 자원이나 투입물을 충분히 획득했는지를 고려하는 수단중심의 모형이다.

05 □□   05 서울9
행정정보 공개, 행정과정의 민주화, 행정통제강화를 통한 책임성의 확보, PPBS의 도입, 행정구제제도의 확립 등은 민주성 확보방안과 관련된다. O X

> PPBS는 하급자의 참여가 배제되고 최고관리층에 의하여 하향적으로 우선순위가 제시되는 비민주적인 예산제도이다.

06 □□   06 서울9
Diesing이 말하는 합리성의 유형 중 기술적 합리성(technical rationality)은 경쟁상태에 있는 목표를 어떻게 선택할 것인가 하는 것을 의미한다. O X

> 경제적 합리성에 대한 설명이다.

07 □□   06 서울9
사회적 합리성은 사회 내 여러 세력들 간의 정책결정과정을 개선하는 것을 의미하고, 정치적 합리성은 사회구성원 간의 조화된 통합성을 확보하는 것을 의미한다. O X

> 사회적 합리성과 정치적 합리성의 개념이 바뀌었다.

08 □□   07 경북9
효율성(efficiency)은 목표의 달성과 관계가 있으며 이를 필요로 하는 기준으로 비용편익분석, 비용효과분석 등이 사용된다. O X

> 넓은 의미의 능률성(효율성)에 대한 옳은 지문이다.

09 □□   07 전북9
가외성(redundancy)은 각 부문들이 상호유기적인 관련을 가지면서 공동목표를 달성할 수 있도록 기여한다. O X

> 가외성은 남는 것, 여분, 초과분이란 뜻으로 행정의 안정성과 신뢰성을 향상시키기 위하여 기능과 구조를 중복시키는 것을 의미한다.

01. X   02. X   03. X   04. O   05. X   06. X   07. X   08. O   09. O

		해설
10 ☐☐ 07 충북9 효율성은 경제적인 타당성으로써 능률성이라고 부르기도 한다. ⓄⓍ		능률성(efficiency)을 넓은 의미로는 효율성(efficiency)이라고 부르기도 한다.
11 ☐☐ 07 해경간부 디징(Diesing)의 이론에 의하면 사회적 합리성은 보다 나은 정책을 추진할 수 있는 정책결정구조의 합리성을 의미하며 가장 비중이 높은 합리성이다. ⓄⓍ		정치적 합리성에 대한 설명이다.
12 ☐☐ 08 서울9 Simon의 절차적 합리성은 목표에 비추어 적합한 행동이 선택되는 정도를 의미한다. ⓄⓍ		Simon의 내용적 합리성에 대한 설명이다.
13 ☐☐ 10 경정승진 책임성은 민주주의 이념이 발달하게 됨에 따라 법규에 충실하게 따르는 소극적인 의미를 넘어, 전문적이고 도덕적 차원의 책임까지 요구한다. ⓄⓍ		책임성에 대한 옳은 지문이다.
14 ☐☐ 10 국회9 사이먼(Simon)은 기계적 효율성을 대차대조표적 효율성이라고 표현하고 성과를 계량화하여 객관적인 기준에 따라 효율성을 평가한다고 보았다. ⓄⓍ		기계적 효율성에 대한 옳은 지문이다.
15 ☐☐ 11 국가9 사이먼(H. Simon)의 절차적 합리성(procedural rationality)은 행위자의 목표와 행위선택의 우선순위가 분명한 것을 말한다. ⓄⓍ		내용적 합리성의 해당한다.
16 ☐☐ 11 국가9 디목(Dimock)이 제창한 사회적 능률에는 인간적 능률, 합목적적 능률, 상대적 능률, 단기적 능률 등이 있다. ⓄⓍ		단기적 능률은 기계적 능률에 해당한다.
17 ☐☐ 11 서울7 체제접근법은 행정의 효과성을 평가하기 위한 접근방법 중 특정 목표보다 달성 수단에 따라 조직 효과성이 평가되어야 한다는 입장을 제시한 접근모형이다. ⓄⓍ		체제접근법에 대한 옳은 지문이다.
18 ☐☐ 11 서울9 절차적 합리성은 어떤 행위가 의식적인 사유과정의 산물이거나 인지력과 결부되고 있을 때의 합리성이다. ⓄⓍ		사이먼(Simon)의 절차적 합리성에 대한 옳은 지문이다.
19 ☐☐ 12 경정승진 파레토 최적(Pareto Optimum)은 형평성에 대한 명확한 기준을 제시해 줄 수 있다. ⓄⓍ		파레토 최적(Pareto Optimum)의 기준은 자원배분의 최적화를 위한 기준으로 효율성에 대한 기준은 제시하지만 형평성에 대해 명확한 기준을 제시해 줄 수는 없다.

圁 10. O 11. X 12. X 13. O 14. O 15. X 16. X 17. O 18. O 19. X

20 □□ 12 국회8
효율성은 목표의 달성도를 나타내는 개념으로서 비용 내지 투입의 개념이 들어있지 않다. O X

> 효과성에 대한 설명이다.

21 □□ 12 대구전환특채
목표에 대한 수단의 적합성을 생산성이라고 한다. O X

> 합리성에 대한 설명이다.

22 □□ 14 서울7
효과성 평가모형 중 퀸과 로보그(Quinn & Rohrbaugh)의 경합가치모형에 중에서 합리적 목표모형은 조직의 외부에 초점을 두고 통제를 강조하는 모형으로, 성장 및 자원 확보를 목표로 하게 된다. O X

> 합리적 목표모형은 조직외부에 초점을 두고 통제를 강조하는 모형으로 생산성이나 능률성을 목표로 한다. 한편 성장 및 자원확보를 목표로 하는 것은 개방체제모형이다.

23 □□ 14 국회8
가외성의 특성 중 중첩성(overlapping)은 동일한 기능을 여러 기관들이 독자적인 상태에서 수행하는 것을 뜻한다. O X

> 가외성의 특성 중 중복성(duplication)에 대한 설명이다.

24 □□ 14 국회8
사이먼(Simon)은 합리성을 목표와 행위를 연결하는 기술적·과정적 개념으로 이해하고 내용적 합리성(substantive rationality)과 절차적 합리성(procedural rationality)으로 구분하였다. O X

> 사이먼은 목표달성에 기여하는 행위인 내용적(실질적) 합리성과 인지과정상의 합리성인 절차적 합리성으로 구분하였다.

25 □□ 14 행정사
사회적 능률성은 민주성의 개념으로 이해되는데 신행정론에서 처음 주창된 가치이다. O X

> 신행정론이 강조한 이념은 사회적 형평성이며 사회적 능률성은 인간관계론에서 강조한 이념이다.

26 □□ 16 국가9
가외성은 불확실한 상황에서의 오류 발생 가능성을 최소화하고 체제의 신뢰성을 높이기 위해 강조되는 행정가치이며, 여러 기관에 한 가지 기능이 혼합되는 중첩성과 동일기능이 여러 기관에서 독립적으로 수행되는 중복성을 등을 포괄하는 개념이다. O X

> 가외성에 대한 설명이다. 가외성은 행정에 있어서 중첩이나 여분·초과분 등을 의미하며, 중첩성, 반복성(중복성), 동등잠재력의 특징을 갖는다.

27 □□ 17 경간부
Diesing의 법적 합리성이란 대안의 합법성을 나타내는 것으로서 보편성과 공식적 질서를 통해 예측가능성을 높이는 합리성을 의미한다. O X

> 법적 합리성은 인간의 권리·의무관계나 행위를 법적으로 예측가능하게 하는 합리성이다.

28 □□ 17 경간부
Diesing은 정치적 합리성을 의사결정구조의 합리성과 동일시하고, 정책결정에 있어 가장 비중이 크다고 보았다. O X

> 정치적 합리성은 정책결정구조 및 과정의 합리성을 의미하는 것으로 정책결정에 있어 비중이 가장 크다고 보았다.

📖 20. X 21. X 22. X 23. X 24. O 25. X 26. O 27. O 28. O

29 17 경정승진
가외성은 조직구성원의 정보 수용범위의 한계를 극복하고 정책결정의 불확실성에 대한 적극적인 대처방안이다. O X

해설 가외성은 불확실한 것을 확실하게 해주기보다는 불확실성을 인정하는 소극적인 대처방안이다.

30 17 사복9
적극적 의미의 합법성(legality)은 상황에 따라 신축성을 부여하는 법의 적합성보다 예외 없이 적용하는 법의 안정성을 강조한다. O X

해설 적극적 의미의 합법성은 상황에 따라 신축성을 부여하는 법의 적합성을 강조한다.

31 17 서울9
수단적 가치는 본질적 가치의 실현을 가능하게 하는 가치들이다. O X

해설 수단적 가치는 궁극적 목적인 본질적 가치의 실현을 가능하게 하는 가치이다.

32 17 서울9
사회적 효율성(social efficiency)은 과학적 관리론의 등장과 함께 강조되었다. O X

해설 사회적 효율성은 인간관계론의 등장과 함께 강조되었다.

33 17 지방7
퀸과 로보그의 효과성가치모형에서 내부과정모형은 조직의 생산성, 능률성, 수익성을 달성하는 것이 목표가치이며, 그 수단으로서 계획과 목표설정이 강조된다. O X

해설 내부과정모형은 조직의 안정성과 균형을 달성하는 것이 목표가치이며, 그 수단으로서 정보관리가 강조된다.

34 17 지방7
퀸과 로보그(Quinn & Rohrbaugh)의 효과성가치모형 중 인간관계모형의 목표가치는 인적자원 개발이며, 그 수단으로서 조직구성원의 응집성, 사기 및 훈련 등이 강조된다. O X

해설 인간관계모형은 조직 그 자체보다 구성원을 중시하고 인적자원의 개발을 목표수단으로 보는 모형으로 수단으로 응집력, 사기 등이 강조된다.

35 17 지방7
퀸과 로보그(Quinn & Rohrbaugh)의 효과성가치모형 중 개방체제모형은 조직의 균형을 확보하는 것이 목표가치이며, 그 수단으로서 정보관리와 의사소통 등이 강조된다. O X

해설 개방체제모형은 조직 구성원보다 조직 자체를 중시하고, 구조의 유연성을 중시하는 것으로 가치목표는 성장, 자원확보이고 수단은 융통성, 외적평가가 강조된다.

36 18 경간부
조직효과성을 평가하는 경합가치모형(Quinn & Rohrbaugh)은 조직에 참여하는 내·외부 이해관계자의 요구를 어떻게 만족시키느냐가 주요 관건이다. O X

해설 조직에 참여하는 내·외부 이해관계자의 요구를 어떻게 만족시키느냐를 주요 관건으로 삼는 모형은 이해관계자모형(참여자이익모형)이다. 경합가치모형은 조직이 내·외부 중 어디에 초점을 두고 있는가, 조직구조가 통제를 강조하는가 아니면 변화와 융통성을 강조하는가를 기준으로 분류한 모형이다.

37 18 경간부
창업 단계에 있는 조직은 경합가치모형 중 개방체제모형이 적합하다. O X

해설 창업단계는 혁신과 창의성 및 자원의 집결이 중요하므로 개방체제모형이 적합하다.

정답 29. X 30. X 31. O 32. X 33. X 34. O 35. X 36. X 37. O

38 ☐☐   18 서울7
민주성은 국민과의 관계뿐만 아니라 정부 관료제 내부의 의사결정 과정의 두 가지 측면에서 논의된다. ☐X☐

> 대외적 민주성은 국민의 의사를 존중하는 것이고 대내적 민주성은 관료제 내부의 의사결정과정에 공무원을 참여시키는 것이다.

39 ☐☐   18 서울7
투명성은 정보공개뿐만 아니라 정보에 대한 접근권까지 포함하는 개념이다. ☐X☐

> 투명성의 핵심은 국민에 대한 정보공개 및 접근성 보장이다.

40 ☐☐   18 서울7
절차적 합리성은 목표에 비추어 적합한 행동이 선택되는 정도를 의미한다. ☐X☐

> 목표에 비추어 적합한 행동이 선택되는 정도를 의미하는 것은 내용적 합리성이다.

41 ☐☐   18 서울경채9
경쟁가치모형은 조직의 지향점과 구조를 조직 효과의 핵심으로 본다. ☐X☐

> 경쟁가치모형은 상충되는 가치에 의한 통합적 분석모형으로 조직이 지향하는 가치와 구조를 중시한다.

42 ☐☐   18 서울7(3월)
조직효과성의 경쟁가치모형(Competing Values Model)에서 조직의 성장 및 자원획득의 목표를 강조하는 관점은 합리적 목표관점이다. ☐X☐

> 조직효과성의 경쟁가치모형에서 조직의 성장 및 자원획득의 목표를 강조하는 관점은 개방체제 관점이다.

43 ☐☐   18 서울9
효과성은 수단적·과정적 측면에 중점을 두는 반면에 능률성은 목표의 달성도를 중시한다. ☐X☐

> 능률성은 수단적·과정적 측면에 중점을 두는 반면에 효과성은 목표의 달성도를 중시한다.

44 ☐☐   18 서울9
합법성은 법률적합성, 법에 의한 행정, 법에 근거한 행정, 즉 법치행정을 의미한다. 합법성을 지나치게 강조하는 경우 수단가치인 법의 준수가 강조되어 목표의 전환(displacement of goal), 형식주의를 가져올 수 있다. ☐X☐

> 근대입법국가 때 강조되었던 합법성은 법률에 적합한 행정을 의미하며 행정의 일관성·공평성을 높여주지만 동조과잉, 행정의 형식화 등의 폐단을 가져올 수 있다.

45 ☐☐   19 국가7
가외성은 창의성이 제고될 수 있다. ☐X☐

> 가외성은 불확실한 상황 하에서 체제의 실패확률을 감소시키고 행정의 창의성을 제고한다.

46 ☐☐   19 국가7
안전을 위하여 자동차의 제동장치를 이중으로 설계하거나 정전에 대비하여 건물 자체적으로 자가발전시설을 갖추도록 하는 것은 가외성과 관련된다. ☐X☐

> 가외성은 동일한 기능을 수행하는 둘 이상의 기관이나 절차가 존재하는 것으로, 이중제동장치나 자가발전시설 등이 이와 관련된다.

47 ☐☐   19 서울9(2월)
효과성은 목표달성의 정도로 1960년대 발전행정론에서 중요시한 개념이다. ☐X☐

> 효과성은 목표달성의 정도를 의미한다.

📖 38. O   39. O   40. X   41. O   42. X   43. X   44. O   45. O   46. O   47. O

48 ☐☐ 19 서울9(2월)
환경의 불확실성이 커질수록 가외성은 행정의 안정성과 신뢰성 확보 측면에서 그 필요성이 높아진다. ☐O☐X☐

해설: 가외성은 불확실한 환경에서의 신뢰성 및 적응성 확보를 추구하는 이념이다.

49 ☐☐ 19 서울9(2월)
효과성은 투입에 대한 산출의 비율을 의미하는 것으로 산출에 대한 비용의 관계라는 조직 내의 조건으로 이해된다. ☐O☐X☐

해설: 능률성은 투입에 대한 산출의 비율을 의미하는 것으로 산출에 대한 비용의 관계라는 조직 내의 조건으로 이해된다.

50 ☐☐ 19 지방7
디징(Diesing)은 합리성을 기술적 합리성, 경제적 합리성, 사회적 합리성, 법적 합리성, 진화론적 합리성으로 나누어 설명한다. ☐O☐X☐

해설: 디징(Diesing)은 합리성을 기술적 합리성, 경제적 합리성, 사회적 합리성, 법적 합리성, 정치적 합리성으로 나누어 설명한다.

51 ☐☐ 19 지방7
사이먼(Simon)은 인간이 실질적 합리성을 사실상 포기하고, 만족할 만한 대안을 선택하려는 절차적 합리성을 추구한다고 주장한다. ☐O☐X☐

해설: 사이먼은 인간이 의사결정과정에서 목표달성을 위한 최적 대안을 선택하려는 실질적 합리성은 사실상 포기하고, 만족할 만한 대안을 선택하려는 절차적 합리성을 추구하게 된다고 보았다.

52 ☐☐ 19 지방7
디목(Dimock)은 과학적 관리론에 입각한 기계적 효율관을 비판하며 사회적 효율성을 강조했다. ☐O☐X☐

해설: 디목(Dimock)은 과학적 관리론에 입각한 기계적·금전적 효율관을 비판하고, 사회적 효율성을 강조하였다.

53 ☐☐ 19 지방9
효과성은 투입 대비 산출의 비율을, 능률성은 목표의 달성도를 나타내는 개념이다. ☐O☐X☐

해설: 능률성은 투입 대비 산출의 비율을, 효과성은 목표의 달성도를 나타내는 개념이다.

54 ☐☐ 19 행정사
투입에 대한 산출의 비율로서 과학적 관리론에서 추구하는 행정가치는 능률성이다. ☐O☐X☐

해설: 능률성은 일정 투입으로 최대의 산출을 얻거나 일정한 결과를 위해 최소의 투입을 의미하는 것으로 과학적 관리론에서 중시하였다.

55 ☐☐ 20 경간부
가외성은 환경에 대한 조직의 적응성을 높여준다. ☐O☐X☐

해설: 가외성은 불확실성에 대비하기 위한 행정의 여유분으로 적응성·신뢰성·안정성을 제고한다.

56 ☐☐ 20 군무원9
디목(M. Dimock)의 사회적 능률은 행정의 사회 목적 실현과 관련이 있다. ☐O☐X☐

해설: 사회적 능률성은 국가위기를 해결하려는 행정의 사회 목적 실현과 관련이 있다.

57 ☐☐ 20 서/지9
근대 이후 합리성은 목표를 달성하는 수단과 관련된 개념이다. ☐O☐X☐

해설: 오늘날은 합리성을 대체로 목표에 대한 수단의 적합성으로 정의한다.

58 ☐☐ 23 지방직9
자율적 책임성은 공무원이 직업윤리와 책임감에 기초해 전문가로서 자발적인 재량을 발휘할 때 확보된다. ☐O☐X☐

해설: 자율적 책임은 윤리에 기반한 자발적 책임이다.

📖 48. O 49. X 50. X 51. O 52. O 53. X 54. O 55. O 56. O 57. O 58. O

12 최신 행정이념, 이념 간 조정

01 ☐☐   04 전북9
행정의 합법성과 효율성은 상충되기도 하고 보완적 관계에 놓이는 경우도 있다. [O|X]

> 행정가치들은 각각의 의미를 어떤 관점에서 보는가에 따라 상충되기도 하고 부합하기도 하므로 옳은 지문이다.

02 ☐☐   07 해경간부
체제 운영의 안정성과 신뢰성을 확보하려는 가외성은 능률성의 개념과 충돌할 우려가 있다. [O|X]

> 가외성과 능률성은 상충된다.

03 ☐☐   10 국가전환특채
사회적 자본(social capital)은 호혜주의적 특성, 수직적 네트워크의 형성, 구성원들의 상호 신뢰, 공동체주의적 지향성, 정치·경제발전의 윤리적 기반 등의 속성을 지니고 있다. [O|X]

> 사회적 자본은 현대시민사회를 중심으로 형성된 자발적이고 수평적인 네트워크를 말한다.

04 ☐☐   10 국가전환특채
행정가치가 충돌할 경우 이를 해소하기 위해서는 대립되는 행정가치라도 적극적으로 포용해야 한다. [O|X]

> 행정이념 간에는 절대적 우선순위가 존재하지 않으므로 대립되는 행정가치라도 어느 한쪽을 포기하거나 희생시키기 보다는 가능한 한 높고 종합적인 차원에서 조화롭게 추구하거나 적극적으로 포용하도록 노력해야 한다.

05 ☐☐   11 국가7
부르디외(P. Bourdieu)는 사회자본(social capital)을 서로 알고 지내는 사이에 지속적으로 존재하는 관계의 네트워크를 통하여 얻을 수 있는 실제적이고 잠재적인 자원의 합계로 정의하였다. [O|X]

> 사회 자본에 대한 부르디외(Bourdieu)의 정의이다.

06 ☐☐   15 경정승진
사회적 자본(social capital)은 동조성(conformity)을 요구하면서 개인의 행동이나 사적 선택을 적극적으로 촉진시킨다. [O|X]

> 사회적 자본은 동조성을 요구하면서 개인의 행동이나 사적 선택을 저해한다.

07 ☐☐   17 경간부
사회자본이론은 신뢰관계 형성이 협동과 타협, 조정의 전제라고 본다. [O|X]

> 사회자본이론은 신뢰와 협력을 중시한다.

08 ☐☐   17 국가9(추)
사회자본은 참여자들이 협력하도록 함으로써 공유한 목적을 보다 효과적으로 성취하게 만드는 신뢰, 규범, 네트워크와 같은 사회조직의 특징으로 정의할 수 있다. [O|X]

> 사회자본은 사회적 관계에서 상호이익을 위한 집합행동을 촉진시키는 네트워크로 행위자들 간의 관계 속에 존재하는 자본이며 구성원 간 또는 정부와 국민 간 공적신뢰를 중시한 개념이다.

01. O   02. O   03. X   04. O   05. O   06. X   07. O   08. O

09 □□   17 국가9(추)
사회자본이론은 신뢰와 네트워크를 통한 과도한 대외적 개방성에 대하여 많은 비판을 받고 있다. O X

해설 사회자본이론은 신뢰와 네트워크를 통한 폐쇄적 결속력을 조성할 수 있다는 점에서 많은 비판을 받고 있다.

10 □□   17 국가9(추)
푸트남(R. D. Putnam) 등은 이탈리아에서 사회자본(시민공동체 의식)이 지방정부의 제도적 성과 차이를 잘 설명한다고 주장했다. O X

해설 푸트남은 사회자본이 지방정부(지역), 집단 등 개별적으로도 나타나며, 지역 특성에 따라 측정지표를 달리하면 지역의 성과를 설명할 수 있다고 주장하였다.

11 □□   17 서울7
사회적 자본은 신뢰를 통해 거래비용을 감소시키는 기능이 있지만 개념적으로 추상적이기에 객관적으로 계량화하기 쉽지 않다. O X

해설 사회적 자본은 사회적 관계에서 거래비용을 감소시키는 기능을 수행하지만, 정신적·무형적 자원이므로 객관적으로 측정하고 계량화하기 곤란하다.

12 □□   17 서울7
사회적 자본은 단기간에 정부 주도하의 국민운동에 의해 형성될 수 있다. O X

해설 사회적 자본의 형성은 단기간에 걸쳐 이루어지기 어렵다.

13 □□   17 서울7
사회적 자본은 개인, 집단, 지역공동체, 국가 등 상이한 수준에서 정의될 수 있다. O X

해설 사회적 자본은 개인 간 또는 집단 간의 관계를 잇는 자발적이며, 협력적·수평적 네트워크로 개인, 집단, 지역공동체, 국가 등 상이한 수준에서 정의된다.

14 □□   18 서울7
사회적 자본(social capital)은 사회구성원들이 공동의 문제를 해결하는 데 적극적으로 참여하는 사회의 조건 또는 특성을 의미한다. O X

해설 사회 구성원들이 공동의 문제를 해결하는 데 적극적으로 참여하려는 사회적 조건이나 특성을 의미하는 것으로 상호 신뢰, 호혜주의, 적극적 참여 등을 본질로 한다.

15 □□   18 서울7
사회적 자본(social capital)은 공동체에 대한 무조건적인 봉사를 전제로 한다. O X

해설 사회적 자본은 무조건적인 무료 봉사나 이타주의를 전제로 하지 않는다.

16 □□   19 국가7
가외성은 형평성과 상충관계에 있다. O X

해설 가외성은 형평성이 아니라 능률성과 상충관계에 있다.

17 □□   19 서울7(2월)
사회적 자본이 형성되는 경우 거래비용 감소의 긍정적 효과가 있다. O X

해설 사회적 자본이 형성되는 경우 불신으로 인한 비용이 줄어들어 거래비용 감소의 긍정적 효과가 있다.

18 □□   20 경간부
부르디외(P.Bourdieu)는 사회적 자본을 서로 알고 지내는 사이에 지속적으로 존재하는 관계의 네트워크를 통하여 얻을 수 있는 실제적이고 잠재적인 자원의 합계로 정의하였다. O X

해설 부르디외는 사회적 자본을 개인이 네트워크를 통해 얻을 수 있는 자산이나 문화라고 정의하였다.

---

09. X   10. O   11. O   12. X   13. O   14. O   15. X   16. X   17. O   18. O

19 　　　　　　　　　　　　　　　　　　　　21 경간부
퍼트남(R. Putnam)이 제시한 사회자본의 구성요소로 신뢰, 사회적 네트워크, 지역 금융이 있다. ⓞⓧ

> **해설**
> 사회적 자본의 구성요소로 신뢰, 규범, 네트워크 등이 있다.

20 　　　　　　　　　　　　　　　　　　　　21 경간부
사회자본은 스스로 창출되면서도 오랜 기간에 걸쳐 구축되고 나면 짧은 기간 내에 쉽게 사라지지 않는 성격을 지닌다. ⓞⓧ

> 사회자본은 사용할수록 총량이 늘고 사용하지 않을수록 줄어드는 포지티브 섬 관계이며, 축적되는 경향을 갖는다.

21 　　　　　　　　　　　　　　　　　　　　21 국가7
사회적 자본은 거래비용을 감소시키는 순기능이 있다. ⓞⓧ

> 사회적 자본은 거래비용을 감소시키고 능률성을 제고한다.

19. **X**　20. **O**　21. **O**

MEMO

13 행정학 성립과 접근법, 학문적 특징

01 ☐☐   04 국가7
행정의 연구(The study of administration)를 발표한 윌슨(W. Wilson)은 유럽 국가의 행정을 참고하기보다 미국의 독창적인 행정이론 개발을 역설하였다. O|X

> 윌슨(Wilson)은 행정학을 정치학의 영역으로부터 분리시키고 행정을 경영이라고 주장하면서 절대군주 하에서 발전한 유럽행정의 선진적인 측면을 받아들여 미국의 민주적 정치체제와 조화를 이루는 것이 필요하다고 보았다.

02 ☐☐   05 경북9
행정학의 접근법 중 정치적 접근법은 정책과정으로 설명되는데, 정책이 형성되고 결정되는 정책과정은 정책 분석기법과 행정가의 정치적 역량 또는 정치기술이 중요하다. O|X

> 정치적 접근법은 W. Waldo, W. Sayre 등에 의해 주창된 것으로, 행정은 본질적으로 정치적 현상이라고 보는 정치행정일원론의 입장이다. 따라서 행정을 정책과정으로 인식한다.

03 ☐☐   05 경북9
미국은 정실주의로 인한 비효율과 부패개혁을 위한 정치·행정일원론으로 행정학이 시작하였다. O|X

> 미국에서는 엽관주의의 폐단으로 인하여 정치·행정일원론이 아닌 정치·행정이원론의 일환으로 행정학이 연구되기 시작하였다.

04 ☐☐   05 국가7
19세기 후반의 정부개혁운동과 사기업에서 발달된 과학적 관리운동은 행정학의 성립에 크게 기여하였다. O|X

> 과학적 관리론의 성립 배경이다.

05 ☐☐   05 국회8
행정학의 과학성은 정책문제 해결을 위한 실천적 대안을 모색한다. O|X

> 과학성이 아니라 기술성(art)에 해당한다.

06 ☐☐   06 강원9
성공적인 벤치마킹을 위해서는 제도의 보편성과 특수성을 동시에 고려하여야 한다. O|X

> 행정학의 보편성과 특수성에 대한 옳은 지문이다.

07 ☐☐   06 서울7
고전적 행정학은 행정의 중립성 및 수단성을 강조하였으며 정치와 행정은 서로 상대의 영역을 침해하지 말아야 한다고 주장하였다. O|X

> 정치행정이원론의 입장에 대한 설명이다.

08 ☐☐   07 국가7
전기관방학은 왕실재정과 국가재정을 구별하였다. O|X

> 전기관방학은 왕실재정과 국가재정을 구분하지 못하고 왕실재산의 사(私)가계화를 지향하였다.

09 ☐☐   08 경남9
행정학의 접근법과 학문적 성격에서 기술성과 과학성, 특수성과 보편성, 가치판단불가피성과 가치중립성으로 나눌 때 서로 연관된 것끼리 조합하면 기술성-보편성-가치중립성이다. O|X

> 과학성-보편성-가치중립성이며, 기술성-특수성-가치판단불가피성이다.

01. X   02. O   03. X   04. O   05. X   06. O   07. O   08. X   09. X

10 □□　　　　　　　　　　　　　　　　　12 국가7
19세기 후반 현대 미국 행정학의 태동기에 강조되었던 행정이념은 민주성과 합법성이었다. O X

해설 19세기 말 고전기 태동기에는 행정과 경영을 동일시하고 능률성(산출/투입)을 중요시하였다.

11 □□　　　　　　　　　　　　　　　12 대구전환특채
기술성은 정책문제의 해결이나 처방과는 관련이 없다. O X

해설 기술성은 사회문제를 처방하기 위한 실천성 및 처방성을 의미하는 것이다.

12 □□　　　　　　　　　　　　　　　12 대구전환특채
현대행정 및 현대행정학은 가치중립적인 특징을 지닌다. O X

해설 현대행정 및 현대행정학은 가치중립적인 학문이 아니라 실천적이고 가치평가적인 성격을 지닌다.

13 □□　　　　　　　　　　　　　　　12 서울전환특채
POSDCoRB는 상향적 조직과정으로 최고관리자의 기능에 대한 것이다. O X

해설 POSDCoRB는 하향적인 조직관리방식이며 Gulick(귤릭)은 최고관리층의 7가지 기능으로 제시하였다.

14 □□　　　　　　　　　　　　　　　　　13 행정사
행정(학)은 민주성, 능률성, 합법성, 효과성, 형평성 등을 추구한다. O X

해설 행정이 추구하는 이념이다.

15 □□　　　　　　　　　　　　　　　　　14 해경간부
귤릭(Gulick)은 POSDCoRB로 집약되는 논문을 집필했다. O X

해설 귤릭(Gulick)은 '행정과학논총(1937)'에서 최고관리층의 7대 기능으로 POSDCoRB를 주장하였다.

16 □□　　　　　　　　　　　　　　　　　14 해경간부
린드블롬(Lindblom)은 〈The science of muddling through〉라는 논문에서 정책결정과정을 이전투구 또는 진흙탕 싸움과정으로 파악했다. O X

해설 린드블롬(Lindblom)의 논문으로 옳은 설명이다.

17 □□　　　　　　　　　　　　　　　　　15 경간부
윌슨(W. Wilson)에 따르면 행정은 국가의 의지를 결정하는 것을 중심 기능으로 하며, 따라서 행정가는 대표성보다는 전문성을 갖추는 것이 중요하다고 보았다. O X

해설 윌슨에 따르면 행정은 국가의 의지를 결정하는 것이 아니라 이를 효율적으로 집행하는 것을 중심기능으로 하며, 따라서 행정가는 대표성보다는 전문성을 갖추는 것이 중요하다고 보았다.

18 □□　　　　　　　　　　　　　　　　　16 서울7
굿노(F.J.Goodnow)는 행정은 국가의 의지를 실천하는 것이라고 주장하였다. O X

해설 굿노는 기술적 행정학을 주장한 학자로 정치와 행정에서 행정은 국가의 의지를 실천하는 것이라고 보았다.

19 □□　　　　　　　　　　　　　　　　　16 서울9
귤릭이 제시하는 POSDCoRB에서 Co는 협동(Cooperation)을 의미한다. O X

해설 귤릭이 제시하는 POSDCoRB에서 Co는 조정(Coordination)을 의미한다. 한편 P는 기획, O는 조직화, D는 지휘, R은 보고, B는 예산을 의미한다.

20 □□　　　　　　　　　　　　　　　　　16 서울9
행정관리론은 행정학의 기본가치로서 능률성을 강조하였다. O X

해설 행정관리론에서는 계획과 집행을 분리하고 권한과 책임을 명확히 규정할 것을 강조하였으며 능률성을 최고가치로 삼았다.

---

10. X　11. X　12. X　13. X　14. O　15. O　16. O　17. X　18. O　19. X　20. O

21 ☐☐ 16 지방7
윌슨(Willson)은 행정연구(The study of Administration, 1887)에서 정치와 행정을 분리하고자 하였고, 효율적 정부 운영에 관심을 두었다. O|X

> 윌슨은 행정연구에서 정치로부터 행정영역을 확립하는 정치행정이원론을 주장하였다.

22 ☐☐ 17 국가7
메디슨주의(Madisonianism)는 국가이익의 증진을 위해 강한 행정부의 적극적 역할과 행정의 유효성을 지향한다. O|X

> 메디슨주의(Madisonianism)는 다원화 과정을 통한 이익집단 요구의 조정과 이를 가능하게 하는 견제와 균형을 중시한다.

23 ☐☐ 17 국가7
제퍼슨주의(Jeffersonianism)는 개인의 자유를 극대화하기 위한 행정책임을 강조하고 소박하고 단순한 정부와 분권적 참여과정을 중시한다. O|X

> 제퍼슨주의는 자유주의적 관점에서 소박하고 단순한 정부와 분권적 참여를 중시한다.

24 ☐☐ 17 국가7
해밀턴주의(Hamiltonianism)는 다원적 과정을 통한 이익집단 요구의 조정과 이를 가능하게 하는 견제와 균형을 중시한다. O|X

> 다원적 과정을 통한 이익집단 요구의 조정과 이를 가능하게 하는 견제와 균형을 중시하는 것은 매디슨주의이다.

25 ☐☐ 17 국회9
행정학 이론은 Weber의 관료제론, Simon의 행정행태론, 신행정학, 신공공관리론 순으로 발전되었다. O|X

> 행정학은 Weber의 관료제론, Simon의 행정행태론, 신행정학, 신공공관리론 순으로 진행되고 발전되었다.

26 ☐☐ 17 지방9(추)
사이먼(H. Simon)은 원리주의의 원리들은 과학적인 실험을 거치지 않은 격언(proverb)에 불과하다고 주장하였다. O|X

> 사이먼은 고전적 조직원리들은 검증되지 않은 속담이나 격언에 불과하다고 비판하였다.

27 ☐☐ 17 지방9(추)
화이트(L. White)는 정치와 행정의 관계는 연속적이기 때문에 양자를 구별하는 것은 적절하지 않다고 주장하였다. O|X

> 정치와 행정의 관계는 연속적이기 때문에 양자를 구별하는 것은 적절하지 않다고 주장한 학자는 애플비(Appleby)이다.

28 ☐☐ 18 군무원
현대행정에서 가장 중시되는 행정개혁의 방안은 구조, 관리기술, 인간 등의 종합적 영역에 관심을 갖고 이의 상호융합을 시도하는 종합적 접근방법이다. O|X

> 현대행정에서는 종합적 접근방법을 가장 중시한다.

29 ☐☐ 18 군무원
구조적 접근방법은 주로 과학적 관리기법에 입각하여 업무수행과정에 치중하면서 관리기술의 개선에 중점을 두는 접근방법이다. O|X

> 주로 과학적 관리기법에 입각하여 업무수행과정에 치중하면서 관리기술의 개선에 중점을 두는 것은 관리·기술적 접근방법이다.

30 ☐☐ 18 서울7(3월)
미국 태프트위원회에서 사용한 절약과 능률은 행정관리의 성과를 평가하는 가치 기준이 됐다. O|X

> 태프트(Taft) 대통령의 절약과 능률에 관한 대통령위원회(1912년)에서 사용한 절약과 능률은 정통 행정학에서 행정관리의 성과를 평가하는 가치 기준이 됐다.

21. O   22. X   23. O   24. X   25. O   26. O   27. X   28. O   29. X   30. O

31 18 서울7(3월)
관리과학으로서 주류행정학은 대공황과 뉴딜(New Deal) 정책 이후에도 미국 행정학에서 지배적인 자기 정체성을 유지했다. ○×

> 관리과학으로서 주류행정학은 대공황과 뉴딜 정책 이전까지 미국 행정학에서 지배적인 자기 정체성을 유지했으며, 경제대공황과 뉴딜 정책 이후에 정치행정일원론이 등장하면서 퇴조하였다.

32 19 경간부
공무원 개인의 가치와 태도를 토대로 하여 공직사회 전체의 부패정도를 설명할 때 발생되는 오류를 합성의 오류라고 한다. ○×

> 합성의 오류란 부분의 합이 전체와 일치하지 않는 것으로, 개별 공무원의 행태를 분석하여 공무원 사회 전체의 부패정도를 설명할 때 발생되는 오류이다.

33 19 지방7
잭슨(Jackson)이 도입한 엽관주의는 정치지도자의 행정통솔력을 약화함으로써 국민의 요구에 대한 관료적 대응성의 후퇴 및 정책수행과정에서의 비효율성을 초래하였다. ○×

> 잭슨이 도입한 엽관주의는 정치지도자의 행정통솔력을 강화시킴으로써 국민의 요구에 대한 관료적 대응성을 향상시켰으나 정책수행과정에서의 비효율성을 초래하였다.

34 19 지방7
1906년에 설립된 뉴욕시정조사연구소(The New York Bureau of Municipal Research)는 좋은 정부를 구현하기 위한 능률과 절약의 실천방안을 제시하고 시정에 대한 과학적 연구를 수행했다. ○×

> 미국 행정학 성립의 진보적 개혁운동으로 1906년에 설립된 뉴욕시정조사연구소 등은 행정개혁운동 전개 및 행정에 과학적 관리론을 도입하였다.

35 19 행정사
행정학에서 기술성은 행태주의에 의해 중요하게 제기되었다. ○×

> 행정학에서 기술성은 신행정학에 의해 중요하게 제기되었다. 한편 행태주의에 의해 중요하게 제기된 것은 과학성이다.

36 20 군무원9
왈도(D. Waldo)가 'practice'란 용어로 지칭한 기술성은 정해진 목표를 어떻게 효율적으로 달성하는가 하는 방법을 의미한다. ○×

> 사이먼이 'practice'란 용어로 지칭한 기술성은 정해진 목표를 어떻게 효율적으로 달성하는가 하는 방법을 의미한다.

37 21 경간부
신공공관리론의 대표학자로 오스본(Osborne) 등이 있으며, 정치행정이원론의 입장에서 성과를 강조한다. ○×

> 신공공관리론의 대표학자로 오스본(Osborne) 등이 있으며 정치행정이원론의 입장에서 성과와 효율을 중시한다.

38 21 경간부
행정행태론의 대표학자로 마리니(Marini) 등이 있으며, 정치행정일원론의 입장에서 민주성을 강조한다. ○×

> 행정행태론의 대표학자로 사이먼(Simon) 등이 있으며 정치행정새이원론의 입장에서 합리성을 중시한다.

39 21 경간부
굿노(F. Goodnow)는 행정은 국가의지의 표현이라고 주장하였다. ○×

> 굿노는 '정치와 행정'에서 정치는 국가의지의 표명이고, 행정은 이를 실천하는 집행작용이라고 보았다.

40 21 경간부
윌슨(W. Wilson)은 정치와 행정의 분리를 주장하였다. ○×

> 윌슨은 '행정의 연구'에서 정치와 행정의 분리를 주장하고 행정의 효율성을 강조하였다.

31. X 32. O 33. X 34. O 35. X 36. X 37. O 38. X 39. X 40. O

14 과학적 관리론과 인간관계론

01 ☐☐　　　　　　　　　　　　　　　　　　　00 입법고시
인간관계론은 조직의 기술적·구조적 측면을 중시함으로써 조직의 전체적인 현상을 설명하는 데 실패하였다. ⓞⓧ

> **해설**
> 인간관계론은 조직의 기술적·구조적 측면을 경시함으로써 조직의 전체적·종합적 측면을 보지못했다.

02 ☐☐　　　　　　　　　　　　　　　　　　　04 국회8
과학적 관리론은 조직이 추구하는 가치로서 사회적 능률성을 가장 중요시한다. ⓞⓧ

> 과학적 관리론은 기계적 능률을, 인간관계론은 사회적 능률을 중시하였다.

03 ☐☐　　　　　　　　　　　　　　　　　　　06 선관위9
인간관계론의 핵심인 호손(Hawthorne)실험은 비공식 집단의 단점 극복을 위하여 권위주의적 리더십 유형을 필요로 한다. ⓞⓧ

> 인간관계론은 Y 이론에 입각한 민주적 리더십을 중시하는 반면 과학적 관리론은 권위주의적 리더십을 중시한다.

04 ☐☐　　　　　　　　　　　　　　　　　　　07 국회8
테일러(Taylor)의 과학적 관리론은 직무를 분석하여 각 직무마다 표준화된 작업 방법을 개발하고, 노동자의 생산량을 기준으로 임금을 지불하는 새로운 보수 체계를 도입했다. ⓞⓧ

> 과학적 관리론에 대한 옳은 지문이다.

05 ☐☐　　　　　　　　　　　　　　　　　　　07 대구9
호손실험은 조직 외부환경과 조직 간의 관계를 보다 더 잘 이해하게 되는 계기가 되었다. ⓞⓧ

> 호손실험은 조직 외부환경과의 관계를 간과한 나머지 폐쇄체제이론이라는 비판을 받기도 한다.

06 ☐☐　　　　　　　　　　　　　　　　　　　09 지방9
행정관리학파는 비공식집단의 생성이나 조직 내의 갈등 등에 대한 설명을 용이하게 해준다. ⓞⓧ

> 행정관리학파는 조직의 원리를 제시하면서 공식적 구조에 대한 연구를 진행하였다. 한편 비공식집단의 생성이나 조직 내 갈등에 대한 설명을 용이하게 해주는 것은 인간관계론이다.

07 ☐☐　　　　　　　　　　　　　　　　　　　11 지방7
고전적 조직이론의 기계적 조직관을 비판하고 조직 내 인간의 사회적 관계의 중요성을 주장하며 등장한 인간관계론의 궁극적인 목표로 조직의 성과 제고 및 조직 운영의 민주화 등을 들 수 있다. ⓞⓧ

> 조직 운영의 민주화는 인간관계론의 수단은 되지만 궁극적인 목표는 아니다.

08 ☐☐　　　　　　　　　　　　　　　　　　　12 서울9
인간관계론은 사회적 능력과 사회적 규범에 의한 생산성을 결정하며 비공식 집단중심의 사기를 형성한다. ⓞⓧ

> 인간관계론에 대한 옳은 지문이다.

09 ☐☐　　　　　　　　　　　　　　　　　　　13 국회8
테일러는 과학적 조사, 연구, 실험 등을 통해 관리업무의 능률성을 극대화시킬 수 있다고 믿었다. ⓞⓧ

> 테일러는 관리업무의 능률성을 극대화하기 위하여 과학적 분석의 중요성을 강조하였다.

01. X　02. X　03. X　04. O　05. X　06. X　07. X　08. O　09. O

10 ☐☐   14 사복9
과학적 관리론은 인간을 지나치게 사회 심리적이고 감정적인 존재로 인식한다는 비판을 받는다.   O|X

해설 인간관계론에 대한 비판이다.

11 ☐☐   16 경간부
호손 공장의 연구(Hawthorne Studies)가 과학적 관리론의 실증적 근거가 되었다.   O|X

해설 호손 공장의 연구는 인간관계론의 이론적 기반이 되었다.

12 ☐☐   16 경간부
과학적 관리론은 조직 내의 인간은 경제적 유인에 의해 동기가 유발되는 타산적 존재라고 보았다.   O|X

해설 과학적 관리론은 조직 내 인간은 경제적 유인에 의해 동기가 유발되는 이해타산적 인간이라고 보았다.

13 ☐☐   16 서울7
호손실험은 개인의 생산성 향상을 위해서는 물리적 작업환경이 중요하다는 점을 발견하였다.   O|X

해설 호손실험은 물리적 외부환경보다 직원의 태도와 사기 등 사회심리적 요인이 중요하다는 점을 발견하였다.

14 ☐☐   16 서울7
호손실험은 본래 실험 의도와 다르게 작업의 과학화, 객관화, 분업화의 중요성을 발견하였다.   O|X

해설 작업의 과학화, 객관화, 분업화의 중요성을 발견한 것은 과학적 관리론이다.

15 ☐☐   16 서울7
테일러(F.W.Taylor)는 시간과 동작에 관한 연구를 통해 최선의 방법(one best way)을 추구하였다.   O|X

해설 테일러는 직무를 수행하는 최선의 방법을 강구하기 위해 시간과 동작을 연구해야 한다고 보았다.

16 ☐☐   16 행정사
과학적 관리론은 과업목표의 달성을 위해 체계적인 관리와 통제를 중시하는 관료제 조직에 적합하다.   O|X

해설 과학적 관리론은 계층제나 분업체계 등의 공식구조를 강조하며 관료제 모형을 토대로 한다.

17 ☐☐   16 행정사
과학적 관리론은 비공식적 집단의 역할을 강조하지만, 인간관계론은 공식적 조직의 역할을 중시한다.   O|X

해설 인간관계론은 비공식적 집단의 역할을 강조하고, 과학적 관리론은 공식구조를 중시한다.

18 ☐☐   18 지방9
행정관리론은 절약과 능률성을 추구한다.   O|X

해설 행정관리론은 최소의 비용으로 최대의 산출을 추구하는 능률성을 강조한다.

19 ☐☐   20 군무원9
테일러(F. W. Taylor)는 과학적 관리의 핵심을 개인적 기술에 두고, 노동자가 발전된 과학적 방법에 따라 작업이 되도록 한다.   O|X

해설 테일러는 과학적 관리의 핵심을 조직 구조에 두고 노동자가 가장 과학적이고 능률적인 방법을 발견하여 이에 따라 작업이 되도록 한다.

📓 10. X   11. X   12. O   13. X   14. X   15. O   16. O   17. X   18. O   19. X

20 ☐☐ 21 국가9
테일러(Taylor)의 과학적관리론에 따르면 업무와 인력의 적정한 결합은 노동자가 아닌 관리자에 의해 결정되어야 한다고 본다. O X

> 과학적관리론에서 관리자는 업무와 인력의 적정한 결합을 통해 근로자에게 과업을 정밀하게 부여하여야 한다.

21 ☐☐ 21 국가9
테일러(Taylor)의 과학적관리론에 따르면 조직 내의 인간은 사회적 욕구에 의해 동기가 유발된다고 전제한다. O X

> 과학적관리론에서 조직 내의 인간은 경제적·물질적 욕구에 의해 동기가 유발된다고 전제한다.

22 ☐☐ 21 경간부
과학적 관리법에 따르면 인간은 내재적 보상에 의해 동기가 유발된다고 전제한다. O X

> 과학적 관리법에 따르면 인간은 물질적·경제적 보상에 의해 동기가 유발된다고 전제한다.

23 ☐☐ 21 경간부
과학적 관리법은 조직의 목표가 명확하다고 전제한다. O X

> 과학적 관리법은 조직의 목표를 명확하게 설정하고 시간과 동작연구를 통한 작업여건의 표준화를 중시한다.

24 ☐☐ 21 경간부
호손실험은 애초에 생산성 향상보다는 근로자들에 대한 인간적 대우가 중요하다는 것을 증명하기 위해서 설계되었다. O X

> 호손실험은 본래 실험 의도와는 다르게 근로자들에 대한 인간적 대우 등이 생산성 향상에 기여한다는 것을 알게 되었다.

25 ☐☐ 21 경간부
호손실험은 작업환경의 변화에 근로자들이 조직적으로 대응하는 문화가 존재한다는 것을 발견하였다. O X

> 호손실험은 작업환경의 변화에 근로자들이 집단의 구성원으로서 비공식적으로 합의된 사회적 규범에 따라 행동한다는 것을 발견하였다.

26 ☐☐ 21 지방(서울)9
인간관계론은 동기 유발 기제로 사회심리적 측면을 강조한다. O X

> 인간관계론은 신고전 조직이론으로 인간의 사회적 욕구와 사회심리적 측면을 동기유발 요인으로 본다.

27 ☐☐ 22 경간부
인간관계론은 조직의 성과제고를 궁극적인 목표로 하며 조직 내 인간관계의 중요성을 강조한다. O X

> 인간관계론은 조직의 성과제고를 목표로 하고 조직 내 인간관계의 중요성을 강조하는 이론이다.

20. O 21. X 22. X 23. O 24. X 25. O 26. O 27. O

MEMO

CHAPTER 15 행태론

01 ☐☐ 05 부산9
사이먼(H. A. Simon)은 행정현상을 의사결정과정으로 파악하였으며 집단의 고유한 특성을 인정하지 않는 방법론적 개체주의의 입장을 취한다. O X

> **해설**
> 사이먼(Simon)은 의사결정이 행정의 핵심이며 인간의 사고나 의식은 그가 속한 집단의 고유한 특성에 따라 결정되지 않고 각자 다르다는 방법론적 개체주의 입장을 취한다.

02 ☐☐ 06 국가7
행태주의는 구성원의 행태를 주요 연구대상으로 하며, 행정의 가치중립과 공공성을 강조한다. O X

> 행태주의는 정치행정이원론으로 행정의 가치 중립성을 유지하기 위해 가치를 연구대상에서 배제하였고 공공성 및 책임성을 간과하였다.

03 ☐☐ 07 충북9
행태주의의 연구초점은 '사실'과 '가치' 중 가치에 있다고 보았다. O X

> 행태주의는 검증이 불가능한 가치를 배제하고 검증이 가능한 사실만을 과학적으로 연구하였다.

04 ☐☐ 10 국가전환특채
행태주의는 행정행태에 대한 정확한 지식을 위해 계량적·미시적 분석에 중점을 두고 개념의 조작적 정의를 통해 행정현상을 분석한다. O X

> 행태주의에 대한 옳은 지문이다.

05 ☐☐ 10 국회8
행태주의는 명백한 자극과 반응으로 볼 수 있는 행위 또는 행동만을 연구대상으로 삼는 심리학적 행동주의와는 달리 특정 질문에 따른 반응을 통해 파악해 볼 수 있는 태도, 의견, 개성 등도 행태에 포함시키고 있다. O X

> 면접이나 설문조사 등을 통해 확인할 수 있는 태도, 의견, 개성 등을 행태에 포함한다.

06 ☐☐ 15 서울7
행태주의는 행태의 규칙성 및 인과성을 경험적으로 입증하고 설명할 수 있다고 보며 가치와 사실을 통합하고 가치중립성을 지향한다. O X

> 행태주의는 가치와 사실을 분리하고 검증가능한 사실만을 과학적으로 연구하였다.

07 ☐☐ 16 경간부
행태주의 연구방법은 행정현상 중 가치판단적인 요소의 존재를 인정하지 않았으며 현상과 현상 사이에 존재하는 인과관계 법칙을 규명하는 것이 연구의 목적이 된다. O X

> 가치를 배제하고 사실 중심의 연구를 하였으나 가치판단요소의 존재를 부정하지는 않았다.

08 ☐☐ 16 경간부
행태주의 연구방법은 법칙 발견을 위해 인과관계에 대한 가설을 설정하고 이를 검증하여야 하는데, 설정되는 가설은 이미 확립된 기존의 이론으로부터 연역적으로 도출되어야 한다. O X

> 행태론은 전반적으로 귀납적 성격의 연구이지만, 가설은 연역적으로 도출되며 개별행위자의 구체적인 행태연구에 초점을 둔 미시적 접근방법을 사용한다.

09 ☐☐ 16 경간부
행태주의 연구방법은 현상과 현상 사이에 존재하는 인과관계 법칙을 규명하는 것이 연구의 목적이 된다. O X

> 행태론은 현상 사이에 존재하는 인과관계 법칙을 규명하는 것을 연구의 목적으로 삼는다.

01. O 02. X 03. X 04. O 05. O 06. X 07. X 08. O 09. O

10 ☐☐ 17 교행9
행태주의 행정학에서는 철저한 논리실증주의적 방법에 따라 가치문제를 연구 대상에서 제외하였다. O X

> **해설**
> 행태주의 행정학은 사회현상도 자연과학처럼 과학적 연구가 가능하다는 전제하에 논리실증주의적 방법에 따라 가치와 사실을 구분하고 가치를 연구현상에서 제외하였다.

11 ☐☐ 17 국회8
행태론적 접근방법은 가치 문제가 많이 개입되어 있을수록 이론의 적합성이 떨어지기 때문에 의도적으로 이러한 문제를 연구 대상이나 범위에서 제외시킬 수 있다. O X

> 행태론적 접근방법은 연구에서 가치와 사실을 명백히 구분하고 가치 문제 등을 연구 대상이나 범위에서 제외시킨다.

12 ☐☐ 17 서울7
행태론은 사회적 문제의 개선에 기여할 수 있는 연구의 가치평가적 정책연구를 지향한다. O X

> 후기행태주의에 대한 설명이다. 행태론은 사회문제의 해결보다 이론적 과학성을 높이기 위하여 가치와 사실을 구분하고 사실중심의 연구를 지향한다.

13 ☐☐ 17 서울7
행태론적 접근방법은 행정의 실체는 제도나 법률이 아니라고 주장하며 행정인의 행태에 초점을 맞춘다. O X

> 행태론적 접근방법은 행정인의 행태에 초점을 맞춘다.

14 ☐☐ 17 서울7
행태주의는 사회과학이 행태에 공통된 관심을 갖고 있기 때문에 통합된다고 보고 있다. O X

> 행태주의는 연합학문적 성격을 띤다.

15 ☐☐ 18 경간부
행태주의(Behavioralism)에 대한 비판으로 시작된 후기행태주의(Post Behavioralism)는 과학적 방법을 지양하고 가치판단과 관련한 사회·정치 문제 해결을 위한 정책지향을 도모하게 되었다. O X

> 후기행태주의는 과학적 방법을 지양한 것이 아니라 과학적 방법을 기반으로 가치판단과 관련된 사회·정치 문제 해결을 추구한다.

16 ☐☐ 18 국가7
행태적 접근방법에서는 가치와 사실을 구분하지 않는다. O X

> 행태주의는 가치판단요소의 존재를 부정하지는 않지만 행정연구방법에 있어서는 가치와 사실을 구분하여 가치를 배제하고 사실 위주의 연구를 지향한다.

17 ☐☐ 18 국가7
행태적 접근방법은 사회현상을 관찰 가능한 객관적 대상으로 보며, 인간의 주관이나 의식을 배제하고 인식론적 근거로서 논리실증주의를 신봉한다. O X

> 행태주의는 사회현상도 자연과학과 마찬가지로 엄밀한 과학적 연구가 가능하다고 보고 인간의 주관이나 의식을 배제하고 논리실증주의를 강조한다.

18 ☐☐ 19 국회9
행태주의 이론은 행태의 규칙성과 인과성을 경험적으로 입증할 수 있다고 본다. O X

> 행태주의는 자료의 객관적이고 계량적인 입증을 거쳐 인간행태에 대한 규칙성·인과성 및 유형성을 발견하고자 하였다.

19 ☐☐ 20 경간부
행태론적 접근방법은 정치와 행정현상에서 개별국가의 특수성을 중시하였다. O X

> 행태론은 개별국가의 특수성보다는 보편화된 일반법칙을 중시하였다.

10. O 11. O 12. X 13. O 14. O 15. X 16. X 17. O 18. O 19. X

16 생태론과 체제론 & 비교행정·발전행정론

01 □□ 04 강원9
행정의 과학화, 비교정치론의 영향, 제도론적 접근법 등은 비교행정론에 영향을 미쳤다. O X

해설: 비교행정론은 기존의 제도중심적 연구방법에서 탈피하여 구조기능주의의 시각에서 공식적 법규가 아닌 실제 운영상태를 중심으로 비교·연구하였다.

02 □□ 05 경기9
F.Heady는 각국 행정을 비교하기 위해 관료제적 접근방법으로 중범위이론적 접근을 채택하였다. O X

해설: 비교행정론의 범위가 포괄적이므로 Heady는 특정 범위를 설정하여 비교·연구하였으며 가장 효과적인 중범위모형을 관료제 모형으로 보았다.

03 □□ 05 충북9
유기적 구조는 분화된 선진국의 행정체제와 관련되며, 프리즘사회는 개발도상국의 모습을 반영한다. O X

해설: 유기적 구조는 선진국 행정체제를, 프리즘사회는 개발도상국 행정체제를 반영한다.

04 □□ 06 군무원
생태론적 접근방법은 전통적 접근방법인 인간관계론적 접근방법과는 달리 행정체제와 그를 둘러싸고 있는 환경적 세력들 간의 관계에 연구의 초점을 둔다. O X

해설: 생태론적 접근방법은 행정과 그 환경과의 상호작용을 중심으로 행정현상을 연구하는 방법이다.

05 □□ 06 서울9
생태론적 접근방법은 행정과 환경의 교호작용을 강조하지만 개발도상국과 같이 변화하는 행정현상을 연구하는 데 한계를 지니며 거시적인 접근방법을 취함으로써 구체적인 운영의 측면을 다루지 못하는 한계를 가진다. O X

해설: 체제론적 접근방법에 대한 설명이다.

06 □□ 06 충남9
체제론은 투입과 산출이 같이 순환적으로 연결되는 체계적 사고를 전제로 자발적이고 경제적인 인간상을 바탕으로 한다. O X

해설: 체제론은 인간이 환경의 지배를 받는 종속변수로 가정되는 '생태론적 결정론'에 바탕을 두고 있어 능동적이고 자발적인 인간상과는 거리가 멀다.

07 □□ 07 대전7
개방체제 시각에 따르면 조직은 외부환경 변화에 신축성 있게 적응하는 체제로 투입, 전환, 산출, 환류과정을 되풀이하면서 외부 환경에 적응하는 유기체이다. O X

해설: 개방체제는 투입, 전환, 산출, 환류의 순환과정을 통해 체제가 적응해가는 과정을 설명하는 이론이다.

08 □□ 10 국회8
개방체제이론은 등종국성(equifinality), 항상성, 선형적 인과관계, 구조기능의 다양성, 체제의 진화 등의 특징을 갖는다. O X

해설: 개방체제이론은 다양한 환경적 요인을 고려하므로 선형적 인과관계와는 관련이 없다.

09 □□ 10 국회8
가우스(J. M. Gaus)는 국민, 장소, 대화, 재난 등을 행정에 영향을 미치는 생태적 요인으로 제시하였다. O X

해설: 대화는 가우스가 제시한 환경요인에 포함되지 않는다.

정답 01. X 02. O 03. O 04. O 05. X 06. X 07. O 08. X 09. X

10 ☐☐ 10 지방7
생태론적 접근방법은 행정이 추구해야 할 목표나 방향을 명확히 제시하고 있다. ☐O☐X

> 생태론은 처방적 성격이 부족하고 행정이 추구해야 할 목표나 방향, 가치 등을 명확히 제시하지 못하고 있다는 비판을 받는다.

11 ☐☐ 11 국회8
리그스(F.Riggs)는 후진국 행정체제에 대한 '프리즘적 사랑방 모형'을 설정하여 후진국의 행정행태를 사회문화적 맥락에서 파악하고 행정의 독자성을 인정하여 독립변수로 취급하였다. ☐O☐X

> 리그스는 비교행정에서 행정을 종속변수로 취급하면서 독자성을 구축하지 못하였다.

12 ☐☐ 12 국가9
체제론은 정태적·보수적 이론으로 개체주의적 관점을 취한다. ☐O☐X

> 체제론은 정태적·보수적 이론이며 전체주의적 관점을 취한다.

13 ☐☐ 14 국회9
리그스의 사랑방 관료제는 고도의 이질성, 다분파주의와 형식주의, 기능중복과 연고주의, 다규범주의와 파벌주의, 가격의 안정성과 고도의 전문직업화 등을 특징으로 한다. ☐O☐X

> 가격의 안정성과 고도의 전문직업화 부분이 틀렸다. 사랑방 관료제 모형은 가격의 불안정성과 천민자본주의를 특징으로 한다.

14 ☐☐ 15 경간부
생태론적 접근의 분석수준은 유기체로서의 개인에 초점을 맞추며, 미시적 차원에서 행정현상을 분석하고자 한다. ☐O☐X

> 생태론적 접근방법은 행정체제의 개방성을 강조하고, 행위자 개개인보다는 집합적 행위나 제도의 수준에서 행정현상을 설명하는 거시적 차원의 분석이다.

15 ☐☐ 16 경간부
체제론은 행정현상을 분석하기 위해 다양한 관련 변수 중에서 환경을 포함해 거시적으로 접근한다. ☐O☐X

> 체제론은 거시적, 총체주의적 관점을 취하며 환경과의 경계를 고려한다.

16 ☐☐ 16 경간부
생태론은 선진국의 행정현상을 설명하는 데 크게 기여했으며, 행정의 보편적 이론보다는 중범위이론의 구축에 자극을 줘 행정학의 과학화에 기여했다. ☐O☐X

> 생태론은 후진국의 행정현상을 설명하는 데 크게 기여했으며, 행정의 보편적 이론보다는 중범위이론의 구축에 자극을 줘 행정학의 과학화에 기여했다.

17 ☐☐ 16 지방7
비교행정은 처방성과 문제해결성을 강조함에 따라 행정의 비과학화를 초래하였다. ☐O☐X

> 비교행정론은 각국의 행정에 대한 비교연구를 통해 행정의 과학화를 높이고 일반화된 행정이론을 개발하기 위한 연구방법으로 행정의 과학화에 기여하였다.

18 ☐☐ 17 국회8
체제론적 접근방법은 자율적으로 목표를 설정하고 그 방향으로 체제를 적극적으로 변화시켜 나가려는 측면보다 환경 변화에 잘 적응하려는 측면을 강조한다. ☐O☐X

> 체제론은 행정을 둘러싸고 있는 다른 환경적 요소와의 관련성 속에서 행정을 연구하는 접근법으로 환경변화에 적응하려는 측면을 강조한다.

10. X 11. X 12. X 13. X 14. X 15. O 16. X 17. X 18. O

19 ☐☐   17 서울7
비교행정론의 대표적 학자 리그스(W.F.Riggs)의 프리즘적 모형은 농경국가도 산업국가도 아닌 제3의 국가형태인 개발도상국을 연구하는 데 적합하다. [O|X]

> **해설**
> 리그스의 프리즘적 모형은 개발도상국을 연구하는 데 적합한 모형이다.

20 ☐☐   17 행정사
발전목표의 설정과 달성을 통해 국가발전을 추진하던 1960년대 발전행정적 사고가 지배적일 때 부각되어 중요시되었던 행정가치는 합법성이다. [O|X]

> 발전목표의 설정과 달성을 통해 국가발전을 추진하던 1960년대 발전행정적 사고가 지배적일 때 부각되어 중요시되었던 행정가치는 효과성이다.

21 ☐☐   18 경간부
발전행정론은 정치행정이원론의 입장으로 정책의 효율성을 강조한다. [O|X]

> 발전행정론은 정치행정일원론의 입장으로 정책의 효과성을 강조한다.

22 ☐☐   18 경간부
행정생태론은 환경적 요인을 따로 고려한다는 점에서 과학적 관리론과 유사성을 갖는다. [O|X]

> 행정생태론은 환경적 요인을 고려하는 반면 과학적 관리론은 환경적 요인을 고려하지 않는 폐쇄적 이론으로 차이점을 갖는다.

23 ☐☐   18 국회8
체제론은 비계서적 관점을 중시한다. [O|X]

> 체제론은 체제나 현상 간에 계층적 서열이 존재한다는 계서적 관점을 중시한다.

24 ☐☐   19 국회9
체제이론에서는 서구의 행정제도가 후진국에서 잘 작동되지 않는 이유를 사회문화적 환경의 차이라고 설명하면서 분석 수준을 행위자 개인으로 한정하였다. [O|X]

> 체제이론에서는 서구의 행정제도가 후진국에서 잘 작동되지 않는 이유를 사회문화적 환경의 차이라고 설명하면서 분석 수준을 행위자 개인이 아닌 행위나 제도로 본다.

25 ☐☐   20 행정사
프리즘적 사회의 특징은 형식주의, 정실주의, 이질혼합성을 들 수 있다. [O|X]

> 프리즘적 사회는 고도의 이질성, 형식주의, 기능의 중첩 및 연고우선주의 등을 특징으로 한다.

26 ☐☐   21 경정승진
개방체제는 정(+)의 엔트로피, 외부 환경과의 상호작용, 항상성, 등종국성을 특징으로 한다. [O|X]

> 개방체제는 부(-)의 엔트로피, 외부 환경과의 상호작용, 항상성, 등종국성을 특징으로 한다.

27 ☐☐   21 국회8
체제론적 접근 방법은 권력, 의사전달, 정책결정의 문제와 행정의 가치문제를 중시한다. [O|X]

> 체제론적 접근 방법은 거시적인 부분에만 집중한 나머지 권력, 의사전달 등 정책결정의 문제와 행정의 가치문제를 중시하지 못했다는 비판을 받는다.

28 ☐☐   21 군무원9
생태론적 접근방법은 행정변수 중에서 특히 환경변화와 사람의 행태를 연구대상으로 한다. [O|X]

> 사람의 행태를 연구대상으로 하는 것은 행태론이다. 한편 생태론적 접근방법은 개인보다 집단을 분석단위로 하고 환경에 의해 행정이 종속된다고 본다.

29 ☐☐   22 경간부
리그스(F. Riggs)의 프리즘적 모형(prismatic model)은 비생태론적 접근방법에 기반을 둔다. [O|X]

> 프리즘적 모형은 생태론적 접근방법에 기반을 둔다.

📖 19. **O**   20. **X**   21. **X**   22. **X**   23. **X**   24. **X**   25. **O**   26. **X**   27. **X**   28. **X**   29. **X**

MEMO

CHAPTER 17 신행정론과 현상학

01 ☐☐   00 행정고시
현상학적 행정학은 행정현상의 관찰을 위하여 행동(action)이 아니라 행태(behavior)를 중시한다. ☐O☐X☐

> 해설
> 현상학에서는 행동을 단순히 외면으로 표출된 행태가 아닌 목적을 가진 의도된 행동으로 본다.

02 ☐☐   05 국가7
후기행태주의는 논리실증주의의 부활을 통하여 행태론을 강조하였다. ☐O☐X☐

> 후기행태주의는 D. Easton에 의하여 행정학에 도입된 접근법이며 Simon의 행태론을 탈피하려는 반(反)행태론의 관점으로 신행정론의 출발점이 되었다.

03 ☐☐   05 울산9
현상학적 접근방법은 인간의 행동을 철학적, 심리학적으로 연구하는 것을 말하며 인간의 주관적이고 내면적인 의식세계를 연구한다. ☐O☐X☐

> 표출된 외면적 행태보다는 행위자의 내면적 의도가 결부된 '의미 있는 행태'를 연구해야 한다는 철학적, 심리학적 접근법이다.

04 ☐☐   07 대전7
하몬(Harmon)의 행동이론(action theory)에 근거한 현상학은 간주관성을 중시하며 투표보다는 의사소통을 통한 합의적 결정을 중시한다. ☐O☐X☐

> 하몬(Harmon)의 행동이론에 대한 옳은 설명이다.

05 ☐☐   07 서울9
현상학적 접근방법은 개별적인 인간 행위와 개인 간의 상호작용의 해석에 역점을 두기 때문에 그 접근방법이 지나치게 거시적이다. ☐O☐X☐

> 현상학적 접근방법은 개인을 연구대상으로 한다는 점에서 미시이론에 속한다.

06 ☐☐   08 국가7
현상학은 개개의 사례나 문제중심적인 방법에 의해서 파악하기보다 일반법칙적인 방법에 의해서 설명된다. ☐O☐X☐

> 설명이 바뀌었다. 현상학의 연구방법은 개별 사례나 일상문제 중심으로 미시적인 접근방법을 취한다.

07 ☐☐   09 국가9
현상학적 접근방법은 인간행위의 가치는 행위 자체보다 그 행위가 산출한 결과에 있다고 본다. ☐O☐X☐

> 행태론적 접근방법에 대한 설명이다.

08 ☐☐   11 국가9
신행정학은 기업식 운영을 주장하면서 신자유주의적 행정개혁에 앞장섰다. ☐O☐X☐

> 신공공관리론에 대한 설명이다.

09 ☐☐   11 국가9
왈도, 프레드릭슨이 주도한 신행정학은 고객인 국민의 요구를 중시하는 행정을 강조하고 시민참여의 확대를 주장하였다. ☐O☐X☐

> 신행정학에 대한 옳은 설명이다.

---

01. X   02. X   03. O   04. O   05. X   06. X   07. X   08. X   09. O

해설

10 ☐☐   11 국회8
신행정론은 분권화 지향, 정책지향적 행정론, 실천적 적실성 강조, 시민참여 강조 등의 속성을 지니고 있다. ☐O☐X☐

신행정론의 특징으로 옳은 설명이다.

11 ☐☐   11 국회9
현상학은 인간의 행위를 이해하기 위해서는 선험적 의식 또는 순수이성에 바탕을 둔 직관적 포착이 중요하다고 보았다. ☐O☐X☐

현상학은 인간의 의식작용을 기술하려는 선험적 관념론을 지향한다.

12 ☐☐   11 지방7
왈도(Waldo)는 신행정학은 다양한 관점을 보이지만 대체로 규범이론, 철학, 사회적 타당성, 행동주의(activism)로 특징지을 수 있다고 하였다. ☐O☐X☐

신행정론은 행정에 대한 이해에 있어서 인간 행태에 대한 고찰만으로는 한계가 있다고 지적하고, 인간의 주관적 역할과 신념 등 주체성을 강조하는 철학적, 해석학적 관점을 지닌다.

13 ☐☐   12 국가7
현상학적 접근방법은 조직 내외에 있는 인간들은 자신의 행위나 다른 사람들의 행위에 의미를 부여함으로써 조직을 설계한다. ☐O☐X☐

현상학에 대한 옳은 지문이다.

14 ☐☐   12 국회8
정치적 합리성을 주장한 후기 행태론자들은 과학적 연구를 반대하고 사회적 가치를 파악하여 사회적 적실성을 확보해야 한다고 주장하였다. ☐O☐X☐

후기 행태주의자들은 과학적 연구를 반대한 것이 아니라 과학적인 연구와 지식을 사회문제의 해결에 적용하여 적실성과 정치적 합리성을 제고하자고 주장하였다.

15 ☐☐   14 해경간부
신행정학은 인간주의 심리학, 현상학 등에 대한 강한 비판과 엄격한 실증주의의 적용으로 현실문제를 해결하려 한다. ☐O☐X☐

신행정론은 엄격한 실증주의에 대한 비판 위에서 인간주의 심리학, 현상학 등에 바탕을 두고 현실문제를 해결하려 한다.

16 ☐☐   15 서울7
신행정학은 정치행정일원론보다는 정치행정이원론에 가까운 입장이다. ☐O☐X☐

정치행정일원론에 가깝다.

17 ☐☐   15 국가9
신행정학에서는 정부의 적극적인 역할과 적실성 있는 정책의 수립을 강조하였다. ☐O☐X☐

신행정학은 가치지향적이고 적실성 있는 정책을 강조하면서 정부의 역할과 정책의 수립을 강조하였다.

18 ☐☐   16 사복9
신행정론(신행정학)은 실증주의와 행태주의를 비판하면서 행정학의 실천성과 적실성, 가치문제를 강조하였다. ☐O☐X☐

신행정론은 실증주의와 행태주의를 비판하면서 가치문제나 실천성 등을 강조하였다.

19 ☐☐   17 국가7(추)
현상학은 행정연구에서 가치와 사실의 구별을 인정하며, 현상을 개체적으로 파악하고자 한다. ☐O☐X☐

현상학은 행정연구에서 객관적 실재보다 명분이나 가치를 중시하고 실증주의를 거부한다.

📖 10. O   11. O   12. O   13. O   14. X   15. X   16. X   17. O   18. O   19. X

20 ☐☐　　　　　　　　　　　　　　17 국가7(추)
현상학적 행정연구에서는 행정활동과 관련된 사람들 사이의 상호작용에 의해 구성된 상호주관적 경험이 중요하다. ⓞ|Ⓧ

> **해설**
> 현상학적 행정연구에서는 상호주관적 경험으로 이루어지는 것으로 인식한다.

21 ☐☐　　　　　　　　　　　　　　17 국가7(추)
경영학의 성과관리와 경제학의 신제도주의가 혼합되어 영향을 주었으며 공익을 사적 이익의 총합으로 파악하고 기업가적 목표 달성을 위해 폭넓은 행정재량을 공무원에게 허용할 수 있다고 보는 이론은 신행정론이다. ⓞ|Ⓧ

> 신행정론이 아니라 신공공관리론에 대한 설명이다. 신공공관리론은 경영학에서 발전한 성과관리와 경제학의 신제도주의, 그리고 행정학의 관리주의가 혼합하면서 다양한 형태로 정부에 적용된 것으로 성과에 기초한 관리 등을 강조한다.

22 ☐☐　　　　　　　　　　　　　　17 국가9
신행정학은 효율성을 강조하고 적실성 있는 행정학 연구를 지향하며, 고객중심의 행정을 강조한다. ⓞ|Ⓧ

> 신행정학은 형평성을 강조하고 적실성 있는 연구를 강조하며, 고객중심의 행정을 강조한다.

23 ☐☐　　　　　　　　　　　　　　17 해경간부
후기행태주의는 가치중립적인 과학적 연구를 중요시하여 정책학의 발전에 견인차 역할을 하였다. ⓞ|Ⓧ

> 후기행태주의는 정책학의 발전에 견인차 역할을 하였고, 가치중립적인 과학적 연구를 기반으로 하는 행태론을 비판하였다.

24 ☐☐　　　　　　　　　　　　　　19 서울9(2월)
신행정학은 적실성, 참여, 변화, 가치, 사회적 형평성 등에 기초한 행정학의 독자적 주체성을 강조했다. ⓞ|Ⓧ

> 신행정학은 행정학의 실천적 성격과 적실성을 추구하며 사회적 형평성 등을 기반으로 한다.

25 ☐☐　　　　　　　　　　　　　　19 지방9
신행정학은 미국의 사회문제 해결을 촉구한 반면 발전행정은 제3세계의 근대화 지원에 주력하였다. ⓞ|Ⓧ

> 신행정학은 1960년대 말 미국사회의 격동기 시기에 등장한 것으로 사회문제를 해결하기 위해 행정의 적실성과 실천성을 강조한 반면 발전행정은 제3세계의 근대화를 지향하였다.

26 ☐☐　　　　　　　　　　　　　　19 지방9
신행정학은 정치행정이원론에 입각하여 독자적인 행정이론의 발전을 이루고자 하였다. ⓞ|Ⓧ

> 신행정학은 정치행정일원론에 입각하여 독자적인 행정이론의 발전을 이루고자 하였다.

27 ☐☐　　　　　　　　　　　　　　20 국가9
후기 행태주의 접근 방법은 행정을 자연·문화적 환경과 관련하여 이해하면서 행정체제의 개방성을 강조한다. ⓞ|Ⓧ

> 행정을 자연·문화적 환경과 관련하여 이해하면서 행정체제의 개방성을 강조하는 것은 생태론적 접근 방법이다.

28 ☐☐　　　　　　　　　　　　　　20 행정사
신행정학이론은 관료의 사익추구, 예산극대화, 지대추구행위, 정치 및 행정현상의 경제학적 분석의 특징을 갖는다. ⓞ|Ⓧ

> 관료의 사익추구, 예산극대화, 지대추구행위, 정치 및 행정현상의 경제학적 분석의 특징을 갖는 것은 공공선택론이다.

29 ☐☐　　　　　　　　　　　　　　21 소방간부
신행정학(New Public Administration) 운동은 기존의 능률 지향적이고 가치중립적인 행정학의 적실성 부족을 비판하면서 가치문제를 중요하게 다루었다. ⓞ|Ⓧ

> 신행정학 운동은 기존의 가치중립적, 과학적, 실증적 연구보다는 가치평가적인 정책연구를 지향하고 적실성 및 형평성을 강조하였다.

📋 20. **O**　21. **X**　22. **X**　23. **X**　24. **O**　25. **O**　26. **X**　27. **X**　28. **X**　29. **O**

30 ☐☐　　　　　　　　　　　　　　　22 국가직9
신행정학은 왈도를 중심으로 가치와 형평성을 중시하면서 사회의 문제 해결에 대한 현실 적합성을 갖는 새로운 행정학의 정립을 시도하였다. ＯＸ

31 ☐☐　　　　　　　　　　　　　　　23 국가직9
신행정론은 실증주의적 방법론을 비판하고 사회적 형평성과 적실성을 강조하였다. ＯＸ

해설

1960년대 말 신행정론의 배경이다.

신행정론은 후기행태주의이다.

30. **O**　31. **O**

18 포스트모더니즘 등(비판이론, 담론행정)

01 □□
06 국회8
비판이론적 담론주의는 사회관계의 지나친 합리화로부터의 인간해방을 추구한다. ⓞⓍ

해설
비판이론적 담론주의에 대한 옳은 지문이다.

02 □□
06 국회8
해체, 탈영역, 즉자성, 상상 등은 포스트모더니즘 행정의 특징이다. ⓞⓍ

즉자성은 타자성(Alterity)과 반대되는 개념이다. 해체, 탈영토화, 상상, 타자성은 Farmer가 주장한 포스트모더니즘 행정이론의 핵심개념이다.

03 □□
05 서울7
비판이론적 담론주의는 정책공동체나 이슈네트워크와 동일한 개념이라고 볼 수 있다. ⓞⓍ

비판이론적 담론주의와 정책네트워크는 동일한 개념이 아니며 비판이론적 담론주의가 상대적으로 공동체 가치를 더 강조한다. 한편 정책네트워크는 참여자 간의 이해관계 결합정도를 기준으로 다양화한 모형이다.

04 □□
07 경북9
심의민주주의(Deliberative Democracy)는 의사결정참여자들이 상호작용의 과정 중에 각자의 선호를 기꺼이 변화시킬 수 있다는 점을 전제로 하며 집합(aggregative) 민주주의와 거의 동일하다. ⓞⓍ

심의민주주의는 선호를 주어진 것으로 보지 않으며, 선호의 집합이 정당성의 기준이 되는 집합민주주의는 고전적인 대의민주주의와 관련이 있다.

05 □□
07 국가7
담론적 접근방법은 정책결정과정에서 시간의 한계 및 정확한 정보의 부족 문제를 극복할 수 있다는 유용성이 있다. ⓞⓍ

담론적 접근방법은 시간의 한계로 완전하고 정확한 정보를 얻는 것이 불가능하다.

06 □□
07 대구9
포스트모더니즘은 이성과 합리성으로 요약되는 현대주의 사조를 전면적으로 거부하며 행정의 실무는 능률적이어야 한다는 설화를 당연한 것으로 받아들인다. ⓞⓍ

포스트모더니즘은 보편주의나 근본주의, 합리주의 등을 부정하며 행정의 실무는 능률적이고 합리적이어야 한다는 메타설화를 당연한 것으로 받아들이지 않는다.

07 □□
10 국회8
담론이론은 구성주의와 대의민주주의를 강조하고, 신행정론은 가치와 규범 및 형평성을 강조한다. ⓞⓍ

담론이론은 직접 민주주의를 강조한다.

08 □□
11 지방7
파머(D. Farmer)는 패러다임 간의 통합(paradigm integration)을 연구전략의 하나로 주장하였으며, 나 아닌 다른 사람을 인식적 타인(epistemic other)이 아닌 도덕적 타인(moral other)으로 인정한다. ⓞⓍ

파머는 포스트모더니즘을 패러다임 간의 통합이 아닌 상상, 해체, 탈영역화, 타자성의 특성을 가진 것으로 보았으며, 뒷부분은 파머가 주장한 타자성의 개념이다.

09 □□
11 지방7
포스트모더니즘은 상대적이고 다원주의적이며 동시에 해방주의 성격의 세계관을 지니고 있으며 바람직한 행정서비스는 소품종 대량생산체제에서 제공될 가능성이 높다고 한다. ⓞⓍ

포스트모더니즘은 다양성을 중시하며 이는 다품종 소량생산체제와 가깝다.

01. O 02. X 03. X 04. X 05. X 06. X 07. X 08. X 09. X

10 □□
15 경간부
포스트모더니티는 "진리의 기준은 맥락적"이기 때문에 인간이 지닌 이성을 통해서만 진리의 기준을 객관적으로 이해할 수 있다고 주장한다. O X

> 포스트모더니티는 인간의 이성과 합리성을 기초로 하는 모더니즘에 대한 반발적 사조로 등장한 이론으로 인간이 지닌 이성을 통해서만 신리의 기준을 객관적으로 이해하려는 모더니티적 접근을 비판한다.

11 □□
16 서울7
포스트모더니티이론은 행정에 있어서의 상상, 해체, 타자성 등을 강조하였다. O X

> 포스트모더니티이론의 대표학자 D. Farmer는 상상, 해체, 타자성, 탈영토화 등의 개념을 강조하였다.

12 □□
16 서울7
포스트모더니티는 인권, 인간 이성과 인간 중심적 관점에서의 행정을 강조하였다. O X

> 모더니티에 대한 설명이다.

13 □□
17 경간부
포스트모더니즘은 행정이론의 한계와 모순을 잘 인식하게 하고, 담론을 통한 발전 가능성을 모색하는 촉매역할을 할 수 있다는 장점이 있다. O X

> 포스트모더니즘은 행정이론의 한계를 인식하고 담론을 통한 발전가능성을 모색할 수 있다.

14 □□
18 서울9
포스트모더니즘은 맥락 의존적인 진리를 거부한다. O X

> 포스트모더니즘은 보편적 진리보다는 시대와 상황에 따라 적용되는 진리가 다르다는 맥락 의존적인 진리를 강조한다.

15 □□
18 서울9
포스트모더니즘은 지배를 야기하는 권력을 거부한다. O X

> 포스트모더니즘은 인간을 억압·통제·지배하는 권력을 거부하고 인간을 행위의 주체로 보는 해방주의를 주장한다.

16 □□
21 소방간부
포스트모더니즘은 상대주의적 세계관, 구성주의, 합리주의와 과학주의 등을 강조한다. O X

> 합리주의와 과학주의는 모더니즘의 특징이며 합리주의는 주관주의와 다원주의를 강조한다.

17 □□
21 경정승진
포스트모더니티(Postmodernity) 이론은 거대설화(meta narratives)에 대한 믿음을 견지한다. O X

> 포스트모더니티는 맥락적 진리를 추구하므로 메타설화는 존재하지 않으며 다양한 가치와 패러다임이 공존한다고 본다.

10. X 11. O 12. X 13. O 14. X 15. O 16. X 17. X

19 공공선택론

01 ☐☐   01 행정고시
공공선택론의 분석의 기본단위는 개인으로서, 유기체적 접근방법이 주류를 이루고 있다. ⓞⓧ

> 공공선택론은 사회전체를 중시하는 유기체적인 접근법이 아니라 방법론적 개체주의에 입각한다.

02 ☐☐   04 입법고시
공공선택론은 시장의 범주 밖에서 일어나는 경쟁행위를 경제학적으로 접근하고 연구하는 이론이다. ⓞⓧ

> 공공선택론은 공공부문에 경제학적 관점을 도입한다.

03 ☐☐   04 전북9
공공선택론은 정부를 공공재의 생산 및 공급자로 규정하며, 시민 개개인의 선호와 선택 대신에 집단의 이익을 강조하며 비합리적인 인간관에 기초한다. ⓞⓧ

> 공공선택론은 정부를 공공재의 공급자, 국민을 소비자로 규정하며 집단의 이익보다는 개인의 효용을 극대화하려는 방법론적 개체주의와 합리적 경제인관을 전제로 한다.

04 ☐☐   04 충남9
중위투표자이론은 투표자의 선호의 강도와 크기를 모두 고려하며 중위투표자의 선택은 경제적으로 효율적 수준을 보장해준다. ⓞⓧ

> 중위투표자이론은 투표자 모두의 선호의 강도와 크기를 고려하지 못한다. 뒷부분은 중위투표자모형에 대한 옳은 설명이다.

05 ☐☐   05 국가7
공공선택이론은 공공재의 공급문제와 그에 따른 무임승차자의 문제를 해결하고자 한다. ⓞⓧ

> 공공선택이론은 관료나 정치인의 일방적 결정보다도 시민의 선호와 선택 등에 초점을 두어 공공재의 공급문제를 해결하고자 하였다.

06 ☐☐   06 경남9
공공선택이론은 개인의 행동과 선택이 의사결정의 기본단위임을 기본전제로 한다. ⓞⓧ

> 개인을 분석단위로 하며 사회의 효용을 극대화시키는 것을 중시한다.

07 ☐☐   08 지방9
공공선택론은 방법론적 개인주의에 입각하고 있으며 인간은 철저하게 자기이익을 추구한다고 가정한다. ⓞⓧ

> 공공선택론에 대한 옳은 설명이다.

08 ☐☐   09 군무원
공공선택론적 접근방법은 정부를 공공재의 생산자, 시민들을 공공재의 소비자라고 규정하며 공공서비스를 공급하는 전통적 관료제는 시민의 요구에 민감하게 반응하는 제도적 장치라고 본다. ⓞⓧ

> 공공선택론은 정부를 공공재의 생산자, 시민들을 공공재의 소비자라고 규정하였고, 전통적 관료제는 시민의 요구에 민감하게 반응할 수 없는 제도적 장치라고 보았다.

---

01. X   02. O   03. X   04. X   05. O   06. O   07. O   08. X

09
09 세무사
파레토의 원리, 비독재성의 원리, 이행성의 원리, 적극적인 가치판단가능성의 원리, 무관한 선택대상으로부터의 독립성의 원리 등은 불가능성 정리의 공공선택이론에서 애로우(K. Arrow)가 제시한 사회적 선호체계가 가져야 할 기준에 해당한다. O X

해설
애로우(Arrow)가 주장한 5가지 공리에는 파레토 원리, 이행성의 원리, 독립성의 원리, 비독재성의 원리, 선호의 비제한성의 원리이며 적극적인 가치판단가능성의 원리는 공리조건에 해당하지 않는다.

10
10 경정승진
던리비(Dunleavy)의 관청형성모형은 니스카넨(Niskanen)의 관료예산 극대화 가설을 비판하면서 예산 및 기관의 유형에 따라 예산을 증액하려는 성향은 달라진다고 주장한다. O X

관청형성모형에 대한 옳은 지문이다.

11.
10 국가전환특채
공공선택론에 따르면 공공부문에서도 시장에서처럼 소비자의 선호를 반영함으로써 파레토 최적을 구현하여 사회 총효용을 극대화할 수 있다고 가정한다. O X

공공선택론의 기본가정이다.

12
10 지방7
공공선택론은 합리적 경제인으로서의 개인, 방법론적 개체주의, 정치는 합리적 개인들간의 자발적 교환작용, 제도적 장치의 경시 등을 특징으로 한다. O X

제도적 장치의 경시가 틀렸다. 공공선택론은 시민들의 다양한 요구와 신호에 민감하게 부응할 수 있는 새로운 제도적 장치의 강구를 중시한다.

13
11 지방7
니스카넨(Niskanen)의 예산극대화 모형에서 관료는 자신의 효용을 극대화하려는 합리적 경제인이라고 가정하고 정치가는 사회후생의 극대화를 추구한다고 가정한다. O X

니스카넨의 예산극대화모형에 대한 옳은 설명이다.

14
12 국회8
애로우(Arrow)는 투표의 공정성을 보장하기 위해 충족되어야 할 조건 중의 하나로 각 개인은 의사결정 대안들에 대해 이행적 선호를 갖는다고 보았다. O X

이행성의 원리에 대한 설명이다.

15
14 국가9
공공선택론에 따르면 정치인과 관료들은 개인효용함수에 따라 권력이나 예산 규모의 극대화를 추구한다. O X

공공선택론에서 정치인과 관료는 시민들의 선호체계나 사회효용함수보다 자신들의 선호체계를 중심으로 권력이나 예산규모의 극대화를 추구한다.

16
15 국회8
공공선택론은 뷰캐넌(Buchanan)이 창시하고 오스트롬(Ostrom)이 발전시킨 이론으로 정치학적인 분석도구를 중시한다. O X

공공선택론은 뷰캐넌이 창시하고 오스트롬이 발전시킨 이론으로 비시장부문에 대해 경제학적 분석도구를 이용하여 현상을 분석한다.

09. X 10. O 11. O 12. X 13. O 14. O 15. O 16. X

17 ☐☐ 15 행정사
공공선택론은 공공서비스 전달 및 공공문제 해결과정에서 정부와 민간부문 간의 협력적 네트워크를 적극 활용한다. OX

> 거버넌스에 대한 설명이다.

18 ☐☐ 16 서울7
공공선택론은 자유경쟁시장의 논리를 공공부문에 도입하고자 하는데, 그 논리 자체가 현상유지와 균형이론에 집착하는 것이며 시장실패라는 고유한 한계 또한 가지고 있다. OX

> 공공선택론에서 자유경쟁시장의 논리는 현상유지와 균형이론에 집착하는 것으로 비판받아 왔으며, 역사적으로 누적되고 형성된 개인의 기득권을 계속 유지하기 위한 보수주의적 접근에 불과하다는 한계가 있다.

19 ☐☐ 16 지방9
공공선택론은 공공서비스의 효율적 공급을 위해서 분권화된 조직 장치가 필요하다는 입장이다. OX

> 공공선택론은 다양한 제도를 중시하며 효율적인 공급을 위해서는 분권화된 조직장치가 필요하다고 본다.

20 ☐☐ 17 국가7(추)
공공선택론(public choice theory)은 개인이 아닌 공공조직을 분석의 기초단위로 채택함으로써 방법론적 개체주의에 반대한다. OX

> 공공선택론은 공공조직이 아닌 개인을 분석의 기초단위로 채택함으로써 방법론적 개체주의의 특성을 갖는다.

21 ☐☐ 17 국가7(추)
공공선택론(public choice theory)의 대표적인 학자들 중에는 뷰캐넌(Buchanan), 오스트롬(Ostrom), 니스카넨(Niskanen)이 있다. OX

> 뷰캐넌, 오스트롬, 니스카넨은 공공선택론의 대표학자들이다.

22 ☐☐ 17 지방7
공공선택론적 접근방법은 인간은 경제적 이해관계로만 움직이지 않고 정부활동의 성과를 지나치게 시장적 가치로 환원하려는 경향이 있다고 비판받는다. OX

> 공공선택론적 접근방법은 경제학적 접근을 통한 비시장적 의사결정분야를 연구한 것으로 해당 지문과 같은 비판을 받는다.

23 ☐☐ 18 경간부
니스카넨(Niskanen)은 예산극대화모형에서 관료는 한계편익곡선과 한계비용 곡선이 교차하는 점에서 공공서비스를 공급하려 한다고 본다. OX

> 니스카넨(Niskanen)은 예산극대화모형에서 관료는 총편익곡선과 총비용곡선이 교차하는 점에서 공공서비스를 공급하려 한다고 본다.

24 ☐☐ 18 경간부
애로우(K.J.Arrow)는 불가능성의 정리에서 바람직한 집합적 의사결정 방법의 기본조건으로 어느 누구도 집합적인 선택의 과정에 대해서 결정적인 영향력을 행사해서는 안 된다고 주장한다. OX

> 애로우의 불가능성 정리는 바람직한 집합적 의사결정 방법의 기본조건으로 어느 누구도 집합적인 선택의 과정에 대해서 결정적인 영향력을 행사해서는 안 된다고 주장한다.

25 ☐☐ 18 지방9
공공선택이론은 시민들의 요구와 선호에 민감하게 부응하는 제도 마련으로 민주행정의 구현에도 의의가 있다. OX

> 공공선택론은 행정서비스에 대한 시민 개개인의 선호와 선택의 존중을 핵심가치로 한다.

답 17. X 18. O 19. O 20. X 21. O 22. O 23. X 24. O 25. O

26 □□ 18 지방9
공공선택이론은 효용극대화를 추구한다는 합리적 개인에 대한 가정은 현실적합성이 높다고 평가받는다. O X

> 공공선택론은 인간을 합리적 경제인으로 가정하므로 시장논리에 의한 경제적 동기만을 중시하며 현실적합성이 낮다고 비판받는다.

27 □□ 18 지방9
던리비(Dunleavy)의 관청형성 모형은 고위 관료의 선호에 맞지 않는 기능을 민영화나 위탁계약을 통해 지방정부나 준정부기관으로 넘긴다. O X

> 가시적이고 책임이 수반되는 계선기능은 고위 관료의 선호에 맞지 않으므로 준정부기관이나 책임운영기관 등 다양한 정부조직을 형성하여 떠넘기고 자신들은 정치권력의 중심에서 참모기능을 수행하기를 선호한다.

28 □□ 18 지방9
던리비(Dunleavy)의 관청형성 모형에서 중하위직 관료는 주로 관청예산의 증대로 이득을 얻는다. O X

> 주로 관청예산의 증대로 이득을 얻는 것은 중하위직 관료가 아니라 이전기관이다.

29 □□ 19 경간부
관청형성모형은 정책위주의 참모조직을 집행위주의 계선조직으로 개편하려는 의도가 작용하여 준정부조직이 형성하게 된다는 이론이다. O X

> 관청형성모형은 집행위주의 계선조직을 정책위주의 참모조직으로 개편하려는 의도가 작용하여 준정부조직이 형성된다고 보는 것이다.

30 □□ 19 군무원
공공선택이론은 시장실패의 원인을 분석하였으나 정부실패를 고려하지 않았다. O X

> 공공선택모형은 공공서비스의 공급과 소비에 연관된 개인들이 자신들의 이익을 위하여 어떻게 행동하는지를 연구함으로써 정부실패의 원인을 분석하였다.

31 □□ 21 경정승진
공공선택이론(Public Choice Theory)은 정치와 행정 현상을 경제학적 방법론으로 분석한다. O X

> 공공선택이론은 공공부문에 경제학적 관점을 도입한 것으로 정치와 행정 현상을 경제학적으로 연구하는 비시장경제학이다.

32 □□ 21 군무원9
공공선택론(public choice theory)은 방법론적 집단주의를 지향한다. O X

> 공공선택론은 방법론적 개체주의를 지향한다.

33 □□ 21 지방7
공공선택이론은 권한이 분산된 여러 작은 조직들에 의해 공공서비스가 공급되는 것보다 단일의 대규모 조직에 의해 독점적으로 공급되는 것을 선호한다. O X

> 공공선택이론은 단일의 대규모 중앙정부에 의해 독점적으로 공급되는 것보다 권한이 분산된 소규모 정부에 의해 공공서비스가 제공되는 것을 선호한다.

34 □□ 22 경간부
공공선택론적 접근방법에서는 전통적인 관료제를 시민의 요구에 민감하게 반응하는 제도적 장치로 본다. O X

> 전통적인 관료제를 시민의 요구에 민감하게 반응하지 못하는 제도적 장치라고 비판한다.

35 □□ 22 경간부
공공선택론적 접근방법은 공공문제 해결을 위한 정부의 역할을 중시한다. O X

> 공공문제 해결을 위한 시민 개개인의 선호와 선택을 중시한다.

---

26. X 27. O 28. X 29. X 30. X 31. O 32. X 33. X 34. X 35. X

36 ☐☐   22 국가직9

공공선택론은 1970년대 미국 행정학의 '지적 위기'를 지적하면서 인간을 이기적·합리적 존재로 전제하고, 공공재의 공급이 서비스 기관 간 경쟁과 고객의 선택에 의해 이루어지는 시스템을 제안하였다. O X

해설

공공선택론의 등장 배경이다.

36. O

MEMO

20 신제도주의

01 ☐☐   03 서울9
신제도주의는 정부활동의 성과에 영향을 미치는 제도적 장치를 규명한다. OX

> 신제도주의에 대한 옳은 설명이다.

02 ☐☐   04 전북9
역사적 신제도주의는 제도를 장기간에 걸쳐서 나타나는 인간행동의 정형화된 유형 또는 패턴이라고 보며 역사적으로 형성된 제도는 지속성과 경로의존성을 가지며 의도하지 않은 결과를 초래하기도 하고 집단간의 권력을 불균등하게 배분하기도 한다. OX

> 역사적 신제도주의에 대한 옳은 설명이다.

03 ☐☐   05 경기9
신제도론은 행태주의를 계승·발전시킨 것이라고 볼 수 있다. OX

> 신제도론은 행태주의에 대한 반발로 나온 이론이다.

04 ☐☐   05 서울7
구제도주의는 '분석적 틀'에 기반한 '설명'과 '이론의 발전'에 초점을 맞추지만, 신제도주의는 제도를 사회현상을 설명하기 위한 핵심변수로서 설명한다. OX

> 모두 신제도주의에 대한 설명이다.

05 ☐☐   07 경기9
합리적 선택의 신제도주의에서는 제도의 형성과 변화과정에서 개인의 합리적이고 전략적인 선택을 중요시하였다. OX

> 합리적 선택의 신제도주의에 대한 옳은 지문이다.

06 ☐☐   08 국가9
신제도주의에서는 규범과 규칙 등을 제도로 보며 제도의 개념을 법률로 규정된 공식적 정부로 한정한다. OX

> 앞부분은 옳다. 하지만 신제도주의는 제도의 개념을 공식적 정부로 한정하지 않고 비공식적 요소도 제도의 개념으로 넓게 인정한다.

07 ☐☐   11 경간부
역사적 제도주의가 제도의 종단면적 측면을 중시하면서 국가 간의 차이를 강조한다면, 사회학적 제도주의는 횡단면적으로 국가 간 또는 조직 간 어떻게 유사한 제도의 형태를 취하는 가에 관심을 갖는다. OX

> 역사적 제도주의는 제도의 종단면적인 측면을 중시하여 국가 간의 차이를 강조하는 것이고, 사회학적 제도주의는 제도가 횡단면적으로 국가 간 또는 조직 간 어떻게 유사한 형태인가에 관심을 갖는다.

08 ☐☐   11 국회8
신제도주의는 조직과 종단적·횡단적으로 연결된 제도들 사이의 영향관계를 전체적으로 파악하려 하기 때문에 집합주의적 접근방법을 취한다. OX

> 신제도주의는 집합주의적 접근방법을 취한다.

01. O 02. O 03. X 04. X 05. O 06. X 07. O 08. O

09 ☐☐   12 국회8
경로의존성 연구는 행위자, 제도 및 조직상의 질서를 중시하는 사회학적 신제도주의에서 비롯되었다.   O X

해설: 경로의존성은 역사학적 신제도주의에서 강조하는 개념이다.

10 ☐☐   13 지방9
사회학적 신제도주의는 문화가 제도의 형성에 미치는 영향을 간과한다.   O X

해설: 사회학적 신제도주의는 문화가 제도의 형성과 변화에 미치는 영향을 중시한다.

11 ☐☐   14 국가7
구제도주의와 신제도주의의 공통점은 제도의 개념을 동태적인 것으로 파악하면서 국가 간 차이에 대한 설명을 시도하는 것이다.   O X

해설: 구제도주의는 제도의 개념을 정태적으로 파악하면서 국가 간 차이를 설명하지 못한다.

12 ☐☐   15 서울9
합리적 선택 신제도주의 계열에는 거래비용 경제학, 공공선택이론, 공유재이론 등이 있다.   O X

해설: 합리적 선택 신제도주의에 대한 옳은 지문이다.

13 ☐☐   17 경간부
사회학적 신제도주의에서의 접근법은 방법론적 전체주의와 연역적 접근법이 사용된다.   O X

해설: 사회학적 신제도주의는 방법론적 전체주의와 귀납적 접근법을 사용한다.

14 ☐☐   17 경간부
역사적 신제도주의에서 개인의 선호는 내생적으로, 즉 정치체제가 개인의 선호를 형성하고 제약한다.   O X

해설: 역사적 신제도주의에서 선호는 주어진 것이 아니라 제도적 맥락 속에서 형성되며 제도가 개인의 선호를 형성하고 제약한다는 내생적 선호를 가정한다.

15 ☐☐   17 국회8
신제도주의는 행위 주체의 의도적이고 전략적인 행동이 제도에 영향을 미칠 수 있다는 점을 부정하고, 제도설계와 변화보다는 제도의 안정성 차원에 관심을 보이고 있다.   O X

해설: 신제도주의는 행위 주체의 의도적이고 전략적인 행동이 제도에 영향을 미칠 수 있다는 점을 인정하고, 제도의 안정성보다는 제도설계와 변화차원에서 관심을 보인다.

16 ☐☐   17 사복9
사회학적 제도주의는 조직구성원이 제도를 넘어선 효용극대화의 합리성에 따라 행동하기보다 주어진 제도 안에서 적합한 방식을 찾아 행동할 가능성이 높음을 강조한다.   O X

해설: 사회학적 제도주의는 경제적 효율성이 아니라 사회적 정당성 때문에 새로운 제도적 관행이 채택된다고 보고 제도가 제공하는 판단기준에 따라 개인들이 자신의 선호를 발견할 수 있게 된다고 본다.

17 ☐☐   17 사복9
합리적 선택 제도주의는 방법론적 전체주의 입장에서 제도를 개인으로 환원시키지 않고 제도 그 자체를 전체로서 이해함을 강조한다.   O X

해설: 합리적 선택 제도주의는 방법론적 개체주의 입장에서 제도를 연구하는 이론으로 연역적으로 접근한다.

---

09. X   10. X   11. X   12. O   13. X   14. O   15. X   16. O   17. X

18 ☐☐ 17 사복9
사회학적 제도주의는 기존 경로를 유지하려는 제도의 속성을 강조한다.
O X

> 역사적 신제도주의에 대한 설명이다.

19 ☐☐ 17 지방9
조직 배태성의 특징은 조직구성원들이 정당성보다 경제적 이익을 추구하는 행위를 하려는 것이다.
O X

> 배태성은 개인의 행위나 제도가 사회적 관계에 의해서 지속적으로 맥락지어지는 것으로, 경제적 합리성이 다소 떨어지더라도 사회적 관계에서 정당성이 있는 행동을 하려고 한다.

20 ☐☐ 17 지방9
조직의 제도적 동형화는 특정 조직이 환경에 있는 다른 조직을 닮는 것을 말한다.
O X

> 제도적 동형화란 사회적으로 정당하다고 인정받는 구조와 기능을 닮아 가는 것을 말한다.

21 ☐☐ 17 해경간부
신제도론적 접근방법 중 합리적 선택 제도주의는 정치학에 배경을 두고 있다.
O X

> 역사적 신제도주의에 대한 설명이다. 합리적 선택 제도주의는 경제학에 배경을 두고 있다.

22 ☐☐ 18 지방9
사회학적 신제도주의는 제도를 개인의 효용을 극대화하기 위한 수단으로 본다.
O X

> 합리적 선택 신제도주의는 제도를 개인의 효용을 극대화하기 위한 수단으로 본다.

23 ☐☐ 18 행정사
사회학적 신제도주의는 제도가 국가나 조직의 경계를 넘어 유사한 형태로 수렴된다고 본다.
O X

> 제도가 국가나 조직의 경계를 넘어 유사한 형태로 수렴되는 것은 동형화로 이는 사회학적 신제도주의에서 나타난다.

24 ☐☐ 18 행정사
전통적인 법적·제도적 접근방법은 제도가 일단 형성되면 일정한 경로를 유지하기 때문에 환경변화에 적응하지 못하는 점을 강조한다.
O X

> 제도가 일단 형성되면 일정한 경로를 유지하기 때문에 환경변화에 적응하지 못한다는 경로의존성을 강조한다고 보는 것은 신제도주의 접근방법이다.

25 ☐☐ 19 지방7
역사적 제도주의는 중범위적 제도 변수가 개별 행위자의 행동과 정치적 결과를 어떻게 연계시키는지에 대해 초점을 맞춘다.
O X

> 역사적 제도주의는 개별 국가마다 제도가 달리 형성되는 역사적 특수성과 경로의존성을 중시하는 중범위수준의 거시적 신제도주의 이론이다.

26 ☐☐ 19 지방7
사회학적 제도주의는 사회적 딜레마를 해결하기 위해 사람들이 스스로 만드는 게임의 규칙을 제도로 본다.
O X

> 사회적 딜레마를 해결하기 위해 사람들이 스스로 만드는 게임의 규칙을 제도로 보는 것은 합리적 선택 제도주의이다.

27 ☐☐ 19 행정사
사회학적 제도주의는 제도의 범위에 관습과 문화도 포함한다.
O X

> 사회학적 제도주의는 제도의 범위를 공식적 규범이나 절차뿐 아니라 비공식적 측면도 포함한다.

18. X 19. X 20. O 21. X 22. X 23. O 24. X 25. O 26. X 27. O

28 ☐☐ 20 경간부
사회학적 신제도주의에서 제도는 개인들 간의 선택적 균형에 기반한 제도적 동형화 과정의 결과물로 본다. ⓞⓧ

> 제도를 개인들 간의 선택적 균형에 기반한다고 보는 것은 합리적 선택 신제도주의에 대한 설명이고, 제도적 동형화 과정의 결과물로 보는 것은 사회학적 신제도주의에 대한 설명이다.

29 ☐☐ 20 국가9
신제도주의 접근 방법에서는 제도를 공식적인 구조나 조직 등에 한정하지 않고, 비공식적인 규범 등도 포함한다. ⓞⓧ

> 신제도주의 접근방법에서는 제도를 공식적인 구조뿐 아니라 비공식적인 규범도 포함한다.

30 ☐☐ 21 경간부
사회학적 신제도론에 따르면 조직은 제도적 환경의 요구에 순응함으로써 정당성을 확보한다고 주장한다. ⓞⓧ

> 사회학적 신제도론은 조직은 사회문화와 같은 제도적 측면(사회규범적 환경)에 의해 순응함으로써 사회적 정당성 및 배태성을 확보한다고 본다.

31 ☐☐ 21 경간부
사회학적 신제도론은 합리적 조직행태를 설명하는 데 적합하다. ⓞⓧ

> 합리적 조직행태를 설명하는데 적합한 것은 합리적 선택 신제도론이다.

32 ☐☐ 21 국회8
신제도론은 외생변수로 다루어져 오던 정책 혹은 행정환경을 내생변수와 같이 직접적인 분석 대상에 포함시켰다. ⓞⓧ

> 신제도론은 그동안 외생변수로 다루었던 정책, 환경 등을 내생변수로 포함시킴으로써 제도와 정책 간, 제도와 환경 등의 연관성 부분에도 접근하였다.

33 ☐☐ 21 국회8
사회학적 제도주의가 제도의 종단면적 측면을 중시하면서 국가 간의 차이를 강조한다면, 역사적 제도주의는 횡단면적으로 서로 다른 국가나 조직에서 어떻게 유사한 제도가 나타나는지에 관심을 갖는다. ⓞⓧ

> 역사적 제도주의가 제도의 종단면적 측면을 중시하면서 국가 간의 차이를 강조한다면, 사회학적 제도주의는 횡단면적으로 서로 다른 국가나 조직에서 어떻게 유사한 제도가 나타나는지에 관심을 갖는다.

34 ☐☐ 21 국회8
사회학적 제도주의는 제도의 변화에서 개인의 역할을 인정하지 않고, 개인은 자신의 의도에 따라 제도를 만들거나 변화시킬 수 없으며 제도에 종속될 뿐이라고 본다. ⓞⓧ

> 사회학적 제도주의에서 개인은 자신의 의도에 따라 제도를 변화시킬 수 없으며 제도에 종속된다.

35 ☐☐ 21 지방(서울)9
사회학적 제도주의는 적절성의 논리보다 결과성의 논리를 중시한다. ⓞⓧ

> 사회학적 제도주의는 결과성의 논리보다 적절성의 논리를 강조한다.

36 ☐☐ 21 지방(서울)9
합리적 선택 제도주의는 제도가 합리적 행위자의 이기적 행태를 제약한다고 본다. ⓞⓧ

> 합리적 선택 제도주의는 인간을 합리적인 행위자로 전제하지만 제도적인 제약으로 인해 제한된 합리성에 머문다고 본다.

37 ☐☐ 21 군무원9
신제도주의는 제도가 개인과 조직, 국가의 성패를 결정한다고 보고 있다. ⓞⓧ

> 제도는 개별 행위자들의 행태 등에 제약을 가하는 규칙의 집합이지만, 개인들 간의 상호작용의 결과에 따라 변할 수 있으므로 개인과 조직, 국가의 성패를 결정한다고 볼 수는 없다.

38 ☐☐ 22 경간부
신제도주의에서는 법률, 규칙 등을 제도로 간주하지만, 비공식적인 제도나 규범은 제도로 간주하지 않는다. ⓞⓧ

> 신제도주의에서는 법률, 규칙 등 공식적인 요인뿐 아니라 비공식적인 제도나 규범도 제도로 간주한다.

28. X 29. O 30. O 31. X 32. O 33. X 34. O 35. X 36. O 37. X 38. X

21 신공공관리론

01 ☐☐ 02 행정고시
신공공관리론은 기업의 경영원리와 관리기법들을 행정에 도입하여 정부의 성과향상과 관리의 효율성을 제고시킬 것을 강조하였다. ⓞⓧ

> **해설**
> 신공공관리론은 내부적으로 신관리주의를 도입하였다.

02 ☐☐ 03 서울9
정부기능과 업무의 재구축을 위해 도입한 시장성검증(market testing)에서 적용하는 원칙으로는 반드시 필요하지 않은 업무는 폐기, 반드시 정부가 책임지지 않아도 되는 업무는 민영화, 반드시 정부가 직접 수행해야 하는 기획업무는 기업화 등이 있다. ⓞⓧ

> 정부가 직접 수행해야 하는 기획업무는 기업화할 수 없으며 정부가 수행하여야 한다.

03 ☐☐ 04 부산9
신행정학(NPA)과 신공공관리론(NPM)의 유사점으로는 사회적 형평성의 제고를 통한 소외계층에 대한 배려와 복지 강화를 들 수 있다. ⓞⓧ

> 신행정학은 복지의 확대를 강조한 반면, 신공공관리론은 복지정책의 축소를 강조한다.

04 ☐☐ 04 전북9
신공공관리론은 관리자의 재량권을 축소시켜 행정의 신축성을 저해한다는 비판을 받고 있다. ⓞⓧ

> 신공공관리론은 관리자의 권한과 재량을 확대하여 보다 많은 신축성을 부여한다.

05 ☐☐ 05 국가7
신공공관리모형의 한계나 문제점을 극복하기 위한 대안 중의 하나로 수평적인 정책 네트워크 체제보다는 수직적인 의사결정 체제를 중시하여야 한다. ⓞⓧ

> 신공공관리론의 대안으로 논의되는 것은 뉴거버넌스, 즉 수평적 정책 네트워크 이론이다.

06 ☐☐ 05 국가7
신공공관리론은 서비스 공급의 효율화를 위해 유연한 조직운영을 추구한다. ⓞⓧ

> 신공공관리론의 원리에 대한 옳은 지문이다.

07 ☐☐ 05 대전9
기업가적 정부는 방향잡기(steering)보다는 노젓기(rowing)에 치중하는 시장지향적 입장으로 시민을 고객으로 본다. ⓞⓧ

> 기업가적 정부는 방향잡기(steering)에 치중한다.

08 ☐☐ 05 전남9
신공공관리는 과거 권력지향적 통치를 대신하여 시장의 논리를 강구함으로써 결과보다는 과정을 중시한다. ⓞⓧ

> 신공공관리는 투입이나 절차보다는 결과중심의 행정을 지향한다.

01. O 02. X 03. X 04. X 05. X 06. O 07. X 08. X

09 ☐☐ 06 국가7
예측, 예방, 임무중심 관리 등이 전통적 관료제 정부의 행정관리 방식이라면, 투입중심 예산, 사후대처, 명령, 통제는 기업가적 정부의 행정관리 방식이다.
O X

> 전통적 관료제 정부와 기업가적 정부의 관리 방식이 서로 바뀌었다.

10 ☐☐ 07 서울9
신공공관리는 시장과 민간부문에 지나치게 의존한다는 비판을 받는다.
O X

> 신공공관리는 시장주의에 입각하여 시장과 민간부문에 지나치게 의존한다는 비판을 받는다.

11 ☐☐ 07 충남9
신행정론과 신공공관리론의 공통점으로는 고객지향적 행정 중시, 민주적·참여적 행정관리, 탈관료제에 입각한 행정의 적실성·대응성 강조, 친시장적 작은 정부 구현 등이 있다.
O X

> 친시장적 작은 정부 구현은 신공공관리론의 특징에 해당한다.

12 ☐☐ 09 국가9
신공공관리론은 관리자들에게 자율적 권한을 부여하여 혁신과 창의를 고취시키고 책임을 완화시킨다.
O X

> 신공공관리론은 민간의 경영관리기법을 행정에 도입하고 관리자에게 자율적 권한을 부여하여 혁신과 창의를 고취시키며 그에 따른 책임을 강조한다.

13 ☐☐ 09 서울7
신공공관리론은 정부운영에 있어 경쟁보다는 분배, 참여, 평등의 원리를 강조하며 정책결정 기능과 사업적 성격이 강한 정책기능은 서로 분리하여 별개의 기관들이 각각 담당하게 하는 것이 바람직하다고 본다.
O X

> 정부운영에 있어 경쟁보다는 분배, 참여, 평등의 원리를 강조하는 것은 신행정론의 특성이다.

14 ☐☐ 10 국회8
Osborn과 Plastrik이 제시한 정부혁신의 5가지 전략으로는 핵심전략, 통제전략, 결과전략, 고객전략, 문화전략이 있다.
O X

> 정부혁신의 5가지 전략에 대한 옳은 지문이다.

15 ☐☐ 10 지방7
신공공관리적 행정개혁은 공공부문의 책임성, 합리성 및 민주성 확보에 기여할 수 있다.
O X

> 신공공관리론은 공공부문의 책임성, 공익성, 형평성 및 민주성 확보에는 크게 기여하지 못한다.

16 ☐☐ 11 경남전환특채
신공공관리론은 기존의 행정이론이 현실의 절박한 사회문제들을 해결할 능력이 없는 나약한 이론이라고 비판하고 행정의 적실성과 실천성을 강조한다.
O X

> 신행정론의 특징이다.

17 ☐☐ 12 국가7
신공공관리론은 책임성 향상에 대한 요구가 증가함에 따라 내부관리에 대한 규제를 보다 강화한다.
O X

> 신공공관리론은 성과와 책임을 중시함에 따라 내부규제를 줄이고 관리자들에게 재량권을 확대하는 방향으로 행정개혁이 이루어졌다.

📖 09. X 10. O 11. X 12. X 13. X 14. O 15. X 16. X 17. X

18 ☐☐   12 국가9
신공공관리 행정개혁의 방향으로는 정부와 시장기능의 재정립을 통한 정부역할 축소, 공공부문 내의 경쟁원리와 시장기제 도입 등이 있다. OX

> **해설**
> 신공공관리 행정개혁의 방안으로 옳은 설명이다.

19 ☐☐   12 서울9
기업가적 정부는 규칙보다는 결과를 중시하는 임무지향적(mission-driven) 정부를 강조하고 있다. OX

> 기업가적 정부는 임무중심의 관리를 통하여 사명지향적 정부를 추구한다.

20 ☐☐   13 국회8
신공공관리론은 경제적 생산활동의 결과는 경제활동과 사회를 지배하는 정치적·사회적 제도인 일단의 규칙에 달려있다고 본다. OX

> 신제도론에 대한 설명이다.

21 ☐☐   14 지방9
신공공관리론자들은 오스본과 게블러의 '정부재창조', 성과에 의한 관리 등을 주요 가치로 삼는다. OX

> 신공공관리론과 관계된 내용들이다.

22 ☐☐   15 서울9
신공공관리론은 수익자부담 원칙 강화, 경쟁원리 강화, 민영화 확대, 규제 강화 등을 제시한다. OX

> 신공공관리론은 수익자부담 원칙 강화, 경쟁원리 강화, 민영화 확대, 규제의 과감한 완화 또는 철폐를 주장한다.

23 ☐☐   15 해경간부
탈신공공관리는 신공공관리를 대체하는 이론이다. OX

> 탈신공공관리론은 신공공관리론을 대체하는 이론이 아니라 보완하는 이론이다.

24 ☐☐   16 교행9
신공공관리론은 공공서비스 제공에 대한 민간부문의 적극적인 역할 분담 및 정부와 민간 부문의 협력적 활동을 강조한다. OX

> 신공공관리론은 민간부문의 적극적인 역할 분담 및 정부와 민간 부문의 협력적 활동을 강조하는 이론이다.

25 ☐☐   16 서울7
신공공관리론의 인식론적 기초는 민주주의이고, 관료의 역할로 조정자(coordinator)의 역할을 강조하였다. OX

> 신공공관리론의 인식론적 기초는 신자유주의이고, 관료의 역할로 공공기업가의 역할을 강조하였다.

26 ☐☐   17 경간부
신공공관리론은 공유 가치에 대한 담론의 결과를 공익의 개념으로 보고 신공공서비스론은 개인 이익의 집합체를 공익의 개념으로 본다. OX

> 반대로 서술되었다.

27 ☐☐   17 국가7(추)
신공공관리론은 성과관리와 경제학의 신제도주의가 혼합되어 영향을 주었고, 공익을 사적 이익의 총합으로 파악하며 기업가적 목표 달성을 위해 폭넓은 행정 재량을 공무원에게 허용할 수 있다. OX

> 신공공관리론은 성과지향, 고객지향 등을 특징으로 하고 공익을 개인들의 총이익으로 파악하고 기업가적 정부를 지향하여 공무원에게 재량을 허용한다.

18. O 19. O 20. X 21. O 22. X 23. X 24. O 25. X 26. X 27. O

28 ☐☐ 17 사복9
탈신공공관리론은 신공공관리론의 결과로 나타난 재집권화와 재규제를 경계한다. ☐X

해설: 탈신공공관리론은 재집권화와 재규제를 주장한다.

29 ☐☐ 17 서울9
오스본(D. Osborne)과 게블러(T. Gaebler)의 '정부재창조론'에서 제시된 기업가적 정부 운영의 원리에는 시민에 대한 봉사 지향적 정부, 지역사회가 주도하는 정부, 분권적 정부, 촉진적 정부가 있다. ☐X

해설: 시민에 대한 봉사 지향적 정부는 신공공서비스론에서 강조하는 운영원리이다. 한편 오스본과 게블러의 정부재창조론에서는 촉진적 정부, 분권적 정부, 지역사회가 주도하는 정부, 성과 지향적 정부 등을 강조한다.

30 ☐☐ 18 경간부
신공공관리론(NPM)에서는 부문 간 협력에, 뉴거버넌스에서는 부문 간 경쟁에 역점을 둔다. ☐X

해설: 신공공관리론에서는 부문 간 경쟁에, 뉴거버넌스에서는 부문 간 협력에 역점을 둔다.

31 ☐☐ 18 국가9
신공공관리론(NPM)은 정치적 논리를 우선하여 내부관리적 효율성을 경시하는 경향이 있다고 비판받는다. ☐X

해설: 관리주의적 논리를 우선하여 내부관리의 효율성 향상에 도움이 될 수 있으나, 정치적 논리를 경시하는 경향이 있다.

32 ☐☐ 18 국회8
탈신공공관리론에서 강조하는 행정개혁의 전략으로는 분권화와 집권화의 조화, 규제완화, 정치적 통제의 강화 등이 있다. ☐X

해설: 탈신공공관리론에서는 분권화와 집권화의 조화를 특징으로 하는 재집권화, 정부 역량 강화의 재규제 및 정치적 통제 등을 강조한다.

33 ☐☐ 18 군무원
신공공관리론에서는 정부혁신의 방향으로 수익자부담의 원칙 강화, 민간위탁·민영화 확대, 규제 강화 등을 제시한다. ☐X

해설: 신공공관리론에서는 정부혁신의 방향으로 수익자부담의 원칙 강화, 민간위탁·민영화 확대, 규제 완화 등을 제시한다.

34 ☐☐ 18 서울7
투입, 과정, 성과를 균형 있게 연계한 예산 배분은 오스본(Osborne)과 개블러(Gaebler)가 제시한 기업가적 정부 운영의 원리에 해당한다. ☐X

해설: 투입이나 과정이 아닌 성과중심의 관리를 중시한다.

35 ☐☐ 18 서울7
문제에 대한 사후수습 역량의 강화는 오스본(Osborne)과 개블러(Gaebler)가 제시한 기업가적 정부 운영의 원리에 해당한다. ☐X

해설: 문제에 대한 사후수습보다는 사전예방 역량을 강화하고자 한다.

36 ☐☐ 18 서울7
신공공관리론은 유인기제가 지나치게 다양하여 공공부문 성과관리에 어려움을 초래하고 있다. ☐X

해설: 신공공관리론은 유인기제의 다양성보다는 유인기제의 획일성 문제로 공공부문 성과관리에 어려움을 초래하고 있다.

37 ☐☐ 18 서울7
신공공관리론에서 국민은 단지 소비자인 고객이 아니라 정부 정책에 적극적으로 참여하는 존재이다. ☐X

해설: 신공공관리론에서의 국민은 단지 소비자로서의 고객이다.

28. X 29. X 30. X 31. X 32. X 33. X 34. X 35. X 36. X 37. X

38 ☐☐ 　　　　　　　　　　　　　　　18 서울7(3월)
신공공관리론(NPM)에서 강조하고 있는 시장책임성은 고객만족에 의한 행정책임을 포함한다. ⓞⓍ

> **해설** 시장책임성은 시장의 고객을 만족시켰는지에 대한 책임을 말한다.

39 ☐☐ 　　　　　　　　　　　　　　　18 서울9
신공공관리론은 공공선택이론의 주장과 같이 정부의 역할을 대폭 시장에 맡겨야 한다는 입장은 아니며, 기존의 계층제적 통제를 경쟁원리에 기초한 시장체제로 대체함으로써 관료제의 효율성과 성과를 높이려 한다. ⓞⓍ

> 신공공관리론은 정부의 역할을 대폭 시장에 맡겨야 한다는 것은 아니며 기존의 계층제적 통제를 경쟁원리에 기초한 시장체제로 대체함으로써 관료제의 효율성과 성과를 높인다.

40 ☐☐ 　　　　　　　　　　　　　　　18 서울9
탈신공공관리(post-NPM)는 신공공관리의 역기능적 측면을 교정하고 통치역량을 강화하며, 구조적 통합을 통한 분절화의 확대, 재집권화와 재규제의 축소, 중앙의 정치·행정적 역량의 강화를 강조한다. ⓞⓍ

> 탈신공공관리(post-NPM)는 신공공관리의 역기능적 측면을 교정하고 통치역량을 강화하며, 분절화의 축소, 재집권화와 재규제의 주창, 중앙의 정치·행정적 역량의 강화를 강조한다.

41 ☐☐ 　　　　　　　　　　　　　　　19 경간부
기업가적 정부는 리더십을 발휘하여 직접적인 서비스 공급자로서 역할을 수행한다. ⓞⓍ

> 기업가적 정부는 직접적인 서비스 공급자보다는 촉매작용자, 중개자, 촉진자의 역할을 수행한다.

42 ☐☐ 　　　　　　　　　　　　　　　19 교행9
신공공관리론은 정부 역할을 노젓기(rowing)로 보는 반면 뉴거버넌스론은 정부 역할을 방향잡기(steering)로 본다. ⓞⓍ

> 신공공관리론과 뉴거버넌스론 모두 정부의 역할을 노젓기보다는 방향잡기로 본다.

43 ☐☐ 　　　　　　　　　　　　　　　19 교행9
신공공관리론이 조직 내 관계를 중시하는 반면 뉴거버넌스론은 조직 간 관계를 중시한다. ⓞⓍ

> 신공공관리론은 조직 내의 관계를, 뉴거버넌스론은 조직 간의 관계를 중시한다.

44 ☐☐ 　　　　　　　　　　　　　　　19 국회8
신공공관리론은 거래비용이론, 공공선택론, 주인-대리인이론 등을 이론적 기반으로 한다. ⓞⓍ

> 신공공관리론은 신관리주의와 공공선택론, 주인-대리인이론, 거래비용이론 등의 신제도주의 경제학을 이론적 기반으로 한다.

45 ☐☐ 　　　　　　　　　　　　　　　19 국회9
신공공관리론의 수정과 보완을 주장하는 탈신공공관리론에서는 시장 활성화를 위해 정부의 적극적인 규제완화를 주장한다. ⓞⓍ

> 신공공관리론에서는 시장 활성화를 위해 정부의 적극적인 규제완화를 주장한다. 한편 탈신공공관리론에서는 수정과 보완을 강조한다.

46 ☐☐ 　　　　　　　　　　　　　　　19 지방7
신공공관리론은 예측과 예방을 통한 미래지향적 정부를 강조한다. ⓞⓍ

> 신공공관리론은 예측과 예방을 강조한다.

47 ☐☐ 　　　　　　　　　　　　　　　19 지방7
신공공관리론은 집권적 계층제를 통해 행정의 책임성을 확보한다. ⓞⓍ

> 신공공관리론은 권한분산과 하부위임을 통해 행정의 참여적 대응성을 확보한다.

📖 38. O　39. O　40. X　41. X　42. X　43. O　44. O　45. X　46. O　47. X

48 □□   21 소방간부
신공공관리론에서는 성과의 기준과 측정, 분권적 정부, 고객 지향적인 정부 등을 중시한다.   O X

해설
성과의 기준과 측정, 고객지향적·분권적 정부, 투입보다 산출의 강조 등은 신공공관리론에서 중시하는 기업형 정부의 특징이다.

49 □□   21 지방(서울)9
신공공관리론에서 지향하는 '기업가적 정부'는 경쟁적 정부, 노젓기 정부, 성과 지향적 정부, 미래 대비형 정부의 특징을 갖는다.   O X

신공공관리론은 정부의 역할을 방향잡기로 보며 경쟁적 정부, 성과 지향적 정부, 미래 대비형 정부를 특징으로 한다.

50 □□   21 군무원9
신공공관리는 정부의 크기와 관계없이 시장지향적인 효율적인 정부를 만들 수 있는 개혁방안에 관심을 갖는다.   O X

신공공관리론은 작은 정부를 구현하기 위한 개혁방안에 관심을 갖는다.

51 □□   22 경간부
신공공관리론은 정책기능과 집행기능의 통합에 의한 책임행정체제를 확립해야 한다.   O X

신공공관리론은 정치행정이원론의 관점으로 행정의 관리적인 측면을 강조하고 기업경영의 논리와 기법을 공공부문에 도입하려는 입장이다.

48. O   49. X   50. X   51. X

22 뉴거버넌스

01 ☐☐　　　　　　　　　　　　　　　　　　04 국가9
Peters가 제시한 네 가지 정부모형 중 참여적 정부모형은 시장에 대한 신뢰를 기초로 하여 정부에 대한 민주적 참여를 모색하는 것이다. O X

> 참여적 정부모형은 전통적인 계층제 모형에서 소외되었던 집단들의 참여를 중시하는 모형이지 시장을 신뢰하는 모형이 아니다.

02 ☐☐　　　　　　　　　　　　　　　　　　04 서울9
뉴거버넌스이론은 정부와 민간부문 간의 협력적 네트워크를 적극 활용할 것을 주장한다. O X

> 뉴거버넌스의 일반적인 정의이다.

03 ☐☐　　　　　　　　　　　　　　　　　　04 선관위
레짐이론은 국가에 의한 일방적 통치로서 최근에 나타난 거버넌스나 신제도론과는 반대되는 개념이다. O X

> 레짐이론은 통치나 제도를 국가, 시민, 시장 간 동태적인 상호작용이나 네트워크 산물로 보는 신제도 또는 거버넌스로 이해한다.

04 ☐☐　　　　　　　　　　　　　　　　　　04 입법고시
B. G. Peters는 시장적 정부모형, 참여적 정부모형, 신축적 정부모형, 탈규제적 정부모형의 네가지 미래거버넌스 유형을 제시하고 있다. O X

> Peters가 전통적 정부모형에 대한 대안으로 제시한 신국정관리 모형의 내용이다.

05 ☐☐　　　　　　　　　　　　　　　　　　05 경기7
신국정관리(New Governance) 패러다임의 가장 중요한 인식론적 기초는 공동체주의이다. O X

> 신국정관리는 다양한 사회 구성 주체간의 신뢰와 협력적 네트워크를 통한 공동체주의를 의미한다.

06 ☐☐　　　　　　　　　　　　　　　　　　05 국가9
뉴거버넌스 이론은 특정한 정책문제의 해결을 위해 정책참여자 또는 조직 간의 상호의존성과 수평적 협력을 강조한다. O X

> 뉴거버넌스는 협력적, 수평적 참여에 의한 국정운영을 강조한다.

07 ☐☐　　　　　　　　　　　　　　　　　　05 국회8
신공공관리론은 관리기구로써 시장을 선호하는 반면, 뉴거버넌스론은 연계망을 선호하는 경향이 있다. O X

> 신공공관리론은 시장을 통해 공공서비스를 공급하는 반면, 뉴거버넌스론은 다양한 공급주체 간 협력을 통해 공공서비스를 공급한다.

08 ☐☐　　　　　　　　　　　　　　　　　　05 부산9
신공공관리는 과정을 중요시하지만 신국정관리는 결과를 더 중시한다. O X

> 반대로 서술되었다.

09 ☐☐　　　　　　　　　　　　　　　　　　07 경남9
레짐이론의 유형 중에서 중산층이 환경보호를 위하여 개발 등에 반대하는 경우 나타나는 레짐유형은 개발레짐 유형이다. O X

> 중산계층진보 레짐에 대한 설명이다. 반면 개발레짐은 재개발, 공공시설 확충 등을 통해 지역개발을 적극 도모하는 레짐이다.

01. X　02. O　03. X　04. O　05. O　06. O　07. O　08. X　09. X

10 □□ 09 군무원9
신공공관리론이 부문 간 경쟁에 초점을 두고 있는데 비해 뉴거버넌스론은 부문 간 협력에 초점을 두고 있다. O X

신공공관리론은 경쟁의 원리를 중시하지만 뉴거버넌스는 경쟁보다는 신뢰를 기반으로 조정과 협력 등을 중시한다.

11 □□ 10 국가7
행정의 투명성, 책임성, 통제 및 대응성이 높을수록 좋은 거버넌스라고 할 수 있다. O X

좋은 거버넌스에 대한 옳은 설명이다.

12 □□ 10 국회8
신공공관리론은 작은 정부를 중시하면서 행정과 경영을 동일시하지만, 뉴거버넌스는 큰 정부를 중시하면서 행정과 경영을 분리시킨다. O X

신공공관리론과 뉴거버넌스 모두 정부의 독점적 통치를 비판하면서 정부의 방향잡기 강조, 정부 역할의 축소, 행정과 민간구분의 상대성, 민관협력 등을 인정한다는 점에서 공통점을 갖는다.

13 □□ 11 경간부
구체적인 프로젝트와 관련되는 단기적인 목표에 의해 구성되며 올림픽 게임과 같은 주요한 국제적 이벤트를 유치하기 위해 구성되는 레짐은 Stoker의 도구적 레짐이다. O X

Stoker의 도구적 레짐에 대한 옳은 사례이다.

14 □□ 11 국가7
피터스의 정부개혁 모형 중 정책기능수행에서 기업가적 정부의 역할이 강조되고 조직구조에 대한 특정적 처방은 없으며 관리작용의 자율성이 높고 거버넌스의 평가기준을 창의성과 행동주의로 보는 특징을 가진 모형은 탈규제적 정부모형이다. O X

재량이 규제보다 더 나은 결과를 가져온다는 인식에 기반하는 탈규제적 모형에 대한 설명이다.

15 □□ 11 서울9
뉴거버넌스와 신공공관리론의 공통점은 방향잡기 정부역할이라 할 수 있다. O X

뉴거버넌스와 신공공관리론의 공통점으로 옳다.

16 □□ 11 지방9
뉴거버넌스는 조정자로서 관료의 역할상을 강조하며 분석단위로 조직 내 연구를 강조한다. O X

뉴거버넌스는 조직 간 관계를 더 중시한다.

17 □□ 12 경정승진
신공공관리론은 시민을 공공서비스의 주체인 주인으로 보지만, 뉴거버넌스론은 공공서비스의 객체인 고객으로 본다. O X

반대로 서술되었다.

18 □□ 13 지방9
신공공관리론과 뉴거버넌스론은 산출보다는 투입에 대한 통제를 강조한다. O X

신공공관리론과 뉴거버넌스론은 모두 투입보다는 산출에 대한 통제를 강조한다.

10. O 11. O 12. X 13. O 14. O 15. O 16. X 17. X 18. X

19 □□ 15 경간부
뉴거버넌스 체제에서는 전통적 거버넌스보다 행정의 책임성을 확보하는 일이 더욱 용이해져서 민주주의의 정치질서를 구현하는 데 긍정적인 영향을 미칠 것으로 주장된다. ＯＸ

해설: 뉴거버넌스는 다양한 주체의 참여를 통한 문제를 중시하기 때문에 책임성을 확보하기가 힘들고 민주주의의 정치질서를 구현하는 데 부정적인 영향을 미칠 수 있다는 비판도 있다.

20 □□ 15 국회8
NPM과 뉴거버넌스는 모두 방향잡기(steering) 역할을 중시하며 NPM에서는 기업을 방향잡기의 중심에, 뉴거버넌스에서는 정부를 방향잡기의 중심에 놓는다. ＯＸ

해설: NPM과 뉴거버넌스 모두 방향잡기 역할을 중시하고 둘 다 정부를 방향잡기의 중심에 둔다.

21 □□ 16 교행9
뉴거버넌스론은 계층제를 제외하고 시장과 네트워크를 조합한 방식을 활용하여 공공문제를 해결한다. ＯＸ

해설: 뉴거버넌스는 기존의 계층제에 의존하는 거버넌스와 달리 계층제와 시장, 시민사회 간의 네트워크를 활용하는 새로운 흐름을 의미한다.

22 □□ 16 사복9
좋은 거버넌스는 시민단체의 역할을 강조한다. ＯＸ

해설: 좋은 거버넌스는 책임성, 투명성 및 이해관계인의 참여와 관료들의 윤리적 행태가 확보되는 거버넌스로 다양한 주체들이 참여한다.

23 □□ 16 서울7
뉴거버넌스론의 인식론적 기초는 공동체주의이고, 관료의 역할로 공공기업가(public entrepreneur)의 역할을 강조하였다. ＯＸ

해설: 뉴거버넌스론의 인식론적 기초는 공동체주의이고, 관료의 역할로 조정자의 역할을 강조하였다.

24 □□ 16 서울9
피터스의 시장모형은 구조 개혁방안으로 평면조직을 상정한다. ＯＸ

해설: 피터스의 참여정부모형에 대한 설명이다. 시장모형은 구조개혁 방안으로 분권화를 상정한다.

25 □□ 17 국가9(추)
피터스의 정부모형 중 신축적 정부모형(flexible government)에서는 정규직 공무원의 확대를 통하여 비용을 절감하고 공익을 증진시킬 수 있다고 본다. ＯＸ

해설: 신축적 정부모형은 조직의 영속성에 문제를 제기하고 정규직 공무원의 축소 등의 가변적 인사관리를 처방한다.

26 □□ 17 국가9(추)
피터스의 정부모형 중 참여정부모형(participatory model)에서는 조직 하층부 구성원이나 고객들의 의사결정 참여기회가 확대될수록 조직이 효과적으로 기능한다고 본다. ＯＸ

해설: 참여정부모형에서는 공익의 기준을 참여와 협의로 보며 이들의 참여가 보장될 때 조직이 효과적으로 기능한다고 본다.

27 □□ 17 해경간부
피터스의 탈내부규제 정부모형의 문제 진단기준은 내부 규제에 있으며 관리 개혁 방안으로 관리 재량권 확대를 제안한다. ＯＸ

해설: 탈내부규제 정부모형은 관리 개혁 방안으로 공무원의 창의력과 재능을 억압하는 내부규제의 완화를 제시하였다.

---

19. X 20. X 21. X 22. O 23. X 24. X 25. X 26. O 27. O

28 □□
피터스의 정부개혁모형 중 유연모형은 정부관료제가 공공봉사 의지를 지닌 대규모의 헌신적인 구성원으로 구성되어 있다는 것을 전제하여, 정부의 내부규제가 제거되거나 축소되면 정부관료제가 훨씬 역동적이고 효율적으로 기능할 것이라고 가정한다. [O|X]

17 행정사

> 정부관료제가 공공봉사 의지를 지닌 대규모의 헌신적인 구성원으로 구성되어 있다는 것을 전제하여, 정부의 내부규제가 제거되거나 축소되면 정부관료제가 훨씬 역동적이고 효율적으로 기능할 것이라고 가정하는 모형은 저통제모형이다.

29 □□
Peters의 정부모형 중 참여모형(participative government)은 고위 관료와 시민들의 책임있는 정책 참여를 강조한다. [O|X]

18 경간부

> 참여모형은 고위 관료가 아니라 관료조직의 하급 구성원과 시민들의 책임있는 정책의 참여를 강조한다.

30 □□
거버넌스 체제가 적절히 작동하기 위해서는 주도적 집단에 의한 룰(rule)이 정립되어야 한다. [O|X]

18 국회9

> 거버넌스 체제가 적절히 작동하기 위해서는 다양한 참여자들의 협상에 의한 룰(rule)이 정립되어야 한다.

31 □□
뉴거버넌스론은 대응성과 효율성을 추구한다. [O|X]

18 지방9

> 뉴거버넌스는 신공공관리론에 비해 상대적으로 효율보다는 민주성과 대응성을 중시하였다.

32 □□
거버넌스(Governance)에 기반한 서비스 연계망은 분절화로 인해 집행통제가 어렵다는 단점이 있다. [O|X]

18 지방7

> 거버넌스 하에서는 서비스 공급을 여러조직과 기관들이 관여하여 추진하기 때문에 집행에 대한 통제를 상실하는 분절화가 나타난다.

33 □□
거버넌스(Governance)에 기반한 서비스 연계망은 이해당사자 간 상호의존적인 교환의 필요성이 증가한다는 단점이 있다. [O|X]

18 지방7

> 거버넌스에서도 행위주체들 간 이해관계 차이로 인한 문제는 있을 수 있으나 구성원 간 갈등과 대립보다는 협력과 신뢰를 기반으로 정합게임을 하는 거버넌스에서는 이러한 현상이 상대적으로 덜 발생한다.

34 □□
뉴거버넌스 참여주체인 시민사회는 상호의존적 종속관계에 기초한 자율적 교환을 특징으로 한다. [O|X]

18 행정사

> 뉴거버넌스 참여주체인 시민사회는 상호의존적 수평관계에 기초한 자율적 교환을 특징으로 한다.

35 □□
피터스(G. Peters)의 정부모형 중 참여모형에서는 조직의 고위층과 최하위층 간에 계층 수가 많지 않아야 한다. [O|X]

19 국가7

> 참여모형은 계층제를 문제 삼으며 하급관료와 시민들의 참여를 중시하는 모형으로, 조직의 고위층과 최하위층 간에 계층 수가 많지 않아야 한다고 주장한다.

36 □□
피터스(G. Peters)의 정부모형 중 시장모형은 정치지도자들의 권력을 약화시키고 기업가적 관료들의 정책결정자로서의 역할을 제고하는 결과를 가져왔다. [O|X]

19 국가7

> 기업가적 관료들의 정책결정자로서의 역할을 제고하고 기업가적 정부의 역할을 강조한 것은 탈규제모형이다. 시장모형은 서비스 이용권 등 소비자의 선택권을 중시하는 고객지향적 정책결정을 중시한다.

📖 28. X 29. X 30. X 31. X 32. O 33. X 34. X 35. O 36. X

37 ☐☐ 21 국가9
신공공관리와 뉴거버넌스가 상정하는 정부의 역할은 방향잡기(steering)이다.
O X

해설: 신공공관리와 뉴거버넌스 모두 정부의 역할을 방향잡기로 본다.

38 ☐☐ 21 국가9
뉴거버넌스의 관리 기구는 시장(market)이다.
O X

해설: 뉴거버넌스의 관리 기구는 서비스연계망이다.

39 ☐☐ 22 경간부
거버넌스체제에서의 정부는 정부가 가지는 고유한 권한과 역할을 포기해야 한다고 주장한다.
O X

해설: 거버넌스 관점에서의 정부는 조정자, 산출에 대한 통제, 부문 간 협력 등 정부의 고유한 권한과 역할을 통해 다양한 주체들과 상호보완하여야 한다.

37. O 38. X 39. X

MEMO

23 신공공서비스론, 기타 최신이론

01 ☐☐ 07 강원소방
Denhardt의 신공공서비스는 시민이 아니라 고객 모두에게 봉사해야 한다고 본다. ⓞⓧ

> 신공공서비스론에서는 고객이 아닌 시민 모두에게 봉사하여야 한다고 본다.

02 ☐☐ 07 국가7
덴하르트에 따르면 신공공서비스론은 행정관료가 사회의 새로운 방향으로 조정하기보다 시민들의 공유된 이익을 달성하도록 도와주어야 한다고 본다. ⓞⓧ

> 신공공서비스론에서 정부의 역할은 봉사이다.

03 ☐☐ 11 경간부
신공공관리론은 공익을 개인적 이익의 집합으로 반영한 것으로 보는 반면, 신공공서비스론은 공동의 가치에 대한 담론의 결과를 공익으로 본다. ⓞⓧ

> 신공공관리론은 공익을 개인적 이익의 집합으로 보고, 신공공서비스론은 공동의 가치에 대한 담론의 결과로 본다.

04 ☐☐ 11 서울7
신공공서비스론은 민주적 시민이론, 담론이론, 포스트모더니즘 등을 이론적 토대로 삼고 있으며 정부의 역할을 공유된 가치관을 창출하고 시민과 지역공동체들 간에 이익을 중재하고 협상하는 데 기여하는 것이라고 주장하는 이론이다. ⓞⓧ

> 신공공서비스론에 대한 옳은 지문이다.

05 ☐☐ 12 지방7
덴하르트(Denhardt)의 신공공서비스이론은 공무원의 반응대상을 시민보다 고객에 두고 있고 정부의 역할을 공유된 가치창출을 위한 봉사활동으로 보는 점에서 뉴거버넌스이론과 유사하다고 할 수 있다. ⓞⓧ

> 신공공서비스이론은 공무원의 반응대상을 고객보다 시민에 두고 있다.

06 ☐☐ 12 지방9
신공공서비스론은 시장의 가격 메커니즘과 경쟁의 원리를 적극적으로 도입한다. ⓞⓧ

> 신공공관리론의 특징이다.

07 ☐☐ 12 해경간부
신공공서비스론은 규범적 가치에 관한 이론 제시뿐만 아니라, 이러한 가치들을 구현하는 데 필요한 구체적 처방을 제시하고 있다는 점에서 의미가 있다. ⓞⓧ

> 신공공서비스론은 이러한 가치들을 구현하는 데 필요한 구체적 처방을 제시하고 있지 못하다는 비판을 받는다.

08 ☐☐ 15 교행9
신공공서비스론이 추구하는 가치는 행정의 민주성과 충돌 가능성이 있다. ⓞⓧ

> 신공공관리론에 대한 설명이다. 신공공서비스론은 행정의 민주성을 추구하고 신공공관리론은 효율성과 생산성을 추구한다.

01. X 02. O 03. O 04. O 05. X 06. X 07. X 08. X

09 ☐☐ 15 사복9
신공공서비스론은 예산지출 위주의 정부 운영 방식에서 탈피하여 수입 확보의 개념을 활성화하는 것이 필요하다고 본다. ⓞⓧ

Osborne과 Gaebler가 제시한 정부재창조론 중 기업형 정부에 대한 설명이다.

10 ☐☐ 15 서울9
신공공서비스이론이 기대하는 조직은 주요 통제권이 조직 내 유보된 분권화된 조직이다. ⓞⓧ

신공공서비스이론은 주요 통제권이 조직 내 분권화된 조직이 아니라, 조직구조를 협동적으로 활용하는 구조로 본다.

11 ☐☐ 16 서울7
신공공서비스론은 책임성 확보의 방법으로 행정인이 민주적으로 선출된 대표자에게 책임을 다하는 것을 강조한다. ⓞⓧ

행정인이 민주적으로 선출된 대표자에게 책임을 다하는 것을 강조하는 것은 전통적 행정이론이다.

12 ☐☐ 16 서울7
신공공서비스론은 정책과정에 있어서 전략적으로 생각하고 민주적으로 행동해야 한다고 강조한다. ⓞⓧ

신공공서비스론은 전략적 사고와 민주적 행동을 기본원리로 강조한다.

13 ☐☐ 16 서울9
사회봉사는 신공공서비스론에서 강조하는 공무원의 동기 유발 요인에 해당한다. ⓞⓧ

신공공서비스론에서 정부와 공무원은 사회를 조종하는 것이 아니라, 봉사해야 하며 시민들의 공동이익을 추구하는데 조력하는 역할을 하여야 한다고 보므로 사회봉사는 공무원의 동기 유발 요인에 해당한다.

14 ☐☐ 17 국회8
딜레마이론은 정부신뢰를 강조하고, 정부신뢰가 정부와 시민의 협력을 증진시키며 정부의 효과성을 높이는 가장 중요한 요인이 된다고 주장하는 행정이론이다. ⓞⓧ

정부신뢰를 강조하고, 정부신뢰가 정부와 시민의 협력을 증진시키며 정부의 효과성을 높이는 가장 중요한 요인이 된다고 보는 것은 사회자본이론이다.

15 ☐☐ 17 국회9
신공공서비스론은 치유보다는 예방적 관리를 중시한다. ⓞⓧ

치유보다 예방적 관리를 중시하는 것은 신공공관리론이다.

16 ☐☐ 17 지방9(추)
신공공서비스론에서 정부의 역할은 방향제시(steering)가 아닌 노젓기(rowing)이다. ⓞⓧ

정부의 역할은 방향제시(steering)나 노젓기(rowing)가 아닌 봉사이다.

17 ☐☐ 17 지방9(추)
신공공서비스론에서 관료가 반응해야 하는 대상은 고객이 아닌 시민이다. ⓞⓧ

신공공서비스론에서는 시민을 관료가 반응해야 하는 대상으로 본다.

18 ☐☐ 18 경간부
신공공서비스론은 공공서비스의 이상을 인간에게 가장 높은 가치와 초점을 부여하는 것으로 설정하여 조직은 인간을 존중하는 가운데 협동과 공유된 리더십으로 운영할 때만이 성공할 수 있다고 본다. ⓞⓧ

신공공서비스론은 조직 내외적으로 공유된 리더십을 갖는 협동적 구조를 이상적 구조로 설정하여 협동과 공유된 리더십으로 운영할 때 성공할 수 있다고 본다.

📖 09. X 10. X 11. X 12. O 13. O 14. X 15. X 16. X 17. O 18. O

Chapter 23 신공공서비스론, 기타 최신이론 107

19 ☐☐ 18 서울7(3월)
신공공서비스론(New Public Service)에서 정부는 시장의 힘을 활용하는 데 있어 방향잡기의 역할을 해야 한다고 본다. ⃞O⃞X⃞

> 해설
> 정부가 시장의 힘을 활용하는 데 있어 방향잡기의 역할을 해야 한다고 보는 것은 신공공관리론에 대한 설명이다.

20 ☐☐ 18 서울7(3월)
신공공서비스론(New Public Service)에서는 법, 공동체, 정치규범, 전문성, 시민이익 등 다양한 책임성 기제의 중요성을 강조한다. ⃞O⃞X⃞

> 신공공서비스론은 다원적인 책임을 특징으로 한다.

21 ☐☐ 18 지방7
덴하트와 덴하트(J. V. Denhardt & R. B. Denhardt)가 제시한 신공공서비스론(new public service)의 일곱 가지 기본 원칙 중 하나는 민주적으로 생각하고 전략적으로 행동해야 한다. ⃞O⃞X⃞

> 신공공서비스론에서 공무원은 전략적으로 생각하고 민주적으로 행동하여야 한다.

22 ☐☐ 18 지방7
덴하트와 덴하트(J. V. Denhardt & R. B. Denhardt)가 제시한 신공공서비스론(new public service)의 일곱 가지 기본 원칙 중 하나는 기업주의 정신보다는 시민의식의 가치를 받아들여야 한다. ⃞O⃞X⃞

> 신공공서비스론에서는 기업가정신보다는 시민정신이 우위임을 강조한다.

23 ☐☐ 18 행정사
신공공서비스론은 고객으로서의 주민보다는 공론의 장에 참여하는 시민으로서의 주민을 강조한다. ⃞O⃞X⃞

> 신공공서비스론에서는 시민을 고객이 아닌 주인의 관점으로 전환하여 신뢰와 협동관계를 구축해야 하는 대상으로 본다.

24 ☐☐ 19 국가9
신공공서비스론에서는 공익을 행정의 목적이 아닌 부산물로 보아야 한다는 점을 강조한다. ⃞O⃞X⃞

> 신공공서비스론에서는 공익을 행정의 부산물이 아닌 궁극적 목표로 본다.

25 ☐☐ 19 군무원
신공공서비스론에서 관료는 고객위주의 행정을 수행하는 공공기업가가 되어야 한다고 본다. ⃞O⃞X⃞

> 관료가 고객위주의 행정을 수행하는 공공기업가가 되어야 한다고 보는 것은 신공공관리론이다.

26 ☐☐ 19 서울7
신공공서비스(New Public Service)는 민주적으로 선출된 정치지도자에게 책임성을 확보한다. ⃞O⃞X⃞

> 민주적으로 선출된 정치지도자에게 책임성을 확보하는 것은 전통적 행정의 특징이다. 신공공서비스는 다면적 책임을 강조한다.

27 ☐☐ 19 서울7
신공공서비스(New Public Service)는 리더십을 공유하는 협동적 조직 구조를 강조한다. ⃞O⃞X⃞

> 신공공서비스는 네트워크로 연계된 조직구조로 리더십을 공유하는 협동적 조직 구조를 기대한다.

28 ☐☐ 19 서울7(2월)
덴하트와 덴하르트는 신공공서비스론의 특징으로 관료의 역할과 관련하여 '방향잡기'와 함께 '봉사'를 강조한다. ⃞O⃞X⃞

> 관료의 역할과 관련하여 '방향잡기'를 강조하는 것은 신공공관리론이다.

19. X 20. O 21. X 22. O 23. O 24. X 25. X 26. X 27. O 28. X

29 □□
19 행정사
신공공서비스론에서 관료는 사회문제를 해결하는 과정에서 협상과 중재 기능을 담당한다. O X

해설 신공공서비스론에서의 관료는 시민들로 하여금 공유된 가치를 표명하고 그것을 충족시킬 수 있도록 도와주고 봉사하며, 협상과 중재의 역할을 한다.

30 □□
20 경간부
신공공서비스론에서 정부는 시장의 힘을 활용하는데 있어 방향잡기의 역할을 해야 한다고 본다. O X

해설 신공공서비스론에서 정부는 노젓기도 아니고 방향잡기도 아닌 봉사라고 주장한다.

31 □□
21 국가9
신공공서비스론에서 공익은 개인적 이익의 집합체이기 때문에 시민들과 신뢰와 협력의 관계를 확립해야 한다. O X

해설 신공공서비스론에서 공익은 공유가치에 대한 담론의 결과이며 정부는 시민들과 신뢰와 협력의 관계를 확립해야 한다고 본다.

32 □□
21 국가9
신공공서비스론에 따르면 정부의 역할은 시민에 대한 봉사여야 한다. O X

해설 신공공서비스론에서는 정부의 역할을 시민에 대한 봉사로 본다.

33 □□
21 국가9
페리와 와이스(Perry&Wise)는 공공봉사동기이론을 제도적 차원, 금전적 차원, 감성적 차원으로 제시하였다. O X

해설 페리와 와이스는 합리적 차원, 규범적 차원, 정서적 차원으로 제시하였다.

34 □□
21 국가9
공공봉사동기이론은 공사부문 간 업무성격이 다르듯이, 공공부문의 조직원들은 동기구조 자체도 다르다는 입장에 있다. O X

해설 공공봉사동기이론에 따르면 관료들은 민간부문 종사자와 달리 공공부문에서 비롯되어 나타나는 고유한 직업동기인 공직동기가 존재한다.

35 □□
21 경정승진
신공공서비스론은 '민주적으로 생각하고 전략적으로 행동한다.'를 기본원리로 한다. O X

해설 신공공서비스론은 '전략적으로 생각하고 민주적으로 행동한다.'를 기본원리로 한다.

36 □□
21 국회8
신공공서비스론은 공무원이 반응해야 하는 대상을 고객과 유권자 집단으로 본다. O X

해설 신공공서비스론은 공무원이 반응해야 하는 대상을 시민으로 본다.

37 □□
21 국회8
신공공서비스론은 책임성 확보의 방법으로 개인이익의 총합을 통해 시민 또는 고객집단에게 바람직한 결과를 창출하는 방법을 추구한다. O X

해설 신공공서비스론은 다면적 책임성을 강조하며 공익을 공유가치에 대한 담론의 결과로 본다.

38 □□
21 군무원9
시스템적 방법의 장점은 시스템을 이루는 부분들 각각의 기능과 부분간 유기적 상호작용을 잘 이해할 수 있다는 데 있다. O X

해설 시스템적 접근방법은 시스템을 이루는 부분들의 기능과 부분 간 유기적 상호작용을 잘 이해할 수 있다.

39 □□
22 경간부
공공봉사동기이론은 높은 공공봉사동기를 가지고 있는 것과 공무원이 되고자 하는 동기 사이에는 아무 상관이 없는 것으로 결론 내린다. O X

해설 공공봉사동기이론에 따르면 높은 공공봉사동기를 가지고 있는 사람을 공직에 충원해야 한다는 주장에 근거가 될 수 있다고 본다.

29. O 30. X 31. X 32. O 33. X 34. O 35. X 36. X 37. X 38. O 39. X

40 ☐☐   23 지방직9
무어(Moore)의 공공가치창출론(creating public value)은 행정의 정당성 위기를 극복하기 위한 대안적 접근이다.   O X

> 민주적으로 선출되어 정당성이 부여된 정부 관리자들이 공공자산을 이용해 공공가치를 창출해야 한다.

41 ☐☐   23 지방직9
무어(Moore)의 공공가치창출론(creating public value)은 신공공관리론을 계승하여 행정의 수단성을 강조한다.   O X

> 무어(Moore)의 공공가치창출론은 신공공관리론을 비판하면서 공적 영역의 가치를 강조하는 이론이다.

42 ☐☐   23 지방직7
넛지(nudge) 이론의 특성은 정책을 선택설계하며, 정책대상집단의 행동에 개입하지만 개인의 자유로운 선택을 허용한다.   O X

40. **O**   41. **X**   42. **O**

MEMO

PART

02

정책론

MANI 매니 행정학 기출 OX 총정리

01 정책의 의의와 특징
02 정책유형, 정책과정 참여자
03 정책의제 설정
04 권력모형-엘리트주의 vs 다원주의
05 무의사결정이론
06 정책네트워크와 이슈네트워크
07 권력모형-기타 국가주의, 조합주의 등
08 정책목표
09 정책문제 구조화, 정책분석 유형
10 불확실성과 미래예측기법 1
11 미래예측기법 2 - 직관적 예측
12 비용편익분석, 비용효과분석
13 정책결정모형 1 - 개인산출지향
14 정책결정모형 2 - 집단산출지향
15 정책결정과정 기타
16 정책집행론, 일선관료제
17 정책평가
18 정책실험, 타당도, 신뢰도
19 정부업무평가 및 기타
20 기획론

01 정책의 의의와 특징

01 □□ 05 경기9
Lasswell은 정책학의 패러다임으로 묵시적 지식과 경험의 존중을 강조하였다.
O X

> 해설
> 제시문은 Y. Dror이 주장한 정책과학의 특징이다.

02 □□ 06 국가9
정책모형에 나타난 원인변수와 결과변수를 조작하여 정책대안을 만든다.
O X

> 원인변수는 독립변수이므로 조작과 통제가 가능하지만 결과변수는 종속변수로서 조작대상이 아니다.

03 □□ 07 지방9
후기행태주의의 후퇴, 처방적 지식의 요구, 행정의 전문화와 정책결정에 역할 담당, 시장실패와 정부개입 등으로 인해 정책연구의 필요성이 대두되었다.
O X

> 정책학은 후기행태주의의 등장과 함께 대두된 이론이다.

04 □□ 10 국가7
정책문제는 복잡·다양하고 상호 의존적이며 역사적 산물인 경우가 많다.
O X

> 정책문제에 대한 옳은 설명이다.

05 □□ 11 경간부
정책학은 1960년대 인종갈등, 월남전 여파 등의 사회적 문제가 대두됨에 따라 정책학이 발전하기 시작하였다.
O X

> 정책학의 발전내용으로 옳은 지문이다.

06 □□ 11 경간부
정책학의 특성으로 문제지향성, 맥락성, 범학문성, 규범지향성 등을 들 수 있다.
O X

> 정책학의 특징으로 옳은 지문이다.

07 □□ 12 경정승진
교육훈련을 통해서 교육생을 많이 배출하는 것은 능률성이 높은 것이지 효과성이 높다고 볼 수는 없다.
O X

> 능률성은 투입대비 산출이고 효과성은 목표달성의 정도이다. 교육훈련은 투입에 해당하고 교육생은 산출에 해당한다.

08 □□ 12 국가전환특채
정책의제 → 설정 → 정책목표 설정 → 정책집행 → 정책평가 순으로 정책과정이 이루어진다.
O X

> 정책과정의 순서로 옳다.

09 □□ 12 군무원
정책과정은 예측하기 힘든 매우 역동적인 과정이며, 계속적이고 순환적인 과정이다.
O X

> 정책과정의 특성에 대한 옳은 지문이다.

01. X 02. X 03. X 04. O 05. O 06. O 07. O 08. O 09. O

10 □□   13 국가9
정책은 편파적으로 이익과 손해를 나누어주는 성격도 가지고 있다. OX

해설: 정책의 가치배분적 성격을 설명한 지문이다.

11 □□   13 국가9
정책목표와 정책수단 사이에는 인과관계가 있어야 한다. OX

해설: 목표와 수단의 계층제와 관련된다.

12 □□   15 경간부
환류란 산출에 대한 평가로서 잘된 것은 반영하고 잘못된 것은 시정·보완책을 강구하여 다음의 행정관리 과정에서 실수를 극소화하는 것을 의미한다. OX

해설: 환류에 대한 옳은 설명이다.

13 □□   18 서울7(3월)
라스웰(Lasswell)의 정책지향(policy orientation)에서 '정책과정에 관한 지식'은 규범적, 처방적 지식을 의미한다. OX

해설: '정책과정에 관한 지식'은 경험적 지식을 의미한다.

14 □□   18 서울7(3월)
라스웰(Lasswell)의 정책지향(policy orientation)에서는 다양한 연구방법의 사용을 장려한다. OX

해설: 정책학은 범학문적 성격과 방법론상의 다양성을 갖는다고 보았다.

15 □□   19 지방7
권위(authority)에 기반을 둔 정책수단은 예측가능성이 높기 때문에 사회적 위기 상황에 적합한 수단이다. OX

해설: 권위에 기반을 둔 수단은 규제정책을 의미하는 것으로 예측가능성이 높기 때문에 사회적 위기 상황에 적합한 수단이다.

16 □□   20 행정사
정책은 정치적·행정적 과정으로서 단순하고 정태적 과정을 거친다. OX

해설: 정책은 정치적·행정적 과정으로서 복잡하고 동태적 과정을 거친다.

17 □□   21 소방간부
정책과학은 사이먼의 행태주의와 의사결정이론을 체계적으로 발전시킨 것으로서 수학과 컴퓨터를 활용하여 고도의 계량적인 접근 방법을 추구하였다. OX

해설: 정책과학(1970년대)은 행태론과 실증주의를 비판하면서 사회적 적실성 및 처방성 등을 갖추어야 한다고 보았다.

18 □□   21 군무원9
정책은 공정성과 가치중립성(value-free)을 지향한다. OX

해설: 정책은 가치판단적 요소를 포함하며 가치지향적인 성격을 갖는다.

정답 10. O   11. O   12. O   13. X   14. O   15. O   16. X   17. X   18. X

02 정책유형, 정책과정 참여자

01 ☐☐   03 대구9
배분정책, 재분배정책, 보호적 규제정책, 추출정책 중에서 반발과 갈등의 강도가 가장 적은 정책은 배분정책이다. ⓄⓍ

> **해설**
> 특정인의 부담이 아닌 국가예산으로 시행되는 배분정책은 갈라먹기 현상이 나타나긴 하지만 모두 혜택을 보게 되므로 근본적으로 다른 정책에 비하여 갈등이 적고 상부상조현상도 나타난다.

02 ☐☐   03 행정고시
리플리와 프랭클린(Ripley & Franklin)에 따르면 보호적 규제정책이나 재분배정책의 경우에는 집행을 둘러싼 논쟁이 있어서 이데올로기의 강도는 낮다고 보았다. ⓄⓍ

> 리플리와 프랭클린(Ripley & Franklin)은 보호적 규제정책이나 재분배정책의 경우 집행을 둘러싼 과정에서 형평성 등 재분배의 기준을 놓고 사회주의와 자유주의 간의 이데올로기적 대립이 불가피하다고 보았다.

03 ☐☐   04 서울7
정책과정에 비공식자 참여자 중에서 시민단체는 특정 이해관계에 대한 견해가 다양하게 표출된다는 장점이 있다. ⓄⓍ

> 이익집단에 대한 설명이다.

04 ☐☐   06 국가9
규제정책은 분배정책보다 정책집행의 성공가능성이 높은 편이다. ⓄⓍ

> 규제정책은 분배정책보다 성공적 집행의 가능성이 낮은 편이다.

05 ☐☐   07 국회8
배분정책, 규제정책, 재분배정책, 구성정책, 추출정책 중에서 정책의 혜택을 받기 위하여 은밀하게 이루어지는 밀어주기, 나눠먹기와 가장 밀접한 관련이 있는 정책유형은 재분배정책이다. ⓄⓍ

> 배분정책에 대한 설명이다.

06 ☐☐   07 국회8
최근 발생한 교복값 담합이나 아이스크림값 담합에 대한 과징금 부과 등의 정부의 개입은 리플리와 플랭클린(Ripley & Franklin)의 정책유형 중 '경쟁적 규제정책(competitive regulatory policy)'의 대표적인 예로 볼 수 있다. ⓄⓍ

> 보호적 규제정책에 대한 설명이다.

07 ☐☐   08 서울 소방
Lowi의 정책분류 중에서 구성정책은 '게임의 법칙' 일어나며, 총체적 기능과 권위적 성격을 특징으로 한다. ⓄⓍ

> 구성정책에 대한 설명으로 옳다.

08 ☐☐   08 서울9
상징정책은 국민 전체의 자긍심을 높이기 위한 정책들이 포함된다. ⓄⓍ

> 상징정책에 대한 설명으로 옳다.

09 ☐☐   09 국가9
정책과정에서 사법부의 판결은 기존의 제도나 정책에 대한 사후적 판단의 성격을 띠고 있으나, 그 자체가 정책결정을 의미하는 것은 아니다. ⓄⓍ

> 사법부는 공식적 결정자로서 법률의 해석과 판단을 통해 실질적인 정책결정을 담당하고 있으며 사법부의 판결은 그 자체가 정책결정을 의미하는 경우가 많다.

01. O   02. X   03. X   04. X   05. X   06. X   07. O   08. O   09. X

10 ☐☐
09 지방9
특정한 개인, 기업체, 조직의 행동이나 재량권에 제재나 통제 및 제한을 가하는 정책은 규제정책과 밀접한 관련이 있다.   O X

> 규제정책의 일반적 개념이다.

11 ☐☐
11 국가7
살라몬(L. M. Salamon)의 정책수단 분류에서 직접성의 정도가 낮은 유형으로는 경제규제, 보조금, 바우처, 공기업 등이 있다.   O X

> 보조금과 바우처는 정부가 강제적으로 직접 공급하는 것이 아니기 때문에 직접성이 가장 낮다. 반면 경제규제나 공기업은 정부가 직접 규제하거나 공기업을 설치하여 공급하는 것이므로 직접성이 높은 정책수단들이다.

12 ☐☐
11 국가9
영세민을 위한 임대주택 건설은 재분배정책의 사례이며, 기업의 대기오염 방지시설 의무화는 사회적 규제에 해당한다.   O X

> 재분배정책과 사회적 규제에 대한 옳은 사례이다.

13 ☐☐
11 서울9
분배정책, 규제정책, 추출정책, 상징정책은 Salisbury의 분류에 해당한다.   O X

> Almond와 Powell이 사용한 분류이다.

14 ☐☐
12 경간부
Lowi는 정책유형에 따라 정책집행과정이 달라진다고 주장하였다.   O X

> Lowi는 정책유형에 따라 정책결정과정이 달라진다고 주장하였다.

15 ☐☐
12 국가전환특채
전문가집단, 대통령, 시민단체 및 정당, 이익집단 중에서 정책결정과정에의 공식적 참여자는 대통령이다.   O X

> 정책결정의 공식적 참여자로는 입법부, 대통령과 행정수반, 행정부처, 사법부, 지방정부가 있고 비공식 참여자로는 정당, 이익집단, NGO, 시민, 전문가집단, 언론 등이 있다.

16 ☐☐
12 지방7
정부는 공식적 권위를 지닌 정책중재자로서 가장 민주적인 역할을 한다.   O X

> 정부는 공식적 권위를 바탕으로 규제나 제재 등을 통해 문제를 해결하지만 가장 민주적인 역할을 한다고 볼 수는 없다.

17 ☐☐
12 해경간부
재분배정책은 엘리트론적 정치과정에서 정상 간의 제휴에 의해 정책이 결정되며, 정책결정 구조는 불안정적인 상태를 나타낸다.   O X

> 재분배정책은 동일한 사회집단들(엘리트집단)의 참여에 의하여 집권적, 독자적, 안정적으로 정책이 결정된다.

18 ☐☐
13 지방7
재분배정책은 부나 권리 편중의 해소를 위하여 정부가 가진 자와 못 가진 자의 분포를 인위적으로 변화시키려는 정책이다.   O X

> 재분배정책에 대한 옳은 지문이다.

19 ☐☐
13 지방9
누진세를 통한 사회보장지출 확대, 항공노선 취항권의 부여 등은 재분배정책의 예에 해당한다.   O X

> 항공노선 취항권의 부여는 경쟁적 규제정책의 예이다.

10. O 11. X 12. O 13. X 14. X 15. O 16. X 17. X 18. O 19. X

20 □□ 13 행정사

리플리와 프랭클린(Ripley & Franklin)의 경쟁적 규제정책에 따르면 정부는 특정 전문지식과 자격을 갖춘 몇몇 개인이나 기업(집단)에게 특정한 기간동안 사업을 할 수 있도록 허용하되 일정한 기간 후에는 자격조건을 재심사하도록 함으로써 경쟁력을 높이고, 공익을 위해서 서비스 제공에 대한 규정을 지키도록 하는 것이다. [O|X]

해설: 경쟁적 규제정책에 대한 옳은 지문이다.

21 □□ 14 국가7

추출정책의 예로는 부실기업 구조조정, 상징정책의 예로는 노령연금제도, 규제정책의 예로는 최저임금제도, 구성정책의 예로는 정부조직 개편 등을 들 수 있다. [O|X]

해설: 부실기업 구조조정은 규제정책의 예이며 노령연금제도는 재분배정책의 예에 해당한다.

22 □□ 15 지방9

정책을 규제정책, 분배정책, 재분배정책, 추출정책으로 분류할 때 저소득층을 위한 근로장려금 제도는 분배정책에 해당한다. [O|X]

해설: 저소득층을 위한 근로장려금 제도는 재분배정책에 해당한다.

23 □□ 15 서울7

구성정책은 헌정수행에 필요한 운영규칙과 관련된 정책으로 선거구의 조정, 정부의 새로운 조직이나 기구의 설립, 공직자의 보수 등에 관한 정책 등이 이에 해당된다. [O|X]

해설: 구성정책에 대한 옳은 설명이다.

24 □□ 15 서울9

분배정책은 이해당사자 간 제로섬 게임이 벌어지고 갈등이 발생될 가능성이 규제정책에 비해 상대적으로 더 크다. [O|X]

해설: 재분배정책에 대한 설명이다.

25 □□ 16 교행9

신공항 건설은 재분배정책이며 공공건물 금연은 규제정책이고 탄소배출권거래제는 분배정책이며 공무원연금제의 개정은 구성정책에 해당한다. [O|X]

해설: 신공항 건설은 배분정책에, 탄소배출권거래제도는 Salisbury의 자율규제정책에 해당한다.

26 □□ 16 국가7

경제적규제, 조세지출, 직접대출, 공기업 중에서 살라먼(Salamon)의 정책수단유형 중 간접수단에 해당하는 것은 경제적 규제이다. [O|X]

해설: 살라먼의 정책수단을 직접성의 정도로 구분할 때, 조세지출은 간접적 수단에 해당한다.

27 □□ 16 사복9

샐러먼(Salamon)은 형평성에 대한 고려가 특히 중요한 경우에는 간접적 수단이 직접적 수단보다 적절하다고 주장한다. [O|X]

해설: 형평성이 중요한 경우에는 직접적 수단이 간접적 수단보다 더 적절하다.

28 □□ 16 지방7

규제정책은 피해자와 수혜자가 명백하게 구분되며 정책결정자와 집행자가 서로 결탁하여 갈라먹기식(log-rolling)으로 정책을 결정하는 것이 어렵다. [O|X]

해설: 규제정책은 수혜자와 피해자가 명백하게 구분되므로 법적근거에 따라 규제가 일어나며 갈라먹기식으로 정책을 결정하는 것이 어렵다.

20. **O** 21. **X** 22. **X** 23. **O** 24. **X** 25. **X** 26. **X** 27. **X** 28. **X**

29 □□ 16 지방7
로위의 재분배정책은 지방적 수준에서 분산적인 정책결정이 이루어진다.
O X

해설) 로위의 재분배정책은 중앙정부 수준의 정책결정이 이루어진다.

30 □□ 17 경간부
Ripley & Franklin의 정책유형 중 재분배정책은 안정적 정책집행을 위한 루틴화의 가능성이 높아져 집행을 둘러싼 이데올로기의 논쟁강도 또한 높다.
O X

해설) Ripley & Franklin의 정책유형 중 재분배정책은 안정적 정책집행을 위한 루틴화의 가능성이 낮고, 집행을 둘러싼 이데올로기의 논쟁강도는 높다.

31 □□ 17 국가7
리플리와 프랭클린(Ripley & Franklin)의 경쟁적 규제정책은 집행과정의 안정성과 정형화의 정도가 높고 집행에 대한 갈등의 정도가 낮다.
O X

해설) 리플리와 프랭클린(Ripley & Franklin)의 분배정책은 집행과정의 안정성과 정형화의 정도가 높고 집행에 대한 갈등의 정도가 낮다.

32 □□ 17 국가9(추)
바우처(voucher)는 살라몬(L. M. Salamon)의 행정수단 유형분류에 있어서 민간위탁과 같이 직접성이 매우 높은 행정수단이다.
O X

해설) 바우처(voucher)는 살라몬(L. M. Salamon)의 행정수단 유형분류에 있어서 직접성이 낮은 행정수단이다.

33 □□ 17 지방7
정책과정 참여자 중 정책전문가는 정책을 분석·평가하여 정책 대안을 제시한다.
O X

해설) 정책전문가는 정책과정에서 정책아이디어와 자문의 중요한 원천으로 기능하며, 정책내용의 분석과 비판적 평가, 대안을 제시하는 역할을 한다.

34 □□ 17 지방7
로그롤링(log rolling)은 각종 개발 사업과 관련된 법안이나 정책 교부금을 둘러싸고 의원들이 그 혜택을 서로 나누어 가지려고 노력하는 현상을 말한다.
O X

해설) 각종 개발 사업과 관련된 법안이나 정책 교부금을 둘러싸고 의원들이 그 혜택을 서로 나누어 가지려고 노력하는 현상은 포크배럴이다.

35 □□ 17 지방7
정책과정 참여자 중 정당은 공식적 참여자로서 정책을 통제하기 위해 노력한다.
O X

해설) 정당은 비공식적 참여자에 해당한다.

36 □□ 17 지방7
지대추구(rent seeking)는 의회에서 이권과 관련된 법안을 해당 의원들이 서로에게 이익이 되도록 협력하여 통과시키거나, 특정이익에 대한 수혜를 대가로 상대방이 원하는 정책에 동의해 주는 방식으로 이루어진다.
O X

해설) 의회에서 이권과 관련된 법안을 해당 의원들이 서로에게 이익이 되도록 협력하여 통과시키거나, 특정이익에 대한 수혜를 대가로 상대방이 원하는 정책에 동의해 주는 방식으로 이루어지는 것은 로그롤링이다.

37 □□ 17 지방9
국회는 국민의 대표기관으로서 민주주의 원칙에 합당하게 행정이 이루어지고 있는지를 감시하고 통제하는 권한을 가진다.
O X

해설) 국회는 민주주의 원칙에 맞게 행정이 이루어지고 있는지를 감시·통제하는 기관이다.

29. O 30. X 31. X 32. X 33. O 34. X 35. X 36. X 37. X 37. O

38 ☐☐　　　　　　　　　　　　　　　17 지방9
대통령은 국회와 사법부에 대한 헌법상의 권한을 통하여 영향력을 행사하며, 행정부 주요 공직자에 대한 임면권을 통하여 정책과정에서 주도적 역할을 수행한다. ⓄⓍ

> 대통령은 국회와 사법부에 대한 헌법상의 권한을 통하여 영향력을 행사하며, 행정부 주요 공직자에 대한 임면권을 통하여 주도적 역할을 수행하기도 한다.

39 ☐☐　　　　　　　　　　　　　　　17 지방9
헌법재판소의 위헌 결정은 행정부의 활동에 지대한 영향을 미칠 수 있다. ⓄⓍ

> 헌법재판소의 위헌 결정은 행정부의 활동에 영향을 준다.

40 ☐☐　　　　　　　　　　　　　　　17 지방9
행정기관은 법률 제정과 사법적 판단을 통하여 정책집행과정에서 실질적인 영향력을 행사한다. ⓄⓍ

> 법률제정은 국회의 권한이고, 사법적 판단은 사법부의 권한이다. 행정기관은 정책을 충실히 집행하는 역할을 한다.

41 ☐☐　　　　　　　　　　　　　　　17 해경간부
분배정책은 참여자들간의 정면대결보다는 갈라먹기식에 의해 이루어지며, 이해관계보다는 이데올로기가 작용한다. ⓄⓍ

> 이해관계보다는 이데올로기가 작용하는 정책은 재분배정책이다.

42 ☐☐　　　　　　　　　　　　　　　17 경정승진
궁궐복원은 상징정책에, 성금모금은 구성정책에, 택지분양은 분배정책에, 주택자금 대출은 재분배정책에 해당한다. ⓄⓍ

> 성금모금은 추출정책에, 주택자금 대출은 분배정책에 해당한다.

43 ☐☐　　　　　　　　　　　　　　　18 국가9
살라몬(L. M. Salamon)이 제시한 정책수단의 유형에서 경제적 규제(economic regulation), 정부소비(direct government), 사회적 규제(social regulation)는 직접적 수단에 해당한다. ⓄⓍ

> 경제적 규제, 정부소비는 직접적 수단에 해당한다. 한편 사회적 규제는 직접성이 중간 정도이다.

44 ☐☐　　　　　　　　　　　　　　　18 국회8
분배정책은 상대적으로 많이 가진 계층 또는 집단으로부터 적게 가진 계층 또는 집단으로 재산·소득·권리 등의 일부를 이전시키는 정책을 말한다. ⓄⓍ

> 상대적으로 많이 가진 계층 또는 집단으로부터 적게 가진 계층 또는 집단으로 재산·소득·권리 등의 일부를 이전시키는 정책은 재분배정책이다.

45 ☐☐　　　　　　　　　　　　　　　18 국회8
재분배정책은 계층 간 갈등이 심하고 저항이 발생할 수 있어 국민적 공감대를 형성할 때 정책의 변화를 가져오게 된다. ⓄⓍ

> 재분배정책은 이해당사자 간 갈등이 발생될 수 있으므로 국민적 공감대를 형성하는 것이 중요하다.

46 ☐☐　　　　　　　　　　　　　　　18 국회9
리플리 & 프랭클린(Ripley & Franklin)의 보호적 규제정책은 다수의 경쟁자 중 특정 개인이나 집단에게 서비스 제공권을 부여하고 이들의 활동을 규제하는 정책이다. ⓄⓍ

> 리플리 & 프랭클린(Ripley & Franklin)의 경쟁적 규제정책은 다수의 경쟁자 중 특정 개인이나 집단에게 서비스 제공권을 부여하고 이들의 활동을 규제하는 정책이다.

38. O　39. O　40. X　41. X　42. X　43. X　44. X　45. O　46. X

47 ☐☐   18 서울7(3월)
로위(Lowi)의 정책 분류는 다원주의와 엘리트주의를 통합하려는 노력의 일환으로 볼 수 있다. ⓞⓧ

> Lowi는 정책유형별로 정책결정과정에서 나타나는 정치적 특징이 달라진다고 보면서 다원론(규제정책)과 엘리트이론(재분배정책)의 통합을 시도하였다.

48 ☐☐   18 서울7(3월)
로위(Lowi)의 정책 분류에 따라 정책에 대한 조작적 정의(operationalization)가 용이해졌다. ⓞⓧ

> Lowi의 분류는 분류된 정책들이 상호배타적이지 못하고 정책분류에서 사용한 기본개념들의 모호함이 조작화(operationalization)를 어렵게 한다는 약점을 지닌다.

49 ☐☐   18 서울9
로위(Lowi)는 정책의 유형에 따라 정책의 결정 및 집행 과정이 달라진다고 보았으며, 정책유형에 따라 정치적 관계가 달라질 것으로 가정하고 있다. ⓞⓧ

> 로위는 배분, 구성, 규제, 재분배 정책으로 유형화하였고, 정책유형에 따라 주로 정책결정과정이 달라진다고 보았다.

50 ☐☐   18 서울9
로위(Lowi)는 정책유형을 배분정책, 구성정책, 규제정책, 재분배정책으로 구분하였으며, 구분의 기준이 되는 것은 강제력의 행사방법(간접적, 직접적)과 비용의 부담주체(소수에 집중 아니면 다수에 분산)이다. ⓞⓧ

> 로위(Lowi)는 정책 유형을 배분정책, 구성정책, 규제정책, 재분배정책으로 구분하였으며, 구분의 기준이 되는 것은 강제력의 행사방법(간접적, 직접적)과 적용 대상(개별적 행위, 행위의 환경)이다.

51 ☐☐   18 서울9
리플리 & 프랭클린(Ripley & Franklin)은 보호적 규제 정책을 제시하는데, 이는 소수자나 사회적 약자, 그리고 일반대중을 보호하기 위해서 개인이나 집단의 권리 행사나 행동의 자유를 제한하는 정책이다. ⓞⓧ

> 소수자나 사회적 약자, 그리고 일반대중을 보호하기 위해서 개인이나 집단의 권리 행사나 행동의 자유를 제한하는 정책은 리플리와 프랭클린의 보호적 규제정책이다.

52 ☐☐   18 지방7
리플리와 프랭클린(Ripley & Franklin)의 경쟁적 규제정책(competitive regulatory policy)은 배분정책적 성격과 규제정책적 성격을 동시에 지니고 있고 규제정책은 거의 대부분 이러한 경쟁적 규제정책에 해당된다. ⓞⓧ

> 경쟁적 규제정책은 분배정책과 규제정책적 성격을 동시에 지니는 규제정책이며, 대부분의 규제정책은 보호적 규제정책에 해당된다.

53 ☐☐   18 지방7
리플리와 프랭클린(Ripley & Franklin)의 보호적 규제정책(protective regulatory policy)은 소비자나 일반대중을 보호하기 위해 특정 집단을 규제하므로 규제집행조직과 피규제집단 간 갈등의 가능성이 높다. ⓞⓧ

> 보호적 규제정책은 강제력을 수반하기 때문에 규제대상으로부터 큰 반발이 나타나고 규제집행조직과 피규제집단간 갈등가능성이 높다.

54 ☐☐   18 행정사
알몬드와 파우얼(G. Almond & B. Powell)은 정책을 배분, 규제, 재분배, 구성 정책으로 분류하였다. ⓞⓧ

> 알몬드와 파우얼(G. Almond & B. Powell)은 정책을 배분, 규제, 추출, 상징 정책으로 분류하였다.

55 ☐☐   18 행정사
로위(T. Lowi)가 주장하는 배분정책의 가장 큰 특징은 계급 대립의 성격을 지닌다는 것이다. ⓞⓧ

> 로위(T. Lowi)가 주장하는 재배분정책의 가장 큰 특징은 계급 대립의 성격을 지닌다는 것이다.

📖 47. O 48. X 49. O 50. X 51. O 52. X 53. O 54. X 55. X

56 ☐☐   19 국회9
헌법재판소는 위헌법률심판, 탄핵심판, 권한쟁의심판 등을 통해 행정에 대한 통제 기능을 수행한다. O X

해설: 헌법재판소를 비롯한 법원은 법률의 해석과 판단 등을 통해 행정에 대한 통제기능을 수행한다.

57 ☐☐   19 국회9
누진소득세는 추출정책에, 오염물질 배출허가 기준은 분배정책의 예시에 해당한다. O X

해설: 누진소득세는 재분배정책에, 오염물질 배출허가 기준은 규제정책의 예시에 해당한다.

58 ☐☐   19 서울9
리플리(Ripley)와 프랭클린(Franklin)은 정책유형을 상징정책, 경쟁적 규제정책, 재분배정책, 보호적 규제정책으로 분류하였다. O X

해설: 리플리(Ripley)와 프랭클린(Franklin)은 정책유형을 분배정책, 경쟁적 규제정책, 재분배정책, 보호적 규제정책으로 분류하였다.

59 ☐☐   19 서울9
로위(Lowi)의 정책유형 중 구성정책은 선거구의 조정 등 헌법상 운영규칙과 관련된 정책이다. O X

해설: 구성정책은 정치체제에서 투입을 구조화하고, 체제의 구조와 운영에 관련된 정책으로 선거구 조정 등이 있다.

60 ☐☐   19 지방7
로위(Lowi)의 정책유형 분류에서 규제정책(regulatory policy)은 강제력이 행위의 환경에 직접적으로 적용되는 유형이다. O X

해설: 로위(Lowi)의 정책유형 분류에서 강제력이 행위의 환경에 직접적으로 적용되는 유형은 재분배정책이다.

61 ☐☐   19 군무원
로위의 정책분류에서 배분정책은 정책대상집단의 정치적 반발이 심하므로 정책집행에 강제력이 행사된다. O X

해설: 배분정책은 정치적 반발이 가장 약하게 나타난다.

62 ☐☐   19 지방9
공직자 보수에 관한 정책, 국유지 불하 정책은 로위(Lowi)가 제시한 구성정책의 사례에 해당한다. O X

해설: 공직자 보수에 관한 정책은 구성정책에, 국유지 불하 정책은 배분정책의 사례에 해당한다.

63 ☐☐   20 경간부
로위의 정책유형에서 구성정책은 모든 국민을 대상으로 하므로 대외적 가치배분에는 직접 영향을 주지 않지만 대내적으로는 게임의 법칙이 일어난다. O X

해설: 구성정책은 모든 국민을 대상으로 하므로 대외적 가치배분에는 직접적인 영향력이 없으나 대내적으로는 게임의 법칙이 발생하기도 한다.

64 ☐☐   21 국가9
로위(Lowi)의 정책유형 중 규제정책은 특정 개인이나 집단에 대한 선택의 자유를 제한하는 유형의 정책으로 강제력이 특징이다. O X

해설: 규제정책은 개인·집단의 행동을 제약하는 정책으로 강제력을 확보하는 것이 특징이다.

65 ☐☐   21 국가9
로위(Lowi)의 정책유형 중 분배정책의 사례에는 FTA협정에 따른 농민피해 지원, 중소기업을 위한 정책자금지원, 사회보장 및 의료보장정책 등이 있다. O X

해설: FTA협정에 따른 농민피해 지원, 중소기업을 위한 정책자금지원은 분배정책에, 사회보장 및 의료보장정책은 재분배정책의 사례이다.

📖 56. O   57. X   58. X   59. O   60. X   61. X   62. X   63. O   64. O   65. X

66 ☐☐   21 경간부
로위(T. Lowi)의 정책유형 중 코로나 사태에 대한 자영업자 금융지원 정책은 구성정책의 사례이다.   O X

> 코로나 사태에 대한 자영업자 금융지원 정책은 분배정책의 사례이다.

67 ☐☐   21 경간부
로위(T. Lowi)의 정책유형 중 식품위생에 관한 정책은 규제정책의 사례이다.   O X

> 규제정책은 다른 개인이나 집단을 보호하려는 정책으로 식품위생에 관한 정책, 환경보호에 관한 정책 등이 있다.

68 ☐☐   21 경정승진
로위(T.Lowi)는 미국식 다원론자들의 주장과 엘리트주의자들의 주장을 통합하려는 의도에서 정책을 분류하였다.   O X

> 로위는 다원론(규제정책)과 엘리트론(재분배정책)의 통합을 시도하였다.

69 ☐☐   21 국가7
살라몬(Salamon)의 정책수단 유형 중 공기업은 직접 수단에 해당한다.   O X

> 살라몬의 정책수단 유형 직접 수단에는 정부소비, 직접 대출, 공기업, 경제적 규제 등이 있다.

70 ☐☐   21 지방7
종합편성 채널의 운영권을 부여하고, 이를 확보한 방송사에 대한 규제는 리플리와 프랭클린(Ripley & Franklin)의 보호적 규제 정책을 시행한 것으로 볼 수 있다.   O X

> 종합편성 채널의 운영권을 부여하고, 이를 확보한 방송사에 대한 규제는 리플리와 프랭클린의 경쟁적 규제정책에 해당한다.

71 ☐☐   22 경간부
분배정책이란 부나 권리의 편중을 해소하기 위하여 정부가 가진 자와 못 가진 자의 분포를 인위적으로 변화시키려고 하는 정책이다.   O X

> 부나 권리의 편중을 해소하기 위하여 정부가 가진 자와 못 가진 자의 분포를 인위적으로 변화시키려고 하는 정책은 재분배정책이다.

72 ☐☐   22 경간부
살라몬의 정책수단유형 중 바우처는 정부가 직접 서비스를 지급하기 어려울 경우 서비스 생산자에게 지원금을 지원하는 제도이다.   O X

> 바우처는 국가가 직접 서비스를 지급하거나 생산자에게 보조금을 지급하는 대신에 소비자(수급자)에게 서비스구매권을 부여하고 정부가 이를 부담하는 제도이다.

73 ☐☐   22 국가직9
정책 유형중 정책목표에 의해 일반 국민에게 인적 물적 자원을 부담시키는 정책은 추출정책이다.   O X

> 추출정책의 특징이다. 징병제도, 조세정책 등이다.

74 ☐☐   22 국가직7
리플리(Ripley)와 프랭클린(Franklin)의 경쟁적 규제정책은 국가가 소유한 희소한 자원에 대해 다수의 경쟁자 중에서 지정된 소수에게만 서비스나 재화를 공급하도록 규제한다.   O X

> 경쟁적 규제정책에 대한 설명이다.

75 ☐☐   22 국가직7
리플리(Ripley)와 프랭클린(Franklin)의 경쟁적 규제정책은 정책집행 단계에서 규제받는 자들은 규제기관에 강하게 반발하거나 저항하기도 한다.   O X

> 보호적 규제정책에 대한 설명이다.

📋 66. X   67. O   68. O   69. O   70. X   71. X   72. X   73. O   74. O   75. X

03 정책의제 설정

해설

01 ☐☐ 04 국회8
허쉬만(Hirshman)은 외부주도형을 강요된 정책문제라고 보았다. ☐X

> 허쉬만은 외부주도형을 강요된 정책문제라고 보았다.

02 ☐☐ 04 행정고시
사회적 이슈란 문제의 성격이나 해결방법에 대해 집단 간 의견일치가 어려워 논쟁의 대상이 되는 사회문제를 말한다. ☐X

> 사회적 이슈에 대한 옳은 설명이다.

03 ☐☐ 04 행정고시
공식의제(official agenda)란 일반대중의 주목을 받으며 정부가 문제를 해결하는 것이 마땅한 것으로 인정되는 사회문제를 말한다. ☐X

> 지문은 공중의제에 해당한다. 한편 공식의제는 공식권한을 가진 정부기관이 해결을 검토하기로 결정한 문제를 말하며, 제도의제, 행동의제, 정부의제라고도 한다.

04 ☐☐ 05 국가9
문제의 인식, 대표화 과정, 합법화 과정, 문제의 정의 등은 Jones의 정책의제 형성과정에서 이루어지는 하위활동에 해당한다. ☐X

> 합법화 과정은 정책의제 형성단계가 아닌 정책결정 단계에서 이루어지는 활동이다.

05 ☐☐ 06 국가7
체제이론에 의하면 정치체제 내부의 능력상 한계보다는 외부환경으로부터 발생한 요구의 다양성 때문에 선택의 문제가 등장하게 된다. ☐X

> 체제이론에 의하면 정치체제의 능력상 한계로 말미암아 사회 모든 문제가 체제내로 투입되지 못한다.

06 ☐☐ 07 경기9
피터 메이(P. May)의 정책의제 설정모형 중 비정부집단에서 이슈제기 → 공중의제화 → 공식적인 의제화 과정을 거치는 모형은 외부주도형이다. ☐X

> 외부주도형에 대한 옳은 지문이다.

07 ☐☐ 07 경기9
제3종 오차는 주로 문제 해결을 위한 합리적인 대안의 선정과정에서 나타난다. ☐X

> 제3종 오차(제3종 오류)는 주로 정책의제설정 과정에서 나타난다.

08 ☐☐ 07 전북9
동원형은 정책담당자들에 의해 정책의제가 형성되는 경우를 말하며, 국민이 사전에 알면 곤란한 문제를 다룰 때나 시간이 급박할 때 나타날 수 있다. ☐X

> 내부접근형에 해당한다.

09 ☐☐ 08 국가7
콥(Cobb)과 엘더(Elder)가 언급한 '체제의제'는 특정 쟁점에 대한 정책대안이나 수단을 모색할 수 있을 정도로 구체적이다. ☐X

> 제도적 의제에 대한 설명이다.

10 ☐☐ 09 국회8
동원형은 정부의제화한 후 구체적인 정책결정을 하면서 공중의제화 하며, 정부의 힘이 강하고 민간부문의 힘이 취약한 후진국에서 주로 나타나는 유형이다. ☐X

> 동원형에 대한 옳은 설명이다.

---

01. O 02. O 03. X 04. X 05. X 06. O 07. X 08. X 09. X 10. O

11 □□ 　　　　　　　　　　　　　　　10 경정승진
콥과 로스(Cobb & Ross)가 주장한 정책의제 설정의 과정은 이슈의 제기 → 구체화 → 확장 → 진입 순으로 의제채택이 이루어진다고 보았다. ○ X

> 콥과 로스(Cobb & Ross)가 주장한 내용으로 옳은 설명이다.

12 □□ 　　　　　　　　　　　　　　　10 경정승진
문제의 정의나 구체화에서 공통적으로 범할 수 있는 오류를 제1종 오류라고 한다. ○ X

> 제3종 오류에 대한 설명이다.

13 □□ 　　　　　　　　　　　　　　　10 지방7
Simon의 의사결정론은 왜 특정의 문제가 정책문제로 채택되고 다른 문제는 제외되는가에 대한 설명의 한계가 있다. ○ X

> Simon의 의사결정론에서 Simon은 특정의 문제가 정책문제로 채택되지 못한지에 대한 설명이 미흡하였다.

14 □□ 　　　　　　　　　　　　　　　11 경간부
일반대중의 주목을 받을 만한 가치가 있으며 정부가 해결하는 것이 마땅한 것으로 인정되는 사회문제를 공중의제, 토의의제, 제도의제, 정부의제 라고 한다. ○ X

> 공중의제, 토의의제, 환경의제, 체제의제에 대한 설명이다. 한편 제도의제, 정부의제는 공식의제에 해당한다.

15 □□ 　　　　　　　　　　　　　　　11 서울7
공중의제는 일반대중이 정부가 해결방안을 강구해야 한다고 공감하는 일련의 이슈를 의미하며, 일단 공중의제가 되면 그 사회문제는 해결될 가능성이 매우 높아진다. ○ X

> 일반대중이 정부가 해결방안을 강구해야 한다고 공감하는 일련의 이슈를 공중의제라고 한다. 한편 사회문제가 해결될 가능성이 매우 높아지는 것은 공식의제에 해당한다.

16 □□ 　　　　　　　　　　　　　　　12 경간부
Cobb과 Elder의 정책의제 유형 중 체제적 의제는 사회적 쟁점이 체제적 의제화되는 이슈의 확산과정에서 인식이 공유되는 관계집단의 확인집단에서 관심집단, 관심대중, 일반대중으로 점차 확대될수록 의제화의 가능성이 확대되는 것을 의미한다. ○ X

> 체제적 의제에 대한 옳은 지문이다.

17 □□ 　　　　　　　　　　　　　　　12 국가7
내부주도형은 정책결정자들이 정치 과정을 통하여 사회적 이슈를 공식적 의제로 채택하는 전략적 과정을 설명하는 논리이다. ○ X

> 외부주도형에 대한 설명이다.

18 □□ 　　　　　　　　　　　　　　　12 국회8
제3종 오류는 주로 대안 선정 및 제시의 단계에서 나타나며 제3종 오류를 줄이기 위한 방법으로는 경계분석, 복수관점분석 등이 사용된다. ○ X

> 제3종 오류는 주로 의제채택과정에서 나타난다.

19 □□ 　　　　　　　　　　　　　　　12 서울7
정책문제의 해결 가능성이 낮을수록 정책의제화가 용이하다. ○ X

> 정책문제의 해결 가능성이 낮을수록 정책의제화가 곤란하다.

---

11. O　12. X　13. O　14. X　15. X　16. O　17. X　18. X　19. X

20 ☐☐ 12 지방7
아이스톤(Eyestone)은 공식의제를 여러 가지 공공의제들 중에서 정부가 그 해결을 위하여 심각하게 관심과 행동을 집중하는 정부의제로 선별되는 상태로 보았다. [O X]

공식의제에 대한 옳은 설명이다.

21 ☐☐ 13 국가7
문제가 사회적 유의성이 높을수록 의제로 채택될 가능성이 높으며 선례가 있는 문제들은 의제로 채택될 가능성이 낮다. [O X]

선례가 있는 문제들은 의제화 가능성이 높다.

22 ☐☐ 14 국가9
사이먼(Simon)의 의사결정론에 따르면 조직의 주의집중력은 한계가 있어 일부의 사회문제만이 정책의제로 선택된다. [O X]

사이먼의 의사결정론에 따르면 조직의 인지능력의 한계로 모든 문제가 다 정책의제가 되지는 않는다고 보았다.

23 ☐☐ 14 서울9
사회 이슈와 관련된 행위자가 많고, 이 문제를 해결하기 위한 정책의 영향이 많은 집단에 영향을 미치거나 정책으로 인한 영향이 중요한 것일 경우 상대적으로 쉽게 정책의제화 된다. [O X]

정책의제화가 쉽게 되는 요인 중의 하나로 옳은 지문이다.

24 ☐☐ 15 서울7
내부접근형은 대중의 지지를 획득하기 위한 공중의제화 과정이 없다는 점에서 공중의제화 과정을 거치는 동원형과 다르다. [O X]

내부접근형에 대한 옳은 설명이다.

25 ☐☐ 16 경간부
굳히기형은 대중의 지지가 높은 정책문제에 대하여 정부가 그 과정을 주도하여 해결을 시도한다고 본다. [O X]

굳히기형은 May의 모형 중 하나로 옳은 지문이다.

26 ☐☐ 16 경찰간부
내부접근형은 최고 통치자가 고위정책결정자에 의해 정부의제가 채택되고, 정책집행을 원활하게 하기 위하여 공중의제화를 시도한다. [O X]

동원형에 대한 설명이다.

27 ☐☐ 16 지방7
May의 정책의제설정 모형에서 동원형은 이미 민간집단의 광범위한 지지가 형성된 이슈에 대하여 정책결정자가 지지의 공고화를 추진한다. [O X]

May의 정책의제설정 모형 중 굳히기형에 대한 설명이다.

28 ☐☐ 17 국회9
동원형은 허쉬만(Hirschman)이 말하는 강요된 정책문제에 해당된다. [O X]

동원형은 허쉬만(Hirschman)이 말하는 채택된 정책문제에 해당된다. 한편 강요된 정책문제는 외부주도형에 해당한다.

29 ☐☐ 17 행정사
콥과 로스(Cobb & Ross)의 내부접근형은 고위의사결정자 등에 의해 정부의제가 먼저 설정되고 정책순응을 확보하기 위해 다각적인 홍보 등을 거쳐 최종적으로 정책의제로 채택되는 유형이다. [O X]

고위의사결정자 등에 의해 정부의제가 먼저 설정되고 정책순응을 확보하기 위해 다각적인 홍보 등을 거쳐 최종적으로 정책의제로 채택되는 유형은 동원형이다.

📖 20. O 21. X 22. O 23. O 24. O 25. O 26. X 27. X 28. X 29. X

30 □□ 18 경간부
정책의제 설명모형 중 동원형은 의도적이고 일방적으로 국민을 무시하는 정부에서 나타날 수 있는 유형이다. ⓄⓍ

> 의도적이고 일방적으로 국민을 무시하는 정부에서 나타날 수 있는 유형은 내부접근형이다.

31 □□ 18 군무원
콥(R. W. Cobb)의 정책의제설정모형에서 동원형은 정부기관 내에서 제기되거나 정책결정자에게 쉽게 접근할 수 있는 특정 외부집단의 주도로 문제가 제기되고 공식의제가 되도록 충분한 압력이나 설득 및 로비를 가한다. ⓄⓍ

> 정부기관 내에서 제기되거나 정책결정자에게 쉽게 접근할 수 있는 특정 외부집단의 주도로 문제가 제기되고 공식의제가 되도록 충분한 압력이나 설득 및 로비를 가하는 것은 콥의 내부접근형에 대한 설명이다.

32 □□ 18 서울7(3월)
이슈관심주기 모형은 공공의 관심을 끌기 위한 치열한 경쟁과 별개로 이슈 자체에 생명주기가 있다고 본다. ⓄⓍ

> 이슈관심주기 모형은 공공의 관심을 끌기 위한 치열한 경쟁을 통해 이슈자체가 생명주기가 있다고 본다.

33 □□ 18 서울7(3월)
동형화 모형은 정부 간 정책전이(policy transfer)가 모방, 규범, 강압을 통해 이뤄진다고 본다. ⓄⓍ

> 동형화이론은 정부 간 정책전이현상을 동형화로 이해하였다.

34 □□ 18 서울7(3월)
크렌슨(Crenson)은 선출직 지도자들이 공장공해 등 전체적인 문제에 민감하게 반응하여 이를 정책의제화한다고 보았다. ⓄⓍ

> 크렌슨(Crenson)은 선출직 지도자들이 공장공해 등 전체적인 문제에 민감하게 반응하지 않아 정책의제화 하지 않는다고 본다.

35 □□ 18 서울7(3월)
우리나라의 1960년대 경제제일주의는 많은 노동문제를 정부의제로 공식 검토되지 않게 하였다. ⓄⓍ

> 무의사결정의 사례로, 1960년대 당시 경제성장에 걸림돌이 되는 인권, 노동, 복지 문제는 의도적으로 정부에 의하여 방치·기각되었다.

36 □□ 19 경간부
일반적으로 정책의제는 정치성, 주관성, 동태성을 지닌다. ⓄⓍ

> 정책의제는 정치성, 주관성, 인공성, 동태성, 역사성, 공공성의 성격을 갖는다.

37 □□ 19 군무원
굳히기형은 사회문제가 정책담당자들에 의해 바로 정책의제화되지만, 공중의제화는 억제되며 일반 대중에게 알리려 하지 않은 일종의 음모형으로, 부와 권력이 집중된 나라에서 주로 나타난다. ⓄⓍ

> 사회문제가 정책담당자들에 의해 바로 정책의제화되며, 공중의제화는 억제되며 일반 대중에게 알리려 하지 않은 일종의 음모형으로, 부와 권력이 집중된 나라에서 주로 나타나는 모형은 내부접근형(내부주도형)이다.

38 □□ 19 국가
혁신의 초기수용자는 소속집단의 신망을 받는 이들로서 그 사회에서 여론선도자일 가능성이 높다. ⓄⓍ

> 혁신확산과정은 혁신수용시간에 따라 선도자, 초기 수용자, 초기 다수, 후기 다수, 지체자의 순으로 나눌 수 있다. 초기 수용자는 소속 집단의 신망을 받는 자들로서 그 사회에서 여론선도자 역할을 한다.

39 □□ 19 서울7
콥(Cobb)과 로스(Ross)가 유형화한 정책의제설정모형 중 사회문제 → 정부의제 → 공중의제의 순서로 전개되는 것은 외부주도형이다. ⓄⓍ

> 콥(Cobb)과 로스(Ross)가 유형화한 정책의제설정모형 중 사회문제 정부의제 공중의제의 순서로 전개되는 것은 동원형이다.

📖 30. X   31. X   32. X   33. O   34. X   35. O   36. O   37. X   38. O   39. X

40 ☐☐　　　　　　　　　　　　　　　20 경간부
동원형은 공중의제화 과정을 거치기 때문에 행정부의 영향력이 작고 민간부문이 발전된 선진국에서 많이 나타나는 모형이다.　O X

> **해설**
> 동원형은 주로 정부의 힘이 강하고 민간부문의 힘이 취약한 후진국에서 나타난다.

41 ☐☐　　　　　　　　　　　　　　　21 지방7
콥과 로스(Cobb & Ross)가 제시한 의제 설정 유형 중 '사회문제 → 정부의제'의 과정을 거치는 것은 내부접근형이다.　O X

> 내부접근형은 사회문제 → 정부의제의 과정을 거친다.

42 ☐☐　　　　　　　　　　　　　　　22 경간부
동형화 모형은 강압·모방·규범 등을 통해 정부 간 정책전이가 일어나면서 정책의제설정에 영향을 끼친다고 주장한다.　O X

> 동형화 모형은 정부 간 정책전이가 일어나면서 정책의제설정에 영향을 준다는 이론으로 강압·모방·규범 등의 동형화 과정이 나타난다.

40. X　41. O　42. O

MEMO

04 권력모형-엘리트주의 vs 다원주의

해설

01 ☐☐ 07 경북9
엘리트이론은 소수의 엘리트가 다수를 지배한다는 전제를 가진다. ⓞⓧ

엘리트이론에 대한 옳은 설명이다.

02 ☐☐ 07 대전7
자율적 행위모형, 풍향계 모형, 중립국가관, 브로커형 국가관 등은 다원주의 국가관에 해당한다. ⓞⓧ

자율적 행위모형은 엘리트주의 국가관에 해당한다.

03 ☐☐ 09 국회8
신다원주의론은 사회에 존재하는 이익집단들 간에 정치이익의 균형과 조정이 민주주의의 핵심적 동력으로 작용한다고 본다. ⓞⓧ

신다원주의에 대한 옳은 지문이다.

04 ☐☐ 10 국회8
다원주의는 정책결정에서 정부의 보다 적극적인 역할을 인정하고 이익집단과의 상호협력을 중시하는 이론이다. ⓞⓧ

조합주의에 대한 설명이다.

05 ☐☐ 10 서울9
다원주의는 시민이 바라는 정책은 직선에 의한 시장선출이나 지방의회 구성에서 출발된다는 주장을 뒷받침할 수 있는 이론이다. ⓞⓧ

Dahl의 다원주의를 설명하는 지문이다.

06 ☐☐ 11 국가9
다원주의에서는 정책의제 설정이 대부분 동원모형에 따라 이루어진다고 보았다. ⓞⓧ

다원주의에서 정책의제 설정은 대부분 외부주도형에 따라 이루어진다.

07 ☐☐ 11 국가9
다원주의적 민주국가의 정책과정은 각종 이익집단이 정책과정에 동등한 정도의 접근기회를 갖는다고 본다. ⓞⓧ

다원주의는 사회의 각종 이익집단은 정부의 정책과정에 동등한 접근기회를 가지고 있다고 보았다.

08 ☐☐ 13 경간부
엘리트이론은 권력을 가진 사람들 간에는 응집성이 강하고 정부는 정책과정에서 주도적인 역할을 수행한다고 보았다. ⓞⓧ

엘리트론에 대한 옳은 지문이다.

09 ☐☐ 13 서울7
다원주의에서는 외부집단이나 지배계층보다 관료의 역할을 더욱 중요시한다. ⓞⓧ

다원주의에서는 지배계층이나 관료의 역할보다는 이익집단 등 외부집단의 역할이 중요시된다.

10 ☐☐ 16 경간부
Mills는 현대 미국사회의 권력은 계급, 개인의 능력에서 나온다고 주장하였다. ⓞⓧ

Mills는 지배적인 엘리트들이 공통의 사회적 배경과 이념 및 상호 관련된 이해관계를 공유하고 있다고 주장하였다.

01. O 02. X 03. O 04. X 05. O 06. X 07. O 08. O 09. X 10. X

11 □□   16 경간부
달(Dhal)의 다원주의 사회에서 정책문제의 선정과정은 특정세력의 의도에 따라서 작위적인 과정을 거쳐서 결정된다. O X

> 다원주의 사회에서의 정책은 다양한 이해관계와 세력 간의 타협과 조정의 결과이다.

12 □□   17 경간부
Hunter의 명성접근법은 지역사회의 권력구조를 실증적으로 연구한 것으로, 사회적 명성이 있는 소수자들이 결정한 정책을 일반대중이 수용한다는 입장이다. O X

> 헌터의 명성접근법은 사회적 명성이 있는 소수자들이 결정한 정책을 일반대중이 수용한다고 보는 이론이다.

13 □□   17 국회8
다원주의는 개인 차원에서 정책결정에 직접적 영향력을 행사하기가 수월하다. O X

> 다원주의는 개인차원에서 정책결정에 직접적 영향력을 행사하기가 어렵다.

14 □□   17 국회8
엘리트주의에서는 권력은 다수의 집단에 분산되어 있지 않으며 소수의 힘 있는 기관에 집중되고, 기관의 영향력 역시 일부 고위층에 집중되어 있다고 주장한다. O X

> 엘리트주의는 소수의 동질적이고 폐쇄적인 소수 지배계층이나 정치지도자가 다수의 일반대중을 지배하고 기관의 영향력 역시 일부 고위층에 집중되어 있다고 본다.

15 □□   17 지방9(추)
다원주의이론은 정부정책을 다양한 행위자들 간의 협상과 경쟁의 결과로 본다. O X

> 다원주의는 정책을 다양한 행위자들 간의 협상 및 경쟁의 결과로 본다.

16 □□   18 서울9
헌터(Hunter)는 지역사회연구를 통해 응집력과 동료의식이 강하고 협력적인 정치 엘리트들이 지역사회를 지배한다는 엘리트론을 주장한다. O X

> 헌터(Hunter)는 지역사회연구를 통해 응집력과 동료의식이 강하고 협력적인 기업 엘리트들이 지역사회를 지배한다는 엘리트론을 주장한다.

17 □□   18 서울9
신다원론에서는 집단 간 경쟁의 중요성은 여전히 인정하면서 집단 간 대체적 동등성의 개념을 수정하여 특정집단이 다른 집단보다 더욱 강력할 수 있다는 점을 인정하였다. O X

> 신다원론은 이익집단간 경쟁을 중시하면서도 전문적·능동적인 역할을 강조한 결과 정경유착에 의한 우월적 특정집단의 존재를 인정한 모형이다.

18 □□   19 국가9
다원주의에서는 이익집단들 간에 상호 경쟁적이지만 기본적으로는 게임의 규칙을 준수해야 하는 데 합의를 하고 있다고 본다. O X

> 다원주의는 이익집단들 간에는 상호경쟁적이지만 정책은 다양한 행위자들 간의 협상 및 경쟁의 결과로 본다.

19 □□   19 서울9
다원주의(Pluralism)에서 이익집단들 간의 영향력 차이는 주로 정부의 정책과정에 대한 상이한 접근기회에 기인한다. O X

> 이익집단들 간의 영향력 차이는 있지만, 정부의 정책과정에 대한 동등한 접근기회를 가지고 있다.

답 11. X 12. O 13. X 14. O 15. O 16. X 17. O 18. O 19. X

20 □□   19 서울9
다원주의(Pluralism)는 이익집단들 간의 영향력 차이는 있지만 전체적으로 균형을 유지하고 있다. O X

> 다원주의는 이익집단들 간의 동등한 접근기회를 가지므로 사회 전체적으로는 권력의 균형을 유지할 수 있으며 이러한 현상이 민주사회의 동력이라고 본다.

21 □□   19 지방7
밀즈의 지위접근법은 전국적 차원이 아니라 지역사회의 지배구조에 초점을 맞추면서, 소수 엘리트가 강한 응집성을 가지고 정책을 결정하고 정치에 무관심한 일반대중들은 비판 없이 이를 수용한다고 설명한다. O X

> 헌터의 명성접근법에 대한 설명이다.

22 □□   20 경정승진
엘리트주의는 정책은 동질적이고 폐쇄적인 엘리트들의 자율적인 가치배분에 의해 결정된다고 본다. O X

> 엘리트주의는 소수의 동질적이고 폐쇄적인 정치지도자가 다수의 일반대중을 지배하며 자신들의 이해관계를 고려하여 정책을 결정한다.

23 □□   22 경간부
다원주의론에 따르면 이익집단 간의 영향력의 차이는 주로 정부의 정책과정에 대한 상이한 접근기회에 기인한다고 본다. O X

> 다원주의론에 따르면 이익집단 간의 영향력의 차이는 주로 정부의 정책과정에 대한 동등한 접근기회에 기인한다고 본다.

24 □□   23 지방9
밀즈(Mills)는 명성접근법을 사용하여 엘리트들을 분석한다. O X

> 1950년대 미국 엘리트론중 Mills는 지위접근법, Hunter는 명성접근법을 사용하였다.

20. O   21. X   22. O   23. X   24. X

MEMO

05 무의사결정이론

01 ☐☐ 04 선관위9
무의사결정은 결정자의 무관심으로 인하여 의사결정이 이루어지지 않는 것을 말한다. ⓞⓧ

> 무의사결정은 결정자들이 자신의 이익과 상충될 때 외부의 이익과 주장을 적극적으로 방해하고 좌절시키는 의도적 무결정 현상이다. 무관심, 무능력 등에 의한 현상이 아니다.

02 ☐☐ 05 국회8
바흐라크와 바라츠는 잠재집단의 개념을 이용하여 기득권의 이익을 옹호하는 무의사결정을 주장하였다. ⓞⓧ

> 잠재집단의 개념은 벤틀리와 트루먼의 다원론과 관계가 있다.

03 ☐☐ 05 충북9
무의사결정이론은 정치엘리트의 이익과 상반되는 주장을 아예 할 수 없도록 억압하고 좌절시키는 것이다. ⓞⓧ

> 무의사결정에 대한 옳은 설명이다.

04 ☐☐ 07 경남7
신엘리트이론이라 할 수 있는 Bachrach와 Baraz의 무의사결정론은 이익집단 자유주의에 대한 비판에서 출발하였다. ⓞⓧ

> Bachrach와 Baraz의 무의사결정론은 Dahl의 다원론에 대한 비판에서 출발하였다.

05 ☐☐ 07 부산7
현존규칙 및 절차의 재편성은 무의사결정의 전략적 형태 중 가장 간접적인 것이다. ⓞⓧ

> 현존규칙 및 절차의 재편성은 편견을 수정하고 강화하는 방법으로 가장 우회적이고 간접적인 방법이다.

06 ☐☐ 09 국가9
넓은 의미의 무의사결정은 정책의 전 과정에서 일어난다. ⓞⓧ

> 넓은 의미의 무의사결정은 정책의 전 과정에서 일어난다고 본다.

07 ☐☐ 11 국회9
무의사결정이론은 엘리트들의 무관심이나 무능력으로 인해 일반 대중이나 사회적 약자의 이익과 의견이 무시되는 것을 밝혀낸 이론이다. ⓞⓧ

> 무의사결정이론은 엘리트들의 무관심이나 무능력이 아니라 엘리트가 자신들의 기득권에 도전하는 주장과 이익을 의도적으로 기각 내지는 방치하는 의도적 무결정현상이다.

08 ☐☐ 11 군무원
바흐라흐와 바라츠가 설명한 바 있는 무의사결정의 발생원인으로는 정책의 모호성, 편견의 동원, 상급자들에 대한 하급자들의 반발, 엘리트의 자기이익 보호 등이 있다. ⓞⓧ

> 상급자들에 대한 하급자들의 반발은 무의사결정과 관련이 없다.

09 ☐☐ 12 국가9
바흐라크와 바라츠는 신다원론 관점에서 정치권력의 두 개의 얼굴 중 하나인 무의사결정을 중시하였다. ⓞⓧ

> 바흐라크와 바라츠는 신엘리트론 관점에서 정치권력의 두 개의 얼굴 중 하나인 어두운 측면이 무의사결정을 초래한다고 주장하였다.

01. X 02. X 03. O 04. X 05. O 06. O 07. X 08. X 09. X

10 □□
무의사결정이론은 사회의 현존 이익과 특권적 분배 상태를 변화시키는 요구가 표현되기도 전에 질식·은폐되거나 그러한 요구가 국가의 공식 의사결정 단계에 이르기 전에 소멸되기도 하는 데 이는 실제 정책과정에서 기득권의 이익을 수호하려는 보수적인 성격을 나타낼 가능성이 높다. O X

13 국가9

무의사결정이론에 대한 옳은 지문이다.

11 □□
무의사결정이란 문제 상황이 조성되었더라도 그것이 문제화되는 것을 차단하는 행동으로 이를 위해 지배적인 가치, 신념, 미신 등을 내세우는 방법이 사용된다. O X

13 국회9

무의사결정에 대한 옳은 지문이다.

12 □□
바흐라흐와 바라츠가 주장한 무의사결정에 따르면 폭력이나 테러행위는 사용되지 않으며 정치체제의 규범, 규칙, 절차 자체를 수정·보완하여 정책요구를 봉쇄한다고 본다. O X

14 국가7

바흐라흐와 바라츠가 주장한 무의사결정론은 폭력이나 테러행위 등을 사용한다고 본다.

13 □□
무의사결정은 정치체제 내의 지배적 규범이나 절차를 강조하여 변화를 주장하는 요구가 제시되지 못하도록 한다. O X

14 국가7

무의사결정은 현존하는 정치체제 내의 지배적 규범이나 제도적 절차를 강조하여 변화에 대한 주장을 제시하지 못하도록 한다.

14 □□
무의사결정론은 대중에 대한 억압과 통제를 통해 엘리트들에게 유리한 이슈만 정책의제로 설정된다. O X

14 국가9

무의사결정론에 대한 옳은 지문이다.

15 □□
무의사결정론은 이해관계자들의 타협과 조정에 의하여 의사결정을 한다. O X

15 경정승진

이해관계자들의 타협과 조정에 의해 의사결정을 하는 것은 다원론적 결정과정에 해당한다. 한편 무의사결정론은 다원론에 대한 반발로 등장한 것으로 신엘리트이론에 해당한다.

16 □□
무의사결정에서는 변화를 주장하는 사람으로부터 기존에 누리는 혜택을 박탈하거나 새로운 혜택을 제시하여 매수하는 방식을 취한다. O X

15 지방9

무의사결정은 정책에 대한 반대 주장을 하는 인사를 체제 내로 영입하거나 기존에 누리는 혜택을 박탈하는 등의 방식을 사용하기도 한다.

17 □□
무의사결정(non-decision making)에 따르면 지배적인 엘리트집단은 자신들의 이해관계와 부합하지 않는 이슈라도 정책의제설정단계에서 논의하려고 한다. O X

17 국가9

무의사결정은 지배적인 엘리트집단의 이익을 옹호하거나 보호하는데 목적을 두므로 자신들의 이해관계와 부합하지 않는 이슈는 기각·폐기한다.

18 □□
무의사결정은 중립적인 행동으로 다원주의 이론의 관점을 반영한다. O X

17 국가9

무의사결정은 신엘리트론이다.

10. O 11. O 12. X 13. O 14. O 15. X 16. O 17. X 18. X

19 ☐☐   17 국가9
무의사결정(non-decision making)은 정책문제 채택과정에서 기존 세력에 도전하는 요구는 정책 문제화하지 않고 억압한다. O|X

> 무의사결정은 엘리트의 가치나 이익에 대한 잠재적이거나 현재적인 도전을 억압하거나 방해하는 것을 의미한다.

20 ☐☐   18 경간부
무의사결정을 추진하는 수단이나 방법으로 정치체제의 규범, 규칙, 절차 자체를 수정·보완하여 정책요구를 봉쇄하는 방법은 사용되지만, 폭력이나 테러행위는 사용되지 않는다. O|X

> 무의사결정을 추진하는 수단이나 방법으로 정치체제의 규범, 규칙, 절차 자체를 수정·보완하여 정책요구를 봉쇄하는 방법이나, 폭력이나 테러행위 등이 사용된다.

21 ☐☐   18 국가7
신엘리트이론은 모스카(Mosca)나 미헬스(Michels)등에 의해 대표되는 고전적 엘리트이론과 달리 밀즈(Mills)의 지위접근법이나 헌터(Hunter)의 명성적 접근방법을 도입하였다. O|X

> 밀즈의 지위접근법이나 헌터의 명성접근법은 미국의 엘리트이론이며, 신엘리트이론은 바흐라흐와 바라츠의 무의사결정론이다.

22 ☐☐   18 국가7
신엘리트이론에 따르면 엘리트는 정책문제의 정의와 의제설정과정에서 은밀한 영향력을 행사하기 때문에 실증적 분석방법론의 활용이 어렵다고 주장하였다. O|X

> 엘리트는 불리한 문제가 처음부터 제기되지 못하도록 은밀하게 영향력을 행사하기 때문에 실증적인 분석방법론으로는 파악하기 어렵다고 주장한다.

23 ☐☐   18 군무원
신엘리트이론으로서의 무의사결정은 정책결정자의 무관심과 무능력으로 인해 발생한다. O|X

> 무의사결정은 갈등이나 이슈가 정책과정에 진입하는 것을 방지·억압하고 방해하는 결과를 초래하는 의도적인 무결정으로, 결정자의 무관심이나 무능력과는 관계가 없다.

24 ☐☐   19 지방7
바흐라흐와 바라츠의 무의사결정론은 정치권력에 두 얼굴(two faces of power)이 있음을 주장하는 입장으로부터 권력의 어두운 측면이 갖는 영향력에 대해 관심을 가지지 않았다는 점을 비판받았다. O|X

> 달의 다원주의론에 대한 설명이다.

25 ☐☐   20 국가9
무의사결정론은 정치체제 내의 지배적 규범이나 절차가 강조되어 변화를 위한 주장은 통제된다고 본다. O|X

> 정치체제 내의 지배적 규범이나 절차가 강조되어 변화를 위한 주장을 통제·억압하는 것은 편견의 동원으로 무의사결정의 수단에 해당한다.

26 ☐☐   20 국가9
무의사결정론은 조직의 주의집중력과 가용자원은 한계가 있어 일부 사회문제만이 정책의제로 선택된다고 주장한다. O|X

> 조직의 주의집중력과 가용자원은 한계가 있어 일부 사회문제만이 정책의제로 선택된다고 보는 것은 사이먼의 의사결정론이다.

27 ☐☐   21 경정승진
바흐라흐와 바라츠(Bachrach & Baratz)의 무의사결정이론은 변화를 주장하는 사람으로부터 기존에 누리는 혜택을 박탈하거나 또는 새로운 혜택을 제시하여 이들을 매수한다. O|X

> 무의사결정은 변화를 주장하는 사람으로부터 기존에 누리는 혜택을 박탈하거나 또는 새로운 혜택을 제시하여 이들을 매수한다.

19. **O**   20. **X**   21. **X**   22. **O**   23. **X**   24. **X**   25. **O**   26. **X**   27. **O**

28 □□
23 국가직9

바흐라흐(Bachrach)와 바라츠(Baratz)의 무의사결정론은 엘리트의 두 얼굴 중 권력행사의 어두운 측면을 고려하지 못한다고 비판했기 때문에 신다원주의로 불린다. O X

해설
무의사결정이론은 신엘리트론이다.

답 28. X

06 정책네트워크와 이슈네트워크

01 ☐☐ 05 국가7
이슈네트워크는 Heclo가 하위정부나 철의 삼각을 비판하기 위하여 제기한 개념으로서 미국에서 이익집단이 수적으로 크게 늘어나고 다원화됨에 따라 하위정부식 정책결정이 용이해졌다고 주장한다. ⓞⓧ

> **해설**
> 이슈네트워크는 미국에서 정책 및 환경이 복잡해짐과 동시에 이익집단이 수적으로 크게 늘어나고 사회가 고도로 다원화됨에 따라 하위정부식 정책결정이 어려워졌다고 주장한다.

02 ☐☐ 06 대구9
정책공동체는 전문가 외에 정책에 대한 이해관계자의 참여로 다양한 요구들이 정책에 반영된다. ⓞⓧ

> 이슈네트워크에 대한 설명이다.

03 ☐☐ 07 경북7
미국에서는 정당과 의회를 중심으로 정책과정을 파악하여 왔던 한계를 발견하고 정책네트워크 모형을 발전시켜왔다. ⓞⓧ

> 미국이 아닌 영국에 대한 설명이다.

04 ☐☐ 07 인천9
철의 삼각 모형에서 동맹이 형성되는 집단으로 구성되어 있는 조직은 대통령, 이익집단, 관료조직, 의회의 해당 상임위원회, 정당 등이다. ⓞⓧ

> 철의 삼각은 이익집단, 관료조직, 의회의 해당 상임위원회가 연맹체를 구축하여 정책에 영향력을 미치는 모형이다.

05 ☐☐ 08 국회8
이슈연결망은 의회스태프, 타 행정기관의 관료, 사회과학자 등 다양한 관련 행위자들이 비제도권적인 통로를 통해 유동적이고 불안정하게 상호작용한다. ⓞⓧ

> 다양한 견해의 대규모 참여자들이 특정한 쟁점이 제기될 때 형성되는 개방적이고 유동적인 네트워크로서 이는 이슈네트워크(이슈공동체)에 대한 설명이다.

06 ☐☐ 09 서울9
정책네트워크에서 이익집단의 증대와 경쟁의 격화는 하위정부모형의 적실성을 약화시킨다. ⓞⓧ

> 이익집단의 증대와 경쟁 격화는 더 이상 철의 삼각에 의한 결정이 곤란해졌음을 의미하는 것이다.

07 ☐☐ 10 국가7
이슈네트워크와 정책공동체 모두 참여자의 범위가 넓고 경계의 개방성이 높다. ⓞⓧ

> 참여자의 범위가 넓고 경계의 개방성이 높은 것은 이슈네트워크의 특징이다.

08 ☐☐ 10 서울7
정책네트워크 모형은 기본적으로 행위자들 간의 관계를 중시한다. ⓞⓧ

> 정책네트워크는 교호작용을 통한 연계를 형성하고 행위자들 간의 자원의존성에 바탕을 두는 이론이다.

09 ☐☐ 11 지방7
하위정부모형은 공식적·비공식적 참여자들 간의 상호작용과 영향력 관계를 동태적으로 묘사하고 있다. ⓞⓧ

> 하위정부모형은 정책공동체, 이슈네트워크 등과 함께 공식적·비공식적 정책과정의 동태성을 설명하였다.

01. X 02. X 03. X 04. X 05. O 06. O 07. X 08. O 09. O

10 □□
12 국가9

정책네트워크이론은 정책과정에 대한 국가중심 접근방법과 사회중심 접근방법이라는 이분법적 논리를 극복하지 못하고 있다.   O X

> 정책네트워크이론은 두 이론의 장단점을 보완하고 연계시키는 접근법으로서 등장하였다.

11 □□
12 국회8

이슈네트워크는 다양한 관련행위자들이 특정 이슈에 대해 공식적, 비공식적 채널을 통해 영향을 미친다.   O X

> 이슈네트워크에 대한 옳은 지문이다.

12 □□
12 지방9

하위정부모형은 행정수반의 관심이 약하거나 영향력이 적은 재분배정책 분야에서 주로 형성된다.   O X

> 하위정부모형은 분배정책에서 주로 나타난다.

13 □□
14 경정승진

정책네트워크는 참여자간 교호작용 속에서 참여자와 비참여자를 구분하는 경계를 두지 않고 상호작용을 통해 연계하며 정책결정과정의 공식적 측면을 설명하고 있다.   O X

> 정책네트워크는 참여자간 교호작용 속에서 참여자와 비참여자를 구분하는 경계가 있으며, 상호작용을 통해 연계하고 정책결정과정의 비공식적 측면을 설명한다.

14 □□
15 경정승진

이슈네트워크는 정책공동체에 비해 참여자들이 기본가치를 공유하며 그들 간의 접촉빈도가 높다.   O X

> 참여자들이 기본가치를 공유하며 그들 간의 접촉빈도가 높은 것은 정책공동체의 특징에 해당된다.

15 □□
16 국가9

합의와 관련하여 정책커뮤니티는 어느 정도의 합의는 있으나 항상 갈등이 있고, 이슈네트워크는 모든 참여자가 기본적인 가치관을 공유하며 성과의 정통성을 수용한다.   O X

> 이슈네트워크는 기본적으로 경쟁관계로서 어느 정도의 합의는 있으나 항상 갈등이 있고, 정책커뮤니티는 기본적으로 협력관계로서 모든 참여자가 기본적인 가치관과 이해를 공유하며 협력을 통하여 도출된 성과의 정통성을 수용한다.

16 □□
16 국가9

참여자 수와 관련하여 정책커뮤니티는 경제적 또는 전문직업적 이익이 지배적이나, 이슈네트워크는 관련된 모든 이익이 망라된다.   O X

> 정책커뮤니티는 경제적·전문직업적 이익을, 이슈네트워크는 관련된 모든 이익을 활용하고 공유한다.

17 □□
17 경간부

정책공동체는 정책산출 예측이 곤란하지만 이슈네트워크는 의도한 정책산출 예측이 가능하다.   O X

> 정책공동체는 인식을 공유하는 전문가집단이므로 정책공동체에서는 의도한 정책산출 예측이 가능하며, 이슈네트워크에서 정책산출은 예측이 곤란하다.

18 □□
17 교행9

이슈네트워크모형에서는 참여자들의 관계를 고정적이고 안정적인 협력 관계로 가정한다.   O X

> 이슈네트워크모형에서는 참여자들의 관계를 매우 개방적이고 일시적이며, 치열한 경쟁적 갈등관계로 본다.

---

10. X 11. O 12. X 13. X 14. X 15. X 16. O 17. X 18. X

19 ☐☐   17 교행9
정책공동체모형에서는 공동체의 구성원들이 정책 문제의 해결방안을 둘러싸고 갈등을 일으킬 수도 있다고 본다. ☐X☐

> 정책공동체모형은 정책문제에 대해서는 인식을 공유하지만 전문가들의 다양한 견해가 제시되므로 갈등이 일어날 수도 있다.

20 ☐☐   17 국가9(추)
하위정부모형(subgovernment model)에서 정책영역별로 정책의 결정과 집행에 영향을 미치는 3자 연합에는 시민사회, 관련 이익집단, 의회 위원회가 있다. ☐X☐

> 하위정부모형(subgovernment model)에서 정책영역별로 정책의 결정과 집행에 영향을 미치는 3자 연합에는 소관부처, 관련 이익집단, 의회 위원회가 있다.

21 ☐☐   17 국회9
하위정부모형은 이해관계가 동맹적인 반면 이슈네트워크는 경쟁적·갈등적이다. ☐X☐

> 하위정부모형은 이해관계가 일치하여 동맹적인 반면 이슈네트워크는 구성원 간 인식에 대한 공유가 없어 경쟁적·갈등적이다.

22 ☐☐   17 지방9(추)
정책공동체(policy community)는 일시적이고 느슨한 형태의 집합체다. ☐X☐

> 이슈네트워크는 일시적이고 느슨한 형태의 집합체이다.

23 ☐☐   17 지방9(추)
하위정부(subgovernment)의 주된 참여자는 정부관료, 선출직 의원, 이익집단이다. ☐X☐

> 하위정부의 참여자는 정부관료, 선출직 의원, 이익집단이다.

24 ☐☐   17 해경간부
정책공동체는 참여자의 범위가 넓고 경계의 개방성이 높다. ☐X☐

> 이슈네트워크에 대한 설명이다.

25 ☐☐   18 군무원
정책공동체가 네거티브 섬 게임(negative-sum game)을 한다면 이슈네트워크는 포지티브 섬 게임(positive-sum-game)을 한다. ☐X☐

> 정책공동체가 포지티브 섬 게임(positive-sum-game)을 한다면 이슈네트워크는 네거티브 섬 게임(negative-sum game)을 한다.

26 ☐☐   18 교행9
이슈네트워크 모형은 참여자들의 진입 및 퇴장이 비교적 자유롭게 이루어지며 참여자 수가 매우 광범위하나, 참여자들 간의 자원과 접근의 불균형이 발생하며 권력에서도 불평등을 초래한다. ☐X☐

> 이슈네트워크 모형은 참여자의 범위가 넓고 개방적이지만, 참여자의 일부만 권한과 자원을 소유한 배타적 관계이다.

27 ☐☐   18 서울7(3월)
이슈네트워크의 행위자는 매우 유동적이고 불안정하며, 이슈의 성격에 따라 주요 행위자가 수시로 변할 수 있다. ☐X☐

> 이슈네트워크는 다양한 행위자들이 참여하므로 개방적이며, 성격에 따라 행위자가 수시로 변하기도 한다.

28 ☐☐   18 서울7(3월)
로즈(Rhodes) 등을 중심으로 논의된 정책네트워크 모형에서 정책네트워크를 통한 정책산출은 처음 의도한 정책내용과 유사하며, 정책산출에 대한 예측이 용이하다. ☐X☐

> 정책네트워크를 통한 정책산출은 처음 의도한 정책내용과 다를 수 있으며, 모형에 따라 차이는 있지만 정책산출에 대한 예측이 다소 어렵다.

---

19. O   20. X   21. O   22. X   23. O   24. X   25. X   26. O   27. O   28. X

29 □□　　　18 행정사
정책공동체는 이슈네트워크에 비해 개방적이고 유동적인 네트워크로서의 특징을 지닌다. ⓄⓍ

해설 이슈네트워크는 정책공동체에 비해 개방적이고 유동적인 네트워크로서의 특징을 지닌다.

30 □□　　　18 행정사
하위정부 모형에서는 소수의 엘리트 행위자들이 특정 정책영역에서 정책결정을 지배하고 있다고 설명한다. ⓄⓍ

해설 하위정부모형은 정부관료, 의회상임위원, 이익집단 등 3자의 이해관계가 일치하여 그들의 이익만을 일방적으로 반영하는 폐쇄적·안정적 성격의 모형이다.

31 □□　　　19 국가9
정책공동체(policy community)에 비해서 이슈네트워크(issue network)는 제한된 행위자들이 정책과정에 참여하며 경계의 개방성이 낮은 특성이 있다. ⓄⓍ

해설 이슈네트워크에 비해 정책공동체는 제한된 행위자들이 정책과정에 참여하며 경계의 개방성이 낮은 특성이 있다.

32 □□　　　20 경간부
하위정부는 모든 정책분야에 걸쳐서 가능한 것이 아니라 대통령의 관심이 덜하거나 영향력이 비교적 적은 분배정책 분야에서 주로 형성되고 있다. ⓄⓍ

해설 하위정부 모형은 대통령의 관심이 적은 분배정책 분야에서 주로 형성된다.

33 □□　　　21 소방간부
정책공동체에서는 참여자의 전문지식으로 갈등 없이 정책결정이 이루어진다. ⓄⓍ

해설 정책공동체는 전문가들의 다양한 견해가 제시되므로 문제해결방안이나 정책결정 과정에서는 갈등이 일어날 수 있다.

34 □□　　　21 경정승진
정책공동체모형은 구성원 간 권력이 불균등하게 분포된다고 보고 있으나, 이슈네트워크는 권력이 균등하게 분포된다고 주장한다. ⓄⓍ

해설 정책공동체모형은 구성원 간 권력이 균등하게 분포되는 교환적 관계이고, 이슈네트워크는 구성원 간 권력이 불균등하게 분포되는 배타적 관계이다.

35 □□　　　21 군무원9
철의 삼각(iron triangle) 논의는 정부관료, 선출직 의원, 그리고 이익집단 3자가 장기적이고 안정적이며 우호적인 연합을 형성하면서 정책결정을 지배하는 것으로 본다. ⓄⓍ

해설 철의 삼각은 정부관료, 선출직 의원, 이익집단이 장기적이고 안정적인 연합을 형성하면서 정책결정을 하는 모형이다.

36 □□　　　22 경간부
정책네트워크에는 참여자들의 상호작용을 규정하는 공식적 규칙이 존재하지 않는다. ⓄⓍ

해설 정책네트워크에는 참여자들의 상호작용을 규정하는 공식적 규칙이 존재한다.

29. X　30. O　31. X　32. O　33. X　34. X　35. O　36. X

07 권력모형-기타 국가주의, 조합주의 등

01 ☐☐   04 전북9
조합주의이론 중 국가조합주의는 유럽이나 미국 등 의회민주주의 하에서의 이익대표체제와 관련된다. [O|X]

> 해설: 사회조합주의에 대한 설명이다.

02 ☐☐   07 국가7
베버(M. Weber)의 관료제 국가론에 따르면 국가는 상대적 자율성을 강조한다고 본다. [O|X]

> 해설: 베버는 국가의 상대적 자율성이 아닌 국가의 절대적 자율성을 강조하였다.

03 ☐☐   10 서울7
조합주의론은 집단의 비자율성, 집단 간 상호 경쟁성, 공식 제도권 내 집단 간 합의의 존중, 국가의 비중립성, 조합구성원의 계층적 서열화 등이 주요내용이다. [O|X]

> 해설: 집단 간 상호 경쟁성이 틀렸다. 조합주의는 다원주의와 달리 집단 간 비경쟁성과 계층성을 특징으로 한다.

04 ☐☐   12 경간부
신마르크스주의에 속하는 Krasner에 의하면, 국가가 다른 나라와의 경제관계에 관한 정책결정을 할 때 기업의 이익이 아니라 국가의 이익을 옹호하는 결정을 내렸다고 한다. [O|X]

> 해설: 신베버주의에 속하는 Krasner에 의하면 국가가 다른 나라와의 경제관계에 관한 정책결정을 할 때 기업의 이익이 아니라 국가의 이익을 옹호하는 결정을 내렸다고 한다.

05 ☐☐   13 국가9
조합주의는 다국적 기업과 같은 중요 산업조직이 국가 또는 정부와 긴밀한 동맹관계를 형성하고 이들이 경제 및 산업정책을 함께 만들어 간다고 설명하는 이론이다. [O|X]

> 해설: 신조합주의이론에 대한 설명이다.

06 ☐☐   14 국회8
조합주의는 국가의 독자성, 지도적·개입적 역할을 강조한다. [O|X]

> 해설: 조합주의에 대한 옳은 지문이다.

07 ☐☐   16 국가7
조합주의에 따르면 정부활동은 다양한 이익집단 간 이익의 소극적 중재가 역할에 한정된다. [O|X]

> 해설: 조합주의는 정부의 적극적인 역할을 강조한다. 한편 정부를 다양한 이익집단 간 이익의 소극적 중재자 역할에 한정된다고 보는 것은 다원주의이다.

08 ☐☐   17 군무원
조합주의에서의 이익집단은 국가에 협조하여 특정 영역에서의 자신들의 요구가 정책과정에 영향을 미치도록 한다. [O|X]

> 해설: 조합주의에서의 이익집단은 상호경쟁보다는 국가에 우호적으로 협조함으로써 자신들의 요구를 정책과정에 투입한다.

09 ☐☐   17 국회8
조합주의(corporatism)는 정책결정에서 정부의 보다 적극적인 역할을 인정하고 이익집단과의 상호협력을 중시한다. [O|X]

> 해설: 조합주의는 정책결정에서 정부의 적극적인 역할을 인정하고 이익집단과의 상호협력을 중시한다.

정답: 01. X   02. X   03. X   04. X   05. X   06. O   07. X   08. O   09. O

10 ☐☐   17 지방9(추)
조합주의이론은 정책과정에서 국가의 역할이 소극적·제한적이라고 본다.
OX

> 조합주의이론은 정책과정에서 국가의 역할이 적극적·주도적이라고 본다.

11 ☐☐   19 국회8
국가조합주의는 이익집단의 자율적 결성과 능동적 참여를 보장한다. OX

> 이익집단의 자율적 결성과 능동적 참여를 보장하는 것은 사회조합주의의 특징이다.

12 ☐☐   20 경정승진
마르크스주의(Marxism)는 사회를 지배계급과 피지배계급으로 나누는데 경제적 부를 소유한 지배계급(자본가계급)이 정치엘리트로 변하게 되어 결국 정부 또는 정책의 기능은 지배계급(자본가계급)을 위한 봉사수단이라고 본다.
OX

> 마르크스주의는 경제적 부를 소유한 지배계급이 정치엘리트로 변하게 되어 정부 또는 정책의 기능을 지배계급을 위한 수단으로 본다.

13 ☐☐   21 군무원9
정책결정에서 정부의 역할을 줄이고 이익집단과의 상호협력을 보다 중시하는 이론이 조합주의이다. OX

> 조합주의는 정부의 적극적인 역할을 인정하고 이익집단과의 상호협력을 중시한다.

14 ☐☐   22 경간부
조합주의에 따르면 정책과정에서 국가의 역할은 소극적이라고 본다. OX

> 조합주의는 정책과정에서 국가의 적극적 역할을 강조한다.

10. X   11. X   12. O   13. X   14. X

08 정책목표

01 ☐☐　　　　　　　　　　　　　　　　　04 부산9
정책목표를 구체화시킬수록 수정의 가능성이 더욱 커진다.
　　　　　　　　　　　　　　　　　　　　　O X

해설

정책목표가 추상적이면 해석상의 융통성이 높아지므로 수정의 필요성이 낮아지고, 목표를 구체화할수록 수정의 필요성은 높아진다.

02 ☐☐　　　　　　　　　　　　　　　　　05 서울9
본래 표방한 정책목표를 달성하였거나 표방한 목표를 달성할 수 없을 경우 새로운 목표를 재설정하는 것을 목표의 승계라고 한다.
　　　　　　　　　　　　　　　　　　　　　O X

목표의 승계에 대한 옳은 설명이다.

03 ☐☐　　　　　　　　　　　　　　　　　06 선관위9
혹우드(Hogwood)와 피터스(Peters)가 제시한 정책변동의 유형 중 정책종결은 현존하는 정책의 기본적 성격을 바꾸는 것으로서, 정책의 근본적인 수정을 필요로 하는 경우 정책을 없애고 새로이 완전히 대체하는 경우 등을 포함한다.
　　　　　　　　　　　　　　　　　　　　　O X

정책종결이 아니라 정책승계에 대한 설명이다.

04 ☐☐　　　　　　　　　　　　　　　　　08 군무원
정통성 상실, 조직의 위축 및 취약, 환경의 엔트로피, 정책의 임의 변경 등은 모두 정책종결의 원인에 해당한다.
　　　　　　　　　　　　　　　　　　　　　O X

정책의 임의 변경은 정책종결과 관련이 없다.

05 ☐☐　　　　　　　　　　　　　　　　　08 지방7
정책승계는 정책이 완전히 대체되는 경우를 포함한다.
　　　　　　　　　　　　　　　　　　　　　O X

정책승계는 정책의 기본적 성격을 바꾸는 것으로 정책의 근본적인 수정이나 정책을 없애고 완전히 새로운 정책으로 대체하는 경우를 포함한다.

06 ☐☐　　　　　　　　　　　　　　　　　13 서울7
Hogwood와 Peters의 정책변동 유형 중 정책목적은 유지하되 세부적 정책수단을 변화시키는 유형은 정책승계에 해당한다.
　　　　　　　　　　　　　　　　　　　　　O X

정책목적은 유지하되 세부적 정책수단을 변화시키는 유형은 정책승계에 해당한다.

07 ☐☐　　　　　　　　　　　　　　　　　13 경정승진
정책혁신은 기존 정책수단이 없는 무(無)에서 새로운 정책을 만드는 것이다.
　　　　　　　　　　　　　　　　　　　　　O X

정책혁신은 완전히 새로운 정책을 결정하는 것으로 무에서 새로운 정책을 만드는 것을 의미한다.

08 ☐☐　　　　　　　　　　　　　　　　　14 경간부
바람직한 정책목표를 설정하기 위한 요건으로는 내용의 타당성, 목표수준의 적절성, 평가의 신뢰성, 내적 일관성 등이 있다.
　　　　　　　　　　　　　　　　　　　　　O X

신뢰성은 정책목표의 요건과 관련 없고, 측정이나 평가의 일관성과 관련된다. 한편 바람직한 정책목표의 요건으로는 내용의 타당성, 목표수준의 적절성, 내적 일관성이 있다.

09 ☐☐　　　　　　　　　　　　　　　　　14 사복9
정책승계란 정책평가로부터 얻은 정보가 정책채택 단계에서 다시 활용되는 경우로, 정책목표는 유지하면서 정책수단을 새로운 수단으로 대체하는 것을 말한다.
　　　　　　　　　　　　　　　　　　　　　O X

정책평가로부터 얻은 정보가 정책채택 단계에서 다시 활용되는 경우에 정책목표는 유지하면서 정책수단을 새로운 수단으로 대체하는 것은 정책승계이다.

01. O　02. O　03. X　04. X　05. O　06. O　07. O　08. X　09. O

10 □□ 17 국가7(추)
정책수단의 기본 골격이 달라지지 않으며, 주로 정책산출 부분이 변하고 정책 대상집단의 범위가 변동된다거나 정책의 수혜수준이 달라지는 경우와 관련되는 정책변동은 정책 통합(policy consolidation)이다. O X

해설 정책수단의 기본 골격이 달라지지 않으며, 주로 정책산출 부분이 변하고 정책 대상집단의 범위가 변동된다거나 정책의 수혜수준이 달라지는 경우와 관련되는 정책변동은 정책 유지(policy maintenance)이다.

11 □□ 18 국가7
호그우드(Hogwood)와 피터스(Peters)의 정책변동에서 정책종결은 현존하는 정책을 완전히 소멸시키는 것으로 정책수단이 되는 사업과 지원 예산을 중단하고 이들을 대체할 다른 수단을 결정하지 않은 경우이다. O X

해설 정책종결은 정책이 완전히 소멸되는 것으로 정책수단이 되는 사업이나 예산 모두가 중단되는 것이다.

12 □□ 18 국가7
호그우드(Hogwood)와 피터스(Peters)의 정책변동에서 정책혁신은 기존의 조직과 예산을 활용하여 이전에 관여한 적이 없는 새로운 정책분야에 개입하는 것이다. O X

해설 정책혁신이란 관련정책 뿐 아니라 이를 담당하는 조직이나 예산이 전혀 없는 상태에서 새로운 정책을 만드는 것이다.

13 □□ 18 서울7
부분적 종결은 하나의 정책이 다수의 새로운 정책으로 분할되는 형태의 정책승계를 말한다. O X

해설 하나의 정책이 다수의 새로운 정책으로 분할되는 형태의 정책승계는 정책분할이다. 부분적 종결은 일부정책을 유지하면서 일부는 완전히 폐지하는 것이다.

14 □□ 18 서울7
우발적 승계는 타 분야의 정책변동에 연계하여 우발적인 변화가 나타나는 형태의 정책승계를 말한다. O X

해설 우발적 승계는 타 분야의 정책변동에 연계하여 우발적인 변화가 나타나는 형태의 정책승계로 부수적, 파생적 승계라고도 한다.

15 □□ 20 국가9
실질적인 정책내용이 변하더라도 정책목표가 변하지 않는다면 이를 정책유지라 한다. O X

해설 실질적인 정책내용이 변하더라도 정책목표가 변하지 않는다면 이를 정책승계라고 한다.

16 □□ 20 국가9
정책목표를 달성하기 위한 전반적인 정책수단을 소멸시키고 이를 대체할 다른 정책을 마련하지 않는 것을 정책종결이라 한다. O X

해설 정책목표, 정책내용, 정책수단 등이 모두 소멸되고 더 이상 다른 대체 정책이 마련되지 않는 것을 정책종결이라고 한다.

17 □□ 21 경정승진
사이버 범죄에 대한 대응책으로 사이버 수사대를 창설하는 것은 정책승계(policy succession)의 사례이다. O X

해설 사이버 범죄에 대한 대응책으로 사이버 수사대를 창설하는 것은 정책혁신의 사례이다.

18 □□ 22 지방9
호그우드(Hogwood)와 피터스(Peters)가 제시한 정책혁신은 기존의 조직이나 예산을 기반으로 새로운 형태의 개입을 결정하는 것이다. O X

해설 정책혁신은 정부가 관여하지 않고 있던 분야에 개입하기 위해 새로운 정책을 결정하는 것이다.

10. X 11. O 12. X 13. X 14. O 15. X 16. O 17. X 18. X

09 정책문제 구조화, 정책분석 유형

01 ☐☐ 04 서울9
정책대안의 실현가능성의 기준으로는 기술적 실현가능성, 관리적 실현가능성, 행정적 실현가능성, 정치적 실현가능성, 재정적 실현가능성 등이 있다. ⓞⓧ

> 관리적 실현가능성은 정책대안의 실현가능성에 해당하지 않는다.

02 ☐☐ 05 국가7
경계분석은 문제 상황을 정리하고 분류하기 위하여 사용되는 개념을 명백하게 하기 위한 기법이다. ⓞⓧ

> 문제 상황을 정리하고 분류하기 위하여 사용되는 개념을 명백하게 하는 것은 분류분석에 해당한다.

03 ☐☐ 08 국가7
경계분석은 문제의 구성요소를 식별하고 계층분석은 문제 상황의 원인을 규명한다. ⓞⓧ

> 문제의 구성요소를 식별하는 것은 분류분석에 대한 설명이다. 한편 계층분석은 문제 상황의 원인을 규명한다.

04 ☐☐ 09 국회8
정책결정자들이 더 나은 판단을 할 수 있도록 필요한 정보를 창출하고 제시하는 일체의 지적·인지적 활동으로 정책의제 설정에 관련된 지식을 창출하는 사전적 활동을 정책분석이라고 한다. ⓞⓧ

> 정책분석에 대한 옳은 설명이다.

05 ☐☐ 10 국회8
분류분석은 문제의 개념들을 구체적이고 연역적으로 추론하고 경험을 분류하는 것이다. ⓞⓧ

> 분류분석은 문제의 개념들을 구체적이고 귀납적으로 추론하여 구체화하고 그간의 경험을 분류하여 정책문제를 분석하는 방법이다.

06 ☐☐ 11 인천전환특채
정책을 세웠으나 인력 부족으로 실현할 수 없을 경우는 행정적 실현가능성을 고려하지 못해서 나오는 현상이다. ⓞⓧ

> 행정적 실현가능성은 정책을 세웠으나 조직 또는 인력 등의 문제로 추진하지 못하는 것을 말한다.

07 ☐☐ 11 지방9
나카무라와 스몰우드가 정책대안의 소망스러움을 평가하는 기준으로 제시하는 것은 노력, 능률성, 효과성, 실현가능성 등이 있다. ⓞⓧ

> 나카무라와 스몰우드는 노력을 정책효과를 평가하는 기준에는 포함시키지는 않았으나 정책대안을 평가하는 소망성 기준에는 포함시키고 있다.

08 ☐☐ 12 경간부
시네틱스(Synetics) 기법 중 상징적 유추는 분석가가 약물중독의 문제를 구조화하는 데 전염병의 통제경험으로부터 유추하는 것을 말한다. ⓞⓧ

> 직접적 유추에 대한 설명이다.

09 ☐☐ 12 국가전환특채
정책분석은 규범적인 측면을 배제하고 실증적인 연구를 통하여 정책결정과정에 필요한 지식을 창출한다. ⓞⓧ

> 정책분석은 바람직한 정책결정을 위하여 필요한 지식을 산출하는 규범적인 측면과 정책과정에 대한 실증적인 연구를 통하여 바람직한 정책결정과 집행 및 평가과정에 필요한 정보를 제공하는 과정이다.

01. X 02. X 03. X 04. O 05. X 06. O 07. X 08. X 09. X

10 ☐☐   12 국회8
정책분석은 체제분석과는 달리 가치의 문제를 포함한다. ⓄⓍ

> 정책분석에 대한 옳은 지문이다.

11 ☐☐   14 경간부
정책분석은 비용편익분석의 양적 분석에 치중하지만 체제분석은 질적 분석을 중요시한다. ⓄⓍ

> 반대로 서술되었다.

12 ☐☐   14 서울9
가정분석은 정책문제와 관련된 여러 구조화되지 않은 가설들을 창의적으로 통합하기 위해 사용하는 기법으로 이전에 건의된 정책부터 분석한다. ⓄⓍ

> 가정분석에 대한 옳은 지문이다.

13 ☐☐   14 서울9
분류분석은 간접적이고 불확실한 원인으로부터 차츰 확실한 원인을 차례로 확인해 나가는 기법으로 인과관계 파악을 주된 목적으로 한다. ⓄⓍ

> 계층분석에 대한 설명이다.

14 ☐☐   17 서울7
정책주체와 객체의 행태는 주관적이지만 정책문제는 객관적이다. ⓄⓍ

> 정책문제는 정책문제를 정의하는 집단이나 사람들에 의해 선택적으로 정의되고, 설명되고, 평가되므로 정책문제는 주관적이다.

15 ☐☐   17 서울7
Q-방법론은 주관적 요인을 측정하기 위한 기법이다. ⓄⓍ

> Q-방법론은 주관적 요인을 측정하기 위한 분석기법이다.

16 ☐☐   17 서울7
AHP 분석은 생산성/효율성 분석을 위한 기법이다. ⓄⓍ

> AHP 분석은 특정 정책들의 우선순위를 분석하기 위해 적합한 방법이다.

17 ☐☐   17 지방9
던(Dunn)은 정책문제를 구조화가 잘된 문제(well-structured problem), 어느 정도 구조화된 문제(moderately structured problem), 구조화가 잘 안된 문제(ill-structured problem)로 분류한다. ⓄⓍ

> 던(Dunn)은 구조화가 잘된 문제, 어느 정도 구조화된 문제, 구조화가 잘 안된 문제로 정책문제를 구분한다.

18 ☐☐   17 지방9
문제구조화는 상호 관련된 4가지 단계인 문제의 감지, 문제의 정의, 문제의 추상화, 문제의 탐색으로 구성되어 있다. ⓄⓍ

> 문제구조화는 문제의 감지 → 문제의 탐색 → 문제의 정의 → 문제의 구체화의 과정을 거친다.

19 ☐☐   22 경간부
정책분석은 합리적인 대안 도출을 위한 활동으로 정치적 요인을 고려하지 않는다. ⓄⓍ

> 정책분석은 정책대안이 가져올 정치적·경제적·사회적 요인을 고려하고 분석한다.

📋 10. Ⓞ   11. Ⓧ   12. Ⓞ   13. Ⓧ   14. Ⓧ   15. Ⓞ   16. Ⓧ   17. Ⓞ   18. Ⓧ   19. Ⓧ

10 불확실성과 미래예측기법 1

01 ☐☐   03 선관위9
게임이론은 위기적 상황하에서의 의사결정전략이다.   O X

02 ☐☐   04 부산9
선형계획은 갈등적 의사결정 상황하에서 상대방의 행태에 따른 대응전략 분석을 의미한다.   O X

03 ☐☐   04 충북9
미래예측기법 중 시뮬레이션(모의실험)은 투입과 산출의 관계를 명확하게 예측할 수 있다는 장점이 있다.   O X

04 ☐☐   04 강원9
미래예측방법 중 이론적 미래예측기법으로는 시계열분석, 회귀분석, 상관분석, 투입산출모형 등이 있다.   O X

05 ☐☐   04 행정고시
선형경향분석은 선형회귀법을 이용하여 시계열의 관측치를 기초로 미래상태의 추정치를 산출한다.   O X

06 ☐☐   07 국가7
분기점분석은 가장 두드러진 대안에 불리한 값을 대입하여 우선순위의 변화를 통해 종속변수의 불확실성을 해결하기 위한 것이다.   O X

07 ☐☐   08 서울9
인과관계를 토대로 한 정책대안의 결과예측방법으로는 회귀모형, 시계열자료분석, 투입-산출분석, 계획의 평가검토기법(PERT), 경로분석 등이 있다.   O X

08 ☐☐   09 국가9
두 개 이상의 표본에 대한 평균 차이를 검정하는 분석방법은 부분상관분석이다.   O X

09 ☐☐   09 지방7
계층화분석법(APH)은 두 대상의 상호비교가 불가능한 경우에도 사용할 수 있다는 장점을 지니고 있다.   O X

해설

게임이론은 불확실한 상황하에서의 의사결정전략이다.

갈등적 의사결정 상황하에서 상대방의 행태에 따른 대응전략분석은 게임이론에 해당한다.

모의실험은 투입과 산출의 결과를 명확하게 예측할 수는 없으며 실험결과와 실제결과가 반드시 일치한다는 보장도 없다.

시계열분석은 과거의 변동추이를 모아 놓은 시계열데이터를 분석함으로써 이를 토대로 미래의 변화결과를 예측하는 통계적 기법으로 투사에 해당한다.

선형경향분석은 미래예측기법 중 투사로 과거로부터 지속되어 온 역사적 경향을 관찰하여 미래변화를 예측하는 방법으로 귀납적인 추론에 입각한다.

가장 두드러진 대안에 불리한 값을 대입하여 우선순위를 변화를 통해 종속변수의 불확실성을 해결하는 것은 악조건 가중분석에 해당한다.

시계열분석은 투사, 즉 연장적 예측으로서 이는 변수결정의 메커니즘에 대한 설명은 하지 않고 단순히 과거의 역사적·시계열적 자료를 이용하여 미래를 예측하는 비인과모형에 해당한다.

분산분석에 대한 설명이다.

AHP 두 대상 간 상호비교가 불가능한 경우에는 사용할 수 없다는 단점이 있다.

01. X 02. X 03. X 04. X 05. O 06. X 07. X 08. X 09. X

10 ☐☐   10 서울7
불확실성의 대처방안으로는 휴리스틱스의 활용, 가외성 장치의 활용, 표준화, 총체적 합리성의 확보, 문제의식적 탐색 등이 있다.   O X

> 불확실성이 높은 상황하에서는 총체적 합리성보다는 제한된 합리성을 추구할 수밖에 없다. 총체적 합리성은 확실한 상황하에서 추구하는 절대적 합리성이다.

11 ☐☐   10 국가9
미래에 대한 불확실성을 주어진 것으로 보고 그 안에서 결과를 예측하는 방법으로, 미래에 발생할 수 있는 최악의 상황을 전제하고 정책대안의 결과를 예측하는 방법을 민감도 분석이라고 한다.   O X

> 보수적 결정에 대한 설명이다.

12 ☐☐   11 국회9
W. N. Dunn은 예측의 기법을 연장적 예측, 이론적 예측, 직관적 예측으로 분류하였는데 구간추정, 회귀분석, 상관분석, 교차영향분석 등은 이론적 예측 기법에 해당한다.   O X

> 교차영향분석은 직관적 예측이다.

13 ☐☐   11 국가7
정책의 우선순위를 설정하고 예측을 하는 데 있어서, 하나의 문제를 더 작은 구성요소로 분해하고 이 요소들을 둘씩 짝을 지어 비교하는 일련의 비교판단을 통해 각 요소들의 영향력에 대한 상대적인 강도와 효용성을 나타내는 정책분석방법을 외삽법이라고 한다.   O X

> 계층화분석법에 대한 설명이다.

14 ☐☐   12 인천9
모형은 이론이나 과학적 지식을 적용하여 현실적인 정책대안을 도출할 때 적합하다.   O X

> 이론은 예측을 위한 것이지 현실적인 대안도출이 아니다.

15 ☐☐   13 국회9
이론지도 작성, 인과관계모델링, 구간추정, 시계열분석 등은 이론적 미래예측 기법이다.   O X

> 시계열분석은 연장적 예측에 해당한다.

16 ☐☐   15 국회8
추세연장적 미래예측기법들 중 검은줄 기법은 시계열적 변동의 굴곡을 직선으로 표시하는 기법이다.   O X

> 검은줄 기법에 대한 옳은 지문이다.

17 ☐☐   16 경정승진
악조건 가중분석은 최선의 대안은 최악의 상황을, 다른 대안은 최선의 상황을 가정해보는 분석이다.   O X

> 악조건 가중분석은 각 대안의 결과를 새로 예측, 최초 대안의 선택 여부를 판단하고자 하는 분석방법이다.

18 ☐☐   16 경정승진
최악의 불확실성을 전제하고 정책대안의 결과를 예측하는 것은 보수적 결정이다.   O X

> 보수적 결정은 미래에 대한 불확실성을 주어진 조건으로 보고 그 안에서 결과를 예측하는 방법이다.

답 10. X   11. X   12. X   13. X   14. X   15. X   16. O   17. O   18. O

19 ☐☐ 17 경간부
분류분석이란 정책문제의 존속기한 및 형성과정을 파악하기 위해 사용하는 방법으로, 대표적으로 포화표본추출기법이 사용된다. O X

> 정책문제의 존속기한 및 형성과정을 파악하기 위해 사용하는 방법은 경계분석으로, 대표적으로 포화표본추출기법이 사용된다.

20 ☐☐ 17 경간부
유추분석이란 유사문제에 대한 비교와 유추를 통해 특정 문제를 명확하게 정의하는 기법이다. O X

> 유사문제에 대한 비교와 유추를 통해 특정 문제를 명확하게 정의하는 것을 유추분석이라 한다.

21 ☐☐ 17 서울7
정책문제는 정책수혜집단과 정책비용집단이 있다는 것을 의미하는 차별적 이해성을 갖는다. O X

> 정책문제는 차별적 이해성을 갖는다.

22 ☐☐ 17 지방9
문제구조화의 방법으로는 경계분석, 분류분석, 가정분석 등이 있다. O X

> 문제 구조화의 방법에는 경계분석, 분류분석, 가정분석, 유추분석, 계층분석 등이 있다.

23 ☐☐ 19 지방9
정책실험의 수행, 협상이나 타협, 지연이나 회피는 정책 환경의 불확실성을 극복하는 대처방안 중 적극적 방법에 해당한다. O X

> 지연이나 회피는 소극적 대처방법에 해당한다.

24 ☐☐ 20 경간부
불확실성에 대처방안에서 '적극적 대처방안'은 불확실한 것을 확실하게 하려는 방안을 말한다. O X

> 적극적 대처방안은 불확실한 것을 확실하게 하려는 것으로 불확실성의 적극적 극복 또는 해소방안이다.

25 ☐☐ 20 경간부
최악의 불확실성을 가정하고 대안을 모색하는 것은 악조건 가중분석으로 소극적 대처방안에 해당한다. O X

> 최악의 경우가 실제로 나타날 것이라고 전제하고, 이러한 전제하에서 대안의 결과를 예측하여 최선의 대안을 선택하는 것은 보수적 접근법으로 이는 소극적 대처방안에 해당한다.

26 ☐☐ 20 경간부
비가분적 정책(indivisible policies)에 대해서는 점증주의 정책결정모형을 적용하기 용이하다. O X

> 점증주의 정책결정모형을 적용하기 용이한 것은 점증적인 정책대안의 선택이 가능한 가분적 정책이다.

19. X 20. O 21. O 22. O 23. X 24. O 25. O 26. X

MEMO

11 미래예측기법 2 - 직관적 예측

해설

01 ☐☐ 03 행정고시
정책델파이 기법은 객관적인 판단을 근거로 한 예측기법으로 가능한 한 컴퓨터를 통해서 참여자들 사이의 상호작용을 계속적으로 조성해 나간다. O X

> 정책델파이는 컴퓨터를 통해서 통계적·계량적 분석기법을 활용하여 통계처리를 하지만 전문가들의 주관적인 판단을 근거로 하는 질적 미래예측기법이다.

02 ☐☐ 04 강원9
시계열분석, 회귀분석, 상관분석, 투입산출모형은 모두 이론적 미래예측기법이다. O X

> 이론적 미래예측기법은 예견에 해당하는 것으로 회귀분석, 상관분석, 투입산출모형 등이 있다. 한편 시계열분석은 연장적 추측기법인 투사에 해당한다.

03 ☐☐ 09 국가7
델파이기법은 구성원 간의 성격마찰, 감정대립, 지배적 성향을 가진 사람의 독주, 다수의견의 횡포 등을 피할 수 있다. O X

> 델파이기법에 대한 설명이다.

04 ☐☐ 09 국가전환특채
브레인스토밍은 각각의 아이디어에 대한 평가가 현장감 있게 진행되어야 한다. O X

> 브레인스토밍은 긍정적인 보강이나 창조적인 대안은 장려하되, 현장에서의 비판은 최소화되어야 하며 평가는 지양되어야 한다.

05 ☐☐ 10 국회8
델파이기법은 집단사고(group think)를 방지할 수 있으며 익명성을 유지하면서 각각 독자적으로 피력하는 의견이나 판단을 조합, 정리한다. O X

> 델파이기법에 대한 옳은 지문이다.

06 ☐☐ 11 경간부
브레인스토밍은 문제 상황을 식별하고 개념화하는 데 도움을 주는 아이디어, 목표, 전략을 끌어내기 위한 방법이다. O X

> 브레인스토밍에 대한 옳은 지문이다.

07 ☐☐ 12 경간부
정책델파이는 불일치나 갈등을 유발하고 있는 의견들보다는 의견의 중윗값을 통계적으로 처리한다. O X

> 의견의 중윗값을 통계적으로 처리하는 것은 일반델파이기법이다.

08 ☐☐ 12 지방9
정책델파이는 대립되는 정책대안이나 결과가 표면화되더라도 모든 단계에서 익명성이 보장되어야 한다. O X

> 정책델파이는 대립되는 정책대안이나 결과가 표면화되면 참여자들의 공개적인 토론을 허용하며, 선택적 익명성을 특징으로 한다.

09 ☐☐ 13 국가7
명목집단기법은 개인들이 개별적인 해결방안을 구상하고 그에 대해 제한된 집단적 토론만 한 다음, 표결로 의사를 결정하는 방법이다. O X

> 명목집단기법에 대한 옳은 지문이다.

정답 01. X 02. X 03. O 04. X 05. O 06. O 07. X 08. X 09. O

10 ☐☐   14 국회 8
아이디어 개발단계에서의 브레인스토밍 활동의 분위기는 개방적이고 자유롭게 유지되어야 한다.   O X

브레인스토밍에 대해 옳은 지문이다.

11 ☐☐   14 국회 8
델파이 기법에 의하여 전문가들의 견해를 수렴하고 미래를 예측하는 것은 주관적 예측기법에 해당한다.   O X

델파이기법에 대한 옳은 지문이다.

12 ☐☐   14 해경간부
델파이기법에서는 개개인의 판단을 집계하여 전문가들에게 다시 알려주고, 이를 반복하는 과정을 거치기에 결과의 추상성 및 모호성을 극복하는 데 유리하다.   O X

델파이기법은 개인의 주관적 판단에 의존하므로 응답결과의 추상성 및 모호성을 극복하기 곤란하다.

13 ☐☐   15 경정승진
브레인스토밍은 참가자들이 될 수 있는 대로 많은 독창적 의견을 내도록 노력해야 하므로, 이미 제안된 여러 아이디어들을 종합하여 새로운 아이디어를 만들어내는 편승기법(piggy backing)의 사용을 지양한다.   O X

브레인스토밍은 편승기법을 지향한다.

14 ☐☐   16 경간부
명목집단 기법은 관련자들이 의사결정에 참여하지 않은 채 서면으로 대안에 대한 아이디어를 제출하도록 하고, 모든 아이디어가 제시된 이후 토의를 거쳐 투표로 의사결정을 하는 집단의사결정기법이다.   O X

명목집단 기법은 문제해결에 참여하는 개인들이 개별적으로 해결방안을 구상하고 제한된 집단토론만을 한 다음 해결방안에 대해 표결하는 기법이다.

15 ☐☐   16 사복9
명목집단 기법은 집단구성원 간 의사소통을 원활하게 진행할 수 있다는 장점이 있다.   O X

명목집단 기법은 대안을 제시하고 제한된 집단토론을 거친 다음 바로 표결로 결정하므로 집단구성원 간 의사소통이 원활하게 진행되지 않는다는 단점이 있다.

16 ☐☐   16 서울7
델파이기법은 미래예측을 위해 전문가가 아닌 일반인 다수를 활용하는 의사결정 기법이다.   O X

델파이기법은 일반인이 아니라 최고 전문가들이 참여하여 창의적이고 신뢰도 높은 미래 예측을 도출하기 위한 기법이다.

17 ☐☐   16 서울7
지명반론자 기법은 작위적으로 특정 조직원들 또는 집단을 반론을 제기하는 집단으로 지정해 반론자 역할을 부여하고 이들이 제기하는 반론과 이에 대한 제안자의 옹호 과정을 통해 의사결정을 유도하는 기법이다.   O X

지명반론자 기법에 대한 옳은 설명이다.

18 ☐☐   16 지방9
미국 랜드(RAND)연구소에서 개발된 것으로, 전문가들을 대상으로 설문을 반복하여 특정 주제에 대한 합의를 도출하는 것을 델파이 분석이라고 한다.   O X

델파이기법의 배경으로 옳은 지문이다.

정답 10. O   11. O   12. X   13. X   14. O   15. X   16. X   17. O   18. O

19 ☐☐　　　　　　　　　　　　　　　　　　16 해경간부
교차영향분석은 사건간의 상호관련성 식별에 도움을 주는 기법으로 연관 사건의 발생유무에 기초하여 미래의 어떤 사건이 일어날 확률에 대하여 식견 있는 판단을 이끌어내는 직관적인 기법으로 조건확률을 이용한다. ＯＸ

> 해설
> 교차영향분석에 대한 옳은 설명이다.

20 ☐☐　　　　　　　　　　　　　　　　　　17 경정승진
브레인스토밍은 누구나 자유롭게 발언할 수 있으며, 다른 아이디어에 편승한 창안을 적극 유도하는 주관적·질적 분석기법이다. ＯＸ

> 브레인스토밍에 대한 옳은 지문이다.

21 ☐☐　　　　　　　　　　　　　　　　　　17 국가7(추)
교차영향분석(cross-impact analysis)은 불완전한 정보를 가지고 있는 모형 내의 파라미터의 변화에 따라 대안의 결과가 어떻게 반응하는지를 분석하는 기법이다. ＯＸ

> 불완전한 정보를 가지고 있는 모형 내의 파라미터의 변화에 따라 대안의 결과가 어떻게 반응하는지를 분석하는 기법은 민감도 분석이다.

22 ☐☐　　　　　　　　　　　　　　　　　　17 국가9(추)
일반적 델파이 기법은 전문가들의 의견을 종합하여 보다 합리적인 아이디어를 만들려는 시도이며, 정책대안의 결과 예측뿐 아니라 정책대안의 개발·창출에도 사용된다. ＯＸ

> 델파이기법은 전문가들의 견해를 조사하는데 사용된다.

23 ☐☐　　　　　　　　　　　　　　　　　　17 국가9(추)
델파이기법에서 전문가집단은 익명성이 보장된 상태에서 답변하며 자신의 답변을 수정할 수 있다. ＯＸ

> 델파이기법에서 전문가집단은 완전한 익명성의 상태에서 답변하며 자신의 답변을 수정할 수 있다.

24 ☐☐　　　　　　　　　　　　　　　　　　17 국가9(추)
델파이기법은 불확실한 먼 미래보다는 가까운 미래를 예측하기 위하여 통계분석을 활용하는 객관적 미래예측방법이다. ＯＸ

> 델파이기법은 관련분야의 전문지식을 가진 전문가들의 직관에 의존하는 주관적·질적 미래예측기법이다.

25 ☐☐　　　　　　　　　　　　　　　　　　17 국회9
전통적 델파이기법 하에서는 참여자들의 익명성이 보장되는 것을 원칙으로 한다. ＯＸ

> 전통적 델파이기법은 익명성 보장을 원칙으로 한다.

26 ☐☐　　　　　　　　　　　　　　　　　　17 서울9
집단의 의사결정 기법 중 명목집단 기법(Normal group technique)은 미래 예측을 위해 전문가 집단의 반복적인 설문조사 과정을 통하여 의견 일치를 유도하는 방법이다. ＯＸ

> 미래 예측을 위해 전문가 집단의 반복적인 설문조사 과정을 통하여 의견 일치를 유도하는 방법은 델파이기법(Delphi method)이다.

27 ☐☐　　　　　　　　　　　　　　　　　　19 군무원
집단적 의사결정기법은 다양한 의견과 지식을 제시할 수 없다는 한계가 나타난다. ＯＸ

> 집단적 의사결정기법은 의사결정과정에 다수가 참여하므로 다양한 의견과 지식을 제시할 수 있다.

📖 19. O　20. O　21. X　22. O　23. O　24. X　25. O　26. X　27. X

28 □□ 19 군무원
토론집단을 대립적인 두 개의 팀으로 나누어 충분한 토론을 진행하는 과정에서 합의를 형성해 내는 의사결정기법으로 토론과정에서 고의적으로 본래 대안의 단점과 약점을 적극적으로 지적하는 의사결정기법은 명목집단기법이다. O X

해설 토론집단을 대립적인 두 개의 팀으로 나누어 충분한 토론을 진행하는 과정에서 합의를 형성해 내는 의사결정기법으로 토론과정에서 고의적으로 본래 대안의 단점과 약점을 적극적으로 지적하는 의사결정기법은 지명반론자기법이다.

29 □□ 19 군무원
집단적 의사결정기법은 책임이 불분명하여 무책임한 행태가 나타난다는 단점이 있다. O X

해설 집단적 의사결정기법은 다수의 참여로 인해 책임의 분산이 일어나므로 무책임한 행태가 야기될 수 있다.

30 □□ 19 지방9
전통적 델파이 기법은 전문가들의 다양성을 고려해 의견일치를 유도하지 않는다. O X

해설 전통적 델파이 기법은 전문가들의 합의된 의견일치를 유도한다.

31 □□ 19 지방9
브레인스토밍 과정에서는 타인의 아이디어를 비판하거나 평가하지 말아야 한다. O X

해설 브레인스토밍 과정에서는 타인을 비판하거나 평가하지 않아야 한다.

32 □□ 20 국회9
변증법적 토론기법은 토론집단을 의견이 유사한 두 개의 팀으로 나누어 토론을 진행하여 합의를 도출해내는 기법이다. O X

해설 변증법적 토론기법은 의견이 다른 두 개의 팀으로 토론집단을 나눠 이들이 제기하는 반론과 이에 대한 제안자의 옹호과정을 통해 의사결정을 유도하는 방식이다.

33 □□ 21 국가7
정책 델파이(policy delphi) 기법의 경우 정책대안에 대한 주장들이 표면화된 후에는 참가자들로 하여금 비공개적으로 토론을 벌이게 한다. O X

해설 정책 델파이 기법은 정책대안에 대한 주장들이 표면화되고 나면 참가자들로 하여금 공개적으로 토론을 벌이게 한다.

정답 28. X 29. O 30. X 31. O 32. X 33. X

12 비용편익분석, 비용효과분석

01 ☐☐ 02 행정고시
비용편익분석에서 내부수익률은 순현재가치(NPV)가 1이 되는 이자율을 의미한다. O X

> 내부수익률은 순현재가치가 0이 되거나 편익비용비율을 1로 만들어 주는 할인율을 의미한다.

02 ☐☐ 04 강원9
내부수익률은 비용과 편익의 현재가치를 같도록 해주는 할인율을 말하며 내부수익률은 낮아야 투자가치가 있다. O X

> 내부수익률은 높을수록 투자가치가 있다.

03 ☐☐ 05 경기7
비용과 편익이 발생하는 시점이 멀면 멀수록 그 현재가치는 높아진다. O X

> 비용과 편익을 현재가치로 환산할 때 비용과 편익이 발생하는 시점이 멀면 멀수록 그 현재가치는 낮아진다.

04 ☐☐ 05 전북9
순현재가치가 0보다 클 때 그 사업은 추진할 가치가 있다. O X

> 순현재가치가 0보다 크면 사업의 타당성이 있다고 본다.

05 ☐☐ 05 경기9
비용효과분석은 시장가격에 의존한다. O X

> 비용효과분석은 시장가격을 직접 사용하지 않는다.

06 ☐☐ 05 국가7
기회비용은 편익비용분석에서 자원의 비용에 대한 올바른 측정수단이라 할 수 없다. O X

> 기회비용은 편익비용분석에서 할인율 결정의 기본적 기준으로 자원의 비용에 대한 중요한 측정수단이 된다. 단, 매몰비용은 포함시키지 않는다.

07 ☐☐ 05 주택공사
비용편익분석과 비용효과분석의 가장 중요한 차이점은 비용과 편익(효과)이 화폐가치(금전)로 표현되는지의 여부이다. O X

> 비용편익분석은 공공투자사업에 따른 모든 비용과 편익은 현재가치로 산정한 화폐단위로 환산하여 비교하고 평가하는 기법이다. 반면 비용효과분석은 편익(효과)의 화폐가치의 계산이 힘들거나 비용과 효과의 측정단위가 달라 순현재가치나 B/C비율과 같은 기준으로 비교하기 곤란할 때 사용하는 분석기법이다.

08 ☐☐ 07 인천9
비용편익분석에서 높은 시간적 할인율은 장기투자에 유리하다. O X

> 높은 시간적 할인율은 단기투자에 유리하다.

09 ☐☐ 08 국가7
비용편익분석에서 비용에 비해 효과가 장기적으로 발생한다면, 할인율이 높을수록 순현재가치가 커져 경제적 타당성이 높게 나타난다. O X

> 비용에 비해 효과가 장기적으로 발생한다면, 순현재가치가 작아져 경제적 타당성이 낮게 나타난다.

01. X 02. X 03. X 04. O 05. X 06. X 07. O 08. X 09. X

10 ☐☐ 08 세무사
비용편익분석에서 어떤 한 대안의 내부수익률은 여러 개로 계산될 수 있다.
O X

해설: 내부수익률을 도출하는데 사용하는 방정식에서 복수의 내부수익률 값이 나올 수 있다.

11 ☐☐ 10 국가9
내부수익률에 의한 사업의 우선순위는 사회적 할인율을 적용한 순현재가치에 의한 사업의 우선순위가 다를 수 있다.
O X

해설: 내부수익률에 대한 옳은 설명이다.

12 ☐☐ 12 국회8
비용편익분석에서 공공투자사업의 편익이 발생하는 기간은 물리적 수명보다는 경제적 수명으로 설정한다.
O X

해설: 공공투자사업의 수명은 물리적 수명이 아니라 비용과 편익이 발생하는 경제적 수명으로 결정한다.

13 ☐☐ 12 해경간부
비용편익분석을 할 때 비용과 편익을 추계할 때 비용은 자원의 투입에 따른 진정한 가치, 즉 완전경쟁시장에서 형성되는 잠재가격으로 평가한다.
O X

해설: 비용은 시장가격을 직접 활용할 수 없으므로 자원의 투입에 따른 진정한 가치, 즉 완전경쟁시장에서 형성되는 잠재가격 개념으로 평가한다.

14 ☐☐ 13 지방9
비용편익분석은 비용과 편익을 가치의 공통단위인 화폐로 측정하며, 장기적인 안목에서 사업의 바람직한 정도를 평가할 수 있는 방법이다.
O X

해설: 비용편익분석에 대한 옳은 설명이다.

15 ☐☐ 14 지방7
적용되는 할인율이 낮을수록 미래 금액의 현재가치는 높아지게 된다.
O X

해설: 할인율은 정책의 타당성에 반비례하므로 적용되는 할인율이 낮을수록 현재가치는 높아진다.

16 ☐☐ 14 해경간부
비용편익분석은 효율성뿐만 아니라 형평성도 동시에 추구한다.
O X

해설: 비용편익분석은 효율성만 고려할 뿐 형평성은 고려하지 못한다.

17 ☐☐ 15 경정승진
비용편익분석에서 두 가지의 사업을 비교할 때 내부수익률과 순현재가치법은 항상 같은 결과를 보이게 된다.
O X

해설: 내부수익률과 순현재가치법은 어떤 평가기준을 적용하느냐에 따라 다른 평가결과를 보이게 된다.

18 ☐☐ 16 지방9
비용효과분석은 비용과 효과가 서로 다른 단위로 측정되기 때문에 총효과가 총비용을 초과하는지의 여부에 대한 직접적인 증거는 제시하지 못한다.
O X

해설: 비용효과분석은 비용과 효과가 서로 다른 단위로 측정되기 때문에 총효과가 총비용을 초과하는지 여부에 대한 직접적인 증거는 제시하지 못한다.

19 ☐☐ 16 지방9
순현재가치(NPV)는 할인율의 크기에 따라 달라지지만, 편익·비용비(B/C ratio)는 할인율의 크기에 영향을 받지 않는다.
O X

해설: 편익비용비는 비용의 총현재가치 대비 편익의 총현재가치이므로 편익비용비도 할인율에 따라 그 값이 달라진다.

답 10. O 11. O 12. O 13. O 14. O 15. O 16. X 17. X 18. O 19. X

마니행정학 기출 OX 총정리

20 ☐☐ 16 경간부
내부수익률이 시중금리보다 낮아야 투자할 가치가 있는 사업이다. O X

> 해설: 내부수익률이 시중금리보다 높아야 투자할 가치가 있는 사업이다.

21 ☐☐ 17 서울7
비용편익분석은 완전경쟁적인 가격으로 조정된 시장가격을 잠재가격(shadow price)이라 한다. O X

> 해설: 잠재가격은 시장가격을 완전경쟁적인 가격으로 조정한 것이다.

22 ☐☐ 17 해경간부
총편익을 순현재가치법에 의해 현재가치로 전환하여 투자대안을 평가한다. O X

> 해설: 순편익을 순현재가치법에 의해 현재가치로 전환하여 투자대안을 평가한다.

23 ☐☐ 17 국가7(추)
칼도 - 힉스 기준(Kaldor-Hicks criterion)은 전통적인 비용편익분석(cost-benefit analysis)의 기초가 된다. O X

> 해설: 칼도-힉스 기준은 능률성 판단기준으로 비용편익분석의 기초가 된다.

24 ☐☐ 17 서울7
비용편익분석은 높은 할인율을 적용하면 장기간에 걸쳐 편익이 발생하는 장기투자에 유리하다. O X

> 해설: 높은 할인율을 적용하면 장기간에 걸쳐 편익이 발생하는 장기투자에 불리하다.

25 ☐☐ 18 국가7
비용편익분석에서 칼도 - 힉스기준(Kaldor-Hicks criterion)은 재분배적 편익의 문제를 중시한다. O X

> 해설: 칼도-힉스기준은 능률성을 평가하는 기준으로 분배정책의 비용편익분석에 일반적으로 활용되며 형평성이나 재분배적 편익의 문제를 다루지는 못한다.

26 ☐☐ 18 국가7
비용편익분석에서 내부수익률(internal rate of return)은 순현재가치를 영으로 만드는 할인율을 말한다. O X

> 해설: 내부수익률은 편익과 비용의 현재가치를 같게 만들어 주는 때의 할인율로서 순현재가치(B-C)를 0으로, 편익비율비(B/C)를 1로 만들어주는 할인율이다.

27 ☐☐ 18 경간부
비용편익분석(cost-benefit analysis)은 장기적인 안목에서 사업의 바람직한 정도를 평가할 수 있는 방법이며, 형평성과 대응성을 정확하게 대변할 수 있는 수치를 제공한다. O X

> 해설: 비용편익분석은 형평성과 대응성이 아닌 경제적 효율성에 초점을 둔다.

28 ☐☐ 19 서울7
편익·비용 비율(Benefit/Cost ratio), 생산성(Productivity) 지표는 정책, 사업 등에 대한 타당성을 평가하는 비용·편익분석(Cost Benefit Analysis) 결정을 위한 기준에 해당한다. O X

> 해설: 비용·편익분석의 평가기준에는 편익비용비율, 순현재가치, 내부수익률, 자본회수기간을 들 수 있다. 생산성은 해당하지 않는다.

29 ☐☐ 19 경간부
비용효과분석은 측정대상이 이질적이어도 효과성만으로 비교분석이 가능하다. O X

> 해설: 비용효과분석은 측정대상이 유사하거나 동일한 목적들을 가진 프로그램들만이 비교될 수 있다.

📋 20. X 21. O 22. X 23. O 24. X 25. X 26. O 27. X 28. X 29. X

30 □□ 20 서/지9
비용·편익분석은 분야가 다른 정책이나 프로그램은 비교할 수 없다.
O X

해설 비용·편익분석은 비용과 편익을 모두 금전적 가치로 환산하여 비교·평가하므로 분야가 다른 이질적인 정책이나 프로그램도 비교할 수 있다.

31 □□ 20 서/지9
비용·편익분석에서는 미래의 비용과 편익의 가치를 현재가치로 환산하는데 할인율(discount rate)을 적용한다.
O X

해설 비용·편익분석에서는 할인율을 적용하여 비용과 편익을 현재가치로 환산하여 비교한다.

32 □□ 21 국가9
공공사업의 경제성분석에서 할인율이 높을 때는 편익이 장기간에 실현되는 장기투자사업보다 단기간에 실현되는 단기투자사업이 유리하다.
O X

해설 할인율이 높을 때는 장기투자보다 단기투자사업이 유리하다.

33 □□ 21 국가9
공공사업의 경제성분석에서는 직접적이고 유형적인 비용과 편익은 반영하고, 간접적이고 무형적인 비용과 편익은 포함하지 않는다.
O X

해설 직접적이고 유형적인 비용과 편익뿐 아니라 간접적이고 무형적인 비용과 편익도 포함하며, 매몰비용만 제외한다.

34 □□ 21 경간부
비용편익분석에서 투자한 비용에 비해 효과가 장기적으로 발생한다면, 할인율이 높을수록 순현재가치가 크게 평가되어 경제적 타당성이 높게 나타난다.
O X

해설 투자한 비용에 비해 효과가 장기적으로 발생한다면, 할인율이 높을수록 순현재가치가 낮게 평가되어 경제적 타당성이 낮게 나타난다.

35 □□ 21 경간부
비용편익분석은 총비용에 비해 총편익이 큰 정책이 바람직한 정책이라고 가정한다.
O X

해설 비용편익분석은 순현재가치가 0보다 크거나 편익비용비율이 1보다 크면 바람직하고 타당한 정책이라고 본다.

30. X 31. O 32. O 33. X 34. X 35. O

13 정책결정모형 1 - 개인산출지향

01 ☐☐ 03 행정고시
드로(Dror)의 최적모형은 중요한 정책결정구조라도 중첩성을 갖추는 것은 조직의 비능률을 초래하므로 바람직하지 않고, 조직의 단순화가 정책비용의 감소를 가져와 정책결정의 최적화를 기할 수 있다. O|X

> **해설**
> Dror의 최적모형에서 정책결정의 여러 단계와 국면들이 서로 중첩적이고 가외적임을 인정하고 이러한 정책결정의 중첩성이 정책결정의 오류를 방지하고 정책성과의 최적수준을 보장해 준다고 보고 있다.

02 ☐☐ 05 노동9
최적모형은 합리적 분석의 한계를 극복하기 위해 양적인 분석보다는 질적인 방법을 선호한다. O|X

> 최적모형은 합리적 요인과 초합리적 요인을 동시에 다르므로 양적인 동시에 질적인 방법을 선호하며 질적인 모형에 가깝다고 볼 수 있다.

03 ☐☐ 06 서울9
Dror가 주장한 최적정책결정모형의 주요 단계 중 '상위정책결정 단계'의 내용으로 가치의 처리, 현실의 처리, 문제의 처리, 실천적 목표의 설정, 정책결정전략의 결정 등이 있다. O|X

> 실천적 목표의 설정은 정책결정단계에서 고려할 요소이다.

04 ☐☐ 06 선관위9
점증주의는 조금씩 상황에 따라 적응하면서 결정하는 것이므로 현실적인 측면에서의 합리적 결정이론과는 무관하다. O|X

> 점중주의는 현실적이고 실증적인 모형으로 현실의 정책결정에 있어서는 합리모형처럼 대폭적인 변화를 추구할 수 없다고 보며 조금씩 상황에 따라 적응하면서 결정하는 것이 이상적이므로 점중주의가 현실적인 측면에서는 가장 합리적 결정이론이라고 할 수 있다.

05 ☐☐ 06 선관위9
점증주의는 다양한 이해관계가 서로 복잡하게 얽혀있는 사회에서 상호 이해관계의 조정은 점진적으로 이루어질 수밖에 없기 때문에 분할적 점증주의라고 불리기도 한다. O|X

> 린드블롬은 대안의 분석평가나 정책결정이 여러기관에서 부분적·분산적으로 이루어지므로 어느 한 정책결정기관이 모든 것을 해결하려고 하지 않아도 중요한 문제들이 대부분 해결되므로 이를 분할적 점증주의라고 하였다.

06 ☐☐ 07 국가7
정책결정은 합리성을 지향하지만 행정조직에 있어서 합리성을 제약하는 여러 요인 중 정보의 제약, 외부준거집단의 영향은 구조적 요인에 해당한다. O|X

> 정보의 제약 및 집권적 구조는 구조적 요인에 해당한다. 반면 외부준거집단의 영향은 환경적 요인에 해당한다.

07 ☐☐ 07 국가7
조직의 제한된 합리성을 극복하기 위한 방법으로 사이어트와 마치의 연합모형이 제시한 내용으로는 갈등의 준해결, 문제중심의 탐색, 초정책결정, 조직의 학습 등이 있다. O|X

> 초정책결정은 최적모형에서 고려할 요소이다.

08 ☐☐ 07 대전9
지능적 한계, 다원주의 사회, 정치적 합리성과 관련된 모형은 점증모형이다. O|X

> 지능적 한계는 점증모형과 최적모형의 공통점이지만 다원주의 사회, 정치적 합리성은 점증모형에서 나타나는 특징이다.

01. X 02. O 03. X 04. X 05. O 06. X 07. X 08. O

09 ☐☐　　　　　　　　　　　　　　　　07 서울7
혼합주사모형에서 점증적 결정이란 나무보다는 숲을 개괄적으로 파악하는 유형의 결정을 말한다. ⓄⓍ

해설 혼합주사모형에서 나무보다는 숲을 개괄적으로 파악하는 유형의 결정은 합리적 결정이며, 숲보다는 나무를 자세하게 파악하는 유형의 결정은 점증적 결정이다.

10 ☐☐　　　　　　　　　　　　　　　　07 울산9
점증주의는 목표와 수단의 상호 조정성을 중시하며 정책과정에서의 정치성을 강조하고 모든 대안을 수리적으로 분석한다. ⓄⓍ

해설 모든 대안을 수리적으로 분석하는 것은 합리모형이다.

11 ☐☐　　　　　　　　　　　　　　　　07 인천9
합리모형은 귀납적 접근을 사용하고 만족모형은 제한된 합리성을 추구하며, 최적모형은 초합리성을 추구한다. ⓄⓍ

해설 합리모형은 주로 연역적 모형을 사용한다.

12 ☐☐　　　　　　　　　　　　　　　　08 지방7
합리모형의 의사결정은 당위적으로는 바람직하지만, 합리적 의사결정에 필요한 정보와 분석능력의 부족으로 현실적으로 불가능하다고 비판한다. ⓄⓍ

해설 Lindblom과 같은 점증주의자들은 합리모형이 현실적으로 불가능할 뿐만 아니라 분석에 소요되는 시간과 비용이 과다하고 대폭적인 변화를 추구하기 때문에 바람직하지도 않다고 비판하였다.

13 ☐☐　　　　　　　　　　　　　　　　09 국회9
점증모형은 목표와 수단의 상호조절이 가능하며 이해관계를 가지는 집단 간의 합의를 중시하는 방식이다. ⓄⓍ

해설 점증모형에 대한 옳은 설명이다.

14 ☐☐　　　　　　　　　　　　　　　　10 국가7
혼합모형은 합리모형의 이상주의적 특성에서 나오는 단점과 점증모형의 지나친 보수성이라는 약점을 극복할 수 있는 전략으로 제시된 모형이다. ⓄⓍ

해설 혼합모형에 대한 옳은 설명이다.

15 ☐☐　　　　　　　　　　　　　　　10 국가전환특채
만족모형은 모든 대안과 모든 결과를 탐색하여 최선의 대안을 선택한다. ⓄⓍ

해설 합리모형에 대한 설명이다.

16 ☐☐　　　　　　　　　　　　　　　　12 경정승진
만족모형은 정책결정자나 정책분석가가 절대적 합리성을 가지고 있고 주어진 상황 하에서 목표의 달성을 극대화할 수 있는 최선의 정책대안을 찾아낼 수 있다고 본다. ⓄⓍ

해설 합리모형에 대한 설명이다.

17 ☐☐　　　　　　　　　　　　　　　　12 서울9
혼합탐사모형은 조직 내 하위조직 사이의 상이한 목표로 인한 갈등은 협상을 통해 해결한다. ⓄⓍ

해설 회사모형에 대한 설명이다.

18 ☐☐　　　　　　　　　　　　　　　　12 지방7
수확체감의 법칙은 점증주의적 정책변동과 가장 관련이 깊다고 볼 수 있다. ⓄⓍ

해설 수확체감의 법칙이 작용하는 영역에서는 점증주의적 변동기제가 작용한다.

09. X　10. X　11. X　12. X　13. O　14. O　15. X　16. X　17. X　18. O

19 ☐☐ 12 해경간부

정책결정요인론 연구는 정책환경에 정책의 주요한 내용을 규정한다는 것을 규명해 주었다는 점에서 정책 연구에 큰 기여를 하였다. O X

> **해설**
> 정책결정요인론 연구가 기여한 내용으로 옳은 지문이다.

20 ☐☐ 13 경간부

Lindblom과 Wildavsky가 주장한 점증주의 의사결정이론에 따르면 정책목표를 먼저 선택하고 그에 상응하는 정책대안을 선택하는 것이 아니라 정책대안을 고려하면서 정책목표를 설정하게 된다고 본다. O X

> 목표보다 대안을 더 중시한다.

21 ☐☐ 13 서울7

합리모형에서 합리성의 가정으로는 문제 상황에 대한 명확성, 각 대안 간의 우선순위 명확성, 목표달성에 대한 만족 기준의 명확성, 각 대안의 비용과 편익의 명확성, 달성하고자 하는 목표의 명확성 등이 있다. O X

> 목표달성에 대한 만족 기준의 명확성은 만족모형과 관련된다.

22 ☐☐ 14 경간부

최적모형은 직관, 판단, 창의 등과 같은 초합리적 요소를 강조하지 않는다. O X

> 최적모형은 정책결정의 성과를 최적화하기 위하여 기존 모형에서 연구되지 못한 초합리성과 초정책결정이란 개념이 도입된 포괄적이고 광범위한 결정모형으로 초합리적 요소를 강조한다.

23 ☐☐ 14 국가9

정책결정요인론 중 도슨과 로빈슨이 주장한 경제적 자원모형은 정치적 변수는 정책에 단독으로 영향을 미치지 못한다고 보았다. O X

> 도슨과 로빈슨이 주장한 경제적 자원모형에 대한 옳은 지문이다.

24 ☐☐ 14 국회8

혼합모형은 거시적이고 장기적인 안목에서 대안의 방향성을 탐색하는 한편 그 방향성 안에서 심층적이고 대안적인 변화를 시도하는 것이 바람직하다고 본다. O X

> 혼합모형에 대한 옳은 설명이다.

25 ☐☐ 15 국회8

드로(Dror)의 최적모형은 느슨하게 연결되어 있는 조직의 결정을 다룬다. O X

> 회사모형에 대한 설명이다.

26 ☐☐ 16 경간부

합리모형에서 가정하는 의사결정자는 경제인이고, 만족모형에서 가정하는 의사결정자는 합리성의 제약을 받는 행정인이다. O X

> 합리모형은 완전한 합리성을 가지는 경제인을 의사결정자로 보며 만족모형에서는 합리성이 제한받게 되는 행정인으로 본다.

27 ☐☐ 16 경간부

합리모형에서 경제인은 목표 달성의 극대화를 도모하여 모든 가능한 대안 중 최선의 대안을 선택하지만, 사이먼의 만족모형에서 행정인은 만족할만한 대안의 선택에 그친다. O X

> 합리모형에서는 경제인과 완전한 합리성을 가정하고, 만족모형에서는 행정인과 제한된 합리성을 가정한다.

19. O 20. O 21. X 22. X 23. O 24. O 25. X 26. O 27. O

28 □□ 16 경간부
사이먼의 만족모형에서 실제의 의사결정자는 모든 대안을 탐색하지 않고 몇 개의 대안만을 탐색하며, 대안의 탐색은 무작위적이고 순차적으로 이루어진다. O X

> 만족모형에서는 무작위적이고 순차적으로 몇 개의 대안만을 탐색한다.

29 □□ 16 교행9
합리모형은 정치적 합리성에 기반 하기 때문에 현실에 대한 설명력이 높다. O X

> 점증모형은 정치적 합리성에 기반 하기 때문에 현실에 대한 설명력이 높다.

30 □□ 16 국회8
드로(Dror)가 제시한 최적모형에서 메타정책결정단계에는 정책결정전략의 결정, 정책결정체제의 설계·평가 및 재설계, 문제·가치 및 자원의 할당, 정책집행을 위한 동기부여, 자원의 조사·처리 및 개발 등이 해당된다. O X

> 정책집행을 위한 동기부여는 정책결정 이후 단계에 속한다.

31 □□ 16 서울7
최적모형은 기존의 계량적 분석뿐만 아니라 직관적 판단에 의한 결정도 중요시한다. O X

> 최적모형은 합리적인 요소와 직관이나 판단력 등의 초합리적인 요소의 조화를 강조하는 모형이다.

32 □□ 16 서울7
합리모형은 제한된 합리성에 의거하여 효용을 계산하며 효용을 극대화할 수 있는 대안을 선택한다. O X

> 합리모형은 완전한 합리성을 가정하며 목표달성의 극대화를 위해 최선의 대안 선택을 추구하는 결정모형이다.

33 □□ 17 국가9
최적모형에서 정책결정자의 직관적 판단은 정책결정의 중요한 요인으로 인정되지 않는다. O X

> 최적모형에서 정책결정자의 직관적 판단은 정책결정의 중요한 요인으로 인정된다.

34 □□ 17 국가9
혼합주사모형의 경우 거시적 맥락의 근본적 결정에 해당하는 부분에서는 합리모형의 의사결정방식을 따른다. O X

> 혼합주사모형의 경우 근본적 결정은 합리모형을 세부적 결정은 점증모형을 따른다.

35 □□ 17 국회8
사이먼(Simon)은 결정자의 인지능력의 한계, 결정상황의 불확실성 및 시간의 제약 때문에 결정은 제한적 합리성의 조건하에 이루어지게 된다고 주장한다. O X

> 사이먼(Simon)은 만족모형에서 정책담당자들은 시간과 공간 등 여러 요인을 고려해 만족할 만한 수준에서 정책을 결정하게 된다고 보았다.

36 □□ 17 사복9
합리모형은 정책결정자가 확실성을 갖고 행위 결과를 예측할 수 있다고 전제한다. O X

> 합리모형은 모든 대안에 대한 명확한 분석과 결과예측이 가능하다고 가정한다.

📋 28. O 29. X 30. X 31. O 32. X 33. X 34. O 35. O 36. O

37 ☐☐ 17 지방7
점증주의 모형은 정책이 결정되는 현실적인 모습을 반영하고 있다. O X

> 점증주의 모형은 현실적인 모습을 반영하는 실증적·귀납적인 모형이다.

38 ☐☐ 17 지방7
혼합주사 모형에서 세부적 결정은 합리모형의 의사결정 방식으로 개선된 대안을 제시한다. O X

> 혼합주사 모형은 근본적인 결정과 세부적인 결정으로 나누어 근본적인 결정의 경우 합리모형을, 세부결정의 경우 점증모형을 선별적으로 적용한다.

39 ☐☐ 17 경간부
점증주의적 정책결정모형은 합리주의적 정책결정모형의 현실적 한계를 비판하면서 등장한 모형으로서, 다원적 정치체제의 정책결정에 대한 설명력이 우수하다. O X

> 점증모형은 사회가 안정화되고 다원화된 경우에 적합한 모형이다.

40 ☐☐ 18 경간부
최적모형은 조직이 공유된 목표가 없는 상황에서 결정을 내리거나 조직의 일부 구성원만이 현안에 대해 관심을 가지고 결정과정에 참여하는 경우에 적용될 수 있는 정책결정모형이다. O X

> 쓰레기통모형에 대한 설명이다.

41 ☐☐ 18 국가7
혼합주사모형(mixed-scanning model)은 상황 변화에 따른 새로운 정보에 초점을 맞추는 것이 아니라 극히 제한된 투입 변수의 변동에 주의를 집중하여 의사결정을 한다. O X

> 상황 변화에 따른 새로운 정보에 초점을 맞추는 것이 아니라 극히 제한된 투입 변수의 변동에 주의를 집중하여 의사결정을 하는 것은 사이버네틱스 모형이다.

42 ☐☐ 18 국가7
혼합주사모형(mixed-scanning model)은 정책의 결정을 근본적 결정과 세부적 결정으로 구분한다. O X

> 혼합주사모형은 정책을 근본적 결정과 세부적 결정으로 나누어 근본적 결정은 합리모형, 세부적 결정은 점증모형에 의하여 결정한다.

43 ☐☐ 18 국회9
만족모형은 제한된 합리성에 근거한 실증적·연역적 접근법이다. O X

> 만족모형은 제한된 합리성에 근거한 실증적귀납적 접근법이다.

44 ☐☐ 18 서울7
드로어(Dror)의 최적 모형(optimal model)에서 말하는 메타정책결정(metapolicy making)은 정책을 어떻게 종결할 것인가를 결정하는 '정책종결을 위한 정책결정'을 의미한다. O X

> 드로어(Dror)의 최적 모형(optimal model)에서 말하는 메타정책결정은 정책을 어떻게 결정할 것인가를 결정하는 '정책결정을 위한 정책결정'을 의미한다.

45 ☐☐ 19 국가7
최적모형에 따르면 정책결정과 관련해 위험최소화전략 대신 혁신전략을 취하는 것은 상위정책결정(meta-policy making)에 해당한다. O X

> 최적모형에서 위험최소화 전략 대신 혁신전략을 취하는 것은 메타결정(초합리성 결정)이다.

37. O 38. X 39. O 40. X 41. X 42. O 43. X 44. X 45. O

46 ☐☐   19 국회9

에치오니(Etzioni)가 제시한, 근본적인 결정은 합리모형에 의하고 세부적인 대안은 점증모형에 의하는 정책결정모형은 혼합주사모형(Mixed Scanning Model)이다. ☐O☐X

> 혼합주사모형은 에치오니가 제시한 것으로, 세부적 결정단계에서는 대안의 범위를 제한적(점중모형)으로 고려하지만 대안의 결과는 포괄적으로 검토(합리모형)한다.

47 ☐☐   19 서울7

합리모형은 국가권력이 사회 각 계층에 분산된 사회에서 주로 활용된다. ☐O☐X

> 국가권력이 사회 각 계층에 분산된 사회는 다원화된 사회로, 여기서 주로 활용되는 것은 점중모형이다.

48 ☐☐   19 서울7

혼합주사모형은 범사회적 지도체제(societal guidance system)로서의 틀을 갖춘 능동적 사회에 적용하는 것이 바람직하다. ☐O☐X

> 범사회적 지도체제(societal guidance system)로서의 틀을 갖춘 능동적 사회에 적용하는 것이 바람직한 것은 혼합주사모형이다.

49 ☐☐   19 서울9

감정적 요소, 다수 간의 조화된 가치선호, 비용의 과다는 모두 합리성을 저해하는 요인이다. ☐O☐X

> 다수 간의 조화된 가치의 선호는 합리성을 높이는 요인이다.

50 ☐☐   19 지방9

린드블롬(Lindblom)같은 점증주의자들은 합리모형이 불가능한 일을 정책결정자에게 강요함으로써 바람직한 정책결정에 도움을 주지 못한다고 주장한다. ☐O☐X

> 점중주의자들은 합리모형이 비현실적이라고 비판하였고 이를 정책결정자에게 강요함으로써 바람직한 정책결정에 도움을 주지 못한다고 보았다.

51 ☐☐   19 지방9

에치오니(Etzioni)는 합리모형과 점증모형의 단점을 극복하기 위하여 최적모형을 주장하였다. ☐O☐X

> 합리모형과 점중모형의 단점을 극복하기 위하여 최적모형을 주장한 학자는 드로어(Y. Dror)이다.

52 ☐☐   20 군무원9

사이먼(H. A. Simon)의 정책결정만족모형에서 경제인은 합리적 분석적 결정을, 행정인은 직관, 영감에 기초한 결정을 한다. ☐O☐X

> 경제인은 합리적 분석적 결정을, 행정인은 한정된 대안의 순차적 탐색결과 만족할만한 수준에서 결정을 한다.

53 ☐☐   20 서/지9

갈등의 준해결과 표준운영절차(SOP)의 활용은 최적모형의 특징이다. ☐O☐X

> 갈등의 준해결과 표준운영절차(SOP)의 활용은 회사모형의 전제조건이다.

54 ☐☐   21 경간부

사이먼(Simon)에 따르면, 인간의 합리성은 제한적이지만 정책결정자는 최선의 대안을 추구한다. ☐O☐X

> 사이먼에 따르면 인간의 합리성은 제한적이므로 정책결정자는 최선의 대안이 아닌 만족스러운 대안을 추구한다.

55 ☐☐   21 소방간부

만족모형은 미래에 발생할 현상을 예측하고 모든 대안을 검토한 후, 가장 만족스러운 대안을 채택한다. ☐O☐X

> 만족모형은 제한된 합리성을 중시하는 모형으로 몇 개의 중요한 대안과 결과만을 순차적으로 검토하고 만족스러운 대안을 채택한다.

📖 46. **O** 47. **X** 48. **O** 49. **X** 50. **O** 51. **X** 52. **X** 53. **X** 54. **X** 55. **X**

56 ☐☐ 22 국가직9
'최적모형'은 정책결정자의 합리성뿐 아니라 직관·판단·통찰 등과 같은 초합리성을 아울러 고려한다. O X

> 최적모형은 질적 요소를 고려한다.

57 ☐☐ 22 국가직7
정책결정 요인론에서 도슨 - 로빈슨(Dawson-Robinson) 모형은 사회경제적 변수가 정치체제와 정책 모두에 영향을 미친다는 모형으로, 사회경제적 변수로 인해 정치체제와 정책의 상관관계가 유발된다고 설명한다. O X

> 도슨 로빈슨 모형은 정치체제와 정책의 상관관계를 주장하였다.

58 ☐☐ 22 국가직7
정책결정 요인론에서 키-로커트(Key-Lockard) 모형은 사회경제적 변수가 정책에 직접적으로 영향을 미친다는 모형으로, 예를 들면 경제발전이 복지지출 수준에 직접 영향을 준다고 본다. O X

> 키-로커트는 정치적 요인만이 직접영향을 준다고 보았다.

59 ☐☐ 23 지방9
혼합주사모형(mixed scanning approach)은 1960년대 미국의 쿠바 미사일 위기사건을 설명하기 위해 연구된 모형이다. O X

> 쿠바 미사일사건은 엘리슨 모형과 관련된다.

56. O 57. O 58. X 59. X

MEMO

CHAPTER 14 정책결정모형 2 - 집단산출지향

01 ☐☐   04 행정고시
사이버네틱 패러다임은 불확실성의 통제라는 가정에 기초를 두고 있다. O X

> **해설**
> 사이버네틱 패러다임(사이버네틱스모형)은 정책결정상황의 불확실성을 전제로 하는 집단차원의 의사결정모형이다.

02 ☐☐   05 서울7
앨리슨(Allison)의 조직과정모형에서 조직은 장래의 불확실성 자체를 회피하려 하기보다는 발생확률을 예측하여 불확실성에 대응하려고 한다. O X

> 조직과정모형은 발생확률을 예측하여 불확실성에 대응하려고 하기보다는 장래의 불확실성을 회피하기 위하여 표준운영절차 등을 활용한다.

03 ☐☐   05 서울9
Cyert와 March의 회사모형에 따르면 회사모형에서 정책을 결정하는 주체는 참여자들 개개인이다. O X

> 회사모형은 기본적으로 개인차원이 아닌 집단차원의 의사결정모형으로서 정책을 결정하는 주체는 구성원 개개인이 아니라 느슨하게 연결된 반독립적인 하위조직들의 집합체이다.

04 ☐☐   07 서울9
마치, 코펜, 올센 등이 연구한 쓰레기통모형에서는 문제, 정치, 정책의 흐름이 독자적으로 흘러 다니다가 어떤 계기로 모일 때 결정이 이루어진다고 한다. O X

> Kingdon의 흐름창 또는 정책창 모형에 대한 설명이다.

05 ☐☐   08 국가7
관료정치모형은 정부를 잘 조직화된 유기체로 간주하며, 정책결정과정은 본질적으로 정치게임의 참여하는 경우와 같다고 본다. O X

> 정부를 잘 조직화된 유기체로 간주하는 것은 합리적 행위자 모형이다.

06 ☐☐   08 국회8
사이버네틱스 모형은 습관적 의사결정, 적응적 의사결정, 인과적 학습 강조, 불확실성의 통제, 집단적 의사결정 등의 특징을 갖는다. O X

> 인과적 학습을 강조하는 모형은 분석적 패러다임이나 합리모형의 특징이다. 반면 사이버네틱스모형은 시행착오적인 도구적 학습이론을 강조한다.

07 ☐☐   08 선관위9
쓰레기통모형에서 최종의사결정은 간과 또는 탈피보다는 문제해결에 의해 이루어진다. O X

> 쓰레기통모형에서는 진빼기 결정 또는 날치기 통과 등의 전략이 사용된다.

08 ☐☐   09 국회8
G. T. Allison은 정부의 정책결정과정에 세 가지 모형의 의사결정이 존재한다고 주장하였으며, 그 중 정치모형(Model Ⅲ)은 공공재의 결정이 정치적 표결에 의해 이루어지는 것으로 보고 있다. O X

> 정치모형은 공공재의 결정이 정부관료들 간의 협상, 타협, 연합, 지배 등을 내용으로 하는 정치적 게임의 산물로 파악하였다.

01. O 02. X 03. X 04. X 05. X 06. X 07. X 08. X

09 □□
집단의 의사결정방법에 따르면 지지적인 분위기가 조성된 가운데 집단구성원 누구도 소외되었거나 무시되었다는 느낌이 없다면 반대의견이 있었더라도 합의에 의한 결정이라고 볼 수 없다고 본다. O X

10 국회8

해설
집단의 의사결정방법에 대한 옳은 지문이다.

10 □□
킹던(Kingdon)이 주장한 '정책 창문(policy window) 이론'에서 정책창문은 한번 열리면 문제에 대한 대안이 도출될 때까지 상당한 기간 동안 열려있는 상태로 유지된다. O X

11 국가9

킹던의 정책창문은 한번 열리면 대안이 도출될 때까지 계속 열려있는 것이 아니라 아주 짧은 시간동안만 열리게 되는 것이다.

11 □□
쓰레기통모형에서 의사결정은 5가지 요소로 구성되는데 해결해야할 문제, 해결책, 참여자, 필요한 정보, 의사결정의 기회이고 의사결정은 혼란 속에서도 매우 합리적으로 이루어진다. O X

11 국회9

쓰레기통모형에서 의사결정은 4가지 요소로 구성되는데 해결해야 할 문제, 해결책, 참여자, 의사결정의 기회이고 의사결정은 혼란 속에서 매우 비합리적으로 이루어진다.

12 □□
대형 참사를 계기로 그동안 해결하지 못했던 정책문제에 대한 대책을 마련하게 되는 상황을 설명하는 데 적합한 모형은 흐름창 모형이다. O X

11 서울9

쓰레기통 모형에 대한 설명이다.

13 □□
앨리슨 모형은 정책결정 모형을 합리모형, 조직과정모형, 관료정치모형 관점에서 정리한 것이다. O X

11 지방9

앨리슨 모형에 대한 옳은 지문이다.

14 □□
앨리슨의 정책결정모형 중 Model Ⅰ(조직과정모형)은 정부는 느슨하게 연결된 연합체이고, 권력은 반독립적인 하위조직에 분산되며, 정책결정의 일관성은 강하다. O X

13 국가9

정책결정의 일관성이 강한 특징을 갖는 모형은 Model Ⅰ(합리적 행위자 모형)이다.

15 □□
쿠바 미사일 사태에 대한 사례 분석인 앨리슨 모형은 정부의 정책결정과정을 합리모형보다는 조직과정모형과 정치모형으로 설명하는 것이 더 바람직하다고 주장한다. O X

13 국회8

앨리슨은 의사결정의 세 가지 모형이 하나의 조직이나 정책에 모두 적용될 수 있다고 보았다.

16 □□
사이어트와 마치가 주장한 회사모형에 따르면 조직의 전체적 목표 달성의 극대화를 위하여 장기적 비전과 전략을 수립하고 집행해야 한다고 본다. O X

14 서울9

합리모형에 대한 설명이다.

09. O 10. X 11. X 12. X 13. O 14. X 15. X 16. X

17 ☐☐   14 지방9
쓰레기통모형은 위계적인 조직구조의 의사결정과정에 적용되며 정책갈등 상황해결에 유용하다고 본다. ○|X

> 해설
> 쓰레기통모형은 위계적인 조직구조가 아닌 조직화된 혼란 또는 갈등상태 하에서의 의사결정과정을 설명하는 모형이다.

18 ☐☐   15 경간부
사이버네틱스 모형은 설정된 목표달성을 위해 정보제어와 환류과정을 통해 자신의 행동을 스스로 조정해 나간다고 가정하는 것이다. ○|X

> 사이버네틱스 모형에 대한 옳은 설명이다.

19 ☐☐   15 국가7
킹던의 정책의 창 모형에서 정책의 흐름은 문제를 검토하여 해결방안들을 제안하는 전문가들과 분석가들로 구성되며 여기서 여러 가능성들이 탐색되고 그 범위가 좁혀진다. ○|X

> 정책의 흐름은 특정대안이 긴 연상화과정을 거치면서 관심의 대상으로 부각되는 과정을 말하며 전문가와 분석가들로 구성된다.

20 ☐☐   15 국가9
앨리슨의 세 가지 의사결정 모형 중에서 관료정치모형은 조직 하위계층에의 적용가능성이 높고, 조직과정모형은 조직 상위계층에서의 적용가능성이 높다. ○|X

> 관료정치모형은 조직 최상위계층에의 적용가능성이 높고, 조직과정모형은 조직 중간계층에서의 적용가능성이 높다.

21 ☐☐   15 행정사
쓰레기통모형은 상·하위 계층적 관계를 지니지 않은 참여자들에 의하여 의사결정이 이루어지는 경우에도 적용할 수 있다. ○|X

> 정책결정자들은 수시로 참여하며 문제에 대해서 모르거나 결정의 순간까지 해결책을 모르고 있는 경우도 있다.

22 ☐☐   16 경간부
앨리슨(Allison)은 관료정치모형에서 의사결정에 참여하는 구성원들 간의 높은 목표 공유도가 형성되어 있다고 보았다. ○|X

> 관료정치모형은 참여자의 목표공유도가 매우 낮다.

23 ☐☐   16 경간부
앨리슨의 관료정치모형에서 국가정책을 결정하는 주체는 부처들의 연합체가 아니라 참여자들 개개인이다. ○|X

> 관료정치모형은 독립적·개별적 집합체로, 의사결정권은 독립적인 개별행위자에게 있다.

24 ☐☐   16 교행9
회사모형은 조직이 단일한 목표를 지닌 구성원들의 연합체라고 가정한다. ○|X

> 회사모형에서는 조직을 유기체가 아닌 서로 다른 목표를 지닌 하위조직들이 느슨하게 연결되어 있는 연합체로 가정한다.

25 ☐☐   16 서울7
사이버네틱스 모형은 습관적 의사결정을 설명하는데 활용된다. ○|X

> 사이버네틱스 모형은 습관적인 의사결정을 설명하는데 유용하며 반복적인 의사결정과정의 수정이 환류된다.

📋 17. X   18. O   19. O   20. X   21. O   22. X   23. O   24. X   25. O

26 ☐☐　　　　　　　　　　　　　　　　　　17 국회8
쓰레기통모형에서 가정하는 결정상황은 불확실성과 혼란이 심한 상태로 정상적인 권위구조와 결정규칙이 작동하지 않는 경우이다. ○|X

쓰레기통모형에서 구성원은 응집성이 약한 복잡하고 혼란스러운 상황에서 조직이 어떠한 결정행태를 나타내는가에 연구초점을 둔 모형이다.

27 ☐☐　　　　　　　　　　　　　　　　　　17 서울9
회사모형은 의사결정자에 의해 조직의 의사결정이 통제된다고 본다. ○|X

회사모형에서 조직의 의사결정은 서로 나쁘지 않을 정도의 수준에서 타결점을 찾는다고 본다.

28 ☐☐　　　　　　　　　　　　　　　　　　17 서울9
앨리슨(G. T. Allison)은 관료정치모형의 중요성을 언급하였다. ○|X

앨리슨은 정책결정을 참여자들 간의 갈등과 타협·홍정에 의해 이루어지는 정치적 활동으로 설명하고 관료정치모형의 중요성을 언급하였다.

29 ☐☐　　　　　　　　　　　　　　　　　　17 지방7
쓰레기통 모형은 정책결정의 우연성을 강조하여 정책결정이 이루어지게 되는 계기에 주목한다. ○|X

쓰레기통 모형은 의사결정의 네 가지 요소인 정책문제, 해결방안, 참여자, 선택기회가 연관성 없이 독자적으로 흘러 다니다가 우연히 만나 의사결정이 이루어진다.

30 ☐☐　　　　　　　　　　　　　　　　　　18 경간부
Allison의 의사결정 모형 중 합리적 행위자 모형에서는 정부의 전략적 목표가 중시되며 구성원의 응집성이 높다. ○|X

합리적 행위자 모형은 구성원의 응집성이 높고 정부의 전략적 목표를 중시한다.

31 ☐☐　　　　　　　　　　　　　　　　　　18 국가9
사이버네틱스 모형은 주요 변수가 시스템에 의하여 일정한 상태로 유지되는 적응적 의사결정을 강조한다. ○|X

사이버네틱스 모형은 적응적 의사결정을 강조하는 정책결정모형이다.

32 ☐☐　　　　　　　　　　　　　　　　　　18 국가9
사이버네틱스(cybernetics) 의사결정 모형은 문제를 해결하고 목표를 달성하기 위해 정보와 대안의 광범위한 탐색을 강조한다. ○|X

문제를 해결하고 목표를 달성하기 위해 정보와 대안의 광범위한 탐색을 강조하는 것은 합리모형이다.

33 ☐☐　　　　　　　　　　　　　　　　　　18 국가9
사이버네틱스(cybernetics) 모형은 한정된 범위의 변수에만 관심을 집중함으로써 불확실성을 통제하려는 모형이다. ○|X

사이버네틱스 모형은 한정된 범위에서 지속적으로 정보를 제어·환류함으로써 불확실성에 자동적으로 대응해나가려는 적응적·시행착오적 의사결정모형이다.

34 ☐☐　　　　　　　　　　　　　　　　　　18 국가9
킹던(J. Kingdon)의 '정책의 창(policy windows) 이론'은 문제 흐름(problem stream), 이슈 흐름(issue stream), 정치 흐름(political stream)이 만날 때 '정책의 창'이 열린다고 본다. ○|X

정책문제(problem stream), 정책대안(policy stream), 정치적 흐름(political stream)이 만날 때 '정책의 창'이 열린다고 본다.

35 ☐☐　　　　　　　　　　　　　　　　　　18 국가9
킹던(J. Kingdon)의 '정책의 창(policy windows) 이론'은 문제에 대한 대안이 존재하지 않을 경우 '정책의 창'이 닫힐 수 있다. ○|X

문제에 대한 대안이 존재하지 않을 경우 정책의 창이 닫힐 수도 있다.

26. **O**　27. **X**　28. **O**　29. **O**　30. **O**　31. **O**　32. **X**　33. **O**　34. **X**　35. **O**

해설

36 ☐☐ 18 국회9
킹던(Kingdon)의 정책흐름모형은 쓰레기통모형을 의제설정과정에 적용한 모형이다. [O|X]

> 킹던(Kingdon)의 정책흐름창 모형은 쓰레기통모형을 변형하여 정책의제설정과정에 적용시킨 모형이다.

37 ☐☐ 18 지방9
표준운영절차는 업무처리의 공평성을 확보하는 데 기여한다. [O|X]

> 표준운영절차는 업무처리과정을 표준화·정형화·루틴화·공식화하는 것으로 표준화가 이루어지면 업무처리의 객관성과 공평성이 확보된다.

38 ☐☐ 18 지방9
정책결정모형 중 앨리슨(Allison) 모형의 Model I은 표준운영절차에 따른 의사결정을 가정한다. [O|X]

> 표준운영절차에 따른 의사결정을 가정하는 것은 앨리슨(Allison) 모형의 Model II (조직과정모형)이다.

39 ☐☐ 19 경간부
쓰레기통 모형에서 '유동적 참여'란 정책 참여자들이 정책 과정에 있어 부분적으로 참여하는 것을 의미한다. [O|X]

> '유동적 참여'란 문제에 따라 의사결정과정에 참여하기도 하고, 참여하지 않기도 하고, 부분적으로 참여할 수도 있음을 의미한다.

40 ☐☐ 19 국가7
앨리슨(Allison) 모형II는 긴밀하게 연결된 하위 조직체들이 표준운영절차를 통해 상호의존적인 의사결정을 한다고 본다. [O|X]

> 앨리슨(Allison) 모형II는 느슨한 반독립적인 하위 조직체들이 표준운영절차(SOP)를 통해 상호의존적인 의사결정을 한다고 본다.

41 ☐☐ 19 국가9
앨리슨모형 중 조직과정모형에서 조직은 불확실성을 회피하기 위하여 정책결정을 할 때 표준운영절차(SOP)나 프로그램 목록(program repertory)에 의존하지 않는다. [O|X]

> 조직과정모형에서 조직은 불확실성을 회피하기 위하여 정책결정을 할 때 표준운영절차(SOP)나 프로그램 목록(program repertory)에 의존한다.

42 ☐☐ 19 서울9
앨리슨 모형은 쿠바 미사일 사건에 대한 세 가지 상이한 이론모형을 제시한다. [O|X]

> 앨리슨 모형은 쿠바 미사일 사건을 계기로 대두된 모형으로 합리적 행위자 모형, 조직과정모형, 관료정치모형으로 분류하였다.

43 ☐☐ 19 서울9
앨리슨 모형 중 조직과정 모형은 정책결정 결과가 참여자들 간 타협, 협상 등에 의해 좌우된다고 본다. [O|X]

> 앨리슨 모형 중 관료정치 모형은 정책결정 결과가 참여자들 간 타협, 협상 등에 의해 좌우된다고 본다.

44 ☐☐ 19 행정사
사이버네틱스 모형은 사전에 설정된 고차원 목표의 극대화를 추구한다. [O|X]

> 사전에 설정된 고차원 목표의 극대화를 추구하는 것은 합리모형이다.

45 ☐☐ 20 경간부
회사모형은 문제 중심적 탐색, 갈등의 완전한 해결, 표준운영절차 중시 등을 특징으로 한다. [O|X]

> 회사모형은 문제 중심적 탐색, 갈등의 준해결, 표준운영절차 중시 등을 특징으로 한다.

36. **O** 37. **O** 38. **X** 39. **O** 40. **X** 41. **X** 42. **O** 43. **X** 44. **X** 45. **X**

46 ☐☐ 20 서/지9
쓰레기통 모형에서 의사결정의 4가지 요소는 문제, 해결책, 선택기회, 참여자이다. O X

해설: 쓰레기통 모형은 문제, 해결책, 선택기회, 참여자를 의사결정의 요소로 본다.

47 ☐☐ 21 경간부
쓰레기통 모형(Garbage can model)에 따르면, 조직의 의사결정은 고도로 불확실한 상황에서 이루어진다. O X

해설: 쓰레기통 모형은 복잡하고 혼란한 상황, 즉 조직화된 무정부상태에서 우연성에 의해 의사결정이 이루어진다.

48 ☐☐ 21 경정승진
앨리슨(Allison)모형 중 관료정치모형(Model III)은 행위자 간 목표의 공유가 매우 약하며 타협과 흥정이 지배함을 제시하였다. O X

해설: 관료정치모형은 행위자 간의 목표공유도가 매우 약하며 정치적 게임에 의한 타협과 협상 등이 나타난다.

49 ☐☐ 21 국가7
쓰레기통 모형의 의사결정 방식에는 끼워넣기(by oversight)와 미뤄두기(by flight)가 포함된다. O X

해설: 쓰레기통 모형에서는 문제해결에 의한 방식보다는 날치기 통과방식(간과, 끼워넣기)과 진빼기 결정방식(탈피, 미뤄두기)의 의사결정 방식이 사용된다.

50 ☐☐ 22 국가직9
'쓰레기통 모형'은 대학조직과 같이 조직구성원 사이의 응집력이 아주 약한 상태, 즉 조직화된 무정부상태(organized anarchy)에서 의사결정이 이루어지는 과정을 설명하려 시도한다. O X

해설: 쓰레기통 모형은 우연성에 의한 결정을 설명한다.

51 ☐☐ 22 국가직9
회사모형'은 조직의 불확실한 환경을 회피하고 조직 내 갈등을 극복하기 위하여 장기적인 전략과 기획의 중요성을 강조한다. O X

해설: 회사모형은 조직의 불확실한 환경을 회피하고 환경에 대해 단기적으로 대응하고 단기적인 전략과 기획의 중요성을 강조함으로써 단기적 환류를 활용한다.

52 ☐☐ 23 지방직9
킹던(Kingdon)이 제시한 정책흐름모형에서 정책 과정의 세 흐름은 문제흐름, 정책흐름, 정치흐름이 있다. O X

해설: 흐름창 모형은 쓰리기통 모형을 발전시킨 것이다.

53 ☐☐ 23 국가직9
앨리슨(Allison)의 관료정치모형(모형 III)은 정책결정에 참여하는 구성원들 간의 목표 공유 정도와 정책결정의 일관성이 모두 매우 낮다. O X

해설: 관료정치모형은 독립적 구성원에 의한 결정을 설명하는 이론이다.

46. O 47. O 48. O 49. O 50. O 51. X 52. O 52. O

CHAPTER 15 정책결정과정 기타

01 ☐☐   05 국가7
우리나라 품의제는 실무자선에서 횡적 업무 협조를 강화하는 기회가 된다. [O|X]

> 품의제는 상급자의 결재를 통하지 않고서는 다른 부서와의 실무협조가 곤란한 할거주의를 초래할 우려가 있다.

02 ☐☐   06 경기7
위기관리 의사결정에서 나타나는 특징으로는 의사결정의 집권화, 비공식적 과정과 즉시적 결정의 증대, 상향적 및 하향적 커뮤니케이션의 감소, 정보의 내용보다 정보의 출처에 더 높은 순위 등이다. [O|X]

> 위기상황에서 의사결정은 집권화의 경향을 띠게 되며 상향적 및 하향적 커뮤니케이션의 양이 증가하고 그 속도가 빨라지게 된다.

03 ☐☐   07 대구9
품의제는 하위자가 기안한 품의서를 관계부문에 돌려서 의견을 묻거나 동의를 구한 후에 결재권자가 결재하는 방식으로 실시단계에서의 협력확보나 기록보존이 용이하다는 장점이 있다. [O|X]

> 품의제는 부하가 의견을 제시하고 상관이 그 의견을 검토하되, 부하와 상의하여 최종결정을 내리는 쌍방향적 제도로 품의제의 장점에 대한 설명이다.

04 ☐☐   09 국가7
정책딜레마(policy dilemma)는 상호갈등적인 정책대안들이 구체적이고 명료하지 못할 때 나타나는 경향이 있다. [O|X]

> 정책딜레마는 정책대안들이 구체적이고 명료하지만 상충적인 경우에 나타난다.

05 ☐☐   13 서울7
정책딜레마를 예방하기 위해서는 이해관계자가 정책결정자에게 직접적인 영향력을 행사할 수 있도록 장치를 설계하거나 마련할 필요가 있다. [O|X]

> 이해관계자가 정책결정자에게 직접적인 영향력을 행사할 수 없도록 여과장치를 설계하거나 마련할 필요가 있다.

06 ☐☐   15 국회8
헨리(N. Henry)의 정책결정모형 유형론에서 신제도모형은 정책유형과 조직 내외의 상황적 조건을 결부시켜 정부개입의 성격을 규명하려 한다. [O|X]

> 신제도모형은 점증주의적 패러다임의 모형으로 정책유형과 조직 내외의 상황적 조건을 결부시켜 정부개입의 성격을 규명하려 한다.

07 ☐☐   15 서울7
딜레마 이론에서 논의되는 딜레마 상황이 갖는 논리적 구성요건으로는 분절성, 상충성, 균등성, 선택불가피성 등이 있다. [O|X]

> 딜레마 상황이 갖는 논리적 구성요건으로 옳은 지문이다.

08 ☐☐   17 국가7(추)
브레이브룩과 린드블롬(Braybrooke & Lindblom) 모형에서 다소 행정적이고 기술적인 의사결정이 필요한 경우에는 포괄적 합리모형이 적합하다. [O|X]

> 포괄적 합리모형은 사회변동의 정도는 크지 않은 안정된 사회에서 정책목표와 수단에 대한 이해의 정도가 높은 수준에 적합하다.

09 ☐☐   17 지방9(추)
딜레마이론은 대안을 선택하지 않는 비결정도 딜레마에 대한 하나의 대응형태로 볼 수 있다. [O|X]

> 대안을 선택하지 않는 비결정도 딜레마의 대응방안의 한 형태라 할 수 있다.

01. X   02. X   03. O   04. X   05. X   06. O   07. O   08. O   09. O

10 □□
17 지방9(추)

딜레마이론은 부정확한 정보와 의사결정자의 결정 능력 한계로 인해 발생하는 딜레마 상황에 주목한다. OX

해설
딜레마이론은 부정확한 정보와 의사결정자의 결정 능력 한계로 인해 발생하는 것이 아니라 상충하는 이해관계의 가치 간 갈등이나 가치 간 비교의 어려움으로 인해 발생한다.

11 □□
19 경간부

정책딜레마는 대안들이 상충되고 각각 기회손실이 비슷한 경우에 발생한다. OX

정책딜레마는 상호갈등적인 정책대안들이 구체적이고 명료하지만, 대안들이 상충적·단절적이어서 상호절충이 불가능하며, 각 대안들의 기회손실이 비슷한 경우 발생한다.

12 □□
19 국가7

시차이론은 변화 시작의 시간적 전후관계나 동반관계, 변화과정의 시간적 장단(長短)관계를 사회현상 연구에 적용하는 접근 방법이다. OX

시차이론은 인과관계에는 시간적 간격(시차)이 개입하므로 어떤 원인변수가 결과변수를 가져오는 데 일정한 시간이 흘러야 하므로 인과관계를 평가할 때에는 일정한 시간적 고려가 있어야 한다는 행정이론이다.

13 □□
19 국가7

시차이론은 원인변수와 결과변수 간 인과관계가 원인변수들이 작용하는 순서에 따라 달라지지는 않는다고 본다. OX

시차이론은 원인변수와 결과변수 간 인과관계가 원인변수들이 작용하는 순서에 따라 달라진다고 본다.

14 □□
19 국가7

시차이론은 시차적 요소에 대해 적절하게 고려하지 않아 정부개혁의 실패가 나타난다고 본다. OX

시차적 요소를 고려하지 않고 성급하게 정책을 평가하거나 제도를 개혁하려고 하는 정책집행이나 정부개혁과정이 성공을 거두지 못하는 이유를 파악하려고 한다.

15 □□
21 국회8

혼돈이론은 안정된 운동상태를 보이는 계(系)가 어떻게 혼돈상태로 바뀌는가를 설명하고, 또 혼돈상태에서 숨겨진 질서를 찾으려는 시도이다. OX

혼돈이론은 혼돈 상태를 연구하여 폭넓고 장기적인 변동의 경로와 양태를 찾아보려는 접근방법이다.

16 □□
21 국회8

혼돈이론에서 설명하는 혼돈 속에서 질서를 찾는 과정은 자기 조직화(self-organizing)와 공진화(coevolution)이다. OX

혼돈이론은 자기조직화와 공진화를 특징으로 한다.

10. X 11. O 12. O 13. X 14. O 15. O 16. O

16 정책집행론, 일선관료제

01 ☐☐　　　　　　　　　　　　　　　　　　00 입법고시
정책집행은 정책대상자보다는 정책집행자의 동의만 얻으면 실효성 있게 전개된다. ☐O☐X

> 성공적인 정책집행은 정책대상 뿐만 아니라 정책집행자 간의 동의와 협조적 여건이 있을 때 성공적으로 집행된다.

02 ☐☐　　　　　　　　　　　　　　　　　　02 행정고시
Berman은 사회정책의 집행을 둘러싼 거시적 집행구조와 미시적 집행구조의 성격을 규명하였다. ☐O☐X

> 버만은 거시적 집행구조와 미시적 집행구조를 구분하고 미시적 구조의 중요성을 강조하였다.

03 ☐☐　　　　　　　　　　　　　　　　　　04 국가9
정책불응은 특정정책에 대한 집행자와 대상집단의 저항이 있을 때, 정책내용이 모호하거나 기존의 가치체계와 대립될 때 발생한다. ☐O☐X

> 정책불응에 대한 옳은 설명이다.

04 ☐☐　　　　　　　　　　　　　　　　　　04 국회8
정책결정요인론의 방법에 따르면 정책을 독립변수로 취급하고 있다. ☐O☐X

> 정책결정요인론을 정책을 종속변수로 보고 정책의 내용을 결정하는 요인이 무엇인지를 규명하는 이론이다.

05 ☐☐　　　　　　　　　　　　　　　　　　04 부산9
Pressman과 Wildavsky가 지적한 정책집행의 실패 원인으로는 집행과정에 참여자가 너무 적어서 정책 집행에 어려움이라고 보았다. ☐O☐X

> 집행과정에서 참여기관 및 참여자가 너무 많은 것이 정책집행의 거부점으로 작용한다고 보았다.

06 ☐☐　　　　　　　　　　　　　　　　　　04 행정고시
Elmore는 정책집행과정에 대한 연구에서 정책결정에서 출발하여 집행현장까지 살펴보는 하향적 접근법을 주장하였다. ☐O☐X

> Elmore는 정책집행과정을 전향적 집행과 후향적 집행으로 나누었고, 오늘날 바람직한 집행은 집행현장 상황에 따라 집행전략을 달리하는 후향적 집행이므로 상향적 정책집행을 중시하였다.

07 ☐☐　　　　　　　　　　　　　　　　　　05 경기9
고전적 기술자형에 따르면 정책결정자는 정책목표와 세부정책내용까지 결정하며 정책집행자는 이를 실천하기 위한 활동을 한다고 본다. ☐O☐X

> 고전적 기술자형에 대한 옳은 지문이다.

08 ☐☐　　　　　　　　　　　　　　　　　　05 국가7
일선관료는 업무의 과다와 자원 부족에 직면한다. ☐O☐X

> 일선관료는 인적, 물리적 자원이나 시간, 기술적 자원이 만성적으로 불리하다고 본다.

09 ☐☐　　　　　　　　　　　　　　　　　　06 경북9
정책집행의 하향적 접근의 경우 정책집행을 반대하는 입장이나 전략 파악이 용이하다. ☐O☐X

> 상향적 접근에 대한 설명이다.

10 ☐☐　　　　　　　　　　　　　　　　　　07 국가7
상향식 접근방법은 집행현장에서 일어나는 문제점을 파악하여 대응하게 함으로써 분권과 참여가 증대될 수 있다. ☐O☐X

> 상향식 접근방법에 대한 옳은 지문이다.

📖 01. X　02. O　03. O　04. X　05. X　06. X　07. O　08. O　09. X　10. O

11 ☐☐ 07 대전9
립스키는 일선행정관료들이 고객의 요구와 필요에 민감하지 않은 경향을 보인다고 하였다. O X

해설 립스키가 주장하는 일선행정관료들의 특징에 부합하는 지문이다.

12 ☐☐ 07 서울7
정책을 성공적으로 설계하기 위해서는 가능한 한 이해당사자의 주관과 가치를 배제하고 과학적 분석의 효과를 극대화시킬 수 있어야 한다. O X

해설 성공적인 정책집행을 위해서는 과학적 분석만으로는 불충분하며, 집행현장 이해당사자의 다양한 가치와 의견을 고려하여야 한다.

13 ☐☐ 07 충남9
제3세대 연구는 앞선 연구들이 정치성을 간과했고 결정과 집행의 분리를 무시했다고 비판하면서 집행의 정치성을 강조하였다. O X

해설 제3세대 연구는 시간이 경과하면서 집행과정과 결과는 변한다는 집행의 동태성과 집행 주체에 따라 집행결과는 다양하다는 집행의 다양성을 강조하였다.

14 ☐☐ 08 선관위9
희생집단이 수혜집단보다 크고 양 집단의 조직화 정도가 약할 경우에는 정책집행이 곤란하다. O X

해설 희생집단이 수혜집단보다 크더라도 양 집단의 조직화 정도가 약할 경우에는 정책집행이 용이하다.

15 ☐☐ 09 국가7
나카무라와 스몰우드가 분류한 정책집행의 유형 중 '관료적 기업가형'은 정책결정가가 정책형성에 정통하고 있지 않아 많은 재량권을 정책집행가에게 위임하는 특징이 있다. O X

해설 재량적 실험가형에 대한 지문이다.

16 ☐☐ 09 국회8
사업의 목표와 목표를 달성할 수 있는 수단이 구체적이고 대립되지 않을수록 정책집행이 성공할 가능성이 높다. O X

해설 정책집행 성공요인을 설명한 지문이다.

17 ☐☐ 10 국가9
정책집행에 대한 연구방법 중 상향적 접근방법은 일선집행관료의 재량권을 축소하고 통제를 강화한다. O X

해설 하향적 접근방법에 대한 설명이다.

18 ☐☐ 11 국가9
정책옹호연합모형은 신념체계별로 여러 개의 연합으로 구성된 정책행위자 집단이 자신들의 신념을 정책으로 관철하기 위하여 경쟁한다는 점을 강조한다. O X

해설 정책옹호연합모형에 대한 옳은 설명이다.

19 ☐☐ 11 국가전환특채
현대적 정책집행과정은 정치적이고 동태적이다. O X

해설 오늘날 정책집행은 집행과정에서 많은 정치적 변수가 작용하는 동태적, 역동적, 상향적 과정으로 이해한다.

📖 11. O 12. X 13. X 14. X 15. X 16. O 17. X 18. O 19. O

20 □□ 　　　　　　　　　　　　　　　　　　11 군무원
사바티어의 정책지지연합모형에 따르면 정책집행연구의 접근방법을 전방향적 접근과 후방향적 접근으로 구분하여 전방향적 접근에서는 정책결정자의 의도와 정책 목표 집행 성과를 비교하고, 후방향적 접근에서는 일선 관료의 지식과 전문성이 충분히 발휘될 수 있도록 재량과 자원을 강조한다. O X

해설
Elmore의 통합모형에 대한 설명이다.

21 □□ 　　　　　　　　　　　　　　　　　　11 서울7
정책하위체제라는 분석단위에 초점을 두고 정책변화를 이해하며, 정책변화과정을 이해하기 위해서는 10년 이상이라는 장기간이 필요하다고 설명하는 이론은 사바티어(Sabatier)가 주장한 정책연합지지모형이다. O X

해설
사바티어가 주장한 정책연합지지모형에 대한 옳은 지문이다.

22 □□ 　　　　　　　　　　　　　　　　　　11 지방7
하향적 접근방법은 집행을 주도하는 집단이 없거나, 집행이 다양한 기관에 의해 주도되는 경우를 설명하는 데 유용하다. O X

해설
상향적 접근방법에 대한 지문이다.

23 □□ 　　　　　　　　　　　　　　　　　　11 지방9
사바티어(Sabatier)와 마즈매니언(Mazmanian)은 효과적인 정책집행을 위해서는 정책목표의 집행과정에서 우선순위를 탄력적이고 신축적으로 조정하여야 한다고 보았다. O X

해설
탄력적이고 신축적인 조정보다 정책목표 및 정책목표 간 우선 순위의 명확성과 안정성을 제시하였다.

24 □□ 　　　　　　　　　　　　　　　　　　12 국가7
버만(Berman)의 상황론적 집행모형에 따르면 거시적 집행구조는 실질적인 집행이 가능하고 의도한 효과가 발생되도록 프로그램을 어느 정도 구체화하는 것을 의미한다. O X

해설
버만의 상황론적 집행모형에 대한 옳은 지문이다.

25 □□ 　　　　　　　　　　　　　　　　　　12 지방9
사바티어(Sabatier)는 정책대상집단의 행태변화의 정도가 크면 정책집행의 성공은 어렵다고 본다. O X

해설
사바티어의 주장으로 옳은 지문이다.

26 □□ 　　　　　　　　　　　　　　　　　　12 해경간부
상향식 접근법은 정치행정이원론과 합리모형을 배경으로 하고 있으며 Elmore의 전향적 접근과 맥을 같이 한다. O X

해설
하향식 접근법에 대한 설명이다.

27 □□ 　　　　　　　　　　　　　　　　　　13 경간부
나카무라와 스몰우드가 구분한 모형 중에서 정책결정자가 정책을 독단적으로 채택하는 것이 아니라, 정책목표와 정책수단에 대해서 정책결정자와 정책집행자 간에 타협과 흥정을 하는 모형을 지시적 위임형이라고 한다. O X

해설
협상가형에 대한 설명이다.

20. X　21. O　22. X　23. X　24. O　25. O　26. X　27. X

28 □□ 13 서울9
정책의 희생집단보다 수혜집단의 조직화가 강하면 정책집행이 곤란하다. O X

해설: 희생집단보다 수혜집단의 조직화가 더 강하면 정책집행은 용이하다.

29 □□ 14 국회8
정책집행은 대상집단의 범위가 광범위하고 활동이 다양한 경우 더욱 용이하다. O X

해설: 정책집행은 대상집단의 규모가 작고 활동이 다양하지 않을 때 더욱 용이하다.

30 □□ 14 지방7
정책을 성공적으로 설계하기 위해서는 적절한 인과모형이 필요하다. O X

해설: 정책을 성공적으로 설계하기 위한 조건에 대한 설명이다.

31 □□ 15 국가7
하향식 접근방법은 공식적 정책목표를 중요한 변수로 취급하지 않는다. O X

해설: 하향식 접근방법은 공식적 목표를 중요한 변수로 취급한다.

32 □□ 15 국회8
상향식 접근은 정책이 일어나는 현장에 초점을 맞추고 그 현장을 미시적이고 현실적이며 상호작용적인 차원에서 관찰한다. O X

해설: 상향식 접근에 대한 옳은 지문이다.

33 □□ 15 서울9
나카무라와 스몰우드의 정책집행자 유형 중 관료적 기업가형은 정책의 대략적인 방향을 정책결정자가 정하고 정책집행자들은 이 목표의 구체적 집행에 필요한 폭넓은 재량권을 위임받아 정책을 집행하는 유형이다. O X

해설: 재량적 실험가형에 대한 설명이다.

34 □□ 15 해경간부
나카무라(Nakamura)와 스몰우드(Smallwood)에서 정책결정을 담당하고 있는 정부가 유전자 치료 방법을 개발하기 위해 국립보건기구나 의과대학에 연구를 의뢰하는 사례와 관계 깊은 모형은 재량적 실험가형이다. O X

해설: 재량적 실험가형에 대한 옳은 설명이다.

35 □□ 16 경간부
상향식 접근방법은 실제적인 정책집행과정을 상세히 기술하여 정책집행과정의 인과관계를 잘 설명할 수 있다. O X

해설: 상향식 접근방법은 정책결정자의 지침보다는 집행현장에서 일어나는 문제 상황에 초점을 맞추기 때문에 정책과정의 인과관계를 잘 설명할 수 있다.

36 □□ 16 경정승진
일선행정관료들의 업무상황은 다양하거나 복잡하지 않아 정형화시키기 쉽다. O X

해설: 일선행정관료들의 업무상황은 다양하거나 복잡하여 정형화시키기 곤란하다.

28. X 29. X 30. O 31. X 32. O 33. X 34. O 35. O 36. X

37 □□
16 경간부
상향적 접근방법은 집행현장에서 여러 정책들이 동시에 추진되어 어느 하나의 정책도 지배적이지 못한 채 다양한 공적 또는 사적인 정책 프로그램이 교차하는 집행영역을 보다 잘 다룰 수 없다. O X

> 상향적 접근방법은 집행현장에서 여러 정책들이 동시에 추진되어 어느 하나의 정책도 지배적이지 못한 채 다양한 공적 또는 사적인 정책 프로그램이 교차하는 집행영역을 보다 잘 다룰 수 있다.

38 □□
16 경찰간부
상향적 접근방법은 광범위한 행위자들이 추구하는 전략에 초점을 맞추기 때문에 시간의 경과에 따른 전략적 상호작용이 어떻게 형성되고 변화하는지 알 수 있다. O X

> 상향적 접근방법은 일선관료와 대상집단에 의한 전략적 행동의 중요성을 파악할 수 있다.

39 □□
16 교행9
다원화된 사회에서는 하향적 접근이 불가능한 경우가 많다. O X

> 하향적 정책집행은 이해관계가 상반되는 많은 집단이 정책결정과정에 참여하는 다원화된 민주주의 사회에서 적용이 어렵다.

40 □□
16 교행9
하향적 정책집행은 정책목표와 수단 간의 타당한 인과관계를 전제로 한다. O X

> 사바티어와 마즈매니언은 하향적 정책집행이 효과적으로 이루어지기 위해서는 정책목표와 정책수단 간의 긴밀한 인과관계를 포함한 기술적 타당성을 확보해야 한다고 보았다.

41 □□
16 국가9
정책 지지연합 모형은 정책 과정 참여자의 신념체계를 강조하는 모형이다. O X

> 정책 지지연합 모형에 대한 옳은 설명이다.

42 □□
16 국가9
정책변동 모형 중에서 정책과정 참여자의 신념체계를 가장 강조하는 모형은 정책 패러다임변동 모형이다. O X

> 정책 지지연합 모형에 대한 설명이다.

43 □□
16 지방9
홀(Hall)에 의해 제시된 정책변동모형으로 정책목표, 정책수단, 정책 환경의 세 가지 변수 중 정책목표와 정책수단에 급격한 변화가 발생하는 정책변동모형은 단절균형모형이다. O X

> 정책 패러다임 변동모형에 대한 설명이다.

44 □□
17 교행9
정책지지연합모형에서는 정책변화를 이해하기 위한 분석단위로 정책하위체제에 중점을 두고 있다. O X

> Sabatier의 정책지지연합모형에서는 집행과정에 있어서 정책지지연합으로 구성되는 시스템에 중점을 두고 있다.

45 □□
17 국가7
정책학습의 주체는 정책집행의 대상이 되는 개인이나 조직일 수도 있고 정책을 결정하거나 집행하는 개인, 조직 또는 정책창도연합체일 수도 있다. O X

> 정책학습의 주체는 정책집행의 대상이 되는 개인, 조직일 수도 있고 정책을 결정하거나 집행을 담당하는 개인, 조직, 정책창도연합체일 수도 있다.

37. X 38. O 39. O 40. O 41. O 42. X 43. X 44. O 45. O

46 ☐☐   17 국가7

잉그람과 슈나이더(Ingram & Schneider)가 제시한 '정책대상집단의 사회적 구성(Social Construction of Target Population)' 모형에 따르면 특정 정책대상집단이 둘 이상의 유형으로 구성될 수 있으며, 그 사회적 구성이 시간에 따라 변화할 수도 있다.   O X

> 잉그람과 슈나이더가 제시한 '정책대상집단의 사회적 구성' 모형은 특정 정책대상집단이 둘 이상의 유형으로 구성될 수 있고, 그 사회적 구성이 시간에 따라 변화할 수도 있다고 본다.

47 ☐☐   17 국가7

잉그람과 슈나이더(Ingram & Schneider)가 제시한 '정책대상집단의 사회적 구성(Social Construction of Target Population)' 모형에 따르면 사회문제를 설명할 때 이미지, 고정관념, 사람·사건에 대한 가치부여 등에 관한 해석을 가급적 배제하고자 한다.   O X

> 잉그람과 슈나이더가 제시한 '정책대상집단의 사회적 구성' 모형에 따르면 사회문제를 설명할 때 이미지, 고정관념, 사람·사건에 대한 가치부여 등에 관한 해석이 이루어질 필요가 있다고 본다.

48 ☐☐   17 국가7

하울렛과 라메쉬(Howlett & Ramesh)의 '내생적 학습'은 정책 문제의 정의 또는 정책목적 자체에 대한 의문제기를 포함한다.   O X

> 하울렛과 라메쉬(Howlett & Ramesh)의 '외생적 학습'은 정책 문제의 정의 또는 정책목적 자체에 대한 의문제기를 포함한다.

49 ☐☐   17 소방간부

나카무라와 스몰우드가 제시한 정책집행의 유형 중 지시적 위임형은 정책결정자가 정책목표 형성에 대해서 통제권을 행사하지만 수단의 선택에 있어서는 집행자들의 권한을 인정해주는 유형이다.   O X

> 지시적 위임형은 정책결정자가 대체적인 방침만 정한 뒤 집행자에게 정책집행에 필요한 행정적 수단을 위임하는 방식이다.

50 ☐☐   17 국가9

상향적 접근방법은 안정되고 구조화된 정책상황을 전제로 한다.   O X

> 안정되고 구조화된 정책상황을 전제로 하는 것은 하향적 접근방법이다.

51 ☐☐   17 국가9

상향적 접근방법은 집행현장에서 일선관료의 재량과 자율을 강조한다.   O X

> 상향적 접근방법은 집행현장에서 일선관료의 재량과 자율을 강조한다.

52 ☐☐   17 군무원

상향적 접근방법은 집행자들의 전문적인 경험을 정책목표에 반영한다.   O X

> 상향적 접근방법은 정책결정자보다 일선공무원의 전문지식이나 문제해결 능력 등이 문제를 해결하는데 중요한 역할을 한다.

53 ☐☐   17 군무원

상향적 접근방법은 정책집행과 정책결정을 분리한다.   O X

> 정책집행과 정책결정을 분리하는 것은 하향적 접근방법이다.

54 ☐☐   17 서울9

버만(P.Berman)은 집행 현장을 강조하는 입장을 취하였다.   O X

> 버만은 개별적인 집행환경에 맞는 적응적 집행을 강조하였다.

46. O   47. X   48. X   49. O   50. X   51. O   52. O   53. X   54. O

55 □□   17 서울9
엘모어(R. F. Elmore)는 일선현장에 종사하는 공무원이 정책집행에 가장 큰 영향을 미치는 행위자라고 하면서, 이를 전방접근법(forward mapping)이라고 했다. ⓄⓍ

해설 엘모어는 일선현장에 종사하는 공무원이 정책집행에 가장 큰 영향을 미치는 행위자를 중시하는 후방향적 접근을 강조하였다.

56 □□   17 지방7
나카무라(Nakamura)와 스몰우드(Smallwood)가 제시한 지시적 위임자형, 관료적 기업가형, 협상가형, 재량적 실험가형 중에서 가장 광범위한 재량을 갖는 정책집행자의 유형은 지시적 위임자형이다. ⓄⓍ

해설 나카무라(Nakamura)와 스몰우드(Smallwood)가 제시한 지시적 위임자형, 관료적 기업가형, 협상가형, 재량적 실험가형 중에서 가장 광범위한 재량을 갖는 정책집행자의 유형은 관료적 기업가형이다.

57 □□   17 지방9
불특정다수인이 혜택을 보는 경우보다 특정한 집단이 배타적으로 혜택을 보는 경우에 강력한 지지를 얻을 수도 있다. ⓄⓍ

해설 수혜집단이 명확하고, 조직화 정도가 강할수록 강력한 지지가 발생한다.

58 □□   17 지방9
정책집행연구의 하향론자들은 복잡한 조직구조가 정책의 성공적 집행을 도와준다고 주장한다. ⓄⓍ

해설 정책집행연구의 하향론자들은 복잡한 조직구조가 아닌 명확하고 단순한 조직구조가 정책의 성공적 집행을 도와준다고 본다.

59 □□   17 해경간부
하향적 접근방법은 실제적인 집행과정을 상세히 기술하여 집행 과정의 인과관계를 보다 잘 설명할 수 있다. ⓄⓍ

해설 상향적 접근방법은 실제적인 집행과정을 상세히 기술하여 집행 과정의 인과관계를 보다 잘 설명할 수 있다.

60 □□   18 경간부
하향적 접근방법(Top-down Approach)은 유능하고 헌신적인 관료가 정책집행을 담당하며, 정책집행현장을 연구하면서 공식적 정책목표 외에도 의도하지 않았던 효과를 분석할 수 있다. ⓄⓍ

해설 정책집행현장을 연구하면서 공식적 정책목표 외에도 의도하지 않았던 효과를 분석할 수 있는 것은 상향적 접근방법이다.

61 □□   18 경간부
나카무라와 스몰우드(Nakamura & Smallwood)가 분류한 정책집행의 유형 중 '관료적 기업가(bureaucratic entrepreneur)형'에서 정책집행자는 자신의 정책목표달성에 필요한 능력을 보유하고 있으며 자신의 정책목표달성에 필요한 수단들을 확보하기 위해 정책결정자와 협상한다. ⓄⓍ

해설 관료적 기업가형에서 정책집행자는 정책목표 달성에 필요한 능력을 보유하고 있으며 목표 달성에 필요한 수단을 확보하기 위해 정책결정자와 협상한다.

62 □□   18 교행9
하향적 접근방법은 정책목표와 그 달성을 중시하는 접근방법으로 객관적인 정책평가가 가능하다. ⓄⓍ

해설 하향적 접근방법은 명확하고 일관된 정책목표를 중시하므로 객관적인 정책평가가 가능하다.

55. X   56. X   57. O   58. X   59. X   60. X   61. O   62. O

63 ☐☐ 18 국가9
일선관료는 집행에 필요한 자원이 부족할 경우 대체로 부분적이고 간헐적으로 정책을 집행한다. ◯✗

> 일선관료는 자원이 부족할 경우에 부분적이고 간헐적으로 집행하는 경향이 있다.

64 ☐☐ 18 국가9
일선관료는 계층제의 하위에 위치하기 때문에, 직무의 자율성이 거의 없고 의사결정에 있어서 재량권의 범위가 좁다. ◯✗

> 일선관료는 직무의 자율성이 높고, 의사결정에 있어서 많은 재량권을 부여 받는다.

65 ☐☐ 18 국회8
정책집행의 상향적 접근(bottom-up approach)은 공식적인 정책목표가 중요한 변수로 취급되므로 집행실적의 객관적 평가가 용이하다. ◯✗

> 공식적인 정책목표가 중요한 변수로 취급되므로 집행실적의 객관적 평가가 용이한 것은 하향적 접근이다.

66 ☐☐ 18 국회9
하향식 접근방식의 정책집행연구가 성공적으로 집행되기 위해서는 한 번 정해진 정책의 우선순위가 바뀌지 않도록 일관성을 유지해야 한다. ◯✗

> 한 번 정해진 정책의 우선순위가 바뀌지 않도록 일관성을 유지해야 한다는 것은 하향식 집행연구에서의 성공적 집행요건 중 하나이다.

67 ☐☐ 18 지방9
버먼(Berman)의 '적응적 집행'은 미시집행 국면에서 발생하는 정책과 집행조직 사이의 상호적응이 이루어질 때 성공적으로 집행된다. ◯✗

> 버먼은 미시 집행국면에서 발생하는 정책과 집행조직 사이의 상호적응 자체가 성공적 집행이며, 정책집행의 성과는 미시집행과정에서 결정된다고 보았다.

68 ☐☐ 18 지방9
버먼(Berman)의 '적응적 집행'에서 거시적 집행구조는 동원, 전달자의 집행, 제도화의 세 단계로 구분된다. ◯✗

> 거시적 집행구조의 통로는 행정, 채택, 미시적 집행, 기술적 타당성 네 가지로 구성된다.

69 ☐☐ 19 경간부
립스키(M. Lipsky)의 일선관료제 이론은 객관적 성과평가의 기준이 명확하여 목표달성을 지향하는 성과의 측정이 용이하다. ◯✗

> 일선관료제 이론에서 일선관료들은 객관적 성과평가의 기준이 결여되어 성과의 측정이 어렵다.

70 ☐☐ 19 국가9
나카무라(Nakamura)와 스몰우드(Smallwood)의 유형 중 지시적 위임형에 따르면 정책집행자는 공식적 정책결정자로 하여금 자신이 결정한 정책목표를 받아들이도록 설득 또는 강제할 수 있고, 정책집행자는 목표를 달성하기 위한 수단을 획득하기 위해 정책결정자와 협상한다. ◯✗

> 정책집행자는 공식적 정책결정자로 하여금 자신이 결정한 정책목표를 받아들이도록 설득 또는 강제할 수 있고, 정책집행자는 목표를 달성하기 위한 수단을 획득하기 위해 정책결정자와 협상하는 것은 관료적 기업가형이다.

71 ☐☐ 19 군무원
정책집행의 성공요건에는 집행절차의 합리성과 규정의 명확성, 기술의 타당성, 정책목표 우선순위의 유연성 등이 있다. ◯✗

> 정책목표 우선순위는 변동되지 않아야 성공적인 정책집행이 이루어질 수 있다.

63. ◯ 64. ✗ 65. ✗ 66. ◯ 67. ◯ 68. ✗ 69. ✗ 70. ✗ 71. ✗

72 □□ 19 서울7
사바티어(Sabatier)의 통합모형은 정책하위시스템 참여자의 활동에 영향을 미치는 요소는 상향식 접근방법으로 도출하였다. O|X

해설 사바티어의 통합모형은 정책하위시스템 참여자들의 활동에 영향을 미치는 요인을 하향적 접근방법에서 도출하였다.

73 □□ 19 서울7
사바티어(Sabatier)의 통합모형은 정책집행을 한 번의 과정이 아니라 연속적인 정책변동으로 보았다. O|X

해설 사바티어의 통합모형에서 정책변화과정은 점진적 정책변동으로 기계적 과정이 아닌 장기적이고 연속적인 정책변동이나 정책학습과정으로 본다.

74 □□ 19 서울9
버먼(Berman)은 상향적 집행을 정형적 집행이라고 하였다. O|X

해설 버먼(Berman)은 상향적 집행을 적응적 집행이라고 하였다.

75 □□ 19 서울9
일선관료는 상향적 정책집행과정에서 가장 큰 영향력을 행사한다. O|X

해설 일선관료는 하향적 방식보다 상향식 정책집행과정에서 큰 영향력을 행사한다.

76 □□ 19 지방9
정책지지연합(Advocacy Coalition Framework) 모형은 신념체계, 정책학습 등의 요인은 정책변동에 영향을 주며 정책변동 과정에서 정책중재자(policy mediator)가 중요한 역할을 한다. O|X

해설 정책지지연합모형은 분석단위로서 정책하위체제에 초점을 두고 정책변화를 이해하며 신념체계, 정책학습 등의 요인은 정책변동에 영향을 준다.

77 □□ 19 행정사
정책패러다임변동모형은 신념체계에서 규범적 핵심이나 정책 핵심의 변화가 쉽게 나타나지 않기 때문에 정책 목표와 수단에 급격한 변화를 가져오는 근본적 정책변동은 용이하지 않다. O|X

해설 정책지지연합모형에 대한 설명이다. 정책패러다임변동모형은 정책목표와 수단에 대한 급격한 변동을 설명하는 모형이다.

78 □□ 20 경간부
나카무라와 스몰우드(Nakamura & Smallwood)가 분류한 정책집행의 유형 중 협상형은 정책집행자는 자신의 정책목표달성에 필요한 능력을 보유하고 있으며 자신의 정책목표달성에 필요한 수단들을 확보하기 위해 정책결정자와 협상한다. O|X

해설 정책집행자는 자신의 정책목표달성에 필요한 능력을 보유하고 있으며 자신의 정책목표달성에 필요한 수단들을 확보하기 위해 정책결정자와 협상하는 것은 관료적 기업가형이다.

79 □□ 20 국회8
하향식 접근방법에서는 공식적 정책목표가 중요한 변수로 취급 받지 않으므로 이에 근거한 집행실적의 객관적 평가가 어렵다. O|X

해설 공식적 정책목표가 중요한 변수로 취급 받지 않으므로 이에 근거한 집행실적의 객관적 평가가 어려운 것은 상향적 접근방법이다.

80 □□ 20 서/지9
하향식 접근(top-down approach)은 집행이 일어나는 현장에 초점을 맞춘다. O|X

해설 집행이 일어나는 현장에 초점을 맞추는 것은 상향식 접근이다.

81 □□ 20 서/지9
하향식 접근(top-down approach)에서 정책결정자는 정책집행에 영향을 미치는 정치적·조직적·기술적 과정을 충분히 통제할 수 있다. O|X

해설 하향식 접근에서는 정책결정자가 정책의 모든 과정을 전반적으로 장악하고 충분히 통제할 수 있다고 가정한다.

72. X 73. O 74. X 75. O 76. O 77. X 78. X 79. X 80. X 81. O

82 21 경간부
엘모어(Elmore)는 하향식 접근법을 후향식 접근(backward mapping)이라고 표현하였다. [O X]

> 엘모어(Elmore)는 하향식 접근법을 전향적 접근(foward mapping)이라고 표현하였다.

83 21 경간부
하향식 접근법은 정책결정과 집행은 독자적인 영역으로 서로 구분된다고 본다. [O X]

> 하향식 접근은 정책집행과 결정을 엄격하게 분리하는 정치행정이원론의 입장이다.

84 21 소방간부
정책지지연합모형에서는 정책학습을 단기적이고 급진적인 정책변화를 촉진하는 원동력으로 본다. [O X]

> 정책지지연합모형은 정책과정을 연속적·장기적으로 변동되는 과정으로 이해하고 신념체계나 정책학습 등이 정책변동에 영향을 준다고 본다.

85 21 소방간부
하향식 접근방법에서 정책집행이 성공적으로 이루어지기 위해서는 결정된 정책에 대해 다수의 이해관계 집단이 지속적인 지지를 보내야 한다. [O X]

> 상향식 접근방법에서 정책집행이 성공적으로 이루어지기 위해서는 결정된 정책에 대해 다수의 이해관계 집단이 지속적인 지지를 보내야 한다.

86 21 소방간부
나카무라(Nakamura)와 스몰우드(Smallwood)의 정책모형 중 정책집행자의 권한이 가장 강한 유형은 협상형(bargainers)이다. [O X]

> 나카무라와 스몰우드의 정책모형 중 정책집행자의 권한이 가장 강한 유형은 관료적 기업가형(bureaucratic entrepreneur)이다.

87 21 경정승진
일선관료는 직무의 자율성이 광범위하고 집행과정 중 의사결정에 상당한 재량권을 가지고 있다. [O X]

> 일선관료는 서비스 제공에 있어 상당한 재량권을 보유하고 있다.

88 21 국회8
일선관료는 시간과 정보·기술적인 지원 등 업무수행에 필요한 자원이 불충분하기 때문에 체계적이고 계획적인 집행을 하게 된다. [O X]

> 일선관료는 시간과 정보·기술적인 지원 등 업무수행에 필요한 자원이 불충분하기 때문에 부분적이고 간헐적으로 집행을 하게 되며 이는 행정의 단순화 및 정형화를 초래한다.

89 21 국회8
일선관료는 일반 시민들과 끊임없이 상호작용하는 업무를 담당하고 있으며 상당한 자율성과 재량권을 가지고 있다. [O X]

> 일선관료는 고객과 접촉하는 업무를 주로 담당하며 상당한 자율성과 재량권을 가진다.

90 21 국회8
관료적 기업가형의 경우, 정책결정자가 정책의 구체적인 내용을 수립할 수 없기 때문에 정책집행자에게 광범위한 재량을 위임한다. [O X]

> 재량적 실험가형의 경우, 정책결정자가 정책의 구체적인 내용을 수립할 수 없기 때문에 정책집행자에게 광범위한 재량을 위임한다.

91 21 국회8
고전적 기술관료형의 경우, 정책집행자가 정책을 집행하는 데 필요한 기술이 부족하거나 정책집행자가 정책목표를 지지하지 않을 때, 집행과정에서 문제가 발생한다. [O X]

> 고전적 기술관료형에서는 정책집행에 요구되는 기술적인 능력이 부족하거나 지지가 어려울 때 정책집행상의 실패가 발생하게 된다.

82. X 83. O 84. X 85. X 86. X 87. O 88. X 89. O 90. X 91. O

92
정책옹호연합모형(advocacy coalition framework)은 정책학습을 통해 행위자들의 기저 핵심 신념(deep core beliefs)을 쉽게 변화시킬 수 있다. [21 지방(서울)9]

O X

해설: 정책옹호연합모형은 정책과정 참여자들의 기저 핵심 신념(deep core beliefs)은 장기적인 갈등조정의 과정을 거친다고 본다.

93
정책옹호연합모형에서 옹호연합은 그들의 신념 체계가 정부 정책에 관철되도록 여론, 정보, 인적자원 등을 동원한다. [21 지방(서울)9]

O X

해설: 정책옹호연합은 자신들의 신념체계가 정책에 관철되도록 여론, 인적자원 등을 동원하고 활용한다.

94
프레스먼(Pressman)과 윌다브스키(Wildavsky)는 성공적인 정책집행을 위해 정책집행을 정책결정과 분리되어 독립적으로 수행해야 한다고 보았다. [21 지방7]

O X

해설: 프레스먼과 윌다브스키는 성공적인 정책집행을 위해 정책집행을 정책결정과 분리되지 않고 연속적인 과정으로 수행해야 한다고 보았다.

95
나카무라(Nakamura)와 스몰우드(Smallwood)의 '지시적 위임형'은 정책결정자가 구체적인 목표와 수단을 설정하면, 정책집행자는 정책결정자의 지시와 위임을 받아 정책대상집단과 협상하는 역할을 담당한다고 본다. [22 국가직9]

O X

해설: '지시적 위임형'은 정책결정자가 구체적인 목표와 수단을 설정하면, 정책집행자는 정책대상집단이 아닌 정책집행자 상호 간에 협상하는 역할을 담당한다고 본다.

96
'재량적 실험형'은 정책결정자가 추상적인 목표를 설정하면, 정책집행자는 정책결정자를 위해 목표와 수단을 명확하게 하는 역할을 담당한다고 본다. [22 국가직9]

O X

해설: 재량적 실험형은 정책결정자가 추상적·일반적인 목표를 설정하면 정책집행자는 정책결정자를 위해 목표와 수단을 명확하게 재정의하는 역할을 담당한다고 본다.

97
립스키(Lipsky)의 '일선관료제'에서 일선관료들이 처하는 업무환경의 특징은 단순하고 정형화된 정책대상집단이다. [22 국가직9]

O X

해설: 일선관료들의 환경은 복잡한 업무환경에 처해 있다.

98
사바티어(Sabatier)와 매즈매니언(Mazmanian)의 집행과정모형과 반 미터(Van Meter)와 반 호른(Van Horn)의 집행연구는 하향적 접근방법에 해당한다. [22 지방9]

O X

해설: 하향적 접근모형이다.

92. X 93. O 94. X 95. X 96. O 97. X 98. O

MEMO

CHAPTER 17 정책평가

01 ☐☐ 96 행정고시
정책평가기준 중의 하나인 적절성은 정책결정자가 목표를 얼마나 높이 설정하느냐에 따라 달라질 수 있는 상대적 측정기준이다. O X

> **해설**
> 적절성에 대한 옳은 지문이다.

02 ☐☐ 02 입법고시
평가성 사정은 정책이 집행된 후 당초에 의도하였던 정책효과가 발생하였는가 여부를 검토하기 위한 정책의 영향·결과에 대한 평가를 의미한다. O X

> 영향평가에 대한 설명이다.

03 ☐☐ 04 경기9
과정평가는 정책지침의 준수 여부를 확인하고 정책목표 달성 여부를 판단하며 계획된 대로 자원이 투입되었는지 확인한다. O X

> 정책목표 달성 여부를 판단하는 것은 과정평가가 아니라 총괄평가에 해당한다.

04 ☐☐ 05 대구9
메타평가는 정책 엘리트 중심의 평가방법으로서 비민주적이라는 비판을 받는다. O X

> 메타평가는 정책 엘리트 중심의 평가가 아니라 정책에 관계되지 않은 외부인에 의한 다면평가를 의미한다.

05 ☐☐ 05 인천9
정책평가의 방법에는 그 주체에 따라 내부평가와 외부평가가 있는데 내부평가와 외부평가는 상호 보완적으로 활용되어야 한다. O X

> 내부평가와 외부평가에 대한 옳은 설명이다.

06 ☐☐ 06 국가9
나카무라와 스몰우드가 제시한 정책집행 성공 판단 기준으로는 정책목표가 얼마나 충실히 달성되었는지를 측정하는 정책목표 달성도, 정책이 가난한 사람들의 삶의 질을 얼마나 향상시켰는지를 평가하는 형평성, 정책집행에 의해 이익과 손해를 보는 여러 관련 집단의 만족도와 정책지지 등이 있다. O X

> 나카무라와 스몰우드가 제시한 정책평가기준은 목표달성도, 주민만족도, 수익자 대응성 및 능률성(경제성), 체제유지도 등이다. 반면 형평성은 던(Dunn)이 제시한 기준에 해당한다.

07 ☐☐ 06 선관위9
정책평가는 정책결과에 대한 정보를 환류시켜 효과적인 정책집행전략의 수립에 도움을 주지만, 정책 중단이나 축소 여부의 결정에는 도움을 주지 못한다. O X

> 정책평가는 진행되고 있는 정책을 평가하여 존치시킬 것인가 아니면 수정 또는 종결시킬 것인가를 결정하는 정책 환류의 기준을 제시하여 준다.

08 ☐☐ 07 해경간부
우리나라에서 이루어지는 총괄평가의 대표적인 것으로 환경영향평가와 교통영향평가가 있다. O X

> 환경영향평가와 교통영향평가는 결정단계 평가로서 정책집행이후에 이루어지는 총괄평가에 속하지 않는다.

01. O 02. X 03. X 04. X 05. O 06. X 07. X 08. X

09 ☐☐   09 국가9
집행에 있어 과정평가는 정책집행 및 활동을 분석하여 이를 근거로 보다 효율적인 집행전략을 수립하거나 정책내용을 수정·변경하는데 도움을 준다. O X

> 과정평가에 대한 옳은 지문이다.

10 ☐☐   10 서울9
정책평가는 정책대안의 예측결과에 대한 비교, 목표의 충족여부 파악, 성공과 실패의 원인 제시 등을 목적으로 한다. O X

> 정책대안의 예측결과에 대한 비교 및 평가는 정책분석 단계에서 이루어진다.

11 ☐☐   13 5급 승진
평가성 사정(검토)은 사이비 평가를 걸러내기 위해서 본격적인 평가를 하고 나서 사후에 평가의 가능성과 소망성을 평가하는 것이다. O X

> 평가성 사정은 본격적인 평가를 하기 전에 평가의 가능성과 소망성을 평가하는 것이다.

12 ☐☐   14 국가7
정책평가의 양적기법으로는 참여관찰법, 심층면접법 등을 들 수 있다. O X

> 질적 기법에 해당한다.

13 ☐☐   14 서울7
프로그램 논리모형은 평가의 신뢰성을 제고한다. O X

> 프로그램 논리모형은 평가의 타당성을 제고한다.

14 ☐☐   16 국가7
형성평가는 주로 내부 평가자 및 외부 평가자의 자문에 의해 평가를 진행하며, 정책집행단계에서 정책 담당자 등을 돕기 위한 것이다. O X

> 형성평가는 주로 정책집행 과정에서 발생하는 문제들을 해결하여 사업계획 개선과 효율적 집행전략을 수립하기 위한 목적으로 수행된다.

15 ☐☐   16 국가7
총괄평가는 주로 내부 평가자에 의해 수행되며, 평가결과를 환류하여 최종안을 개선하는 것이 목적이다. O X

> 총괄평가는 정책 프로그램의 최종적 성과를 확인하기 위해 주로 외부평가자에 의해 수행된다.

16 ☐☐   17 국가7(추)
평가성 사정은 본격적인 평가가능 여부와 평가결과의 프로그램 개선가능성 등을 진단하는 일종의 예비적 평가이다. O X

> 평가성 사정은 본격적인 평가에 앞서 실시하는 평가를 위한 평가로 평가계획을 검토하는 사전적 평가이다.

17 ☐☐   17 국가7(추)
정책비용의 측면을 고려하는 능률성 평가는 총괄평가에서 검토될 수 없다. O X

> 능률성 평가는 총괄평가에서 검토될 수 있다.

18 ☐☐   17 국가9(추)
프로그램 논리모형은 정책 프로그램이 특정 성과를 산출하기 위해 어떤 논리적 인과구조를 가지고 있는지를 명시적으로 보여준다. O X

> 논리모형은 정책프로그램이 성과를 산출하기 위해 어떤 논리적 인과구조를 가지고 있는지를 보여주는 평가모형이다.

📖 09. O   10. X   11. X   12. X   13. X   14. O   15. X   16. O   17. X   18. O

19 ☐☐　　　　　　　　　　　　　　　17 국가9(추)
프로그램 논리모형은 정책이 달성하려는 장기목표와 중단기목표들을 잘 달성했는지에 초점을 맞춘 평가모형이다. O|X

> **해설**
> 정책이 달성하려는 장기목표와 중단기목표들을 잘 달성했는지에 초점을 맞춘 평가모형은 목표모형이다.

20 ☐☐　　　　　　　　　　　　　　　18 서울7(3월)
성과표준평정법(Performance Standard Appraisal)은 구체적이고 측정 가능한 성과수준을 명시한다. O|X

> 성과표준평정법은 구체적이고 측정 가능한 성과수준을 명시하는 방법이다.

21 ☐☐　　　　　　　　　　　　　　　18 서울7(3월)
논리모형(Logic Model)은 직무활동이 설정된 성과목표를 성취하는 과정보다는 단기적인 산출물을 중시한다. O|X

> 단기적인 산출물을 중시하는 것은 목표모형이다. 논리모형은 근본적이고 장기적 변화인 결과와 영향에 초점을 맞춘다.

22 ☐☐　　　　　　　　　　　　　　　18 서울9
총괄평가(summative evaluation)는 정책이 종료된 후에 그 정책이 당초 의도했던 효과를 가져왔는지의 여부를 판단하는 활동이다. O|X

> 총괄평가는 정책이 종료된 이후에 당초에 의도했던 효과를 달성했는지를 판단한다.

23 ☐☐　　　　　　　　　　　　　　　18 서울9
평가성 사정(evaluability assessment)은 영향평가 또는 총괄평가를 실시한 후에 평가의 유용성, 평가의 성과증진 효과 등을 평가하는 활동이다. O|X

> 평가성 사정은 영향평가 또는 총괄평가를 실시하기 전에 평가의 유용성, 평가실시의 기술적 가능성 등을 평가하는 활동이다.

24 ☐☐　　　　　　　　　　　　　　　18 서울9
메타평가(meta evaluation)는 평가자체를 대상으로 하며, 평가활동과 평가체제를 평가해 정책평가의 질을 높이고 결과활용을 증진하기 위한 목적으로 활용된다. O|X

> 메타평가 '평가에 대한 평가'로서 평가자체를 대상으로 하며, 평가기획, 진행 중인 평가, 완료된 평가를 평가해서 정책평가의 질을 높이고 결과활용을 증진하기 위한 목적으로 활용된다.

25 ☐☐　　　　　　　　　　　　　　　20 서/지9
특정 정책수단 실현과 정책목표 달성 간 관계를 설명하는 다른 요인이 배제되어야 한다는 것은 인과관계의 조건 중 공동변화에 대한 설명이다. O|X

> 특정 정책수단 실현과 정책목표 달성 간 관계를 설명하는 다른 요인이 배제되어야 한다는 것은 인과관계의 조건 중 경쟁가설의 배제에 대한 설명이다.

26 ☐☐　　　　　　　　　　　　　　　20 서/지9
정책목표의 달성이 정책수단의 실현에 선행해서 존재해야 한다는 것은 인과관계의 조건 중 시간적 선행성에 대한 설명이다. O|X

> 시간적 선행성은 정책수단의 실현이 정책목표의 달성에 선행해서 존재해야 한다는 것이다.

27 ☐☐　　　　　　　　　　　　　　　21 국가7
정책평가의 일반적인 절차는 정책목표 확인 → 정책평가 대상 확정 → 인과모형 설정 → 자료 수집 및 분석 → 평가 결과 제시이다. O|X

> 정책평가는 일반적으로 정책목표 확인, 정책평가 대상 확정, 인과모형 설정, 자료 수집 및 분석, 평가 결과 제시 순으로 나타난다.

답 19. X　20. O　21. X　22. O　23. X　24. O　25. X　26. X　27. O

MEMO

18 정책실험, 타당도, 신뢰도

해설

01 ☐☐ 04 국가7
외적타당도는 실험도중 측정도구의 변화로 인한 오차와 관련된다. O X

실험도중 측정도구의 변화로 인한 오차는 신뢰도와 관련된다.

02 ☐☐ 04 국회8
정책평가 있어서 평가대상 프로그램과 성과 간에 실질적인 상관관계가 없음에도 불구하고 관계가 있는 것으로 나타나는 경우가 종종 있는데, 이때 정책평가자가 가장 우려해야 할 제3의 변수는 허위변수이다. O X

프로그램과 성과 간에 실질적인 상관관계가 없음에도 불구하고 있는 것처럼 나타나게 하는 변수를 허위변수라고 한다.

03 ☐☐ 04 입법고시
평가의 타당성을 저해하는 요인 중에서 측정요소(testing)는 실험 직전의 측정결과를 토대로 집단을 구성할 때 평소와 달리 특별히 좋거나 나쁜 행태 또는 결과 때문에 선발된 사람이 있을 수 있는데, 이런 사람들이 원래의 상태로 돌아가게 되면 측정이 왜곡되는 것을 의미한다. O X

실험 직전의 측정결과를 토대로 하는 것은 회귀인공요소에 해당한다.

04 ☐☐ 05 강원9
무작위 배정에 의한 통제, 축조에 의한 통제, 재귀적 통제, 분석적 통제 등은 내적 타당도를 제고시키는 방법에 해당한다. O X

분석적 통제는 내적타당도를 제고시키는 방법이 아니다. 반면 무작위 배정에 의한 통제는 진실험, 축조에 의한 통제와 재귀적 통제는 준실험에서 사용하는 통제방법이다.

05 ☐☐ 05 국가7
선정효과나 성숙효과는 혼란변수로 작용할 수는 있으나 허위변수로 작용할 가능성은 없다. O X

선정효과, 성숙효과, 사건효과 등은 제3의 변수로 인하여 나타나는 결과적 현상으로 혼란변수뿐 아니라 허위변수나 억압변수 등으로도 작용할 수 있다.

06 ☐☐ 07 국가9
성숙효과, 측정도구의 효과, 역사효과 등은 모두 내적 타당성을 저해하는 요인이다. O X

성숙효과, 측정도구의 효과, 역사효과는 모두 내적타당도를 저해하는 요인에 해당한다.

07 ☐☐ 08 군무원
실험집단과 통제집단을 동질적으로 구별하여 실험을 실시했을 경우에는 회귀-인공요소가 일어날 가능성이 없어진다. O X

회귀-인공요소란 실험직전 극단적인 점수를 받은 사람이 실험이 진행되는 동안 원래 자신의 성향으로 돌아가는 현상으로 이는 진실험에서도 발생한다.

08 ☐☐ 08 지방7
진실험적 방법은 실험집단과 통제집단의 동질성을 확보하여 행하는 실험이다. O X

진실험적 방법은 실험집단과 통제집단을 동질적으로 구성하는 실험이다.

09 ☐☐ 09 군무원
준실험적 평가방법은 진실험적 평가 방법에 비해 내적 타당도가 높다. O X

준실험적 평가방법은 진실험적 평가 방법에 비해 내적 타당도가 낮다.

📖 01. X 02. O 03. X 04. X 05. X 06. O 07. X 08. O 09. X

10 ☐☐ 09 서울7
외적 타당성을 저해하는 요소에는 실험 조작의 반응효과, 다수적 처리에 의한 간섭, 선발과 성숙의 상호작용 등이 있다. O X

해설 선발과 성숙의 상호작용은 내적 타당성을 저해하는 요인이다.

11 ☐☐ 10 국가전환특채
다수처리적 간섭, 호오돈효과, 표본의 대표성 부족, 회귀인공요소 등은 외적타당도의 저해요인이다. O X

해설 회귀인공요소는 내적타당도 저해요인이다.

12 ☐☐ 10 국회9
정책평가 결과를 일반화할 수 있는 정도를 통계적 결론의 타당성이라고 한다. O X

해설 외적타당성에 대한 지문이다.

13 ☐☐ 11 서울7
역사적 효과, 통계적 회귀, 측정도구의 변화, 선발과 성숙의 상호작용, 실험조작의 반응효과 등은 내적타당성에 영향을 미치는 요인이다. O X

해설 실험조작의 반응효과란 호손효과를 의미하는 것으로 외적타당성 저해요인에 해당한다.

14 ☐☐ 11 지방7
크리밍효과는 어떤 요인이 내적 타당성과 외적 타당성을 모두 저해할 수 있다는 것을 보여준다. O X

해설 크리밍효과는 준실험에서 발생할 수 있는 것으로 두 집단 간 동질성이 확보되지 못했을 때 발생하며, 이는 내적 타당성과 외적 타당성을 모두 저해하는 요인이다.

15 ☐☐ 12 경간부
구성적 타당성은 연구설계를 정밀하게 구성하여 평가과정에서 제1종 및 제2종 오류가 발생하지 않는 정도를 나타낸다. O X

해설 통계적 결론의 타당도에 대한 설명이다.

16 ☐☐ 12 국가9
신뢰도는 동일한 측정도구를 반복하여 사용했을 때 동일한 결과를 얻을 확률을 의미한다. O X

해설 신뢰도에 대한 정의로 옳은 지문이다.

17 ☐☐ 12 인천9
허위변수와 혼란변수는 내적타당도를 저해하는 제3의 변수이다. O X

해설 내적타당도를 저해하는 제3의 변수란 원인변수와 결과변수를 제외한 중간변수로서 대표적으로 허위변수와 혼란변수가 있다.

18 ☐☐ 13 경정승진
선행변수는 독립변수와 종속변수 사이에서 독립변수의 결과인 동시에 종속변수의 원인이 되는 변수이다. O X

해설 독립변수와 종속변수 사이를 매개하는 매개변수에 대한 설명이다.

19 ☐☐ 14 서울9
구성타당도(개념적 타당도)란 처리, 결과, 상황 등에 대한 이론적 구성요소들이 성공적으로 조직화된 정도를 말한다. O X

해설 구성타당도에 대한 옳은 지문이다.

📖 10. X 11. X 12. X 13. X 14. O 15. X 16. O 17. O 18. X 19. O

20 □□
준실험설계는 짝짓기 방법으로 실험집단과 통제집단을 구성하여 정책영향을 평가하거나, 시계열적인 방법으로 정책영향을 평가한다.
14 지방9 O X

해설 준실험설계에 대한 옳은 지문이다.

21 □□
통계적 결론의 타당도는 연구설계를 정밀하게 구성하여 평가과정에서 제1종 및 제2종 오류가 발생하지 않는 정도를 의미한다.
16 경정승진 O X

통계적 결론의 타당도는 정책결과의 측정을 위해 충분히 정밀하고 강력한 연구설계가 이루어진 정도를 의미한다.

22 □□
정책평가를 위하여 고찰된 통계적·실험적 방법들은 외적타당도를 제고하는 것을 제1차적 목적으로 한다.
16 경정승진 O X

정책평가를 위하여 고찰된 통계적·실험적 방법들은 내적타당도를 제고하는 것을 제1차적 목적으로 한다.

23 □□
역사적 요소는 실험기간에 일어난 역사적 사건이 실험에 영향을 미치는 것을 말한다.
16 경정승진 O X

역사적 요소는 실험기간 중 일어난 사건에 의한 대상집단의 특성변화이다.

24 □□
진실험설계의 주요 형태 중 하나인 단일집단 사전사후측정 설계는 동일한 정책대상집단에 대한 사전측정과 사후측정을 통해 정책효과를 추정하는 방식이다.
16 지방7 O X

통제집단 없이 단일한 집단에 대해서 사전측정과 사후측정 결과를 비교하여 정책효과를 추정하는 방식은 진실험이 아니라 비실험 설계방법의 주요 형태이다.

25 □□
결과변수에 영향을 미친다고 생각되는 제3변수들을 식별하여 통계분석모형에 포함시킨 후 정책효과를 추정하는 것은 비실험적 설계의 한 예이다.
16 지방7 O X

통계적 비실험적 설계에 대한 설명으로 이는 비실험적 설계의 한 예이다.

26 □□
허위변수는 독립변수인 정책수단과 함께 종속변수인 정책효과를 가져오는 요인으로 정책수단과 정책효과 사이의 인과관계를 과대 또는 과소평가하는 것을 말한다.
16 지방9 O X

혼란변수에 대한 설명이다.

27 □□
실험 직전 단 한번 측정한 극단치에 의해 개인들을 선발하면, 다음 측정에서는 그들의 평균치가 덜 극단적인 방향으로 이동하는 오류는 회귀-인공요소로, 이는 내적타당도 저해요인에 해당한다.
17 경간부 O X

회귀-인공요소는 내적타당도 저해요인에 해당한다.

28 □□
진실험설계에 의한 정책영향평가과정에서 연구대상의 무작위 배정은 실험집단과 통제 집단의 동질성을 확보함으로써 내적 타당성을 높일 수 있다.
17 교행9 O X

진실험설계에서는 실험집단과 통제집단을 무작위 배정에 의해 실험집단과 통제집단의 동질성을 확보하고 내적 타당성을 높이고자 한다.

20. O **21.** O **22.** X **23.** O **24.** X **25.** O **26.** X **27.** O **28.** O

29 17 교행9
정책평가의 신뢰성이 높으면 그 평가의 타당성이 높을 수밖에 없다. [O X]

해설 신뢰성이 타당성의 필요조건이지 충분조건은 아니므로 정책평가의 신뢰성이 높다고 해서 타당성이 높은 것은 아니다.

30 17 국가9(추)
정책평가에 있어서 조건이 양호한 집단을 대상으로 징책수단을 실시한 후 그 결과가 좋게 나타난 정책수단을 다른 상황에 적용하려고 하는 경우에 나타나는 외적 타당성의 문제는 성숙효과이다. [O X]

해설 정책평가에 있어서 조건이 양호한 집단을 대상으로 정책수단을 실시한 후 그 결과가 좋게 나타난 정책수단을 다른 상황에 적용하려고 하는 경우에 나타나는 외적 타당성의 문제는 크리밍효과이다.

31 17 서울7
'까마귀 날자 배 떨어진다'는 속담에서처럼 정책의 효과가 우연히 나타난 것은 아닌지, 다시 말해서 오직 정책에 기인한 것인지를 살펴보는 것은 내적 타당성이다. [O X]

해설 내적 타당성은 조작화된 결과에 대하여 찾아낸 효과가 다른 경쟁적인 원인들에 의해서라기보다는 조작화된 처리에 기인된 것이라고 볼 수 있는 정도로, 인과관계 추론의 정확도를 의미한다.

32 17 서울7
타당성은 정책의 대상집단과 내용 등이 동질적이나 정책평가시기를 달리하는 경우 각 시기별 정책결과 측정값의 상관관계를 분석한다. [O X]

해설 정책의 대상집단과 내용 등이 동질적인 정책평가시기를 달리하는 경우 각 시기별 정책결과 측정값의 상관관계를 분석하는 것은 신뢰도에 해당한다.

33 17 해경간부
준실험설계는 자연과학 실험과 같이 대상자들을 격리시켜 실험하기 때문에 호손효과를 강화시킨다. [O X]

해설 진실험설계는 자연과학 실험처럼 대상자들을 격리시켜 실험하기 때문에 호손효과가 나타날 수 있다.

34 17 해경간부
도구요인은 실험집단과 비교집단의 측정수단을 달리하거나, 정책 실시 전과 실시 후의 정책효과 측정수단이 다른 경우에 발생한다. [O X]

해설 도구요인에 대한 설명이다.

35 18 경간부
진실험설계의 주요 형태 중 하나인 단일집단 사전사후측정설계는 동일한 정책 대상집단에 대한 사전측정과 사후측정을 통해 정책효과를 추정하는 방식이다. [O X]

해설 단일집단 사전사후측정설계는 비실험설계의 주요 형태 중 하나이다.

36 18 국가7
준실험이 갖는 약점은 주로 외적 타당성보다는 내적 타당성에 관한 것이다. [O X]

해설 준실험은 진실험에 비하여 외적 타당성은 높지만 내적타당성은 상대적으로 낮다.

37 18 국가7
정책집행과 정책효과 사이의 인과관계를 정확히 파악할 수 있는 평가는 외적 타당성을 갖추었다고 볼 수 있다. [O X]

해설 정책집행과 정책효과 사이의 인과관계를 정확히 파악할 수 있는 평가는 실험의 정확도와 관련된 것으로 내적타당성에 해당한다.

38 18 국회8
호손효과는 정책효과가 나타날 가능성이 높은 집단을 의도적으로 실험집단으로 선정함으로써 정책의 영향력이 실제보다 과대평가되는 경우를 의미한다. [O X]

해설 정책효과가 나타날 가능성이 높은 집단을 의도적으로 실험집단으로 선정함으로써 정책의 영향력이 실제보다 과대평가되는 경우를 의미하는 것은 크리밍효과이다.

29. X 30. X 31. O 32. X 33. X 34. O 35. X 36. O 37. X 38. X

39 □□   18 지방7
자연실험은 준실험(quasi-experiment)이 아닌 진실험(true experiment)에 가까운 실험설계 방식이다. ⓞⓧ

해설: 자연실험은 사회실험에 비하여 비교적 자연스러운 상태에서 이루어지는 실험으로 진실험보다는 준실험(또는 비실험)설계에 가까운 방식이다.

40 □□   18 지방7
독립변수와 종속변수가 서로 영향을 주고받는 동시적 관계에 있을 때 이를 통제하기 위한 수단으로 자연실험을 이용할 수 있다. ⓞⓧ

해설: 자연실험은 독립변수와 종속변수가 서로 영향을 주고받는 동시적 관계에 있을 때 이를 통제하기 위한 수단으로 자연실험을 이용할 수 있다.

41 □□   18 행정사
준실험이 진실험보다 내적 타당성과 외적 타당성이 더 높다. ⓞⓧ

해설: 준실험이 진실험보다 내적 타당성은 더 낮고, 외적 타당성은 더 높다.

42 □□   19 경간부
성숙효과는 실험기간 중 실험집단의 특성이 변화함으로써 결과에 영향을 미치는 것을 의미하며, 외적 타당성 저하요인이다. ⓞⓧ

해설: 성숙효과는 내적 타당성의 저해요인이다.

43 □□   19 국가7
성숙효과는 실험 대상자들이 사전측정의 내용에 대해 친숙하게 되어 사후 측정값이 달라지는 것이다. ⓞⓧ

해설: 실험 대상자들이 사전측정의 내용에 대해 친숙하게 되어 사후 측정값이 달라지는 것은 측정요소에 해당한다.

44 □□   19 국가7
선발요인은 실험집단 및 통제집단에 대한 무작위 배정과 사전측정을 통해 어느 정도 통제할 수 있다. ⓞⓧ

해설: 선발요인은 실험집단과 통제집단간 동질성을 확보하지 못하여 측정이 영향을 받는 현상으로 진실험설계와 같은 무작위배정이나 사전측정 등으로 어느 정도 방지할 수 있다.

45 □□   19 지방9
준실험설계보다 진실험설계를 사용할 때 내적 타당성의 저해요인이 다양하게 나타난다. ⓞⓧ

해설: 진실험설계보다 준실험설계를 사용할 때 내적 타당성의 저해요인이 다양하게 나타난다.

46 □□   19 지방9
정책의 집행과 효과 사이에 존재하는 인과관계의 추론이 가능한 평가가 내적 타당성이 있는 평가이다. ⓞⓧ

해설: 내적타당성은 인과적 결론의 적합성을 의미하는 것으로 정책의 집행과 효과 사이에 인과관계의 추론이 가능하다면 내적가능성이 있다고 볼 수 있다.

47 □□   19 행정사
준실험설계는 실험집단과 통제집단의 동질성을 확보하여야 한다. ⓞⓧ

해설: 진실험설계는 실험집단과 통제집단의 동질성을 확보하여야 한다.

48 □□   20 경간부
정책평가의 내적 타당도를 저해하는 요인으로는 상실요소, 역사적 요소, 성숙효과, 오염효과, 회귀인공요소, 실험조작과 측정의 상호작용 등이 있다. ⓞⓧ

해설: 실험조작과 측정의 상호작용은 외적 타당도를 저해하는 요인이다.

49 □□   20 국가9
신뢰성은 측정도구의 타당성을 담보할 수 있는 충분조건이다. ⓞⓧ

해설: 신뢰성은 측정도구의 타당성을 담보할 수 있는 필요조건이다.

정답: 39. X 40. O 41. X 42. X 43. X 44. O 45. X 46. O 47. X 48. X 49. X

50 □□
20 국가9
타당성이 없는 측정도구는 제1종 오류를 범하는 원인이 될 수 있다. [O│X]

해설
타당성이 없는 측정도구는 인과관계를 정확하게 측정할 수 없게 되므로 정책효과가 없는 대안을 있다고 판단하게 하는 제1종 오류를 야기하는 원인이 된다.

51 □□
20 국가9
매개변수는 독립변수의 원인인 동시에 종속변수의 원인이 되는 제3의 변수이다. [O│X]

해설
매개변수는 독립변수와 종속변수 사이에서 두 변수를 매개하여 독립변수의 결과인 동시에 종속변수의 원인이 되는 변수를 말한다.

52 □□
20 국가9
허위변수는 독립변수와 종속변수 모두에게 영향을 미치며 이들 사이의 공동변화를 설명하는 제3의 변수이다. [O│X]

해설
허위변수는 독립변수와 종속변수간에 실제로는 전혀 상관관계가 없는데도 있는 것처럼 완전히 왜곡되게 나타나는 것으로 독립변수와 종속변수 모두에 영향을 주는 변수이다.

53 □□
20 국회8
회귀효과는 정책평가과정에서 효과가 크게 나타날 사람들만을 의도적으로 실험집단에 포함시킴으로써 실제보다 정책의 효과가 과대평가되는 경우를 설명하는 개념이다. [O│X]

해설
정책평가과정에서 효과가 크게 나타날 사람들만을 의도적으로 실험집단에 포함시킴으로써 실제보다 정책의 효과가 과대평가되는 경우를 크리밍 효과라고 한다.

54 □□
21 국가9
정책평가의 외적 타당성을 저해하는 요인으로 연구자의 측정기준이나 측정도구가 변화되는 경우, 표본으로 선택된 집단의 대표성이 약할 경우 등이 있다. [O│X]

해설
연구자의 측정기준이나 측정도구가 변화되는 경우는 도구요인으로 이는 내적타당성을 저해요인이고, 표본으로 선택된 집단의 대표성이 약할 경우는 표본의 대표성 부족으로 이는 외적 타당성을 저해하는 요인이다.

55 □□
21 국가9
실험집단 구성원 자신이 실험대상임을 인지하고 평소와 다른 특별한 반응을 보일 경우 외적타당성이 저해된다. [O│X]

해설
실험집단 구성원 자신이 실험대상임을 인지하고 평소와 다른 특별한 반응을 보이는 것은 호손효과에 해당하며, 외적 타당성을 저해한다.

56 □□
21 경정승진
자연실험(natural experiment)은 자연스럽게 일어나는 어떤 현상을 연구자가 인과관계 추정에 활용하는 것으로서 진실험 설계에 해당한다. [O│X]

해설
자연실험(natural experiment)은 자연스럽게 일어나는 어떤 현상을 활용하는 것으로, 실험 설계가 아니다.

57 □□
21 지방(서울)9
내적 타당성을 위협하는 요인 중 사전측정을 경험한 실험 대상자들이 측정 내용에 대해 친숙해지거나 학습 효과를 얻음으로써 사후측정 때 실험집단의 측정값에 영향을 주는 효과를 선발요인이라고 한다. [O│X]

해설
내적 타당성을 위협하는 요인 중 사전측정을 경험한 실험 대상자들이 측정 내용에 대해 친숙해지거나 학습 효과를 얻음으로써 사후측정 때 실험집단의 측정값에 영향을 주는 효과를 검사요인이라고 한다.

58 □□
21 지방7
실험 집단과 비교집단을 무작위 배정(random assignment)할 수 없어 집단 간 동질성 확보가 불가능하면, 준실험(quasi-experiment) 방법을 채택하여 진행할 수 있다. [O│X]

해설
무작위 배정에 의해 실험 집단과 비교집단 간의 동질성 확보가 불가능할 경우에는 진실험보다 준실험 방법을 채택하여 진행할 수 있다.

59 □□
21 지방7
사회실험은 아직 검증되지 않은 정책 프로그램에 대규모 투자를 하기 전에 그 결과를 미리 평가해 보는 것이 중요한 목적 중 하나이다. [O│X]

해설
사회실험은 진실험에 가까운 개념으로, 이는 아직 검증되지 않은 정책 프로그램에 대규모 투자를 하기 전 그 결과를 미리 평가해 보는 것이 중요한 목적 중 하나이다.

50. O 51. X 52. O 53. X 54. X 55. O 56. X 57. X 58. O 59. O

60 ☐☐　　　　　　　　　　　　　　　　22 국가직7
내적 타당성을 위협하는 역사요인은 정책집행 기간이 상대적으로 길고 정책대상이 사람일 때 주로 나타나며 시간의 경과 때문에 발생하는 조사대상 집단의 특성변화가 정책의 효과에 혼재되어 나타나는 경우를 말한다. ☐O☐X

해설: 성숙효과에 대한 설명이다.

61 ☐☐　　　　　　　　　　　　　　　　22 국가직7
동일 정책대상집단에 대해 정책집행을 기준으로 여러번의 사전, 사후측정을 하여 정책효과를 추정하는 '단절적 시계열설계'는 준실험설계 유형 중 하나이다. ☐O☐X

해설: 준실험설계중 단절적 시계열 설계이다.

62 ☐☐　　　　　　　　　　　　　　　　23 국가직9
내적타당도는 집행된 정책내용과 발생한 정책효과 간의 관계에 대한 인과적 추론의 정확성 정도를 의미한다. ☐O☐X

해설: 내적타당도는 정책수단과 목표효과 간에 인과관계를 의미한다.

63 ☐☐　　　　　　　　　　　　　　　　23 국가직9
솔로몬 4집단 설계는 통제집단 사전·사후 설계와 통제집단 사후 설계의 장점을 갖는다. ☐O☐X

해설: 정책실험에서 솔로몬4집단 설계의 특징이다.

64 ☐☐　　　　　　　　　　　　　　　　23 국가직9
정책평가를 위한 실험에서 통제집단 사전·사후 설계는 검사효과를 통제할 수 있다. ☐O☐X

해설: 통제집단 사전사후측정설계는 검사요인은 통제할수 없다는 단점이 있다.

📖 60. X　61. O　62. O　63. O　64. X

MEMO

19 정부업무평가 및 기타

01 ☐☐　　　　　　　　　　　　　　　　03 입법고시
산출지표는 직접적인 재화나 서비스를 측정하는 데 중요한 척도이지만, 성과와 역기능을 포함하는 정책의 효과를 측정하는 척도는 아니다. ⊙Ⓧ

> **해설**
> 산출지표는 사회과정의 최종성과에 관한 측정으로서 질적인 성과 및 역기능까지 포함하여 정책의 효과를 측정하는 척도가 된다.

02 ☐☐　　　　　　　　　　　　　　　　07 충북9
환류는 합리적 정책결정에 도움이 된다. ⊙Ⓧ

> 환류에 대한 옳은 설명이다.

03 ☐☐　　　　　　　　　　　　　　　　08 지방7
현행 정부업무평가기본법에 따르면 행정안전부장관은 정부업무평가위원회의 심의·의결을 거쳐 정부업무의 성과관리 및 정부 업무평가에 관한 정책목표와 방향을 설정한 정부업무평가기본계획을 수립하여야 한다. ⊙Ⓧ

> 정부업무평가는 국무총리 소관사항이다.

04 ☐☐　　　　　　　　　　　　　　　　09 세무사
두 로렌츠곡선이 교차하더라도 면적으로 비교하기 때문에 각각의 소득분배 상태의 불평등 정도를 비교할 수 있다. ⊙Ⓧ

> 두 로렌츠곡선이 교차할 경우 소득분배 상태의 불평등정도를 비교할 수 없다.

05 ☐☐　　　　　　　　　　　　　　　　12 국가9
지방자치단체합동평가위원회는 정부업무평가 기본법에 있다. ⊙Ⓧ

> 정부업무평가기본법 제21조 제4항에 있다.

06 ☐☐　　　　　　　　　　　　　　　　14 서울7
정부업무 특정평가는 중앙행정기관 간 긴밀한 정책 협력 체제 확립으로 정책 효과성을 제고할 수 있다. ⊙Ⓧ

> 특정평가는 국무총리가 국정을 통합적으로 관리하기 위하여 둘 이상의 중앙행정기관 관련 시책, 주요 현안 시책, 혁신관리 등에 대하여 실시하는 평가이다.

07 ☐☐　　　　　　　　　　　　　　　　14 해경간부
지니계수는 빈부격차와 계층 간 소득분포의 불균형정도를 나타내는 수치로, 소득이 어느 정도 균등하게 분배되어 있는지를 평가하는 데 주로 이용되며, 로렌츠 곡선이 나타내는 소득분배상태를 계수화한 지표이다. ⊙Ⓧ

> 지니계수와 로렌츠 곡선에 대한 옳은 지문이다.

08 ☐☐　　　　　　　　　　　　　　　　15 사복9
정부업무평가 기본법에 따르면 지방자치단체의 자체평가위원회는 공정성과 객관성을 담보하기 위하여 2분의 1 이상의 민간위원으로 구성되어야 한다. ⊙Ⓧ

> 지방자치단체의 자체평가위원회는 공정성과 객관성을 담보하기 위하여 3분의 2 이상의 민간위원으로 구성되어야 한다.

09 ☐☐　　　　　　　　　　　　　　　　16 서울9
정부업무평가 기본법에 의한 정부업무평가 대상은 중앙행정기관과 지방자치단체를 포함하며 공공기관은 제외된다. ⊙Ⓧ

> 정부업무평가 기본법의 평가대상기관은 "중앙행정기관, 지방자치단체, 중앙행정기관 또는 지방자치단체의 소속기관, 공공기관"을 포함한다.

01. X　02. O　03. X　04. X　05. O　06. X　07. O　08. X　09. X

10 □□
정부업무평가 중 특정평가는 국무총리가 중앙행정기관을 대상으로 정책을 평가하는 것을 의미한다. 　16 서울9　O X

해설 「정부업무평가 기본법」 제2조의 내용으로 특정평가는 국무총리가 중앙행정기관을 대상으로 국정을 통합적으로 관리하기 위하여 필요한 정책 등을 평가하는 것을 말한다.

11 □□
지방자치단체 합동평가위원회는 행정안전부 소속 위원회로 「정부업무평가 기본법」에 설치 근거를 둔다. 　16 서울9(수정)　O X

해설 「정부업무평가 기본법」 제21조의 내용으로 행정안전부장관은 행정안전부 소속하에 지방자치단체합동평가위원회를 설치·운영할 수 있다.

12 □□
「정부업무평가 기본법」에 의하면 행정안전부장관은 지방자치단체 합동평가위원회의 당연직 위원장이다. 　17 국가9　O X

해설 「정부업무평가 기본법」에 의하면 지방자치단체 합동평가위원회의 위원장은 민간위원 중에서 행정안전부 장관이 지명하는 사람이 된다.

13 □□
「정부업무평가 기본법」에 의하면 김포시와 도로교통공단은 평가대상에 포함된다. 　17 국가9　O X

해설 「정부업무평가 기본법」에 의하면 지방자치단체(김포시), 공기업(도로교통공단)뿐 아니라 중앙행정기관, 지방자치단체의 소속기관도 평가대상에 포함된다.

14 □□
「정부업무평가 기본법」에 따른 정부업무평가의 종류로 중앙행정기관의 자체평가, 지방자치단체의 자체평가, 중앙행정기관에 대한 합동평가, 공공기관에 대한 평가가 있다. 　17 사복9　O X

해설 합동평가는 자치단체의 국고보조사업 등 국가위임사무 등에 대해 행정안전부 장관이 관계 중앙행정기관의 장과 합동으로 평가할 수 있는 것으로 중앙행정기관에 대한 합동평가는 존재하지 않는다.

15 □□
「정부업무평가 기본법」상 정부업무평가의 종류에는 중앙행정기관의 자체평가, 공공기관에 대한 평가, 지방자치단체의 자체평가, 환경영향평가 등이 있다. 　17 지방9　O X

해설 환경영향평가는 「정부업무평가 기본법」상 정부업무평가의 종류에 해당하지 않는다.

16 □□
「정부업무평가 기본법」상 자체평가는 국무총리가 중앙행정기관을 대상으로 국정을 통합적으로 관리하기 위하여 필요한 정책 등을 평가하는 것이다. 　17 지방9(추)　O X

해설 국무총리가 중앙행정기관을 대상으로 국정을 통합적으로 관리하기 위하여 필요한 정책 등을 평가하는 것은 특정평가이다.

17 □□
「정부업무평가 기본법」상 정부업무평가의 실시와 평가기반의 구축을 체계적·효율적으로 추진하기 위하여 국무총리 소속하에 정부업무평가위원회를 둔다. 　17 지방9(추)　O X

해설 정부업무평가의 실시와 평가기반의 구축을 추진하기 위하여 국무총리 소속하에 정부업무평가위원회를 둔다.

18 □□
「정부업무평가 기본법」상 국무총리는 중앙행정기관의 자체평가 결과에 대해 필요시 정부업무평가위원회의 심의·의결을 거쳐 재평가를 할 수 있다. 　18 지방9　O X

해설 정부업무평가 기본법에 따르면 중앙행정기관 자체평가 결과에 대해 재평가 할 수 있는 주체는 국무총리이다.

📖 10. O　11. O　12. X　13. O　14. X　15. X　16. X　17. O　18. O

19 ☐☐ 　　　　　　　　　　　　　　　　　　　　　　18 지방9
환경영향평가는 2003년 「환경영향평가법」에 처음으로 근거가 명시된 후 발전해 온 평가제도이다. ⓄⓍ

> 환경영향평가제도는 「환경·교통·재해 등에 관한 영향평가법」에 의하여 2001년부터 시행되어 온 평가제도이며, 2009년에 「환경영향평가법」으로 개칭되었다.

20 ☐☐ 　　　　　　　　　　　　　　　　　　　　　　18 행정사
성과평가 논리모형에서 영향(impact)은 프로그램이 의도한 재화와 서비스의 생산량을 의미한다. ⓄⓍ

> 프로그램이 의도한 재화와 서비스의 생산량을 의미하는 것은 산출이다.

21 ☐☐ 　　　　　　　　　　　　　　　　　　　　　　18 행정사
미션과 비전은 구체적이고 경험적인 검증보다는 추상적이고 규범적인 평가차원에서 다루어진다. ⓄⓍ

> 미션과 비전은 추상적이고 규범적인 평가차원에서 다루어진다.

22 ☐☐ 　　　　　　　　　　　　　　　　　　　　　　19 국가7
「정부업무평가 기본법」상 재평가는 이미 실시된 평가의 결과, 방법 및 절차에 관하여 그 평가를 실시한 기관 외의 기관이 다시 평가하는 것이다. ⓄⓍ

> 재평가라 함은 이미 실시된 평가의 결과·방법 및 절차에 관하여 그 평가를 실시한 기관 외의 기관이 다시 평가하는 것을 말한다.

23 ☐☐ 　　　　　　　　　　　　　　　　　　　　　　19 국가7
「정부업무평가 기본법」상 국가위임사무에 대하여 평가가 필요한 경우에는 행정안전부 장관이 중앙행정기관의 장과 함께 특정평가를 실시할 수 있다. ⓄⓍ

> 국가위임사무에 대하여 평가가 필요한 경우에는 행정안전부장관은 관계 중앙행정기관의 장과 합동평가를 실시할 수 있다.

24 ☐☐ 　　　　　　　　　　　　　　　　　　　　　　19 국가9
정부업무평가위원회는 위원장 1인과 14인 이내의 위원으로 구성한다. ⓄⓍ

> 정부업무평가위원회는 위원장 2인을 포함한 15인 이내의 위원으로 구성한다.

25 ☐☐ 　　　　　　　　　　　　　　　　　　　　　　19 국가9
「정부업무평가 기본법」상 중앙행정기관 또는 지방자치단체의 소속기관이 행하는 정책은 정부업무평가의 대상에 포함된다. ⓄⓍ

> 중앙행정기관, 지방자치단체, 중앙행정기관 또는 지방자치단체의 소속기관 및 공공기관에서 행하는 정책은 정부업무평가의 대상이다.

26 ☐☐ 　　　　　　　　　　　　　　　　　　　　　　20 국회8
「정부업무평가기본법」상 행정안전부장관은 평가제도의 운영실태를 확인·점검하고, 그 결과에 따라 제도개선방안의 강구 등 필요한 조치를 할 수 있다. ⓄⓍ

> 「정부업무평가기본법」상 평가제도의 운영실태를 확인·점검하고, 그 결과에 따라 제도개선방안의 강구 등 필요한 조치를 할 수 있는 주체는 국무총리이다.

27 ☐☐ 　　　　　　　　　　　　　　　　　　　　　　22 경간부
정부업무평가의 실시와 평가기반의 구축을 체계적·효율적으로 추진하기 위하여 대통령 소속 하에 정부업무평가위원회를 둔다. ⓄⓍ

> 정부업무평가의 실시와 평가기반의 구축을 체계적·효율적으로 추진하기 위하여 국무총리 소속 하에 정부업무평가위원회를 둔다.

28 ☐☐ 　　　　　　　　　　　　　　　　　　　　　　22 국가직9
「정부업무평가 기본법」상 특정평가는 국무총리가 중앙행정기관과 공공기관을 대상으로 국정을 통합적으로 관리하기 위한 목적을 갖는다. ⓄⓍ

> 특정평가는 국무총리가 중앙행정기관을 대상으로 국정을 통합적으로 관리하기 위하여 필요한 정책등을 평가하는 것을 의미한다.

19. X　20. X　21. O　22. O　23. X　24. X　25. O　26. X　27. X　28. X

MEMO

CHAPTER 20 기획론

01 ☐☐   01 국회7
현대기획은 종합적 기획체제에서 부분적 계획으로 전환되고 있다. ⓄⓍ

해설
현대기획은 과거의 부분적 기획체제에서 종합적 기획으로 전환되고 있다.

02 ☐☐   04 국회8
Hudson이 분류한 다섯 가지 기획 중 창도적 기획은 법적 피해구제 절차를 중시하는 특징이 있다. ⓄⓍ

창도적 기획에 대한 옳은 지문이다.

03 ☐☐   04 서울9
연동계획(기획)은 집권당의 선거공약을 제시하는 데 효과적이다. ⓄⓍ

연동기획은 기획기간이 유동적이므로 국민에 대한 호소력이 약해 정치인들이 선거공약 등을 제시하는데 불리하므로 정치가가 선호하지 않는 기획유형이다.

04 ☐☐   04 서울9
구체적이고 집권적인 기획은 구성원의 판단과 창의성을 보장할 수 있다. ⓄⓍ

기획은 강제력과 구속성을 특징으로 하므로 구성원의 자율과 창의력을 저해한다는 한계를 안고 있다.

05 ☐☐   06 경북9
전략기획은 제한된 합리성의 한계를 극복하게 해준다. ⓄⓍ

전략기획은 장기적으로 합리적인 계획이 어려운 조직의 여건하에서는 성공할 수 없는 접근법이기 때문에 제한된 합리성을 불가피성을 고려하지 못한다는 지적이 따른다.

06 ☐☐   11 군무원
기획은 목표설정-상황분석-기획전제의 설정-대안 탐색 및 평가-최적안 선택 순으로 이루어진다. ⓄⓍ

기획의 과정으로 옳다.

07 ☐☐   12 경간부
기획담당자의 무사안일과 소극적 성향과 일상적 집행업무를 중시하는 것은 기획의 그레샴 법칙의 원인이다. ⓄⓍ

기획의 그레샴 법칙은 '악화가 양화를 구축한다'는 기획에 응용한 것으로 쇄신적인 기획보다 일상적인 단순집행업무가 더 중시되는 현상을 말한다.

08 ☐☐   15 해경간부
점증주의 전략에 입각하여 계획적 이상과 현실을 조화시키고 일종의 계속적인 계획으로서 장기계획과 단기계획을 결합시키는 데 이점을 가진 것은 연동계획에 대한 설명이다. ⓄⓍ

연동계획에 대한 옳은 지문이다.

01. X   02. O   03. X   04. X   05. X   06. O   07. O   08. O

MEMO

PART

03

조직론

MANI 마니 행정학 기출 OX 총정리

- 01 조직의 의의 및 조직유형
- 02 동기부여 이론(내용이론)
- 03 동기부여 이론(과정이론)
- 04 조직의 주요원리
- 05 조직구조 변수
- 06 공식·비공식조직&계선·참모기관
- 07 관료제와 탈관료제
- 08 위원회
- 09 책임운영기관
- 10 공기업
- 11 조직문화, 조직목표
- 12 리더십 1 - 리더십 발달
- 13 리더십 2 - 기타 최신이론
- 14 조직관리(의사전달, 갈등, 권위)
- 15 정보공개, 행정PR, 행정참여 등
- 16 조직과 환경
- 17 조직발전(OD)
- 18 조직동태화(애드호크라시, 네트워크, 학습조직, 기타)
- 19 MBO, TQM 및 최근 조직혁신기법

01 조직의 의의 및 조직유형

01 ☐☐　　　　　　　　　　　　　　　　　　05 광주9
Blau와 Scott의 조직 유형에서 호혜조직은 갈수록 분권화된다.　　O X

> **해설**
> 호혜적 조직은 갈수록 집권화가 될 가능성이 높으므로 구성원에 의한 참여와 통제를 보장하는 민주적 절차를 유지하는 것이 가장 중요한 문제이다.

02 ☐☐　　　　　　　　　　　　　　　　　　05 광주9
Etzioni의 조직유형에 따르면 권력이 강압적일 때 수용태도는 소외적이라고 본다.　　O X

Etzioni의 조직유형에 대한 설명으로 옳다.

03 ☐☐　　　　　　　　　　　　　　　　　　06 경남9
매트릭스구조는 기능구조와 사업구조의 화학적 결합을 시도하는 조직구조이다.　　O X

매트릭스구조에 대한 옳은 지문이다.

04 ☐☐　　　　　　　　　　　　　　　　　　07 서울7
민츠버그 조직설계 유형 형태 중 '분할구조'는 빠르고 융통성이 있으며 유지비용이 적게든다.　　O X

단순 구조에 대한 설명이다.

05 ☐☐　　　　　　　　　　　　　　　　　　10 서울7
고전적 조직에서 조직의 구성원들은 합리적인 경제적 원리에 따라서 행동하지 못한다고 가정한다.　　O X

고전적 조직에서 조직의 구성원들은 합리적인 경제적 원리에 따라 행동하는 합리적 이기주의자들로 가정된다.

06 ☐☐　　　　　　　　　　　　　　　　　　10 지방7
Cox,Jr는 조직을 획일적 조직, 다원적 조직, 다문화적 조직으로 분류하였다.　　O X

콕스는 문화적 다양성에 따라 획일적 조직, 다원적 조직, 다문화적 조직으로 분류하였다.

07 ☐☐　　　　　　　　　　　　　　　　　　11 광주전환특채
신고전적 이론인 인간관계론에서는 경제적인 요인을 중시한다.　　O X

고전적 이론에서는 경제적인 동기를, 인간관계론에서는 비경제적인 동기를 각각 중시한다.

08 ☐☐　　　　　　　　　　　　　　　　　　12 경정승진
민츠버그(Mintzberg)의 조직유형 중 전문적 관료제는 수평·수직적으로 분권화된 조직형태로 작업과정의 표준화를 조정기제로 한다.　　O X

기계적 관료제에 대한 설명이다.

09 ☐☐　　　　　　　　　　　　　　　　　　12 국가9
사업구조는 수평적 조정의 필요성이 낮을 때 효과적인 조직구조로서 규모의 경제를 제고할 수 있다.　　O X

기능구조에 대한 설명이다.

10 ☐☐　　　　　　　　　　　　　　　　　　12 해경간부
민츠버그의 조직유형론에서 기계적 관료제는 업무의 표준화 및 높은 공식화를 정착시킬 수 있으며, 다소 낮은 전문성을 가진 중간 및 낮은 수준의 관리자를 채용할 수 있어 비용을 절감할 수 있다.　　O X

기계적 관료제에 대한 옳은 지문이다.

01. X　02. O　03. O　04. X　05. X　06. O　07. X　08. X　09. X　10. O

11 ☐☐
신고전적 조직이론은 인간의 조직 내 사회적 관계와 더불어 조직과 환경의 관계를 중점적으로 다루었다.

14 국가9

O X

해설 신고전이론은 환경을 고려하지 않는 폐쇄체제이다.

12 ☐☐
콕스의 다문화적 조직은 다른 문화적 입장을 가진 사람들을 포용하지만 집단 간 갈등수준은 상당히 높다.

14 국회8

O X

해설 콕스의 다문화적 조직은 문화적 다양성의 긍정적 가치를 존중하며 집단 간 갈등을 최소화한다.

13 ☐☐
신고전 조직이론에 따르면 조직은 거래비용을 감소하기 위한 장치로 기능한다고 본다.

15 지방9

O X

해설 현대적 조직이론에 대한 설명이다.

14 ☐☐
블라우와 스코트의 조직유형 중 기업조직은 운영의 능률을 극대화하여 이익을 창출하는 것이 중요하다.

16 경정승진

O X

해설 블라우와 스코트의 조직유형 중 기업조직에 대한 옳은 지문이다.

15 ☐☐
애드호크라시(Adhocracy)는 다양한 전문가들로 구성된 집합으로 조직화와 표준화가 신속하게 이뤄지는 것을 말한다.

16 국가9

O X

해설 조직화와 표준화가 신속하게 이뤄지는 것은 관료제이다.

16 ☐☐
기능구조는 중복과 낭비를 예방하고 기능 내에서 규모의 경제를 구현할 수 있다.

16 서울7

O X

해설 기능구조는 중복과 낭비를 막을 수 있으므로 기능 내에서 규모의 경제를 제고할 수 있다.

17 ☐☐
사업구조는 의사결정의 상위 집중화로 최고관리층의 업무 부담이 증가될 수 있다.

16 서울7

O X

해설 기능구조는 의사결정의 상위 집중화로 최고관리층의 업무 부담이 증가될 수 있다.

18 ☐☐
민츠버그(Mintzberg)의 조직 유형에서 단순구조는 낮은 분화, 낮은 공식화, 높은 집권화를 특징으로 한다.

17 국회9

O X

해설 단순구조는 낮은 분화, 공식화 및 높은 집권화를 특징으로 한다.

19 ☐☐
사업부제구조는 중간관리층을 핵심 부문으로 하는 대규모 조직에서 나타나는데 관리자간 영업 영역의 마찰이 일어날 수 있다.

17 해경간부

O X

해설 사업부제구조는 조직 내 중간관리층을 핵심 부문으로 하는 대규모 조직에서 나타나지만, 관리자 간 영역과 권한의 마찰이 발생한다.

20 ☐☐
전문적 관료제 구조는 전문성 확보에 유리한 반면, 수직적 집권화에 따른 환경변화에 영합하는 속도가 빠르다는 문제가 있다.

17 해경간부

O X

해설 전문적 관료제 구조는 전문성 확보에 유리하며 기술적 표준화에 따른 환경변화에 영합하는 속도가 느리다는 문제가 있지만, 수평적·수직적 분권화를 추진한다.

11. X 12. X 13. X 14. O 15. X 16. O 17. X 18. O 19. O 20. X

21 □□ 18 국회9
민츠버그(H. Mintzberg)의 사업부 조직(divisionalized organization)은 참모 중심의 구조이며, 신축적이고 혁신적인 조직구조이다. O X

해설 사업부 조직(divisionalized organization)은 계선중심(중간관리자 중심)의 구조이며, 안정적이고 단순한 조직구조이다.

22 □□ 18 서울9
조직이론은 과학적 관리론 → 인간관계론 → 신제도이론 → 체제이론 순으로 발달하였다. O X

조직이론은 과학적 관리론 → 인간관계론 → 체제이론 → 신제도이론 순으로 발달하였다.

23 □□ 18 지방7
민츠버그(Mintzberg)의 조직성장 경로모형에 따르면 전략적 정점(strategic apex)은 기계적 관료제 구조와 상응한다. O X

최고위층에 해당하는 전략적 정점은 단순구조에 해당한다.

24 □□ 18 지방7
민츠버그(Mintzberg)의 조직성장 경로모형에 따르면 지원참모(support staff)는 애드호크라시(adhocracy)와 상응한다. O X

지원막료가 주요구성부문을 차지하는 구조는 애드호크라시이다.

25 □□ 19 국가7
후기 인간관계론의 경우 개인은 다양한 차원에서 다양한 특성을 지니고 있으므로 상황에 따라 개인을 다양한 시각으로 이해할 필요가 있다고 본다. O X

개인은 다양한 차원에서 다양한 특성을 지니고 있으므로 상황에 따라 개인을 다양한 시각으로 이해할 필요가 있다고 보는 것은 다원적 관리에 대한 설명으로 복잡인과 관련된다.

26 □□ 19 국가7
후기 인간관계론을 대표하는 이론으로는 맥그리거(McGregor)의 Y이론, 아지리스(Argyris)의 성숙인 등을 들 수 있다. O X

후기인간관계론을 대표하는 조직이론가는 아지리스(C.Argyris), 리커트(R.Likert), 맥그리거(D.McGregor) 등이 있다.

27 □□ 19 서울7
블라우(Blau)와 스콧(Scott)은 기능을 중심으로 조직의 유형을 분류하였다. O X

블라우와 스콧은 조직의 수혜자를 중심으로 조직의 유형을 분류하였다. 기능을 중심으로 조직을 분류한 학자는 파슨스(Parsons)이다.

28 □□ 19 서울7
파슨스(Parsons)는 경찰조직을 사회통합기능을 수행하는 통합조직으로 분류한다. O X

파슨스의 조직유형 중 경찰조직, 사법기관과 같은 사회통합 기능을 수행하는 구조는 통합조직이다.

29 □□ 19 서울7
에치오니(Etzioni)는 민간기업체를 공리적 조직으로 분류한다. O X

에치오니는 경제목표를 추구하는 민간기업체나 평상시의 군대조직을 공리적 조직으로 분류하였다.

30 □□ 19 서울7(2월)
민츠버그의 조직성장 경로모형 중 전략 부문은 조직을 가장 포괄적인 관점에서 관리하는 최고관리층이 있는 곳으로 조직의 전략을 형성한다. O X

전략 부문은 최고관리층이 있는 곳으로 조직의 전략을 형성한다.

21. X 22. X 23. X 24. O 25. X 26. O 27. X 28. O 29. O 30. O

31 □□   20 군무원9
에치오니의 조직목표 유형에는 질서목표, 문화적 목표, 사회적 목표, 경제적 목표가 있다. ⃞O ⃞X

해설 에치오니의 조직목표 유형에는 질서목표, 문화적 목표, 경제적 목표가 있다. 사회적 목표는 해당하지 않는다.

32 □□   20 군무원9
파슨스(T. Parsons)의 조직유형 중 조직체제의 목표달성기능과 관련된 유형은 통합조직이다. ⃞O ⃞X

해설 파슨스의 조직유형 중 조직체제의 목표달성기능과 관련된 조직은 정치조직이다.

33 □□   21 경간부
민츠버그(H. Mintzberg)가 제시한 조직구조에서 중간부문(middle line)은 업무의 표준화를 추구한다. ⃞O ⃞X

해설 중간부문은 산출의 표준화를 추구하고, 업무의 표준화를 추구하는 부문은 기계적 관료제의 핵심 구성부문인 기술구조이다.

34 □□   21 경간부
민츠버그(H. Mintzberg)가 제시한 조직구조에서 전략부문(strategic apex)은 조직에 관한 전반적 책임을 지는 부문이다. ⃞O ⃞X

해설 전략부문은 조직에 관한 전반적 책임을 지는 부문으로, 단순구조의 핵심 구성부문이다.

35 □□   21 경간부
기능구조는 규모의 경제라는 장점을 지닌다. ⃞O ⃞X

해설 기능구조는 공동기능별로 통합하여 부서화한 조직으로, 전문성 제고와 규모의 경제에 의한 비용 절감 등 효율성을 극대화하는 조직구조이다.

36 □□   21 경간부
사업구조는 환경변화에 대한 탄력적 대응력이 기능구조에 비해 떨어진다. ⃞O ⃞X

해설 사업구조는 산출물별(사업별)로 편제되어 자율적으로 운영되는 조직으로 환경변화에 탄력적으로 대응할 수 있다.

37 □□   21 소방간부
테일러(Taylor)의 과학적 관리론, 베버(Weber)의 관료제론, 셀즈닉(Selznick)의 흡수(cooptation)이론은 모두 환경을 고려하지 않는 폐쇄체제적 조직관에 해당한다. ⃞O ⃞X

해설 테일러의 과학적 관리론, 베버의 관료제론은 환경을 고려하지 않는 폐쇄체제적 조직관에, 셀즈닉의 흡수이론은 현대적 이론으로 환경을 고려하는 개방체제적 조직관에 해당한다.

38 □□   21 소방간부
합리적이고 능률적인 관리에만 초점을 맞추어 조직 내 인간을 도외시하고, 조직의 비인간화, 인간성의 파괴를 가져온다는 비판을 받는 이론으로는 페이욜(Fayol)의 산업관리론, 귤릭과 어윅(Gulick & Urwick)의 행정관리론, 아지리스(Argyris)의 성숙 - 미성숙이론 등이 있다. ⃞O ⃞X

해설 합리적이고 능률적인 관리에만 초점을 맞추어 조직 내 인간을 도외시하고, 조직의 비인간화, 인간성의 파괴를 가져온다는 비판을 받는 이론은 고전적 조직이론이다. 한편, 아지리스(Argyris)의 성숙 - 미성숙이론은 신고전 조직이론에 해당한다.

39 □□   21 지방(서울)9
고전적 조직이론은 조직 내 사회적 능률을 강조하고, 조직 속의 인간을 자아실현인으로 간주한다. ⃞O ⃞X

해설 조직 내 사회적 능률을 강조하는 것은 신고전적 조직이론에, 조직 속의 인간을 자아실현인으로 간주하는 것은 일반적으로 현대적 조직이론에 해당한다.

---

31. X   32. X   33. X   34. O   35. O   36. X   37. X   38. X   39. X

40 ☐☐   21 지방7

적응적 사회구조로서의 조직은 모건(Morgan)이 제시한 조직의 8가지 이미지에 해당한다. O X

해설

적응적 사회구조로서의 조직은 모건이 제시한 조직의 8가지 이미지에 해당하지 않는다. 한편 모건은 기계장치, 유기체, 두뇌, 문화, 정치적 존재, 심리적 감옥, 흐름, 지배를 조직의 8가지 이미지로 제시하였다.

41 ☐☐   22 경간부

사업구조를 가진 조직은 제품별·산출물별로 구성된 자기완결적 사업부서를 가지며, 이들 사이의 업무조정은 매우 쉽다. O X

사업부서 간의 업무조정은 매우 곤란하지만, 사업부서 내의 조정은 용이하다.

42 ☐☐   22 국가7

신고전적 조직이론은 조직 내 사회적 능률을 강조하고, 조직의 비공식적 구조나 요인에 초점을 둔다. O X

신고전적 조직이론의 대표로 인간관계론이 있다.

40. X   41. X   42. O

MEMO

02 동기부여 이론(내용이론)

01 ☐☐ 03 입법고시
허즈버그(Herzberg)가 주장하는 위생요인은 만족감은 주지만 직무에 대한 동기부여를 하지 않는 요인들이다. O X

해설) 허즈버그의 위생요인은 불만요인만 제거할 뿐 동기부여나 만족감을 주지는 못한다.

02 ☐☐ 04 국회8
매슬로우(Maslow)는 욕구의 발로는 순차적이고, 한 단계의 욕구가 완전히 충족되어야 다음 단계의 욕구가 발로될 수 있다고 보았다. O X

해설) 매슬로우는 하급욕구로부터 상급욕구로 순차적으로 유발되고, 한 단계의 욕구가 어느정도 충족되면 다음단계 욕구로 진행된다고 보았다.

03 ☐☐ 04 인천9
매슬로우(Maslow)의 욕구단계 중 자아실현의 단계와 같은 욕구는 허즈버그(Herzberg)의 만족요인(동기요인)이다. O X

해설) 매슬로우의 자아실현 욕구는 허즈버그의 동기요인과 연관된다.

04 ☐☐ 05 경북9
Herzberg의 욕구충족요인이원론에 따르면 동기요인은 만족감을 느끼게 하는 것은 아니고 불만을 막는 작용을 한다고 본다. O X

해설) 위생요인에 대한 설명이며, 동기요인이 충족되면 만족을 느낀다.

05 ☐☐ 05 울산9
Schein이 제기한 복잡인관에 따르면 조직관리는 구성원에 대한 지시와 통제보다는 개인과 조직의 목표를 통합시킬 수 있는 전략을 우선적으로 취하여야 한다고 보았다. O X

해설) 복잡인관이 아니라 자아실현인 내지는 성장인에 대한 설명이다.

06 ☐☐ 05 충남7
리커트(Likert)는 착취적 권위형, 온정적 권위형, 혁신적 참여형, 협동적 참여형의 4가지 관리체제모형으로 구분하였다. O X

해설) 혁신적 참여형이 아니라 참여적 집단형 또는 협의적 참여형이라고 해야 옳다.

07 ☐☐ 06 전북7
매슬로우의 욕구이론에 따르면 충족된 욕구는 동기유발요인이 된다. O X

해설) 매슬로우에 따르면 어느 정도 충족된 욕구는 더 이상 동기유발요인이 되지 못한다고 보았다.

08 ☐☐ 06 전북9
Mcgregor의 X이론에 따르면 사람은 조직목표 달성을 위해 자율적으로 자기규제를 한다고 본다. O X

해설) Y이론에 대한 설명이다.

09 ☐☐ 07 경남7
Maslow는 생리적 욕구, 안정적 욕구, 사회적 욕구, 자아실현의 욕구, 존경의 욕구로 순차적으로 발생한다고 한다. O X

해설) Maslow는 생리적 욕구, 안정적 욕구, 사회적 욕구, 존경의 욕구, 자아실현의 욕구 순으로 발생한다고 주장하였다.

01. X 02. X 03. O 04. X 05. X 06. X 07. X 08. X 09. X

10 ☐☐
07 대전7

앨더퍼는 인간의 욕구를 계층에 따라 욕구의 발로가 이루어진다고 규정한 점에서는 머슬로와 공통된 견해를 지니고 있다. O X

> 앨더퍼와 매슬로우의 공통점에 해당한다.

11 ☐☐
07 충남9

성취감, 타인의 인정, 직무 자체, 승진기회, 보수 등은 허즈버그의 동기요인에 해당한다. O X

> 보수는 위생요인이다.

12 ☐☐
08 국회8

허즈버그의 위생-동기이론에 따르면 만족과 불만족은 같은 요인에 의해 생성될 수 있다. O X

> 허즈버그에 따르면 불만을 주는 위생요인과 만족을 주는 동기요인은 별개라고 주장한다.

13 ☐☐
10 경정승진

아지리스는 미성숙-성숙이론에서 성숙한 인간의 욕구와 조직합리성에 치중하는 공식 조직 중심의 관리전략이 부조화를 초래할 수 있다고 지적하였다. O X

> 아지리스의 미성숙-성숙이론에 대한 설명이다.

14 ☐☐
10 국가7

매슬로우는 개인의 욕구는 학습되는 것이므로 개인마다 그 욕구의 계층에 차이가 많이 난다고 주장하였다. O X

> McClelland의 성취동기이론에 대한 설명이다.

15 ☐☐
10 서울7

허즈버그는 동기요인이 없을 경우 구성원에게 불만족을 초래하지만 이것이 잘 갖추어졌다고 직무수행동기를 유발하는 것은 아니라고 보았다. O X

> 위생요인에 대한 설명이다.

16 ☐☐
11 경정승진

앨더퍼는 매슬로우가 제시한 욕구계층이론의 문제점 및 한계점을 보완하기 위해 조직의 실체를 다룬 현장연구를 실시하였다. O X

> 앨더퍼는 욕구를 설문지, 면접 등을 통하여 실증적으로 연구할 수 있다고 주장하였다.

17 ☐☐
11 군무원

McGregor의 Y이론적 관리전략으로 권위주의적 리더십, 목표에 의한 관리, 비공식적 조직 활용, 분권화와 권한의 위임 등을 주장하였다. O X

> 권위주의적 리더십은 X이론의 관리전략이다.

18 ☐☐
11 서울7

욕구단계이론이나 욕구충족요인 이원론은 동기를 유발하는 과정을 설명하는 과정이론이라기보다는 동기를 유발하는 요인의 내용을 설명하는 내용이론에 해당한다. O X

> 욕구단계이론과 욕구충족요인 이원론은 모두 내용이론이다.

📖 10. O 11. X 12. X 13. O 14. X 15. X 16. O 17. X 18. O

19 ☐☐ 11 지방9
해크먼(Hackman)과 올드햄(Oldham)의 직무특성모델의 잠재적 동기지수(MPS) 공식에 의하면 제시된 직무특성들 중 직무정체성과 직무중요성이 동기부여에 가장 중요한 역할을 한다. O X

> 자율성과 환류가 동기부여에 가장 중요한 역할을 한다.

20 ☐☐ 12 경간부
Schein에 의하면 인간은 다양한 욕구와 잠재력을 가진 복잡한 존재로서 개인별로 복잡성의 유형도 다르다고 보았다. O X

> Schein의 복잡인 모형에 대한 설명이다.

21 ☐☐ 13 경간부
해크먼(Hackman)과 올드햄(Oldham)의 직무특성모델에서 직무중요성이란 개인이 자신의 직무에 대해 개인적으로 느끼는 책임감의 정도를 의미한다. O X

> 해크먼과 올드햄의 직무특성모델에서 개인이 자신의 직무에 대해 개인적으로 느끼는 책임감의 정도를 의미하는 것은 자율성이다.

22 ☐☐ 13 국가9
맥그리거의 Y이론에 따르면 근로자들은 작업을 놀이처럼 즐기고 스스로 통제할 줄 아는 존재이므로 자율성을 부여한다. O X

> Y이론에 대한 설명이다.

23 ☐☐ 14 서울9
합리적·경제적 인간관은 테일러의 과학적 관리론, 맥그리거의 X이론, 아지리스의 미성숙인 이론의 기반을 이룬다. O X

> Schein의 합리적·경제적 인간관은 인간을 이해타산적이며 피동적인 존재로 보는 고전적 조직이론의 인간관과 같다.

24 ☐☐ 15 사복9
욕구는 학습되는 것이므로 개인마다 욕구 계층에 차이가 있고, 학습된 욕구들은 성취, 권력, 친교 욕구 등으로 구분할 수 있다고 주장한 학자는 맥클러랜드(McClelland)이다. O X

> 맥클러랜드는 인간의 욕구를 사회문화적으로 학습되는 것이라고 규정하면서 욕구를 성취욕구, 권력욕구, 친교욕구 3가지로 분류하였다.

25 ☐☐ 16 서울7
맥클랜드(McClelland)의 성취동기이론에 의하면 성취 욕구는 행운을 바라는 대신 우수한 결과를 얻기 위해 높은 기준을 설정하고 이를 달성하려는 욕구이다. O X

> 맥클랜드의 성취동기이론에 대한 옳은 지문이다.

26 ☐☐ 16 서울7
핵맨과 올드햄의 직무특성이론에 의하면 직무특성을 결정하는 변수로 기술다양성, 직무정체성, 직무중요성, 자율성, 환류를 들고 있다. O X

> 핵맨과 올드햄은 직무특성을 결정하는 변수로 기술다양성, 직무정체성, 직무중요성, 자율성, 환류를 들고 있다.

27 ☐☐ 16 지방9
매슬로우(Maslow)는 상위 차원의 욕구가 충족되지 못하거나 좌절될 경우, 하위 욕구를 더욱 더 충족시키고자 한다고 주장하였다. O X

> 상위 차원의 욕구가 충족되지 못하거나 좌절될 경우, 하위 욕구를 더욱 더 충족시키고자 한다고 주장한 학자는 Alderfer이다.

19. **X** 20. **O** 21. **X** 22. **O** 23. **O** 24. **O** 25. **O** 26. **O** 27. **X**

28 □□
매슬로(Maslow)의 욕구단계이론에서 안전의 욕구와 사회적 욕구는 앨더퍼(Alderfer)의 ERG이론의 첫 번째 욕구단계인 존재욕구에 해당한다. O X

> 생리적 욕구와 안전의 욕구는 앨더퍼의 ERG이론의 첫 번째 욕구단계인 존재욕구에 해당한다. 한편 사회적 욕구는 관계욕구에 해당한다.

29 □□
매슬로(Maslow)의 욕구단계이론에 따르면 어느 한 단계의 욕구가 완전히 충족되어야만 다음 단계의 욕구를 추구하게 되는 것은 아니다. O X

> 매슬로(Maslow)의 욕구단계이론은 한 단계의 욕구가 완전히 충족되어야만 다음 단계의 욕구를 추구하는 것이 아니라 어느 정도만 충족되면 다음 단계의 욕구가 발로된다.

30 □□
매슬로(Maslow)의 욕구단계이론에서 사회적 욕구는 어떤 일을 행함으로써 느끼게 되는 자신감, 성취감 등을 의미한다. O X

> 매슬로(Maslow)의 욕구단계이론에서 사회적 욕구는 다른 사람과의 관계에서 느끼는 소속욕구이다. 한편 어떤 일을 행함으로써 느끼게 되는 자신감이나 성취감은 자아실현욕구이다.

31 □□
허즈버그의 욕구충족요인 이원론은 불만을 주는 요인과 만족을 주는 요인이 서로 다르다고 주장한다. O X

> 허즈버그의 욕구충족요인 이원론은 불만을 주는 요인과 만족을 주는 요인이 서로 다르다고 본다.

32 □□
허즈버그(Herzberg)의 욕구충족요인 이원론은 욕구의 계층화를 시도한 점에서 매슬로(Maslow)의 욕구단계 이론과 유사하다. O X

> 욕구의 계층화를 시도한 점에서 매슬로(Maslow)의 욕구단계 이론과 유사하다고 보는 이론은 앨더퍼의 ERG 이론이다.

33 □□
허즈버그(Herzberg)의 욕구충족요인 이원론은 무엇이 동기를 유발하는가에 초점을 두는 내용이론으로 분류된다. O X

> 허즈버그의 욕구충족요인 이원론은 대표적인 내용이론으로 분류된다.

34 □□
맥클리랜드(McClelland)의 성취동기이론, 브룸(V. H. Vroom)의 기대이론, 매슬로우(A. Maslow)의 욕구계층이론은 모두 내용이론에 해당한다. O X

> 맥클리랜드의 성취동기이론, 매슬로우의 욕구계층이론은 내용이론에, 브룸의 기대이론은 과정이론에 해당한다.

35 □□
Alderfer의 ERG이론은 인간의 욕구를 존재, 관계, 성장의 3단계로 나누고 '좌절 - 퇴행' 접근법을 주장하였으며 이는 과정이론에 해당한다. O X

> Alderfer의 ERG이론은 내용이론에 해당한다.

36 □□
X이론 관리전략은 의사결정 시 부하직원을 참여시키고 권한을 확대해서 자율적으로 업무를 수행할 수 있게 한다. O X

> 의사결정 시 부하직원을 참여시키고 권한을 확대해서 자율적으로 업무를 수행할 수 있게 하는 것은 Y이론 관리전략이다.

37 □□
Y이론 관리전략은 관리자가 조직구성원에게 적절한 업무량을 부과하여 업무를 수행하게 해야 한다. O X

> 관리자가 조직구성원에게 적절한 업무량을 부과하여 업무를 수행하게 하는 것은 X이론 관리전략이다.

28. X   29. O   30. X   31. O   32. X   33. O   34. X   35. X   36. X   37. X

38 19 경간부
아지리스의 동기부여 이론은 공식조직이 개인의 행태에 미치는 영향 연구를 통해 인간은 미성숙상태에서 성숙상태로 발전하는 과정에서 성격 변화를 경험한다는 점을 주장했다. O X

해설 공식조직이 개인의 행태에 미치는 영향 연구를 통해 인간은 미성숙상태에서 성숙상태로 발전하는 과정에서 성격 변화를 경험한다는 점을 주장한 것은 아지리스의 동기부여이론이다.

39 19 국가9
Schein의 사회적 인간관은 인간을 자신의 이익을 극대화하기 위해 행동하는 존재로 보며 인간은 조직에 의해 통제·동기화되는 수동적 존재이며, 조직은 인간의 감정과 같은 주관적 요소를 통제할 수 있도록 설계돼야 한다고 본다. O X

해설 인간을 자신의 이익을 극대화하기 위해 행동하는 존재로 보며 인간은 조직에 의해 통제·동기화되는 수동적 존재이며, 조직은 인간의 감정과 같은 주관적 요소를 통제할 수 있도록 설계돼야 한다고 보는 것은 합리적·경제적 인간관이다.

40 19 국회9
내용이론은 인간 행동의 동기가 어떻게 유발되는지에 중점을 둔다. O X

해설 과정이론은 인간 행동의 동기가 어떻게 유발되는지에 중점을 둔다.

41 19 서울7
맥클랜드(McClelland)의 성취동기이론은 개인의 욕구는 성취욕구, 친교욕구, 권력욕구로 구분되며, 성취욕구의 중요성을 강조한다. O X

해설 맥클랜드의 성취동기이론은 개인의 욕구를 성취욕구, 친교욕구, 권력욕구로 구분하고 성취욕구의 중요성을 강조하였다.

42 19 서울7(2월)
앨더퍼(C. Alderfer)의 ERG 이론은 머슬로의 욕구 5단계이론과 달리, 욕구추구는 분절적으로 일어날 수도 있지만, 두 가지 이상의 욕구를 동시에 추구하기도 한다고 주장하였다. O X

해설 Alderfer의 ERG이론은 욕구추구는 분절적으로 일어날 수도 있지만 두 가지 이상의 욕구를 동시에 추구하기도 한다고 보았다.

43 19 지방7
엘더퍼(Alderfer)의 ERG 이론은 상위 욕구가 만족되지 않으면, 하위 욕구를 더욱 충족시키고자 한다고 주장한다. O X

해설 Alderfer는 욕구의 순차적 발로뿐만 아니라 상위욕구가 충족되지 못할 때 하위목표로의 후진적·퇴행적 경로를 주장하였다.

44 20 경간부
Likert의 관리체제이론, Argyris의 미성숙-성숙이론, Skinner의 강화이론, Porter & Lawler의 업적만족이론은 모두 내용이론에 해당한다. O X

해설 Likert의 관리체제이론, Argyris의 미성숙-성숙이론은 내용이론에, Skinner의 강화이론, Porter & Lawler의 업적만족이론은 과정이론에 해당한다.

45 20 행정사
허즈버그가 제시한 위생요인에는 봉급, 대인관계, 근무조건, 인정감, 조직정책 등이 있다. O X

해설 허즈버그가 제시한 위생요인에는 봉급, 대인관계, 근무조건, 조직정책이 있다. 인정감은 만족요인이다.

46 21 국가9
매클리랜드(McClelland)의 성취동기이론에 따르면 개인들의 욕구는 학습을 통해 개발될 수 있다. O X

해설 매클리랜드의 성취동기이론은 개인의 행동을 동기화시키는 욕구는 학습되는 것이므로 개인마다 욕구의 계층에 차이가 있다고 본다.

38. O **39.** X **40.** X **41.** O **42.** O **43.** O **44.** X **45.** X **46.** O

47 ☐☐　　　　　　　　　　　　　　　　　21 경간부
허즈버그(F. Herzberg)가 주장하는 위생요인의 예로 근무환경, 임금, 동료 간의 관계, 책임감 등이 있다.
　　　　　　　　　　　　　　　　　　　　　O X

책임감은 만족요인에 해당한다.

48 ☐☐　　　　　　　　　　　　　　　　　21 소방간부
허즈버그의 욕구 2요인론에서 작업조건, 보수, 승진, 직업의 안정은 위생요인에 해당한다.
　　　　　　　　　　　　　　　　　　　　　O X

작업조건, 보수, 직업의 안정은 위생요인에, 승진은 동기요인에 해당한다.

49 ☐☐　　　　　　　　　　　　　　　　　21 소방간부
맥그리거(McGregor)의 Y이론형 인간 및 아지리스(Argyris)의 성숙모형의 인간은 허즈버그(Herzberg)의 위생요인에 의해 동기부여 받을 가능성이 높다.
　　　　　　　　　　　　　　　　　　　　　O X

맥그리거의 Y이론형 인간 및 아지리스의 성숙모형의 인간은 허즈버그의 동기요인에 의해 동기부여 받을 가능성이 높다.

50 ☐☐　　　　　　　　　　　　　　　　　21 경정승진
앨더퍼(C. Alderfer)의 ERG이론은 두 가지 이상의 욕구가 동시에 작용하여 복합적으로 하나의 행동을 유발할 수 있다고 주장하였다.
　　　　　　　　　　　　　　　　　　　　　O X

앨더퍼의 ERG이론은 두 가지 이상의 욕구가 동시에 작용하여 복합적으로 하나의 행동을 유발할 수 있다고 보는 복합적 욕구를 주장하였다.

51 ☐☐　　　　　　　　　　　　　　　　　22 국가7
앨더퍼(Alderfer)의 욕구내용 중 관계욕구는 머슬로(Maslow)의 생리적 욕구와 안전욕구에 해당한다.
　　　　　　　　　　　　　　　　　　　　　O X

앨더퍼(Alderfer)의 관계욕구는 머슬로(Maslow)의 사회적 욕구에 해당한다.

52 ☐☐　　　　　　　　　　　　　　　　　22 지방직9
성취감은 허즈버그(Herzberg)의 욕구충족요인 이원론에서 동기요인에 해당한다.
　　　　　　　　　　　　　　　　　　　　　O X

성취감은 허즈버그(Herzberg)의 욕구충족요인 이원론에서 동기요인에 해당한다.

위생요인(hygiene factors, 불만 관련 요인)	동기요인(motivators, 만족 관련 요인)
• 조직의 정책과 행정 • 감독 • 보수, 지위, 안전 등 • 대인관계 • 작업조건	• 보람 있는 직무(직무내용 자체) • 직무상의 성취 • 직무 성취에 대한 인정(인정감) • 책임 • 성장(승진) 또는 발전

53 ☐☐　　　　　　　　　　　　　　　　　23 지방9
해크만과 올드햄(Hackman & Oldham)의 직무특성이론에서는 유의성, 수단성, 기대감을 동기부여의 핵심으로 보았다.
　　　　　　　　　　　　　　　　　　　　　O X

해크만과 올햄의 직무특성 요소는 직무다양성, 직무정체성, 직무중요성, 자율성, 환류이다.

47. X　48. X　49. X　50. O　51. X　52. O　53. X

03 동기부여 이론(과정이론)

01 ☐☐ 04 경북9
동기이론의 하나인 강화이론에서 불만족스럽거나 불쾌한 상태를 제거하며 기대행동을 유도하는 것을 처벌이라고 한다. ⓞⓧ

> 처벌이 아니라 소극적(부정적) 강화에 해당한다.

02 ☐☐ 04 금산9
포터와 롤러의 업적-만족이론은 만족이 업적에 선행해야 한다. ⓞⓧ

> 포터와 롤러의 업적-만족이론은 업적달성이 만족을 가져오는 과정을 중시한다.

03 ☐☐ 04 행정고시
아담스의 형평성 이론에 따르면 바람직하지 못한 행동에 수반되는 제재를 철회함으로써 바람직한 행동의 발생을 유도하고 유지할 수 있다. ⓞⓧ

> 강화이론(학습이론)에 대한 설명이다.

04 ☐☐ 05 국회8
Porter와 Lawler의 업적만족이론에 의하면 내재적 보상은 조직 내에서 이루어지는 승급이나 승진 등을 말한다. ⓞⓧ

> 외재적 보상에 대한 설명이다.

05 ☐☐ 05 대구7
기대이론 중에서 성과가 바람직한 보상을 가져다 줄 것이라고 믿는 정도를 수단성이라고 한다. ⓞⓧ

> 브룸의 동기기대이론 중 수단성에 대한 설명이다.

06 ☐☐ 05 대구7
Downs의 등반형은 인간이란 권력을 추구하고 변화보다는 안정을 추구하며 조직을 현상 그대로 유지하려 한다. ⓞⓧ

> 보전형에 대한 설명이다.

07 ☐☐ 05 대전9
Vroom의 기대이론, Poter와 Lawler의 업적만족이론, Georgopoulos의 통로목표이론, Aldefer의 ERG이론, Atkinson의 기대이론은 모두 과정이론에 해당한다. ⓞⓧ

> Aldefer의 ERG이론은 내용이론에 해당한다.

08 ☐☐ 06 국회8
스키너(Skinner)의 강화이론은 인간행동의 경험적 분석을 강조하고 구성원을 움직이기 위한 긍정적 강화의 중요성을 강조하며 조작적 조건화를 통한 인간행동 변화를 유도하는 특징을 가진다. ⓞⓧ

> 스키너의 강화이론에 대한 설명이다.

09 ☐☐ 07 국회8
브룸(Vroom)의 기대이론은 개인이 지각한 투입과 산출의 비율이 불균형 상태에 있을 때 이것이 동기유발에 미치는 영향에 관심을 갖는다. ⓞⓧ

> Adams의 형평성이론에 대한 설명이다.

01. X   02. X   03. X   04. X   05. O   06. X   07. X   08. O   09. X

10 □□ 08 지방7
인식적 학습이론에 따르면 행동을 결정하는 데 외적 선행 자극이나 결과로서의 자극뿐만 아니라 내면적 욕구, 만족, 기대 등도 함께 영향을 미친다. O X

> **해설**
> 인식론적 학습이론은 사람이 어떻게 생각하며 왜 행동하는가라는 정신적·심리적 과정에 관심을 갖는 이론으로, 관찰가능한 행태나 외부의 결과로서의 자극보다는 인간의 내면적 욕구, 만족, 기대 등이 학습에 영향을 미친다고 본다.

11 □□ 10 국회8
브룸은 인간행동의 방향과 강도는 행위과정에 대한 공정성 지각에 의해 결정된다고 보았다. O X

> 아담스의 형평성이론에 대한 설명이다.

12 □□ 10 서울9
소거란 팀의 주요 사업에 기여도가 약한 사람에게는 팀에 주어지는 성과포인트를 배정하지 않음으로써 성실한 참여를 유도하는 방식이다. O X

> 소거 또는 중단에 해당한다.

13 □□ 12 경간부
아담스의 공정성이론은 종업원에 대한 보상의 중요성을 강조하고 있으며 과소보상보다는 과대보상을 할 것을 주장한다. O X

> 자기의 노력과 보상 간의 비율을 타인과 비교하여 불공평한 대우를 받는다고 여기면 그것을 시정하려는 행동의 동기를 유발하게 되는데, 불공평한 처우에는 과소보상 뿐 아니라 과다보상도 포함된다.

14 □□ 13 국회8
연속적 강화는 행동이 일어날 때마다 강화요인을 제공하는 것이다. O X

> 강화일정에서 연속적 강화는 행동이 나올 때마다(일어날 때마다) 강화요인을 제공하는 것이다.

15 □□ 13 서울7
동기부여란 개인과 조직이 욕구의 결핍을 충족하기 위한 수단을 탐색하는 과정지향적 행동을 의미한다. O X

> 동기부여란 개인과 조직이 욕구의 결핍을 충족하기 위한 수단을 탐색하는 목적지향적 행동을 의미한다.

16 □□ 14 국가9
브룸(Vroom)의 기대이론은 보상에 대한 매력성, 결과에 따른 보상, 그리고 결과발생에 대한 기대감에 의해 동기유발의 강도가 좌우된다고 보았다. O X

> 브룸의 기대이론에 대한 설명이다.

17 □□ 15 경정승진
강화이론은 생산량에 비례하여 임금을 지급하는 성과급제는 변동 비율 강화의 한 예로, 바람직한 행동을 유지하는데 효과적이다. O X

> 고정 비율 강화의 예이다.

18 □□ 16 경간부
포터(Porter)와 롤러(Lawler)는 인간의 동기 유발 요인으로 내재적 보상과 외재적 보상으로 나누었을 때, 내재적 보상이란 경제적 이익 및 승진 등과 같은 개인의 환경과 관련된 것이라고 보았다. O X

> 외재적 보상에 대한 설명이다.

---

10. X 11. X 12. O 13. X 14. O 15. X 16. O 17. X 18. X

19 ☐☐   16 서울7
포터와 로울러의 기대이론은 성과의 수준이 업무만족의 원인이 된다고 본다. ○|X

> 포터와 로울러는 직무의 성취수준이 업무만족의 원인이 될 수 있다는 관점에 입각해 기대이론을 정립하였다.

20 ☐☐   16 지방9
애덤스는 형평성 이론에서 자신의 노력과 그 결과로 얻어지는 보상과의 관계를 다른 사람의 것과 비교해 상대적으로 느끼는 공평한 정도가 행동동기에 영향을 준다고 본다. ○|X

> 애덤스의 형평성 이론은 개인이 자신의 직무에 대한 공헌도와 보상을 준거인물과 비교하여 불공정성을 느끼는 경우 이를 해소하는 방향으로 동기가 부여된다고 본다.

21 ☐☐   17 국회8
로크(Locke)의 목표설정이론은 구체적이고 어려운 목표의 설정과 목표성취도에 대한 환류의 제공이 업무담당자의 동기를 유발하고 업무성취를 향상시킨다고 본다. ○|X

> 로크(Locke)의 목표설정이론은 구체성이 높고 난이도가 높은 목표일수록 동기유발이 잘 되며 환류가 필수적으로 수반되어야 한다고 본다.

22 ☐☐   17 서울7
브룸(Vroom)의 기대이론은 개인의 선호에 부합하는 결과물을 유인으로 제시한다. ○|X

> 브룸의 기대이론에서는 개인의 선호에 부합하는 성과를 유인으로 제시하는 것이 필요하다고 본다.

23 ☐☐   17 서울7
로크(Locke)의 목표설정이론은 평이하고 구체적인 목표를 제시한다. ○|X

> 로크의 목표설정이론에 따르면, 목표가 도전적이고 명확할 때 인간은 더욱 노력하게 된다고 본다.

24 ☐☐   18 경간부
아담스(J.S. Adams)의 공정성이론(equity theory)에서 산출을 변화시키는 방법으로 직무보상을 개선하기 위해 노력하는데 봉급인상이나 더 나은 직책을 요구한다. ○|X

> 아담스의 공정성이론에서는 산출을 변화시키기 위해 봉급인상이나 더 나은 직책 등을 요구하기도 한다.

25 ☐☐   18 국가7
V.Vroom의 기대이론은 과정이론으로, 개인은 업적에 따라 보상을 받게 되며 이때 주어지는 보상은 공평한 것으로 지각되어야 하는데, 개인이 불공평하다고 인식하면 만족을 줄 수 없게 된다고 본다. ○|X

> 개인은 업적에 따라 보상을 받게 되며 이때 주어지는 보상은 공평한 것으로 지각되어야 하는데, 개인이 불공평하다고 인식하면 만족을 줄 수 없게 된다고 보는 것은 Adams의 공정성이론으로 과정이론에 해당한다.

26 ☐☐   18 국회8
공공부문 성과연봉제 보수체계 설계 시 성과급 비중을 설정하는 데 적용할 수 있는 동기부여이론은 애덤스(Adams)의 형평성이론이다. ○|X

> 공공부문 성과연봉제 보수체계 설계 시 성과급 비중을 설정하는 것은 공정한 보상과 연결되므로 애덤스의 형평성이론과 관련된다.

27 ☐☐   19 경간부
Porter와 Lawler의 성과(업적)-만족이론에 따르면 개인이 기대하는 보상의 양은 만족에 영향을 주지 않으며, 개인이 실제로 받는 보상의 양만 만족에 영향을 미친다. ○|X

> 개인은 실제로 받는 보상의 양뿐만 아니라 그가 받아야 한다고 기대하는 보상의 양도 만족에 영향을 미친다.

19. ○   20. ○   21. ○   22. ○   23. X   24. ○   25. X   26. ○   27. X

28 ☐☐ 19 국가9
브룸(Vroom)의 기대이론에서 수단성(instrumentality)은 특정한 결과에 대한 선호의 강도를 의미한다. ☐X☐

> 해설
> 브룸의 기대이론에서 유의성은 특정한 결과에 대한 선호의 강도를 의미한다.

29 ☐☐ 19 국회9
과정이론은 동기를 유발하는 내용이 무엇인지 설명하는 이론이다. ☐X☐

> 내용이론은 동기를 유발하는 내용이 무엇인지 설명하는 이론이다.

30 ☐☐ 19 서울7
브룸(Vroom)의 기대이론에 따르면 개인은 투입한 노력 대비 결과의 비율을 준거 인물의 그것과 비교하여 불균형이 발생했을 때 이를 조정하려 한다. ☐X☐

> 개인은 투입한 노력 대비 결과의 비율을 준거 인물의 그것과 비교하여 불균형이 발생했을 때 이를 조정하려 하는 것은 아담스의 공정성 이론이다.

31 ☐☐ 19 지방7
포터와 롤러(Porter&Lawler)의 업적·만족 이론은 성과보다는 구성원의 만족이 직무성취를 가져온다고 지적한다. ☐X☐

> 포터와 롤러의 업적·만족 이론은 성과가 구성원의 만족을 가져온다고 지적한다.

32 ☐☐ 20 경간부
강화이론(학습이론)에서 고정간격 강화는 부하의 행동이 발생하는 빈도에 따라 일정한 간격으로 강화 요인을 제공하는 것이다. ☐X☐

> 부하의 행동이 발생하는 빈도에 따라 일정한 간격으로 강화 요인을 제공하는 것은 고정비율 강화이다.

33 ☐☐ 21 국가9
아담스(Adams)의 공정성 이론에 따르면 공정하다고 인식할 때 동기가 유발된다. ☐X☐

> 아담스(Adams)의 공정성 이론에 따르면 자신과 준거인물의 투입과 산출을 비교하여 불공정하다고 인식할 때 동기가 유발된다.

34 ☐☐ 21 경정승진
브룸(V. Vroom)의 기대이론(Expectancy Theory)에서 '유의성'은 개인의 행동이 일정 수준 이상의 성과를 가져올 것이라는 믿음이다. ☐X☐

> 개인의 행동이 일정 수준 이상의 성과를 가져올 것이라는 믿음은 수단성이다.

35 ☐☐ 21 국가7
브룸(Vroom)의 기대이론에서 기대감(expectancy)은 개인의 노력(effort)이 공정한 보상(reward)으로 이어질 것이라는 주관적 믿음을 의미한다. ☐X☐

> 기대감은 개인의 노력이 어떠한 성과로 이어질 것이라는 주관적 믿음의 확률을 의미한다.

36 ☐☐ 22 경간부
아담스(J.S. Adams)의 형평성(공정성)이론은 개인이 지각하는 산출-투입비율이 타인의 산출-투입비율과 대등하면 동기가 유발되지 않는다고 주장한다. ☐X☐

> 아담스의 공정성이론은 개인이 지각하는 산출과 투입의 비율이 준거인(타인)의 산출과 투입의 비율과 동등할 경우 동기가 유발되지 않는다.

37 ☐☐ 22 국가7
애덤스(Adams)는 투입한 노력 대비 얻은 보상에 대해서 준거인과 비교해 상대적으로 느끼는 공평함의 정도가 동기부여에 영향을 미친다고 하였다. ☐X☐

> 애덤스는 준거인과 비교를 하였다.

28. X 29. X 30. X 31. X 32. X 33. X 34. X 35. X 36. O 37. O

04 조직의 주요원리

01 ☐☐ 05 충남9
부하의 사기를 높여주려면 통솔범위를 좁혀서 일을 적게 주어야 한다. ⓞⓧ

> 해설
> 부하의 사기를 높여주려면 통솔범위를 넓혀서 일과 자율성을 많이 주어야 한다.

02 ☐☐ 05 한국수력원자력
계층의 존재는 조직 내 분쟁과 갈등의 요인이 된다. ⓞⓧ

> 계층의 존재는 오히려 조직 내 분쟁과 갈등을 조정하는 수단이 된다.

03 ☐☐ 08 서울7
분화의 원리에는 부성화의 원리, 동질화의 원리, 계층제의 원리, 참모조직의 원리, 분업의 원리 등이 있다. ⓞⓧ

> 계층제의 원리는 조정을 위한 원리이다.

04 ☐☐ 10 경정승진
마일(Mile)의 법칙이란 공무원의 입장 및 태도는 그의 직위에 의존한다는 이론이다. ⓞⓧ

> 마일의 법칙이란 공무원의 입장 및 태도는 그가 속한 조직이나 직위 및 신분에 의존한다는 것이다.

05 ☐☐ 11 국가전환특채
통솔범위의 원리란 한 사람의 상급자가 효과적으로 통솔할 수 있는 적정한 부하의 수에 관한 원리를 말한다. ⓞⓧ

> 통솔범위의 원리에 대한 설명이다.

06 ☐☐ 11 울산전환특채
계층제는 변동에 대한 순응, 할거주의 초래, 능력과 지위의 부조화, 집단사고의 폐단 등의 특징을 갖는다. ⓞⓧ

> 계층제는 폐쇄적 경직성으로 인하여 변동에 대한 적응이 곤란하고 오히려 변화에 저항한다.

07 ☐☐ 12 경정승진
계층제의 원리는 직무를 권한과 책임의 정도에 따라 등급화하고 상하계층 간에 지휘와 명령복종관계를 확립하여 구성원의 귀속감과 참여감을 증진시키는 순기능을 가지고 있다. ⓞⓧ

> 계층제의 원리는 직무를 권한과 책임의 정도에 따라 조직구성원들 간 수직적으로 등급화한 것으로 구성원의 참여를 저해한다.

08 ☐☐ 12 군무원
명령통일의 원리는 막료 조직에 적용하기 유용하다. ⓞⓧ

> 명령통일의 원리는 계선 조직에 적용하기 유용하다.

09 ☐☐ 14 보건9
명령통일의 원리가 강조될수록 참모조직의 영향이 더욱 강화된다. ⓞⓧ

> 명령통일의 원리가 강조될수록 참모조직의 영향은 약화된다.

10 ☐☐ 16 국가9
민츠버그에 의하면 연락 역할 담당자는 상당한 공식적 권한을 부여받아 조직 내 부문 간 의사전달 문제를 처리한다. ⓞⓧ

> 민츠버그에 의하면 연락 역할 담당자는 비공식적인 권한을 상당히 부여받아 업무를 수행하게 되므로 이에 필요한 전문지식을 가지고 있느냐에 따라 업무 수행의 성공여부가 결정된다.

01. X 02. X 03. X 04. O 05. O 06. X 07. X 08. X 09. X 10. X

11 □□   16 국가9
재니스(Janis)에 따르면 최종 대안을 도출한 후에는 각 참여자들에게 반대의견을 제시할 수 있는 기회를 부여하지 않으면 집단사고(groupthink)를 예방할 수 있다고 보았다. O|X

> 조직에서 최종적인 대안을 도출한 후에 각 참여자들에게 반대의견을 제시할 수 있는 기회를 부여함으로써 집단사고를 예방할 수 있다.

12 □□   16 국가9
귤릭(Gulick)의 조직 설계의 고전적 원리 중 전문화의 원리란 전문화가 되면 될수록 행정능률은 올라간다는 것을 의미한다. O|X

> 전문화의 원리란 업무를 세분화할수록 능률적·경제적 성과를 얻을 수 있다는 원리이다.

13 □□   16 지방9
계층제는 조직 내의 권한과 책임 및 의무의 정도가 상하의 계층에 따라 달라지도록 조직을 설계하는 것을 의미하고, 조직에서 지휘명령 등 의사소통, 특히 상의하달의 통로가 확보되는 순기능이 있다. O|X

> 계층제는 조직 내 권한체계의 계층화를 요구하는 원리로 지휘명령의 의사소통 통로가 확보된다.

14 □□   17 국가7
통솔범위가 넓은 조직은 일반적으로 고층구조를 갖는다. O|X

> 통솔범위가 넓은 조직은 일반적으로 저층구조를 갖는다.

15 □□   17 지방9
분업의 원리에 따라 조직 전체의 업무를 종류와 성질별로 나누어 조직구성원이 가급적 한 가지의 주된 업무만을 전담하게 하면, 부서 간 의사소통과 조정의 필요성이 없어진다. O|X

> 분업의 원리는 업무를 세분화 할수록 능률적 경제적 성과를 얻을 수 있다는 원리로, 지나친 분업은 부서 간 의사소통과 조정의 필요성을 없애는 것이 아니라 오히려 이러한 문제를 유발하여 부처할거주의 등을 야기한다.

16 □□   17 지방9
부성화의 원리는 한 조직 내에서 유사한 업무를 묶어 여러 개의 하위기구를 만들 때 활용되는 것으로 기능부서화, 사업부서화, 지역부서화, 혼합부서화 등의 방식이 있다. O|X

> 부성화의 원리는 일정한 기준에 따라 서로 연관된 업무를 묶어 구성해야 한다는 것으로, 여기에는 기능부서화, 사업부서화, 지역부서화, 혼합부서화 등의 방식이 있다.

17 □□   17 지방9
분업은 업무량의 변동이 심하거나 원자재의 공급이 불안정한 경우에 더 잘 유지된다. O|X

> 분업은 업무량의 변동이 심하거나 원자재의 공급이 불안정한 경우 업무를 세분화하기 어려우므로 분업을 유지하기 어렵다.

18 □□   17 지방9
통솔범위란 한 사람의 상관 또는 감독자가 효과적으로 통솔할 수 있는 부하 또는 조직단위의 수를 말하며, 감독자의 능력, 업무의 난이도, 돌발 상황 발생 가능성 등 다양한 요소를 고려하여 정해진다. O|X

> 통솔범위란 상관의 능률적인 감독을 위해 효과적으로 통제하는 대상인원의 범위 수, 조직단위의 수 등을 의미한다.

19 □□   17 지방9
분업의 심화는 작업도구·기계와 그 사용방법을 개선하는 데 기여할 수 있다. O|X

> 분업이 심화되면 작업도구나 그 사용방법 등을 개선하는데 유리하다.

📖 11. X   12. O   13. O   14. X   15. X   16. O   17. X   18. O   19. O

20 □□   17 지방9(추)
부성화(部省化)의 원리는 조정에 관한 원리에 해당한다. ⓄⓍ

해설 부성화의 원리는 분업에 관한 원리에 해당한다.

21 □□   17 지방9(추)
매트릭스 조직은 명령통일의 원리를 위반한 것이다. ⓄⓍ

해설 매트릭스 조직은 기능별 조직과 사업별 구조를 화학적으로 결합시킨 구조로 명령통일의 원리에 어긋나는 조직이라 할 수 있다.

22 □□   18 국가9
수직적 연결은 상위계층의 관리자가 하위계층의 관리자를 통제하고 하위계층 간 활동을 조정하는 것을 목적으로 한다. ⓄⓍ

해설 수직적 연결은 조직의 상하간 활동을 조정하는 연결장치이다.

23 □□   18 국가9
수직적 연결방법으로는 임시적으로 조직 내의 인적·물적자원을 결합하는 프로젝트 팀(project team)의 설치 등이 있다. ⓄⓍ

해설 조직 내의 인적·물적자원을 결합하는 프로젝트 팀(project team)의 설치 등은 수평적 연결방법에 해당한다.

24 □□   18 군무원
규칙, 연락역할 담당자, 태스크포스, 정보시스템은 수평적 조정기제이다. ⓄⓍ

해설 규칙은 수직적 조정기제에, 연락역할 담당자, 태스크포스, 정보시스템은 수평적 조정기제에 해당한다.

25 □□   20 서/지9
명령통일의 원리는 여러 상관이 지시한 명령이 서로 다를 경우 내용이 통일될 때까지 명령을 따르지 않아야 한다는 것이다. ⓄⓍ

해설 명령통일의 원리는 한 사람의 부하는 한 명의 상관으로부터만 명령을 받고 그에게만 보고해야 한다는 것이다.

26 □□   20 서/지9
조정의 원리는 권한 배분의 구조를 통해 분화된 활동들을 통합해야 한다는 것이다. ⓄⓍ

해설 조정의 원리는 구성원들의 분화된 노력과 활동을 한 방향으로 조정 및 통합하여야 한다는 것이다.

27 □□   21 경간부
조직 내 사회적 압력으로 인하여 비판적인 사고가 억제되고 판단능력이 저하되어 결국, 잘못된 의사결정에 도달되는 현상을 포획현상이라고 한다. ⓄⓍ

해설 조직 내 사회적 압력으로 인하여 비판적인 사고가 억제되고 판단능력이 저하되어 결국, 잘못된 의사결정에 도달되는 현상을 집단사고 현상이라고 한다.

28 □□   21 경정승진
통솔범위의 원리는 인간 능력의 한계가 있기 때문에 상관은 일정한 수의 부하를 통솔하여야 한다는 원리이다. ⓄⓍ

해설 통솔범위의 원리는 인간의 능력에는 한계가 있으므로 상관이 효과적으로 감독할 수 있는 부하의 수는 한정되어야 한다는 원리이다.

29 □□   21 국가7
부문화의 원리는 일정한 기준에 따라 서로 기능이 같거나 유사한 업무를 조직단위로 묶는 것을 의미한다. ⓄⓍ

해설 부문화의 원리는 일정한 기준에 따라 서로 연관된 업무를 묶어 조직단위를 구성하는 것을 의미한다.

20. X   21. O   22. O   23. X   24. X   25. X   26. O   27. X   28. O   29. O

MEMO

05 조직구조 변수

01 ☐☐   05 국회8
조직의 복잡성이란 조직의 업무수행 방식이나 절차의 표준화 정도를 의미한다.
O X

> **해설**
> 조직의 업무수행 방식이나 절차의 표준화 정도를 의미하는 것은 공식화이다. 한편 복잡성은 직무의 분화정도를 의미한다.

02 ☐☐   05 국회8
일반적으로 불확실한 환경에서는 집권화를 통해 환경에 대응하는 것이 효율적이다.
O X

> 불확실한 환경의 경우 분권화가 효율적이다.

03 ☐☐   05 대구7
페로우(Perrow)는 장인적 기술을 사용하는 부서의 경우 과제의 다양성은 높고 문제의 분석가능성은 낮아 문제해결이 어렵다고 보았다.
O X

> 장인적 기술은 과제의 다양성과 문제의 분석가능성이 모두 낮아 문제해결이 어렵다.

04 ☐☐   05 울산9
공식화는 문서화 정도와 관련되어 있으며, red tape같은 부정적 문제를 유발하기도 한다.
O X

> 공식화는 문서주의나 번문욕례의 폐단이 발생하기도 한다.

05 ☐☐   05 인천9
대규모조직일수록 공식성이 낮다.
O X

> 대규모조직에서는 관리통제의 용이함을 확보하기 위하여 공식화를 강조한다.

06 ☐☐   06 경기소방
조직의 규모가 커지면 복잡성이 커지다가 일정 정도에 도달하면 체감한다.
O X

> 조직의 규모와 복잡성에 대해 설명한 지문이다.

07 ☐☐   06 국가7
조직의 규모가 확대되면서 계층적 분화, 표준화 및 공식화에 의한 조정과 통제가 나타난다.
O X

> 조직 규모가 확대될수록 구조적 분화가 촉진되며 공식화 등에 의한 감독 등이 나타난다.

08 ☐☐   07 경기9
톰슨(Thompson)의 기술 모형 중 중개적 기술은 다양한 기술의 복합체로서 종합병원과 같은 곳에서 사용한다.
O X

> 집약적 기술에 대한 설명이다.

09 ☐☐   07 국가7
높은 공식화와 분권화는 긍정적으로 상관되어 있으며 양자는 서로를 강화한다.
O X

> 높은 공식화는 높은 집권화와 긍정적으로 상관되어 있다.

01. X   02. X   03. X   04. O   05. X   06. O   07. O   08. X   09. X

10 □□   07 국회8
역사가 짧은 신설 조직은 선례가 없기 때문에 설립자의 지시에 의존하게 되어 집권화의 경향을 가진다. O X

역사가 짧은 소규모 신설조직은 집권화되기 쉽다.

11 □□   08 선관위9
비숙련 직무일수록 수평적, 수직적 전문화가 낮다. O X

비숙련 단순직무일수록 수평적, 수직적 전문화가 높다.

12 □□   09 국회8
대부분의 조직에서 위기는 집권화를 초래하기 쉬우며 조직의 규모가 커지면 집권화되기 쉽다. O X

앞부분은 맞으나 뒷부분이 틀렸다. 일반적으로 조직의 규모가 커지면 분권화되기 쉽다.

13 □□   10 지방7
동질적인 집단은 신속성을 요구하거나 창조성을 요구하는 과업수행에 적합하다. O X

동질적 집단이 효과적인 경우는 신속성이 요구되는 경우에 적합하고, 창조성을 요구하는 과업수행에 적합한 것은 이질적인 집단이다.

14 □□   13 국가7
전문가적 직무는 수평적 전문화와 수직적 전문화의 수준이 모두 높은 경우에 효과적이다. O X

전문가적 직무는 수평적 전문화가 높고 수직적 전문화가 낮은 경우에 효과적이다.

15 □□   13 지방9
공식화의 수준이 높을수록 조직구성원들의 재량이 증가한다. O X

공식화의 수준이 높을수록 조직구성원들의 재량은 감소한다.

16 □□   14 국가7
복잡성은 조직이 얼마나 나누어지고 흩어져 있는가의 분화정도를 말하며, 수평적·수직적·공간적 분화 등으로 세분화 할 수 있다. O X

복잡성에 대한 옳은 지문이다.

17 □□   15 지방7
복잡성은 조직의 분화 정도를 의미하며, 단위 부서 간에 업무를 세분화하는 것을 수직적 분화라고 한다. O X

단위 부서 간에 업무를 세분화하는 것은 수평적 분화이다.

18 □□   16 교행9
조직이 방어적 전략을 추구할수록, 공식화 정도는 낮고 분권화 정도는 높은 조직구조가 적합하다. O X

조직이 방어적 전략을 추구할수록, 공식화 정도는 높고 분권화 정도는 낮은 기계적 구조가 적합하다.

19 □□   16 국가7
수평적 분화가 심할수록 전문성을 가진 부서 간 커뮤니케이션과 업무협조가 용이하다. O X

수평적 분화란 조직이 수행하는 업무의 세분화를 의미하는 것으로, 업무의 세분화가 심하면 부서 간 커뮤니케이션과 업무협조가 어려워진다.

📒 10. **O**   11. **X**   12. **X**   13. **X**   14. **X**   15. **X**   16. **O**   17. **X**   18. **X**   19. **X**

20 ☐☐ 16 서울7
우드워드(Woodward)는 제조업체의 생산기술에 따라 조직이 사용하는 기술의 유형을 구분하고, 대량생산 기술에는 관료제와 같은 기계적 구조가 효과적이지 않다고 주장하였다. [O][X]

해설: Woodward에 의하면 대량생산 기술의 조직은 기계적 구조를 사용할 때 성과가 향상된다고 보았다.

21 ☐☐ 16 서울9
페로우(Perrow)는 조직원이 업무를 처리하는 과정에서 발생하는 예외적인 사건의 정도와 업무 처리가 표준화된 절차에 의해 수행되는 정도를 기준으로 조직의 기술을 장인기술, 비일상적 기술, 일상적 기술, 공학적 기술로 구분하였다. [O][X]

해설: 페로우의 기술유형론에 대한 설명이다.

22 ☐☐ 17 국가7
고객에 대한 신속한 서비스 제공 요구는 집권화를 촉진한다. [O][X]

해설: 고객에 대한 신속한 서비스 제공 요구는 분권화를 촉진한다.

23 ☐☐ 17 국가7
복잡성은 '조직이 얼마나 나누어지고 흩어져 있는가'의 분화 정도를 말한다. [O][X]

해설: 복잡성은 조직의 분화정도를 의미한다.

24 ☐☐ 17 지방9
분업이 고도화되면 조직구성원에게 심리적 소외감이 생길 수 있다. [O][X]

해설: 분업이 고도화될수록 조직구성원은 심리적으로 소외감이 생길 수 있다.

25 ☐☐ 18 서울7
조직 규모가 커짐에 따라 공식화가 높아질 것이다. [O][X]

해설: 조직 규모가 커지면 구성원의 수와 업무량이 늘어나므로 공식화가 높아진다.

26 ☐☐ 18 서울7
비일상적 기술일 경우 공식화가 높아질 것이다. [O][X]

해설: 비일상적 기술일 경우 공식화가 낮아진다.

27 ☐☐ 18 서울7
환경의 불확실성이 높을수록 집권화가 높아질 것이다. [O][X]

해설: 환경의 불확실성이 높을수록 분권화된다.

28 ☐☐ 18 행정사
수평적 복잡성은 조직 내 수직적 계층의 수를 의미한다. [O][X]

해설: 조직 내 수직적 계층의 수를 의미하는 것은 수직적 복잡성이다.

29 ☐☐ 18 행정사
공식화 정도가 높을수록 업무의 예측가능성이 높아진다. [O][X]

해설: 조직의 규모가 크고 단순·반복적 직무일수록 공식성은 높아진다.

30 ☐☐ 19 국가7
페로(C. Perrow)의 기술유형 중 장인 기술은 과업의 다양성과 문제의 분석 가능성이 모두 높은 경우에 해당한다. [O][X]

해설: 페로(C. Perrow)의 기술유형 중 과업의 다양성과 문제의 분석 가능성이 모두 높은 유형은 공학적 기술이다.

20. X 21. O 22. X 23. O 24. O 25. O 26. X 27. X 28. X 29. O 30. X

31 ☐☐ 19 군무원
공식성이 낮아지면 재량권이 줄어든다. ⃞O⃞X

해설
공식성은 조직 내의 직무가 표준화되어 있는 정도로 공식성이 높아지면 정해진 규칙에 따라 행동하여야 하므로 재량권이 낮아진다.

32 ☐☐ 19 서울9
조직의 규모가 클수록 분권화되는 경향이 있다. ⃞O⃞X

조직의 규모가 커질수록 구성원의 수와 업무량이 늘어나므로 최고관리층은 권한을 하부조직으로 분산시키게 된다.

33 ☐☐ 19 서울9
조직의 규모가 클수록 복잡성이 낮아진다. ⃞O⃞X

조직의 규모가 클수록 복잡성(분화)이 높아진다.

34 ☐☐ 20 국회8
일반적으로 단순하고 반복적 직무일수록, 조직의 규모가 클수록 그리고 안정적인 조직환경일수록 공식화가 높아진다. ⃞O⃞X

단순한 직무일수록, 규모가 클수록, 안정된 환경일수록 공식화가 높아진다.

35 ☐☐ 20 서/지9
페로(Perrow)의 기술유형 중 정형화된(routine) 기술은 공식성 및 집권성이 높은 조직구조와 부합한다. ⃞O⃞X

정형화된 기술은 과제의 다양성이 낮고 문제의 분석 가능성이 높은 일상적 기술로 공식성·집권성이 높은 기계적 구조와 부합된다.

36 ☐☐ 20 서/지9
페로(Perrow)의 기술유형 중 비정형화된(non-routine) 기술은 부하들에 대한 상사의 통솔범위를 넓힐 수밖에 없을 것이다. ⃞O⃞X

비정형화된 기술은 비일상적 기술로, 협동적이며 분권적 구조를 통해 유기적 구조를 지향하므로 부하들에 대한 상사의 통솔범위는 좁아질 수밖에 없다.

37 ☐☐ 21 국회8
톰슨(Thompson)의 이론에 따르면, 교호적 상호의존성의 경우 단위부서들 사이의 과업은 관련성이 거의 없으며 각 부서는 조직의 공동목표에 독립적으로 공헌하게 된다. ⃞O⃞X

톰슨(Thompson)의 이론에 따르면, 집합적 상호의존성의 경우 단위부서들 사이의 과업은 관련성이 거의 없으며 각 부서는 조직의 공동목표에 독립적으로 공헌하게 된다.

38 ☐☐ 21 지방7
톰슨(Thompson)의 기술 분류 중 중개형 기술은 집합적 상호의존성을 특징으로 하고, 규칙과 표준화를 조정방안으로 한다. ⃞O⃞X

중개형 기술은 집합적 상호의존성을 특징으로 하며 규칙과 표준화를 조정방안으로 한다.

39 ☐☐ 21 국가7
부문화의 원리는 일정한 기준에 따라 서로 기능이 같거나 유사한 업무를 조직단위로 묶는 것을 의미한다. ⃞O⃞X

부문화의 원리는 일정한 기준에 따라 서로 연관된 업무를 묶어 조직단위를 구성하는 것을 의미한다.

40 ☐☐ 21 지방7
톰슨(Thompson)의 기술 분류 중 중개형 기술은 집합적 상호의존성을 특징으로 하고, 규칙과 표준화를 조정방안으로 한다. ⃞O⃞X

중개형 기술은 집합적 상호의존성을 특징으로 하며 규칙과 표준화를 조정방안으로 한다.

41 ☐☐ 22 국가7
조직구조는 조직 내 여러 부문 간 결합의 형태로 구성원 간 상호작용과는 관련성이 없다. ⃞O⃞X

조직구조는 조직 내 여러 부문 간 결합의 형태로 구성원 간 상호작용과 관련성이 많다.

답 31. X 32. O 33. X 34. O 35. O 36. X 37. X 38. O 39. O 40. O 41. X

06 공식·비공식조직 & 계선·참모기관

01 ☐☐   04 서울7
비공식조직은 공식조직의 응집력을 높이는 작용을 한다. ⓞⓧ

> 해설
> 비공식조직은 파벌이 조성되고 갈등이 확대되어 공식조직을 와해시키거나 심리적 불안감을 조성하기도 한다.

02 ☐☐   04 서울7
행정농도는 Pondy가 사용한 말로 조직에 있어서 직접인력에 대한 간접인력의 비율을 나타낸다. ⓞⓧ

> 행정농도의 개념이다.

03 ☐☐   04 행정고시
비공식 조직은 신분체계와 지위체계가 존재하지 않는 평등관계를 확립한다. ⓞⓧ

> 비공식 조직에서도 나름대로의 비공식적인 신분과 지위체계가 존재한다.

04 ☐☐   06 대전9
계선부서는 조직의 일차적 목표에 관한 과업을 수행하고, 참모부서는 계선부서를 통제하고 감독한다. ⓞⓧ

> 앞부분은 맞지만 뒷부분이 틀렸다. 참모부서는 계선부서를 지원하고 자문 및 보좌를 한다.

05 ☐☐   07 국가9
계선기관은 권한과 책임의 한계가 명확하다. ⓞⓧ

> 계선기관은 계층제에 의하여 수직적 명령복종관계가 명확하기 때문에 권한과 책임한계가 명확하다.

06 ☐☐   08 국가9
참모기관은 조직의 운영에 융통성을 부여하며, 합리적인 의사결정을 가능하게 한다. ⓞⓧ

> 참모기관은 조직의 운영에 융통성 및 신축성을 확보하며 전문적 지식과 경험 제공 등으로 합리적 의사결정에 기여한다.

07 ☐☐   08 국가9
참모기관은 계선의 통솔범위를 확대시켜준다. ⓞⓧ

> 참모기관은 전문지식으로 계선기관의 기능을 보완함으로써 계선의 통솔범위를 확대시켜 준다.

08 ☐☐   12 경정승진
비공식적 조직은 각 구성원이 지켜야 할 행동규범을 확립하여 사회적 통제의 기능을 수행한다. ⓞⓧ

> 비공식조직에 대한 설명이다.

09 ☐☐   12 경정승진
계선조직은 정책보좌기능의 역할이 증대될 때에 그 중요성도 커지는 경향이 있다. ⓞⓧ

> 막료조직에 대한 설명이다.

10 ☐☐   12 국가전환특채
막료는 계선의 보좌기관이며 정책결정에 있어서 직접적 역할을 한다. ⓞⓧ

> 정책결정에 있어 직접적 역할을 하는 것은 계선의 기능이다.

---

01. X   02. O   03. X   04. X   05. O   06. O   07. O   08. O   09. X   10. X

11 □□ 13 경간부
계선조직의 장점으로는 권한과 책임의 한계가 명확한 점, 조직의 안정성 확보, 높은 전문성의 확보로 인한 업무수행의 능률성을 들 수 있다. O|X

해설 높은 전문성의 확보는 참모조직의 장점이다.

12 □□ 14 지방7
보좌기관이 보조기관보다는 더 현실적이고 보수적인 속성을 가질 가능성이 높다. O|X

해설 보좌기관은 개혁적, 이상적이고 보조기관은 현실적이고 보수적이다.

13 □□ 16 국회9
비공식조직은 심리적 안정감을 제고하고 계층제의 경직성을 완화한다는 순기능이 있다. O|X

해설 비공식조직은 구성원들에게 귀속감·안정감 등을 충족시켜 사기를 높인다.

14 □□ 17 군무원
비공식조직은 개인적 불만을 집단적 불만으로 확산시킬 수 있으며 사적목표를 위해 악용할 수 있다. O|X

해설 비공식조직은 개인적 불만이나 불안을 집단적 불만이나 불안으로 확산시켜 공식집단을 와해시킬 수 있으며 사적목표를 위해 악용하기도 한다.

15 □□ 18 군무원
국장, 차관, 차관보, 실장은 「정부조직법」상 보조기관에 해당한다. O|X

해설 국장, 차관, 실장은 보조기관에, 차관보는 보좌기관에 해당한다.

16 □□ 18 지방9
보조기관이란 행정기관이 그 기능을 원활하게 수행할 수 있도록 그 기관장을 보좌함으로서 행정기관의 목적달성에 공헌하는 기관을 말한다. O|X

해설 보좌기관이란 행정기관이 그 기능을 원활하게 수행할 수 있도록 그 기관장을 보좌함으로서 행정기관의 목적달성에 공헌하는 기관을 말한다.

17 □□ 21 국가7
계선은 부하에게 업무를 지시하고, 참모는 정보제공, 자료분석, 기획 등의 전문지식을 제공한다. O|X

해설 계선은 부하에게 업무를 지시하고 조직의 목표달성에 직접적으로 기여하는 구조이고, 참모는 계선을 지원하고 자문, 보좌하는 구조이다.

정답 11. X 12. X 13. O 14. O 15. X 16. X 17. O

07 관료제와 탈관료제

01 ☐☐ 03 입법고시
Bennis의 유기적·적응적 조직, Keidel의 통제적 조직, Kirkhart의 관료제의 연합모형, White의 변증법적 조직, Frederiskson의 수정계층제는 모두 관료제 조직모형에 해당한다. ⓞⓧ

> Keidel의 통제적 조직만 전통적인 관료제 조직모형이고 나머지는 후기관료제 모형이다.

02 ☐☐ 04 입법고시
M. Weber의 근대적 관료제 모형은 신생국의 정부관료제를 분석하는 데 적합한 모형이다. ⓞⓧ

> 베버의 근대적 관료제 모형은 프랑스와 러시아 정당에 대한 막연한 인상을 토대로 연구된 이념이다.

03 ☐☐ 06 경기7
경계관념의 불명확, 지위중심주의, 일중심주의, 공개주의 등은 모두 탈관료제 조직모형의 특징이다. ⓞⓧ

> 탈관료제 조직모형은 지위중심주의를 배척하고 임무와 문제해결능력을 중시한다.

04 ☐☐ 07 국가9
관료제는 계층제적 구조를 강화하여 정책관리자의 권한을 약화시킨다는 단점이 있다. ⓞⓧ

> 관료제는 정책관리자의 권한이 강화되는 반면 구성원들은 법규와 공식 측면의 강조로 인간소외 현상이 발생한다.

05 ☐☐ 07 부산9
Merton의 동조과잉모형, Blau의 비공식집단모형, White의 유기적·적응적 모형, Thayer의 비계서적 모형은 모두 관료제의 역기능과 관련된 모형이다. ⓞⓧ

> 유기적·적응적 모형은 Bennis가 제시한 후기관료제 모형이며 White는 변증법적 조직모형을 주장하였다.

06 ☐☐ 07 지방전환특채
베버의 지배유형 중 특히 권력을 장악한 자의 신분에 의해 유지되는 지배유형은 전통적 지배이다. ⓞⓧ

> 베버의 전통적 지배에 대한 설명이다.

07 ☐☐ 08 선관위9
베버는 관료제를 합리적 대규모 조직체로 봄으로써 공식적, 비공식적 집단의 참여가 허용되는 참여형 관료제의 운용이 가능하다고 보았다. ⓞⓧ

> 베버는 공식적, 비공식적 집단의 참여가 허용되는 참여형 관료제의 운용이 곤란하다고 보았다.

08 ☐☐ 08 지방9
막스 베버의 관료제에서 관료는 직무수행 과정에서 국민의 어려운 사정이나 개별적 요건을 고려하지 않는다. ⓞⓧ

> 막스 베버의 관료제는 국민 개개인의 어려운 사정이나 개별적인 요건을 고려하지 않는 보편타당한 행정을 추구하며, 비정의성을 특징으로 한다.

09 ☐☐ 09 국회9
동조과잉은 조직구성원이 조직목표보다는 수단에 집착하여 목표의 전환현상이 발생하는 것을 의미한다. ⓞⓧ

> 관료제의 병리현상 중 동조과잉에 대한 설명이다.

01. X 02. X 03. X 04. X 05. X 06. O 07. X 08. O 09. O

10 ☐☐ 09 서울7
관료제는 주어진 임무를 어떤 상황에서도 가장 효율적으로 달성 할 수 있게 하는 조직운영방식이다. O X

> 관료제가 주어진 임무를 어떤 상황에서도 가장 효율적으로 달성할 수 있게 하는 조직이라고 보기는 힘들다. 특히 격동적이고 불확실한 환경에서는 효율적으로 대처하기 힘든 경직적인 구조이다.

11 ☐☐ 10 국회8
베버의 관료제론에서는 직무에 관한 관료의 열정이 중요하기 때문에 관료의 전문가적인 판단이 규칙이나 절차보다 우선적으로 적용된다. O X

> 관료들의 개인적 판단보다는 법규나 규칙을 더 우선시하는 비개인화를 중시한다.

12 ☐☐ 10 군무원
매커디(McCurdy)의 후기관료제모형에 따르면 관료제의 구조적 배열은 항구적인 것이 아닌 임시적인 것으로 간주한다. O X

> 매커디는 구조나 역할의 배열은 유동적이고 잠정적인 것이어야 한다고 주장한다.

13 ☐☐ 11 국가7
Thayer가 주장하는 계서제 없는 조직은 소집단의 연합체 형성, 책임과 권한에 따른 보수의 차등화, 집단 내 또는 집단 간 협동적 과정을 통한 의사결정, 모호하고 유동적인 집단과 조직의 경계 등의 특징을 갖는다. O X

> Thayer의 비계서제적 구조는 승진 및 보수차등의 철폐를 추구한다.

14 ☐☐ 11 국회8
훈련된 무능은 관료들의 편협한 안목을 의미하며 직접적인 고객의 특수이익에 묶여 전체이익을 망각하는 경향을 의미한다. O X

> 국지주의 또는 할거주의에 대한 설명이다.

15 ☐☐ 11 지방7
관료제의 병폐 중의 하나인 권위주의는 권한과 능력의 괴리, 상위직으로 갈수록 모호해지는 업적평가기준, 조직의 공식적 규범을 엄격하게 준수해야 한다는 압박감 등으로 조직구성원들이 불안해지므로 더욱 더 권위주의적인 행태를 가지게 되는 것을 말한다. O X

> 권위주의에 대한 설명이다.

16 ☐☐ 12 경정승진
후기관료제는 팀워크 중심의 자발적 참여와 결과 지향적 산출을 지향한다. O X

> 후기관료제적 특징이다.

17 ☐☐ 13 국회8
베버(Weber)는 조직을 사회관계의 특수한 형태로 간주하였으며 조직운영에 필요한 명령을 구성원들이 수행하도록 보장하기 위한 권위의 계층제를 주장했다. O X

> 베버는 조직운영에 필요한 명령을 구성원들이 수행하게 하기 위해서는 그 명령을 타당한 것으로 받아들이게 하는 권위가 필요하다고 보았다.

18 ☐☐ 14 지방9
베버의 관료제 모형에 따르면 직위의 권한과 관할범위는 법규에 의하여 규정된다. O X

> 베버의 관료제 모형은 법규에 의한 지배를 특징으로 한다.

10. X 11. X 12. O 13. X 14. X 15. O 16. O 17. O 18. O

19 ☐☐ 14 해경간부
골렘뷰스키의 견인이론은 기능 중심으로 구성원들을 관리하고 직무수행과 욕구충족의 조화를 추구한다. [O|X]

> 견인이론은 기능보다는 일의 흐름을 중시한다.

20 ☐☐ 15 국회8
셀즈닉(Selznick)에 따르면 최고관리자의 관료에 대한 지나친 통제가 조직의 경직성을 초래하여 관료제의 병리현상이 나타난다. [O|X]

> 최고관리자의 관료에 대한 지나친 통제가 조직의 경직성을 초래한다고 주장한 학자는 머튼(Merton)이다.

21 ☐☐ 16 국가7
베버(Weber)의 이념형 관료제는 성과급 제도와 부합한다. [O|X]

> 베버의 이념형 관료제에서 관료는 성과급이 아니라 고정된 보수와 연금을 받는다.

22 ☐☐ 16 지방7
관료제의 병리현상으로 상관의 권위에 의존하면서 소극적으로 일을 처리하려는 할거주의가 나타난다. [O|X]

> 상관의 권위에 의존하면서 소극적으로 일을 처리하려는 현상은 권위주의이다.

23 ☐☐ 17 경간부
Merton은 관료제의 역기능 모형에서 권한위임과 전문화가 동조과잉을 초래하여 할거주의를 야기시키는 원인이 된다고 보았다. [O|X]

> 권한위임과 전문화가 동조과잉을 초래하여 할거주의를 야기시키는 원인이 된다고 주장한 학자는 셀즈닉이다.

24 ☐☐ 17 국가7(추)
관료제의 특징인 계층제는 의사결정의 지연과 상급자 권위에 지나치게 의존하는 역기능을 초래한다. [O|X]

> 계층제는 의사결정을 지연시키고 상급자 권위에 의존하려는 소극적인 자세를 초래할 수 있다.

25 ☐☐ 17 국가7(추)
관료제의 특징인 비정의성(비인간화)은 주관적이고 재량적인 관료의 행태를 초래할 수 있다. [O|X]

> 비정의성(비인간화)는 융통성 없는 엄격한 법규의 준수 등의 역기능이 발생될 수 있다.

26 ☐☐ 17 국가9
규칙이나 절차에 지나치게 집착하게 되면 목표와 수단의 대치현상이 발생하는 관료제의 병리현상이 나타난다. [O|X]

> 목표가 아닌 수단이나 규칙에 지나치게 동조함으로써 목표와 수단의 대치현상이 나타나게 된다.

27 ☐☐ 17 국가9
법규와 절차 준수의 강조는 관료제 내 구성원들의 비정의성을 저해한다. [O|X]

> 법규와 절차 준수의 강조는 관료제 내 구성원들의 비정의성을 초래한다.

28 ☐☐ 17 국가9
모든 업무를 문서로 처리하는 문서주의는 번문욕례(繁文縟禮)를 초래하며 이는 관료제 병리현상이다. [O|X]

> 문서주의는 모든 업무를 문서로 처리하는 것으로 번문욕례를 초래한다.

📋 19. X 20. X 21. X 22. X 23. X 24. O 25. X 26. O 27. X 28. O

29 ☐☐ 17 국가9(추)
베버의 이념형 관료제에서 관료의 업무 수행은 문서에 의한다. ☐O X☐

> **해설**
> 관료제에서 관료의 업무 수행은 권한과 책임의 명확화를 위해 문서위주의 행정을 실시한다.

30 ☐☐ 17 국가9(추)
베버가 주장한 이념형으로서의 근대관료제에서 관료는 객관적·중립적 입장보다는 민원인의 입장에서 판단하고 결정한다. ☐O X☐

> 베버가 주장한 이념형으로서의 근대관료제에서 관료는 개인적 감정을 배제하여 비개인적이고 객관적·중립적 입장에서 업무를 수행한다.

31 ☐☐ 17 국가9(추)
베버가 주장한 이념형으로서의 근대관료제에서 관료는 계급과 근무연한에 따라 정해진 금전적 보수를 받는다. ☐O X☐

> 베버의 관료제에서 관료는 계급과 근무연한에 따라 정해진 업무를 하고 정해진 금전적 보수를 받는다.

32 ☐☐ 18 경간부
견인이론(Pull Theory)은 기능의 동질성과 일의 흐름을 중시하며, 권한의 흐름을 하향적·일방적인 것이 아니라 상호적인 것으로 생각한다. ☐O X☐

> 견인이론(Pull Theory)은 기능의 동질성이 아닌 일의 흐름을 중시하며, 권한의 흐름을 하향적·일방적인 것이 아니라 상호적인 것으로 생각한다.

33 ☐☐ 18 경간부
관료제에서의 직무수행은 문서에 의거하여 이루어지며, 그 결과는 문서로 기록·보존된다. ☐O X☐

> 관료제는 권한과 책임을 명확히 하기 위해 문서위주의 행정을 한다.

34 ☐☐ 18 국회8
베버의 이념형 관료제에 따르면 민원인의 만족 극대화를 위해 업무처리 시 관료와 민원인과의 긴밀한 감정교류가 중시된다. ☐O X☐

> 베버의 이념형 관료에 따르면 관료는 감정과 편견 등이 배제된 형식주의 정신에 입각하여 객관적 업무를 수행하여야 한다.

35 ☐☐ 18 서울7
막스 베버(Max Weber)가 말하는 관료제의 이념형(ideal type)은 조직의 목표를 효율적으로 달성하기 위해서 순환근무를 강조한다. ☐O X☐

> 이념형 관료제는 조직의 목표를 효율적으로 달성하기 위해서 순환근무보다는 한 가지 일만 반복적·전문적으로 수행하는 엄격한 분업의 원리를 중시한다.

36 ☐☐ 18 서울7
막스 베버(Max Weber)가 말하는 관료제의 이념형(ideal type)은 법적/합리적 권위에 근거한 조직구조이다. ☐O X☐

> 막스 베버(Max Weber)의 관료제 이념형(ideal type)은 권위의 3가지 유형(전통적 권위, 카리스마적 권위, 합법적 권위) 중 법적/합리적 권위에 근거한 조직구조이다.

37 ☐☐ 18 행정사
관료제는 개인성(personality)을 고려한 업무처리를 강조한다. ☐O X☐

> 관료제는 감정과 편견, 열정과 분노 등 인간적 오류가 배제된 비개인성, 비정의성을 고려한 업무처리를 강조한다.

38 ☐☐ 20 국회8
베버(Weber)가 주장했던 이념형 관료제에서는 엄격한 계서제에 따라 상대방의 지위를 고려하여 법규를 적용한다. ☐O X☐

> 관료제는 법규와 규정에 따라 업무를 객관적으로 처리하는 비개인화를 특징으로 하므로 상대방의 지위를 고려하지 않는다.

39 ☐☐ 21 경간부
베버(M. Weber)가 제시한 이념형(ideal type) 관료제의 특성으로 문서주의, 전문성, 카리스마적 권위, 상명하복 등이 있다. ☐O X☐

> 베버의 이념형 관료제는 근대관료제로, 합법적·합리적 권위를 특징으로 한다. 한편 카리스마적 권위는 지배자의 특성과 자질에 의존하는 카리스마적 관료제의 특징이다.

📖 29. O 30. X 31. O 32. X 33. O 34. X 35. X 36. O 37. X 38. X 39. X

40 ☐☐　　　　　　　　　　　　　　　　21 군무원9
막스 베버는 행정조직 발전에 대한 패러다임(paradigm)의 관점에서 관료제 모형을 제시했다.　O X

> 베버는 고전적 연구를 통해 이상형으로 관료제 모형을 제시했다. 발전 패러다임과 무관하다.

41 ☐☐　　　　　　　　　　　　　　　　21 군무원9
관료제하에서 구성원들은 인간으로서의 감정이나 충동을 멀리하는 정의적 행동(personal conduct)이 기대된다.　O X

> 관료제는 공정성을 지향하고 인간의 감정과 편견을 배제하는 비정의성, 비개인성 행동을 특징으로 한다.

42 ☐☐　　　　　　　　　　　　　　　　21 군무원9
기계적 조직으로서의 관료제는 합리적 경제인의 인간관을 반영하고 있는데 테일러의 차등성과급제가 이러한 인간관에 기초한 보상시스템이다.　O X

> 관료제는 합리적 경제인을 바탕으로 하며, 상명하복의 계층적 구조로 인해 책임과 권한에 따른 보상의 차등화를 특징으로 한다.

43 ☐☐　　　　　　　　　　　　　　　　21 지방7
관료제 모형에서 베버(Weber)는 능률성과 대응성을 강조하였다.　O X

> 관료제 모형에서 베버(Weber)는 능률성을 강조하였다.

44 ☐☐　　　　　　　　　　　　　　　　22 경간부
베버(M. Weber)의 이념형 관료제는 성과급 제도와 부합한다.　O X

> 베버의 이념형 관료제에서는 계급과 근무연한에 따라 정해진 금전적 보상을 받으므로 성과급 제도와 부합하지 않는다.

45 ☐☐　　　　　　　　　　　　　　　　22 국가7
관료제에서 동조과잉은 적극적으로 새로운 과업을 찾아서 실행하기보다 현재의 주어진 업무만을 소극적으로 수행하는 것이다.　O X

> 무사안일주의에 대한 설명이다.

46 ☐☐　　　　　　　　　　　　　　　　22 지방9
관료제의 병리현상으로 피터의 원리는 관료들의 세력 팽창 욕구로 인한 기구와 인력의 증대를 나타낸다.　O X

> 피터의 원리(Peter's principle) : 계층제적 관료조직의 구성원이 각자의 능력을 넘는 수준까지 승진함으로써 모든 직위가 무능자로 채워지는 경향이 나타난다.

47 ☐☐　　　　　　　　　　　　　　　　23 지방9
블랙스버그 선언은 신행정학의 태동을 가져왔다.　O X

> 블랙스버그 선언은 1980년대 신공공관리론에 대한 반발로 등장하였으며, 행정의 정당성 회복을 목적으로 한다.

48 ☐☐　　　　　　　　　　　　　　　　23 지방9
행정재정립운동은 직업공무원제를 옹호했다.　O X

> 행정재정립운동은 관료에 대한 신뢰와 직업공무원제를 옹호하는 이론이다.

49 ☐☐　　　　　　　　　　　　　　　　23 국가9
베버(Weber)의 이념형(ideal type) 관료제 성립의 배경은 봉건적 지배체제의 확립이다.　O X

> 근대사회를 배경으로 한다.

50 ☐☐　　　　　　　　　　　　　　　　23 국가직9
재니스(Janis)의 집단사고(groupthink)는 토론을 바탕으로 한 집단지성을 활용한다.　O X

> 집단사고는 집단에 대한 과대평가로 집단이 실패할리 없다는 환상과 동조성에 의한 획일적 조직에서 나타난다.

📋 40. X　41. X　42. O　43. X　44. X　45. X　46. X　47. X　48. O　49. X　50. X

MEMO

CHAPTER 08 위원회

01 ☐☐ 04 국회8
위원회는 신속하고 소신에 찬 의사결정이 가능하다. O X

> 위원회는 타협안이 도출되므로 신속하고 능률적인 의사결정이 불가능하다.

02 ☐☐ 05 인천9
미국의 독립규제위원회의 시초인 Brownlow위원회는 미국의 독립규제위원회를 '머리 없는 제4의 정부'라 하여 그 활성화를 촉구하였다. O X

> Brownlow위원회는 미국의 독립규제위원회를 '머리 없는 제4의 정부'라 하여 그 폐지를 건의하였다.

03 ☐☐ 12 대구전환특채
방송통신위원회, 규제개혁위원회, 국민권익위원회는 모두 대통령 소속의 행정위원회이다. O X

> 국민권익위원회는 국무총리 소속의 행정위원회이다.

04 ☐☐ 12 지방9
위원회 조직은 경험과 지식을 지닌 전문가를 활용할 수 있다는 장점이 있다. O X

> 위원회 조직은 복수의 구성원으로 구성된 조직으로 다양한 경험과 지식을 가진 전문가를 활용할 수 있다.

05 ☐☐ 15 지방9
우리나라 행정기관 소속위원회는 행정위원회와 자문위원회로 크게 구분할 수 있으며 관련분야 전문지식이 있는 외부전문가만으로 구성하여야 한다. O X

> 위원회는 외부전문가 및 내부공무원들로도 구성된다.

06 ☐☐ 17 국회8
의결위원회는 의사결정의 구속력과 집행력을 가진다. O X

> 의결위원회는 자문위원회와 행정위원회의 중간적 성격을 가진 위원회로 의사결정의 구속력은 있지만 집행권은 없다.

07 ☐☐ 17 국회8
위원회 조직은 다양한 정책전문가들의 지식을 활용할 수 있으며 이해관계자들의 의견 개진이 비교적 용이하다. O X

> 위원회 조직은 다양한 전문지식과 기술을 활용할 수 있으며 다양한 의견을 반영하여 결정하는데 비교적 용이하다.

08 ☐☐ 17 지방9(추)
위원회조직은 위원장에 의해 최종 의사결정이 이루어진다는 면에서 독임제로 운영되는 계층제와 유사성이 있다. O X

> 위원회조직은 복수의 의사결정권자에 의해 최종 의사결정이 이루어진다는 면에서 독임제로 운영되는 계층제와 차이가 있다.

09 ☐☐ 18 국가9
방송통신위원회, 공정거래위원회, 소청심사위원회 등은 행정기관의 소관 사무에 관하여 자문에 응하거나 조정, 협의, 심의 또는 의결 등을 하기 위해 복수의 구성원으로 이루어진 합의제 기관으로서 행정기관이 아니다. O X

> 방송통신위원회, 공정거래위원회, 소청심사위원회 등은 행정기관의 소관 사무에 관하여 자문에 응하거나 조정, 협의, 심의 또는 의결 등을 하기 위해 복수의 구성원으로 이루어진 합의제 기관으로서 행정기관이다.

📋 01. X 02. X 03. X 04. O 05. X 06. X 07. O 08. X 09. X

10 ☐☐　　　　　　　　　　　　　　　　　18 서울9
행정위원회의 대표적인 예로 공정거래위원회, 공직자 윤리위원회 등을 들 수 있다.　　　　　　　　　　　　　　O X

> 공직자 윤리위원회는 의결위원회에 해당한다.

11 ☐☐　　　　　　　　　　　　　　　　　18 서울9
의결위원회는 의사결정의 구속력은 있지만 집행권이 없다.　O X

> 의결위원회는 자문위원회와 행정위원회의 중간조직으로 국민의 권리·의무와 관련된 사무에 대한 의사결정 권한은 있으나 집행권은 없다.

12 ☐☐　　　　　　　　　　　　　　　　　18 서울9
행정위원회는 독립지위를 가진 행정관청으로 결정권은 없고 집행권만 갖는다.　　　　　　　　　　　　　　O X

> 행정위원회는 독립지위를 가진 행정관청으로 결정권과 집행권을 갖는다.

13 ☐☐　　　　　　　　　　　　　　　　　19 행정사
국가과학기술자문회의, 공정거래위원회, 금융위원회는 모두 국무총리 소속기관이다.　　　　　　　　　　　　　　O X

> 국가과학기술자문회의는 대통령 소속의 자문기구이다.

14 ☐☐　　　　　　　　　　　　　　　　　19 국가9
국민권익위원회는 의사결정의 권한이 없는 자문위원회에 해당된다.　O X

> 국민권익위원회는 행정위원회이다.

15 ☐☐　　　　　　　　　　　　　　　　　19 국가9
위원회 조직은 결정에 대한 책임의 공유와 분산이 특징이다.　O X

> 위원회 조직은 결정에 대한 책임의 공유와 분산이 특징이다.

16 ☐☐　　　　　　　　　　　　　　　　　21 경간부
공정거래위원회, 방송통신위원회는 대통령 직속 행정위원회에 해당한다.　　　　　　　　　　　　　　O X

> 방송통신위원회는 대통령 직속 행정위원회에, 공정거래위원회는 국무총리 소속 행정위원회에 해당한다.

10. X　11. O　12. X　13. X　14. X　15. O　16. X

09 책임운영기관

01 05 서울9
책임운영기관은 신공공관리론의 조직원리에 따라 등장한 새로운 형태의 정부조직이다. [O|X]

> 책임운영기관은 중앙정부의 기능 중 집행 및 서비스 전달기능을 분리하여 수행한다.

02 07 서울9
책임운영기관은 인사의 자율성은 확대되나 예산의 자율성에 제약이 있다. [O|X]

> 책임운영기관은 인사의 자율성은 물론 예산의 자율성도 인정된다.

03 07 전남9
우리나라는 책임운영기관장을 공직내외에서 유능한 인재를 공개모집하여 계약직으로 채용하고 성과에 따라 연봉을 지급한다. [O|X]

> 우리나라 소속책임운영기관장에 대한 설명으로 옳다.

04 08 국가7
우리나라 책임운영기관 특별회계는 계정별로 책임운영기관의 장이 운용하고, 기획재정부장관이 이를 통합하여 관리한다. [O|X]

> 책임운영기관 특별회계는 계정별로 중앙행정기관의 장이 운용하고 기획재정부장관이 통합하여 관리한다.

05 11 경북전환특채
책임운영기관의 사업목표와 사업계획은 장관과 기관장 간의 성과계약으로 결정한다. [O|X]

> 책임운영기관의 구성원리 중의 하나이다.

06 11 국회9
우리나라 책임운영기관의 직원은 법률상 공무원이 아니다. [O|X]

> 우리나라 책임운영기관의 직원은 법률상 공무원이다.

07 12 해경간부
책임운영기관은 현장중심의 인력배치 등을 통해 환경에 탄력적으로 대응하지만 조직 구조적인 측면에서는 계층제의 구조를 보여준다. [O|X]

> 책임운영기관의 특징에 대한 설명이다.

08 13 서울9
책임운영기관은 공공성이 강하고 성과관리가 어려운 분야에 적용할 필요가 있다. [O|X]

> 책임운영기관은 공공성이 강하여 민영화가 곤란하고 경쟁의 원리가 필요하거나 전문성이 요구되어 성과관리가 필요한 분야에 적용된다.

09 16 경간부(수정)
행정안전부장관은 기획재정부 및 해당 중앙행정기관의 장과 협의하여 책임운영기관을 설치하거나 해제할 수 있다. [O|X]

> 행정안전부장관은 기획재정부 및 해당 중앙행정기관의 장과 협의하여 책임운영기관을 설치하거나 해제할 수 있으며, 이 경우 행정안전부장관은 해당 중앙행정기관의 장의 의견을 존중하여야 한다.

01. O 02. X 03. O 04. X 05. O 06. X 07. O 08. X 09. O

10 ☐☐   16 경간부
책임운영기관은 기관 운영에 필요한 재정수입의 전부 또는 일부를 자체적으로 확보할 수 있는 사무에 대해서 책임운영기관을 설치, 운영할 수 있다. ○ⓧ

기관 운영에 필요한 재정수입의 전부 또는 일부를 자체적으로 확보할 수 있는 사무 등 성과측정기준을 개발하여 성과를 측정할 수 있는 사무에 대하여 책임운영기관을 설치, 운영할 수 있다.

11 ☐☐   16 국회8
우리나라 소속책임운영기관의 기관장은 임기를 정하지 않고 임명된다. ○ⓧ

우리나라 소속책임운영기관의 장은 5년 이내의 범위에서 2년 이상 근무하여야 한다고 법에 명시되어 있다.

12 ☐☐   16 국회8
우리나라 소속책임운영기관의 하부조직과 분장사무는 기본운영규정으로 정한다. ○ⓧ

소속기관의 하부조직의 분장사무 및 직급별 정원은 기본운영규정으로 정한다.

13 ☐☐   17 국가9
특허청은 행정 및 재정상의 자율성이 부여되고 성과에 대해 책임을 지도록 하는 책임운영기관에 해당한다. ○ⓧ

특허청은 중앙책임운영기관에 해당한다.

14 ☐☐   17 국회8
책임운영기관의 총정원 한도는 대통령령으로 정하고 종류별·계급별 정원은 기본운영규정으로 정한다. ○ⓧ

책임운영기관의 총정원 한도는 대통령령으로 정하고 종류별·계급별 정원은 총리령 또는 부령으로 정한다.

15 ☐☐   19 경간부
책임운영기관은 일반행정기관과 비교할 때 예산과 인사관리의 재량권이 있다. ○ⓧ

책임운영기관은 기관운영에 필요한 인사·조직·예산 등은 기관장에게 자율적으로 주는 대신 결과에 대해서는 책임을 지도록 한다.

16 ☐☐   19 경정승진
중앙책임운영기관의 장은 고위공무원단에 속하는 공무원을 포함한 소속 공무원에 대한 일체의 임용권을 가진다. ○ⓧ

중앙책임운영기관의 장은 고위공무원단에 속하는 공무원을 '제외'한 소속 공무원에 대한 일체의 임용권을 가진다.

17 ☐☐   19 국회8
책임운영기관은 「정부조직법」에 의하여 설치되고 운영한다. ○ⓧ

책임운영기관은 「책임운영기관의 설치·운영에 관한 법률」에 의하여 설치되고 운영한다.

18 ☐☐   19 서울9
우리나라의 책임운영기관(Executive Agency)은 사무성격에 따라 조사연구형, 교육훈련형, 문화형, 의료형, 시설관리형, 그 밖에 대통령령으로 정하는 기타 유형으로 구분된다. ○ⓧ

책임운영기관은 사무성격에 따라 조사연구형, 교육훈련형, 문화형, 의료형, 시설관리형, 기타 유형으로 구분된다.

19 ☐☐   19 서울9
우리나라의 책임운영기관(Executive Agency)은 「책임운영기관의 설치·운영에 관한 법률」에 근거하여 1995년부터 제도가 시행되었다. ○ⓧ

「책임운영기관의 설치·운영에 관한 법률」에 근거하여 1999년부터 제도가 시행되었다.

📋 10. **O**   11. **X**   12. **O**   13. **O**   14. **X**   15. **O**   16. **X**   17. **X**   18. **O**   19. **X**

20
책임운영기관은 기관의 지위에 따라 소속책임운영기관과 중앙책임운영기관으로 구분된다.　O X

해설: 기관의 지위에 따라 소속책임운영기관과 중앙책임운영기관으로 구분한다.

21
객관적이고 신뢰할 수 있는 성과평가 시스템 구축은 책임운영기관의 성공 여부를 결정짓는 요건 중의 하나이다.　O X

해설: 객관적이고 신뢰할 수 있는 성과평가 시스템 구축은 책임운영기관의 성공 여부를 결정짓는 요인이며 이를 위해 우리나라는 매년 성과계획서와 성과보고서를 작성 및 제출한다.

22
1970년대 영국에서 집행기관(executive agency)이라는 이름으로 처음 도입되었고, 우리나라는 1990년부터 운영하고 있다.　O X

해설: 1988년 영국에서 집행기관(executive agency)이라는 이름으로 처음 도입되었고, 우리나라는 1999년부터 도입·운영하고 있다.

23
우리나라 중앙행정기관 소속 책임운영기관의 기관장은 공개모집절차에 따라 5년 범위 내에서 임기제공무원으로 채용한다.　O X

해설: 소속책임운영기관의 장은 공직내외에서 공개모집절차에 따라 5년의 범위 내에서 최소한 2년 이상의 임기제공무원으로 임용된다.

24
소속책임운영기관과 소속중앙행정기관 간 공무원의 인사교류는 불가능하다.　O X

해설: 소속책임운영기관과 소속중앙행정기관 및 그 소속 기관 간 공무원의 전보(轉補)가 필요하다고 인정되는 경우에는 소속중앙행정기관의 장이 기관장과 협의하여 실시할 수 있다.

25
책임운영기관 제도설계의 이론적 기반은 신공공관리론이다.　O X

해설: 책임운영기관은 성과와 자율, 책임을 중시하는 신공공관리론의 조직원리에 따라 등장한 조직형태이다.

26
책임운영기관의 기관장은 공개모집을 통해 정년이 보장되는 정규직 공무원으로 채용된다.　O X

해설: 책임운영기관의 기관장은 공직내외에서 공개모집을 통해 임기제 공무원으로 채용된다.

20. O　**21.** O　**22.** X　**23.** O　**24.** X　**25.** O　**26.** X

MEMO

CHAPTER 10 공기업

해설

01 ☐☐ 05 인천9
공기업은 기업가형 정부로의 정부재창조를 위해 설립하였다. O X

공기업의 설립근거가 아니라 공기업이 민영화가 되는 근거이다.

02 ☐☐ 06 국회8
우리나라의 공기업의 유형은 정부부처형, 공사형, 주식회사형으로 구분할 수 있다. O X

공기업의 유형에 대한 설명이다.

03 ☐☐ 07 경북9
한국도로공사, 한국가스공사, 한국조폐공사는 준시장형 공기업에 해당한다. O X

한국가스공사는 시장형 공기업에 해당한다.

04 ☐☐ 08 지방7
공기업은 재정적 수요를 억제하는 기능을 한다. O X

공기업은 재정적 수요를 충족시키기 위하여 설립되기도 한다.

05 ☐☐ 09 서울9
시장형 공기업은 감사위원회를 반드시 설치하지 않아도 된다. O X

시장형 공기업은 반드시 감사위원회를 설치하여야 하는 반면 준시장형 공기업과 준정부기관은 임의사항이다.

06 ☐☐ 11 국가전환특채
준정부기관은 기금관리형과 위탁집행형으로 구분하며, 공기업이 아닌 공공기관 중에서 지정한다. O X

준정부기관에 대한 설명이다.

07 ☐☐ 11 지방9
공공기관의 운영에 관한 법률의 적용을 받는 공기업의 상임이사에 대한 원칙적 임명권자는 주무기관의 장이다. O X

공기업의 상임이사는 공기업의 장이 임명한다. 다만 감사위원회의 감사위원이 되는 상임이사는 대통령 또는 기획재정부장관이 임명한다.

08 ☐☐ 12 국회8
준정부기관은 내용과 형태의 측면에서 모두 일반행정기관에 속해 있다. O X

준정부기관은 일반행정기관이 아닌 공공기관으로서 독립된 법인이다.

09 ☐☐ 14 서울9
한국조폐공사는 시장형 공기업에, 한국마사회는 준시장형 공기업에, 한국농어촌공사는 기금관리형 준정부기관에, 국민연금공단은 위탁집행형 준정부기관에 속한다. O X

한국조폐공사는 준시장형 공기업, 한국농어촌공사는 위탁집행형 준정부기관, 국민연금공단은 기금관리형 준정부기관에 속한다.

01. X 02. O 03. X 04. X 05. X 06. O 07. X 08. X 09. X

10 ☐☐
15 경간부

공공기관 운영에 관한 법률에 따르면 경영환경·경제여건 및 국가정책방향 등을 고려하여 주무기관의 장은 공기업인 중장기재무관리계획을 수립하는 기관의 장에게 중장기재무관리계획의 변경을 요구할 수 있다. ○X

해설 기획재정부장관은 공기업인 대상기관의 장에게, 주무기관의 장은 준정부기관인 대상기관의 장에게 각각 중장기재무관리계획의 변경을 요구할 수 있다.

11 ☐☐
16 회회8

한국가스안전공사, 한국산업인력공단, 대한무역투자진흥공사, 한국고용정보원, 공무원연금공단은 위탁집행형 준정부기관에 포함된다. ○X

공무원연금공단은 기금관리형 준정부기관에 해당한다.

12 ☐☐
17 국가7

공기업과 준정부기관은 신규 지정된 해를 제외하고 매년 경영실적 평가를 받는다. ○X

기획재정부 장관은 매년 공기업과 준정부기관을 평가한다. 다만 신규 지정된 해에는 평가하지 아니한다.

13 ☐☐
17 국가9

한국소비자원은 위탁집행형 준정부기관이다. ○X

한국소비자원은 위탁집행형 준정부기관이다.

14 ☐☐
17 국가9

한국마사회는 시장형 공기업이다. ○X

한국마사회는 준시장형 공기업이다.

15 ☐☐
17 사복9

기금관리형 준정부기관, 준시장형 공기업, 위탁집행형 공기업, 기타공공기관은 「공공기관의 운영에 관한 법률」에 따른 공공기관의 유형에 속한다. ○X

「공공기관의 운영에 관한 법률」에 따른 공공기관은 시장형 공기업, 준시장형 공기업, 기금관리형 준정부기관, 위탁집행형 준정부기관, 기타 공공기관으로 나눈다.

16 ☐☐
17 지방9

공공기관 경영평가에서 3년 연속 최하등급을 받은 공기업은 「공공기관의 운영에 관한 법률」상 민영화하여야 한다. ○X

공공기관 경영평가에서 3년 연속 최하등급을 받았다고 해서 공기업이 민영화되는 것은 아니다.

17 ☐☐
17 지방9

공기업 매각 방식의 민영화를 통해 공공재정의 확충이 가능하다. ○X

공기업을 매각할 경우 공공재정이 확충될 수 있다.

18 ☐☐
18 국가7

기금관리형 준정부기관은 「국가재정법」에 따라 기금을 관리하거나 기금의 관리를 위탁받은 준정부기관을 의미한다. ○X

기금관리형 준정부기관은 기금을 관리하거나 기금의 관리를 위탁받은 준정부기관으로 대표적으로 국민연금공단 등이 있다.

19 ☐☐
18 국가7

기획재정부장관은 지방자치단체가 설립하고 그 운영에 관여하는 기관을 공공기관으로 지정할 수 있다. ○X

지방자치단체가 설립하고 그 운영에 관여하는 공공기관은 기획재정부장관이 지정하는 공공기관에서 제외된다.

10. X 11. X 12. O 13. O 14. X 15. X 16. X 17. O 18. O 19. X

20 ☐☐ 18 군무원
국무총리가 공공기관을 구분하여 지정한다. ⓞⓧ

해설 국무총리가 아닌 기획재정부장관이 공공기관을 구분하여 지정한다.

21 ☐☐ 19 국가9
한국철도공사, 한국소비자원, 국립중앙극장, 한국연구재단은 모두 공공서비스의 공급 주체 중 정부 부처 형태의 공기업에 해당한다. ⓞⓧ

해설 정부 부처 형태의 공기업은 정부기업으로, 여기에는 우편, 우체국예금, 양곡, 조달사업, 책임운영기관이 있으며 국립중앙극장은 책임운영기관에 해당한다. 한편 한국철도공사, 한국소비자원, 한국연구재단은 모두 공공기관에 해당한다.

22 ☐☐ 19 국회8
정부기업은 정부가 소유권을 가지고 운영하는 공기업으로서 정부조직에 해당되지 않는다. ⓞⓧ

해설 정부기업은 정부부처형 공기업을 의미하는 것으로 이는 정부가 소유권을 가지고 운영하는 공기업으로서 정부조직에 해당한다.

23 ☐☐ 19 국회8
위탁집행형 준정부기관의 사례로는 도로교통공단이 있다. ⓞⓧ

해설 도로교통공단은 준정부기관 중 위탁집행형 준정부기관에 해당한다.

24 ☐☐ 20 경간부
한국방송공사는 「공공기관의 운영에 관한 법률」상 준시장형 공기업으로 분류할 수 있다. ⓞⓧ

해설 한국방송공사는 공공기관으로 지정할 수 없다.

25 ☐☐ 21 국가9
주식회사형 공기업은 특별법 또는 상법에 의해 설립되지만 일반행정기관에 적용되는 조직·인사 원칙이 적용된다. ⓞⓧ

해설 주식회사형 공기업은 특별법 또는 상법에 의해 설립되며, 일반행정기관에 적용되는 조직·인사 원칙이 적용되지 않는다.

26 ☐☐ 21 국가9
시장에서 독점성이 나타나는 경우 공기업 설립이 정당화된다. ⓞⓧ

해설 수도, 가스, 철도, 전기 등과 같은 자연독점적인 사업을 사기업에 맡길 경우 독점이나 요금인상 등의 폐해가 야기되므로 공기업으로 운영한다.

27 ☐☐ 21 국회8
공공기관 경영평가는 기획재정부장관이 실시하고, 지방공기업 경영평가는 행정안전부장관이 실시한다. ⓞⓧ

해설 공기업 및 준정부기관의 경영실적평가는 기획재정부장관이 하고, 지방공기업에 대한 경영평가는 행정안전부장관이 한다.

28 ☐☐ 21 국회8
공공기관 경영평가제도에 따르면 공공기관심의위원회가 공공기관 경영평가에 관한 심의·의결기구의 역할을 수행한다. ⓞⓧ

해설 공공기관 경영평가에 관한 심의·의결기구의 역할을 수행하는 것은 기획재정부장관 소속의 공공기관운영위원회이다.

29 ☐☐ 21 국회8
한국관광공사는 준시장형 공기업, 우정사업본부는 정부기업 해당한다. ⓞⓧ

해설 한국관광공사는 위탁집행형 준정부기관, 우정사업본부는 정부기업 해당한다.

30 ☐☐ 22 경간부
「공공기관의 운영에 관한 법률」에 따르면 직원 정원이 500명 미만인 공기업의 장은 임원추천위원회가 복수로 추천하여 운영위원회의 심의·의결을 거친 사람 중에서 국무총리가 임명한다. ⓞⓧ

해설 직원 정원이 500명 미만인 공기업의 장은 임원추천위원회가 복수로 추천하여 운영위원회의 심의·의결을 거친 사람 중에서 주무기관의 장이 임명한다.

정답 20. X 21. X 22. X 23. O 24. X 25. X 26. O 27. O 28. X 29. X 30. X

MEMO

11 조직문화, 조직목표

01 ☐☐ 06 전북9
조직문화가 강할 때에는 구성원의 사고와 행동에 유연성 및 창의성을 촉진해 준다. O|X

> 조직문화는 조직형성 초기에는 순기능을 수행하지만 장기적으로는 획일적인 집단사고의 확립으로 구성원의 사고와 행동에 유연성 및 창의성을 저해한다.

02 ☐☐ 07 경간부
기존 목표에 새로운 목표를 추가하는 것은 목표의 승계이며, 대학교가 교육목표 외에 사회봉사목표를 추가하는 것은 목표의 확대이며 목표달성이 낙관적일 때 목표의 수준을 보다 더 높이는 것은 목표의 추가이다. O|X

> 기존 목표에 새로운 목표를 추가하는 것, 대학교가 교육목표 외에 사회봉사를 추가하는 것은 모두 목표의 추가이며, 목표달성이 낙관적일 때 목표의 수준을 보다 더 높이는 것은 목표의 확대이다.

03 ☐☐ 07 부산7
Douglas의 문화이론 중 개인주의적 문화는 사회적 위험의식이 충분히 개발되어 있다는 특징이 있다. O|X

> 개인주의적 문화는 철저한 자유주의나 시장만능주의와 연관된 모형으로 위험을 오히려 기회로 보는 등 사회적 위험 의식이 충분히 개발되어 있지 않다.

04 ☐☐ 10 경정승진
루즈벨트 대통령 당시 설립된 소아마비 구제 재단은 소아마비 치료를 위한 특효약인 백신을 개발함으로써, 더 이상 재단의 존립의의를 상실하였다. 그러나 이 재단은 관절염 퇴치라는 새로운 목표를 세워 존속하였다. 이러한 현상을 목표의 승계라고 한다. O|X

> 목표의 승계는 목표를 달성했거나 달성 자체가 불가능할 경우 새로운 목표를 재설정하는 것이다.

05 ☐☐ 12 국회8
조직문화 개혁의 전략의 하나인 의사소통인 개인의 학습과 조직의 학습을 통해 문화의 변화를 이루려는 시도이다. O|X

> 발전에 해당하는 개념이다. 한편 의사소통은 모든 구성원들이 문화변화의 중요성을 알도록 하는 것으로 조직문화를 변화시키려는 노력의 핵심이 되는 것이다.

06 ☐☐ 12 서울9
조직목표 변동의 한 유형으로 조직이 추구하고자 하는 원래의 목표가 다른 목표로 뒤바뀌어 조직의 목표가 왜곡되는 현상은 목표의 대치이다. O|X

> 목표의 전환(대치)에 대한 설명이다.

07 ☐☐ 14 서울7
조직문화의 접근방법의 하나인 상황론적 접근방법은 구성원들이 가치를 강하게 공유하고 있는 조직의 효과성이 높다고 전제한다. O|X

> 구성원들이 가치를 강하게 공유하고 있는 조직의 효과성이 높다고 전제하는 것은 문화강도적 접근방법이다.

08 ☐☐ 16 국가9
조직시민행동은 공식적인 보상 시스템에 의하여 직접적으로 또는 명시적으로 인식되지 않은 직무역할 외 행동이다. O|X

> 공식적인 보상 시스템에 의하여 직접적·명시적으로 인식되지 않은 직무역할 외의 행동을 조직시민행동이라고 한다.

01. X 02. X 03. X 04. O 05. X 06. O 07. X 08. O

09 □□   16 국가9
조직시민행동에서 구성원들의 역할모호성 지각은 조직시민행동에 긍정적 영향을 미친다.   O X

> 구성원들의 역할모호성 지각은 무력감을 느끼거나 구성원의 직무만족을 감소시켜 조직시민행동에 부정적 영향을 준다.

10 □□   17 국가7
미헬스(Michels)의 '과두제의 철칙(iron law of oligarchy)' 현상에 가장 부합하는 조직목표 변동 유형은 목표 승계(succession)이다.   O X

> 미헬스(Michels)의 '과두제의 철칙(iron law of oligarchy)' 현상에 가장 부합하는 조직목표 변동 유형은 목표 대치(displacement)이다.

11 □□   18 군무원
목표의 전환은 목표의 항구성 형성에 기여한다.   O X

> 목표의 항구성 형성에 기여하는 것은 목표의 승계이다.

12 □□   18 군무원
유형적 목표의 추구는 목표의 전환의 원인에 해당한다.   O X

> 목표의 전환의 원인으로는 유형적 목표의 추구, 동조과잉 현상 등이 있다.

13 □□   18 서울9
조직이 성숙 및 쇠퇴 단계에 이르면 조직문화는 조직혁신을 촉진하는 요인이 된다.   O X

> 조직문화는 지속성과 안정성을 특성으로 하기 때문에 조직의 성숙 및 쇠퇴 단계에 이르러도 조직혁신을 저해하는 요인으로 작용한다.

14 □□   18 서울9
조직문화는 조직구성원들에게 소속 조직원으로서의 정체성을 제공한다.   O X

> 조직문화는 조직의 경계를 설정하여 조직의 정체성을 제공한다.

15 □□   18 지방7
목표의 전환(diversion)은 애초에 설정된 목표를 달성할 수 없거나 목표가 완전히 달성된 경우 같은 유형의 다른 목표로 교체되는 것을 말한다.   O X

> 애초에 설정된 목표를 달성할 수 없거나 목표가 완전히 달성된 경우 같은 유형의 다른 목표로 교체되는 것은 목표의 승계이다.

16 □□   18 지방7
조직의 운영상 목표는 공식목표를 추진하는 과정에서 추구하는 목표로, 비공식적 목표다.   O X

> 운영상 목표는 공식목표를 추구하는 과정에서 구성원들이 실제로 추구하는 목표로 일종의 비공식 목표에 해당한다.

17 □□   19 서울9(2월)
목표의 대치(displacement)는 조직목표 달성이 어려울 때 기존 목표를 새로운 목표로 전환하는 것이다.   O X

> 목표의 승계는 조직목표 달성이 어려울 때 기존 목표를 새로운 목표로 전환하는 것이다.

18 □□   19 서울9(2월)
목표의 다원화(multiplication)는 조직목표 달성이 어려울 때 기존 목표에 새로운 목표를 추가하는 것이다.   O X

> 목표의 다원화는 조직목표 달성이 어려울 때 기존 목표에 새로운 목표를 추가하는 것이다.

📋 09. X   10. X   11. X   12. O   13. X   14. O   15. X   16. O   17. X   18. O

19 □□ 19 경정승진
더글라스(Douglas)의 문화이론에서 사회역할과 집단성이 모두 약한 개인주의 문화는 자아추구적, 경제적 인간관에 입각하여 경쟁, 개인책임을 중시하는 유형이다. [O|X]

해설: 개인주의 문화는 개인추구적이며 경제적 인간관에 입각하여 경쟁 및 개인책임을 강조한다.

20 □□ 20 행정사
동종목표의 수 또는 이종목표가 늘어나는 것이 목표의 추가이다. [O|X]

해설: 동종목표의 수 또는 이종목표가 늘어나는 것을 목표의 추가라고 한다.

21 □□ 21 국가9
조직목표는 조직의 구조와 과정을 설계하는 준거를 제공하고 성과를 평가하는 기준이 되기도 한다. [O|X]

해설: 조직목표는 조직의 구조와 과정을 설계하는 준거 및 성과를 평가하는 기준의 역할을 한다.

22 □□ 21 국가9
조직목표는 조직이 존재하는 정당성의 근거가 될 수는 없다. [O|X]

해설: 조직목표는 조직의 존재와 활동을 정당화시키는 근거로서의 역할을 한다.

23 □□ 21 국가7
홉스테드(Hofstede)의 문화 차원 중 집단주의가 강한 문화는 개인주의가 강한 문화보다 상대적으로 느슨한 개인 간 관계를 더 중요시한다. [O|X]

해설: 집단주의가 강한 문화는 개인주의가 강한 문화에 비해 상대적으로 개인 간 관계가 상호의존적이고 긴밀하며 강한 결속력을 특징으로 한다.

19. O 20. O 21. O 22. X 23. X

MEMO

12 리더십 1 - 리더십 발달

01 00 서울7
리더십의 유형을 민주형, 방임형, 권위형으로 구분하는 것은 상황이론이다. O|X

> 리더십의 유형을 민주형, 방임형, 권위형으로 구분하는 것은 아이오와 대학의 연구로 행태이론에 해당한다.

02 05 경기9
피들러의 상황적응 리더십유형에 따르면 상황이 매우 유리할 때에는 인간관계 중심적 리더십이 효과적이라고 보았다. O|X

> 상황이 매우 유리할 때에는 과업중심적 리더십이 효과적이다.

03 07 부산9
고전적 리더십이론과 행태론적 리더십이론은 유일 최선의 답이 있다고 본다. O|X

> 고전적 리더십이론과 행태론적 리더십이론 모두 어느 경우에도 적용되는 적절한 리더십이 있다고 본다.

04 11 국회8
허쉬와 블랜차드에 의하면 정부운영방식은 정부를 둘러싼 환경, 특히 국민의 성숙수준에 따라서 다르게 접근되어야 한다고 보았는데 국민의 성숙수준이 가장 높은 경우에 적응되는 정부운영방식은 위임이다. O|X

> 국민의 성숙 수준이 가장 높을 때 위임형 운영방식이 적용된다.

05 12 경정승진
일반적으로 사회적 분위기가 권위적이며 부하들의 참여에 대한 기대가 별로 없는 경우에는 권위적 리더십이 효과적이다. O|X

> 권위적 리더십에 대한 설명이다.

06 12 국회8
리커트(Likert) 등이 주도한 미시간대학교의 연구에서는 직원중심형과 생산중심형이라는 두 가지 리더십 유형을 구분하였다. O|X

> 미시간대학교의 연구에서는 직원중심형과 생산중심형이라는 두 가지 리더십 유형을 구분하였다.

07 13 서울9
리더의 특성론적 접근은 지적 능력을 중요시하지 않는다. O|X

> 리더십의 특성론에서는 리더의 지적 능력을 중요시한다.

08 14 지방7
커와 저미어가 주장한 리더십 대체물 접근법에 따르면 수행하는 과업의 결과에 대한 환류가 빈번한 것은 리더십의 대체물로 보았다. O|X

> 과업의 결과와 환류의 특성은 대체물이다.

09 15 서울9
상황론적 접근법에 기초한 이론의 예로 피들러(F.Fielder)의 상황적합적 리더십이론, 하우스(R.J.House)의 경로-목표모형 등을 들 수 있다. O|X

> 상황론적 접근법에는 피들러의 상황적합적 리더십이론, 하우스의 경로-목표모형 등이 있다.

10 15 지방9
피들러(Fielder)는 리더의 행태에 따라 권위주의형, 민주형, 자유방임형의 세 가지 유형으로 구분하였다. O|X

> 리더의 행태에 따라 권위주의형, 민주형, 자유방임형의 세 가지 유형으로 구분한 것은 아이오와 대학의 연구이다.

01. X 02. X 03. O 04. O 05. O 06. O 07. X 08. O 09. O 10. X

11 ☐☐ 17 국가7(추)
블레이크와 모튼(Blake & Mouton)의 관리격자(managerial grid) 모형에 따르면 무기력형, 컨트리클럽형, 과업형, 중도형, 팀형이라는 기본적 리더십 유형이 도출된다. ⓞⓧ

> 블레이크와 모튼의 관리유형도에 다르면 빈약형(무관심형), 친목형(컨트리클럽형), 임무중심형(과업형), 절충형(중도형), 단합형(팀형)이라는 리더십 유형을 도출하였다.

12 ☐☐ 17 국회8
상황론적 접근법은 리더의 어떠한 행동이 리더십 효과성과 관계가 있는가를 파악하고자 하는 접근법이다. ⓞⓧ

> 리더의 어떠한 행동이 리더십 효과성과 관계가 있는가를 파악하고자 하는 것은 행태론적 접근법에 대한 설명이다.

13 ☐☐ 17 서울9
행태이론은 눈에 보이지 않는 능력 등 리더가 갖춘 속성보다 리더가 실제 어떤 행동을 하는가에 초점을 맞춘 이론이다. ⓞⓧ

> 행태이론은 리더의 어떤 행동이 추종자의 욕구를 만족시켜 집단의 성과를 높이는가에 대하여 가설을 설정하고 이를 검증하고자 하는 이론으로 리더의 행동유형을 연구하였다.

14 ☐☐ 17 서울9
자질론은 지도자의 자질 특성에 따라 리더십이 발휘된다는 가정 하에, 지도자가 되게 하는 개인의 속성자질을 연구하는 이론이다. ⓞⓧ

> 자질론은 지도자의 자질 특성에 따라 리더십이 발휘된다고 보는 입장으로 지도자가 되게 하는 개인의 속성을 연구한다.

15 ☐☐ 17 지방7
피들러(Fiedler)는 리더십 유형을 결정하는 조건으로 부하의 성숙도를 중요시한다. ⓞⓧ

> 피들러는 상황에 의해 결정된다고 보았다. 부하의 성숙도를 중시하는 것은 허쉬와 블랜차드이다.

16 ☐☐ 17 지방7
하우스(House)의 참여적 리더는 부하들과 상담하고 의사결정 전에 부하들의 의견을 반영하려고 한다. ⓞⓧ

> 하우스의 참여적 리더는 부하들과 상담하고 부하의 의견을 적극적으로 고려한다.

17 ☐☐ 18 행정사
리더십 행동이론은 상황에 따라 리더십의 효과성이 달라진다는 시각에서 리더의 행동을 파악한다. ⓞⓧ

> 상황에 따라 리더십의 효과성이 달라진다는 시각에서 리더의 행동을 파악하는 것은 리더십 상황이론이다.

18 ☐☐ 18 행정사
리더십 행동이론은 훈련에 의해 효과적인 리더를 양성할 수 있다고 주장한다. ⓞⓧ

> 리더십 행동이론은 훈련과 상황에 따라 효과적인 리더십은 달라질 수 있다고 본다.

19 ☐☐ 19 국가9
상황론에서는 리더십을 특정한 맥락 속에서 발휘되는 것으로 파악해, 상황유형별로 효율적인 리더의 행태를 찾아내기 위한 연구를 수행하였다. ⓞⓧ

> 상황론은 효율적인 리더의 행태를 찾아내기 위한 연구를 수행하는 것으로 특정한 맥락속에서 발휘되는 것으로 파악한다.

20 ☐☐ 19 국회9
블레이크와 머튼(Blake &Mouton)은 관리그리드 모형에서 과업 지향, 인간관계 지향이라는 기준을 활용하여 리더십 유형을 분류하였다. ⓞⓧ

> 관리그리드 모형을 제시한 블레이크와 머튼은 과업지향, 인간관계 지향을 기준으로 하여 리더십 유형을 분류하였다.

📖 11. O 12. X 13. O 14. O 15. X 16. O 17. X 18. O 19. O 20. O

21 19 서울9(2월)
피들러(F. Fiedler)의 상황적합적 리더십이론은 리더와 부하의 관계, 직위 권력, 과업구조를 상황변수로 보았다. OX

해설 피들러의 상황적합적 리더십이론의 상황변수로 리더와 부하의 관계, 직위권력, 과업구조를 들 수 있다.

22 19 서울9
허시(Hersey)와 블랜차드(Blanchard)는 부하의 성숙도(Maturity)를 기준으로 효과적인 리더십을 제시하였으며, 부하의 성숙도가 높아질수록 지시형 → 위임형 → 설득형 → 참여형 순으로 효과적이라고 보았다. OX

해설 허시와 블랜차드는 부하의 성숙도를 기준으로 효과적인 리더십을 제시하였으며, 부하의 성숙도가 높아질수록 지시형 → 설득형 → 참여형 → 위임형 순으로 효과적이라고 보았다.

23 19 서울7
블레이크(Blake)와 머튼(Mouton)의 관리그리드 이론, 피들러(Fiedler)의 상황적응 모형은 리더십 상황이론에 해당한다. OX

해설 블레이크(Blake)와 머튼(Mouton)의 관리그리드 이론은 행태론적 접근방법이다.

24 20 경간부
상황론은 리더십이 상황의 변화를 가져온다는 것을 전제한다. OX

해설 상황론은 상황의 변화가 리더십의 변화를 가져온다는 것을 전제한다.

25 21 경간부
블레이크와 모튼(Blake and Mouton)의 관리망(managerial grid) 연구에서는 과업형이 가장 효과적인 리더십 행태로 나타났다. OX

해설 블레이크와 모튼의 관리망 연구에서는 단합형이 가장 효과적인 리더십 행태로 나타났다.

26 21 경간부
피들러(Fiedler)의 상황론이 제시하는 상황변수에는 리더와 부하와의 관계, 리더의 공식적 권한, 과업구조의 특성이 있다. OX

해설 피들러는 상황적응모형에서 리더십의 효율성에 미치는 상황요인으로 리더와 부하와의 관계, 리더의 공식적 직위권력, 과업구조를 제시하였다.

27 21 군무원9
민주형 리더십은 권위와 최종책임을 위임하며 부하가 의사결정에 참여하도록 하는 쌍방향 의사전달의 특징을 지닌다. OX

해설 민주형 리더십은 권위와 책임을 일부 위임하며 부하가 의사결정에 참여하도록 하지만, 최종책임은 리더에게 있다. 한편 권위와 최종책임을 위임하는 것은 방임형 리더십에 해당한다.

28 21 국가7
피들러(Fiedler)의 상황적합적 리더십 이론은 리더와 부하의 관계, 부하의 성숙도, 과업구조의 조합에 따라 리더의 상황적 유리성(situational favorableness)을 설명한다. OX

해설 피들러의 상황적합적 리더십 이론은 리더의 효율성은 상황요인에 따라 달라진다고 보고, 리더와 부하의 관계, 과업구조의 특성, 리더의 직위권력을 상황요인으로 제시하였다. 한편 부하의 성숙도를 상황요인으로 제시한 것은 허시와 블랜차드의 생애주기이론이다.

29 21 지방7
허시(Hersey)와 블랜차드(Blanchard)는 부하의 성숙도가 높은 경우 지시적 리더십이 효과적이라고 보았다. OX

해설 허시와 블랜차드는 부하의 성숙도가 높은 경우 위임적 리더십(위양형)이 효과적이라고 보았다.

30 22 경간부
피들러(F. Fiedler)의 상황조건론은 리더에게 유리한 리더십 상황(단순하고 명확한 과업구조, 강한 직위 권력 등)에서 인간관계 중심형 리더십이 효과적이라 주장한다. OX

해설 리더에게 가장 유리하거나 가장 불리한 상황(조건)에서는 과업중심형 리더십이 효과적이라고 본다. 한편 인간관계 중심형 리더십은 중간 정도의 상황에서 효과적이다.

정답 21. O 22. X 23. X 24. X 25. X 26. O 27. X 28. X 29. X 30. X

MEMO

13 리더십 2 - 기타 최신이론

01 ☐☐ 00 행정고시
카리스마적 리더십에서 리더의 카리스마를 제고하기 위해서 추종자들은 제도에 의해 리더에게 복종한다. ⓄⓍ

> 추종자들은 제도에 의해서가 아니라 자진하여 리더에게 복종한다.

02 ☐☐ 04 서울9
변혁적 리더십은 조직과 개인의 공생적 관계를 형성한다. ⓄⓍ

> 개별적 배려에 대한 내용으로 이는 변혁적 리더십의 특징 및 구성요소이다.

03 ☐☐ 04 전북9
문화적 리더십에 있어서 리더의 주체적 역할이 과소평가되고 있다. ⓄⓍ

> 문화적 리더십은 리더의 신념과 상징에 의한 주체적인 역할과 가치관을 중시한다.

04 ☐☐ 05 경북9
변혁적 리더십은 기계적 관료제, 전문적 관료제, 할거적 구조보다는 단순구조, 임시조직에 더 적합하다. ⓄⓍ

> 변혁적 리더십은 불확실한 환경에서 효과적이므로 단순구조나 임시조직에 더 적합하다. 한편 표준화된 기술을 사용하는 기계적·전문적 관료제는 거래적 리더십이 더 적합하다.

05 ☐☐ 06 국가9
추종자에게 권한을 부여하고 자신감을 심어주며, 개별적 관심과 배려를 보이며 도덕적 목표와 임무, 미래의 비전을 추구하도록 격려하는 것은 변혁적 리더십이다. ⓄⓍ

> 변혁적 리더십의 특징이다.

06 ☐☐ 06 충남9
통합이 강조되고 고도의 다양성과 적응성이 요구되는 탈관료제적 조직에서는 거래적 리더십보다 변혁적 리더십이 효과적일 가능성이 높다. ⓄⓍ

> 탈관료제적 조직에서는 변동을 중시하는 변혁적 리더십이 효과적이다.

07 ☐☐ 07 국회8
베스(Bass)가 주장한 변혁적 리더십의 구성요소로는 영향의 이상화, 지적 자극, 업적에 따른 보상, 영감적 동기 유발, 개별적 배려 등이 있다. ⓄⓍ

> 업적에 따른 보상은 거래적 리더십의 구성요소이다.

08 ☐☐ 09 국회9
변혁적 리더십에 따르면 부하직원의 성과에 따라 보상을 제공하는 교환관계를 동기부여의 핵심기제로 강조한다. ⓄⓍ

> 교환관계를 동기부여의 핵심기제로 강조하는 것은 거래적 리더십에 해당한다.

09 ☐☐ 11 경간부
영감적 리더십은 공공부문의 리더가 부하로 하여금 형식적 관례와 사고를 다시 생각하게 함으로써 새로운 관념을 촉발시키는 깃을 의미한다. ⓄⓍ

> 촉매적 리더십에 대한 내용이다.

01. X 02. O 03. X 04. O 05. O 06. O 07. X 08. X 09. X

10 □□   13 경간부
개별적 배려는 리더가 부하에게 특별한 관심을 보이고 부하의 특정 요구를 이해함으로써 부하에 대해 개인적으로 존중한다는 것을 전달한다. [O|X]

> 개별적 배려에 대한 설명으로 이는 변혁적 리더십의 요인 중의 하나이다.

11 □□   13 국가7
변혁적 리더십은 부하의 자기 실현과 존중감 등 높은 수준의 욕구 실현에 관심을 갖는다. [O|X]

> 변혁적 리더십은 부하를 통제하고 지시하기보다는 재량권을 부여하고 지적자극에 의한 동기를 부여한다.

12 □□   17 국가7(추)
하우스(House)는 리더십을 거래적 리더십(transactional leadership)과 변혁적 리더십(transformational leadership)으로 구분하였다. [O|X]

> 리더십을 거래적 리더십과 변혁적 리더십으로 구분한 학자는 번스&배스이다.

13 □□   17 서울9
변혁적 리더십은 거래적 리더십을 기반으로 하므로 거래적 리더십과 중첩되는 측면이 있다. [O|X]

> 변혁적 리더십은 거래적 리더십과 구분되는 리더십이다.

14 □□   17 지방7
번스(Burns)의 거래적 리더십은 영감, 개인적 배려에 치중하고 조직에서 변화를 주도하는 리더십이다. [O|X]

> 번스(Burns)의 변혁적 리더십은 영감, 개인적 배려에 치중하고 조직에서 변화를 주도하는 리더십이다.

15 □□   18 경간부
서번트(servant) 리더십은 부하직원들을 상급자처럼 떠받들어 주면서 리더를 따르게 하는 리더십의 일종이다. [O|X]

> 서번트(servant) 리더십은 인간 존중을 바탕으로 구성원들이 업무 수행에서 잠재력과 기량을 충분히 발휘할 수 있도록 도와주는 리더십으로 구성원들을 섬기는 리더십이다.

16 □□   19 국회9
거래적 리더십은 변혁적 리더십에 비해 의사소통이 하향적이며 수직적이다. [O|X]

> 거래적 리더십은 변혁적 리더십에 비해 보수적·현상유지적이며 수직적·하향적으로 의사소통이 이루어진다.

17 □□   19 지방9
변혁적 리더십(transformational leadership)은 조직참여의 기대가 적은 경우에 적합하며 예외관리에 초점을 둔다. [O|X]

> 조직참여의 기대가 적은 경우에 적합하며 예외관리에 초점을 두는 것은 거래적 리더십이다.

18 □□   19 지방9
변혁적 리더십(transformational leadership)은 리더가 인본주의, 평화 등 도덕적 가치와 이상을 호소하는 방식으로 부하들의 의식수준을 높인다. [O|X]

> 변혁적 리더십은 물질적인 보상보다는 도덕적 가치와 이상에 의한 영향화를 중시한다.

19 □□   20 국가7
서번트(servant) 리더십은 자기 자신보다는 다른 사람에게 초점을 두고, 부하들의 창의성과 잠재력을 발휘할 수 있도록 봉사하는 리더십이다. [O|X]

> 서번트 리더십은 부하중심적이고 도덕적이며, 리더가 부하에 대해 더 봉사적인 리더십으로 부하들을 육성·지지하고 위임하는 서번트십을 강조한다.

정답 10. O 11. O 12. X 13. X 14. X 15. O 16. O 17. X 18. O 19. O

20 □□
21 경정승진

변혁적 리더십에 따르면 리더는 부하의 직무수행에 필요한 자원을 정확히 파악하여 지원하고, 제시된 과업목표를 부하가 달성한 정도를 평가해서 연봉 보너스 승진에 반영하고, 저성과자에 대해 예외관리를 한다. O X

해설 거래적 리더십에 따르면 리더는 부하의 직무수행에 필요한 자원을 정확히 파악하여 지원하고, 제시된 과업목표를 부하가 달성한 정도를 평가해서 연봉 보너스 승진에 반영하고, 저성과자에 대해 예외관리를 한다.

21 □□
21 지방(서울)9

변혁적(transformational) 리더십은 부하에게 새로운 비전을 제시하며, 지적 자극을 통한 동기부여를 강조한다. O X

해설 변혁적 리더십에서 리더는 부하에게 영감과 새로운 비전을 제시하고 지적 자극과 공유에 의한 동기유발을 중시한다.

22 □□
21 지방(서울)9

변혁적 리더십은 리더와 부하의 관계를 경제적 교환관계로 인식하고, 보상에 관심을 둔다. O X

해설 리더와 부하의 관계를 경제적 교환관계로 인식하고, 보상에 관심을 두는 것은 거래적 리더십의 특징이다.

23 □□
22 지방9

서번트(servant) 리더십은 구성원들이 공동의 목표를 이뤄 나갈 수 있도록 환경을 조성하고 도와준다. O X

해설 서번트 리더십(servant leadership)이란 부하에게 목표를 공유하고 부하들의 성장을 도모하면서, 리더와 부하 간의 신뢰를 형성시켜 궁극적으로 조직성과를 달성하게 하는 리더십이다.

24 □□
23 지방직9

변혁적 리더십은 상황적 보상과 예외관리를 특징으로 한다. O X

해설 상황적 보상과 예외관리는 거래적 리더십의 특징이다.

20. X 21. O 22. X 23. O 24. O

MEMO

14 조직관리(의사전달, 갈등, 권위)

01 ☐☐ 04 행정고시
각 집단의 목표와 규범이 동일하고 집단 간 상호의존성이 적은 경우 경쟁이 심화된다. ⓞⓧ

> 해설
> 집단 간 목표가 이질적이고, 집단과 목표 간에 의존관계가 높을 때 경쟁이나 갈등이 심화된다.

02 ☐☐ 05 울산9
상의하달적 의사소통으로 보고, 내부결재제도, 제안제도 등이 있다. ⓞⓧ

> 보고, 내부결재, 제안제도 등은 하급기관이나 하급자의 의사가 상부로 전달되는 하의상달적 의사전달이다.

03 ☐☐ 07 경기7
수평적 갈등은 목표의 분업구조, 과업의 상호의존성, 자원의 제한 등이 중요한 원인으로 작용한다. ⓞⓧ

> 수평적 갈등은 동일 수준의 부서나 개인 간의 갈등으로, 목표의 분업구조, 과업의 상호의존성, 자원의 제한, 할거주의 등이 주요 원인이다.

04 ☐☐ 08 서울7
갈등은 조직의 현상유지적 균형을 교란하는 요인이기 때문에 해소전략을 강구해야만 한다. ⓞⓧ

> 갈등은 소모적 갈등인 역기능뿐만 아니라 생산적 갈등인 순기능적 갈등도 있기 때문에 해소전략을 강구해야만 하는 것은 아니다.

05 ☐☐ 09 국가9
의사전달의 과정은 발신자, 코드화, 발송, 통로, 수신자, 해독, 환류로 이루어진다. ⓞⓧ

> 의사전달의 과정에 대한 설명이다.

06 ☐☐ 09 국회8
회피는 갈등 당사자들의 차이점을 감추고 유사성과 공동의 이익을 내세워 갈등을 해소하는 방안이다. ⓞⓧ

> 협동에 대한 설명이다.

07 ☐☐ 09 서울7
비공식적 의사소통의 하나인 포도덩굴 커뮤니케이션은 공식적 권위를 유지하고 향상시키는 데에 기여한다. ⓞⓧ

> 포도덩굴 커뮤니케이션은 상관의 공식적 권위가 손상된다는 한계가 있다.

08 ☐☐ 09 지방9
토마스가 제시한 대안적 갈등관리방안 중에서 타협은 자신의 이익을 희생하여 상대방의 이익을 만족시키려는 경우를 의미한다. ⓞⓧ

> 순응에 대한 설명이다.

09 ☐☐ 10 국회8
순기능적 갈등을 조성하는 방법으로는 갈등을 야기할 수 있는 의사결정의 연기 등이 있다. ⓞⓧ

> 긍정적 갈등을 야기할 수 있는 의사결정을 연기하는 것보다는 앞당기는 것이 오히려 갈등 조장에 도움이 된다.

01. X 02. X 03. O 04. X 05. O 06. X 07. X 08. X 09. X

10 □□
11 국회 8

프렌치와 라벤에 따르면 준거적 권력은 다른 사람들이 가치를 두는 정보를 갖고 있는 정도에 기반을 둔 것으로 다른 사람이 필요로 하는 전문적인 기술이나 지식을 어떤 사람이 갖고 있을 때 발생한다. O X

전문적 권력에 대한 설명이다.

11 □□
11 국회 8

권한과 유사한 개념인 합법적 권력은 상사가 보유하고 있는 직위에 기반을 둔 것으로 일반적으로 직위가 높으면 높을수록 합법적 권력은 더욱 커지는 경향이 있다. O X

합법적 권력의 개념에 해당한다.

12 □□
12 지방9

토머스가 제시하고 있는 대인적 갈등관리 방안 중에서 타협이란 자신과 상대방의 이익 모두를 만족시키려는 방안이다. O X

협동에 대한 설명이다.

13 □□
14 국회8

집단 간 갈등의 해결은 구조적 분화와 전문화를 통해서 찾을 필요가 있다. O X

구조적 분화와 전문화는 갈등의 조장방안에 해당하며, 집단 간 갈등을 해결하기 위해서는 조직을 통폐합하여야 한다.

14 □□
15 교행9

공식적 의사전달은 비공식적 의사전달에 비해 신속하지만 책임 소재는 불명확하다. O X

공식적 의사전달은 책임소재가 명확하여 의사전달이 편리하고 확실하나 융통성과 신속성이 낮다.

15 □□
15 사복9

행태주의 관점의 갈등관리 이론에서는 갈등이 조직 발전의 원동력이 된다고 주장하였다. O X

상호작용적 관점에 대한 설명이다.

16 □□
16 교행9

조직의 불확실성을 높이거나 위기감을 불러일으키는 것과 같이 조직의 갈등을 인위적으로 조성하는 전략은 조직의 생존·발전에 필요한 전략 중 하나이다. O X

갈등 조성 전략은 조직의 생존발전에 필요한 전략 중 하나이다.

17 □□
16 국회8

조직이 무사안일에 빠져있을 경우에는 타협을 통해 갈등을 해소할 수 있다. O X

무사안일에 빠져있을 경우에는 의도적으로 갈등을 유도하고 유발함으로써 조직 내 긴장감을 조성할 필요가 있다.

18 □□
16 국회8

업무의 상호의존성이 높을수록 갈등이 증가할 소지가 크다. O X

개인 또는 집단 간 상호의존성이 많을수록 갈등의 소지가 많다.

19 □□
16 지방7

개인의 이기적 태도는 구조적인 측면에서 발생하는 갈등요인이다. O X

개인의 이기적 태도는 개인적인 측면에서 발생하는 갈등요인이다.

10. X 11. O 12. X 13. X 14. X 15. X 16. O 17. X 18. O 19. X

20 16 지방9
공식적 의사전달은 조정과 통제가 곤란하다는 단점이 있다. OX

> **해설** 비공식적 의사전달은 조정과 통제가 곤란하다는 단점이 있다.

21 16 지방9
비공식적 의사전달은 의사소통 과정에서의 긴장과 소외감을 극복하고 개인적 요구를 충족시킨다는 장점이 있다. OX

> 비공식적 의사전달은 의사소통 과정에서 긴장과 소외감을 극복하고 개인적 욕구를 충족시킨다.

22 17 국회8
적절한 갈등을 조성하는 방법으로 의사전달 통로의 변경, 정보 전달 억제, 구조적 요인의 개편, 리더십 스타일 변경 등을 들 수 있다. OX

> 구조적 요인의 개편은 갈등 해소 전략에 해당하지만, 의사전달 통로의 변경, 정보 전달 억제, 리더십 스타일 변경 등은 갈등 조성 전략에 해당한다.

23 17 서울9
의사결정자가 각 대안의 결과를 알고는 있으나 대안 간 비교 결과 어떤 것이 최선의 결과인지를 알 수 없어 발생하는 개인적 갈등의 원인은 비수락성(unacceptability)이다. OX

> 의사결정자가 각 대안의 결과를 알고는 있으나 대안 간 비교 결과 어떤 것이 최선의 결과인지를 알 수 없어 발생하는 개인적 갈등의 원인은 비비교성(incomparability)이다.

24 18 국가9
프렌치(J. R. P. French, Jr.)와 레이븐(B. H. Raven)의 권력유형 분류에서 준거(reference), 전문성(expertness), 강제력(coercion), 상징(symbol)은 권력의 원천에 해당한다. OX

> 프렌치와 레이븐의 권력유형 분류에서 권력의 원천은 합법적(정당한) 권력, 보상적 권력, 강압적 권력, 전문적 권력, 준거적 권력으로, 상징은 해당하지 않는다.

25 18 국회9
비공식적 의사전달은 수직적 계층제에서 상관의 권위를 손상시킬 수 있다. OX

> 비공식적 의사전달은 의사소통 과정에서 긴장 및 소외감을 극복할 수 있지만, 상관의 권위 손상이라는 단점이 발생할 수 있다.

26 18 국회9
문서 명령과 예규의 제정 등은 하의상달에 의한 의사전달 방식이다. OX

> 문서 명령과 예규의 제정 등은 상의하달에 의한 의사전달 방식이다.

27 19 국회8
갈등을 조성하기 위해서 단위부서들 간에 경쟁상황을 조성한다. OX

> 기능적 조직단위나 조직 내부의 계층 수를 늘려 경쟁상황에 노출시키고 견제하도록 함으로써 갈등을 조성할 수 있다.

28 19 국회8
갈등을 조성하기 위해서는 갈등을 일으킨 당사자들에게 공동으로 추구해야 할 상위목표를 제시한다. OX

> 갈등을 일으킨 당사자들에게 공동으로 추구해야 할 상위목표를 제시하는 것은 갈등의 해소 전략에 대한 설명이다.

29 19 서울7
조직 내부에서 발생하는 갈등은 조직 내 하위목표를 강조함으로써 갈등을 해소할 수 있다. OX

> 상위목표를 설정 및 제시함으로써 갈등을 해소할 수 있다. 조직 내 하위목표를 강조할수록 갈등은 더욱 심화된다.

20. X 21. O 22. X 23. X 24. X 25. O 26. X 27. O 28. X 29. X

30 ☐☐ 19 서울7
조직 내부에서 발생하는 갈등은 새로운 아이디어 촉발, 문제 해결력 개선 등 순기능이 있다. O X

> 적정 수준의 갈등은 새로운 아이디어를 촉발하거나 문제 해결력을 개선할 수 있다고 보는 것은 갈등을 순기능적 관점에서 보는 것이다.

31 ☐☐ 20 경간부
로빈스(Robbins)는 갈등관리를 전통주의자, 행태주의자, 상호작용주의자의 관점으로 구분하여 접근한다. O X

> 로빈스는 전통적 견해, 행태론적 견해, 상호작용론적 견해로 갈등변천관을 구분하였다.

32 ☐☐ 20 국가9
프렌치와 레이븐(French & Raven)의 강압적 권력은 카리스마 개념과 유사하며 인간의 공포에 기반한다. O X

> 강압적 권력은 인간의 공포에 기반하는 것이고, 카리스마 개념과 유사한 것은 준거적 권력이다.

33 ☐☐ 20 국가9
프렌치와 레이븐(French & Raven)의 준거적 권력은 자신보다 뛰어나다고 생각하는 사람을 닮고자 할 때 발생한다. O X

> 준거적 권력은 자신보다 뛰어나다고 생각하는 사람을 닮고자 하는 동일시의 권위, 역할모델에 의한 권위를 말한다.

34 ☐☐ 20 국가9
조직 내 갈등을 진행단계별로 분류할 때 지각된 갈등은 갈등이 야기될 수 있는 상황 또는 조건을 의미한다. O X

> 갈등이 야기될 수 있는 상황 또는 조건을 의미하는 것은 잠재된 갈등이다.

35 ☐☐ 20 국가9
의사소통 과정에서 충분한 양의 정보도 갈등을 유발하는 경우가 있다. O X

> 상황에 따라 억제하거나 지나치게 과다한 정보를 전달함으로써 갈등이 조성되기도 한다.

36 ☐☐ 20 국회8
갈등은 해결과정에서 조직의 문제해결능력, 창의력, 융통성 등이 향상되는 순기능도 있다. O X

> 갈등을 해결하는 과정에서 조직의 문제해결능력이나 창의력 등이 향상될 수 있다.

37 ☐☐ 21 경정승진
문제 해결, 상위목표 제시, 자원의 증대, 정보전달 억제는 갈등관리전략 중 갈등해소전략에 해당한다. O X

> 문제 해결, 상위목표 제시, 자원의 증대는 갈등해소전략에, 정보전달 억제는 갈등조성전략에 해당한다.

30. O 31. O 32. X 33. O 34. X 35. O 36. O 37. X

15 정보공개, 행정PR, 행정참여 등

01 ☐☐   05 서울9
행정정보공개의 문제점으로는 행정적 책임을 회피하기 위해 정보를 변조하거나 왜곡할 수 있다.   O X

> **해설**
> 정보의 왜곡문제가 발생한다.

02 ☐☐   07 국가7
우리나라 행정정보공개제도는 먼저 기초자치단체에서 조례로 제도화되었다.   O X

> 1992년 청주시에서 최초로 정보공개조례를 제정하고 운영하였다.

03 ☐☐   10 지방9
우리나라 공공기관의 정보공개에 관한 법률에 의하면 공공기관은 부득이한 사유가 없는 한 정보공개 청구를 받은 날부터 10일 이내에 공개여부를 결정하여야 한다.   O X

> 정보공개 청구를 받은 날로부터 10일 이내에 공개여부를 결정하여야 한다.

04 ☐☐   11 경간부
「공공기관 정보공개에 관한 법률」에는 정보공개를 활성화하기 위하여 이 법 또는 다른 법률의 규정에 의해서만 비공개대상정보를 정하도록 되어있다.   O X

> 다른 법률 또는 법률이 위임한 명령의 규정에 의하여 비밀 또는 비공개사항으로 규정된 정보는 공개하지 않을 수 있다.

05 ☐☐   11 경정승진
행정PR은 국민의 비판적 여론을 억제할 수 있어야 한다.   O X

> 행정PR은 비판을 수용할 수 있어야 한다.

06 ☐☐   12 경정승진
행정PR은 행정의 민주성 증진을 목표로 하며 공개행정 및 주민참여를 구현하기 위한 필수요소이다.   O X

> 행정PR은 국민의 알권리를 충족시킨다.

07 ☐☐   12 지방7
행정정보공개의 확대는 공무원의 도전적이고 적극적인 행태를 조장한다.   O X

> 정보공개제도의 확대는 자신의 실책과 무능을 가리기 위하여 공무원들이 오히려 소극적인 근무자세로 일관하게 된다는 단점이 있다.

08 ☐☐   14 국가9
우리나라 행정정보공개제도에 의하면 정보의 공개 및 운송 등에 드는 비용은 실비 범위에서 청구인이 부담한다.   O X

> 정보의 공개 및 우송 등에 소요되는 비용은 청구인이 부담한다.

---

01. O   02. O   03. O   04. X   05. X   06. O   07. X   08. O

09 □□
16 사복9

「공공기관의 정보공개에 관한 법률」에 따르면 공공기관은 예산집행의 내용과 사업평가 결과 등 행정 감시에 필요한 정보가 다른 법률에서 비밀이나 비공개 사항으로 규정되었더라도 이를 공개하여야 한다. [O|X]

> **해설**
> 다른 법률에서 비밀이나 비공개사항으로 규정된 정보는 공개하지 않아도 된다.

10 □□
21 경간부

정보공개청구 제도에 따르면 예산 사용에 관한 정보는 이 제도를 통해 청구할 수 없다. [O|X]

> 예산 사용에 관한 정보도 정보공개를 청구할 수 있다.

11 □□
21 경간부

중앙과 지방을 불문하고 공공기관에 대해 정보공개를 청구할 수 있다. [O|X]

> 정보공개 대상기관에는 국가, 지방자치단체 및 공기업 등 공공기관을 모두 포함하므로 공공기관에 대해 정보공개를 청구할 수 있다.

12 □□
22 국가7

우리나라는 비공개 대상 정보를 제외한 모든 정보를 공개 대상으로 하는 네거티브 방식을 취하고 있다. [O|X]

> 현재 네거티브 방식이다.

13 □□
22 국가7

공공기관의 정보공개는 청구에 의한 공개도 가능하지만 특정 정보는 별도의 청구 없이도 사전에 공개해야 한다. [O|X]

> 청구에 의한 공개와, 공공기관의 자발적 공개가 있다.

09. X 10. X 11. O 12. O 13. O

CHAPTER 16 조직과 환경

01 □□ 03 행정고시
윌리암슨(Williamson)이 주장하는 거래비용이론은 제한된 합리성 또는 기회주의의 행태적 가정하에 결정된다. O X

> **해설**
> 거래비용이론은 기회주의적 행동에 대한 탐색비용을 가정한다.

02 □□ 04 국가7
조직군 생태학이론의 분석단위는 다양하므로 개인, 하위조직, 조직, 조직군, 지역사회의 조직 등의 차원에서 분석이 가능하다. O X

> 조직군 생태학이론은 조직군을 대상으로 연구하며 이를 다양한 수준의 조직연구에 적용할 수 있다.

03 □□ 04 울산9
외부에서 중요한 조직이나 사람들을 수용하여 조직을 확장하는 것은 조직의 완충전략에 해당한다. O X

> 이는 대외적 연결전략에 해당한다.

04 □□ 04 전북9
자원의존이론은 조직 간의 연계를 중시하며 다양한 상황변수에 따라 조직의 구조와 효과성이 달라진다는 입장이다. O X

> 구조적 상황이론에 대한 설명이다.

05 □□ 05 서울7
Emery와 Trist는 환경적 변화를 4가지로 분류하였는데, 무작위적 환경에서 환경의 구성요소들의 상호 관련성이 매우 높은 것을 평온이라 하였다. O X

> 평온은 집합적 환경에 대한 설명이며, 무작위적 환경에서는 환경의 구성요소들의 상호 관련성이 매우 낮고 경쟁적이다.

06 □□ 05 전남9
전략적 선택이론은 희소자원에 대한 관리자의 통제능력이 조직의 역량을 결정한다. O X

> 자원의존이론에 대한 설명이다.

07 □□ 07 국회8
대리인이론을 극복하기 위해서는 외부효과를 치유하기 위한 적극적인 노력을 강화해야 한다. O X

> 외부효과와 대리손실은 직접적 연관이 없다.

08 □□ 07 부산9
거시적 조직이론은 자원의존이론은 조직이 외부자원에 의존적이라고 보는 점에서 환경결정론에 해당한다. O X

> 자원의존이론은 조직은 상황적 제약 요건을 어느 정도 전략적인 조정을 통해 완화시킬 수 있다는 입장이므로 임의론에 속한다.

09 □□ 07 서울9
분석 수준에 따라 조직군 이론에서 조직군생태학이론, 조직경제학이론, 공동생태학이론, 전략적 선택이론이 있다. O X

> 전략적 선택이론은 조직군이론이 아니라 개별 조직이론이다.

01. O 02. O 03. X 04. X 05. X 06. X 07. X 08. X 09. X

10 ☐☐ 08 지방7
자원의존이론에서는 조직의 변화가 환경의 선택에 의해서 이루어진다고 설명한다. ☐O☐X☐

해설: 자원의존이론은 자원의 희소성이라는 제약조건 하에서도 조직관리자가 어느 정도는 환경을 능동적으로 관리하여 조직을 자율적으로 설계할 수 있다는 임의론에 해당한다.

11 ☐☐ 09 국회8
거래비용이론은 대리인이론과 함께 신제도주의 경제학 이론에 해당한다. ☐O☐X☐

해설: 거래비용이론과 대리인이론은 모두 조직경제학과 같은 맥락의 이론들이다.

12 ☐☐ 11 경간부
공동체 생태학이론은 환경이 조직을 결정한다는 극단적 결정론의 입장이다. ☐O☐X☐

해설: 조직군 생태학이론에 대한 설명이다.

13 ☐☐ 11 경간부
Scott는 환경의 특성에 두 가지 접근방법을 제시하였는데 하나는 불확실성의 수준에 초점을 맞추는 것이고, 다른 하나는 조직의 자원의존도에 초점을 맞추는 것이다. ☐O☐X☐

해설: Scott의 환경전략으로 옳은 지문이다.

14 ☐☐ 11 국가9
윌리암슨(Williamson)의 거래비용이론 관점에서 계층제는 집합적 의사결정의 외부비용을 감소시키므로 계층제가 시장보다 효율적이라고 본다. ☐O☐X☐

해설: 윌리암슨의 거래비용이론에 따르면 거래비용의 감소에 따라 시장이 효율적일 수도 있고, 계층제가 효율적일 수 있다고 본다.

15 ☐☐ 11 국회8
대리인 이론에 따르면 위임자는 위임업무처리에 관하여 대리인보다 우월한 능력을 가지기 때문에 대리인은 위임자의 재량에 의존하는 바가 커지게 된다. ☐O☐X☐

해설: 대리인은 위임받은 업무처리에 관하여 위임자보다 정보나 능력면에서 우월한 지위를 가지기 때문에 대리손실이 발생한다.

16 ☐☐ 12 경간부
혼돈이론적 접근에 따르면 행정조직은 혼돈상황을 적절히 회피하고 통제할 수 있는 능력이 요구된다고 본다. ☐O☐X☐

해설: 혼돈이론은 혼돈과 무질서를 통제와 회피의 대상으로 생각하지 않고 이를 적극 활용하는 이론이다.

17 ☐☐ 12 서울7
구조적 상황론은 결정론적 이론이다. ☐O☐X☐

해설: 결정론적 이론에는 구조적 상황론, 조직군생태학이론, 조직경제학, 제도화이론이 있다.

18 ☐☐ 12 지방7
조직군생태학이론에서 조직은 환경을 선택하는 능동적인 존재이다. ☐O☐X☐

해설: 조직군생태학이론에서는 환경이 조직을 선택하는 수동적인 존재로 가정된다.

19 ☐☐ 13 지방9
조직생태이론에서는 조직과 환경의 관계를 분석함에 있어 조직의 주도적이고 능동적 선택과 행동을 강조한다. ☐O☐X☐

해설: 조직군생태론은 극단적인 결정론이다.

정답 10. X 11. O 12. X 13. O 14. X 15. X 16. X 17. O 18. X 19. X

20
거래비용이론은 거래 상대방의 기회주의적 행동에 대한 탐색비용은 포함되지 않는다. ◯X

해설: 기회주의적 행동에 대한 감시통제비용도 거래비용에 포함된다.

21
상황론적 조직이론은 모든 상황에 적합한 최선의 조직화 방법은 존재하지 않는다고 전제한다. ◯X

해설: 상황론적 조직이론은 조직을 구성하고 관리하는 데 있어 유일최선의 방법이 없다고 전제한다.

22
대리인 이론에서는 대리인 문제를 완화하기 위하여 엄격한 평가에 바탕을 둔 인센티브 제도를 강조한다. ◯X

해설: 대리인 이론에서는 위험회피적 태도를 지니는 사람과 위험중립적 태도를 지니는 사람에게는 보수에 대한 성과급 비중을 달리하여 지급하는 것이 효과적이라고 보았다.

23
자원의존이론은 조직의 존속, 발전, 소멸의 이유를 환경에 대한 조직적합도에서 찾았다. ◯X

해설: 조직군 생태학 이론에 대한 설명이다.

24
대리인 이론에 따르면 역선택을 통하여 대리인 문제를 치유할 수 있다고 주장한다. ◯X

해설: 역선택과 도덕적 해이는 대리 손실의 발생으로 인한 문제점에 해당한다.

25
조직군 생태론은 결정론으로 자연선택론을 취한다. ◯X

해설: 조직군 생태론은 결정론적 관점이며 자연적 선택관점이다.

26
Williamson의 거래비용이론은 거시조직이론의 분류상 결정론에 해당하므로, 조직의 행동은 환경에 대한 종속변수라고 본다. ◯X

해설: 거래비용이론은 조직경제학 이론으로 조직의 행동은 환경에 대한 종속변수라고 본다.

27
상황론은 조직구조를 상황요인으로 강조하면서 이러한 상황에 적합한 조직의 기술과 전략 등을 처방한다. ◯X

해설: 상황론은 조직구조를 상황요인으로 보지 않는다. 즉, 상황론에서의 상황요인은 규모, 기술, 환경 등이며, 조직이 처해있는 상황에 따라 조직설계 및 관리방법도 달라져야 한다고 본다.

28
조직군생태론은 조직군을 분석단위로 하며, 개별 조직은 외부환경의 선택에 좌우되는 수동적인 존재이다. ◯X

해설: 조직군 생태학이론은 조직군을 분석단위로 하며 조직의 변화가 외부환경의 선택에 따라 좌우된다고 보는 환경결정론이다.

29
거래비용이론에서는 당사자 간의 협상 및 커뮤니케이션 비용과 계약의 준수를 감시하는 비용도 거래비용으로 포함한다. ◯X

해설: 거래비용이론에서는 통제비용, 거래관계 유지비용, 정보비용 및 대체비용, 커뮤니케이션 비용, 계약의 준수를 감시하는 비용 등을 모두 거래비용으로 포함한다.

20. X 21. ◯ 22. ◯ 23. X 24. X 25. ◯ 26. ◯ 27. X 28. ◯ 29. ◯

30 ☐☐   17 국가9(추)
자원의존이론에 따르면, 조직은 환경으로부터 필요한 자원을 획득하기 위하여 환경에 피동적으로 순응하여야 한다. ○ X

> 자원의존이론은 임의론으로, 조직을 환경적 결정에 피동적인 존재로 보지 않고 주도적·능동적으로 환경에 대처해야 한다고 본다.

31 ☐☐   17 국가9(추)
상황론적 조직이론에 따르면, 모든 상황에 적용되는 유일·최선의 조직구조나 관리방법은 없다. ○ X

> 상황론적 조직이론에 따르면, 모든 상황에 적용되는 유일·최선의 조직구조나 관리방법은 없다고 보는 결정론이다.

32 ☐☐   17 서울7
주인-대리인이론에서는 주인(principal)과 대리인(agent) 모두를 자신의 효용을 극대화시키는 합리적인 인간으로 가정하며 주인이 대리인보다 전문적인 지식이 부족하다고 간주한다. ○ X

> 주인-대리인이론에서는 주인과 대리인 모두 자신의 효용을 극대화시키는 합리적 인간으로 가정하며 대리인이 주인보다 전문적인 지식이 많다고 본다.

33 ☐☐   17 서울7
주인-대리인이론(principal-agent theory)에서 대리인에 의한 도덕적 해이(moral hazard)는 대리인에게 지급한 성과급이 거래비용보다 클 때 나타난다. ○ X

> 주인-대리인이론에서는 주인이 대리인에게 지급한 성과급이 대리인을 감시하는 비용인 거래비용보다 적을 때 도덕적 해이가 나타난다.

34 ☐☐   18 경간부
조직군생태이론에서는 조직변화는 종단적 분석에 의해서만 검증 가능하다고 전제한다. ○ X

> 조직군생태론에서는 시간적 순환과정에 따른 종단적 분석을 통해 환경에 적응한다.

35 ☐☐   18 국가9
상황적응적 접근방법(contingency approach)은 체제이론의 거시적 관점에 따라 모든 상황에 적합한 유일최선의 관리방법을 모색한다. ○ X

> 체제이론의 거시적 관점에 따라 모든 상황에 적합한 유일 최선의 관리방법은 없다고 전제한다.

36 ☐☐   18 국가9
상황적응적 접근방법(contingency approach)은 조직을 구성하고 운영하는 방법의 효율성은 그것이 처한 상황에 의존한다고 가정한다. ○ X

> 상황적응적 접근방법은 개방체제적 등종국성의 원리에 따라 개별조직이 놓여있는 상황에 따라 해결책은 다양할 수 있다는 이론이다.

37 ☐☐   18 군무원
윌리암슨(Williamson)의 거래비용의 경우 조직 내부의 조정비용이 시장의 자발적인 교환행위에서 발생하는 거래비용보다 클 때 거래비용의 최소화를 위하여 거래의 내부화가 이루어진다. ○ X

> 조직 내부의 조정비용이 시장의 자발적인 교환행위에서 발생하는 거래비용보다 작을 때 거래비용의 최소화를 위하여 거래의 내부화가 이루어진다.

38 ☐☐   18 지방9
자원의존이론은 조직의 안정과 생존을 위해서 조직의 주도적·능동적 행동을 중시한다. ○ X

> 자원의존이론은 주도적이고 능동적 행동을 중시하며, 안정과 생존을 지향한다.

30. X   31. O   32. O   33. X   34. O   35. X   36. O   37. X   38. O

39 ☐☐   18 지방9
구조적 상황이론은 상황과 조직특성 간의 적합 여부가 조직의 효과성을 결정한다. ⓞⓧ

> 구조적 상황이론은 상황과 조직특성 간의 여부가 조직의 효과성을 결정한다는 이론이다.

40 ☐☐   18 지방9
대리인이론은 주인·대리인의 정보 비대칭 문제를 해결하기 위해 대리인에게 대폭 권한을 위임한다. ⓞⓧ

> 대리인 이론은 주인·대리인의 정보 비대칭 문제를 해결하기 위해 대리인에게 충분한 인센티브를 제공하거나 정보균형화 방안을 활용한다.

41 ☐☐   18 행정사
주인-대리인 이론(principal-agent theory)은 주인과 대리인의 관계에 관한 경제학적 모형에 근거한 이론이다. ⓞⓧ

> 주인과 대리인의 관계에 대한 경제학적 모형을 조직연구에 적용한 것으로, 주인-대리인 모두 합리적 경제인으로 전제한다.

42 ☐☐   18 행정사
주인-대리인 이론(principal-agent theory)에서는 주인과 대리인의 상충적 이해관계로 대리손실(agency loss)이 발생한다. ⓞⓧ

> 주인-대리인 이론은 주인과 대리인 간에는 근본적인 이해(선호)체계의 상충으로 대리손실이 발생한다.

43 ☐☐   19 경간부
구조적 상황론에 따르면 환경의 영향에 대한 조직관리자의 역할이 수동적이다. ⓞⓧ

> 구조적 상황론은 환경에 대한 결정론으로 관리자의 역할은 수동적이다.

44 ☐☐   19 서울7
공동체 생태학이론은 조직의 내적 논리를 강조한다. ⓞⓧ

> 공동체 생태학이론은 조직 내적 논리보다는 조직간 공동전략에 의한 능동적 환경적응과정을 강조한다.

45 ☐☐   19 서울7
구조적 상황이론은 환경에 적응하는 조직의 구조 설계를 강조한다. ⓞⓧ

> 구조적 상황이론은 조직구조는 상황적 특성에 의해 결정되며, 조직의 효과성은 조직의 구조적 특성과 상황적 특성이 얼마나 부합하는가에 달려 있다고 본다.

46 ☐☐   19 서울7
조직군 생태학이론은 조직의 주도적 선택을 강조한다. ⓞⓧ

> 조직군 생태학이론은 환경이 조직을 선택한다는 극단적인 결정론으로, 외부환경의 선택에 따라 좌우된다고 본다.

47 ☐☐   20 경간부
구조적 상황론, 조직군 생태학이론, 전략적 선택이론, 조직경제학이론은 모두 거시조직이론 중 결정론에 해당한다. ⓞⓧ

> 구조적 상황론, 조직군 생태학이론, 조직경제학이론은 결정론에, 전략적 선택이론은 임의론에 해당한다.

48 ☐☐   21 소방간부
자원의존이론은 조직을 환경에 의존하는 피동적 존재로 본다. ⓞⓧ

> 조직을 환경에 의존하는 피동적 존재로 보는 것은 결정론으로, 상황적응론 등이 있다. 한편 자원의존이론은 임의론에 해당한다.

49 ☐☐   21 경정승진
조직군 생태학에서 분석의 수준은 개별 조직이다. ⓞⓧ

> 조직군 생태학은 조직군을 분석수준으로 한다.

50 ☐☐   21 국가7
거래비용이론에 따르면 기회주의적 행동을 제어하는 데에는 시장이 계층제보다 효율적인 수단이다. ⓞⓧ

> 기회주의적 행동을 제어하는 데에는 시장보다 계층제가 더 효율적이다.

📖 39. **O**   40. **X**   41. **O**   42. **O**   43. **O**   44. **X**   45. **O**   46. **X**   47. **X**   48. **X**   49. **X**   50. **X**

51 ☐☐ 23 국가직9
전략적 선택이론은 동일한 환경에 처한 조직도 환경에 대한 관리자의 지각 차이로 상이한 선택을 할 수 있다. ☐O☐X☐

52 ☐☐ 23 국가직9
거래비용이론은 시장에서의 거래비용이 조직의 내부 거래비용보다 클 경우 내부 조직화를 선택한다. ☐O☐X☐

해설

환경에 대한 임의론인 전략적 선택이론이다.

조직경제학중 거래비용이론의 설명이다.

51. O 52. O

17 조직발전(OD)

01 ☐☐ 03 국가7
조직발전은 조직속의 인간을 X이론식으로 가정하여 통제, 교화시켜야 한다고 본다. ⓞⓧ

해설: Y이론에 바탕을 둔다.

02 ☐☐ 08 지방7
조직발전은 조직구성원의 행태변화를 통하여 조직의 생산성과 환경에의 적응능력을 향상시키는 것을 목표로 한다. ⓞⓧ

해설: 조직발전에 대한 옳은 설명이다.

03 ☐☐ 10 국회9
조직발전은 결과 지향적이며 목표를 달성하는 과정보다 결과를 중시한다. ⓞⓧ

해설: 목표관리에 대한 설명이다.

04 ☐☐ 12 대구전환특채
감수성훈련은 대집단을 대상으로 하는 교육훈련기법이다. ⓞⓧ

해설: 감수성훈련은 소집단을 대상으로 이루어지는 교육훈련기법이다.

05 ☐☐ 13 교행9
조직발전의 기법인 직무확충에서 직무충실(job enrichment)은 수직적 전문화를 강화시키려는 것이다. ⓞⓧ

해설: 직무충실은 책임감 있는 일을 부여하여 수직적 심화를 추구하려는 것(수직적 전문화의 완화)이다.

06 ☐☐ 13 경정승진
조직발전은 구조, 형태, 기능 등을 바꾸고 조직의 환경변화에 대한 대응능력과 문제해결능력을 향상시키려는 관리전략이다. ⓞⓧ

해설: 조직발전은 구조, 형태, 기능이 아닌 구성원의 행태변화를 통해 조직의 환경변화에 대한 대응능력과 문제해결능력을 향상시키려는 관리전략이다.

07 ☐☐ 13 경정승진
조직발전은 조직의 실속, 효과성, 건강성을 높이기 위한 조직 전반에 걸친 계획된 노력을 의미한다. ⓞⓧ

해설: 조직발전은 개방체제하에서 조직의 효과성 및 건강성을 증진하려는 조직 전반의 계획적인 노력을 의미한다.

08 ☐☐ 17 서울7
조직발전(OD)은 조직 전체의 변화를 추구하는 계획적·의도적인 개입방법이다. ⓞⓧ

해설: 조직발전이란 행태과학적 지식을 이용하여 조직과정에 계획적·의도적으로 개입하여 조직 전체의 변화를 추구하려는 개입방법이다.

09 ☐☐ 17 서울7
감수성훈련은 동료 간·동료와 상사 간의 상호작용을 진작시키기 위한 실제 근무상황에서 실시하는 기법이다. ⓞⓧ

해설: 감수성훈련은 실제 근무상황과는 다른 사회심리적으로 고립된 장소에서 실시하는 기법이다.

01. X 02. O 03. X 04. X 05. X 06. X 07. O 08. O 09. X

10　17 서울7
조직발전(OD)은 변화관리자의 도움으로 단기간에 급진적 조직변화를 추구한다. O X

해설: 조직발전(OD)은 지속적·장기적 노력이 필요한 사업이다.

11　17 해경간부
조직발전은 외부의 전문가들이 참여하는 하향적 개혁 관리방식이다. O X

해설: 조직발전은 외부의 전문가들이 참여하는 하향적 관리방식으로 문제해결역량을 개선하는데 의의를 둔다.

12　17 해경간부
조직발전은 심리적 요인에 치중한 나머지 구조적, 기술적 요인을 경시할 우려가 있다. O X

해설: 조직발전은 심리적 요인에 치중한 나머지 구조적, 기술적 요인을 경시할 우려가 있으며 기존 권력구조 강화에 악용될 수 있다.

13　19 경정승진
조직발전은 감수성 훈련, 관리망훈련, 팀 빌딩기법, 과정상담과 개입전략 등의 주요 기법이 있다. O X

해설: 조직발전의 주요 기법으로 감수성 훈련, 관리망훈련, 팀 빌딩기법, 과정상담, 개입전략 등이 있다.

14　20 해경승진
조직발전은 조직 내·외부의 컨설턴트를 참여시켜 개혁추진자의 역할을 맡게 한다. O X

해설: 조직발전은 조직 내·외부의 변화관리자(OD전문가, 변동컨설턴트)를 참여시켜 개혁추진자의 역할을 부여한다.

15　22 경간부
조직 발전은 조직 전체의 변화를 추구하는 계획적이고 의도적인 개입방법이다. O X

해설: 조직발전은 조직 전체의 변화를 추구하는 계획적·의도적인 방법이다.

10. X　11. O　12. O　13. O　14. O　15. O

18 조직동태화(애드호크라시, 네트워크, 학습조직, 기타)

01 ☐☐   04 강원9
수평적 관계의 강화, 필요한 전문가의 흡수, 매트릭스 조직의 활용, 명확한 분업의 추구는 불확실한 환경에 대한 조직의 반응형태이다. O X

> 명확한 분업은 불확실한 환경에 대한 대응에 해당하지 않는다.

02 ☐☐   04 행정고시
'미들업다운관리'방식에서는 최고관리자가 지식창출팀의 리더로서 중간관리층과 실무작업층을 연결하는 변화관리자로서의 역할을 수행한다. O X

> 미들업다운관리 방식은 중간관리자가 지식창출팀의 리더로서 최고관리층과 실무작업층을 연결하는 변화관리자로서의 역할을 수행한다.

03 ☐☐   05 경기7
가상조직에서도 과거의 관료제와 마찬가지로 조직의 경계 개념이 중요하다. O X

> 가상조직은 엄격한 분업에 의한 단점이나 경계 개념을 타파하고 유기적 행정을 중시한다.

04 ☐☐   05 국가7
네트워크조직은 고도의 정보기술을 활용하여 밀접한 감독과 통제가 용이하다. O X

> 네트워크조직은 응집성이 약하고 밀접한 감독과 통제가 곤란하다.

05 ☐☐   05 국회8
지역에 있는 영업점이 본사의 재무, 인사, 영업 등의 지시, 감독을 받으면서 한편으로 해당 지역의 본부장으로부터 지시, 감독을 받는 조직은 전형적인 네트워크조직에 속한다. O X

> 매트릭스조직에 대한 설명이다.

06 ☐☐   07 경북9
프로젝트조직은 사업부서 내부의 조정이 어렵다. O X

> 프로젝트조직은 사업부서 내부의 기능 간 조정이 용이하다.

07 ☐☐   07 대전7
학습조직은 시스템적 사고, 조직일체감과 정보공유, 수평적 조직구조 강조, 구성원의 권한강화 및 원자적 구조와 유동적 과정을 특징으로 한다. O X

> 학습조직은 부분보다는 전체, 개인학습보다는 전체학습을 중시하는 조직으로 원자적 구조를 중시하지 않는다.

08 ☐☐   08 경기9
미들업다운관리는 최고관리자가 지식과 정보를 창출하여 조직을 관리한다. O X

> 중간관리자가 최고 경영층의 비전과 부하사원의 창의성을 통합하여 계층 상호 간의 역동성을 이끌어내는 관리방식이다.

09 ☐☐   08 국가9
사업구조에서는 자율적으로 운영되는 부서 간의 조정가능성은 증진되지만 부서 내 조정은 어려워진다. O X

> 사업구조에서는 부서 간의 조정은 어렵지만 부서 내의 조정은 용이하다.

01. X   02. X   03. X   04. X   05. X   06. X   07. X   08. X   09. X

10 □□   09 국회8
수평구조는 조직의 구조가 과업, 기능, 지리가 아닌 핵심과정에 기초하고 있어서 핵심과정에 대한 책임을 각 과정조정자가 지게 되는 조직구조이다.
O X

해설: 수평구조에 대한 설명이다.

11 □□   09 지방7
지식정보화사회의 조직은 사회적 지식의 활용에 있어 사회적 학습보다 개인과 집단의 활동이 강조된다.
O X

해설: 사회적 지식의 경우 개인적 학습보다 사회적 학습이 중시된다.

12 □□   10 국가9
학습조직은 불확실한 환경에 요구되는 조직의 기억과 학습의 가능성에 주목한다.
O X

해설: 학습조직에 대한 옳은 설명이다.

13 □□   10 서울9
사업구조는 산출물에 기반한 사업부서화 방식이며 규모의 경제에 따른 효율성을 확보할 수 있다.
O X

해설: 사업구조는 규모의 불경제가 나타난다.

14 □□   11 국회9
기능별 조직은 기능 간 조정이 용이하므로 환경 변화에 신속하고 유연하게 대처할 수 있다.
O X

해설: 기능별 조직은 기능 간 수평적 조정이 곤란하므로 환경 변화에 신속하고 유연하게 대처할 수 없다.

15 □□   11 서울7
네트워크조직은 업무성과 평가가 어려운 경우 효용성이 높은 조직형태이다.
O X

해설: 네트워크조직은 업무성과 평가가 어려운 경우 효용을 기대하기 힘들다는 단점이 있다.

16 □□   11 서울9
매트릭스구조에 따르면 각 부서는 자기완결적 기능단위로 기능 간 조정이 용이하다.
O X

해설: 사업구조에 대한 설명이다.

17 □□   11 지방7
조직의 이중 순환고리 학습은 기존의 운영규범 및 지식체계하에서 오류를 발견하고 수정해나가는 것이다.
O X

해설: 기본규범 내에서 오류를 발견하고 수정해 나가는 것은 전통적 단일고리학습이다.

18 □□   12 경간부
매트릭스구조는 계층제적 구조가 존재하지 않으며, 계선과 참모의 역할 구분도 명확하지 않다.
O X

해설: 매트릭스구조는 계층제적 구조가 존재하며 계선과 참모의 역할도 구분되어 있다.

19 □□   12 경정승진
팀제는 공동의 목표를 달성하기 위하여 책임을 공유하므로 팀원들의 무임승차 현상을 효과적으로 방지한다.
O X

해설: 팀제는 구성원의 다기능화와 공동의 목표를 달성하기 위해 책임을 공유하므로 팀원들의 무임승차 현상을 방지하기 힘들다.

10. **O**   11. **X**   12. **O**   13. **X**   14. **X**   15. **X**   16. **X**   17. **X**   18. **X**   19. **X**

20 ☐☐ 12 국가7
기능구조 < 사업구조 < 수평구조 < 매트릭스구조 < 네트워크구조 순으로 유기적인 성격이 강하다. Ⓞ Ⓧ

해설: 기능구조 < 사업구조 < 매트릭스구조 < 수평구조 < 네트워크구조 순이다.

21 ☐☐ 12 국가9
네트워크구조는 조직 자체 기능은 핵심역량 위주로 하고 여타 기능은 외부계약관계를 통해서 수행한다. Ⓞ Ⓧ

해설: 네트워크구조에 대한 옳은 지문이다.

22 ☐☐ 12 서울7
높은 통솔범위, 높은 팀워크, 적은 규칙, 복합적 과제, 적응성, 인간적 대면관계 등의 특징을 가진 조직은 유기적 구조(학습조직)이다. Ⓞ Ⓧ

해설: 유기적 구조의 특징이다.

23 ☐☐ 12 지방7
매트릭스구조는 기능부서 통제 권한의 계층은 수직적으로 흐르고, 사업부서 간 조정 권한의 계층은 수평적으로 흐르게 된다. Ⓞ Ⓧ

해설: 매트릭스구조의 주요 특징이다.

24 ☐☐ 13 국회9
네트워크조직은 네트워크 참여자의 기회주의 행위를 방지하기 위한 감시비용이 적게 들며 통합과 학습을 통해 조직의 경쟁력을 높일 수 있다. Ⓞ Ⓧ

해설: 네트워크 조직은 기회주의 행위를 방지하기 위한 감시비용이 많이 든다.

25 ☐☐ 14 지방9
지식관리행정은 공유를 통한 지식가치를 향상하고 재생산하며 계층제적 조직을 기반으로 한다. Ⓞ Ⓧ

해설: 지식관리행정은 탈계층제를 지향한다.

26 ☐☐ 14 행정사
팀제는 종적 수직적 조직을 수평적 조직으로 전환해 전략적 업무를 수행하는 조직에 적합하지만 조직구성원들의 신속한 의사결정을 저해시킨다. Ⓞ Ⓧ

해설: 팀제는 조직구성원들의 신속한 의사결정이 용이하다.

27 ☐☐ 15 경간부
모호한 조직경계로 인해 조직의 정체성이 약해 응집성 있는 조직문화를 갖기 어렵고 조직원의 충성을 기대하기 어려운 것은 수평구조모형이다. Ⓞ Ⓧ

해설: 네트워크조직에 대한 설명이다.

28 ☐☐ 15 국가9
네트워크조직은 구조의 유연성이 강조되며 조직의 경계는 유동적이며 모호하다. Ⓞ Ⓧ

해설: 네트워크조직의 특징이다.

29 ☐☐ 15 서울7
사업별 구조는 기능별 구조에 비해 성과책임의 소재가 분명해 성과관리 체제에 유리하다. Ⓞ Ⓧ

해설: 사업별 구조의 장점으로 옳다.

20. X 21. O 22. O 23. O 24. X 25. X 26. X 27. X 28. O 29. O

30 ☐☐   16 경간부
유기적 구조에서는 분명한 책임관계, 기계적 구조에서는 모호한 책임관계를 특성으로 한다.   Ⓞ Ⓧ

반대로 서술되었다.

31 ☐☐   16 교행9
학습조직은 자극·반응적 학습을 주된 방법으로 활용한다.   Ⓞ Ⓧ

학습조직은 자발적 학습을 주된 방법으로 한다.

32 ☐☐   16 교행9
학습조직은 개방체계와 자아실현적 인간관에 기반한다.   Ⓞ Ⓧ

학습조직은 개방체계와 자아실현적 인간관에 기반하고 집단적 학습을 주된 방법으로 활용한다.

33 ☐☐   16 국가7
애드호크라시는 고도의 창의성과 환경 적응성이 필요한 상황에서 유효한 임시조직이다.   Ⓞ Ⓧ

애드호크라시는 불확실하고 급변하는 환경에 신축적으로 대응하기에 유리한 조직이다.

34 ☐☐   17 경간부
매트릭스 조직이 유용하기 위해서는 기술적 전문성이 높고 산출의 변동도 빈번해야 한다는 이원적 요구가 강력하거나, 조직이 사용하는 기술이 일상적일 것이라는 상황적 조건이 요구된다.   Ⓞ Ⓧ

매트릭스 조직이 유용하기 위해서는 조직이 사용하는 기술이 비일상적일 것이라는 상황적 조건이 요구된다.

35 ☐☐   17 교행9
매트릭스 조직은 조직의 표준화와 규칙화 정도가 높아진다.   Ⓞ Ⓧ

매트릭스 조직은 조직의 표준화와 규칙화의 정도가 낮아진다.

36 ☐☐   17 국가9(추)
프로젝트 팀(project team)은 전략적으로 중요하거나 창의성이 요구되는 프로젝트를 진행하기 위하여 여러 부서에서 적합한 사람들을 선발하여 구성한 조직이다.   Ⓞ Ⓧ

프로젝트 팀은 특정 사업을 추진하거나 과제를 해결하기 위하여 전문가나 이해관계자로 구성되는 임시적·동태적 조직이다.

37 ☐☐   17 국가9(추)
매트릭스 조직(matrix organization)은 기능 중심의 수직조직과 프로젝트 중심의 수평조직을 결합한 구조로서, 명령통일의 원리에 따라 책임과 권한의 한계가 명확하다.   Ⓞ Ⓧ

매트릭스는 기능구조와 사업구조를 이중적으로 결합한 조직으로 책임과 권한의 한계가 불분명하다.

38 ☐☐   17 국가9(추)
태스크 포스(task force)는 특수한 과업 완수를 목표로 기존의 서로 다른 부서에서 사람들을 선발하여 구성한 팀으로서, 본래 목적을 달성하면 해체되는 임시조직이다.   Ⓞ Ⓧ

태스크포스는 문제에 관련된 부서들의 대표로 구성된 임시조직으로 일시적인 과제가 해결되면 해산된다.

39 ☐☐   17 국회8
매트릭스 조직은 기능부서의 장들과 사업부서의 장들이 자원배분에 관한 권력을 공유할 수 있어야 한다.   Ⓞ Ⓧ

기능부서와 사업부서 간의 갈등이 발생하기 쉽고, 갈등해결에 요구되는 시간과 노력의 낭비가 발생하므로 권력을 공유할 수 있어야 한다.

30. X 31. X 32. O 33. O 34. X 35. X 36. O 37. X 38. O 39. O

Chapter 18 조직동태화(애드호크라시, 네트워크, 학습조직, 기타)

40 □□ 17 지방9(추)
수평구조는 수직적 계층과 부서 간 경계를 제거하여 의사소통을 원활하게 만든 구조다. O X

해설: 수평구조는 수직적 계층과 부서 간 경계를 제거한 구조로 의사소통이 원활하다.

41 □□ 17 행정사
학습조직은 시행착오나 실패를 두려워하여 철저한 사전 준비를 통해 시행착오나 실패의 제로(zero)를 추구한다. O X

해설: 학습조직은 시행착오나 실패를 통해 문제해결능력 및 학습능력을 향상시킬 수 있다.

42 □□ 18 경간부
네트워크조직은 업무처리의 신속성과 유연성을 확보하는 데 유리하며, 응집력 있는 조직문화를 만드는 데 유리하다. O X

해설: 네트워크조직은 업무처리의 신속성과 유연성을 확보하는 데 유리하지만, 정체성이 약하므로 응집력 있는 조직문화를 만드는 데 불리하다.

43 □□ 18 군무원
네트워크(network) 조직은 계약관계에 있는 외부기관을 직접 통제하기 어렵다. O X

해설: 네트워크 조직은 계약관계를 맺고 있는 외부기관을 직접적이고 긴밀하게 통제하기 곤란하다.

44 □□ 18 지방7
정보화 시대에서 팀제가 '규모의 경제'를 구현한 방식이라면 매트릭스 조직은 '스피드의 경제'를 보장한 방식이다. O X

해설: 정보화 시대에서 팀제가 '스피드의 경제'를 구현한 방식이라면 매트릭스 조직은 '규모의 경제'를 보장한 방식이다.

45 □□ 18 지방7
매트릭스(Matrix) 조직은 기능부서와 사업부서 간에 할거주의가 존재할 경우 원만하게 조정하기가 어려운 경우가 많다. O X

해설: 매트릭스(Matrix) 조직은 조직 간에 할거주의가 있을 경우 조정하기 곤란하다는 단점이 있다.

46 □□ 19 경간부
대프트(Daft)의 조직유형 중 사업구조는 조직구성원들에게 자율관리, 의사결정권과 책임을 위임함으로써 사기와 직무동기 부여에 기여한다. O X

해설: 조직구성원들에게 자율관리, 의사결정권과 책임을 위임함으로써 사기와 직무동기 부여에 기여하는 것은 수평구조이다.

47 □□ 19 국가7
애드호크라시(adhocracy)는 과업의 표준화나 공식화 정도가 상대적으로 낮기 때문에 구성원 간 업무상 갈등이 일어날 우려가 있다. O X

해설: 애드호크라시는 신속한 조직화나 표준화가 어렵고 명확한 계층구분이 없어 갈등이나 대립, 비효율성이 발생할 수 있다.

48 □□ 19 국가7
애드호크라시(adhocracy)는 변화에 신속하게 대응할 수 있다는 장점으로 인해 최근에는 전통적 관료제 조직모형을 대체할 정도로 많이 활용되고 있다. O X

해설: 변화에 신속하게 대응할 수 있다는 장점으로 인해 최근에는 전통적 관료제 모형을 보완하여 제한적으로 활용되고 있다.

49 □□ 19 군무원
학습조직의 기본단위는 업무 프로세스 중심의 통합 기능팀이다. O X

해설: 학습조직은 조직의 문제를 인지하고 해결하는 것으로 기본단위는 프로세스 중심의 통합기능팀이다.

40. O 41. X 42. X 43. O 44. X 45. O 46. X 47. O 48. X 49. O

50 ☐☐   19 서울9
네트워크구조는 통합과 학습을 통해 경쟁력을 제고할 수 있다. ㅇ X

> 네트워크구조는 학습조직으로 모든 구성원이 지식을 창출하고 공유할 수 있다.

51 ☐☐   19 서울9
네트워크구조는 조직의 정체성과 응집력을 강화시킬 수 있다. ㅇ X

> 네트워크구조는 정체성이 약하며 응집력 있는 조직문화를 갖기 어렵다.

52 ☐☐   20 경간부
네트워크 조직은 조직의 유연성과 자율성 강화를 통해 환경 변화에 신속히 대응하고 창의력을 발휘할 수 있다. ㅇ X

> 네트워크 조직은 환경변화에 신속하게 대응할 수 있으며 유연성을 가지므로 조직구성원의 창의력을 제고할 수 있다.

53 ☐☐   20 경간부
네트워크 조직은 잦은 대면과 회의를 통해 과업조정이 이루어져야 하기 때문에 신속한 결정이 곤란하다. ㅇ X

> 잦은 대면과 회의를 통해 과업조정이 이루어져야 하기 때문에 신속한 결정이 곤란한 것은 매트릭스 조직의 특징이다.

54 ☐☐   20 군무원9
매트릭스 조직은 조직의 성과를 저해하는 권력투쟁이 발생하기 쉽다. ㅇ X

> 매트릭스 조직은 계선과 참모의 구분이 모호하고 권력투쟁 및 역할갈등이 야기될 수 있다.

55 ☐☐   20 서/지9
네트워크 조직은 기능(functional) 구조와 사업(project) 구조의 통합을 시도하는 조직 형태이다. ㅇ X

> 기능(functional) 구조와 사업(project) 구조의 통합을 시도하는 조직 형태는 매트릭스 조직이다.

56 ☐☐   21 국가9
네트워크 조직은 결정과 기획 같은 핵심기능만 수행하는 조직을 중심에 놓고 다수의 독립된 조직들을 협력 관계로 묶어 일을 수행하는 조직형태이다. ㅇ X

> 네트워크 조직은 조직의 자체기능은 핵심역량 위주로만 합리화하고 여타 부수적인 기능은 외부기관들과 위탁계약을 통해 연계·수행하는 조직이다.

57 ☐☐   21 소방간부
학습조직은 지식을 창출·획득·확산할 뿐만 아니라 잘못된 지식을 폐기하는 데에도 능숙한 조직이다. ㅇ X

> 학습조직은 구성원 모두가 학습주체라는 인식으로 지식을 창출하고 활용 및 전달·공유하는 데 능숙한 조직유형이다.

58 ☐☐   21 경정승진
팀제는 신속한 의사결정이 가능하다. ㅇ X

> 팀제는 의사결정단계의 축소로 인해 신속한 의사결정이 가능하다.

59 ☐☐   21 경정승진
애드호크라시(Adhocracy)는 구조적으로 높은 수준의 복잡성과 공식화를 특징으로 한다. ㅇ X

> 애드호크라시는 구조적으로 낮은 수준의 복잡성과 공식화 및 집권성을 특징으로 한다.

50. O   51. X   52. O   53. X   54. O   55. X   56. O   57. O   58. O   59. X

60 ☐☐   21 국회8
애드호크라시는 전문성이 강한 전문인들로 구성되기 때문에 업무의 동질성이 높다. ☐O☐X☐

> **해설**
> 애드호크라시는 업무의 동질성이 낮다.

61 ☐☐   21 국회8
애드호크라시는 업무수행자가 복잡한 환경에 탄력적으로 대응하도록 하기 위해서 업무수행방식을 법규나 지침으로 경직화시키지 않는다. ☐O☐X☐

> 애드호크라시는 불확실한 환경에 적합한 조직으로 업무의 표준화 및 공식성(경직성)이 낮다.

62 ☐☐   21 군무원9
매트릭스 구조는 기능구조와 계층구조를 결합시킨 이원적 형태이다. ☐O☐X☐

> 매트릭스 구조는 기능구조와 사업구조를 결합시킨 이원적 형태이다.

63 ☐☐   21 군무원9
네트워크 조직에서는 서비스나 재화의 생산과 공급, 유통 등을 서로 다양한 조직에서 따로 수행한다. ☐O☐X☐

> 네트워크 조직은 조직의 자체에서는 핵심기능만 수행하고 서비스나 재화의 생산, 공급 등의 부수적인 기능은 외부기관들과 계약을 통해 따로 수행한다.

64 ☐☐   23 국가직9
수평(팀제)구조는 핵심업무 과정 중심의 구조화 방식으로 부서 사이의 경계를 제거하여 의사소통을 원활하게 한다. ☐O☐X☐

> 수평구조는 핵심업무 중심의 유연한 구조이다.

60. X   61. O   62. X   63. O   64. O

MEMO

19 MBO, TQM 및 최근 조직혁신기법

01 ☐☐ 　　　　　　　　　　　　　　　02 행정고시
총체적 품질관리는 관리자와 전문가에 의해 고객의 수요가 규정된다.
[O|X]

> **해설**
> 총체적 품질관리는 고객이 직접 서비스의 질을 결정한다.

02 ☐☐ 　　　　　　　　　　　　　　　03 서울9
TQM은 고객지향성 성격을 띠고 있으며 형평성 증진이 목표이다. [O|X]

> TQM은 고객중심의 행정을 중시하지만 형평성을 직접 추구하지는 않으므로 형평성이 저해될 수 있다.

03 ☐☐ 　　　　　　　　　　　　　　　05 경기7
목표관리제는 불확실하고 변동이 심한 상황에서도 명확한 목표 설정이 가능하다.
[O|X]

> 목표관리는 폐쇄적인 내부관리모형이므로 외부환경이 불확실하고 변동이 심한 상황에서는 명확한 목표설정이 곤란하다.

04 ☐☐ 　　　　　　　　　　　　　　　05 국회8
리엔지니어링을 통한 조직의 개선은 특정기능 내에 존재하는 업무절차나 과정보다는 기능에 초점을 둔다. [O|X]

> 리엔지니어링은 행정성과와 속도를 제고시키기 위하여 번거로운 업무절차와 엄격한 분업에 의한 단절을 해소하여 업무절차를 전반적으로 축소하고 재설계하려는 재공정작업이다.

05 ☐☐ 　　　　　　　　　　　　　　　05 대전9
TQM과 MBO는 구성원의 참여를 인정하고 고객지향적인 관리라는 점에서 유사하다. [O|X]

> 구성원의 참여를 인정하므로 둘 다 Y이론적 관리기법이지만 MBO는 조직 내부적인 관점이므로 고객지향적인 관리가 아니다.

06 ☐☐ 　　　　　　　　　　　　　　　06 경남9
전략적 관리체제는 TOWS 분석을 기초로 한다. [O|X]

> TOWS 분석은 대내적으로 조직의 강점 및 약점과 대외적으로는 환경으로부터의 위협 및 기회를 분석·확인하고 이 분석결과에 기초하여 최적의 전략을 수립하는 것이다.

07 ☐☐ 　　　　　　　　　　　　　　　06 대전9
목표관리제는 가시적, 단기적 목표보다, 거시적, 장기적 목표에 대한 조직구성원들의 관심을 유도하는 데 도움을 준다. [O|X]

> 목표관리제는 장기적 목표보다 가시적, 미시적, 단기적, 결과적, 계량적 목표를 중시한다.

08 ☐☐ 　　　　　　　　　　　　　　　08 5급 승진
TQM은 MBO와 유사하지만 조직의 개별구성원에 대한 목표를 설정하고 그것의 측정을 중시하는 점에서 MBO와 다르다. [O|X]

> MBO에 대한 설명이다.

09 ☐☐ 　　　　　　　　　　　　　　　08 국가7
목표관리제는 조직단위 또는 개인의 활동에 이르기까지 조직의 하부층과 상부층이 다같이 참여하여 공동으로 목표를 결정하고 그 업적을 측정, 평가하는 방법으로서 하나의 목표 성취를 위해 조직의 구성요소들이 상호의존적인 입장에서 팀워크를 이루면서 활동한다. [O|X]

> MBO의 특징이다.

01. X　02. X　03. X　04. X　05. X　06. O　07. X　08. X　09. O

10 □□
08 서울7
TQM의 기본 구성요소는 목표설정, 참여, 환류이다. [O|X]

해설: MBO의 구성요소이다.

11 □□
10 경정승진
전략적 관리는 환경의 변화가 급격히 이루어지기 때문에 단기적인 관점에서 계획기간을 설정한다. [O|X]

해설: 전략적 관리는 환경의 변화를 고려하지만 장기적인 관점에서 계획기간을 설정하고 대응책을 마련한다.

12 □□
10 국회9
TQM은 고객의 요구를 존중하고 단기적 관점을 강조하며 팀워크 중심의 조직관리이다. [O|X]

해설: TQM은 장기적 관점이다.

13 □□
11 국회9
목표관리는 Y이론적 인간관에 입각한 관리방법이다. [O|X]

해설: 목표관리제는 Y이론적 인간관에 입각한다.

14 □□
12 경간부
TQM은 상하 간의 참여적 관리를 의미하며 조직의 목표설정에서 책임의 확정, 실적 평가에 이르기까지 상관과 부하의 합으로 이루어진다. [O|X]

해설: MBO의 특징이다.

15 □□
12 군무원
목표관리는 참여와 환류를 중시하며 관리절차가 단순하다. [O|X]

해설: 목표관리는 관리절차가 복잡하다.

16 □□
14 경간부
고객중심주의, 구성원에 대한 권한 부여, 벤치마킹, 지속적 개선 등을 통해 지속적으로 고객의 만족과 성과 향상을 모색하는 총체적 생산성 향상 전략을 TQM이라 한다. [O|X]

해설: TQM의 개념이다.

17 □□
15 경정승진
구성원의 참여를 인정한다는 점에서 MBO와 TQM은 동일하다. [O|X]

해설: MBO와 TQM은 구성원의 참여를 인정한다는 점에서 공통점을 갖는다.

18 □□
16 사복9
총체적 품질관리(TQM)는 환경의 불확실성을 통제하기 위하여 단기적 전략과 교정적·사후적 통제에 치중한다. [O|X]

해설: TQM은 장기적 전략과 예방적·사전적 통제에 치중한다.

19 □□
17 국가7
SWOT분석에서 기존 프로그램의 축소 또는 폐지는 약점 - 기회를 고려한 방어적 전략이라고 볼 수 있다. [O|X]

해설: SWOT분석에서 기존 프로그램의 축소 또는 폐지는 약점-위협을 고려한 방어적 전략이고, 약점 - 기회를 고려하는 전략은 방향전환전략이다.

20 □□
17 국가7
SWOT분석은 조직 외부 환경은 기회와 위협으로, 조직 내부 자원·역량은 강점과 약점으로 구분한다. [O|X]

해설: SWOT분석은 조직 외부 환경은 기회와 위협으로 구분하고, 조직 내부 환경은 강점과 약점으로 구분한다.

답 10. X   11. X   12. X   13. O   14. X   15. X   16. O   17. O   18. X   19. X   20. O

21 □□ 17 서울9
TQM이 팀 단위의 활동을 바탕으로 한다면, MBO는 개별 구성원의 활동을 바탕으로 한다. O X

해설 TQM이 팀 단위의 집단적 활동을 바탕으로 한다면, MBO는 개인별 단위의 활동을 바탕으로 한다.

22 □□ 17 서울9
TQM이 조직 내부 성과의 효율성에 초점을 둔다면, MBO는 고객만족도 중심의 대응성에 초점을 둔다. O X

TQM이 고객에 대한 서비스 품질향상을 목적으로 고객만족도 중심의 대응성에 초점을 두지만 MBO는 조직내부관리모형으로 내부에 초점을 둔다.

23 □□ 17 지방7
리엔지니어링은 조직의 점진적 변화가 필요할 때 사용되며, 조직 문화는 개혁의 대상이 아니다. O X

리엔지니어링은 조직의 급진적·근본적 변화가 필요할 때 사용되며, 궁극적으로 조직 문화도 개혁의 대상에 해당한다.

24 □□ 17 지방7
리엔지니어링(BPR)에서 조직 개선을 위한 논의는 구조, 기술, 형태 등과 같은 변수를 중심으로 이루어진다. O X

리엔지니어링은 구조·기술·형태 등이 아니라 업무절차(프로세스나 흐름)를 중심으로 조직 개선을 논의한다.

25 □□ 17 지방7
리엔지니어링(BPR)은 고객만족 가치를 창출하는 프로세스 개선에 초점을 둔다. O X

리엔지니어링이란 조직의 업무절차(프로세스)를 급진적·근본적으로 고쳐서 고객만족가치를 창출하려는 행정개혁기법이다.

26 □□ 18 경간부
리엔지니어링(RE)은 프로세스의 변화뿐만 아니라 조직구조나 문화 등 다양한 측면에서 변화가 요구된다. O X

리엔지니어링은 조직업무의 전반적인 과정과 절차를 축소·재정비하여 가장 합리적으로 업무를 수행하려는 관리전략이다.

27 □□ 18 서울9
전통적 관리체제는 기능을 중심으로 구조화되는 데 비해 TQM은 절차를 중심으로 조직이 구조화된다. O X

전통적 관리는 기능을 중심으로 하는 기계적 구조를 기반으로 하는데 비하여 TQM은 핵심절차 위주로 편제된 팀제를 기반으로 한다.

28 □□ 18 서울9
전통적 관리체제는 낮은 성과의 원인을 관리자의 책임으로 간주하는 데 비해 TQM은 낮은 성과를 근로자 개인의 책임으로 간주한다. O X

전통적 관리체제는 낮은 성과를 근로자 개인의 책임으로 간주하지만, TQM에서는 낮은 성과의 원인을 관리자의 책임으로 간주한다.

29 □□ 19 서울9
목표관리제는 개인이나 부서의 목표를 조직의 관리자가 제시한다는 측면에서 조직목표 달성을 위한 하향식 접근이다. O X

목표관리제는 개인이나 부서의 목표를 구성원들의 참여에 의하여 결정한다는 측면에서 조직목표 달성을 위한 상향식 접근이다.

30 □□ 19 서울9
목표관리제와 성과관리제 모두 성과지표별로 목표 달성수준을 설정하고 사후의 목표달성도에 따라 보상과 재정지원의 차등을 약속하는 계약을 체결한다. O X

목표관리제와 성과관리제 모두 성과지표별로 목표 달성 수준을 사전에 합의해 설정하고 사후의 목표 달성도에 따라 보상과 재정 지원의 차등을 약속하는 성과계약을 체결한다.

답 21. O 22. X 23. X 24. X 25. O 26. O 27. O 28. X 29. X 30. O

31 □□
20 경간부
TQM은 상하 간의 참여적 관리를 의미하며 목표설정에서 책임의 확정, 실적 평가에 이르기까지 상관과 부하의 합의로 이루어진다. ○|X

> 상하 간의 참여적 관리를 의미하며 목표설정에서 책임의 확정, 실적 평가에 이르기까지 상관과 부하의 합의로 이루어지는 것은 MBO이다.

32 □□
20 국가9
총체적 품질관리(Total Quality Management)는 무결점을 향한 지속적 개선을 중시한다. ○|X

> TQM은 결과에 대한 보상이나 사후적 환류가 아니라 투입이나 과정 자체를 통제하여 무결점을 향한 지속적인 절차개선을 추구한다.

33 □□
20 국가9
총체적 품질관리(Total Quality Management)의 문제해결의 주된 방법은 집단적 노력에서 개인적 노력으로 옮아간다. ○|X

> TQM은 개인별 분업이나 경쟁보다는 집단적 노력(협업)과 총체적 헌신을 통한 품질의 향상을 추구한다.

34 □□
20 군무원9
레비트(H. J. Leavitt)가 제시하는 조직 혁신의 주요 대상 변수에는 업무, 인간, 구조, 규범이 있다. ○|X

> 레비트(H. J. Leavitt)가 제시하는 조직 혁신의 주요 대상 변수에는 업무, 인간, 구조, 기술이 있다.

35 □□
22 국가직9
목표관리제는 개별 구성원의 직무 특수성을 반영하기 위하여 목표의 정성적, 주관적 성격이 강조된다. ○|X

> 목표설정과 달성에 대해 객관적인 기준과 책임한계를 명확하게 하여 평가 및 환류되는 특징을 가지므로 객관적 성격이 강조된다.

36 □□
22 국가직9
목표관리제는 조직 내·외의 상황이 안정적이고 예측가능한 조직에서 성공확률이 높다. ○|X

> 급격한 변화나 복잡한 환경에서는 목표의 명확한 설정이 곤란하므로 조직이 안정적이고 참여적일수록 효과적이다.

31. X 32. O 33. X 34. X 35. X 36. O

PART
04
인사행정론

- 01 인사행정의 발달, 엽관주의, 실적주의
- 02 직업공무원제
- 03 적극적 인사행정
- 04 대표관료제
- 05 고위공무원단
- 06 중앙인사기관
- 07 공직분류체계
- 08 계급제와 직위분류제
- 09 공무원 임용, 모집, 시험
- 10 능력발전(근무성적평정, 다면평가 등)
- 11 교육훈련, 승진, 배치전환
- 12 사기관리, 보수·연금
- 13 신분보장·징계
- 14 공무원단체, 정치적 중립
- 15 공직윤리와 공직부패

01 인사행정의 발달, 엽관주의, 실적주의

01 ☐☐ 03 국가7
실적제는 일부 계층 또는 집단에 대하여 불리한 제도로 작용하여 형평성을 저해할 우려가 있다. O X

> **해설**
> 실적제의 적용으로 인한 문제점으로 옳은 설명이다.

02 ☐☐ 04 국회8
실적주의는 정부 관료제의 대표성 증진에 기여한다. O X

> 대표관료제의 특징이다.

03 ☐☐ 05 경북9
엽관주의는 공무원의 적극적인 충성심을 확보하며 정부활동에 대한 민주통제의 강화와 행정의 민주화에 기여한다. O X

> 엽관주의의 장점이다.

04 ☐☐ 06 5급 승진
엽관제는 행정의 책임성과 형평성을 제고시킨다. O X

> 엽관제는 국민에 대한 책임성을 높이지만 형평성은 저하된다.

05 ☐☐ 07 충북9
미국은 해치법의 등장으로 실적주의의 필요성이 인식되었다. O X

> 해치법은 실적주의가 발달하는 과정에서 등장하였다.

06 ☐☐ 08 지방9
엽관주의와 실적주의는 모두 민주성과 형평성의 실현을 추구하였다. O X

> 엽관주의와 실적주의의 유사점으로 옳은 지문이다.

07 ☐☐ 09 국가9
엽관주의는 민주주의 원칙에 반하는 것으로서 민주주의의 진전과 함께 소멸되고 있다. O X

> 최근 실적주의의 소극성을 극복하기 위하여 적극적 인사라는 이념으로 엽관주의가 다시 부분적으로 강조되고 있다.

08 ☐☐ 09 국회8
펜들턴법과 4년 임기법으로 미국의 실적주의가 더욱 강화되었다. O X

> 펜들턴법의 제정으로 미국의 실적주의가 확립되었지만, 4년 임기법은 엽관제의 기반이다.

09 ☐☐ 09 국회8
영국의 실적주의는 1870년 추밀원령에 의해 제도적인 기틀을 마련하였다. O X

> 영국은 1870년 2차 추밀원령에 의한 개혁으로 실적주의를 확립하였다.

10 ☐☐ 09 서울7
1883년 미국에서 제정된 Pendleton법에는 공무원의 중립성, 인사위원회 설치, 공개경쟁시험 실시 및 공무원의 교육과 훈련의무 등이 규정되었다. O X

> 공무원의 교육과 훈련의무는 1978년 인사개혁법(CSRA)의 내용이다.

01. O 02. X 03. O 04. X 05. X 06. O 07. X 08. X 09. O 10. X

11 □□ · 11 국회9
엽관주의는 국민의 지지에 따라서 정부가 구성되므로 정책 추진이 용이하며 의회와 행정부 간의 조정이 활성화된다. [O X]

해설: 엽관주의의 장점이다.

12 □□ · 11 서울9
정실주의는 인사권자의 개인적 신임이나 친분관계를 기준으로 한다. [O X]

해설: 정실주의의 개념이다.

13 □□ · 12 경북전환특채
엽관주의는 관직의 남설로 인해 재정적 낭비를 초래하고 실적주의는 인사운용이 소극적이다. [O X]

해설: 엽관주의는 불필요한 관직의 남설로 인해 비능률을 초래하고, 실적주의는 인사운용이 소극적이다.

14 □□ · 12 경정승진
엽관주의는 행정의 능률성과 전문성을 저해할 수 있다는 측면이, 실적주의는 인사행정의 경직화와 형식화를 초래할 수 있다는 점이 각각의 한계로 지적된다. [O X]

해설: 엽관주의는 경험과 능력 있는 전문가를 채용하지 못하여 행정의 전문화를 저해하지만 실적주의는 형식화·비인간화의 우려가 있다.

15 □□ · 12 지방9
실적주의는 공직취임의 기회균등, 공무원 인적구성의 다양화, 신분보장 및 정치적 중립, 실적에 의한 임용 등이 주요 구성요소이다. [O X]

해설: 공무원 인적 구성의 다양화는 대표관료제의 특징이다.

16 □□ · 14 국가9
엽관주의는 실적 이외의 요인을 고려하여 임용하는 방식으로 정치적 요인, 혈연, 지연 등이 포함된다. [O X]

해설: 혈연, 지연은 정실주의의 특징이다.

17 □□ · 14 지방9
엽관주의는 국민의 요구에 대한 관료적 대응성을 확보하기 어렵다는 단점을 갖는다. [O X]

해설: 엽관주의는 정당이나 선거를 통하여 국민의 요구에 대한 관료집단의 대응성을 확보할 수 있다는 장점이 있다.

18 □□ · 15 경간부
펜들턴법은 대통령 직속 인사위원회를 설치하도록 하고 있다. [O X]

해설: 대통령 직속 인사위원회가 아니라 초당적·독립적 연방인사위원회이다.

19 □□ · 15 서울9
엽관주의 인사는 공무원의 정치적 중립을 저해한다. [O X]

해설: 엽관주의는 정당에 충성한 사람들을 임용하기 때문에 공무원의 정치적 중립을 저해한다.

20 □□ · 15 해경간부
엽관주의는 19세기 초 정치적으로 자유민주주의가 어느 정도 정착된 미국에서 발전했다. [O X]

해설: 엽관주의는 19세기 미국에서 공무원의 책임을 강조하는 의미에서 공무원의 임기를 대통령과 일치시킨 4년임기법을 제정함으로써 법제화되었다.

---

11. O 12. O 13. O 14. O 15. X 16. X 17. X 18. X 19. O 20. O

21 □□ 16 경정승진
엽관주의는 원래 임용권자와의 정치적 충성도, 개인적 친분관계에 따라 공직에 임용되는 제도를 의미하였다. O X

> **해설**
> 개인적 친분관계는 정실주의에서 중시하던 기준이다.

22 □□ 16 서울7
잭슨(Jackson) 대통령이 암살당한 사건은 미국에서 실적주의 도입의 배경이 되었다. O X

> 가필드 대통령이 암살당하면서 엽관주의가 쇠퇴하고 1883년 제정된 펜들턴법을 계기로 실적주의가 확립되었다.

23 □□ 17 경간부
엽관제는 미국에서 인종대표성을 통하여 대도시의 다양한 인종집단에 대한 정치적 사회화에 도움을 준 것으로 평가된다. O X

> 미국에서 인종대표성을 통하여 대도시의 다양한 인종집단에 대한 정치적 사회화에 도움을 준 것으로 평가되는 것은 대표관료제이다.

24 □□ 17 경정승진
엽관주의는 관직을 만인에게 개방함으로써 특정 계층의 공직독점을 타파하고 민주주의의 평등이념에 부합한다. O X

> 엽관주의는 정당정치의 발달을 배경으로 선거를 통하여 국민에게 책임을 지는 공직 교체임용주의로 한정된 공직을 만인에게 개방하는 민주적인 제도이다.

25 □□ 17 경정승진
실적주의는 정치로부터의 중립을 중시하며, 인사행정을 소극화·형식화시켰다. O X

> 실적주의는 공무원의 정치로부터의 중립을 중시하였으나 객관적인 인사행정에 주력한 나머지 융통성 있는 인사행정을 저해하며 소극화 및 형식화를 초래하였다.

26 □□ 17 군무원
실적주의는 상대적으로 유능한 인재의 유치라는 적극적 측면보다 부적격자 배제라는 소극적 측면에 중점을 두었다. O X

> 실적주의는 정치적 중립과 부적격자 배제라는 소극적 측면을 중시하였다.

27 □□ 17 서울9
엽관주의는 정당에의 충성도와 공헌도를 임용 기준으로 삼는 인사행정제도로 행정의 민주화에 공헌한다는 장점이 있다. O X

> 엽관주의는 특권적인 정부관료제를 일반대중에게 공개함으로써 민주정치의 발달과 행정의 민주화에 공헌하였다.

28 □□ 17 서울9
실적주의는 개인의 능력이나 자격, 적성에 기초한 실적을 임용기준으로 삼는 인사행정제도로 정치지도자들의 행정 통솔력을 강화시키는 데 기여한다. O X

> 실적주의는 개인의 능력이나 자격, 적성에 기초한 실적을 임용기준으로 삼는 인사행정제도이기는 하나, 정치지도자들의 행정 통솔력을 약화시킨다.

29 □□ 18 경간부
엽관제는 정부관료제의 민주화에 기여하고, 실적제는 정부관료제의 대표성을 증진하는데 기여한다. O X

> 엽관제는 정부관료제의 민주화에 기여하고, 실적제는 정부관료제의 효율성을 증진하는데 기여한다.

30 □□ 18 군무원
실적주의는 직업공무원제 확립에 기여한다. O X

> 실적주의는 능력·자격·실적 중심의 임용으로 공직임용에 기회균등을 보장하고 직업적 안정성을 확보하므로 직업공무원제 확립에 기여한다.

21. X 22. X 23. X 24. O 25. O 26. O 27. O 28. X 29. X 30. O

31 ☐☐   18 서울7
엽관제는 행정의 안정성과 지속성을 확보하기 쉽다.   O X

해설: 엽관제는 정권교체시 공직의 대량경질로 행정의 계속성, 안정성, 일관성 등을 확보하기 어렵다.

32 ☐☐   18 서울7
엽관제는 직업공무원제 정착에 도움이 된다.   O X

해설: 엽관제는 정권교체시 신분보장이 되지 않으므로 직업공무원제 정착에 불리하다.

33 ☐☐   18 행정사
엽관주의는 개인의 능력, 자격, 업적 등 실적 외의 요인에 의해 공직임용이 이루어진다는 점에서 정실주의와 유사하다.   O X

해설: 정실주의는 주로 자격, 능력 등 실적 이외의 요인인 학연·지연·혈연 등의 개인적 친분을 기준으로 공직임용이 이루어진다는 점에서 엽관주의와 유사하다고 할 수 있다.

34 ☐☐   18 행정사
우리나라는 엽관주의적 성격의 공직임용을 허용하지 않고 있다.   O X

해설: 대표적으로 장·차관 등 정무직, 별정직 일부, 단순노무 종사자 등에 대한 임용, 공기업 등 준정부조직의 기관장 임용 등이 있다.

35 ☐☐   19 군무원
실적주의는 국민에 대한 대응성과 책임성 확보에 유리하다.   O X

해설: 국민에 대한 대응성과 책임성 확보에 유리한 것은 대표관료제이다.

36 ☐☐   19 서울7
엽관주의는 정당에의 충성도와 공헌도를 임용기준으로 삼았기 때문에 민주주의와 전혀 관련이 없다.   O X

해설: 엽관주의는 정당에의 충성도와 공헌도를 임용기준으로 삼았고, 이는 공직기회의 확대로 이어졌으므로 민주주의와 밀접한 관련이 있다.

37 ☐☐   19 지방7
실적주의의 도입은 중앙인사기관의 권한과 기능을 분산시키는 결과를 가져왔다.   O X

해설: 실적주의의 도입은 중앙인사기관의 권한과 기능을 강화시키는 결과를 가져왔다.

38 ☐☐   19 지방7
실적주의에서 공무원은 자의적인 제재로부터 적법절차에 의해 구제받을 권리를 보장받는다.   O X

해설: 실적주의에서 공무원은 권익과 신분이 보장되므로 자의적인 제재로부터 적법절차에 의해 보호받을 권리를 보장받는다.

39 ☐☐   19 행정사
실적주의 인사행정은 빈번한 교체임용을 통해서 관료의 특권화를 막는다.   O X

해설: 빈번한 교체임용을 통해서 관료의 특권화를 막는 것은 엽관주의의 특징이다.

40 ☐☐   21 경간부
엽관주의는 선거를 통해 행정부를 통제한다는 긍정적인 기능이 있다.   O X

해설: 엽관주의는 선거에서 승리한 정당이 공직을 구성하는 것으로, 행정에 대한 민주적 통제를 강화하고 관료들의 특권화를 방지할 수 있다.

41 ☐☐   21 경간부
실적주의는 공무원의 정치적 중립을 요구하지는 않으나, 직업공무원제는 공무원의 정치적 중립이 중요하다.   O X

해설: 실적주의와 직업공무원제 모두 공무원의 정치적 중립성을 필수적으로 요구한다.

정답: 31.X 32.X 33.O 34.X 35.X 36.X 37.X 38.O 39.X 40.O 41.X

42 □□
1883년 미국의 팬들턴법(Pendleton Act)을 기회로 엽관주의가 활성화되기 시작하였다. 21 경정승진
O X

해설
1883년 팬들턴법을 기회로 실적주의가 활성화되기 시작하였다.

43 □□
실적주의는 공직 임용에 대한 기회의 균등을 보장한다. 21 지방(서울)9
O X

해설
실적주의는 공개경쟁채용을 통해 임용하므로 공직 임용에 대한 기회균등을 보장한다는 장점이 있다.

44 □□
엽관주의는 정치지도자의 국정 지도력을 약화한다. 21 지방(서울)9
O X

해설
엽관주의는 정치지도자의 국정 지도력을 강화한다.

45 □□
엽관주의는 행정의 민주성을 강화하는 측면도 있다. 21 군무원9
O X

해설
엽관주의는 행정의 민주성을 제고한다.

46 □□
엽관주의의 정당화 근거로 행정의 안전성과 지속성 확보를 들 수 있다. 21 국가7
O X

해설
행정의 안전성과 지속성 확보는 실적주의의 장점이다. 한편 엽관주의는 행정의 안전성과 지속성 등이 저해된다.

47 □□
실적주의는 공무원의 인적 구성이 사회의 인구학적 특성과 비례가 되도록 해야 한다는 대표관료제를 비판하면서 등장하였다. 21 지방7
O X

해설
공무원의 인적 구성이 사회의 인구학적 특성과 비례가 되도록 해야 한다는 것은 대표관료제이며, 이는 실적주의를 비판하면서 등장하였다.

48 □□
미국의 잭슨 대통령은 엽관제를 민주주의의 실천적 정치원리로 인식하고 인사행정의 기본 원칙으로 채택하였다. 22 국가7
O X

해설
잭슨의 공직개방사상이다.

49 □□
엽관제는 관료제의 특권화를 방지하고 국민에 대한 대응성을 높인다는 점에서 현재도 일부 정무직에 적용되고 있다. 22 국가7
O X

해설
엽관제는 오늘날도 활용되고 있다.

42. X 43. O 44. X 45. O 46. X 47. X 48. O 49. O

MEMO

02 직업공무원제

01 ☐☐ 04 국회8
행정의 전문성을 제고하기 위해서는 공무원의 신분을 보장함으로써 외부 전문가가 공직에 진출하도록 유도하는 직업공무원제가 확립되어야 한다. O X

> **해설**
> 행정의 전문성을 제고하기 위해 공무원 신분보장을 완화시킴으로써 외부 전문가가 공직에 진출하도록 유도하는 개방형 인사제도가 확립되어야 한다.

02 ☐☐ 04 전북9
직업공무원제는 영국에서 주로 확립되었다. O X

> 영국은 계급제를 바탕으로 직업공무원제가 일찍 확립되었다.

03 ☐☐ 05 국가7
직업공무원제는 연공서열을 파괴한 유능한 인재 육성을 목표로 확립되었다. O X

> 직업공무원제는 계급제를 토대로 연공서열에 의한 인사관리를 중시한다.

04 ☐☐ 07 대구7
실적주의는 반드시 공무원의 정치적 중립성을 요구하지 않으나 직업공무원제는 공무원의 정치적 중립이 필수적이다. O X

> 실적주의는 공무원의 정치적 중립을 필수요건으로 하지만, 직업공무원제는 공무원의 정치적 중립을 필수요건으로 보지 않는다.

05 ☐☐ 08 지방9
직업공무원제는 채용 당시의 직무수행 능력이 장기적인 발전 가능성보다 중요시된다. O X

> 직업공무원제는 공무원의 장기적 발전 가능성을 중시한다.

06 ☐☐ 09 서울9
직업공무원제를 올바르게 수립하기 위해서는 공무원 인력계획에 대한 장기적인 계획이 수립되고 운용되어야 한다. O X

> 직업공무원제의 수립 조건이다.

07 ☐☐ 09 지방9
직업공무원제도는 대체로 실적주의를 전제로 하며, 전문가주의를 지향하고 있다. O X

> 직업공무원제도는 계급제를 전제로 하며 전문가주의를 저해한다.

08 ☐☐ 11 경정승진
직업공무원제도는 폐쇄형 임용제도와 밀접한 관련성이 있다. O X

> 직업공무원제도는 계급제와 폐쇄형 임용제도 및 일반행정가를 지향한다.

09 ☐☐ 12 국회9
직업공무원제가 확립되기 위해서는 젊은 사람이 채용되어야 하며, 능력발전의 기회가 공정하게 주어져야 한다. O X

> 직업공무원제가 확립되기 위해서는 젊고 유능한 인재가 채용되고 신분보장 및 업적중심의 인사채용제도가 확립되어야 한다.

10 ☐☐ 13 전환특채
직업공무원제는 공무원의 일체감과 봉사정신이 낮아진다. O X

> 직업공무원제는 공무원의 일체감과 봉사정신을 높이는 데 기여한다.

01. X 02. O 03. X 04. X 05. X 06. O 07. X 08. O 09. O 10. X

11 ☐☐ 　　　　　　　　　　　　　　　13 국가9
직업공무원제가 성공하려면 우선 공직임용에서 연령 상한제를 폐지하는 것이 필수적이다. ＯＸ

젊고 유능한 인재를 등용하기 위해서는 연령 상한제를 두어야 한다.

12 ☐☐ 　　　　　　　　　　　　　　　15 경정승진
실적주의가 확립되지 않아도 직업공무원제는 확립될 수 있다. ＯＸ

실적제는 직업공무원제의 필요조건이다.

13 ☐☐ 　　　　　　　　　　　　　　　15 사복9
직업공무원제가 성공적으로 확립되기 위해서는 공직에 대한 사회적 평가가 높아야 한다. ＯＸ

공직에 대한 높은 사회적 평가는 직업공무원제의 확립요건에 해당한다.

14 ☐☐ 　　　　　　　　　　　　　　　17 국가7(추)
직업공무원제는 절대왕정시기의 관료제에 연원을 두고 있으며 장기 근무를 장려하여 공직을 전문 직업분야로 인식하게 하였다. ＯＸ

직업공무원제는 절대왕정시기의 관료제에 기반하는 제도이며 장기 근무를 장려하여 공직을 전문 직업의 분야로 인식하게 하였다.

15 ☐☐ 　　　　　　　　　　　　　　　17 서울9
직업공무원제는 장기근무를 장려하고 행정의 계속형과 일관성을 유지하는 데 긍정적인 제도로 개방형 인사제도 및 전문행정가주의에 입각하고 있다. ＯＸ

직업공무원제는 장기 근무를 유도하므로 행정의 계속성과 안정성 및 일관성을 유지할 수 있고 폐쇄형 공무원제, 계급제 및 일반행정가주의를 지향한다.

16 ☐☐ 　　　　　　　　　　　　　　　17 지방9
정무직 공무원은 직업적 전문성(professionalism)에 따라 정책문제를 바라보고, 직업관료는 정치적 이념에 따라 정책문제를 정의한다. ＯＸ

정무직 공무원은 정치적 이념에 따라 정책문제를 정의하고 직업관료는 직업적 전문성에 따라 정책문제를 바라본다.

17 ☐☐ 　　　　　　　　　　　　　　　19 경간부
직업공무원제는 행정의 지속성, 안정성을 유지하는데 기여한다. ＯＸ

직업공무원제는 공직에의 장기 근무를 유도하므로 행정의 계속성과 안정성 및 일관성을 유지할 수 있다.

18 ☐☐ 　　　　　　　　　　　　　　　19 서울7
직업공무원제는 원칙적으로 개방형 충원 및 전문가주의에 입각하고 있다. ＯＸ

직업공무원제는 원칙적으로 폐쇄형 충원 및 일반행정가주의에 입각하고 있다.

19 ☐☐ 　　　　　　　　　　　　　　　19 지방9
직업공무원제는 폐쇄적 임용을 통해 공무원집단의 보수화를 예방하고 전문행정가 양성을 촉진한다. ＯＸ

직업공무원제는 폐쇄적 임용으로 인해 공무원집단의 보수화를 촉진하고, 전문행정가의 양성을 저해할 수 있다.

20 ☐☐ 　　　　　　　　　　　　　　　19 지방9
직업공무원제는 조직 내에 승진적체가 심화되면서 직원들의 불만이 증가할 수 있다. ＯＸ

직업공무원제도는 인재의 외부진출이 이루어지지 않고 승진을 지망하는 과열현상이 초래됨으로써 승진적체라는 문제를 야기하기도 한다.

11. X　12. X　13. O　14. O　15. X　16. X　17. O　18. X　19. X　20. O

Chapter 02 직업공무원제　297

21 20 서/지9
계약제 임용제도, 정치적 중립의 강화, 계급정년제의 도입은 직업공무원제의 단점을 보완할 수 있다. O X

해설 직업공무원제의 단점을 보완하기 위해서는 정치적 중립을 완화하여야 한다.

22 20 경정승진
재직 중은 물론 퇴직 후의 생계 안정화는 직업공무원제의 확립요건에 해당한다. O X

해설 재직 중은 물론 퇴직 후의 생계 안정화는 적정한 보수 및 연금제도의 확립을 의미하는 것으로 이는 직업공무원제의 확립요건이다.

23 21 소방간부
직업공무원제는 채용 당시의 직무수행 능력이 장기적인 발전 가능성보다 중요시된다. O X

해설 직업공무원제는 젊고 유능한 인재의 채용을 지향하므로 채용 당시의 직무수행 능력보다 장기적인 발전 가능성을 더욱 중시한다.

24 21 소방간부
직업공무원제는 공직 수행에 필요한 높은 수준의 봉사정신과 행동규범을 보장할 수 있다. O X

해설 직업공무원제는 공직에 대한 높은 사회적 평가로 인해 공직 수행에 필요한 봉사정신과 행동규범 등을 보장할 수 있다.

25 21 군무원9
공직충원의 개방성을 확대하면 직업공무원제 확립에 보다 더 기여할 수 있다. O X

해설 공직충원의 개방성을 확대하면 직업공무원제 확립을 저해할 수 있다.

26 21 국가7
직업공무원제는 공무원의 일체감과 단결심 및 공직에 헌신하려는 정신을 강화하는 데 불리한 제도이다. O X

해설 직업공무원제는 공무원의 일체감과 공무원의 일체감과 단결심 및 공직에 헌신하려는 정신을 강화하는 데 유리한 제도이다.

27 22 국가9
직업공무원제는 직무급중심의 보수체계이다. O X

해설 직업공무원제는 생활급 중심의 보수체계이다.

21. X 22. O 23. X 24. O 25. X 26. X 27. X

MEMO

03 적극적 인사행정

01 ☐☐ 04 국가7
근무담당자에게 기존업무에 관리적 요소를 부여하여 자율성과 책임성을 높여주고자 하는 것을 직무확대(Job Enlargement)라 한다. ⓞ☒

> 직무충실(Job Enrichment)에 대한 설명이다.

02 ☐☐ 05 국가7
상위직에 대한 정치적 임용확대 및 엄격한 직위분류제의 운용은 적극적 인사행정을 위한 방안이다. ⓞ☒

> 적극적 인사행정을 위해서는 엄격한 인사보다는 탄력성과 융통성을 가미하여야 한다.

03 ☐☐ 05 울산9
인적자원 관리를 위해 중앙인사관리기관의 역할을 세부적인 규제와 통제에서 정책과 전략 중심으로 전환한다. ⓞ☒

> 인적자원 관리의 특징이다.

04 ☐☐ 08 국회8
직무풍요화(직무충실)는 직무의 완결도와 직무담당자의 책임성·자율성을 높이고 직무수행에 관한 환류가 원활히 이루어지도록 직무를 설계한다. ⓞ☒

> 직무풍요화의 개념이다.

05 ☐☐ 09 서울9
적극적 인사행정은 실적주의의 비융통성을 보완하며 정년보장식의 신분보장을 한다. ⓞ☒

> 정년보장식 신분보장은 적극적 인사행정과 관련되지 않는다.

06 ☐☐ 16 서울7
성과주의 인적자원은 형식 요건을 중시하고 규격화된 임용 방식을 확대한다. ⓞ☒

> 전통주의 인적자원은 형식 요건을 중시하고 규격화된 임용 방식을 확대한다.

07 ☐☐ 16 서울9
정부 규모의 확대로 전략적 인적자원관리가 강조되어 중앙인사기관의 설치 및 기능이 중요시된다. ⓞ☒

> 중앙인사기관은 오늘날 전략적 인적자원관리가 강조되면서 더욱 중요시되었다.

08 ☐☐ 16 국가7
성과주의 인적자원관리는 태도와 근속연수보다는 성과와 능력중심의 평가를 강조한다. ⓞ☒

> 성과주의 인적자원관리는 성과와 능력중심의 평가를 강조한다. 한편 태도와 근속연수를 강조하는 것은 전통적 연공주의이다.

09 ☐☐ 16 국가7
성과주의 인적자원관리는 직급파괴와 역량에 의한 승진을 강조하며, 조기퇴직 및 전직 지원을 활성화한다. ⓞ☒

> 성과주의 인적자원관리는 직급파괴와 역량에 의한 승진을 강조하며, 평생고용을 중시하는 연공주의와 달리 조기퇴직과 전직의 지원을 강조한다.

01. X 02. X 03. O 04. O 05. X 06. X 07. O 08. O 09. O

10 ☐☐　　　　　　　　　　　　　　　　　17 국가9
전략적 인적자원관리는 개인의 욕구를 조직의 전략적 목표달성을 위해 희생해야 한다고 보는 입장이다.　　　　　　　　　　　　　　　　　 O X

> **해설**
> 전략적 인적자원관리는 개인의 욕구를 조직의 전략적 목표달성을 위해 희생해야 한다고 보지 않고 조직과 개인 목표의 통합과 조화를 강조하는 입장이다.

11 ☐☐　　　　　　　　　　　　　　　　　17 국가9
전략적 인적자원관리는 조직의 전략 및 성과와 인적자원관리 활동 간의 연계에 중점을 둔다.　　　　　　　　　　　　　　　　　 O X

> **해설**
> 전략적 인적자원관리는 조직의 전략 및 성과와 인적자원관리 활동 간의 연계를 강조한다.

12 ☐☐　　　　　　　　　　　　　　　　　17 서울9
전략적 인적자원관리는 장기적이며 목표·성과 중심적으로 인적자원을 관리한다.　　　　　　　　　　　　　　　　　 O X

> **해설**
> 전략적 인적자원관리는 적극적·신축적·분권적 인사행정으로 장기적이며 목표와 성과 중심적으로 인적자원을 관리한다.

13 ☐☐　　　　　　　　　　　　　　　　　17 해경간부
정부의 인사행정은 기업의 인사관리에 비해 신축성을 확보하기가 용이하다.　　　　　　　　　　　　　　　　　 O X

> **해설**
> 정부의 인사행정은 엄격한 공공통제와 법령의 규제를 지니므로 민간기업의 인사관리에 비해 재량의 범위가 좁고 신축성을 확보하기 곤란하다.

14 ☐☐　　　　　　　　　　　　　　　　　17 해경간부
정부의 인사행정은 정치권력의 영향으로 합리성을 확보하기 어려운 경우가 많다.　　　　　　　　　　　　　　　　　 O X

> **해설**
> 정부의 인사행정은 정치권력의 영향력이 커서 합리성을 확보하기 어려운 경우가 많지만 민간기업의 인사관리는 정치개입을 배제한다.

15 ☐☐　　　　　　　　　　　　　　　　　21 국가7
균형인사정책, 일과 삶 균형정책은 다양성 관리의 방안으로 볼 수 없다.　　　　　　　　　　　　　　　　　 O X

> **해설**
> 다양성 관리의 방안으로 균형인사정책, 일과 삶의 균형, 대표관료제 등이 있다.

10. X　11. O　12. O　13. X　14. O　15. X

04 대표관료제

01 □□   07 경기9
대표관료제는 행정의 전문성을 떨어뜨리지만 행정의 대응성은 향상시킨다. [O|X]

> 대표관료제는 행정의 전문성을 저해하지만 행정의 대응성은 향상시킨다.

02 □□   07 대구9
대표관료제란 한 나라의 모든 사회집단의 구성원들이 그 나라의 인구 전체를 차지하는 수적 비율에 따라 공직에 임용되어야 한다는 원리가 적용되는 관료제를 의미한다. [O|X]

> 대표관료제의 개념이다.

03 □□   07 전북9
대표관료제는 모든 사회집단의 실질적 기회균등을 적극적으로 보장하는 데 기여한다. [O|X]

> 대표관료제는 실질적 기회균등을 제고한다.

04 □□   08 서울9
대표관료제는 관료제에 대한 내부통제 장치로서 기능한다. [O|X]

> 대표관료제는 대표성을 지닌 관료집단 간의 견제와 균형을 통해 사회집단 간 이익을 균형 있게 대변한다.

05 □□   10 국회8
대표관료제는 할당제와 역차별로 인해 사회분열이 조장될 수 있다는 문제점이 있다. [O|X]

> 대표관료제의 단점이다.

06 □□   11 경정승진
킹슬레이(Kingsley)의 대표관료제에 따르면 흑인공무원이 오히려 흑인들을 더 탄압하였다는 연구결과에서 볼 수 있듯이 관료가 공직에 들어온 이후에 그 신념이 변하는 1차 사회화를 고려하지 못하였다는 점이 한계로 지적된다. [O|X]

> 2차 사회화이다.

07 □□   12 경간부
적극적 대표성이란 관료들의 사회경제적 배경이 사회 전체의 것을 반영하는 정도를 의미한다. [O|X]

> 소극적 대표성에 대한 설명이다.

08 □□   12 지방9
인재지역 할당제는 직업공무원제의 예이다. [O|X]

> 대표관료제의 예이다.

01. O   02. O   03. O   04. O   05. O   06. X   07. X   08. X

09 ☐☐   13 국회8
크랜츠(Kranz)는 대표관료제의 개념을 비례대표로까지 확대하여 관료제 내의 출신 집단별 구성 비율이 총인구 구성 비율과 일치해야 할 뿐만 아니라, 나아가 관료제 내의 모든 직무 분야와 계급의 구성비율까지도 총인구 비율에 상응하게 분포되어 있어야 한다고 주장한다.   O X

> 크랜츠가 주장한 내용이다.

10 ☐☐   13 국회9
대표관료제는 사회를 구성하는 세력집단들의 수적비율을 관료제 구성에 반영하는 것을 말한다.   O X

> 대표관료제는 비혜택집단을 우대함으로써 구조적 차별을 시정하는 수직적 형평성을 강조한다.

11 ☐☐   13 지방7
대표관료제는 정당의 대중화와 정당정치 발달에 기여한다.   O X

> 정당의 대중화와 정당정치 발달에 기여하는 것은 엽관주의이다.

12 ☐☐   13 지방9
양성평등채용목표제, 지방인재채용목표제, 총액인건비제, 장애인고용촉진제 등은 모두 대표관료제와 관련된다.   O X

> 총액인건비제는 대표관료제와 관련이 없다.

13 ☐☐   15 경간부
대표관료제는 현대인사행정의 기본원칙인 실적주의를 훼손할 우려가 있다.   O X

> 대표관료제는 능력, 실적 등을 기준으로 채용하는 실적주의와 갈등을 띠고 있다.

14 ☐☐   16 서울9
대표관료제는 관료 조직 내의 내부통제를 약화시킨다.   O X

> 대표관료제는 내부통제를 강화시킨다.

15 ☐☐   16 서울9
대표관료제는 사회경제적 인구구성을 반영토록 하여 해당 관료가 출신집단에 책임을 질 수 있도록 보장하기 위한 제도적 장치이다.   O X

> 대표관료제는 한 국가 내에서 다양한 사회집단들의 구성비율에 따라 관료를 충원하는 원리가 적용되는 관료제이다.

16 ☐☐   17 국가9
대표관료제는 엽관주의의 폐단을 시정하기 위해 등장하였다.   O X

> 엽관주의의 폐단을 시정하기 위해 등장한 것은 실적주의이다.

17 ☐☐   17 국가9
대표관료제는 관료의 국민에 대한 대응성과 책임성을 향상시킨다.   O X

> 대표관료제는 관료의 대응성과 책임성을 제고할 수 있다.

18 ☐☐   17 행정사
대표관료제의 발전은 행정의 형평성과 능률성을 제고한다.   O X

> 대표관료제의 발전은 행정의 형평성은 제고하나 능률성은 저해한다.

19 ☐☐   17 경간부
대표관료제는 관료들이 출신집단의 가치와 이익을 대변하리라는 기대에 기반을 둔다.   O X

> 대표관료제는 정부관료제가 그 사회의 인적구성을 반영하도록 구성함으로써 관료제 내에 민주적 가치를 주입시키고자 대두된 제도이다.

정답 09. O   10. O   11. X   12. X   13. O   14. X   15. O   16. X   17. O   18. X   19. O

20 □□   17 해경간부
대표관료제는 능력과 자격을 부차적인 임용기준으로 삼기 때문에 행정의 전문성과 생산성을 저하시킬 우려가 있다. O X

해설 대표관료제는 공직임용에 있어 개인의 능력·자격을 2차적인 기준으로 삼기 때문에 행정의 전문성과 생산성을 저해할 우려가 있다.

21 □□   17 해경간부
대표관료제는 소외집단이나 소수집단의 공직취임기회를 확대하여 사회적 형평성을 제고할 수 있다. O X

해설 대표관료제는 공직에서의 실질적 기회균등과 사회적 약자를 보호하기 위한 사회적 형평성을 지향한다.

22 □□   18 국가7
대표관료제는 역차별 문제의 발생과 실적주의 훼손의 비판이 제기되며, 사회적 소외집단을 배려하는 우리나라의 균형인사정책은 미국의 적극적 조치(affirmative action)의 관점에서 이해될 수 있다. O X

해설 대표관료제는 능력중심의 인사가 아니므로 역차별의 논란과 실적주의의 훼손이라는 비판을 받았으며, 미국에서는 1960년대 적극적 조치, 우리나라에서는 균형인사제도의 형태로 도입되었다.

23 □□   18 군무원
대표관료제는 내부통제가 용이하며 책임성 제고에 기여한다. O X

해설 대표관료제는 관료의 책임성을 향상시키고 민주화에 기여하며, 출신집단의 이익을 위해 다양한 요구에 대응함으로써 내부통제가 강화된다.

24 □□   18 군무원
대표관료제는 공무원들이 출신 집단별로 구성되어 집단이기주의를 감소시킬 수 있다. O X

해설 대표관료제는 자신이 속한 사회경제적 집단의 이익을 대변하고 이를 구현하는 과정에서 집단이기주의가 발생한다.

25 □□   19 서울7
대표관료제는 관료의 전문성과 생산성 제고에 기여한다. O X

해설 대표관료제는 실적주의와 충돌함으로써 행정의 전문성과 생산성을 저해할 우려가 있다.

26 □□   19 서울7
대표관료제는 사회 각계각층의 이해를 공공정책에 반영하여 사회적 정의 실현에 이바지할 수 있다. O X

해설 대표관료제는 사회경제적 여건이 불리한 계층에 대해 공직진출에 실질적 기회를 보장하고 각계각층의 요구를 반영함으로써 정부의 대응성을 향상시킬 수 있다.

27 □□   19 서울9(2월)
대표관료제의 관료들은 누구나 자신의 사회적 배경의 가치나 이익을 정책 과정에 반영시키려고 노력한다는 명제를 전제로 한다. O X

해설 대표관료제의 관료들은 누구나 자신의 사회적 배경의 가치나 이익을 정책 과정에 반영시킨다.

28 □□   19 지방9
대표관료제에서 소극적 대표성은 전체 사회의 인구 구성적 특성과 가치를 반영하는 관료제의 인적 구성을 강조한다. O X

해설 소극적 대표성은 인적 구성을 강조하는 것으로 전체 사회의 인구 구성적 특성과 가치를 반영한다.

29 □□   20 경간부
대표관료제의 한계로 국민주권의 원리 위반, 역할론적 대표성 확보의 어려움, 내부통제 약화, 임용의 역차별과 갈등의 우려를 들 수 있다. O X

해설 대표관료제는 내부통제를 강화하지만, 한계로 국민주권의 원리 위반, 역할론적 대표성 확보의 어려움, 임용의 역차별과 갈등의 우려를 들 수 있다.

정답 20. O   21. O   22. O   23. O   24. X   25. X   26. O   27. O   28. O   29. X

30 ☐☐
20 군무원7
대표관료제는 소극적 대표성이 적극적 대표성으로 연결되지 않을 수 있다.
O X

해설 대표관료제는 구성에 바탕을 둔 소극적 대표성이 역할에 중점을 둔 적극적 대표성과 반드시 연결되는 것은 아니다.

31 ☐☐
21 경간부
대표관료제를 실현하기 위해 실적주의 원칙이 적용된다.
O X

해설 대표관료제는 실적주의와 상충된다.

32 ☐☐
21 경간부
대표관료제는 전문성과 능률성이 떨어질 수 있다는 단점이 있다.
O X

해설 대표관료제는 행정의 전문성과 능률성을 저해시킬 우려가 있다.

33 ☐☐
22 경간부
대표관료제는 능력에 따른 채용을 엄정하게 적용하여 행정의 전문성과 생산성을 높이는 것을 목표로 한다.
O X

해설 능력에 따른 채용을 엄정하게 적용하여 행정의 전문성과 생산성을 높이는 것을 목표로 하는 것은 실적주의에 해당한다.

34 ☐☐
23 지방9
대표관료제는 다양한 집단의 이익을 반영하는 실적주의 이념에 부합하는 인사제도이다.
O X

해설 대표관료제는 실적주의의를 비판하는 이론으로서, 집단주의를 배경으로 한다.

30. O   31. X   32. O   33. X   34. X

05 고위공무원단

01 ☐☐   07 서울9
우리나라의 고위공무원단제는 개방형 직위를 통한 민간과의 경쟁(20%), 공모직위를 통한 다른 부처 공무원과의 경쟁(30%), 부처 자율인사(50%)로 충원된다. O X

> 고위공무원단은 개방형 직위 20%, 공모직위 30%, 부처 자율직위 50%로 구성된다.

02 ☐☐   07 인천9
각 부처 장관은 실·국장급 직위에서 해당부처 소속공무원이 아닌 전체 고위공무원단 중에서 적임자를 임용제청할 수 있다. O X

> 각 부처 장관은 소속에 관계없이 전체 고위공무원단 중에서 적임자를 임명할 수 있다.

03 ☐☐   08 국가9
우리나라의 고위공무원단 소속공무원은 중앙행정기관에 근무하는 일반직 3급 이상 공무원만을 그 대상으로 한다. O X

> 고위공무원단은 실·국장급 이상 일반직·별정직과 외무공무원 및 국가공무원으로 보하는 부시장·부지사·부교육감 등 지방자치단체의 고위직을 포함한다.

04 ☐☐   08 지방7
고위공무원단제도는 각종 성과급과 장려급에 의해 우수공무원에 대한 처우를 개선할 수 있다. O X

> 직무의 난이도, 중요도 및 성과의 차이에 따라 보수를 차등하는 직무성과급적 연봉제가 적용된다.

05 ☐☐   11 지방9
고위공무원단의 도입목적은 고위직의 개방 확대 및 경쟁 촉진, 신분중심의 인사관리 강화, 고위직 책임성 확대 등이다. O X

> 고위공무원단의 도입목적은 고위직의 개방 확대 및 경쟁촉진, 성과와 책임 증대 등이며 종래 신분·계급·연공서열중심의 인사관리를 완화하려는 것이다.

06 ☐☐   13 경간부
우리나라의 고위공무원단은 국정의 전문성과 업무추진의 효율성 차원에서 정책과정에서 일어날 수 있는 갈등가능성을 방지할 수 있다. O X

> 대통령과 장관의 정치력을 통해 정책의 강력한 추진이 가능하다.

07 ☐☐   14 지방9
미국의 고위공무원단제도는 엽관주의적 요소가 혼재되어 있다. O X

> 미국의 고위공무원단제도는 정권이 교체되면 개방적 고위공무원단 직위에 임명이 이루어질 수 있게 함으로써 집권정당이 공직사회를 장악하게 하는 인사통로로 활용될 수 있으므로 엽관주의적 요소가 혼재되어 있다고 할 수 있다.

08 ☐☐   16 경간부
우리나라의 경우 김대중 정부 출범 이후인 1998년에 고위공무원단 제도를 처음 도입·시행하였다. O X

> 우리나라의 경우 노무현 정부 시기인 2006년 7월에 처음 도입·시행하였다.

09 ☐☐   17 국가7
고위공무원단으로 관리되는 풀(pool)에는 일반직공무원뿐만 아니라 외무공무원도 포함된다. O X

> 고위공무원단은 실·국장급 이상 일반직·별정직과 외무공무원, 국가공무원으로 보하는 부시장·부지사·부교육감 등 지방자치단체 등의 고위직을 포함한다.

01. O   **02.** O   **03.** X   **04.** O   **05.** X   **06.** O   **07.** O   **08.** X   **09.** O

10 ☐☐ 17 국가7
고위공무원단은 적격 심사에서 부적격 결정을 받은 경우에 한해서만 직권면직이 가능하므로 제도 도입 전보다 고위공무원의 신분보장이 강화되었다고 볼 수 있다. O X

> 적격심사에서 고위공무원의 직무를 계속 수행하는 것이 곤란하다고 판단되는 사람을 부적격자로 결정하고 부적격자는 직권면직이 가능하므로 제도 도입 전보다 고위공무원의 신분보장이 완화되었다.

11 ☐☐ 17 국가9(추)
우리나라 고위공무원단은 중앙행정기관과 지방자치단체의 실장·국장 및 이에 상당하는 보좌기관에 임용되어 재직 중이거나 파견·휴직 등으로 인사관리되고 있는 국가공무원과 지방공무원을 말한다. O X

> 지방공무원은 고위공무원단에 포함되지 않는다.

12 ☐☐ 18 지방7
우리나라 고위공무원단 제도는 연공서열에 의한 인사관리를 강화하여 직위의 안정을 도모하였다. O X

> 우리나라 고위공무원단 제도는 연공서열에 의한 인사관리에서 엄격한 성과관리로 변화하였으며, 직위의 경쟁을 도모하였다.

13 ☐☐ 18 지방7
우리나라 고위공무원단 제도는 공무원 개개인의 능력발전과 성과관리의 중요성이 더욱 커졌다. O X

> 고위공무원단 제도에서 개방형 직위는 민간에게까지 개방해야 되는 직위로 이를 통해 민간 전문가의 임용가능성이 증가된다.

14 ☐☐ 18 지방9
고위공무원단 후보자가 되기 위해서는 역량평가를 거친 후 반드시 고위공무원단 후보자 교육과정을 이수해야 한다. O X

> 고위공무원단 후보자교육과정을 마치고 역량평가를 통과한 3·4급 공무원이 고위공무원단 후보자가 된다.

15 ☐☐ 20 경간부
고위공무원단은 계급제가 아닌 직무등급제를 기반으로 운영된다. O X

> 고위공무원단은 계급을 폐지하고 직무등급을 기반으로 운영되는 제도이다.

16 ☐☐ 20 군무원9
국가직은 고위공무원단을 포함한 1급~2급에 해당하는 직위 모두를 개방형 직위로 간주한다. O X

> 국가직 공무원은 1급~3급(일부)의 계급구분을 폐지하고 고위공무원단 제도가 도입되었으며 고위공무원단 직위 중 20% 범위 내에서 개방형 직위를 지정한다.

17 ☐☐ 21 지방(서울)9
고위공무원단제도는 역량 중심의 인사관리, 계급 중심의 인사관리를 중시한다. O X

> 고위공무원단제도는 계급 중심이 아닌 역량, 성과와 책임, 개방과 경쟁 중심의 인사관리를 중시한다.

10. X   11. X   12. X   13. O   14. X   15. O   16. X   17. X

06 중앙인사기관

01 ☐☐   06 경남9
중앙인사관리는 인사관리에 있어서 인사권자의 뜻을 최대한 반영할 수 있도록 함으로써 행정기관의 집행능력을 강화하는데 기여한다. O|X

> 중앙인사관리는 인사행정의 중립성과 공정성을 확보하기 위한 것으로, 인사권자의 뜻을 반영하기 어렵다.

02 ☐☐   07 군무원
국가기능 축소와 작은 정부의 실현, 행정의 전문화 대두, 인사관리의 공정성 및 중립성으로 인해 중앙인사기관의 필요성이 대두되었다. O|X

> 국가기능의 확대 및 강화 등으로 인해 중앙인사기관이 등장하게 되었다.

03 ☐☐   12 국회8
비독립단독형 중앙인사기관은 인사정책의 결정이 지나치게 지연되는 경우가 많다. O|X

> 독립합의형 인사기관의 단점이다.

04 ☐☐   12 해경간부
비독립단독형 인사기관의 기관장은 행정수반이 임명한다. O|X

> 비독립단독형의 특징이다.

05 ☐☐   12 해경간부
독립합의형 인사기관이 실적주의를 발전시키는데 유리하다. O|X

> 독립합의형의 특징이다.

06 ☐☐   14 국가9
우리나라 중앙인사기관의 형태는 행정수반의 적극적인 지원을 받고 있어 인사상의 공정성 확보가 용이하다. O|X

> 우리나라의 중앙인사기관은 비독립단독형이다. 지문은 독립합의형에 해당하는 특징이다.

07 ☐☐   16 지방9
정부규모의 확대로 전략적 인적자원관리가 강조되어 중앙인사기관의 설치 및 기능이 중요시된다. O|X

> 중앙인사기관은 정부규모가 확대됨에 따라 인력운영의 합리화·전문화 등을 위해 도입되었다.

08 ☐☐   16 국회8
독립합의형 인사기관은 인사행정의 책임소재를 명확히 할 수 있다. O|X

> 비독립단독형 인사기관은 인사행정의 책임소재를 명확히 할 수 있다. 한편 독립합의형은 책임소재가 불명확하다.

09 ☐☐   16 국회8
독립합의형 인사기관은 인사행정의 공정성 확보가 용이하다는 장점이 있다. O|X

> 독립합의형 인사기관은 합의제에 의한 신중한 의사결정이 가능하고 인사행정의 공정성 확보가 용이하다.

10 ☐☐   16 서울9
비독립 단독형 인사기관은 주요 인사정책의 신속한 추진을 가능하게 한다. O|X

> 비독립 단독형 인사기관은 책임소재가 분명하고 신속한 의사결정이 가능하다는 장점이 있다.

01. **X**   02. **X**   03. **X**   04. **O**   05. **O**   06. **X**   07. **O**   08. **X**   09. **O**   10. **O**

11 16 서울9
국가공무원법 제6조의 규정에 의할 때, 국회사무총장, 법원행정처장, 감사원사무총장, 인사혁신처장은 중앙인사관장기관에 해당한다. ○|X

해설: 감사원사무총장은 중앙인사관장기관에 해당하지 않는다. 중앙인사관장기관은 국회사무총장, 법원행정처장, 헌법재판소사무처장, 중앙선거관리위원회사무총장, 인사혁신처장이다.

12 17 서울9
현재 우리나라 인사혁신처는 합의제 중앙인사기관으로 설립되어 있다. ○|X

해설: 현재 우리나라 인사혁신처는 비독립단독형 중앙인사기관이다.

13 17 서울9
미국의 연방인사위원회가 독립형 합의제 중앙인사기관의 대표적인 예이다. ○|X

해설: 미국의 연방인사위원회는 독립합의형 중앙인사기관이다.

14 19 경간부
독립합의형(위원회형) 중앙인사기관을 통해 타 기관과의 밀착을 방지하고 원만한 관계를 설정할 수 있다. ○|X

해설: 독립합의형은 합의제 기관이므로 특정 기관이나 세력과의 밀착을 방지하고 원만한 관계를 유지할 수 있다.

15 19 경간부
한국의 중앙인사기관인 인사혁신처는 비독립단독형(부처조직형)이다. ○|X

해설: 인사혁신처는 비독립단독형의 중앙인사기관이다.

16 19 국회9
독립합의형은 행정수반이 정책을 강력하게 추진하기 위한 인사관리 수단을 제한한다. ○|X

해설: 독립합의형은 합의제 기관으로 특정 기관 및 세력과의 원만한 관계를 유지할 수 있으나 강력한 정책을 추진하기 곤란하다.

17 19 국회9
독립단독형의 조직 형태가 가장 보편적이고 흔하다. ○|X

해설: 독립단독형은 기관장 한 사람에 의해 관리되는 구조로 일반적으로 흔하지 않은 조직 형태이다.

11. X   12. X   13. O   14. O   15. O   16. O   17. X

07 공직분류체계

01 ☐☐　　　　　　　　　　　　　　　　　　04 서울7
폐쇄형이란 원칙적으로 내부승진만 허용하며, 처음 임용되는 공무원의 상위중간직의 임용을 제한하는 제도를 말한다. O|X

> **해설**
> 개방형에 대비되는 폐쇄형 인사의 특징이다.

02 ☐☐　　　　　　　　　　　　　　　　　　04 인천9
폐쇄형 인사는 행정의 전문성을 제고하고 공직의 안정성을 확보한다. O|X

> 폐쇄형 인사는 공직의 안정성을 확보한다. 한편 행정의 전문성을 제고하는 것은 개방형 인사이다.

03 ☐☐　　　　　　　　　　　　　　　　　　05 국가9
개방형 임용제도는 전문성이 요구되는 경우 일정한 직무 수행요건을 갖춘 자를 공직 내·외부에서 임용하여 공직의 전문성을 높이기 위한 것이다. O|X

> 개방형 임용제도의 특징이다.

04 ☐☐　　　　　　　　　　　　　　　　　　07 국회8
직위공모제는 부처 간 할거주의를 극복하기 위한 것을 중요한 목적으로 하기 때문에 가능한 현직 공무원의 임용을 제한하고 있다. O|X

> 직위공모제는 부처 간 할거주의를 극복하기 위한 것을 중요한 목적으로 하며, 현직 공무원을 대상으로 한다.

05 ☐☐　　　　　　　　　　　　　　　　　　07 대전9
감사원장은 특정직 공무원이고 국회수석전문위원은 별정직 공무원이다. O|X

> 감사원장은 정무직 공무원이다.

06 ☐☐　　　　　　　　　　　　　　　　　　08 국가7
임용권자나 임용제청권자는 해당 기관의 직위 중 전문성이 요구되거나 효율적인 정책 수립 또는 관리를 위하여 적격자를 임용할 필요가 있는 직위에 대하여 공모직위로 지정하여 운영할 수 있다. O|X

> 전문성이 요구되거나 효율적인 정책수립 또는 관리를 위하여 적격자를 임용할 필요가 있는 직위에 대하여 개방형직위로 지정하여 운영할 수 있다.

07 ☐☐　　　　　　　　　　　　　　　　　　09 지방7
우리나라 개방형 직위제도는 모든 직급과 계급에서 개방형 직위를 지정하여 임용할 수 있다. O|X

> 고위공무원단 직위 및 과장급 직위에 한하여 개방형 직위를 지정하여 임용할 수 있다.

08 ☐☐　　　　　　　　　　　　　　　　　　11 국가9
우리나라 국가공무원제도에 따르면 결원이 발생하였을 때 정부 내 공개모집을 통하여 해당 기관 내부 또는 외부의 공무원 중에서 적격자를 임용할 수 있는 공모직위제도를 운영할 수 있다. O|X

> 공모직위제도에 대한 설명이다.

---

01. **O**　02. **X**　03. **O**　04. **X**　05. **X**　06. **X**　07. **X**　08. **O**

09 12 서울7
경력직 공무원은 실적과 자격에 의해 임용되고 특정직 공무원과 별정직 공무원은 크게 경력직 공무원에 포함된다. O X

해설 별정직 공무원은 특수경력직 공무원에 포함된다.

10 14 교행9
우리나라 공직분류에 따르면 경력직에는 일반직과 특정직이 있고 특수경력직에는 정무직과 별정직이 있다. O X

해설 우리나라 공직분류체계에 대한 설명이다.

11 14 서울9
개방형 인사관리는 정치적 리더십의 요구에 따른 고위층의 조직 장악력의 약화를 초래한다. O X

해설 개방형 인사관리는 인사권자에게 재량권을 주어 정치적 리더십을 강화하고 조직 장악력을 높여준다.

12 15 경정승진
별정직공무원은 경력직공무원으로 실적주의와 직업공무원제가 적용된다. O X

해설 별정직공무원은 특수경력직공무원으로 실적주의와 직업공무원제가 적용되지 않는다.

13 15 경정승진
개방형 임용제는 공직사회의 탈관료제에 기여할 수 있다. O X

해설 개방형 임용제의 특징이다.

14 16 경간부
서울특별시 선거관리위원회 상임위원, 국정원차장, 국회 수석전문위원은 모두 특수경력직공무원이다. O X

해설 서울특별시 선거관리위원회 상임위원은 시·도 선거관리위원회 상임위원으로서 일반직공무원이다. 반면 국정원차장은 정무직공무원이고 국회 수석전문위원은 별정직공무원이다.

15 16 경간부
국정원 차장, 헌법재판소 헌법연구관은 특수경력직 공무원에 해당한다. O X

해설 국정원 차장은 정무직 공무원에 해당하고, 헌법재판소 헌법연구관은 특정직 공무원으로 경력직 공무원이다.

16 16 교행9
공무원이 개방형 직위나 공모직위를 통해 임용된 경우 임용기간 만료 후 원소속으로 복귀가 가능하다. O X

해설 개방형 직위 및 공모 직위의 운영 등에 관한 규정 제10조에 규정된 사항으로 공무원이 개방형 직위나 공모직위를 통해 임용된 경우 임용기간 만료 후에 원소속으로 복귀가 가능하다.

17 16 서울7
「국가공무원법」상 행정각부의 차관은 특수경력직 공무원 중 정무직 공무원이다. O X

해설 국가공무원법상 행정각부의 차관은 특수경력직 공무원 중 정무직 공무원에 해당한다.

18 16 서울9
법관과 검사는 특수경력직 공무원에 해당한다. O X

해설 법관과 검사는 특정직 공무원에 해당한다.

---

09. X 10. O 11. X 12. X 13. O 14. X 15. X 16. O 17. O 18. X

19 □□
경력개방형 직위제도는 공무원과 민간인이 경쟁하여 최적임자를 선발하는 것이다. 16 서울9 OX

해설 경력개방형 직위제도는 공직 외부에서만 적격자를 선발하는 것이다.

20 □□
임기제공무원은 근무 기간을 정하여 임용하는 특수경력직 공무원이다. 17 교행9 OX

해설 임기제공무원은 근무기간을 정하여 임용하는 경력직 공무원이다.

21 □□
대법원장·헌법재판소장·국무총리·감사원장 및 대법관과 국회에서 선출하는 헌법재판소 재판관 및 중앙선거관리위원회 위원은 인사청문특별위원회에서 인사청문이 이루어진다. 17 교행9 OX

해설 국회법 제46조의3의 내용으로 옳은 지문이다.

22 □□
법관, 검사, 외무공무원, 경찰공무원, 소방공무원, 교육공무원, 군인, 군무원, 헌법재판소 헌법연구관, 국가정보원 직원 등은 경력직 공무원 중에서 특정직 공무원에 해당한다. 17 국가9(추) OX

해설 법관, 검사, 외무공무원, 경찰, 소방, 군인 등은 특정직공무원이다.

23 □□
국회의원 비서관, 대통령비서실 수석비서관은 특수경력직 공무원에 해당한다. 17 국회8 OX

해설 국회의원 비서관은 별정직에, 대통령비서실 수석비서관은 정무직으로 모두 특수경력직 공무원이다.

24 □□
기술, 연구 또는 행정 일반에 대한 업무에 종사하는 공무원은 경력직 공무원에 해당한다. 17 행정사 OX

해설 기술, 연구 또는 행정 일반에 대한 업무에 종사하는 공무원은 일반직 공무원으로 경력직 공무원에 해당한다.

25 □□
폐쇄형은 조직에 대한 소속감이 높고 공무원의 사기가 높다. 17 지방7 OX

해설 폐쇄형은 개방형보다 조직에 대한 소속감이 높아 공무원의 사기 또한 높은 편이다.

26 □□
시간선택제 채용공무원의 주당 근무시간은 40시간으로 한다. 17 지방7 OX

해설 시간선택제 채용공무원은 주당 15~35시간 범위에서 지정하여 근무하는 일반직 공무원이다.

27 □□
시간선택제 공무원제도는 유연근무제도의 일환으로 도입되었으며, 기관 사정이나 정부의 일자리 나누기 정책 구현 등을 위해서는 활용되지 않는다. 17 지방7 OX

해설 시간선택제 공무원제도는 유연근무제도의 일환으로 도입되었으며, 기관 사정이나 정부의 일자리 나누기 정책 구현 등을 위해서도 활용되었다.

28 □□
개방형은 재직자의 승진기회가 많고 경력발전의 기회가 많으며, 공무원의 신분보장이 강화됨으로써 행정의 안정성을 유지할 수 있다. 17 지방7 OX

해설 폐쇄형 인사제도에 대한 설명이다.

정답 19. X 20. X 21. O 22. O 23. O 24. O 25. O 26. X 27. X 28. X

29 □□ 17 지방7
폐쇄형은 국민의 요구에 민감하게 대응하며 행정에 대한 민주통제가 보다 용이하다. O X

해설: 폐쇄형은 공직 내의 안정성과 계급제를 바탕으로 하기 때문에 국민의 요구에 민감하게 대응하기 어렵고 행정에 대한 민주통제가 약하다.

30 □□ 17 지방7
시간선택제채용공무원을 통상적인 근무시간 동안 근무하는 공무원으로 임용하는 경우 어떠한 우선권도 인정하지 않는다. O X

해설: 시간선택제채용공무원을 통상적인 근무시간 동안 근무하는 공무원으로 임용하는 경우 어떠한 우선권도 인정하지 않는다.

31 □□ 17 지방9
정무직 공무원은 재임기간이 짧기 때문에 정책의 필요성이나 성패를 단기적으로 바라보지만, 직업관료는 신분보장이 되어 있기 때문에 장기적으로 바라보는 경향이 있다. O X

해설: 정무직 공무원인 정치인은 재임기간이 짧기 때문에 안목이 단기적이지만, 직업관료는 신분보장이 강하므로 장기적으로 바라보는 경향이 있다.

32 □□ 17 지방9(추)(수정)
일반직공무원은 경력직과 특수경력직으로 구분되며, 소방사는 특정직공무원에 해당된다. O X

해설: 경력직 공무원은 일반직과 특수직으로 구분되고 특수경력직 공무원은 정무직과 별정직으로 구분된다. 한편 소방사는 특정직공무원이다.

33 □□ 17 해경간부
개방형 공무원제도는 행정의 계속성 유지에 유리하다. O X

해설: 행정의 계속성 유지에 유리한 것은 폐쇄형 공무원제도이다.

34 □□ 17 지방9(추)
국가정보원 7급 직원은 특수경력직공무원에 해당된다. O X

해설: 국가정보원 7급 직원은 경력직공무원에 해당된다.

35 □□ 18 국가9
전문경력관제도는 일반직공무원과 마찬가지로 계급 구분과 직군 및 직렬의 분류를 적용한다. O X

해설: 전문경력관의 직위는 일반직 공무원과는 달리 직무의 특성·난이도 및 직무에 요구되는 숙련도 등에 따라 가군, 나군 및 다군으로 구분한다.

36 □□ 18 국가9
전문경력관 직위의 군은 직무의 특성·난이도 및 직무에 요구되는 숙련도 등에 따라 구분한다. O X

해설: 전문경력관 직위군은 특성·난이도 및 직무에 요구되는 숙련도 등에 따라 가군, 나군 및 다군으로 구분한다.

37 □□ 18 국회8
특수경력직 공무원은 경력직 공무원과는 달리 실적주의와 직업공무원제의 획일적 적용을 받지 않는다. O X

해설: 특수경력직 공무원은 실적주의와 직업공무원제의 획일적 적용을 받지 않는다.

38 □□ 19 국가7(수정)
감사원 사무차장, 국무조정실 차장은 정무직 공무원이다. O X

해설: 감사원 사무차장은 일반직 공무원에, 국무조정실 차장은 정무직 공무원에 해당한다.

정답 29. X 30. O 31. O 32. X 33. X 34. X 35. X 36. O 37. O 38. X

39 ☐☐　　　　　　　　　　　　　　　19 국가9
시간선택제 근무는 통상적인 전일제 근무시간(주 40시간)보다 길거나 **짧은** 시간을 근무하는 제도이다. ☐O☐X☐

> 시간선택제 근무는 통상적인 전일제 근무시간(주 40시간)보다 짧은 시간(주당 15시간 이상 35시간 이내)을 근무하는 제도이다.

40 ☐☐　　　　　　　　　　　　　　　19 군무원
자치경찰공무원은 경력직 공무원 중 특정직 공무원이고, 행정각부의 차관은 특수경력직 공무원 중 별정직 공무원이다. ☐O☐X☐

> 자치경찰공무원은 특정직 공무원이고, 행정각부의 차관은 정무직 공무원이다.

41 ☐☐　　　　　　　　　　　　　　　19 지방7
헌법재판소의 헌법연구관, 도지사의 비서, 국가정보원의 직원은 모두 **특정직** 공무원이다. ☐O☐X☐

> 헌법재판소의 헌법연구관, 국가정보원의 직원은 특정직 공무원에, 도지사의 비서는 별정직 공무원에 해당한다.

42 ☐☐　　　　　　　　　　　　　　　20 경간부
인사청문특별위원회 위원장은 인사청문경과를 국회 본회의에 보고한 후, 대통령에게 인사청문경과보고서를 송부한다. ☐O☐X☐

> 인사청문특별위원회 위원장은 인사청문경과를 본회의에 보고하고, 본회의에 보고된 이후 대통령에게 인사청문경과보고서를 송부하는 주체는 국회의장이다.

43 ☐☐　　　　　　　　　　　　　　　20 국가9
전문경력관이란 직무 분야가 특수한 직위에 임용되는 일반직 공무원을 말한다. ☐O☐X☐

> 전문경력관은 직무분야가 특수한 직위에 임용되는 일반직 공무원으로 직렬, 직군 등의 구분이 적용되지 않는 공무원이다.

44 ☐☐　　　　　　　　　　　　　　　20 국가9
별정직 공무원의 근무상한연령은 65세이며, 일반임기제 공무원으로 **채용할** 수 있다. ☐O☐X☐

> 별정직 공무원의 근무상한연령은 60세이며, 일반임기제 공무원으로 채용할 수 있다.

45 ☐☐　　　　　　　　　　　　　　　20 군무원9
시간선택제 전환공무원은 통상적인 근무시간보다 짧은 시간(주 15-35시간)을 근무하는 공무원으로서 일반 공무원처럼 시험을 통해 채용되고 정년이 **보장되는** 공무원이다. ☐O☐X☐

> 통상적인 근무시간보다 짧은 시간(주 15-35시간)을 근무하는 공무원으로서 일반 공무원처럼 시험을 통해 채용되고 정년이 보장되는 공무원은 시간선택제 채용공무원이다.

46 ☐☐　　　　　　　　　　　　　　　20 행정사
헌법재판소 헌법연구관, 감사원 사무차장, 국민권익위원회 위원장은 모두 특수경력직 공무원에 해당한다. ☐O☐X☐

> 헌법재판소 헌법연구관은 특정직 공무원에, 감사원 사무차장은 일반직 공무원에, 국민권익위원회 위원장은 정무직 공무원에 해당한다.

47 ☐☐　　　　　　　　　　　　　　　21 국회8
개방형직위는 일반직을 대상으로 하며 특정직 및 별정직은 제외된다. ☐O☐X☐

> 개방형 직위는 일반직뿐만 아니라 별정직과 특정직(외무직 등) 및 임기제공무원으로 보할 수 있는 고위공무원단 직위나 과장급 직위도 가능하다.

48 ☐☐　　　　　　　　　　　　　　　21 국회8
공모직위는 공무원에게만 개방하며 민간인은 지원할 수 없다. ☐O☐X☐

> 공모직위는 공무원에게만 개방하여 부처내외의 공무원 중에서 적격자를 임용하는 제도이므로 민간인은 제외된다.

39. X　40. X　41. X　42. X　43. O　44. X　45. X　46. X　47. X　48. O

49 □□
21 지방(서울)9
소방 공무원은 특수 경력직 공무원에 해당한다. O X

해설: 소방 공무원은 특정직 공무원에 해당한다.

50 □□
21 지방(서울)9
경력직 공무원은 실적과 자격에 의해 임용되고 신분이 보장된다. O X

해설: 경력직 공무원은 실적과 자격에 따라 임용되고 그 신분이 보장되며 특별한 사유가 없는 한 정년까지 근무할 것이 예정되는 공무원을 의미한다.

51 □□
21 국가7
개방형 인사제도는 외부전문가나 경력자에게 공직을 개방하여 새로운 지식과 기술, 아이디어를 수용해 공직사회의 침체를 막고 행정의 효율성을 높이는 데 유리하다. O X

해설: 개방형 인사제도는 외부전문가나 경력자에게 공직을 개방하는 제도로 공직사회의 침체를 막고 행정의 효율성을 높이는 데 유리하다.

52 □□
22 국가7
소속 장관은 해당 기관의 일반직공무원 직위 중 순환보직이 곤란하거나 장기재직 등이 필요한 특수 업무 분야의 직위를 인사혁신처장과 협의하여 전문경력관직위로 지정할 수 있다. O X

해설: 전문경력관에 대한 설명이다.

53 □□
22 국가7
전직시험을 거쳐 다른 일반직공무원을 전문경력관으로 전직시킬 수 있으나, 전문경력관을 다른 일반직공무원으로 전직시킬 수는 없다. O X

해설: 전문경력관 규정 제17조(전직) ① 임용권자는 다음 각 호의 어느 하나에 해당하는 경우에는 전직시험을 거쳐 전문경력관을 다른 일반직공무원으로 전직시키거나 다른 일반직공무원을 전문경력관으로 전직시킬 수 있다.

49. X 50. O 51. O 52. O 53. X

08 계급제와 직위분류제

01 ☐☐   98 국가7
직무기술서는 특정 직위의 재직자가 자기 직무에 관한 내용을 직접 기입한 것으로서 정급(allocation)의 토대가 되는 것이다. O X

> 정급의 토대가 되는 것은 직무명세서이다.

02 ☐☐   04 국가9
계급제는 조직 내에서 구성원의 업무분담을 합리화하고 이를 기초로 효율적인 정원관리를 할 수 있다. O X

> 직위분류제에 대한 설명이다.

03 ☐☐   04 입법고시
계급제를 적용하는 경우가 직위분류제를 적용하는 경우에서보다 등급의 수가 적다. O X

> 계급제는 등급의 수가 적고 수당이 많은 반면, 직위분류제는 등급의 수가 많고 수당이 적다.

04 ☐☐   04 행정고시
직무평가의 방법에는 직무를 총괄적으로 평가하여 상대적 가치를 비교하는 비계량적 방법과 직무의 각 요인별로 가치를 평가하는 계량적 방법이 있다. O X

> 직무평가의 방법에 대한 설명이다.

05 ☐☐   07 국가7
요소비교법은 가장 늦게 고안된 직무평가 방법으로 평가 요소의 비중 결정과 단계 구분에 따른 점수 부여의 임의성을 극복하고자 개발된 기법이다. O X

> 요소비교법의 특징이다.

06 ☐☐   07 국가전환특채
계급제는 행정의 전문화, 권한과 책임한계의 명확화, 인사배치의 신축성, 보수체계의 합리화를 장점으로 한다. O X

> 인사배치의 신축성만 계급제의 장점이고 나머지는 모두 직위분류제의 장점이다.

07 ☐☐   07 부산7
직위분류제는 조직의 횡적인 의사소통이 수월해지는 장점이 있다. O X

> 계급제의 장점이다.

08 ☐☐   07 인천9
직급이란 직무의 종류, 곤란도 및 책임도가 유사하여 임용자격, 시험, 보수 기타 인사행정상 동일하게 다룰 수 있는 직위의 군을 말한다. O X

> 직급의 개념이다.

09 ☐☐   08 국가7
계급제는 직무보다는 사람을 중심으로 공직을 분류하며, 규모가 크고 복잡한 조직에 적합하다. O X

> 규모가 크고 복잡한 조직에 적합한 것은 직위분류제이다.

01. X 02. X 03. O 04. O 05. O 06. X 07. X 08. O 09. X

해설

10 ☐☐ 09 국회9
계급제에서는 직무에 따른 보수의 형평성이 직위분류제보다 낮고 인적자원을 탄력적으로 운용할 수 있다. O X

계급제의 특징이다.

11 ☐☐ 09 국회9
계급제에서는 인적자원의 외부로부터의 충원이 제한적이지만 직위분류제에서는 인사업무, 예산업무, 정책집행업무 등 서로 다른 직무간의 상호이동이 용이하다. O X

직위분류제에서는 서로 다른 직무간의 상호이동이 어렵다.

12 ☐☐ 10 군무원
직무평가는 직무들을 상대적 가치와 중요도에 따라 계층화시키기 위한 분석도구이다. O X

직무평가는 직무를 수준별로 구분하여 직급과 등급을 형성하는 작업이다.

13 ☐☐ 10 서울7
직군은 직무의 종류는 유사하나 곤란도, 책임도가 상이한 직급의 군이다. O X

직렬에 대한 설명이다.

14 ☐☐ 10 지방9
직위분류제가 계급제보다 직업공무원제도 확립에 더 유리하고 전문행정가의 양성에 유리하다. O X

직위분류제는 계급제보다 직업공무원제도 확립에 불리하다. 반면 전문행정가 양성에는 더 유리하다.

15 ☐☐ 11 경정승진
비계량적 직무평가방법으로는 서열법, 분류법, 요소비교법 등이 있다. O X

요소비교법은 점수법과 함께 계량적 방법에 포함된다.

16 ☐☐ 11 국가9
직위분류제는 사회적 출신배경에 관계없이 담당 직무의 수행능력과 지식기술을 중시한다. O X

직위분류제의 특징이다.

17 ☐☐ 12 경간부
직위분류제는 미국의 인간관계론의 영향을 받아 동일직무, 동일보수의 원칙을 구현하였다. O X

직위분류제는 엽관주의의 폐해를 극복하기 위한 과학적 관리론 및 실적주의의 영향을 받았다.

18 ☐☐ 12 국가9
한국의 공무원제도는 계급제적 토대 위에 직위분류제적 요소가 가미된 혼합형 인사체계이다. O X

우리나라의 공무원제도의 특징이다.

19 ☐☐ 12 국회8
계급제의 경우 직책에 따라 보수액을 결정하는 것이 아니라 능력, 자격에 따라 보수를 결정한다. O X

계급제의 보수에 대한 설명이다.

10. O 11. X 12. O 13. X 14. X 15. X 16. O 17. X 18. O 19. O

20 □□　13 지방7
직위는 직무의 종류는 다르지만, 그 곤란성·책임수준 및 자격수준이 상당히 유사하여 동일한 보수를 지급할 수 있는 모든 직위를 포함한다. O X

> 등급에 대한 설명이다.

21 □□　13 지방9
계급제에 비해 직위분류제는 공무원의 신분을 강하게 보장하는 경향이 있는 제도이다. O X

> 반대로 서술되었다.

22 □□　13 해경간부
직위분류제는 전문성을 갖춘 민간 인력 유치에 적합한 제도이다. O X

> 직위분류제의 특징이다.

23 □□　14 사복9
계급제는 공직에 자리가 비었을 때 외부 충원을 원칙으로 한다. O X

> 계급제는 폐쇄형의 성격을 띠므로 내부 임용에 의존한다.

24 □□　15 교행9
직무의 난이도와 책임도를 기준으로 한 공직분류는 순환보직제도를 통한 탄력적 인력운용에 용이하다. O X

> 직위분류제는 운영절차가 번잡하고 융통성이 부족해서 탄력적 인력운용이 곤란하다.

25 □□　15 국회8
직무수행의 책임도와 자격 요건이 다르지만, 직무의 종류가 유사해 동일한 보수를 지급할 수 있는 직위의 횡적 군을 등급이라고 한다. O X

> 등급은 직무의 종류는 다르지만, 직무수행의 책임도와 자격 요건이 상당히 유사하여 동일한 보수를 지급할 수 있는 직위의 횡적 군을 말한다.

26 □□　16 경간부
직무의 종류·난이도와 책임도가 상당히 비슷한 것끼리 한데 모아놓은 것을 직위라고 한다. O X

> 직위는 한 사람의 공무원에게 부여할 수 있는 직무와 책임을 말한다.

27 □□　16 경간부
직위분류제는 동일노동 동일보수의 원칙을 적용할 수 있다. O X

> 직위분류제는 동일노동 동일보수의 원칙이 적용된다.

28 □□　16 경간부
직위분류제는 행정책임과 예산 행정의 능률 확보가 어렵다. O X

> 직위분류제에서는 행정책임과 예산 행정의 능률 확보에 유리하다.

29 □□　16 경간부
계급제는 동태적 환경에 잘 적응하거나, 장기 행정계획의 수립에 기여할 수 없다. O X

> 계급제는 외부환경과의 대응력에는 약하지만, 장기적 사업계획 수립에는 기여할 수 있다.

30 □□　16 국가9
점수법은 직무평가표에 따라 직무의 세부 구성요소들을 구분한 후 요소별 가치를 점수화하여 측정하는데, 요소별 점수를 합산한 총점이 직무의 상대적 가치를 나타내는 방식이다. O X

> 점수법은 요소별 점수를 합산한 총점으로 나타내는 방법이다.

20. X　21. X　22. O　23. X　24. X　25. X　26. X　27. O　28. X　29. X　30. O

31 ☐☐   16 국가9
등급은 직위에 포함된 직무의 성질, 난이도, 책임의 정도가 유사해 채용과 보수 등에서 동일하게 다룰 수 있는 직위의 집단이다. O X

해설: 직급은 직위에 포함된 직무의 성질, 난이도, 책임의 정도가 유사해 채용과 보수 등에서 동일하게 다룰 수 있는 직위의 집단이다.

32 ☐☐   16 사복9
직위분류제는 각 직무를 담당하고 있는 직원들의 교육훈련 수요를 파악하기 쉽다. O X

해설: 직위분류제는 교육훈련수요 및 근무성적평정을 명확하게 하여 직책이 요구하는 요건에 관한 정보를 제공해준다.

33 ☐☐   16 사복9
직위분류제는 업무의 전문화로 인하여 상위직급에서의 업무 통합이 쉽다. O X

해설: 직위분류제는 업무의 지나친 전문화로 인하여 상위직급에서의 업무 통합이 어렵다.

34 ☐☐   16 서울7
사회의 수평적 분화가 이루어지고 산업사회가 고도화됨에 따라 많은 나라가 계급제의 골격을 유지하면서 직위분류제를 도입하고 있다. O X

해설: 계급제는 사회의 분화가 수직적으로 이루어졌던 과거 계급사회의 전통에서 비롯되었으나, 행정국가화 되고 사회가 고도로 발전함에 따라 직위분류제를 도입하였다.

35 ☐☐   16 서울9
일반행정, 법무행정, 국제통상은 직류의 예시이다. O X

해설: 직류는 동일 직렬 내에서 담당 분야가 같은 직무의 군으로 행정직렬 내 일반행정 직류와 재경행정 직류 등이 그 예시이다.

36 ☐☐   16 경간부
직위분류제의 수립절차 중, 직무분석은 유사한 직위를 모아 직류를 만들고 직류를 모아 직렬을, 직렬을 모아 다시 직군을 만드는 수직적 분류구조를 형성하는 단계이다. O X

해설: 직무분석에 대한 설명이다.

37 ☐☐   17 국가9
계급제는 공무원의 신분안정과 직업공무원제 확립에 기여하며 인력활용의 신축성과 융통성이 높다. O X

해설: 계급제는 직업공무원제에 기여하고 인력활용의 신축성 및 융통성이 높다.

38 ☐☐   17 국회9
계급제에서는 보수 및 직무부담의 형평성 확보가 곤란하다. O X

해설: 계급제에서는 직무급 체계의 확립이 곤란하고 연공서열에 치우쳐 합리적인 직무 및 보수체계의 확립이 어렵다.

39 ☐☐   17 해경간부
계급제는 사람을 중심으로, 직위분류제는 직무를 중심으로 공직을 분류하는 인사제도이다. O X

해설: 계급제는 사람을 중심으로 공직을 분류하고, 직위분류제는 직무를 중심으로 공직을 분류한다.

40 ☐☐   17 군무원
종류, 난이도, 책임감 등이 유사한 직위의 군을 직급이라고 한다. O X

해설: 직급은 직위에 포함된 직무의 성질, 난이도, 책임의 정도가 유사해 채용과 보수 등에서 동일하게 다룰 수 있는 직위의 집단(군)을 의미한다.

---

31. X   32. O   33. X   34. O   35. O   36. O   37. O   38. O   39. O   40. O

41 ☐☐ 17 서울7
직무평가 방법에는 계량적 방법과 비계량적 방법이 있으며, 서열법과 분류법이 전자에 해당되고 요소비교법이 후자에 해당된다. ⓄⓍ

> 비계량적인 방법에는 서열법과 분류법이 있고 계량적인 방법에는 점수법, 요소비교법이 있다.

42 ☐☐ 17 서울7
단순서열법은 직위의 수가 많을수록 평가가 어렵다. ⓄⓍ

> 단순서열법은 직위와 직위를 단순히 비교하여 평가하는 방법으로 직위 수가 많을수록 평가가 어렵다.

43 ☐☐ 17 서울7
분류법은 직위의 등급 수를 정하고, 분류기준에 의거한 등급기준표의 작성이 필요하다. ⓄⓍ

> 분류법은 등급기준표에 따른 작성을 지향한다.

44 ☐☐ 17 서울7
요소비교법은 대표직위를 선정하고 대표직위의 평가 요소별 서열을 정하는 과정이 필요하다. ⓄⓍ

> 요소비교법은 직무와 직무를 비교하는 것으로 대표 직위의 선정과 요소별 보수액을 배분하는 방법이다.

45 ☐☐ 17 서울9
직위분류제에서는 계급 간의 수직적 이동이 곤란하다. ⓄⓍ

> 직위분류제에서는 수직적 이동은 용이하지만 수평적 이동은 제한된다.

46 ☐☐ 17 서울9
계급제는 공무원의 신분안정과 직업공무원제 확립에 기여한다. ⓄⓍ

> 계급제는 사람을 기준을 한 공직분류이기 때문에 공무원의 신분보장 강화와 직업공무원제 확립에 용이하다.

47 ☐☐ 17 서울9
계급제는 정치적 중립 확보를 통해 행정의 전문성을 제고할 수 있다. ⓄⓍ

> 계급제는 행정의 전문성을 저해한다.

48 ☐☐ 17 지방9(추)
점수법은 직무평가표에 따라 구성요소별 점수를 매기고, 이를 합계해 총점을 계산하므로 시간과 노력이 적게 든다는 장점이 있다. ⓄⓍ

> 점수법은 직무평가 기준표에 따라 구성요소별 점수를 매기고 이를 합계해 총점을 계산하므로 시간과 노력이 상당히 많이 든다는 단점이 있다.

49 ☐☐ 17 지방9(추)
분류법에서는 등급기준표가 완성되기까지 직무평가가 이루어져서는 안 된다. ⓄⓍ

> 분류법은 등급기준표에 직무를 배치하는 것으로 등급기준표가 완성되기까지 직무평가가 이루어질 수 없다.

50 ☐☐ 18 경간부
계급제는 부서 간 협력이 곤란하고 인적자원관리에 있어 편의적 기준이 개입된다는 단점이 있다. ⓄⓍ

> 계급제는 부서 간 협조와 조정이 원활하지만 인사관리에 있어 편의적 기준이 개입된다는 단점이 있다.

51 ☐☐ 18 국회8
직군이란 직무의 종류는 다르지만 직무 수행의 책임도와 자격 요건이 상당히 유사해 동일한 보수를 지급할 수 있는 직위의 횡적 군을 말한다. ⓄⓍ

> 직무의 종류는 다르지만 직무 수행의 책임도와 자격 요건이 상당히 유사해 동일한 보수를 지급할 수 있는 직위의 횡적 군을 의미하는 것은 등급이다.

📖 41.X 42.O 43.O 44.O 45.X 46.O 47.X 48.X 49.O 50.X 51.X

52 ☐☐ 18 국회9
계급제는 보수의 형평성이 높은 반면 직위분류제는 낮다. ⓄⓍ

해설: 계급제는 동일계급에 대해서 동일 보수가 지급되므로 보수의 형평성이 낮고, 직위분류제는 동일직무 동일보수 원칙이 적용되므로, 보수의 형평성이 상대적으로 높다.

53 ☐☐ 18 군무원
직렬 및 직무, 직위의 주요 업무활동, 직위의 성과책임, 직무수행의 난이도와 요건은 「공무원임용령」상 보직관리의 기준에서 직위의 직무요건에 해당한다. ⓄⓍ

해설: 직렬 및 직류는 「공무원임용령」상 보직관리의 기준에서 공무원의 인적요건에 해당한다.

54 ☐☐ 18 군무원
직위분류제는 행정의 안정성을 확보할 수 있다. ⓄⓍ

해설: 직위분류제는 개방형 충원방식을 취하므로 신분보장이 상대적으로 약하므로 행정의 안정성 및 계속성이 저해된다.

55 ☐☐ 18 서울9
직무의 종류는 다르나 곤란도와 책임도가 상당히 유사한 직위의 군을 직렬이라고 한다. ⓄⓍ

해설: 직무의 종류는 다르나 곤란도와 책임도가 상당히 유사한 직위의 군을 등급이라고 한다.

56 ☐☐ 18 서울9
직위분류제는 전문직업인을 양성하는 데 도움이 되고 행정의 전문화에 기여한다. ⓄⓍ

해설: 직위분류제는 전문직업인 양성에 유리하며 전문화에 기여한다.

57 ☐☐ 18 서울9
직위분류제는 근무성적평정을 객관적으로 할 수 있는 기준을 제시해준다. ⓄⓍ

해설: 직위분류제는 직책이 요구하는 능력과 자격이 객관적으로 제시되므로 근무성적평정이나 교육훈련 수요파악을 객관적으로 할 수 있다는 장점이 있다.

58 ☐☐ 18 서울9
직위분류제는 조직과 직무의 변화 등에 신속히 대응할 수 있다. ⓄⓍ

해설: 직위분류제는 엄격한 분류구조로 인하여 불확실하고 유동적인 직무상황에 신속히 대응할 수 없다는 단점이 있다.

59 ☐☐ 18 서울9
직무의 종류는 유사하지만 곤란도와 책임도가 서로 다른 직무의 군을 직급이라고 한다. ⓄⓍ

해설: 직무의 종류와 곤란도와 책임도가 상당히 유사한 직위의 군을 직급이라고 한다.

60 ☐☐ 18 서울9
비슷한 성격의 직렬들을 모은 직위 분류의 대단위를 직군이라고 한다. ⓄⓍ

해설: 직군은 직무 성질이 유사한 직렬의 군이다.

61 ☐☐ 18 서울9
점수법은 비계량적 방법을 통해 직무기술서의 정보를 검토한 후 직무 상호 간에 직무 전체의 중요도를 종합적으로 비교한다. ⓄⓍ

해설: 비계량적 방법을 통해 직무기술서의 정보를 검토한 후 직무 상호 간에 직무 전체의 중요도를 종합적으로 비교하는 것은 서열법이다.

📖 52. X 53. X 54. X 55. X 56. O 57. O 58. X 59. X 60. O 61. X

62 ☐☐ 18 서울9
점수법은 직무평가기준표에 따라 직무의 세부 구성요소들을 구분한 후 요소별 가치를 점수화하여 측정하는데, 요소별 점수를 합산한 총점이 직무의 상대적 가치를 나타낸다. ○|X|

> **해설**
> 점수법은 직무평가기준표에 따라 직무의 세부 구성요소들을 구분한 후 요소별 가치를 점수로 계량화하여 요소별 점수를 합산한 총점으로 직무의 상대적 가치를 나타내는 직무평가기법이다.

63 ☐☐ 19 경간부
분류법과 점수법은 직무와 등급기준표를 활용한다는 점에서 동일하지만, 분류법은 계량적, 점수법은 비계량적 평가를 시행한다는 차이가 있다. ○|X|

> 분류법과 점수법은 직무와 등급기준표를 활용한다는 점에서 동일하지만, 분류법은 비계량적, 점수법은 계량적 평가를 시행한다는 차이가 있다.

64 ☐☐ 19 국회9
직위분류제는 업무를 세분화하므로 직무 간 협의와 조정이 용이하다. ○|X|

> 직위분류제는 업무를 세분화하므로 직무 간 협의와 조정에 불리하다.

65 ☐☐ 19 서울7
서열법은 직무 전체의 중요도, 난이도, 책임도 등을 고찰하고, 각 직무의 상대적 가치를 비교하여 서열을 결정하는 방법이다. ○|X|

> 각 직무의 상대적 가치를 비교하여 서열을 결정하는 방법은 서열법이다.

66 ☐☐ 19 서울7
요소비교법은 조직 내의 중심이 되는 기준직무를 선정하여, 평가하고자 하는 직무와 기준직무의 평가요소들을 상호비교하여 상대적 가치를 질적으로 판단하는 방법이다. ○|X|

> 요소비교법은 조직 내의 중심이 되는 기준직무를 선정하여, 평가하고자 하는 직무와 기준직무의 평가 요소들을 상호비교하여 상대적 가치를 계량적으로 판단하는 방법이다.

67 ☐☐ 19 서울9
우리나라 「국가공무원법」에는 직위분류제 주요 구성 개념인 '직위, 직군, 직렬, 직류, 직급' 등이 제시되어 있다. ○|X|

> 우리나라 국가공무원법에는 직위분류제의 구성요소, 즉 직위, 직군, 직렬, 직류, 직급 등이 정의되어 있으나 등급에 대한 정의는 없다.

68 ☐☐ 19 서울9
계급제와 직위분류제는 절대 양립불가능하며 우리나라는 계급제를 기반으로 한다. ○|X|

> 계급제와 직위분류제는 양립가능하며 우리나라의 경우 계급제를 기반으로, 직위분류제를 가미한 절충형을 채택하고 있다.

69 ☐☐ 20 경간부
계급제는 인사권자에게 보다 많은 재량권과 융통성을 주어 리더십을 강화시켜 준다. ○|X|

> 계급제의 경우 인사관리가 인사권자의 판단에 의존하므로 인사권자에게 보다 많은 재량권과 융통성이 있으며, 리더십을 강화시켜 준다.

70 ☐☐ 20 국가9
직무분석은 직무의 곤란성과 책임성을 기준으로 상대적 가치를 결정하고 개인에게 공정한 보수를 제공하는데 필요한 작업으로 주로 서열법, 분류법, 점수법 등을 활용한다. ○|X|

> 직무분석이 아니라 직무평가에 대한 설명이다.

📖 62. **O** 63. **X** 64. **X** 65. **O** 66. **X** 67. **O** 68. **X** 69. **O** 70. **X**

71 □□
21 경간부
1인의 공무원에게 부여할 수 있는 책무와 책임을 직위라고 한다. ⓞⓧ

해설 직위는 1인의 공무원에게 부여할 수 있는 책무와 책임을 의미한다.

72 □□
21 경간부
동일한 직렬 내에서 담당분야가 같은 직무의 군을 직군이라고 한다. ⓞⓧ

해설 동일한 직렬 내에서 담당분야가 같은 직무의 군을 직류라고 한다.

73 □□
21 경정승진
계급제에서는 보수 체계가 직무급이나 성과급을 중심으로 운영되지만, 직위분류제에서는 생활급이나 연공급에 의존하는 경우가 많다. ⓞⓧ

해설 계급제에서는 보수 체계가 생활급이나 연공급에 의존하지만, 직위분류제에서는 직무급이나 성과급을 중심으로 운영된다.

74 □□
21 군무원9
계급제는 사람의 자격과 능력을 기준으로 분류하는 것이다. ⓞⓧ

해설 계급제는 사람의 자격과 능력을 기준으로 한다.

75 □□
21 군무원9
직위분류제는 전체 조직업무를 체계적으로 분업화하고 한 사람의 적정 업무량을 조직상 위계에서 고려하는 구조중심의 접근이다. ⓞⓧ

해설 직위분류제는 전체 조직업무를 체계적으로 분업화하여 한 사람이 수행할 수 있는 적정 업무량을 정하는 방식이고, 계급제는 사람의 자격과 능력을 기준으로 분류하고 이를 조직상 위계질서를 통해 업무를 수행하는 방식이다.

76 □□
22 경간부
직위분류제는 직무 간 인사이동이 용이하여 직무관련 부패가 발생할 가능성이 낮다. ⓞⓧ

해설 직위분류제는 직무 간 인사이동이 곤란하다.

77 □□
22 경간부
계급제는 보수와 업무부담 간 형평성을 높이기에 가장 적절한 제도이다. ⓞⓧ

해설 보수와 업무부담 간 형평성을 높이기에 가장 적절한 제도는 직위분류제이다.

78 □□
22 국가직9
'직급'은 직무의 종류가 유사하고 곤란도·책임도가 서로 다른 군(群)을 의미한다. ⓞⓧ

해설 직무의 종류가 유사하고 곤란도·책임도가 서로 다른 군을 의미하는 것은 직렬이다. 한편 직급은 직무의 종류가 유사하고 곤란도·책임도가 상당히 유사한 직위의 군을 의미한다.

79 □□
23 지방9
계급제는 직무의 속성을 중심으로 공직을 분류하는 제도이다. ⓞⓧ

해설 계급제는 사람의 특성에 따라 공직을 분류하는 것이다. 직무의 속성을 중심으로 공직을 분류하는 제도는 직위분류제이다.

80 □□
23 국가9
직무평가중 요소비교법은 기준직무(key job)와 평가할 직무를 상호 비교해가며 평가하는 비계량적 방법이다. ⓞⓧ

해설 요소비교법은 계량적 방법이다.

71. O 72. X 73. X 74. O 75. X 76. X 77. X 78. X 79. X 80. X

09 공무원 임용, 모집, 시험

01 □□ 03 입법고시
시험이 측정해 내는 결과의 일관성이 어느 정도인가에 관한 기준을 시험의 타당성이라 한다. ⓞⓧ

> 신뢰도에 대한 설명이다.

02 □□ 03 입법고시
도표식척도법은 등급의 비교기준을 명확히 할 수 있다. ⓞⓧ

> 도표식척도법은 평정요소의 합리적 선정이 어려우며 등급의 기준이 명확하지 않다는 단점이 있다.

03 □□ 03 행정고시
인력계획의 과정은 조직목표의 설정-인력 총수요 예측-인력 총공급 예측-실제적 인력수요 결정-인력확보 방안의 결정-인력확보 방안의 실행-통제 자료의 준비-평가 및 환류 순이다. ⓞⓧ

> 인력계획과정과 관련된 내용으로, 이는 Kligner가 주장한 내용이다.

04 □□ 04 부산9
피성년후견인 또는 피한정후견인, 금고 이상의 형을 받고 그 집행유예의 기간이 완료된 날로부터 5년을 경과하지 않은 자 등은 공무원 임용결격사유에 해당한다. ⓞⓧ

> 금고 이상의 형을 받고 그 집행유예의 기간이 완료된 날부터 2년을 경과하지 않은 자가 맞다.

05 □□ 06 서울9
시험에 합격한 사람이 일정한 기간 직장생활을 한 다음에 그의 채용시험성적과 업무실적을 비교하여 양자의 상관관계를 확인하여 검증하는 것을 예측적 타당성이라고 한다. ⓞⓧ

> 예측적 타당성은 시험에 합격한 사람이 일정한 기간 직장생활을 한 다음에 그의 채용시험성적과 업무실적을 비교하여 양자의 상관관계를 확인하여 검증하는 방법이다.

06 □□ 06 울산9
시보임용기간 중에 있는 공무원이 근무성적 또는 교육훈련성적이 불량한 때에도 직권면직 할 수 없다. ⓞⓧ

> 시보임용기간 중에 있는 공무원이 근무성적 또는 교육훈련성적이 나쁘다고 판단되는 경우 면직시키거나 면직을 제청할 수 있다.

07 □□ 07 국가9
채용시험 성적이 우수한 사람이 근무성적도 높게 나타나야 한다는 것은 시험의 객관도에 대한 설명이다. ⓞⓧ

> 타당도에 대한 설명이다. 타당도란 시험이 측정하려고 하는 바를 실제로 측정할 수 있는 정도를 의미한다.

08 □□ 07 서울7
시험의 동시적 타당성 검증은 시험성적과 근무실적에 대한 자료를 동시에 수집하여 상관관계를 검토하는 것이다. ⓞⓧ

> 동시적 타당도에 대한 설명이다.

09 □□ 07 제주9
난이도는 어려운 문제와 쉬운 문제의 배합의 적정성을 말하며 객관도는 어느 누가 채점을 하여도 동일한 결과를 나타내는 것을 말한다. ⓞⓧ

> 난이도와 객관도에 대한 설명이다.

정답 01. X 02. X 03. O 04. X 05. O 06. X 07. X 08. O 09. O

10 ☐☐   10 국회8
동시적 타당성 검증과 예측적 타당성 검증은 구성타당성을 검증하는 수단이다.
O X

해설
동시적 타당성 검증과 예측적 타당성 검증은 기준타당성을 검증하는 수단이다.

11 ☐☐   12 지방7
측정지표가 지표의 모집단을 대표하고 있는 정도를 기준타당성이라 한다.
O X

내용타당도에 대한 설명이다.

12 ☐☐   12 해경간부
재시험법, 복수양식법, 이분법 등은 신뢰성을 검증하는 수단이다. O X

재시험법, 복수양식법, 이분법은 신뢰도를 검증하는 방법이다.

13 ☐☐   13 국회8
수렴적 타당성은 동일한 개념을 다른 측정방법으로 측정했을 때 측정된 값 간의 상관관계를 의미한다.
O X

수렴적 타당성은 동일 개념에 대한 상이한 측정방법에 의한 측정값의 상관성의 정도를 말한다.

14 ☐☐   13 군무원
면접시험은 필기시험에 비해 시험관의 정실이나 주관이 개입될 우려가 있고 신뢰도도 낮다.
O X

면접시험은 필기시험보다 객관도와 신뢰도가 낮다.

15 ☐☐   13 행정사
시보공무원은 일종의 교육훈련 과정으로 교육에만 전념할 수 있도록 정규공무원과 동일하게 공무원 신분을 보장한다.
O X

시보기간에는 신분보장이 제한된다.

16 ☐☐   14 국가9
「공무원임용시험령」상의 면접시험 평정요소에는 공무원으로서의 정신자세, 직장인으로서의 대인관계능력, 전문지식과 그 응용능력, 예의·품행 및 성실성 등이 있다.
O X

면접시험기준에는 공무원으로서의 정신자세, 전문지식과 그 응용능력, 의사발표의 정확성과 논리성, 용모·예의·품행 및 성실성, 창의력·의지력 기타 발전 가능성 등 5가지가 있다.

17 ☐☐   15 경간부
채용시험에서 수석을 한 사람이 채용 후 근무성적 평정에서 최하위를 받았다면 그 시험은 타당도가 결여되었다고 볼 수 있다.
O X

타당도는 시험이 측정하려는 것을 얼마나 정확하게 측정하였는가를 나타내는 것으로 제시문은 타당도가 결여되었다고 볼 수 있다.

18 ☐☐   15 국가9
공무원을 수직적으로 이동시키는 내부 임용의 방법으로는 전직과 전보가 있다.
O X

전직과 전보는 수평적으로 직위를 옮기는 것이다.

19 ☐☐   17 경간부
시험문제가 지나치게 어려워 대부분 수험생들의 성적이 거의 60점 이하로 분포되어 우수한 사람과 열등한 사람을 구별하기가 어려웠다면 내용타당성이 낮다고 말할 수 있다.
O X

시험문제가 지나치게 어려워 대부분 수험생들의 성적이 거의 60점 이하로 분포되어 우수한 사람과 열등한 사람을 구별하기가 어려웠다면 난이도가 높다고 말할 수 있다.

📖 10. X   11. X   12. O   13. O   14. O   15. X   16. X   17. O   18. X   19. X

마니행정학 기출 OX 총정리

20 ☐☐   17 지방7
시험의 신뢰성은 시험과 기준의 관계이며, 재시험법은 시험의 횡적 일관성을 조사하는 것이다.   O X

> **해설**
> 신뢰성은 시험이 측정도구로서 가지는 일관성 및 일치성을 의미하는 것으로 신뢰성의 특정 방법인 재시험법은 시험의 종적 일관성을 검증하는 수단이다.

21 ☐☐   17 지방7
동시적 타당성 검증에서는 시험합격자를 대상으로 시험성적과 일정기간을 기다려야 나타나는 근무실적을 시차를 두고 수집하여 비교하는 것이다.   O X

> 예측 타당성 검증에서는 시험합격자를 대상으로 시험성적과 일정기간을 기다려야 나타나는 근무실적을 시차를 두고 수집하여 비교하는 것이다.

22 ☐☐   17 지방7
내용타당성은 직무에 정통한 전문가 집단이 시험의 구체적 내용이나 항목이 직무의 성공적 임무 수행에 얼마나 적합한지를 판단하여 검증하게 된다.   O X

> 내용타당성은 시험의 구체적 내용 등이 임무 수행에 얼마나 적합한지 판단 및 검증하는 이론이다.

23 ☐☐   17 지방7
현재 근무하고 있는 재직자에게 시험을 실시한 결과 근무실적이 좋은 재직자가 시험성적도 좋았다면, 그 시험은 구성적 타당성을 갖추었다고 인정할 수 있다.   O X

> 현재 근무하고 있는 재직자에게 시험을 실시한 결과 근무실적이 좋은 재직자가 시험성적도 좋았다면, 그 시험은 기준타당성 중 동시적 타당성을 갖추었다고 할 수 있다.

24 ☐☐   18 경정승진
내용타당성은 연구에서 이용된 이론적 개념과 이를 측정하는 측정수단 간의 일치정도를 의미한다.   O X

> 연구에서 이용된 이론적 개념과 이를 측정하는 측정수단 간의 일치정도를 의미하는 것은 구성타당성이다.

25 ☐☐   18 경간부
측정도구인 선발시험의 신뢰성이 높으면 그 시험은 반드시 타당한 도구라고 할 수 있다.   O X

> 측정도구인 선발시험의 신뢰성이 높다고 해서 반드시 타당성이 높은 시험이라고 할 수 없다.

26 ☐☐   18 국가7
내용타당성은 시험 성적이 직무수행실적과 얼마나 부합하는가를 판단하는 타당성으로 두 요소 간 상관계수로 측정된다.   O X

> 시험 성적이 직무수행실적과 얼마나 부합하는가를 판단하는 타당성은 기준타당도로 시험성적과 근무성적의 일치여부를 통해 측정한다.

27 ☐☐   18 국가7
측정 대상을 일관성 있게 측정하는 정도를 신뢰성이라고 하며 같은 사람이 여러 번 시험을 반복하여 치르더라도 결과가 크게 변하지 않을 때 신뢰성을 갖게 된다.   O X

> 신뢰도를 검증하는 방법에는 반분법(내적일관성 검증방법), 형식변환법(동질이형법), 재시험법 등이 있다.

28 ☐☐   18 국회8
시험이 특정한 직위의 의무와 책임에 직결되는 요소들을 어느 정도 측정할 수 있느냐에 대한 타당성은 내용타당성이다.   O X

> 내용타당성은 측정하고자 하는 것이 얼마나 시험에 반영되고 있는가를 의미하며 직무수행에 필요한 지식, 기술, 태도 등을 제대로 정할 수 있는 정도를 말한다.

📖 20. X   21. X   22. O   23. X   24. X   25. X   26. X   27. O   28. O

29 ☐ ☐　　　　　　　　　　　　　　　　　19 국가9
「공무원 헌장」은 공무원이 실천해야 하는 가치로 공익을 명시하고 있다.
　　　　　　　　　　　　　　　　　　　　　　　　　O X

> **해설**
>
> 「공무원 헌장」에는 공익을 우선시하며 투명하고 공정하게 맡은 바 책임을 다한다고 명시함으로써 공익을 공무원으로서 실천해야 하는 가치로 보고 있다.

30 ☐ ☐　　　　　　　　　　　　　　　　　19 지방7
「국가공무원법」상 인사혁신처장은 필요에 따라 인사교류계획을 수립하고, 국무총리의 승인을 받아 이를 실시할 수 있다.
　　　　　　　　　　　　　　　　　　　　　　　　　O X

> 인사혁신처장은 행정기관 상호간, 행정기관과 교육·연구기관 또는 공공기관 간에 인사교류가 필요하다고 인정하면 인사교류계획을 수립하고, 국무총리의 승인을 받아 이를 실시할 수 있다.

31 ☐ ☐　　　　　　　　　　　　　　　　　20 행정사
국가공무원법에 의하면 공무원의 시보기간은 3개월이다.
　　　　　　　　　　　　　　　　　　　　　　　　　O X

> 국가공무원법에 의하면 5급 공무원은 1년, 6급 이하의 공무원은 6개월간 각각 시보로 임용한다.

29. **O**　30. **O**　31. **X**

10 능력발전(근무성적평정, 다면평가 등)

01 ☐☐ 05 경기9
관대화 오류를 방지하기 위해서는 강제배분법을 사용해야 한다. ⓞⓧ

> 관대화 오류는 부하에게 후한 점수를 주려는 평정상 오류로서 이를 방지하려면 강제배분법을 사용해야 한다.

02 ☐☐ 05 광주9
집중화의 오류, 일관적 착오, 관대화의 오류, 유형화의 오류는 모두 분포상의 착오에 의한 오류이다. ⓞⓧ

> 유형화의 오류는 상동적 오류이다.

03 ☐☐ 06 국회9
근무성적평정과정에서 평정결과를 왜곡시키는 오류로는 연쇄효과, 성숙효과, 시간적 오류, 관대화 경향, 선택적 지각의 착오 등이 있다. ⓞⓧ

> 성숙효과는 정책평가에서 내적타당성을 저해하는 요인이다.

04 ☐☐ 06 경기9
직무성과관리제도는 직무분석을 통해 도출된 성과책임을 바탕으로 성과목표를 설정·관리·평가하고 그 결과를 보수에 반영하는 제도이다. ⓞⓧ

> 직무성과관리제도는 공무원의 성과향상과 능력발전을 위해 도입되었다.

05 ☐☐ 07 국가9
다면평가는 평정자들이 평정의 취지와 방법을 잘 알고 있기 때문에 담합을 하거나 모략성 응답을 할 가능성이 적다. ⓞⓧ

> 다면평가는 민원인이나 부하와 같은 평정자들의 경우 평정의 취지나 방법을 잘 모를 수 있다.

06 ☐☐ 07 해경간부
후광효과는 피그말리온 효과와 관련된다. ⓞⓧ

> 후광효과는 연쇄적 효과이고 피그말리온 효과는 자기예언적 효과이다.

07 ☐☐ 08 지방9
근무성적평정 시 평정자가 모든 피평가자들에게 대부분 중간범위의 점수를 주는 것을 집중화 경향이라 한다. ⓞⓧ

> 집중화 경향의 개념이다.

08 ☐☐ 09 국가9
체크리스트 평정법은 공무원을 평가하는 데 적절하다고 판단되는 표준행동목록을 미리 작성해 두고, 이 목록에 가부를 표시하게 하는 방법이다. ⓞⓧ

> 체크리스트 평정법의 개념이다.

09 ☐☐ 09 지방9
다면평가는 고위공무원단제도의 도입에 따라 고위공무원으로서 요구되는 역량을 구비했는지 사전에 검증하는 제도적 장치이다. ⓞⓧ

> 역량평가에 대한 개념이다.

10 ☐☐ 10 경정승진
근접오류를 방지하기 위한 방법으로 도표식 평정척도법을 들 수 있다. ⓞⓧ

> 근접오류를 방지하기 위한 방법으로는 목표관리법, 중요사건기록법 등을 들 수 있다.

01. O 02. X 03. X 04. O 05. X 06. X 07. O 08. O 09. X 10. X

11 ☐☐   10 국가7
다면평가는 상급자가 직원들을 의식하지 않고 강력하게 업무를 추진할 수 있다.   O X

해설 다면평가는 상관·동료·하급자·민원인 등에 의해 평가받는 것으로 상급자가 하급자를 의식하게 되어 소신 있는 업무추진이 어렵게 된다.

12 ☐☐   10 지방7
근무성적평정의 기준이 일정치 않은 경우에 발생하는 오류를 시간적 오류라고 한다.   O X

해설 총계적 오류에 대한 설명이다.

13 ☐☐   11 경간부
논리적 오차는 사람에 대한 경직된 편견이나 선입견 또는 고정관념이 의한 오차를 뜻하는 것으로 이를 방지하기 위해서는 개인의 귀속적 요인에 대한 신상정보를 밝히지 말아야 한다.   O X

해설 상동적 착오에 대한 설명이다.

14 ☐☐   12 경정승진
평정자가 최근에 일어난 일에 더 많은 영향을 받음으로써 평정상의 오류를 범할 수 있으며 최근 결과에 의한 오류는 '중요사건기록법'에서 많이 나타난다.   O X

해설 평정자가 최근에 일어난 일에 더 많은 영향을 받음으로써 평정상의 오류를 범하는 것은 시간적 오류의 내용으로, 중요사건기록법은 시간적 오류를 방지하기 위한 수단에 해당한다.

15 ☐☐   12 지방7
행태관찰척도법은 도표식 평정척도법이 갖는 등급과 등급 간의 모호한 구분과 연쇄효과의 오류가 나타날 수 있다.   O X

해설 행태관찰척도법의 단점에 대한 설명이다.

16 ☐☐   14 국회8(수정)
근무성적평정은 원칙적으로 4급 이상 공무원을 대상으로 하며 평가대상 공무원과 평가자가 체결한 성과계약에 따른 성과목표 달성도 등을 평가한다.   O X

해설 성과계약 등 평가에 대한 설명이다.

17 ☐☐   14 사복9
역량평가제는 일종의 사전적 검증장치로 단순한 근무실적 수준을 넘어 공무원에게 요구되는 해당 업무 수행을 위한 충분한 능력을 보유하고 있는지에 대한 평가를 목적으로 한다.   O X

해설 역량평가제의 개념이다.

18 ☐☐   14 행정사
다면평가를 통해 능력과 성과중심의 인사관리가 이뤄질 경우, 개인의 행태변화에 긍정적인 영향을 미친다.   O X

해설 다면평가의 장점에 대한 설명이다.

19 ☐☐   15 국가7
근무성적평가 결과는 승진 및 보직관리에는 이용되지 않고 성과급 지급에만 활용된다.   O X

해설 근무성적평가 결과는 승진후보자명부 작성 시 80%를 반영한다.

---

11. X   12. X   13. X   14. X   15. O   16. X   17. O   18. O   19. X

20 ☐☐   16 사복9
체크리스트법은 평정자가 평정표(평정서)에 나열된 평정요소에 대한 설명 또는 질문을 보고 피평정자에게 해당되는 것을 골라 표시하는 평정방법이다. OX

해설: 평정자가 평정표에 나열된 평정요소에 대한 질문항목을 보고 골라 답하게 하는 방식을 사실표지법, 일명 체크리스트법이라고 한다.

21 ☐☐   16 서울9
역량평가제도는 대상자의 과거 성과를 평가하는 것이고, 성과에 대한 외부 변수를 통제하지 않는다. OX

해설: 역량평가제도는 미래행동에 대한 잠재력을 측정하는 것이고, 성과에 대한 외부 변수를 통제함으로써 객관적 평가가 가능하다.

22 ☐☐   16 서울9
강제배분법은 근무성적평정의 오류 중 관대화 경향, 엄격화 경향, 집중화 경향을 방지할 수 있는 가장 효과적인 방법이다. OX

해설: 강제배분법은 평가 시 피평정자의 성적분포가 과도하게 집중되거나 관대화되는 것을 막기 위해 성적분포를 미리 정해 놓는 방법이다.

23 ☐☐   16 서울9
역량평가제도는 근무 실적 수준만으로 해당 업무 수행을 위한 역량을 보유하고 있는지에 대해 평가하는 것을 목적으로 한다. OX

해설: 역량평가제도는 다양한 평가기법을 활용하여 실제와 유사한 모의상황 등에서의 피평가자 행동 특성을 다수의 평가자가 평가하는 체계이다.

24 ☐☐   16 서울9
다면평가제도는 능력보다는 인간관계에 따른 친밀도로 평가가 이루어질 수 있다는 단점이 있다. OX

해설: 다면평가제도는 상급자와 동료, 부하 및 민원인까지 평정에 참여하는 것으로 인간관계 중심의 인기투표로 변질될 수 있다.

25 ☐☐   17 경간부
경력개발은 외부충원을 통해 조직에 필요한 인재를 지속적으로 적시에 확보할 수 있는 인재양성의 원칙을 준수해야 한다. OX

해설: 경력개발은 경력발전 관리에 있어서 원칙적으로 외부충원이 아니라 조직내부에서 자체적으로 후진을 양성하여 인재를 확보할 수 있는 인재육성(양성)의 원칙을 준수해야 한다.

26 ☐☐   17 국가7
다면평가는 평가의 객관성과 공정성을 제고할 수 있으나 각 부처가 반드시 이를 실시해야 하는 것은 아니다. OX

해설: 다면평가는 평가의 객관성과 공정성을 제고할 수 있으며 개인의 행태변화에 긍정적인 역할을 미친다. 그러나 각 부처가 반드시 실시해야 하는 것은 아니다.

27 ☐☐   17 국가7
'성과계약 등 평가'는 정기평가와 수시평가로 나눌 수 있으며, 정기평가는 6월 30일과 12월 31일을 기준으로 연 2회 실시한다. OX

해설: '근무성적평가'는 정기평가와 수시평가로 나눌 수 있으며, 정기평가는 6월 30일과 12월 31일을 기준으로 연 2회 실시한다. 한편 '성과계약 등 평가'는 12월 31일을 기준으로 연 1회 실시한다.

28 ☐☐   17 국가7
일반공무원의 근무성적평정은 크게 5급 이상을 대상으로 한 '성과계약 등 평가'와 6급 이하를 대상으로 한 '근무성적평가'로 구분된다. OX

해설: 일반공무원의 근무성적평정은 크게 4급 이상을 대상으로 한 '성과계약 등 평가'와 5급 이하를 대상으로 한 '근무성적평가'로 구분된다.

29 ☐☐   17 국가7
역량평가제도는 5급 신규 임용자를 대상으로 업무수행에 필요한 충분한 역량을 보유하고 있는지를 평가한다. OX

해설: 역량평가제도는 5급 신규 임용자를 대상으로 하는 것이 아니라 고위공무원단제도의 도입에 따라 고위공무원으로 요구되는 역량을 구비했는지를 사전에 검증하는 제도적 장치이다.

📖 20. O   21. X   22. O   23. X   24. O   25. X   26. O   27. X   28. X   29. X

30 17 국가7(추)
역량기반 교육훈련(CBC: competency-based curriculum)은 피교육자의 능력을 정확히 진단하여 부족한 부분(gap)을 보충하는 교육이 가능하다. O X

해설 역량기반 교육훈련은 현재 개인이 가진 역량수준을 진단하여 조직이 필요로 하는 수준과 현재수준 간 격차(gap)를 확인하고 이를 해소시키기 위한 교육훈련을 실시한다.

31 17 국가7(추)
역량기반 교육훈련에서 역량모델은 전체 구성원에게 적용되는 공통역량, 원활한 조직운영을 위한 직무역량, 전문적 직무수행을 위한 관리역량으로 구성된다. O X

해설 역량모델은 전체 구성원에게 적용되는 공통역량, 원활한 조직운영을 위한 관리역량, 전문적 직무수행을 위한 직무역량으로 구성된다.

32 17 국가9(추)
다면평가의 결과는 승진, 전보, 성과급 지급 등에 참고자료로 활용될 수 있다. O X

해설 다면평가의 결과를 역량개발, 교육훈련 등에 활용하도록 하고 승진·전보·성과급 지급 등에는 참고자료로 활용한다.

33 17 국가9(추)
우리나라의 경우 다면평가의 결과는 해당 공무원에게 공개할 수 있다. O X

해설 다면평가의 결과는 해당 공무원에게 공개할 수 있다.

34 17 국가9(추)
우리나라의 경우 민원인은 해당 공무원에 대한 다면평가에 참여할 수 없다. O X

해설 다면평가제도에서 평가자는 피평가자의 상사, 동료, 부하, 고객(민원인)으로 구성한다.

35 17 경정승진
강제배분법은 피평정자들을 우열의 등급에 따라 구분한 뒤 몇 개의 집단으로 분포비율에 따라 강제로 배치하는 방법으로, 절대평가의 단점인 집중화관대화의 경향을 막을 수 있고, 역산제의 우려가 없다는 것이 장점이다. O X

해설 강제배분법은 역산제의 폐단이 발생할 수 있다는 단점이 있다.

36 17 서울7
직무성과계약제는 주로 개인의 성과평가제도로 조직 전반의 성과관리를 중심으로 하는 균형성과지표와 구분된다. O X

해설 직무성과계약제는 개인적 차원의 성과관리제도이며, 균형성과표(BSC)는 조직적 차원의 성과관리제도로 서로 구분된다.

37 17 서울7
직무성과계약제는 산출이나 성과보다는 투입부문의 통제에 초점을 두고 있다. O X

해설 직무성과계약제는 투입부문의 통제보다는 산출이나 성과중심의 최종결과 중심의 평가시스템에 초점을 두고 있다.

38 17 서울7
직무성과계약제는 실·국장 등과 5급 이하 공무원 간에 공식적 성과계약을 체결한다. O X

해설 직무성과계약제는 실·국장 등과 4급 이상 공무원 간에 공식적 성과계약을 체결한다.

---

30. O 31. X 32. O 33. O 34. X 35. X 36. O 37. X 38. X

39 ☐☐ 17 서울7
직무성과계약제는 상·하급자 간의 합의를 통해 목표를 설정하고 성과계약의 내용이 구체적이며 상향식으로 체결된다는 점에서 목표관리제(MBO)와 유사하다. [O|X]

> 직무성과계약제는 상·하급자 간에 합의를 통해 목표를 설정한다는 점에서 목표관리제(MBO)와 유사하다. 그러나 직무성과계약은 구체적인 계약이 체결된다는 점, 성과계약이 하향식으로 체결된다는 점에서 목표관리제와 차이가 있다.

40 ☐☐ 17 서울9
다면평가제는 다수의 평가자가 참여해 합의를 통해 평가 결과를 도출하는 체계이며, 개별평가자의 오류를 방지하고 평가의 공정성을 확보할 수 있다. [O|X]

> 다면평가제도는 다수의 평가자가 참여를 하지만 합의를 통해 평가하는 것은 아니다.

41 ☐☐ 17 서울9
근무성적평가제의 평가단위는 소속 장관이 정할 수 있다. [O|X]

> 소속 장관은 직무의 유사성 및 직급별 인원수 등을 고려하여 평가단위를 달리 정할 수 있다.

42 ☐☐ 17 서울9
근무성적평가제는 공정한 평가를 위해 평가자와 피평가자의 사전협의가 금지된다. [O|X]

> 공정한 평가를 위해 평가자와 피평가자의 사전협의 및 면담 등을 인정한다.

43 ☐☐ 17 서울9
근무성적평가제는 매년 말일을 기준으로 연 1회 평가가 실시된다. [O|X]

> 근무성적평가는 매년 6월 30일과 12월 31일 연2회 실시를 원칙으로 한다.

44 ☐☐ 17 서울9
다면평가제도는 조직구성원들에게 조직 내외의 모든 사람과 원활한 인간관계를 증진시키려는 강한 동기를 부여함으로써 업무수행의 효율성을 제고할 수 있다. [O|X]

> 다면평가제도는 원활한 인간관계를 증진시키려는 강한 동기를 부여하므로 업무수행에 있어 효율성을 높일 수 있다.

45 ☐☐ 17 해경간부
도표식평정척도법은 평정이 용이하고 등급의 비교기준을 명확히 할 수 있다. [O|X]

> 도표식평정척도법은 평정절차가 용이하나 등급 간 비교기준이 명확하지 않다는 비판을 받는다.

46 ☐☐ 18 교행9
대비효과(contrast effect)는 비교대상의 개인적 요인의 영향은 과대평가하고 상황적 요인의 영향은 과소평가하는 경향을 말한다. [O|X]

> 비교대상의 개인적 요인의 영향은 과대평가하고 상황적 요인의 영향은 과소평가하는 경향은 근본적 귀속의 착오이다.

47 ☐☐ 18 경간부
체크리스트평정법은 평정요소에 관한 평정항목을 만들기가 힘들뿐만 아니라 질문 항목이 많을 경우 평정자가 곤란을 겪게 된다. [O|X]

> 체크리스트평정법은 평정항목을 만들기 곤란하고 질문항목이 많을 경우 평정자가 곤란할 수 있다.

48 ☐☐ 18 경간부
엄격화 경향은 실제수준보다 높은 평가 결과가 도출되는 것을 말한다. [O|X]

> 엄격화 경향은 실제수준보다 낮은 평가 결과가 도출되는 것을 말한다.

📖 39. X 40. X 41. O 42. X 43. X 44. O 45. X 46. X 47. O 48. X

49 □□　　　　　　　　　　　　　　　　　18 국가9
근무성적평정상의 오류 중 평가자가 일관성 있는 평가기준을 갖지 못하여 관대화 및 엄격화 경향이 불규칙하게 나타나는 것은 체계적 오류에 해당한다.　O X

> **해설**
> 근무성적평정상의 오류 중 평가자가 일관성 있는 평가기준을 갖지 못하여 관대화 및 엄격화 경향이 불규칙하게 나타나는 것은 총계적 오류에 해당한다.

50 □□　　　　　　　　　　　　　　　　　18 국회8
다면평가제도는 자기역량을 강화하는데 유리하며 미래 행동에 대한 잠재력을 측정할 수 있다는 장점이 있다.　O X

> 미래 행동에 대한 잠재력을 측정할 수 있는 것은 역량평가제도의 장점이다.

51 □□　　　　　　　　　　　　　　　　　18 국회9
다면평가는 부처가 통합된 경우에도 능력에 따른 평가가 이루어지기 때문에 소규모 부처 출신자들이 부당한 평가를 받을 가능성은 없다.　O X

> 다면평가는 부처가 통합된 경우에도 능력에 따른 평가보다 출신 부처에 따른 평가가 이루어지기 때문에 소규모 부처 출신자들이 부당한 평가를 받을 가능성이 높다.

52 □□　　　　　　　　　　　　　　　　　18 지방7
총계적 오류는 어떤 평가자가 다른 평가자들보다 언제나 좋은 점수 또는 나쁜 점수를 주는 것이다.　O X

> 어떤 평가자가 다른 평가자들보다 언제나 좋은 점수 또는 나쁜 점수를 주는 것은 규칙적·체계적 오류이다.

53 □□　　　　　　　　　　　　　　　　　18 지방7
시간적 오류는 근무평가 대상기간 초기의 업적에 영향을 크게 받는 첫머리효과와 최근 실적을 중심으로 평가하는 막바지 효과로 나타난다.　O X

> 시간적 오류는 최근의 실적·사건이 평정에 영향을 주는 근접 오류를 말한다.

54 □□　　　　　　　　　　　　　　　　　18 지방9
역량평가는 다수의 훈련된 평가자가 평가대상자가 수행하는 역할과 행동을 관찰하고 합의하여 평가결과를 도출한다.　O X

> 역량평가는 다수의 역량평가단에 의하여 평가대상자의 역할과 행동을 다양한 방법으로 관찰하고 합의하여 평가결과를 도출한다.

55 □□　　　　　　　　　　　　　　　　　19 경간부
목표관리제 평정법은 목표달성도를 측정하여 개인의 실적을 평가하는 것으로 개인 간 비교에 용이하다.　O X

> 목표관리제 평정법은 목표달성도를 측정하여 개인의 실적을 평가하는 것으로 개인 간 비교에 불리하다.

56 □□　　　　　　　　　　　　　　　　　19 경간부
근무성적평정 요소에는 직무수행실적과 개인의 능력 외에 태도도 포함할 수 있다.　O X

> 근무성적평정의 요소에는 근무실적, 직무수행능력 외에 직무수행태도 또는 부서 단위의 운영평가 결과 등을 포함할 수 있다.

57 □□　　　　　　　　　　　　　　　　　19 국가9
집중화경향, 관대화경향, 엄격화경향 등 분포상의 착오를 시정하기 위해서는 자기평정법을 활용한다.　O X

> 집중화경향, 관대화경향, 엄격화경향 등 분포상의 착오를 시정하기 위해서는 강제배분법을 활용한다.

58 □□　　　　　　　　　　　　　　　　　19 국회8
5급 이하 공무원의 승진후보자명부는 근무성적평정 60%, 경력평정 40%를 고려하여 작성된다.　O X

> 5급 이하 공무원의 승진후보자명부는 근무성적평정 90%, 경력평정 10%를 고려하여 작성된다.

49. X　50. X　51. X　52. X　53. O　54. O　55. X　56. O　57. X　58. X

59 ☐☐   19 국회8
근무성적평정의 오류 중 강제배분법으로 방지할 수 있는 것은 첫머리 효과, 집중화 경향, 선입견에 의한 오류이다. O|X

> **해설**
> 근무성적평정의 오류 중 강제배분법으로 방지할 수 있는 것은 집중화 경향, 관대화 경향, 엄격화 경향이다.

60 ☐☐   19 지방9
중요사건기록법은 평정대상자로 하여금 자신의 근무실적을 스스로 보고하도록 하는 방법이다. O|X

> 중요사건기록법은 평정기간 중 피평정자의 근무실적에 큰 영향을 주는 중요 사건들을 평정자로 하여금 기술하는 방식이다.

61 ☐☐   19 지방9
평정자가 평정대상자를 다른 평정대상자와 비교함으로써 발생하는 오류는 대비오차이다. O|X

> 평정자가 평정자를 다른 평정대상자와 비교함으로써 발생하는 오류를 대비오차라고 한다.

62 ☐☐   20 소방간부
도표식 평정척도법은 연쇄효과를 방지하는데 효과적이다. O|X

> 도표식 평정척도법은 연쇄효과를 야기할 우려가 있다.

63 ☐☐   20 경간부
평정자가 모든 피평가자들에게 대부분 중간범위 점수를 주는 심리적 경향은 집중화 경향(central tendency)이다. O|X

> 집중화는 피평정자들에게 중간 점수를 주는 경향에서 나타나는 오류이다.

64 ☐☐   20 국회8
근본적 귀속의 착오(fundamental attribution error)란 평정자가 어떤 사람이나 사물을 볼 때 그들이 속한 집단 또는 범주에 대한 고정관념에 비추어 지각함으로써 발생하는 착오이다. O|X

> 평정자가 어떤 사람이나 사물을 볼 때 그들이 속한 집단 또는 범주에 대한 고정관념에 비추어 지각함으로써 발생하는 착오는 상동적 오류이다.

65 ☐☐   20 서/지9
국내 최고 대학을 졸업했기 때문에 일을 잘했을 것이라고 생각하여 피평정자에게 높은 근무성적평정 등급을 부여할 경우 평정자가 범하는 오류는 첫머리 효과에 의한 오류이다. O|X

> 국내 최고 대학을 졸업했기 때문에 일을 잘했을 것이라고 생각하여 피평정자에게 높은 근무성적평정 등급을 부여할 경우 평정자가 범하는 오류는 선입견에 의한 오류이다.

66 ☐☐   21 국가9
관대화 경향은 비공식집단적 유대 때문에 발생하며 평정결과의 공개를 완화방법으로 고려할 수 있다. O|X

> 관대화 경향은 비공식집단적 유대 때문에 발생하며 평정결과의 비공개 및 강제배분법을 완화방법으로 고려할 수 있다.

67 ☐☐   21 국가9
일관적 오류는 평정자의 기준이 다른 사람보다 높거나 낮은 데서 비롯되며 강제배분법을 완화방법으로 고려할 수 있다. O|X

> 일관적(규칙적) 오류는 한 평정자가 다른 평정자보다 일관적으로 과대 또는 과소평가하는 것으로, 이를 방지하기 위해 강제배분법을 활용한다.

59. X   60. X   61. O   62. X   63. O   64. X   65. X   66. X   67. O

68 ☐☐   21 경간부

조직생활에서 단정한 옷차림의 예의 바른 사람을 두고 선량하여 범죄를 저지를 가능성이 없다고 판단하는 예와 같이, 부분적인 특질을 전체적 수준으로 확대 해석하는 지각적 오류를 선택적 인지라고 한다.   O X

> **해설**
> 조직생활에서 단정한 옷차림의 예의 바른 사람을 두고 선량하여 범죄를 저지를 가능성이 없다고 판단하는 예와 같이, 부분적인 특질을 전체적 수준으로 확대 해석하는 지각적 오류를 후광효과라고 한다.

69 ☐☐   21 소방간부

역량평가제도는 추측이나 유추가 아닌 직접적 관찰을 통해 역량을 평가한다.   O X

> 역량평가는 실제 업무와 유사한 모의상황에서 나타나는 평가 대상자의 행동 특성을 다수의 평가자가 관찰하여 평가하는 방식이다.

70 ☐☐   21 소방간부

역량평가제도는 성취된 업적을 기반으로 하기 때문에 피평정자의 역량을 객관적으로 평가할 수 있다.   O X

> 역량평가제도는 미래 행동에 대한 잠재력을 측정하는 방식이다.

71 ☐☐   21 소방간부

목표관리제 평정법은 상급자가 하급자의 실적 기준으로 사용할 목표를 지시·설정해 주고 일정 기간 동안 목표의 달성 수준을 평가한다.   O X

> 목표관리제 평정법은 근무과정이나 태도보다는 결과중심의 평정방법으로 실적을 기준으로 평가하는 것이 아니라 목표에 대한 달성여부를 기준으로 평가하는 것이다

72 ☐☐   21 경정승진

다면평가 결과는 그 평가 대상 공무원에게 공개할 수 있다.   O X

> 다면평가의 결과는 해당 공무원에게 공개하고 통보하여 능력발전을 위한 피드백의 장치로 활용하도록 한다.

73 ☐☐   23 지방직9

연쇄효과(halo effect)는 초기 실적이나 최근의 실적을 중심으로 평가함으로써 발생하는 시간적 오류를 의미한다.   O X

> 최근의 실적을 중심으로 평가함으로써 발생하는 오류는 근접효과이다.

68. **X**   69. **O**   70. **X**   71. **X**   72. **O**   73. **X**

11 교육훈련, 승진, 배치전환

01 ☐☐ 03 국가7
전직은 한 기관 내에서 동일 직급, 직렬에서 직위가 변동하는 것을 말한다. O X

> **해설**
> 전보에 대한 설명이다.

02 ☐☐ 05 서울7
사례연구는 피훈련자의 능동적인 참여를 유도할 수 있기 때문에 훈련의 목적 달성에 시간이 많이 걸리지 않는다. O X

> 사례연구는 훈련의 목적 달성에 시간이 많이 걸린다.

03 ☐☐ 06 대구9
경력위주의 승진은 정실주의로 흐르게 할 수 있다. O X

> 경력위주의 승진은 정실에 의한 승진을 방지한다.

04 ☐☐ 09 국가7
역할연기는 실제 직무상황과 같은 상황을 실연시킴으로써 문제를 빠르게 이해시키고 참여자들의 태도변화와 민감한 반응을 촉진시킨다. O X

> 역할연기의 특징이다.

05 ☐☐ 09 국가9
직장훈련은 사전에 예정된 계획에 따라 실시하기가 용이하다. O X

> 직장훈련은 사전에 예정된 계획에 따라 실시하기가 용이하지 않다.

06 ☐☐ 10 국가전환특채
우리나라는 공무원 승진적체를 해소하기 위해 필수요원제, 복수직급제, 대우공무원제, 개방형직위제를 실시하고 있다. O X

> 개방형직위제는 승진적체와 관련없는 제도이다.

07 ☐☐ 11 국회8
반전기법, 비유기법, 프로토콜 분석기법, 행태학적 분석기법, 생각하는 탐험여행 등은 창의성 향상 훈련기법이다. O X

> 프로토콜 분석기법은 심리학적 연구기법으로 지식관리 방법 중의 하나이다.

08 ☐☐ 12 경정승진
교육훈련을 받은 공무원에 대한 통제와 조정의 필요성이 늘어나게 된다. O X

> 통제와 조정의 필요성이 줄어들게 된다.

09 ☐☐ 12 서울7
인사제도 중 임시적 배치전환의 일종으로 원래 소속기관에 소속된 상태에서 그 곳에서 보수를 받으며 일시적으로 국가적 사업을 지원하거나 개인의 능력 발전을 위하여 다른 기관에 근무하는 것을 순환보직이라고 한다. O X

> 파견에 대한 설명이다.

01. X 02. X 03. X 04. O 05. X 06. X 07. X 08. X 09. X

10 ☐☐ 14 사복9
배치전환은 부서 간 업무 협조를 유도하고 구성원 간 갈등을 해소한다.
O X

배치전환의 장점에 대한 설명이다.

11 ☐☐ 15 경정승진
몇 사람이 반을 편성하여 문제를 연구하고 전원에게 보고하며 비판을 가하는 '신디케이트'는 참가자의 관심유도와 상대방 의견 존중 등이 장점이나 충분한 시간이 필요하다.
O X

신디케이트에 대한 설명이다.

12 ☐☐ 16 지방7
액션러닝은 소규모로 구성된 그룹이 실질적인 업무현상의 문제를 해결해내고 그 과정에서 성찰을 통해 학습하도록 하는 행동학습 교육훈련 방법이다.
O X

액션러닝은 교육참가자들이 팀을 구성하여 실제 현안문제를 해결하면서 동시에 문제해결과정에 대한 성찰을 통해 학습하도록 지원하는 행동학습이다.

13 ☐☐ 16 지방7
강의, 토론회, 시찰, 시청각교육 등은 태도나 행동의 변화를 주된 목적으로 한다.
O X

강의, 시찰 등은 지식의 축적을 위한 훈련방법이고, 태도나 행동의 변화를 주된 목적으로 하는 것은 감수성 훈련, 사례연구, 회의 등이다.

14 ☐☐ 17 교행9
감수성훈련(sensitivity training)은 공무원들 간 비정형적 체험을 통해서 자기에 대한 인식과 타인에 대한 이해의 기회를 갖게 하여, 태도와 행동의 변화를 가져오고 궁극적으로 대인 관계 기술을 항상시키려는 목적을 갖는다.
O X

공무원의 태도와 행동의 변화를 가져오고 행태를 계획적으로 변화시키기 위한 감수성훈련에 대한 설명이다.

15 ☐☐ 17 해경간부
시뮬레이션은 업무수행 중 직면할 수 있는 어떤 상황을 가상적으로 만들어 놓고 피교육자가 그 상황에 대처해보도록 하는 방법이다.
O X

시뮬레이션은 피훈련자가 업무 중 직면하게 될 상황을 인위적으로 설정해 놓고 피훈련자가 거기에 대처하도록 훈련하는 것이다.

16 ☐☐ 17 해경간부
강의는 교육내용을 다수의 피교육자에게 단시간에 전달하는데 효과적인 방법이다.
O X

강의는 여러 사람을 모아놓고 말로써 정보를 전달하는 방법으로 다수를 대상으로 하기에 효과적인 방법이다.

17 ☐☐ 18 행정사
전직이란 직렬을 달리하는 임명을 말한다.
O X

전직은 직급수준은 동일하나 직렬을 달리하는 직위로 수평적으로 이동하는 것을 말한다.

18 ☐☐ 18 행정사
「국가공무원법」에 따르면 실무 수습 중인 채용후보자는 형법에 따른 벌칙을 적용할 때 공무원으로 보지 않는다.
O X

실무 수습 중인 채용후보자는 형법에 따른 벌칙을 적용할 때 공무원으로 본다.

10. O 11. O 12. O 13. X 14. O 15. O 16. O 17. O 18. X

19 ☐☐ 　　　　　　　　　　　　　　　　　19 국가7
직장내 훈련(OJT: on-the-job training)은 감독자의 능력과 기법에 따라 훈련성과가 달라지며 많은 사람을 동시에 교육하기 어렵다.   O X

해설 직장내 훈련은 직장내에서 감독자로부터 지도·훈련을 받는 것으로 감독자의 능력과 기법에 따라 훈련성과가 달라지며 주로 1:1 멘토링 형식을 취하므로 일시에 다수를 훈련하기 어렵다.

20 ☐☐ 　　　　　　　　　　　　　　　　　19 국가7
액션러닝(action learning)은 미국 GE사 전략적 인적자원 개발프로그램으로 활용된 것으로 태도와 행동의 변화를 통해 인간관계 기술을 향상하려는 것이 주된 목적이다.   O X

미국 GE사 전략적 인적자원 개발프로그램으로 활용된 것은 워크아웃 프로그램이고, 태도와 행동의 변화를 통해 인간관계 기술을 향상하려는 것이 주된 목적인 것은 감수성 훈련이다.

21 ☐☐ 　　　　　　　　　　　　　　　　　19 서울7
감수성 훈련은 구성원 간의 협력적 노력을 향상시켜 팀 성과를 증가시킨다.   O X

구성원 간의 협력적 노력을 향상시켜 팀 성과를 증가시키는 것은 팀 빌딩기법이다.

22 ☐☐ 　　　　　　　　　　　　　　　　　19 서울7
감수성 훈련은 자신의 행동이 타인에게 미치는 영향을 검토하도록 한다.   O X

감수성 훈련은 외부환경과 격리된 계획된 장소에서 훈련집단을 형성하고 구성원 간 비정형적 체험을 통해서 자기에 대한 인식과 타인에 대한 이해의 기회를 갖게 하는 훈련이다.

23 ☐☐ 　　　　　　　　　　　　　　　　　19 서울9
배치전환은 행정의 전문성과 능률성을 증진시킬 수 있다.   O X

배치전환은 조직의 침체를 막고 구성원들의 안목을 확대시킨다는 장점은 있지만 행정의 전문성 및 능률성을 저해한다는 단점이 있다.

24 ☐☐ 　　　　　　　　　　　　　　　　　19 서울9
배치전환은 정당한 징계절차에 의하지 않고 일종의 징계수단으로 활용될 가능성이 존재한다.   O X

좌천형식의 전보 등으로 정당한 징계절차에 의하지 않고 일종의 징계수단으로 활용될 가능성이 존재한다.

25 ☐☐ 　　　　　　　　　　　　　　　　　20 국가9
전직은 인사 관할을 달리하는 기관 사이의 수평적 인사이동에 해당하며, 예외적인 경우에만 전직시험을 거치도록 하고 있다.   O X

전직은 인사 관할을 달리하는 기관 사이의 수평적 인사이동으로, 전직시험을 거쳐야 하며, 예외적인 경우에만 시험의 일부나 전부를 면제할 수 있다.

26 ☐☐ 　　　　　　　　　　　　　　　　　20 국가9
같은 직급 내에서 직위 등을 변경하는 전보는 수평적 인사이동에 해당하며, 전보의 오용과 남용을 방지하기 위해 전보가 제한되는 기간이나 범위를 두고 있다.   O X

전보는 동일한 직급 내에서 보직 등을 변경하는 수평적 인사이동으로 시험을 거칠 필요가 없으나 전보의 오용과 남용 등을 방지하기 위해 전보가 제한되는 필수보직기간을 둔다.

27 ☐☐ 　　　　　　　　　　　　　　　　　21 소방간부
인턴십(internship), 직무순환(job rotation), 역할 연기(role playing)는 모두 현장훈련(OJT) 프로그램에 해당한다.   O X

인턴십(internship), 직무순환(job rotation)은 현장훈련 프로그램에, 역할 연기(role playing)는 교육원 훈련 프로그램에 해당한다.

19. O   20. X   21. X   22. O   23. X   24. O   25. X   26. O   27. X

MEMO

12 사기관리, 보수·연금

01 ☐☐   05 경기9
공무원의 보수수준은 공무원의 생계비를 상한선으로 하고, 정부의 재정력을 하한선으로 결정되는 것이 바람직하다.   O X

> 반대로 서술되었다. 정부의 재정력을 상한선으로 하고, 공무원의 생계비를 하한선으로 한다.

02 ☐☐   07 서울7
'보수'라 함은 직무의 곤란성 및 책임의 정도에 따라 직책별로 지급되는 기본급여 또는 직무의 곤란성 및 책임의 정도와 재직기간 등에 따라 계급별·호봉별로 지급되는 기본급여를 말한다.   O X

> 봉급에 대한 설명이다.

03 ☐☐   08 경기9
공공부문에 임금피크제를 도입하고자 하는 이유는 J자 모양의 보수곡선이 초래하는 공무원 인건비 부담(재정상 부담) 때문이다.   O X

> 임금피크제란 전통적인 연공서열형 임금구조의 문제점인 인건비 부담을 해소하기 위해 검토된 제도이다.

04 ☐☐   09 지방7
우리나라에서는 총액인건비 내에서 조직, 보수 제도를 성과향상을 위한 인센티브제로 활용하여 성과중심의 조직을 운영할 수 있다.   O X

> 우리나라는 총액인건비 내에서 조직, 보수 제도를 성과향상을 위한 인센티브제로 활용하기도 하며 이는 성과중심의 조직을 운영하는데 도움을 준다.

05 ☐☐   10 국회9
정부부문에서 개발한 조직 차원의 성과급은 이윤분배적 성과급과 생산성 향상 성과급으로 구분된다.   O X

> 이윤분배적 성과급은 조직차원의 성과급에, 생산성 향상 성과급은 집단차원의 성과급에 해당하며, 일반적으로 공공부문에서는 이윤분배적 성과급이 적용되지 않는다.

06 ☐☐   11 경정승진
사기(morale)는 주관적·상대적인 것으로 직무를 수행하려는 동기이다.   O X

> 사기는 주관적, 상대적, 가변적, 상황의존적이다.

07 ☐☐   11 국가7
우리나라의 공무원 연금제도는 기금제를 채택하고 있다.   O X

> 우리나라 공무원 연금제도에 대한 설명이다.

08 ☐☐   11 지방7
연봉제는 실적주의 및 직위분류제를 강화시키지만 직업공무원제 및 계급제는 약화시키는 경향이 있다.   O X

> 연봉제의 특징에 대한 설명이다.

09 ☐☐   12 경정승진
공무원의 사기(morale)의 영향을 주는 사회심리적 요인으로 근무여건 개선, 보수 인상 등을 들 수 있다.   O X

> 근무여건 개선, 보수 인상 등은 경제적·물질적 요인이다.

01. X   02. X   03. O   04. O   05. X   06. O   07. O   08. O   09. X

10 ☐☐　　　　　　　　　　　　　　　　　　　12 군무원
가계보전수당은 휴일근무수당에 해당한다.　OX

해설: 가계보전수당은 생활보조금적 수당에 포함된다.

11 ☐☐　　　　　　　　　　　　　　　　　　12 해경간부
우리나라의 퇴직연금제도는 공무원이 노령, 질병, 부상, 기타의 이유로 퇴직하거나 사망한 경우 본인 또는 유족의 생계를 돌보기 위해 연금을 지급하는 제도로, 직업공무원제를 확립하는데 불가결한 제도이다.　OX

해설: 우리나라의 퇴직연금제도에 대한 설명이다.

12 ☐☐　　　　　　　　　　　　　　　　　　　13 서울7
공무원의 보수는 일반의 '표준생계비, 민간의 임금, 기타사정을 고려하여 직무의 곤란성 및 책임의 정도에 상응하도록 계급별·직위별로 정한다.　OX

해설: 국가공무원법 제46조에 있는 보수결정의 원칙이다.

13 ☐☐　　　　　　　　　　　　　　　　　　　14 국회8
우리나라의 총액인건비제도는 국 단위기구까지 자율성이 인정된다.　OX

해설: 총액인건비제도는 국 단위 이상 기구는 대통령령에 규정되어 운영하며 과 단위기구에서만 자율성이 인정된다.

14 ☐☐　　　　　　　　　　　　　　　　　　　15 교행9
우리나라 공무원 보수는 전통적으로 생활급 중심의 보수체계로 인해 공무원 보수의 공정성이 높다.　OX

해설: 생활급 중심의 보수체계는 공무원 보수의 공정성이 낮다.

15 ☐☐　　　　　　　　　　　　　　　　　　15 해경간부
제안제도는 공무원의 창의적 의견을 장려하여 사기를 높이고 그 결과로 행정의 개선에 기여하게 하는 제도이다.　OX

해설: 제안제도는 직무수행과정에서 예산절약 및 행정능률 향상을 가져올 수 있는 사항에 대해 이를 제안하고 그 성과가 인정되는 경우 보상을 지급하는 제도이다.

16 ☐☐　　　　　　　　　　　　　　　　　　　16 국가7
「공무원연금법」상 공무원연금 대상에는 군인, 공무원 임용전의 견습 직원 등이 포함된다.　OX

해설: 군인은 군인연금법이 별도로 적용된다.

17 ☐☐　　　　　　　　　　　　　　　　　　　16 서울9
「공무원연금법」에 따르면 유족연금 지급률은 모든 공무원에게 60%로 한다.　OX

해설: 전·현직 공무원 모두에게 60%로 적용한다.

18 ☐☐　　　　　　　　　　　　　　　　　　　16 지방7
성과급적 연봉제와 직무성과급적 연봉제의 성과연봉은 전년도 업무실적에 따른 평가결과에 따라 차등지급된다는 점에서 유사한 면이 있다.　OX

해설: 성과급적 연봉제와 직무성과급적 연봉제의 성과연봉은 평가결과에 따라 차등지급한다.

19 ☐☐　　　　　　　　　　　　　　　　　　17 국가9(추)
계급정년제도는 모든 공무원의 직업적 안정성을 확보할 수 있다.　OX

해설: 계급정년제도는 숙련된 공무원의 인위적 배제로 인한 공직손실과 행정의 안정성·계속성을 저해하므로 직업적 안정성을 확보할 수 없다.

10. X　11. O　12. O　13. X　14. X　15. O　16. X　17. O　18. O　19. X

20 17 국가9(추)
계급정년제도는 공무원이 일정한 기간 동안 승진하지 못하고 동일한 계급에 머물러 있으면, 그 기간이 만료된 때에 그 사람을 자동적으로 퇴직시키는 제도이다. O X

해설: 계급정년제도는 공무원이 일정기간 동안 승진하지 못하고 동일계급에 정체되어 있으면 자동적으로 퇴직시키는 정년제도를 의미한다.

21 17 지방9
「공무원 제안 규정」상 우수한 제안을 제출한 공무원에게 인사상 특전을 부여할 수 있지만, 상여금은 지급할 수 없다. O X

해설: 우수한 제안을 제출한 공무원에게 특별승진이나 특별승급과 같은 인사상 특전을 부여할 수 있고, 상여금 또한 지급할 수 있다.

22 17 지방9
성과상여금제도는 공직의 경직성을 높이기 위하여 공무원 인사와 급여체계를 사람과 연공 중심으로 개편한 것이다. O X

해설: 성과상여금은 사람과 연공중심이 아니라 업무실적 및 직무수행 등의 결과를 특정하여 결과에 따라 차등지급한다.

23 17 지방9
직무성과급적 연봉제는 고위공무원단에 속하는 모든 공무원에 대하여 적용한다. O X

해설: 직무성과급적 연봉제는 고위공무원단에 적용되지만 대통령경호실 직원 중 고위공무원단에 속하는 별정직 공무원에 대해서는 호봉제를 적용한다.

24 17 지방9
기준급은 개인의 경력 및 누적성과를 반영하여 책정된다. O X

해설: 기준급은 개인의 경력 및 누적성과 등을 반영하여 책정하는 연봉이다.

25 17 지방9
직무급은 직무의 곤란성 및 책임의 정도를 반영하여 직무등급에 따라 책정된다. O X

해설: 직무급은 곤란성 및 책임정도를 반영하고 직무등급에 따라 책정되는 방식이다.

26 17 지방9(추)
공무원 연금의 재원형성방식 중 적립방식은 인플레이션이 심하더라도 연금급여의 실질가치를 유지할 수 있다. O X

해설: 적립방식은 인플레이션이 심할 경우 기금의 실질가치가 하락할 수 있다.

27 17 지방9(추)
공무원 연금의 재원형성방식 중 적립방식은 기금 수익을 통해 장기 비용부담을 덜어 제도의 안정적인 운영이 가능하다. O X

해설: 적립방식은 기금 수익을 통해 장기 비용부담을 덜 수 있으므로 제도의 안정적인 운영이 가능하다.

28 18 경간부
연공급(근속급)은 근속연수와 같은 인적 요소를 기준으로 하는 보수이고, 직능급은 직무의 난이도와 책임에 따라 결정되는 보수이다. O X

해설: 직무의 난이도와 책임에 따라 결정되는 보수는 직무급이다.

29 18 국가7
총액인건비제도는 일반적으로 기구·정원 조정에 대한 재정 당국의 중앙통제는 그대로 둔 채 수당의 신설·통합·폐지와 절감예산 활용 등에서의 부처 자율성을 부여하는 특성을 갖는다. O X

해설: 총액인건비제도는 예산, 보수, 조직, 정원 등의 관리에 있어서 중앙정부의 통제를 줄이고 각 부처나 지방자치단체의 자율성을 높이려는 성과중심의 조직관리방안이다.

20. O 21. X 22. X 23. X 24. O 25. O 26. X 27. O 28. X 29. X

30 □□
원격근무제는 재택근무형과 스마트워크 근무형으로 구분된다. 18 지방9
O X

원격근무제는 가정에서 업무처리하는 재택근무형과 주거지 근처 원격근무사무실에서 사무처리하는 스마트워크형이 있다.

31 □□
재택근무자의 재택근무일에도 시간외근무수당 실적분과 정액분을 모두 지급하여야 한다. 18 지방9
O X

재택근무자는 원칙적으로 초과근무를 할 수 없으나 기관장의 사전승인을 얻어 초과근무를 하였을 경우 공무원 보수 등의 업무지침에 따라 시간외근무수당 정액분은 지급이 가능하나 실적분은 지급할 수 없다.

32 □□
공무원연금제도는 행정안전부가 관장하고, 그 집행은 공무원 연금공단에서 실시하고 있다. 19 국가7
O X

공무원연금제도의 운영에 관한 사항은 인사혁신처장이 주관하고, 인사혁신처장의 권한 및 업무를 위탁받아 공무원연금공단에서 설립·집행한다.

33 □□
비기여제는 정부가 연금재원의 전액을 부담하는 제도이다. 19 국가7
O X

비기여제는 재원 조성에 필요한 비용을 공무원에게 부담시키지 않고 정부가 전액 부담하는 제도이다.

34 □□
탄력근무제는 전일제 근무시간을 지키되 근무시간, 근무일수를 자율 조정할 수 있는 제도이다. 19 국가9
O X

탄력근무제는 일정한 범위 내에서 각자의 근무시간계획을 자율적으로 정할 수 있도록 허용하는 제도이다.

35 □□
우리나라의 공무원연금제도는 기금제와 비기여제의 방식을 취한다. 19 서울9(2월)
O X

우리나라의 공무원연금제도는 기금제와 기여제의 방식을 취한다.

36 □□
직무가 지니는 상대적 가치를 평가하여 임금을 결정하는 보수체계는 직능급이다. 19 행정사
O X

직무가 지니는 상대적 가치를 평가하여 임금을 결정하는 보수체계는 직무급이다.

37 □□
퇴직수당은 공무원과 정부가 분담한다. 20 국회8
O X

퇴직수당은 퇴직연금이 아니므로 정부가 단독으로 부담한다.

38 □□
호봉 간 승급에 필요한 기간은 1년이며, 직종별 구분없이 하나의 봉급표가 적용된다. 20 지방7
O X

호봉 간 승급에 필요한 기간은 1년이며 봉급은 직종별로 구분된다.

39 □□
우리나라 공무원연금제도는 사회보험원리와 부양원리가 혼합된 제도이다. 20 해경간부
O X

우리나라 공무원연금은 정부와 공무원이 균등부담하는 사회보험적 성격과 재정수지 부족액을 정부재정으로 보전하는 부양원리적 성격이 혼합된 제도이다.

40 □□
실적급은 공무원의 직무수행능력을 측정하여 그 능력이 우수할수록 보수를 우대하는 보수체계이다. 21 경간부
O X

공무원의 직무수행능력을 측정하여 그 능력이 우수할수록 보수를 우대하는 보수체계는 직능급이다.

30. O 31. X 32. X 33. O 34. O 35. X 36. X 37. X 38. X 39. O 40. X

41 ☐☐   21 경간부
생활급은 공무원과 그 가족의 기본적인 생활 내지 생계유지에 필요한 경비를 중심으로 보수를 결정하는 것이다. ⊙⊗

> **해설**
> 생활급은 기본적인 생활 내지 생계유지에 필요한 경비를 중심으로 보수를 결정한다.

42 ☐☐   21 국회8
예산 절감이나 국가 수입 증대에 기여한 자에게 제공하는 예산성과금은 공무원뿐만 아니라 일반국민에게도 지급될 수 있다. ⊙⊗

> 예산성과금은 예산 절감이나 국가 수입 증대에 기여한 자에게 제공하는 것으로 공무원뿐 아니라 일반 국민에게도 지급할 수 있다.

43 ☐☐   22 지방9
2015년 공무원연금 개혁으로 퇴직급여 산정 기준은 퇴직 전 3년 평균보수월액으로 변경되었다. ⊙⊗

> 퇴직급여(퇴직연금)의 산정 기준은 평균기준소득월액이다. 평균기준소득월액은 재직 기간 중 매년 기준소득월액을 공무원보수인상률 등을 고려하여 급여의 사유가 발생한 날의 현재가치로 환산한 후 합한 금액을 재직 기간으로 나눈 금액을 의미한다.

44 ☐☐   22 지방9
공무원 보수중 연공급은 근속연수를 기준으로 하기 때문에 전문기술인력 확보에 유리하다. ⊙⊗

> 연공급은 근속연수를 기준으로 보수를 지급한다. 따라서 능력 있는 인사나 전문기술인력 확보에 불리하다.

41. O   42. O   43. X   44. X

MEMO

13 신분보장·징계

01 ☐☐   02 입법고시
강제퇴직은 임용권자의 지시에 의해 비자발적으로 공직에서 물러나는 것으로 공무원의 정치적 중립이나 신분보장 및 직업공무원제의 정착과 관련해 논란이 많다. O│X

> 강제퇴직은 정치적 중립, 신분보장, 직업공무원제 정착과 관련해 논란이 많다.

02 ☐☐   03 행정고시
파면은 직제와 정원의 개폐 또는 예산의 감소 등에 의해 공무원의 신분을 박탈하고 공직으로부터 배제할 수 있는 제도이다. O│X

> 직권면직에 대한 내용이다.

03 ☐☐   05 경남9
금고이상의 형을 받고 그 집행이 종료되거나 집행을 받지 아니하기로 확정된 후 5년이 지나지 아니한 자는 공무원의 당연퇴직사유이다. O│X

> 임용결격사유에 해당한다.

04 ☐☐   05 선관위9
공무원의 신분보장이 강화될수록 행정에 대한 민주적 통제를 어렵게 할 가능성이 있다. O│X

> 신분보장이 강화될수록 행정에 대한 민주적 통제가 어려워진다.

05 ☐☐   11 국가9
승진은 같은 계급 또는 등급 내에서 호봉이 높아지는 것을 말한다. O│X

> 승급에 대한 설명이다.

06 ☐☐   11 국회8
해임은 중징계 처분의 하나로 연금법상의 불이익은 없으나 해임된 경우에는 5년 동안 공무원으로 임용될 수 없다. O│X

> 징계로 해임처분을 받은 경우 3년(파면의 경우 5년)이 지나지 아니한 자는 공무원으로 임용될 수 없다.

07 ☐☐   11 지방7
직위해제의 경우는 공무원의 신분을 유지하나 해임 및 파면의 경우는 공무원의 신분을 상실한다. O│X

> 직위해제는 공무원의 신분을 유지하지만 해임·파면은 공무원의 신분이 상실된다.

08 ☐☐   13 경간부
직위해제의 사유가 소멸하면 임용권자는 지체 없이 직위를 부여해야 한다. O│X

> 국가공무원법 제73조의3의 내용이다.

09 ☐☐   14 국가7
전직과 전보는 부처 간 할거주의를 타파하고 부처 간 협력조성을 위한 기반을 마련해 줄 수 있다. O│X

> 전직과 전보에 대한 설명이다.

정답 01. O   02. X   03. X   04. O   05. X   06. X   07. O   08. O   09. O

10 ☐☐   14 서울7
강임은 승진과 반대로 현 직급보다 낮은 하위 직급에 임용되는 것으로 징계에 해당한다. ⓄⓍ

> 강임은 징계에 해당하지 않는다.

11 ☐☐   15 국가9
우리나라는 공무원이 인사에 관하여 자신의 의사에 반한 불리한 처분을 받았을 때에 소청심사를 청구할 수 있다. ⓄⓍ

> 소청심사는 공무원이 자신의 의사에 반하는 불리한 처분을 받았을 때 청구할 수 있다.

12 ☐☐   15 국가9
직권면직은 「국가공무원법」상 징계의 한 종류로서, 임용권자가 특정한 사유에 해당되는 공무원을 직권으로 면직시키는 것이다. ⓄⓍ

> 직권면직은 임용권자가 특정한 사유에 해당되는 공무원을 직권으로 면직시키는 것으로, 징계에 해당하지 않는다.

13 ☐☐   15 지방9
고충심사위원회와 소청심사위원회의 결정은 관계기관의 장을 기속한다. ⓄⓍ

> 소청심사위원회의 결정은 법적 구속력이 있어 처분행정청을 기속하지만, 고충심사위원회의 결정은 법적 구속력이 약하다.

14 ☐☐   15 행정사
직무수행 능력이 부족하거나 근무성적이 극히 나쁜 자는 직권면직 사유에 해당한다. ⓄⓍ

> 직위해제 사유이다.

15 ☐☐   16 경정승진
징계의 종류는 파면·해임·강등·정직·직위해제·감봉·견책으로 구분한다. ⓄⓍ

> 징계는 파면·해임·강등·정직·감봉·견책으로 구분한다.

16 ☐☐   16 행정사
강임은 결원을 보충하는 방법의 하나이다. ⓄⓍ

> 강임에 대한 설명이다.

17 ☐☐   17 경간부
정직은 1개월 이상 3개월 이하의 기간 동안 공무원의 신분은 보유하나 직무수행이 정지되고, 그 기간 중 보수의 3분의 2를 감하는 처분을 말한다. ⓄⓍ

> 정직은 1개월 이상 3개월 이하의 기간 동안 공무원의 신분은 보유하나 직무에 종사하지 못하고 보수는 전액 감하는 처분이다.

18 ☐☐   17 국가7
소청심사위원회의 결정은 처분 행정청에 대해 권고와 같은 효력이 있다. ⓄⓍ

> 소청심사위원회의 결정은 처분행정청을 기속한다.

19 ☐☐   17 국가7
강임과 면직은 소청심사대상이나 휴직과 전보는 심사대상에 해당되지 않는다. ⓄⓍ

> 소청심사위원회는 소속 공무원의 징계처분, 그 밖에 그 의사에 반하는 불리한 처분(강임, 휴직, 면직, 전보 등)이나 부작위에 대한 소청을 심사·결정한다.

📋 10. X   11. O   12. X   13. X   14. X   15. X   16. O   17. X   18. X   19. X

20 17 국가7
지방소청심사위원회 위원은 자치단체장이 임명 또는 위촉하나 위원장은 위촉위원 중에서 호선한다. O X

해설: 지방소청심사위원회의 위원은 자치단체장이 임명하거나 위촉하고, 위원장은 위촉위원 중에서 호선한다.

21 17 국가9
소청심사위원회는 행정안전부 소속으로 행정기관 소속 공무원의 징계처분에 관한 사무를 관장한다. O X

해설: 소청심사위원회는 인사혁신처 소속이다.

22 17 국회8
모든 공무원은 형의 선고·징계 처분 또는 「국가공무원법」에 정하는 사유에 의하지 아니하고는 그 의사에 반해 휴직·강임 또는 면직을 당하지 아니한다. O X

해설: 1급과 고위공무원단 가등급에 해당하는 공무원은 제외된다.

23 17 사복9
강등은 1계급 아래로 직급을 내리고 공무원의 신분은 보유하나 3개월간 직무에 종사하지 못하며 그 기간 중 보수의 3분의 2를 감한다. O X

해설: 강등은 1계급 아래로 직급을 내리고 공무원의 신분은 보유하나 3개월간 직무에 종사하지 못하며 그 기간 중 보수의 전액을 감한다.

24 17 사복9
감봉은 1개월 이상 3개월 이하의 기간 동안 보수의 3분의 2를 감한다. O X

해설: 감봉은 직무수행은 가능하나 1~3개월 동안 보수의 1/3을 감하여 지급하며 12개월 간 승진이 제한된다.

25 17 지방9
소청심사제도는 징계처분과 같이 의사에 반하는 불이익 처분을 받은 공무원이 그에 불복하여 이의를 제기했을 때 이를 심사하여 결정하는 절차이다. O X

해설: 소청심사제도는 의사에 반하는 불이익 처분을 받은 공무원이 이의를 제기했을 때 이를 심사하여 결정하는 제도이다.

26 17 지방9
우리나라는 공무원의 고충을 심사하기 위하여 행정안전부에 중앙고충심사위원회를 둔다. O X

해설: 중앙고충심사위원회는 5급 이상의 공무원을 대상으로 하는 것으로 중앙인사관장기관에 둔다.

27 18 국가9
정직은 1개월 이상 3개월 이하의 기간으로 하고, 정직 처분을 받은 자는 그 기간 중 공무원의 신분은 보유하나 직무에 종사하지 못하며 보수의 3분의 2를 감한다. O X

해설: 정직은 보수의 전액을 감한다.

28 18 국회8
정직은 공무원의 신분은 보유하지만, 직무 수행을 일시적으로 정지시키며 보수를 전액 감하는 임용행위이다. O X

해설: 정직은 1개월 이상 3개월 이하의 기간 동안 공무원의 신분은 보유하지만 직무수행이 정지되는 것으로 보수의 전액을 감하는 임용행위이다.

20. O 21. X 22. X 23. X 24. X 25. O 26. X 27. X 28. O

29
`국가공무원법`상 파면과 해임은 징계위원회의 의결을 거치지 않고 각 임용권자 또는 임용권을 위임한 상급 감독기관의 장이 이를 행한다. 　　 18 국회9　 O X

해설 파면과 해임은 징계위원회의 의결을 거치며 각 임용권자 또는 임용권을 위임한 상급 감독기관의 장은 징계위원회의 의결에 따라 징계처분을 하여야 한다.

30
행정안전부, 국회사무처, 중앙선거관리위원회사무처, 법원행정처 모두 `국가공무원법`상 소청심사위원회를 둘 수 있다. 　　 18 지방7　 O X

해설 행정안전부 공무원에 대한 소청심사위원회는 인사혁신처에 둔다.

31
당연퇴직은 법이 정한 사유가 발생한 경우 별도의 처분 없이 공무원 관계가 소멸되는 것을 말한다. 　　 18 지방9　 O X

해설 당연퇴직은 법이 정한 사유가 발생한 경우 별도의 처분 없이 공무원 관계가 소멸되는 것을 말한다.

32
소청심사위원회에서 심사의 결정을 하기 위해서는 재적 위원의 3분의 1이상의 출석이 필요하며, 심사의 결정은 출석 위원의 과반수의 합의에 따른다. 　　 19 국회8　 O X

해설 심사의 결정을 하기 위해서는 재적 위원의 3분의 2이상의 출석과 출석 위원의 과반수의 합의에 따른다.

33
견책은 전과에 대하여 훈계하고 회개하게 한다. 　　 19 행정사　 O X

해설 견책은 훈계하고 회개함에 그치는 가장 가벼운 처분으로 6개월 간 승진(승급)이 제한된다.

34
겸임은 한 사람에게 둘 이상의 직위를 부여하는 것으로 그 대상은 특정직 공무원이며, 겸임기간은 3년 이내로 한다. 　　 20 국가9　 O X

해설 겸임은 특정직 공무원이나 특수 전문분야의 일반직 공무원을 대상으로 하며, 겸임기간은 2년 이내로 하고 2년의 범위에서 연장할 수 있다.

35
예산 감소 등으로 직위가 폐지되어 하위 계급의 직위에 임용되려면 별도의 심사절차를 거쳐야 하고, 강임된 공무원에게는 강임된 계급의 봉급이 지급된다. 　　 20 국가9　 O X

해설 직제 또는 정원의 변경이나 예산의 감소 등으로 직위가 폐지되거나 하위의 직위로 변경되어 과원이 된 경우 또는 본인이 동의한 경우 별도의 심사절차는 거칠 필요 없이 소속 공무원을 강임할 수 있다.

36
우리나라는 1963년 처음 소청심사제도를 도입하여 심사기관으로 소청심사위원회를 설치하였다. 　　 21 경정승진　 O X

해설 1963년 국가공무원법 규정에 따라 내각사무처에 소청심사위원회를 신설하였다.

37
감봉은 보수의 불이익을 받는 것으로 감봉기간 동안 보수의 1/3을 감한다. 　　 21 경정승진　 O X

해설 감봉은 1~3개월 기간 동안 보수의 3분의 1을 감하는 처분이다.

38
감봉은 보수의 불이익을 받는 것으로 1개월 이상 3개월 이하의 기간 동안 보수액의 2/3를 감한다. 　　 21 국회8　 O X

해설 감봉은 보수의 불이익을 받는 것으로 1개월 이상 3개월 이하의 기간 동안 보수의 1/3를 감한다.

29. X　30. X　31. O　32. X　33. O　34. X　35. X　36. O　37. O　38. X

39 ☐☐ 21 국회8
견책은 잘못된 행동에 대하여 훈계하고 회개토록 하는 것으로 6개월간 승진과 승급이 제한되는 효력을 가진다. O X

해설
견책은 전과에 대하여 훈계하고 회개하게 하는 것으로 6개월간 승진과 승급이 정지된다.

40 ☐☐ 21 지방7
고충심사위원회가 청구서를 접수한 때에는 30일 이내에 고충심사에 대한 결정을 해야 하고 그 결정은 위원 과반수의 출석과 과반수의 합의에 의한다. O X

고충심사위원회의 결정은 보통심사위원회의 경우 위원 5명 이상의 출석과 출석위원 과반수의 합의에 따르고, 중앙고충심사위원회의 경우 인사혁신처에 설치된 소청심사위원회가 그 기능을 대신하며, 위원(소청심사위원회의 상임위원과 비상임위원) 3분의 2 이상의 출석과 출석위원 과반수의 합의에 따른다.

41 ☐☐ 22 국가직9
임용권자는 직무수행 능력 부족을 이유로 직위해제를 받은 공무원이 직위해제 기간에 능력의 향상을 기대하기 어렵다고 인정된 때에 직권면직을 통해 공무원의 신분을 박탈할 수 있다. O X

임용권자의 인사상 권한이다.

42 ☐☐ 22 국가직9
정직은 징계처분의 일종으로, 정직 기간 중에는 보수의 1/2을 감하도록 되어 있다. O X

정직은 징계처분의 일종으로, 정직 기간 중에는 보수의 전액을 감하도록 되어 있다.

39. O 40. X 41. O 42. X

MEMO

14 공무원단체, 정치적 중립

01 ☐☐　　　　　　　　　　　　　　　　　　06 국가9
신규공무원의 채용기준과 절차 등 임용권의 행사에 관한 사항은 단체교섭의 대상이 될 수 없다.　[O|X]

> **해설**
> 단체교섭의 대상은 재직공무원의 근무조건에 관한 사항으로 신규채용기준이나 인사정책, 정치문제 등에 대해서는 교섭할 수 없다.

02 ☐☐　　　　　　　　　　　　　　　　　　10 국가9
사실상 노무에 종사하는 공무원으로 노동조합에 가입된 자가 조합 업무에 전임하려면 행정안전부장관의 허가를 받아야 한다.　[O|X]

> 사실상 노무에 종사하는 공무원으로 노동조합에 가입된 자가 조합 업무에 전임하려면 소속 장관의 허가를 받아야 한다.

03 ☐☐　　　　　　　　　　　　　　　　　　10 국회8
공무원노조를 설립하고자 하는 경우에는 고용노동부장관에게 노조설립허가서를 제출하여야 한다.　[O|X]

> 공무원노조를 설립하고자 하는 경우에는 고용노동부장관에게 노조설립신고서를 제출하여야 한다.

04 ☐☐　　　　　　　　　　　　　　　　　　11 지방7
정책결정에 관한 사항 등 근무조건과 직접 관련되지 아니하는 사항도 단체교섭의 대상이 된다.　[O|X]

> 정책결정에 관한 사항 등 근무조건과 직접 관련되지 아니하는 사항은 단체교섭의 대상이 되지 않는다.

05 ☐☐　　　　　　　　　　　　　　　　　　12 경간부
공무원의 노동조합 설립 및 운영 등에 관한 법률에는 단체교섭이 결렬된 경우에는 당사자 일방 또는 쌍방은 중앙노동위원회의 조정을 신청할 수 있고 중앙노동위원회는 조정신청을 받은 날부터 20일 이내에 조정을 마쳐야 한다는 규정이 있다.　[O|X]

> 20일 이내가 아니라 30일 이내이다.

06 ☐☐　　　　　　　　　　　　　　　　　　12 국가9
공무원의 집단세력화를 방지하기 위해 정치적 중립이 요구된다.　[O|X]

> 공무원의 정치적 중립은 정치체제의 세력균형 등을 위해 강조된다.

07 ☐☐　　　　　　　　　　　　　　　　　　12 국가9
정치적 무관심화를 통한 직무수행의 능률성 확보를 위해서 공무원의 정치적 중립이 요구된다.　[O|X]

> 정치적 중립이란 공무원은 어떤 정당이 집권하더라도 공평무사하게 봉사해야 한다는 것으로, 정치적 무관심화를 추구하는 것과는 관련이 없다.

08 ☐☐　　　　　　　　　　　　　　　　　　12 지방7
투표권 행사여부에 대하여 사적 견해를 제시하는 행위는 국가공무원법에서 제한하고 있는 공무원이 정치활동에 해당한다.　[O|X]

> 제한 대상이 아니며 정치적 중립의무에 위반되지 않는다.

01. O　02. X　03. X　04. X　05. X　06. O　07. X　08. X

09 □□ 13 국가7

「공무원직장협의회의 설립 및 운영에 관한 법률」상 공무원직장협의회에 가입할 수 있는 공무원에는 5급 일반직 공무원, 특정직공무원 중 재직경력 10년 미만의 외무영사직렬공무원 등이 있다. O X

해설
6급 이하의 일반직공무원, 특정직공무원 중 재직 경력 10년 미만의 외무영사직렬·외교정보기술직렬 외무공무원, 경감 이하의 경찰공무원, 소방경 이하의 소방공무원 등이 있다.

10 □□ 14 국회9

우리나라 공무원은 선거개입 금지, 재산공개, 단체교섭권 금지, 정당지지 표명 금지, 겸직금지 등의 의무를 지고 있다. O X

우리나라 공무원은 「공무원의 노동조합 설립 및 운영 등에 관한 법률」에 따라 단체교섭권의 의무를 가진다. 한편 선거개입 금지, 정당지지 표명 금지(정치적 중립), 겸직금지 의무는 「국가공무원법」에, 재산공개 의무는 「공직자윤리법」에 규정된 의무이다.

11 □□ 16 국회9

공무원 노동조합은 행정의 민주화와 행정 발전에 기여할 수 있으나 공무원 인사에 개입함으로써 실적제를 약화시키는 기능도 가지고 있다. O X

공무원 노동조합은 실적제의 강화 및 직업윤리 기능을 수행한다. 즉, 공무원노조를 인정하고 있는 많은 나라에서 오히려 실적제가 강화되고 있어 공무원 노조가 인사권의 제약을 초래하여 실적제를 저해한다고 보기는 어렵다.

12 □□ 16 국회9

6급 이하 일반직에 상당하는 공무원은 노동조합과 공무원 직장협의회의 가입 대상으로 규정되어 있다. O X

공무원 직장협의회 가입범위는 일반직공무원, 특정직공무원 중 외무영사직렬·외교정보기술직렬 외무공무원, 경찰공무원, 소방공무원, 별정직공무원이다. (개정반영)

13 □□ 17 국가7

「공무원 노동조합 설립 및 운영 등에 관한 법률」상 기관의 조직 및 정원에 관한 사항, 조합원의 보수에 관한 사항, 예산·기금의 편성 및 집행에 관한 사항, 정책의 기획 등 정책결정에 관한 사항은 단체교섭 대상에 해당한다. O X

「공무원 노동조합 설립 및 운영 등에 관한 법률」상 조합원의 보수에 관한 사항은 단체교섭 대상이나 그 외의 내용은 단체교섭 제외사항이다.

14 □□ 17 해경간부

정치적 중립을 확보해야 할 필요성으로 공무원의 대표성 확보를 들 수 있다. O X

일반적으로 정치적 중립을 강조하는 실적관료제는 정치적 사회화나 출신집단의 정치적 안배를 중시하는 대표관료제와는 상충되므로 공무원의 대표성 확보와는 관련 없다.

15 □□ 17 해경간부

정치적 중립은 엽관제의 폐단을 극복하고 실적주의를 확립하기 위한 핵심가치였다. O X

정치적 중립은 엽관주의에 의한 부정부패를 막고 실적주의를 확립하기 위한 중요한 가치이다.

16 □□ 18 국회9

「공무원의 노동조합 설립 및 운영 등에 관한 법률」은 공무원 노조의 쟁의행위를 명시적으로 허용하고 있다. O X

「공무원의 노동조합 설립 및 운영 등에 관한 법률」은 공무원 노조의 쟁의 행위를 명시적으로 허용하지 않고 있다.

17 □□ 18 국회9

별정직 공무원은 6급 이하도 공무원 노조에 가입할 수 없다. O X

직급에 관계없이 별정직 공무원은 공무원 노조에 가입할 수 있다.

18 □□ 20 국회8

공무원 노동조합은 2개 이상의 단위에 걸치는 노동조합이나 그 연합단체도 허용하고 있다. O X

공무원 노동조합은 2개 이상의 설립단위에 걸치는 노동조합이나 그 연합단체도 허용하고 있다.

---

09. X 10. X 11. X 12. X 13. X 14. X 15. O 16. X 17. X 18. O

19 ☐☐　　　　　　　　　　　　　　　22 국가직9

공무원이 정치적 중립의 정당화 근거는 공무원의 정치적 기본권을 강화하여 공직의 계속성을 제고할 수 있다. ⓄⓍ

해설
공무원의 정치적 기본권인 정치적 참정권을 제한한다.

19. X

MEMO

15 공직윤리와 공직부패

01 □□ 08 서울9
행정윤리의 개념 속에는 공무원이 지켜야 할 공무원의 직업윤리는 물론 공무원이 입안하여 집행하는 정책의 내용이 윤리적이어야 한다는 의미도 내포되어 있다. O X

> 공무원이 입안하여 집행하는 정책의 내용이 윤리적이어야 한다는 의미는 행정윤리의 적극적 측면에 해당한다.

02 □□ 09 국가7
국가공무원법, 공직자윤리법은 부정부패 방지 등을 위한 구체적이고 적극적인 행정윤리를 강조한다. O X

> 법령에 규정되어 있는 윤리는 공무원들이 하지 말아야 할 사항들만을 열거한 소극적 규정에 불과하다.

03 □□ 09 서울9
내부고발은 퇴직 후의 고발은 포함되지 않으며 내부적인 이의제기 형식과는 다른 것이다. O X

> 내부고발은 조직 내부에서 발생하는 비리나 부패 등을 외부에 공개함으로써 이의 시정을 요구하는 것으로 내부적인 이의제기 형식과는 다르다. 또한 내부고발은 재직 중과 퇴직 후의 고발 모두를 포함하는 개념이다.

04 □□ 09 지방9
선의의 목적으로 행해지는 부패를 회색부패라고 한다. O X

> 백색부패에 대한 설명이다.

05 □□ 11 경간부
「공직자윤리법」에 따르면 대통령령으로 정하는 직급이나 직무분야에 종사하였던 공무원은 퇴직일로부터 2년간 퇴직 전 5년 이내에 소속하였던 부서의 업무와 밀접한 관련이 있는 일정 규모 이상의 영리를 목적으로 하는 사기업체 또는 영리 사기업체의 공동이익과 상호협력 등을 위하여 설립된 법인·단체에 취업할 수 없다. O X

> 퇴직일로부터 3년간 퇴직 전 5년이다.

06 □□ 12 경정승진
공직자윤리법에 따르면 정무직공무원, 4급 이상 일반직 국가공무원은 재산등록 대상이지만 공기업의 임원은 제외된다. O X

> 공기업의 임원도 재산등록의무자이다. (공직자윤리법 제3조)

07 □□ 12 경정승진
공직윤리의 저해요인으로 관직 사유관, 연공서열, 개인적 선호에 의한 인사 등을 들 수 있다. O X

> 공직윤리의 저해요인에 해당한다.

08 □□ 12 국가7
'입법의도의 편향된 해석'이란 정부가 환경보호 의견을 무시한 채 관련법규에서 개발업자나 목재 회사 측의 편을 들어 벌목을 허용하는 등의 행위를 말한다. O X

> 입법제도의 편향된 해석은 행정윤리를 벗어나는 행정권 오용행위이다.

01. O 02. X 03. X 04. X 05. X 06. X 07. O 08. O

09 ☐☐   12 국가9
내부고발자 보호, 재산등록 및 공개, 선물신고, 퇴직공직자의 취업 제한은 공직자윤리법에 규정되어 있다. ⓞⓧ

해설
내부고발자보호제도는 부패방지 및 국민권익위원회 설치·운영에 관한 법률에 규정되어 있다.

10 ☐☐   13 국회9
특성한 지배적 관습이나 경험적 습성과 같은 것이 부패를 조장한다고 보는 입장은 부패에 대한 도덕적 접근이다. ⓞⓧ

해설
사회문화적 접근이다.

11 ☐☐   13 국회9
공무원의 재량 범위가 확대되면 비윤리적 일탈행위의 가능성이 줄어든다. ⓞⓧ

해설
공무원의 재량 범위가 확대되면 비윤리적 일탈행위의 가능성이 커지게 된다.

12 ☐☐   14 경간부
공무원은 직무를 수행할 때 소속 상관의 그 어떤 명령에도 복종하여야 하는 것은 복종의 의무이다. ⓞⓧ

해설
소속상관의 직무상 명령에 복종하여야 하는 것을 말한다.

13 ☐☐   14 국가7
공금횡령은 거래형 부패에 해당된다. ⓞⓧ

해설
사기형 부패에 해당된다.

14 ☐☐   14 지방7
공무원들은 국민생활에 심대한 영향을 미칠 수 있는 독점적 권력을 행사하기 때문에 높은 직업윤리를 요구받게 되며, 공직자 윤리나 책임성을 평가하기 위해서는 결과주의와 의무론이 균형 있게 결합되어야 한다. ⓞⓧ

해설
공직자 윤리나 책임성을 평가하는 방법에는 과정이나 동기에 관계없이 결과를 토대로 평가하는 결과론(결과주의)과 동기를 기준으로 평가하는 의무론이 있으며, 이 둘은 서로 균형 있게 결합되어야 한다.

15 ☐☐   14 지방7
행정윤리는 특정 시점이나 사실과 관계없이 규범성과 당위성을 가지고 작동되어야 한다. ⓞⓧ

해설
공직윤리는 공무원이 공무수행 과정이나 신분상 마땅히 지켜야 하는 행동규범으로, 이는 특정 시기특정 사람들의 의식이나 행태를 결정한다는 점에서 구체적이고 실질적인 특징을 갖는다.

16 ☐☐   15 경정승진
가장 전형적인 부패의 형태인 뇌물수수는 사기형 부패에 해당된다. ⓞⓧ

해설
뇌물수수는 거래형 부패이다.

17 ☐☐   15 국가7
공무원 부패에 대한 체제론적 접근법은 특정한 지배적 관습이나 경험적 습성과 같은 요인이 공무원 부패를 조장한다고 보는 접근방법이다. ⓞⓧ

해설
사회문화의 환경적 분석에 해당하는 접근방법이다.

18 ☐☐   15 서울7
이해충돌 방지 의무, 정무직공무원 등의 재산등록 의무, 외국 정부 등으로부터 받은 선물의 신고, 비위면직자의 취업제한은 모두 공직자윤리법에 규정된 내용이다. ⓞⓧ

해설
비위면직자의 취업제한은 부패방지 및 국민권익위원회 설치·운영에 관한 법률에 규정되어 있다.

---

09. X   10. X   11. X   12. X   13. X   14. O   15. X   16. X   17. X   18. X

19 □□   16 경간부
「공무원 행동강령」은 공무원 청렴유지와 관련된 구체적인 행동기준을 제시하고 있다. OX

해설 「공무원 행동강령」은 공무원이 준수하여야 할 행동기준을 구체적으로 제시하고 있다.

20 □□   16 경정승진
선의의 목적으로 공직자가 국민에게 거짓말을 하는 백색부패는 엄밀한 의미에서 부패의 범주에 들어가지 않는다. OX

해설 백색부패는 엄밀한 의미에서 부패의 범주에는 포함되나 처벌을 할 수는 없다.

21 □□   16 교행9
대부분의 부패행위는 개인 수준에서 발생하는데, 일반적으로 잘 드러나는 부패는 조직수준의 부패이다. OX

해설 조직부패는 부패행위가 외부에 잘 드러나지 않는다.

22 □□   16 교행9
법에 규정하기는 곤란하여 윤리강령에 규정하는 부패의 유형은 회색부패에 속한다. OX

해설 회색부패는 부패 처벌에 대해 사회구성원의 견해가 대립하는 유형으로 윤리강령에는 규정할 수 있지만 법에 규정하기는 곤란한 부패유형이다.

23 □□   16 국가9
공무원행동강령은 중앙행정기관의 장 등에게 공무원행동강령의 시행에 필요한 범위에서 해당 기관의 특성에 적합한 세부적인 기관별 공무원행동강령을 제정하도록 규정하고 있다. OX

해설 공무원행동강령 제24조에 따라 중앙행정기관의 장 등은 이 영의 시행에 필요한 범위에서 해당 기관의 특성에 적합한 세부적인 기관별 공무원행동강령을 제정하여야 한다.

24 □□   16 국가9
「공무원 행동강령」은 「부패방지 및 국민권익위원회의 설치와 운영에 관한 법률」 제8조에 근거해 대통령령으로 제정되었다. OX

해설 「부패방지 및 국민권익위원회의 설치와 운영에 관한 법률」 제8조의 내용에 따르면 공직자가 준수하여야 할 행동강령은 대통령령으로 정한다고 명시되어 있다.

25 □□   16 국회8
공무원은 직무와 관련하여 직접적이든 간접적이든 사례·증여 또는 향응을 주거나 받을 수 없는 의무는 청렴의 의무이다. OX

해설 국가공무원법 제61조에 규정되어 있다.

26 □□   16 국회8
비밀 엄수의 의무는 공무원은 재직 중은 물론 퇴직 후에도 직무상 알게 된 비밀을 엄수하여야 한다는 것으로 국가공무원법상 공무원의 의무이다. OX

해설 비밀 엄수의 의무는 국가공무원법에 규정된 공무원의 의무이다.

27 □□   16 서울7
사회문화적 접근은 관료 부패를 사회문화적 환경의 독립변수로 본다. OX

해설 사회문화적 접근은 관료의 부패를 사회문화적 환경의 종속변수로 본다.

---

19. O   20. X   21. X   22. O   23. O   24. O   25. O   26. O   27. X

28 ☐☐ 16 서울7
도덕적 접근은 부패의 원인을 부패를 저지르는 관료 개인의 윤리 의식과 자질의 탓으로 돌린다. O X

> 해설
> 도덕적 접근은 부패를 개인행동의 결과로 보는 접근법이다.

29 ☐☐ 16 지방7
공공기관의 부패행위에 대해 국민권익위원회에 감사를 청구할 수 있는 국민감사청구제도가 시행되고 있다. O X

> 공공기관의 부패행위에 대해 감사원에 감사를 청구할 수 있는 국민감사청구제도가 시행되고 있다.

30 ☐☐ 16 지방9
결과주의에 근거한 윤리평가는 사후적인 것이며 문제의 해결보다는 행위 혹은 그 결과에 대한 처벌에 중점을 둔다. O X

> 공무원의 행정윤리는 결과주의와 의무론적 입장으로 구분하는데, 결과주의는 공무원의 행위에 대한 평가와 사후적으로 결과에 대한 적발과 처벌에 중점을 두는 입장이다.

31 ☐☐ 17 교행9
법령적 규제의 형식을 지닌 법적 공직윤리는 자율적 공직윤리에 비해 구속력이 낮다. O X

> 법령적 규제의 형식을 지닌 법적 공직윤리는 자율적 공직윤리에 비해 구속력이 높고 구체적이다.

32 ☐☐ 17 국가7(추)
「공직자윤리법」에 따르면 한국은행과 공기업은 정부 공직자윤리위원회에 의해서 공직유관단체로 지정될 수 있다. O X

> 한국은행, 공기업 등은 공직유관단체로 지정할 수 있다.

33 ☐☐ 17 국가7(추)
「공직자윤리법」에 따르면 공무원의 가족이 외국 혹은 외국인으로부터 받은 선물은 신고절차를 거친 후 지체 없이 당사자에게 반환하여야 한다. O X

> 공무원 또는 그 가족이 외국으로부터 선물을 받으면 지체 없이 소속 기관 단체의 장에게 신고하고 그 선물을 인도하여야 한다.

34 ☐☐ 17 국가9
공개적으로 공직자등에게 특정한 행위를 요구하는 행위는 「부정청탁 및 금품 등 수수에 관한 법률」상 금지하는 부정청탁에 해당한다. O X

> 공개적으로 공직자등에게 특정한 행위를 요구하는 행위는 「부정청탁 및 금품등 수수의 금지에 관한 법률」상 금지하는 부정청탁에 해당하지 않는다.

35 ☐☐ 17 국회8
제도화된 부패는 공식적 행동규범의 준수를 특징으로 한다. O X

> 제도화된 부패하에서는 부패가 실질적 규범이 되고 공식적 행동규범을 준수하려는 사람들은 오히려 제재를 받게 되며, 공식적 행동규범이 예외로 전락한다.

36 ☐☐ 17 국회9
은행, 공직유관단체, 공기업, 언론, 학교법인 등은 현행 「부정청탁 및 금품등 수수의 금지에 관한 법률」 적용 대상인 공공기관의 범주에 포함된다. O X

> 「부정청탁 및 금품등 수수의 금지에 관한 법률」에 따르면 「은행법」에 따른 은행은 공공기관의 범주에 포함되지 않는다.

37 ☐☐ 17 서울7
고위공직자의 직무 관련 주식 보유에 따른 공·사적 이해충돌 방지를 위해 주식백지신탁제도를 도입, 운용하고 있다. O X

> 주식백지신탁제도는 재산공개 대상자 등 및 그 이해관계인이 보유하고 있는 주식의 직무관련성을 심사·결정하기 위한 제도로 우리나라는 직무 관련 주식 보유에 따른 공·사적 이해충돌 방지를 위해 도입하고 있다.

📖 28. O 29. X 30. O 31. X 32. O 33. X 34. X 35. X 36. X 37. O

38 ☐☐ 17 서울7
현행 「부정청탁 및 금품등 수수의 금지에 관한 법률」에 의하면 공직자는 직무 관련 여부와 관계없이 동일인으로부터 1회에 100만원 또는 매 회계연도에 300만원을 초과하는 금품 등을 받을 수 없다. [O|X]

> 금품등 수수의 금지에 관한 법률」 제8조의 내용으로 옳은 지문이다.

39 ☐☐ 17 서울7
공직자 재산등록 및 공개 제도는 공직자, 공직후보자의 재산정보를 등록 및 공개하는 제도로 우리나라 「공직자윤리법」에 시행근거를 두고 있다. [O|X]

> 「공직자윤리법」에 공직자 재산등록 및 공개제도가 명시되어 있다.

40 ☐☐ 17 서울7
퇴직공직자 취업제한제도는 적용대상 공직자의 퇴직 후 5년 간 그가 퇴직이전에 3년 간 속해있던 소속 부서나 기관과 밀접한 업무관련성이 있는 기관으로의 취업을 제한한다. [O|X]

> 2019년 개정법령에 따르면, 적용대상 공직자는 퇴직일부터 3년간 취업심사대상기관에 취업할 수 없으나 관할 공직자윤리위원회로부터 퇴직 전 5년 동안 소속하였던 부서 또는 기관의 업무와 취업심사대상기관 간에 밀접한 관련성이 없다는 확인을 받거나 취업승인을 받은 때에는 취업할 수 있다는 단서조항이 추가되었다.

41 ☐☐ 17 서울9
무허가 업소를 단속하던 단속원이 정상적인 단속활동을 수행하다가 금품을 제공하는 특정 업소에 대해서 단속을 하지 않는 것은 일탈형 부패에 해당한다. [O|X]

> 무허가 업소를 단속하던 단속원이 정상적인 단속활동을 수행하다가 금품을 제공하는 특정 업소에 대해 단속을 하지 않는 것은 일탈적(우발적) 부패에 해당한다.

42 ☐☐ 17 서울9
금융위기가 심각함에도 불구하고 국민들의 동요나 기업활동의 위축을 막기 위해 공직자가 거짓말을 하는 것은 회색부패에 해당한다. [O|X]

> 금융위기가 심각함에도 불구하고 국민들의 동요나 기업활동의 위축을 막기 위해 공직자가 선의의 목적으로 거짓말 등을 하는 것은 백색부패에 해당한다.

43 ☐☐ 17 행정사
백색부패는 부패행위로 규정될 수 있으나 사회구성원의 다수가 어느 정도 용인하는 관례화된 부패로서 사회 체제에 심각한 파괴적 영향을 미치지 않는다. [O|X]

> 백색부패는 사회적 용인 가능성에 따른 구분으로 구성원의 다수가 어느 정도 용인하는 부패이다.

44 ☐☐ 18 국가7
공직자 행동강령은 공무원이 준수하여야 할 행동기준으로 「국가공무원법」에 규정되어 있다. [O|X]

> 공직자 행동강령은 공무원이 준수하여야 할 구체적인 행동기준으로, 2003년 노무현정부 때 '대통령령'으로 제정되었다.

45 ☐☐ 18 국가7
「공직자윤리법」상 취업심사대상자는 퇴직일부터 3년간 퇴직 전 5년 동안 소속하였던 부서 또는 기관의 업무와 밀접한 관련성이 있는 취업제한기관에 취업할 수 없다. [O|X]

> 「공직자윤리법」상 취업제한의무에 관한 기준에 해당한다. 다만 2019년 법이 개정됨에 "관할 공직자윤리위원회로부터 취업심사대상자가 퇴직 전 5년 동안 소속하였던 부서 또는 기관의 업무와 취업심사대상기관 간에 밀접한 관련성이 없다는 확인을 받거나 취업승인을 받은 때에는 취업할 수 있다."는 단서조항이 들어갔다.

38. O 39. O 40. X 41. O 42. X 43. O 44. X 45. O

46 ☐☐ 18 국가9
인·허가와 관련된 업무를 담당하는 공무원의 대부분이 업무를 처리하면서 민원인으로부터 의례적으로 '급행료'를 받는 것은 일탈형부패의 사례이다. O X

해설: 인·허가와 관련된 업무를 담당하는 공무원의 대부분이 업무를 처리하면서 민원인으로부터 의례적으로 '급행료'를 받는 것은 제도화된 부패의 사례이다.

47 ☐☐ 18 국가9
금융위기가 심각함에도 불구하고 국민들의 동요나 기업활동의 위축을 방지하기 위해 금융위기가 전혀 없다고 관련 공무원이 거짓말을 하는 것은 회색부패에 해당한다. O X

해설: 금융위기가 심각함에도 불구하고 국민들의 동요나 기업활동의 위축을 방지하기 위해 금융위기가 전혀 없다고 관련 공무원이 거짓말을 하는 것은 백색부패에 해당한다.

48 ☐☐ 18 국가9
거래당사자 없이 공금 횡령, 개인적 이익 편취, 회계 부정 등이 공무원에 의해 일방적으로 발생하는 것은 생계형 부패에 해당한다. O X

해설: 거래당사자 없이 공금 횡령, 개인적 이익 편취, 회계 부정 등이 공무원에 의해 일방적으로 발생하는 것은 비거래형 부패(=사기형 부패)에 해당한다.

49 ☐☐ 18 서울7(3월)
「부정청탁 및 금품 등 수수의 금지에 관한 법률」(일명 김영란법) 및 동법 시행령에 따르면 공직자 등이 직무와 관련하여 1회 100만원 이하의 금품을 수수하는 경우 형사 처벌할 수 있다. O X

해설: 공직자 등이 직무와 관련하여 1회 100만원 초과하는 금품 등을 수수하는 경우 형사 처벌할 수 있다.

50 ☐☐ 18 서울7(3월)
「부정청탁 및 금품 등 수수의 금지에 관한 법률」(일명 김영란법) 및 동법 시행령에 따르면 경조사비는 축의금, 조의금은 5만원까지 가능하고, 축의금과 조의금을 대신하는 화환이나 조화는 10만원까지 가능하다. O X

해설: 축의금, 조의금은 5만원까지 가능하고, 축의금과 조의금을 대신하는 화환이나 조화는 10만원까지 가능하다.

51 ☐☐ 18 서울9
정무직 공무원과 일반직 4급 이상 공무원은 재산등록의무가 있다. O X

해설: 정무직 공무원과 일반직 4급 이상 공무원은 재산등록의무가 있다.

52 ☐☐ 18 서울9
4급 이상 공무원과 공직유관단체 임직원은 퇴직일로부터 2년 간, 퇴직 전 5년 간 소속 부서 또는 기관 업무와 밀접한 관련이 있는 사기업체에 취업할 수 없다. O X

해설: 4급 이상 공무원과 공직유관단체 임직원은 퇴직일로부터 3년간 퇴직 전 5년 간 소속 부서 또는 기관 업무와 밀접한 관련이 있는 사기업체에 취업할 수 없다.

53 ☐☐ 18 지방9
「부정청탁 및 금품등 수수의 금지에 관한 법률 시행령」에 따르면 유가증권의 가액범위는 5만원이다. O X

해설: 종래에는 유가증권을 선물에 포함시켰으나 개정법령에서는 유가증권은 현금과 유사하여 추적이 어려워 선물에서 제외되어 있다.

54 ☐☐ 19 경간부
「공직자윤리법」에 따르면 재산공개대상자등 및 그 이해관계인이 보유하고 있는 주식의 직무관련성을 심사·결정하기 위하여 인사혁신처에 주식백지신탁심사위원회를 둔다. O X

해설: 재산공개대상자 및 그 이해관계인이 보유하고 있는 주식의 직무관련성을 심사하기 위해 인사혁신처에 주식백지신탁위원회를 둔다.

46. X 47. X 48. X 49. X 50. O 51. O 52. X 53. X 54. O

55 □□ 　19 국회8
권력문화적 접근법은 공직자들의 잘못된 의식구조를 공무원 부패의 원인으로 본다. O X

해설 공직자들의 잘못된 의식구조를 공무원 부패의 원인으로 보는 것은 구조적 접근법이다.

56 □□ 　19 국회9
공무원 부패에 대한 제도적 접근에서는 행정통제장치를 제대로 갖추지 못하였기 때문에 부패행위가 발생한다고 본다. O X

해설 제도적 접근법은 법이나 제도 같은 행정통제장치의 미비를 부패행위의 원인으로 본다.

57 □□ 　19 서울7
공무원의 부패를 방지하기 위한 대책으로는 행정정보 공개, 행정절차의 간소화, 사회적 규제 강화 등이 있다. O X

해설 공무원의 부패를 방지하기 위해서는 행정정보 공개, 행정절차의 간소화, 규제완화가 필요하다. 규제를 강화할 경우 포획이나 지대추구로 인해 부패가 발생할 수 있다.

58 □□ 　19 지방7
공직자윤리법령에 따르면 공무원은 그 직무와 관련하여 외국인으로부터 수령 당시 국내 시가 10만 원 이상의 선물을 받으면 지체 없이 신고하고 인도하여야 한다. O X

해설 직무와 관련하여 외국인으로부터 수령 당시 증정한 국가 또는 외국인이 속한 국가의 시가로 미국화폐 100달러 이상이거나 국내 시가 10만원 이상의 선물을 받으면 지체없이 신고하고 인도하여야 한다.

59 □□ 　19 지방7
공직자윤리법령에 따르면 재산공개 대상자가 직무 관련성이 있는 경우 매각 혹은 백지신탁 해야 하는 주식의 하한가액은 5천만 원이다. O X

해설 재산공개 대상자가 직무 관련성이 있는 경우 매각 혹은 백지신탁 해야 하는 주식의 상한가액은 5천만 원(하한가액은 1천만 원)이다.

60 □□ 　19 행정사
부패의 제도화 정도에 따라 거래형 부패와 사기형 부패로 나눌 수 있다. O X

해설 부패의 제도화 정도에 따른 분류는 제도적 부패와 우발적(일탈형) 부패이다. 거래형 부패와 사기형 부패는 상대방의 유무에 따른 분류이다.

61 □□ 　20 군무원9
재산등록의무자는 5급 이상의 국가공무원 및 지방공무원과 이에 상당하는 보수를 받는 별정직 공무원이다. O X

해설 재산등록의무자는 4급 이상의 국가공무원 및 지방공무원과 이에 상당하는 보수를 받는 별정직 공무원이다.

62 □□ 　21 국가9
부패행위 신고의무, 품위 유지의 의무, 복종의 의무는 모두 「국가공무원법」에 명시된 공무원의 의무에 해당한다. O X

해설 품위 유지의 의무, 복종의 위무는 「국가공무원법」에, 부패행위 신고의무는 「부패방지법」에 명시되어 있다.

63 □□ 　21 소방간부
공무원의 이해 충돌(Conflict of Interest)이란 공적으로 부여된 직무 수행상의 의무와 사인으로서 개인의 이익 간의 충돌을 말한다. O X

해설 이해충돌은 공직자에게 공적으로 부여된 직무 수행상의 의무와 사인으로서 개인의 이익 간의 충돌을 말한다.

55. X　56. O　57. X　58. O　59. X　60. X　61. X　62. X　63. O

64 ☐☐
21 경정승진

「공직자윤리법」상 취업심사대상자는 퇴직일부터 5년간 취업심사대상기관에 취업할 수 없다. 다만, 관할 공직자윤리위원회로부터 취업심사대상자가 퇴직 전 3년 동안 소속하였던 부서 또는 기관의 업무와 취업심사대상기관 간에 밀접한 관련성이 없다는 확인을 받으면 취업할 수 있다. ⓄⓍ

> **해설**
> 「공직자윤리법」상 취업심사대상자는 퇴직일부터 3년간 취업심사대상기관에 취업할 수 없지만, 관할 공직자윤리위원회로부터 퇴직 전 5년 동안 소속하였던 부서와 밀접한 관련성이 없다는 확인을 받으면 취업할 수 있다.

65 ☐☐
21 경정승진

대통령, 국무총리, 국무위원, 국회의원, 준장 이상의 장성급 장교, 치안감 이상의 경찰공무원 등은 「공직자윤리법」상 공직자 재산공개 대상자에 해당한다. ⓄⓍ

> 대통령, 국무총리, 국무위원, 국회의원, 중장 이상의 장성급 장교, 치안감 이상의 경찰공무원 등은 「공직자윤리법」상 공직자 재산공개 대상자에 해당한다.

66 ☐☐
21 국회8

총경 이상의 경찰공무원과 경기도의 교육장은 「공직자윤리법」상 재산등록의무가 있다. ⓄⓍ

> 총경 이상의 경찰공무원과 시·도 교육감 및 교육장은 재산등록의 의무가 있다.

67 ☐☐
21 국회8

재산등록의무자였던 퇴직공직자는 퇴직 전 5년 동안 소속하였던 부서 또는 기관의 업무와 밀접한 관련성이 있는 기관에 퇴직일로부터 5년간 취업이 제한된다. ⓄⓍ

> 재산등록의무자인 취업심사대상자는 퇴직일부터 3년간 취업심사대상기관에 취업할 수 없다. 다만, 관할 공직자윤리위원회로부터 퇴직 전 5년 동안 소속하였던 부서 또는 기관의 업무와 취업심사대상기관 간에 밀접한 관련성이 없다는 확인을 받은 때에는 취업할 수 있다.

68 ☐☐
21 군무원9

상벌사항 공개는 우리나라 공직자윤리법에 규정된 내용에 해당하지 않는다. ⓄⓍ

> 상벌사항은 공직자윤리법에 규정되어 있지 않다.

69 ☐☐
21 지방7

취업심사대상자는 퇴직 전 3년 동안 소속하였던 부서의 업무와 밀접한 관련이 있는 기관에 퇴직일로부터 5년간 취업할 수 없다. 단, 관할 공직자윤리위원회로부터 취업 승인을 받은 경우는 예외로 한다. ⓄⓍ

> 취업심사대상자는 퇴직 전 5년 동안 소속하였던 부서의 업무와 밀접한 관련이 있는 기관에 퇴직일로부터 3년간 취업할 수 없다. 단, 관할 공직자윤리위원회로부터 취업 승인을 받은 경우는 예외로 한다.

70 ☐☐
22 경간부

이해충돌 방지 의무, 청렴의 의무, 친절·공정의 의무는 「국가공무원법」에 규정된 공무원의 의무이다. ⓄⓍ

> 이해충돌 방지 의무는 공직자윤리법에 규정된 의무이다.

71 ☐☐
22 국가직7

공직부패중 인·허가 업무처리 시 소위 '급행료'를 당연하게 요구하는 행위를 일탈형 부패라고 한다. ⓄⓍ

> 공직부패중 제도화된 부패이다.

72 ☐☐
22 국가직7

공금 횡령, 회계 부정 등 거래 당사자 없이 공무원에 의해 일방적으로 발생하는 부패를 사기형 부패라고 한다. ⓄⓍ

> 사기형 부패의 사례이다.

---

64. X 65. X 66. O 67. X 68. O 69. X 70. X 71. X 72. O

73 ☐☐　　　　　　　　　　　　　　　　22 지방직9

공직자 윤리법상 재산등록의무자는 소령 이상의 장교 및 이에 상당하는 군무원이다.　OX

해설

공직자 윤리법상 재산등록의무자는 대령 이상의 장교 및 이에 상당하는 군무원이다.

73. X

MEMO

PART
05

재무행정론

MANI 매니 행정학 기출 OX 총정리

01 예산의 의의·기능·형식, 예산관련법률 등
02 예산의 원칙과 예외
03 예산의 종류-일반회계, 특별회계, 기금
04 예산의 분류
05 예산결정이론
06 예산이론전개
07 예산편성, 예산심의
08 예산집행과 집행상 신축성 확보방안
09 결산 및 회계감사
10 정부회계, 조달(구매) 행정
11 최근 예산제도개혁-신성과주의 등

01 예산의 의의·기능·형식, 예산관련법률 등

01 ☐☐　　　　　　　　　　　　　　　　　　　　03 국가9
재정민주주의란 재정운영과정에 국민을 참여시키고 관련되는 정보를 공개하며 그 결과에 대해 책임을 지는 것을 뜻한다. ⓄⓍ

> 재정민주주의의 의의이다.

02 ☐☐　　　　　　　　　　　　　　　　　　　　05 서울9
정부예산은 정부활동에 필요한 자원규모와 국정책임자의 정책우선순위에 관한 확정적 수치라는 성격을 갖는다. ⓄⓍ

> 예산은 확정적 수치가 아니라 한 회계연도 동안 정부활동에 필요한 자원규모와 국정책임자의 정책우선순위에 관한 예정적 수치이다.

03 ☐☐　　　　　　　　　　　　　　　　　　　　06 선관위9
예산은 한 국가나 지방정부의 경제 정책을 조장하는 경제적 도구로 자원배분, 소득재분배, 경제안정 및 경제성장을 통한 재정정책들이 구현되어 있다. ⓄⓍ

> 머스그레이브가 주장한 예산의 경제적 기능으로 여기에는 자원배분, 소득재분배, 경기안정화 기능 등이 있다.

04 ☐☐　　　　　　　　　　　　　　　　　　　　06 국회8
기획과 예산은 권력의 집중성으로 인해 괴리와 갈등이 발생한다. ⓄⓍ

> 기획과 예산의 권력이 집중화되면 괴리와 갈등이 어느 정도 해소될 수 있다.

05 ☐☐　　　　　　　　　　　　　　　　　　　　07 전남9
Allen Shick는 사업의 분석과 평가에 소홀한 상태를 급격한 희소성이라고 하였다. ⓄⓍ

> 만성적 희소성에 대한 설명이다.

06 ☐☐　　　　　　　　　　　　　　　　　　　　07 충남9
예산은 국가의 세입과 세출을 일정기간 단위로 계획한 예정적 수치로서 정부지출의 기준이 된다. ⓄⓍ

> 예산에 대한 설명이다.

07 ☐☐　　　　　　　　　　　　　　　　　　　　07 충남9
예산은 헌법 또는 국가재정법에 따라 1년 단위로 정부가 편성하고 의회의 심의·의결을 거쳐 확정된 국가재정계획이다. ⓄⓍ

> 예산은 1년 단위로 편성한 예정적 계산서로, 정부가 편성하고 국회가 행정부에 대한 재정활동을 허용·통제하는 특징이 있다.

08 ☐☐　　　　　　　　　　　　　　　　　　　　09 국가전환특채
정부는 예산과정의 투명성과 예산과정에의 국민참여를 제고하기 위하여 노력하여야 한다는 내용은 국가재정법 제16조에 규정된 예산운용의 기본원칙 중 하나이다. ⓄⓍ

> 제16조에는 예산과정의 투명성 및 예산과정에의 국민참여에 대한 내용이 명시되어 있다.

09 ☐☐　　　　　　　　　　　　　　　　　　　　09 국회8
급성 희소성은 가용자원이 정부의 계속사업을 지속할 만큼 충분하지 못한 경우에 발생한다. ⓄⓍ

> 가용자원이 정부의 계속사업을 지속할 만큼 충분하지 못한 경우에 발생하는 것은 총체적 희소성이다. 한편 급성 희소성은 계속사업의 점증적 증가분을 추진할 수 없는 상태이다.

01. ⓄX 02. Ⓧ 03. Ⓞ 04. Ⓧ 05. Ⓧ 06. Ⓞ 07. Ⓞ 08. Ⓞ 09. Ⓧ

10 ☐☐ 09 군무원
일반적으로 계획담당자는 비판적·보수적·부정적·저축지향적이며, 예산담당자는 미래지향적·발전지향적·쇄신적·소비지향적이다. ○ X

해설: 반대로 서술되었다.

11 ☐☐ 10 경정승진
분파주의 방지, 세입과 세출의 유기적 관련성 확보, 강력한 행정력 발휘, 효과적인 행정관리 수단 등은 재무행정 조직의 삼원체제가 지니는 장점들이다. ○ X

해설: 세입과 세출의 유기적 관련성 확보는 이원체제의 장점이다.

12 ☐☐ 11 경간부
바람직한 예산은 총량규모에 관한 재정규율, 배분적 효율성, 운영상 효율성과 같은 기능을 잘 수행하는 것이라고 쉬크(A.Schick)는 지적하였다. ○ X

해설: 쉬크는 예산총액의 효과적인 통제를 의미하며 재정의 건전성을 강조하는 총량적 재정규율, 재정지출의 총체적 효율성을 강조하는 배분적 효율성, 개별적 지출 차원의 효율성을 의미하는 운영상 효율성을 강조하였다.

13 ☐☐ 11 경간부
머스그레이브는 재정의 3대 기능으로 효율적인 자원배분, 형평성 있는 분배, 성장과 안정의 균형 등을 제시하였다. ○ X

해설: 머스그레이브가 제시한 개념이다.

14 ☐☐ 11 경간부
회계 및 기금 간 여유재원의 신축적 운용, 성인지 예결산제도 도입, 국가채무관리계획의 국회 제출, 예산증액 및 새 비목 설치 제한은 모두 국가재정법에 규정되어 있다. ○ X

해설: 회계 및 기금 간 여유재원의 신축적 운용, 성인지 예결산제도 도입, 국가채무관리계획의 국회 제출은 국가재정법에 규정된 내용이다. 반면 예산증액 및 새 비목 설치 제한은 헌법에 규정된 내용이다.

15 ☐☐ 12 서울7
윌다브스키는 예산을 경제적 투쟁의 결과물로 보았다. ○ X

해설: 윌다브스키는 예산을 협상과 타협에 의한 정치적 과정의 산물로 보았다.

16 ☐☐ 12 서울9
예산의 본질적 모습은 예산을 통해 추진하고자 하는 정책과 사업이라고 할 수 있다. ○ X

해설: 예산은 한 국가의 경제능력에 의해 뒷받침되는 종합적이고 실현가능한 계획을 의미하는 것으로 예산의 본질적 모습은 추진하고자 하는 정책과 사업이라고 볼 수 있다.

17 ☐☐ 12 경간부
만성적 희소성하에서 예산은 주로 지출통제보다는 관리의 개선에 역점을 두게 되며, 총체적 희소성하에서는 반복적인 답습예산에 의존한다. ○ X

해설: 만성적 희소성은 계속사업자금과 증가분의 상태로 관리상의 개선에 역점을 두고, 총체적 희소성은 기존 사업에 대해 비용을 충당할 수 없는 상태로 반복적·회피형 예산편성이 나타나며, 답습예산에 의존한다.

18 ☐☐ 12 해경간부
예산은 다양한 이해관계의 조정과 타협으로 결정하며 입법부가 행정부를 통제하는 수단은 예산의 경제적 기능에 해당한다. ○ X

해설: 예산의 정치적 기능이다.

답 10. X 11. X 12. ○ 13. ○ 14. X 15. X 16. ○ 17. ○ 18. X

19 ☐☐   13 국가9
재정 민주주의는 '대표없이 과세없다' 라는 표현에서 나타나듯이 재정 주권이 납세자인 국민에게 있다는 의미를 내포하고 있다.   O|X

> 재정 민주주의의 개념이다.

20 ☐☐   14 경간부
국가보증채무 부담 승인 시 국회의 사후승인 의무화는 국가재정법상 재정건전화를 위해 도입된 제도이다.   O|X

> 국회의 사후승인 의무화가 아닌 사전동의를 얻어야 한다.

21 ☐☐   14 서울7
국회에서 의결된 예산에 대해서 대통령이 거부권을 행사할 수 있다. O|X

> 우리나라는 대통령이 예산에 대해서 일체의 거부권을 행사할 수 없다.

22 ☐☐   15 경간부
시민에 의한 예산 참여는 재정민주주의 발전 과정상 예산감시에서 시작해 직접 예산을 편성하는 참여예산제도로 발전하였다.   O|X

> 시민에 의한 예산 참여는 예산과정에 시민이 직접 참여하는 것으로서 예산편성 단계에서의 공청회, 청문회, 토론회 등이 그 방법이다.

23 ☐☐   16 국회8
국가의 재정지출을 조세수입에 의해 충당하는 경우 납세자인 국민들은 정부지출을 통제하기 어렵고 성과에 대한 직접적인 책임을 요구하기 어렵다.   O|X

> 재정지출을 납세자가 납부하는 조세로 충당하기 때문에 국민들은 정부지출을 통제하기 용이하고 성과에 대한 책임을 국회를 통해 요구할 수 있다.

24 ☐☐   16 해경간부
K. Wicksell은 국가의 재정활동은 의회에 의해 감시되고 통제되어야 하며, 재정주권은 국민에게 있다는 재정민주주의를 강조하였다.   O|X

> K. Wicksell은 재정주권이 국민에게 있다는 재정민주주의를 강조하였다.

25 ☐☐   17 경간부
배분적 효율성이 부문 내의 배분을 중시하는 효율성이라면, 운영상 효율성은 부문 간의 효율성을 말한다.   O|X

> 배분적 효율성이 부문 간의 배분을 중시하는 효율성이라면, 운영상 효율성은 부문 내의 효율성을 말한다.

26 ☐☐   17 경간부
총량적 재정규율이란 예산총액에 대한 효과적인 통제를 의미하는 것으로, 거시적 예산결정을 토대로 자원배분을 이루려는 개념이다.   O|X

> 총량적 재정규율이란 예산총액의 효과적인 통제를 의미하는 것으로 정부의 재정 및 경제정책과 관련한 예산 운영 전반에 대한 거시적 예산결정을 의미한다.

27 ☐☐   17 경간부
Allen Schick 교수에 의할 때, 관리지향 예산은 사업의 투입물보다 사업의 수행방식과 성과에 초점을 두는 예산정향이다.   O|X

> 사업의 투입물보다 사업의 수행방식과 성과에 초점을 두는 것은 Schick의 관리지향예산이다.

28 ☐☐   17 국회8
예산은 정부정책 중 보수적인 영역에 속한다.   O|X

> 예산은 보수적인 성격을 지닌다.

19. **O** 20. **X** 21. **X** 22. **O** 23. **X** 24. **O** 25. **X** 26. **O** 27. **O** 28. **O**

29 ☐☐ 17 지방9
대통령은 국회가 확정한 본예산에 대하여 재의를 요구할 수 있다. [O|X]

> 대통령은 의회가 의결하여 확정한 예산을 거부하거나 재의를 요구할 수 없다.

30 ☐☐ 17 지방9(추)
단원제에서의 예산심의는 양원제의 경우보다 심의를 신속하게 할 수 있으나 신중한 심의가 어렵다. [O|X]

> 단원제에서는 양원제보다 신속한 심의가 가능하나 신중한 심의는 곤란하다.

31 ☐☐ 17 지방9(추)
과거 중앙예산기관과 결산기관을 분리하기도 했다. [O|X]

> 과거 우리나라는 중앙예산기관(기획예산처)과 결산관리기관(재정경제부)을 분리하여 운영하기도 했다.

32 ☐☐ 18 국가7
「국가재정법」및「지방자치법」상 정부는 국회에 회계연도 개시 90일 전까지, 광역지방자치단체장과 기초자치단체장은 회계연도 개시 각각 50일, 30일 전까지 지방의회에 예산안을 제출해야 한다. [O|X]

> 「국가재정법」및「지방자치법」상 정부는 국회에 회계연도 개시 120일 전까지, 광역지방자치단체장과 기초자치단체장은 회계연도 개시 각각 50일, 40일 전까지 지방의회에 예산안을 제출해야 한다.

33 ☐☐ 18 국가7
참여예산제는 과정적 측면보다는 결과적 측면의 이념을 지향한다. [O|X]

> 참여예산제도는 예산편성과정의 주민들이 참여하는 제도로 결과보다는 과정지향적인 예산이다.

34 ☐☐ 18 국가7
예산과정에의 시민참여는 중앙정부와 지방정부 모두 가능하지만, 참여예산제는 주로 지방정부를 대상으로 시행된다. [O|X]

> 현재는 중앙정부에서 국민참여예산제도를, 지방정부에서 주민참여예산제도를 실시하고 있으며, 전통적으로 주민참여예산제도는 지방정부를 대상으로 시행된다.

35 ☐☐ 18 국가9
우리나라의 예산은 행정부가 제출하고 국회가 심의·확정하지만, 미국과 같은 세출예산법률의 형식은 아니다. [O|X]

> 우리나라의 예산은 행정부가 제출하고 국회가 심의·확정하므로 비법률주의 형식이다. 한편 세출예산법률은 예산이 법률과 동일한 형식을 취하는 것이다.

36 ☐☐ 18 국회8
「국가재정법」제16조에서 규정하고 있는 재정운영에 대한 내용에는 재정건전성의 확보, 국민부담의 최소화, 재정의 지속가능성 확보 등이 있다. [O|X]

> 「국가재정법」제16조에서는 재정건전성 확보 원칙, 국민부담 최소화의 원칙, 투명성과 참여의 원칙, 성인지적 효과 평가의 원칙을 규정하고 있다. 재정의 지속가능성 확보는 관련이 없다.

37 ☐☐ 18 군무원
예산편성 시 계획담당자는 단기적 관점을, 예산담당자는 장기적 관점을 가진다. [O|X]

> 예산편성 시 계획담당자는 장기적이고 미래지향적인 관점을, 예산담당자는 단기적 관점을 가진다.

38 ☐☐ 18 서울7
예산·기금 지출에 대한 국민 감시와 예산성과금 지급은 「국가재정법」에서 규율하고 있는 제도들 중 재정운영의 건전성 강화 목적과 관련된다. [O|X]

> 예산·기금 지출에 대한 국민 감시와 예산성과금 지급은 재정의 투명성 강화와 관련된다.

29. X 30. O 31. O 32. X 33. X 34. O 35. O 36. X 37. X 38. X

39 □□ 18 서울9
법률에 대해서는 대통령의 거부권 행사가 가능하지만 예산은 거부권을 행사할 수 없다. ⓞⓧ

해설: 예산은 거부권을 행사할 수 없다.

40 □□ 18 서울9
법률과 달리 예산안은 정부만이 편성하여 제출할 수 있다. ⓞⓧ

해설: 법률은 정부와 국회가 모두 제출 가능하지만 예산은 정부만이 제출할 수 있다.

41 □□ 18 지방9
머스그레이브(Musgrave)의 정부 재정기능의 기본 원칙에 따르면 시장실패를 교정하고 사회적 최적 생산과 소비수준이 이루어지도록 해야 한다. ⓞⓧ

해설: 머스그레이브의 자원배분의 효율화 기능에 대한 설명이다.

42 □□ 18 지방9
머스그레이브(Musgrave)의 정부 재정기능의 기본 원칙에 따르면 정부에 부여된 목적과 자원을 연계하여 소기의 성과를 거둘 수 있도록 관료를 통제해야 한다. ⓞⓧ

해설: 정부에 부여된 목적과 자원을 연계하여 소기의 성과를 거둘 수 있도록 관료를 통제해야 한다는 것은 머스그레이브의 3대 재정기능에 포함되지 않는다.

43 □□ 19 국가7
일반적으로 법률은 국가기관과 국민에 대해 구속력을 갖지만, 예산은 국가기관에 대해서만 구속력을 갖는다. ⓞⓧ

해설: 우리나라 예산은 법률이 아닌 의결의 형식이므로 구속력이 약하고 법률보다 하위 효력을 갖기 때문에 법률은 국가기관과 국민 모두에 대해 구속력을 갖지만 예산은 국가기관만 구속한다.

44 □□ 19 국가7
대통령은 국회가 의결한 법률안에 대해 거부권이 있지만, 국회의결 예산에 대해서는 사안별로만 재의요구권이 있다. ⓞⓧ

해설: 대통령은 국회가 의결한 법률안에 대해 거부권이 있지만, 국회의 예산안 심의·의결에 대한 재의요구는 인정하지 않는다.

45 □□ 19 서울7
중기지방재정계획, 지방재정투자심사, 행정사무감사는 지방재정의 사전관리제도에 해당한다. ⓞⓧ

해설: 중기지방재정계획, 지방재정투자심사는 지방재정의 사전관리제도에 해당하고 행정사무감사는 지방재정의 사후관리제도이다.

46 □□ 19 행정사
조세는 국가가 재정권에 기초해 동원하는 공공재원으로 벌금과 과태료를 포함한다. ⓞⓧ

해설: 벌금이나 과태료는 조세가 아니라 세외수입에 해당한다.

47 □□ 22 경간부
지방재정은 중앙재정에 비해 자원배분 기능, 소득재분배 기능, 지역경제 안정화 기능 등 더 포괄적인 기능을 수행한다. ⓞⓧ

해설: 중앙재정은 지방재정에 비해 자원배분 기능, 소득재분배 기능, 경제안정화 기능 등 더 포괄적인 기능을 수행한다.

48 □□ 22 국가직7
우리나라 중앙예산기관 변천에서 1961년 설립된 경제기획원은 수입·지출의 총괄기능을 담당하였으며, 재무부는 중앙예산기관의 역할을 담당하였다. ⓞⓧ

해설: 1961년 당시 수입지출의 총괄기능은 재무부이고, 중앙예산기관의 역할을 담당한 것은 경제기획원이다.

39. O 40. O 41. O 42. X 43. O 44. X 45. X 46. X 47. X 48. X

MEMO

02 예산의 원칙과 예외

01 ☐☐ 04 서울7
통일성의 원칙 예외에는 특별회계 및 추가경정예산 등이 있다. O|X

> **해설**
> 추가경정예산은 단일성 원칙의 예외이다.

02 ☐☐ 07 서울7
당해 연도에 절약을 통하여 집행하지 않고 축적된 예산의 일정부분을 차년도에 해당부서가 자율적으로 사용할 수 있는 제도는 회계연도 독립의 원칙에는 위배되나 재량원칙에는 부합된다. O|X

> 이월제도는 회계연도 독립원칙에 위배되나 재량원칙에 부합된다.

03 ☐☐ 09 지방9
예산 단일의 원칙은 특정한 세입과 특정한 세출을 직접 연계시켜서는 안 된다는 원칙이다. O|X

> 특정한 세입과 특정한 세출을 직접 연계시켜서는 안된다는 것은 통일성의 원칙에 대한 내용이다.

04 ☐☐ 10 지방9
예산의 이용, 예비비, 계속비는 공통적으로 한정성의 원칙에 대한 예외이다. O|X

> 한정성의 원칙에 대한 예외로 옳다.

05 ☐☐ 12 해경간부
수입대체경비의 초과수입, 현물출자와 외국차관을 정부 이름으로 대신 빌려서 실제 그 돈을 사용할 차관사업 수행자에게 그대로 넘겨주는 전대차관은 완전성 원칙의 예외이다. O|X

> 수입대체경비 초과수입, 차관전대는 완전성 원칙의 예외이다.

06 ☐☐ 13 서울9
통일성의 원칙은 회계장부가 하나여야 한다는 원칙이다. O|X

> 단일성의 원칙에 대한 설명이다. 반면 통일성의 원칙은 정부의 모든 재정활동은 알아보기 쉽게 하나의 단일예산으로 편성하여야 한다는 원칙이다.

07 ☐☐ 14 국가7
예비비 편성, 추가경정예산, 특별회계 운용, 예산의 이용 및 전용은 예산 한정성 원칙의 예외이다. O|X

> 추가경정예산은 단일성 원칙의 예외이고, 특별회계는 통일성과 단일성 원칙의 예외이다.

08 ☐☐ 15 서울9
한 회계연도의 세입과 세출은 모두 예산에 계상하여야 한다는 원칙은 예산총계주의 원칙이다. O|X

> 예산총계주의(완전성)의 원칙에 대한 설명이다.

09 ☐☐ 16 국가9
수입대체경비는 국가재정법상 예산공개의 원칙의 예외로 규정되어 있다. O|X

> 수입대체경비는 국가재정법상 예산총계주의 원칙의 예외로 규정되어 있다.

01. X 02. O 03. X 04. O 05. O 06. X 07. X 08. O 09. X

해설

10 □□　　　　　　　　　　　　　　　　16 서울9
스미스(Smith)는 예산의 편성, 심의, 집행은 공식적인 형식을 가진 재정보고 및 업무 보고에 기초를 두어야 한다고 주장하였다. ⓄⓍ

스미스가 주장한 현대적 예산의 원칙에 대한 설명이다.

11 □□　　　　　　　　　　　　　　　　16 지방7
입법부가 사전에 의결한 사항만 집행이 가능하다는 사전의결의 원칙의 예외로는 긴급명령과 준예산 등이 있다. ⓄⓍ

사전의결의 원칙은 예산 집행 전 국회의 의결을 거쳐야 한다는 것으로 사전의결 원칙의 예외로는 긴급명령, 준예산, 전용, 사고이월 등이 있다.

12 □□　　　　　　　　　　　　　　　17 국가9(추)
단일성의 원칙은 세입과 세출 내역의 명시적 나열로 원칙의 예외로는 이용과 전용이 있다. ⓄⓍ

단일성의 원칙은 예산은 가능한 모든 재정활동을 포괄하는 단일의 예산 내에서 정리되어야 한다는 원칙으로, 예외로는 추가경정예산, 기금, 특별회계 등이 있다.

13 □□　　　　　　　　　　　　　　　17 국가9(추)
완전성의 원칙은 예산총계주의로 원칙의 예외로는 전대차관이 있다. ⓄⓍ

완전성의 원칙은 모든 세입과 세출은 예산에 명시적으로 나열되어 있어야 한다는 것으로 수입대체경비, 현물출자, 전대차관 등이 있다.

14 □□　　　　　　　　　　　　　　　　17 사복9
예산 한정성의 원칙 중 예산 목적 외 사용 금지인 질적 한정의 원칙은 엄격히 지켜지고 있다. ⓄⓍ

예산 한정성의 원칙은 현실적으로 엄격히 지켜지기가 곤란하다고 볼 수 있다.

15 □□　　　　　　　　　　　　　　　　17 지방7
행정부에 의한 책임부담의 원칙, 예산관리수단 확보의 원칙, 공개의 원칙, 다원적 절차채택의 원칙은 자원관리의 효율성과 계획성을 강조하는 현대적 예산제도의 원칙에 해당한다. ⓄⓍ

예산 공개성의 원칙은 예산운영의 전반적인 내용이 국민에게 공개되어야 한다는 것으로 전통적 예산원칙에 해당한다.

16 □□　　　　　　　　　　　　　　　　18 군무원
행정부 재량의 원칙, 보고의 원칙, 명확성의 원칙, 적절한 수단구비의 원칙은 스미스가 주장한 현대적 예산원칙에 해당한다. ⓄⓍ

명확성의 원칙은 노이마르크가 주장한 전통적 예산원칙에 해당한다.

17 □□　　　　　　　　　　　　　　　18 서울7(3월)
예산집행의 시간적 제약을 완화하기 위해 도입한 제도로는 총액계상제도, 이월제도, 계속비제도, 국고채무부담행위 등이 있다. ⓄⓍ

시간적 제약을 완화하기 위한 제도란 회계연도 독립의 원칙(기간적 한정성)의 예외를 의미하는 것으로, 이월제도, 계속비제도, 국고채무부담행위만 해당한다.

18 □□　　　　　　　　　　　　　　　　19 경간부
예산의 원칙 중 '한 회계연도의 모든 수입을 세입으로 하고 모든 지출을 세출로 하며, 세입과 세출은 모두 예산에 편입해야 한다.'를 의미하는 원칙은 예산 한정성의 원칙이다. ⓄⓍ

예산의 원칙 중 '한 회계연도의 모든 수입을 세입으로 하고 모든 지출을 세출로 하며, 세입과 세출은 모두 예산에 편입해야 한다.'를 의미하는 원칙은 예산 총계주의 원칙이다.

📖 10. Ⓞ　11. Ⓞ　12. Ⓧ　13. Ⓞ　14. Ⓧ　15. Ⓧ　16. Ⓧ　17. Ⓧ　18. Ⓧ

19 □□   19 국회8
수입금마련경비는 지출이 직접 수입을 수반하는 경비로서 기획재정부장관이 지정하는 것을 의미하며 전통적 예산원칙 중 통일성의 예외에 해당한다. O X

> 수입대체경비는 지출이 직접 수입을 수반하는 경비로서 기획재정부장관이 지정하는 것을 의미하며 전통적 예산원칙 중 통일성의 예외에 해당한다.

20 □□   19 서울9(2월)
예산엄밀성의 원칙은 정해진 목표를 위해서 정해진 금액을 정해진 기간 내에 사용해야 한다는 원칙이다. O X

> 예산한정성의 원칙은 정해진 목표를 위해서 정해진 금액을 정해진 기간 내에 사용해야 한다는 원칙이다.

21 □□   19 지방7
목적세는 한정성 원칙의 예외에, 특별회계는 단일성 원칙의 예외에 해당한다. O X

> 목적세는 통일성 원칙의 예외에, 특별회계는 단일성 원칙의 예외에 해당한다.

22 □□   20 경간부
사전의결(절차성)의 원칙, 공개성의 원칙, 명확성(명료성)의 원칙, 보고의 원칙은 전통적 예산원칙에 해당한다. O X

> 사전의결(절차성)의 원칙, 공개성의 원칙, 명확성(명료성)의 원칙은 전통적 예산원칙에, 보고의 원칙은 현대적 예산원칙에 해당한다.

23 □□   20 경간부
입법부 우위의 예산원칙은 행정이 소극적 성격을 가졌던 상황에서 효과적이다. O X

> 입법부 우위의 예산원칙은 국회가 행정부를 가능한 한 엄격하게 통제해야 한다는 입법국가 시대의 특성이 반영되었다.

24 □□   20 경간부
관리지향적 예산원칙은 예산과 기획의 밀접한 관계를 중요시하였다. O X

> 관리지향적 예산원칙은 정부활동의 성과에 초점을 맞추므로 예산과 기획의 밀접한 관계를 중시한다.

25 □□   20 경간부
Neumark의 예산원칙은 예산을 통제수단으로 파악하였다. O X

> 노이마르크는 행정부에 대한 입법부의 통제에 초점을 두고 예산원칙을 수립하였다.

26 □□   21 소방간부
전통적 예산 원칙의 하나인 통일의 원칙은 정부의 회계장부가 하나여야 한다는 원칙이다. O X

> 정부의 회계장부가 하나여야 한다는 원칙은 단일성의 원칙이다.

19. X   20. X   21. X   22. X   23. O   24. O   25. O   26. X

MEMO

03 예산의 종류-일반회계, 특별회계, 기금

01 ☐☐ 05 경기9
기금은 출연금, 부담금 등 수입원이 다양하지만 일반회계 예산은 조세 수입이 대부분을 차지하고 있다. [O|X]

> **해설**
> 기금은 출연금, 부담금 등 다양한 수입원을 토대로 한다.

02 ☐☐ 05 국가7
기금은 통합예산 또는 통합재정에 포함되지 않는다. [O|X]

> 금융성 기금을 제외한 정부기금은 모두 통합재정에 포함된다.

03 ☐☐ 06 경북9
국가에서 특정한 목적의 사업을 운영할 경우, 특별한 자금을 보유하여 운영할 경우 등은 모두 특별회계의 운영·설치의 사유이다. [O|X]

> 특별회계는 특정한 목적의 사업을 운영할 경우, 특별한 자금을 보유하여 운영할 경우, 기타 특정한 세입을 특정한 세출에 충당함으로써 일반세입·세출과 구분할 필요가 있는 경우에 법률로 설치한다.

04 ☐☐ 10 지방7
국가재정법상 기금관리장치로서 국정감사, 자산운용위원회, 기금운용심의회 등이 있다. [O|X]

> 국가재정법상 국정감사(제83조), 자산운용위원회(제76조), 기금운용심의회(제74조) 등이 기금관리장치로 규정되어 있다.

05 ☐☐ 11 서울9
기금과 예산 모두 국회 심의 및 의결, 확정절차를 따른다. [O|X]

> 기금과 예산은 모두 국회 심의 및 의결 등의 절차를 따른다.

06 ☐☐ 12 서울9
특정한 세입으로 특정한 세출에 충당함으로써 일반회계와 별도로 구분해서 경리할 필요가 있을 때 특별회계예산을 설치한다. [O|X]

> 특별회계는 특정사업 운영, 특정자금 운영, 특정세입으로 특정세출을 충당함으로써 일반회계와 구분하여 계리할 필요가 있을 때에 법률로써 설치한다.

07 ☐☐ 12 서울9
특별회계예산은 국가에서 특정사업을 운영할 때 대통령령으로 설치한다. [O|X]

> 특별회계는 국가에서 특정한 사업을 운영할 때 법률로 설치한다.

08 ☐☐ 13 지방7
특별회계 설립 주체에 따라 중앙정부 특별회계와 지방자치단체 특별회계로 구분된다. [O|X]

> 우리나라 특별회계에 대한 설명이다.

09 ☐☐ 14 국가7
기금은 합목적성 차원에서 예산에 비하여 운영의 자율성과 탄력성이 높다. [O|X]

> 기금의 특징이다.

01. O 02. X 03. O 04. O 05. O 06. O 07. X 08. O 09. O

10 ☐☐   14 국회8
일반회계는 특정 수입과 지출의 연계를 배제하지만, 특별회계는 특정 수입과 지출을 연계하는 것이 원칙이다. ⓞⓧ

> 특정 수입과 지출의 연계 배제는 통일성의 원칙으로, 특별회계는 통일성 원칙의 예외이다.

11 ☐☐   15 국가9
국가가 특정한 목적을 위하여 특정한 자금을 신축적으로 운용할 필요가 있을 때에 법률로써 설치하는 기금은 세입·세출예산에 의하지 아니하고 운용할 수 있다. ⓞⓧ

> 기금은 법률로써 설치하며 세입·세출예산 외로 운영될 수 있다.

12 ☐☐   15 교행9
일반회계는 조세수입 등을 주요 세입으로 하여 국가의 일반적인 세출에 충당하기 위하여 설치한다. ⓞⓧ

> 일반회계에 대한 설명이다.

13 ☐☐   15 국가7
기금은 주한 미군기지 이전, 행정중심 복합도시 건설 등 기존의 일반회계에서 처리하기 곤란한 대규모 국책사업을 실행하기 위해 운영된다. ⓞⓧ

> 기존의 일반회계에서 처리하기 곤란한 대규모 국책사업을 실행하기 위해서는 특별회계를 설치·운영하여야 한다.

14 ☐☐   15 행정사
국가재정법상 정부는 주요항목 단위로 마련된 기금운용계획안을 회계연도 개시 90일 전까지 국회에 제출하여야 한다. ⓞⓧ

> 회계연도 개시 120일 전까지 국회에 제출하여야 한다(국가재정법 제68조 제1항).

15 ☐☐   16 서울9
특별회계예산에서는 입법부의 예산통제가 용이해진다. ⓞⓧ

> 특별회계는 일반회계보다 행정부의 재량이 확대되는 영역이기 때문에, 입법부의 예산통제 또한 어려워진다.

16 ☐☐   16 서울9
특별회계예산은 세입과 세출의 수지가 명백하다. ⓞⓧ

> 특별회계는 세입과 세출의 수지가 명확하다.

17 ☐☐   17 국가7
「군인연금특별회계법」은 「국가재정법」상 특별회계를 설치할 수 있는 근거법률에 해당한다. ⓞⓧ

> 「군인연금특별회계법」은 「국가재정법」상 특별회계를 설치할 수 있는 근거법률에 해당하지 않는다. 군인연금은 기금으로 설치·운용한다.

18 ☐☐   17 지방7
특별회계예산은 임시적인 성격이 강하기 때문에 국회의 심의를 받지 않는다. ⓞⓧ

> 특별회계는 일반회계와 함께 예산의 일부분으로 국회의 심의를 받는다.

19 ☐☐   17 지방7
특별회계예산은 재정운영 주체의 자율성 증대를 통해 운영의 효율성을 높일 수 있을 때 필요하다. ⓞⓧ

> 특별회계는 단일성, 통일성 원칙에 대한 예외로 운영에 있어 신축성이 높다.

---

10. O   11. O   12. O   13. X   14. X   15. X   16. O   17. X   18. X   19. O

20 ☐☐ 17 지방9
「정부기업예산법」은 우편사업, 우체국예금사업, 양곡관리사업, 조달사업을 수행하기 위한 특별회계예산의 운용에 관한 사항을 규정하고 있다. O|X

> 해설
「정부기업예산법」은 우편사업, 우체국예금사업, 양곡관리사업, 조달사업을 수행하기 위한 특별회계예산의 운용에 관한 사항을 규정하고 있다.

21 ☐☐ 18 교행9
기금은 법률로써 설치하며 출연금, 부담금 등은 기금의 재원으로 활용할 수 없다. O|X

기금은 유상급부적 성격을 가지므로 출연금, 부담금 등 수입원이 다양하다.

22 ☐☐ 18 교행9
기금은 세입·세출예산 내에서 운영해야 하며, 재원의 자율적 운영을 위하여 국회의 심의를 거치지 않는다. O|X

기금은 세입·세출예산 외로 운영할 수 있는 자금으로 국회의 심의·의결을 거쳐야 한다.

23 ☐☐ 18 국가9
각 중앙관서의 장은 회계연도마다 소관 기금의 결산보고서를 중앙관서결산보고서에 통합하여 작성하여야 한다. O|X

각 중앙관서의 장은 「국가회계법」에서 정하는 바에 따라 회계연도마다 소관 기금의 결산보고서를 중앙관서결산보고서에 통합하여 작성한 후 기획재정부장관에게 제출하여야 한다.

24 ☐☐ 19 국회9
특별회계에서 발생한 잉여금을 일반회계로 전입시킬 수 있다. O|X

특별회계에서 발생한 잉여금은 일반회계로 전입할 수 있다.

25 ☐☐ 19 국회9
특별회계의 세입은 주로 조세수입으로 이루어진다. O|X

특별회계의 세입은 별도 특정수입과 일반회계의 전입금 등으로 이루어진다.

26 ☐☐ 21 경간부
기금은 특정수입과 지출의 연계를 배제한다. O|X

기금은 세입세출예산에 의하지 않고 예산외로 별도로 운용되므로 수입과 지출의 연계를 허용한다.

27 ☐☐ 21 경간부
일반회계예산은 공권력에 의한 조세수입과 무상급부를 원칙으로 한다. O|X

일반회계는 국가 고유의 일반적 재정활동으로 조세수입을 주요 세입원으로 하고 무상급부를 원칙으로 한다.

28 ☐☐ 21 지방(서울)9
특별회계 예산은 합목적성 차원에서 기금보다 자율성과 탄력성이 강하다. O|X

기금은 합목적성 차원에서 특별회계보다 자율성과 탄력성이 강하다.

29 ☐☐ 21 지방(서울)9
특별회계 예산은 세입과 세출이라는 운영 체계를 지닌다. O|X

특별회계 예산도 일반회계와 마찬가지로 세입과 세출의 운영체계를 갖는다.

30 ☐☐ 22 지방9
일반회계, 특별회계, 기금 모두 국회로부터 결산의 심의 및 의결을 받아야 한다. O|X

국회 결산 심의 대상이다.

20. O 21. X 22. X 23. O 24. O 25. X 26. X 27. O 28. X 29. O 30. O

31
23 지방9

기금은 예산원칙의 일반적 제약으로부터 벗어나 탄력적으로 운용된다.

O X

해설

기금은 일반회계와 달리 신축적이고 탄력적 운영이 가능하다.

답 31. O

04 예산의 분류

01 ☐☐ 03 행정고시
준예산은 법률상 지출의무 이행을 위한 예산집행을 전년도 예산에 준하여 할 수 있게 한 제도이다. O X

> 준예산에 대한 설명이다.

02 ☐☐ 04 국가9
우리나라의 추가경정예산은 한 회계연도에 3회 이상 편성할 수 없다. O X

> 추가경정예산은 편성횟수에 대하여 규정이 없다.

03 ☐☐ 04 선관위9
준예산, 가예산 및 잠정예산은 모두 사전의결의 원칙에 대한 예외로서 국회의 의결을 거칠 필요가 없다. O X

> 준예산은 사전의결이 불필요하지만, 가예산 및 잠정예산은 국회의 사전의결이 필요하다.

04 ☐☐ 04 울산9
수정예산은 정부가 예산을 제출한 후 최종 의결되기 전에 예산안의 일부를 변경할 필요가 있을 때 편성한다. O X

> 수정예산의 개념이다.

05 ☐☐ 05 광주9
예산의 기능별 분류는 전문적이고 포괄적이어서 일반시민이 이해하기 힘들다. O X

> 기능별 분류는 시민들이 이해하기 가장 용이하므로 시민을 위한 분류라고 한다.

06 ☐☐ 06 경남9
명시이월비는 예산불성립 시 헌법규정에 의해 전년도 예산에 준하여 집행할 수 있는 경비이다. O X

> 예산불성립 시 헌법규정에 의해 전년도 예산에 준하여 집행할 수 있는 경비는 준예산제도이다.

07 ☐☐ 06 선관위9
예산은 세입·세출의 성질에 따라 본예산, 수정예산, 추가경정예산으로 분류된다. O X

> 예산절차상 분류에 해당한다.

08 ☐☐ 07 대구7
본예산은 국회에 상정되어 정기국회에서 다음 회계연도 예산에 대하여 정상적으로 의결, 확정한 당초예산을 의미한다. O X

> 본예산에 대한 설명이다.

09 ☐☐ 07 인천9
조세지출은 형식은 조세이지만 실질은 보조금과 같은 경제적 효과를 발생한다. O X

> 조세지출에 대한 설명이다.

답 01. O 02. X 03. X 04. O 05. X 06. X 07. X 08. O 09. O

10 ☐☐　　　　　　　　　　　　　　　　09 세무사
조세지출은 비과세, 세액감면, 보조금 등에 의한 세수결손을 의미한다.
　　　　　　　　　　　　　　　　　　　　　O X

> 비과세와 감면을 통해 지원되는 재정지출의 수준과 성격을 파악할 수 있으나 보조금 등은 조세지출에 포함되지 않는다.

11 ☐☐　　　　　　　　　　　　　　　　10 지방9
지출통제예산은 예산의 구체적인 항목별 지출에 대해 통제하는 예산제도이다.
　　　　　　　　　　　　　　　　　　　　　O X

> 지출통제예산은 중앙예산기관이 예산의 총액만 정해 주면 각 부처는 그 범위 내에서 구체적 항목에 대한 지출을 재량적으로 집행하는 예산제도로 지출의 자율성을 높이는 제도이다.

12 ☐☐　　　　　　　　　　　　　　　　11 경정승진
예산의 분류는 예산의 효율적인 집행과 회계책임의 명확화에 기여한다.
　　　　　　　　　　　　　　　　　　　　　O X

> 예산분류의 장점에 대한 설명이다.

13 ☐☐　　　　　　　　　　　　　　　　11 경정승진
새로운 회계연도가 개시될 때까지 국회에서 예산안이 의결되지 못한 때에는 정부에서 공무원 인건비, 추진이 시급한 신규 국책사업 등을 준예산으로 집행할 수 있다.
　　　　　　　　　　　　　　　　　　　　　O X

> 추진이 시급한 신규 국책사업 등을 준예산으로 집행할 수 없다.

14 ☐☐　　　　　　　　　　　　　　　　13 국회9
통합재정은 재정이 국민경제에 미치는 영향을 분석하기에 용이하지만 내부거래와 보전거래를 차감하지 않으므로 순수한 재정활동 규모를 파악하는 데 한계가 있다.
　　　　　　　　　　　　　　　　　　　　　O X

> 통합재정은 순수 재정활동만을 대상으로 하므로 순수 재정활동이 아닌 내부거래와 보전거래를 제외한다.

15 ☐☐　　　　　　　　　　　　　　　　13 지방9
추가경정예산은 본예산과 별개로 성립되므로 당해 회계연도의 결산에는 포함되지 않는다.
　　　　　　　　　　　　　　　　　　　　　O X

> 추가경정예산은 본예산과 별개로 성립되지만 운용은 본예산에 포함되므로 당해 회계연도 종료 후 결산에는 추가경정예산이 포함되어야 한다.

16 ☐☐　　　　　　　　　　　　　　　　13 행정사
잠정예산은 회계연도 개시 전에 예산이 의결되지 못하는 경우를 대비해 의회가 미리 1개월분 예산만 의결해 정부로 하여금 집행할 수 있도록 하는 예산이다.
　　　　　　　　　　　　　　　　　　　　　O X

> 회계연도 개시 전에 예산이 의결되지 못하는 경우를 대비해 의회가 미리 1개월분 예산만 의결해 정부로 하여금 집행할 수 있도록 하는 예산은 가예산이다.

17 ☐☐　　　　　　　　　　　　　　　　14 지방9
우리나라의 통합재정수지에 지방정부예산은 포함되지 않는다.
　　　　　　　　　　　　　　　　　　　　　O X

> 우리나라의 통합재정수지에는 지방정부예산도 포함된다.

18 ☐☐　　　　　　　　　　　　　　　　14 해경간부
조세지출예산은 과세의 수직적·수평적 형평성을 파악할 수 있기 때문에 세수인상을 위한 정책판단의 자료가 된다.
　　　　　　　　　　　　　　　　　　　　　O X

> 조세지출항목에 대한 의회의 예산심사권이 충실하기 때문에 재정민주주의를 실현하고 세수인상을 위한 정책판단의 자료가 된다.

10. X　11. X　12. O　13. X　14. X　15. X　16. X　17. X　18. O

19 ☐☐   16 교행9
우리나라 통합재정은 금융 공공부문 및 비금융 공공부문의 일반회계와 특별회계 외에 기금과 세입세출외 자금을 포함한다. O X

해설 통합재정은 금융적 성격이 강한 금융성 기금이나 외환평형기금은 제외된다.

20 ☐☐   16 교행9
통합재정은 국제통화기금(IMF)의 재정통계 작성기준을 기초로 작성 및 발표한다. O X

해설 통합재정은 국제통화기금(IMF)의 권고기준에 따라 통합재정수지라는 이름으로 월별 작성·발표되고 있다.

21 ☐☐   16 국가7
중앙정부의 통합재정 규모는 일반회계, 특별회계, 기금, 세입세출 외 항목을 포함하지만 내부거래와 보전거래는 제외한다. O X

해설 통합재정은 내부거래와 보전거래를 제외한다.

22 ☐☐   16 국가7
실질적인 정부의 총예산 규모를 파악하는 데에는 예산순계기준보다 예산총계기준이 더 유용하다. O X

해설 실질적인 정부의 총예산 규모를 파악하는 데 유리한 방식은 예산순계방식이다.

23 ☐☐   17 국가7(추)
통합재정은 일반회계, 특별회계, 기금 등을 포괄한 국가 전체 재정을 의미한다. O X

해설 통합재정은 일반회계, 특별회계, 기금 등을 포괄한 국가 전체 재정을 의미한다.

24 ☐☐   17 국가9
통합재정수지는 재정건전성 분석, 재정의 실물경제 효과 분석, 재정운용의 통화부문에 대한 영향 분석 등에 활용될 수 있다. O X

해설 통합재정수지는 재정건전성 분석, 재정의 실물경제 효과 분석 등에 활용될 수 있다.

25 ☐☐   17 국가9(추)
성인지예산서는 예산이 남성과 여성에 미칠 영향을 미리 분석한 보고서로 정부가 예산안과 함께 국회에 제출해야 하는 첨부서류이다. O X

해설 성인지예산서는 예산이 남성과 여성에 미칠 영향을 미리 분석한 보고서로 정부가 예산안과 함께 국회에 제출해야 하는 첨부서류이다.

26 ☐☐   17 국회8
기능별 분류는 국민경제활동의 구성과 수준에 미치는 영향을 파악하고, 고위정책결정자들에게 유용한 정보를 제공해 주는 예산분류 방법이다. O X

해설 국민경제활동의 구성과 수준에 미치는 영향을 파악하고, 고위정책결정자들에게 유용한 정보를 제공해 주는 예산분류 방법은 경제성질별 분류이다.

27 ☐☐   17 사복9
정부활동의 일반적이며 총체적인 내용을 보여 주어 일반납세자가 정부의 예산 내용을 쉽게 이해할 수 있도록 설계된 예산의 분류 방법은 기능별 분류이다. O X

해설 기능별 분류는 정부활동의 일반적이며 총체적인 내용을 보여주므로 일반납세자가 정부의 예산내용을 쉽게 이해할 수 있다.

28 ☐☐   18 국가9
성인지 예산서는 기획재정부 장관이 각 중앙관서의 장과 협의하여 제시한 작성기준 및 방식 등에 따라 여성가족부 장관이 작성한다. O X

해설 성인지 예산서는 기획재정부 장관이 여성가족부장관과 협의하여 제시한 작성기준 및 방식 등에 따라 각 중앙관서의 장이 작성한다.

---

19. X   20. O   21. O   22. X   23. O   24. O   25. O   26. X   27. O   28. X

29 □□   18 국가9

성인지 예산서에는 성인지 예산의 개요, 규모, 성평등 기대효과, 성과목표 및 성별 수혜 분석 등의 내용이 포함되어야 한다.   O X

> 성인지 예산서에는 성평등 기대효과, 성과목표, 성별 수혜분석 등을 포함하여야 한다.

30 □□   18 서울7

성인지 예산서 및 결산서 도입은 「국가재정법」에서 규율하고 있는 제도들 중 재정운용의 건전성 강화 목적과 관련된다.   O X

> 성인지 예산서 및 결산서 도입은 재정의 형평성 강화와 관련된다.

31 □□   18 행정사

계속비, 세입세출예산, 명시이월비, 국고채무부담행위는 국가재정법에서 총괄적으로 규정하고 있는 예산총칙에 해당한다.   O X

> 국가재정법 제20조에서는 예산총칙에는 세입세출예산·계속비·명시이월비 및 국고채무부담행위에 관한 총괄적 규정을 두어야 한다고 명시하고 있다.

32 □□   18 행정사

예산은 회계 간 중복 거래 금액의 포함 여부에 따라 세입예산과 세출예산으로 구분된다.   O X

> 예산은 회계 간 중복 거래 금액의 포함 여부에 따라 예산총계와 예산순계로 구분된다.

33 □□   18 행정사

기능별 분류방식은 세출예산보다는 세입예산의 분류에 적합하다.   O X

> 기능별 분류방식은 세입예산보다는 세출예산의 분류에 적합하다.

34 □□   19 경간부

우리나라는 1960년부터 준예산제도를 채택하고 있으며 지출항목은 한정적이다.   O X

> 1960년부터 채택한 제도로 특정 경비에 한해서 전년도 예산에 준하여 지출할 수 있는 제도이며 지출항목은 한정적이다.

35 □□   19 국가7

통합재정은 일반회계, 특별회계, 기금을 모두 포괄하며, 재정 활동의 전모를 파악할 수 있도록 융자지출을 통합재정수지의 계산에 포함하고 있다.   O X

> 통합재정은 일반회계, 특별회계, 기금을 모두 포함하고, 융자지출도 통합재정수지의 계산(적자요인)으로 포함하고 있다.

36 □□   19 국가9

국공채는 사회간접자본(SOC) 관련 사업이나 시설로 인해 편익을 얻게 될 경우 후세대도 비용을 분담하기 때문에 세대 간 형평성을 훼손시킨다.   O X

> 국공채는 사회간접자본(SOC) 관련 사업이나 시설로 인해 편익을 얻게 될 경우 현 세대와 다음 세대 간의 부담을 공평하게 할 수 있다.

37 □□   19 국회8

차관물자대(借款物資貸)의 경우 전년도 인출예정분의 부득이한 이월 또는 환율 및 금리의 변동으로 인하여 세입이 그 세입예산을 초과하게 되는 때에는 그 세출예산을 초과하여 지출할 수 없다.   O X

> 차관물자대(借款物資貸)의 경우 전년도 인출예정분의 부득이한 이월 또는 환율 및 금리의 변동으로 인하여 세입이 그 세입예산을 초과하게 되는 때에는 그 세출예산을 초과하여 지출할 수 있다.

📖 29. **O**   30. **X**   31. **O**   32. **X**   33. **X**   34. **O**   35. **O**   36. **X**   37. **X**

38 ☐☐ 19 서울9
본예산은 매 회계연도 개시 전에 국회의 심의·의결을 거쳐 성립되는 예산이다.
O X

해설 본예산은 매 회계연도 개시 전에 국회의 심의·의결을 거쳐 성립된 당초예산이다.

39 ☐☐ 19 서울9
추가경정예산은 본예산과 별개로 성립하며 결산 심의 역시 별도로 이루어진다.
O X

해설 추가경정예산은 본예산 성립 후에 생기는 사유로 본예산과 별도로 성립되지만 집행이나 결산 등은 본예산과 통합되어 이루어진다.

40 ☐☐ 19 지방9
통합재정은 2005년부터 정부의 재정규모 통계로 사용하고 있으며 세입과 세출을 총계 개념으로 파악한다.
O X

해설 통합재정은 1979년부터 정부의 재정규모 통계로 사용하고 있으며, 세입과 세출을 순계 개념으로 파악한다.

41 ☐☐ 20 국회8
예산이 성립되면 잠정예산은 그 유효기간이나 지출 잔액유무에 관계없이 본예산에 흡수된다.
O X

해설 본예산이 성립되면 잠정예산은 그 유효기간이나 지출 잔액유무와 관계없이 본예산에 흡수된다.

42 ☐☐ 20 국회8
통합재정수지를 계산할 때 국민연금기금 등의 사회보장성 기금의 수지는 제외된다.
O X

해설 통합재정수지에는 국민연금기금과 같은 사회보장성 기금은 포함되고 신용보증기금과 같은 금융성 기금은 제외된다.

43 ☐☐ 20 서/지9
예산지출이 직접적 예산 집행이라면 조세지출은 세제상의 혜택을 통한 간접지출의 성격을 띤다.
O X

해설 예산상의 지출이 직접적 지출의 성격이라면 조세지출은 조세감면에 의한 간접적 지출의 성격이다.

44 ☐☐ 20 서/지9
세금 자체를 부과하지 않는 비과세는 조세지출의 방법으로 볼 수 없다.
O X

해설 세금 자체를 부과하지 않는 비과세도 조세지출의 유형에 해당하며, 이외에도 면세, 소득공제, 특혜세율, 세액공제 등이 있다.

45 ☐☐ 20 행정사
성인지예산서는 양성평등을 위한 정책의 결과(성인지예산서 작성)와 과정(예산의 성별 영향 분석과정)을 동시에 추구한다.
O X

해설 성인지 예산서는 양성평등을 위한 정책의 결과(성인지예산서 작성)와 과정(예산의 성별 영향 분석과정)을 동시에 추구한다.

46 ☐☐ 21 국가9
정부는 회계연도 개시 전까지 예산안이 의결되지 못한 때에는 전년도 예산에 준해 모든 예산을 편성해 운영할 수 있다.
O X

해설 정부는 회계연도 개시 전까지 예산안이 의결되지 못한 때에는 헌법에 규정된 일정한 경비만 전년도 예산에 준해 집행할 수 있다.

47 ☐☐ 21 국가9
경제협력, 해외원조를 위한 지출을 예비비로 충당해야 할 우려가 있는 경우는 「국가재정법」상 추가경정예산안 편성이 가능한 사유에 해당한다.
O X

해설 경제협력, 해외원조를 위한 지출을 예비비로 충당해야 할 우려가 있는 경우는 「국가재정법」상 추경예산편성 사유에 해당하지 않는다.

38. O 39. X 40. X 41. O 42. X 43. O 44. X 45. O 46. X 47. X

48 □□ 21 경간부
우리나라 예산은 장, 관, 항, 세항, 목 등의 예산과목으로 분류되는데 이 중에서 관 이상을 입법과목이라 한다. O X

49 □□ 21 경간부
정부는 예산이 성립된 후에 생긴 사유로 이미 성립된 예산에 변경을 가할 필요가 있을 때에는 수정예산을 편성하여 국회에 제출할 수 있다. O X

50 □□ 21 경정승진
정부는 예산안을 국회에 제출한 후 부득이한 사유로 인하여 그 내용의 일부를 수정하고자 하는 때에는, 추가경정예산안을 편성하여 국회에 제출해야 한다. O X

51 □□ 21 경정승진
성인지 예산제도는 성 중립적(gender neutral) 또는 몰성적(gender blind)인 제도이다. O X

52 □□ 21 국회8
계속비는 사전승인의 원칙에 대한 예외로, 국가가 지출할 수 있는 연한은 원칙적으로 그 회계연도로부터 5년 이내이다. O X

53 □□ 21 국가7
우리나라의 경우 2010회계연도 성인지예산서가 처음으로 국회에 제출되었다. O X

54 □□ 21 국가7
준예산은 국회의 의결을 필요로 한다. O X

55 □□ 21 지방7
예산의 조직별 분류의 장점은 예산지출의 목적(대상)을 파악하기 쉽다는 점이다. O X

56 □□ 22 경간부
우리나라는 세입예산과 세출예산 모두 장·관·항·세항·목으로 구분한다. O X

57 □□ 23 지방직9
잠정예산은 수개월 단위로 임시예산을 편성해 운영하는 것으로 가예산과 달리 국회의 의결이 불필요하다. O X

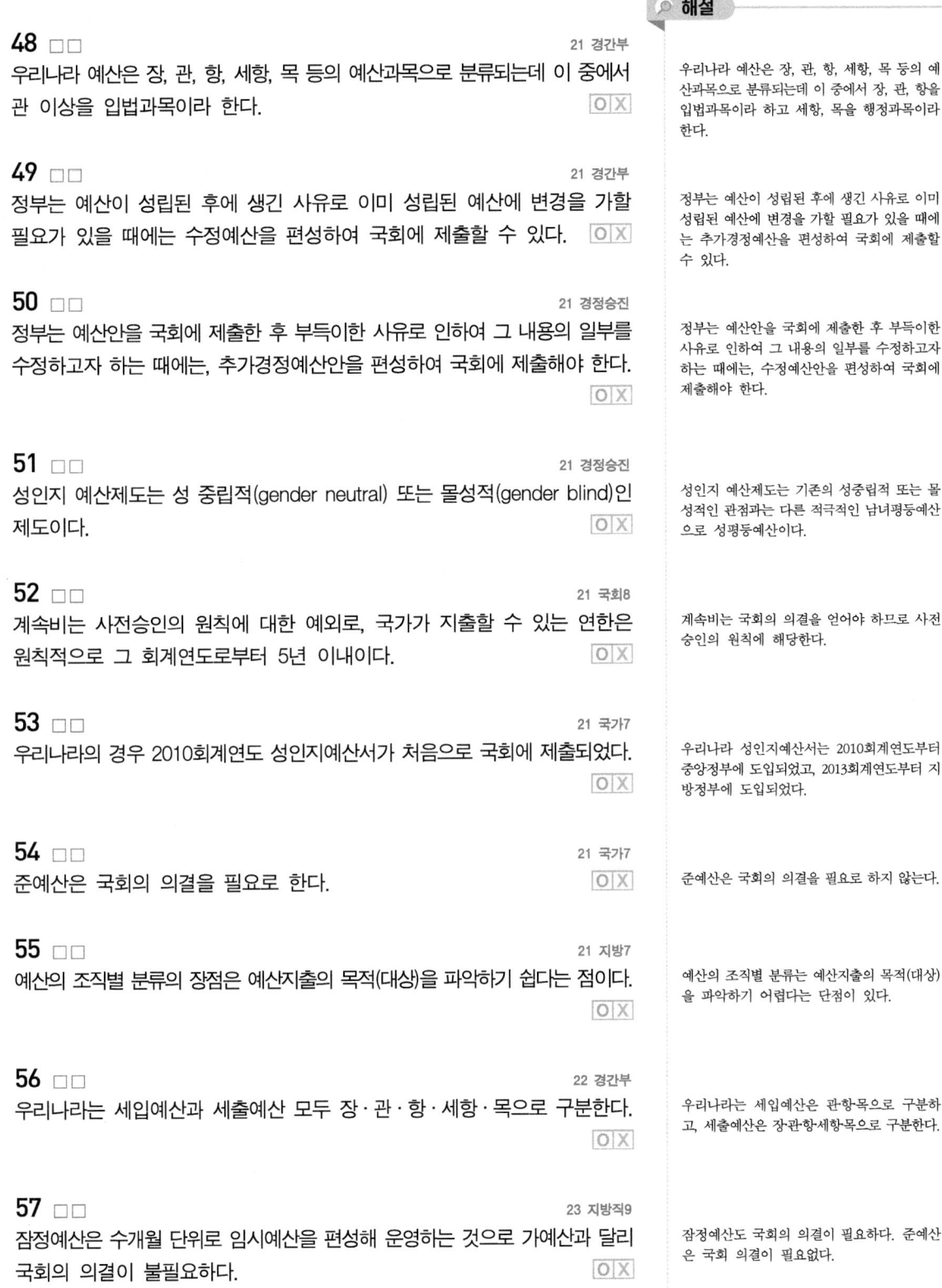

해설

우리나라 예산은 장, 관, 항, 세항, 목 등의 예산과목으로 분류되는데 이 중에서 장, 관, 항을 입법과목이라 하고 세항, 목을 행정과목이라 한다.

정부는 예산이 성립된 후에 생긴 사유로 이미 성립된 예산에 변경을 가할 필요가 있을 때에는 추가경정예산을 편성하여 국회에 제출할 수 있다.

정부는 예산안을 국회에 제출한 후 부득이한 사유로 인하여 그 내용의 일부를 수정하고자 하는 때에는, 수정예산안을 편성하여 국회에 제출해야 한다.

성인지 예산제도는 기존의 성중립적 또는 몰성적인 관점과는 다른 적극적인 남녀평등예산으로 성평등예산이다.

계속비는 국회의 의결을 얻어야 하므로 사전승인의 원칙에 해당한다.

우리나라 성인지예산서는 2010회계연도부터 중앙정부에 도입되었고, 2013회계연도부터 지방정부에 도입되었다.

준예산은 국회의 의결을 필요로 하지 않는다.

예산의 조직별 분류는 예산지출의 목적(대상)을 파악하기 어렵다는 단점이 있다.

우리나라는 세입예산은 관항목으로 구분하고, 세출예산은 장관항세항목으로 구분한다.

잠정예산도 국회의 의결이 필요하다. 준예산은 국회 의결이 필요없다.

48. X 49. X 50. X 51. X 52. X 53. O 54. X 55. X 56. X 57. X

58 □□ 23 국가직9

통합재정 산출 시 내부거래와 보전거래를 제외함으로써 세입·세출을 순계 개념으로 파악한다. ⓞⓧ

> **해설**
> 통합재정에서 내부거래와 보전거래는 제외한다.

58. **O**

MEMO

05 예산결정이론

01 ☐☐ 02 행정고시
총체주의적 예산결정에 따르면 예산은 합리적이고 분석적인 과정을 거쳐서 결정되며, 예산과정을 행정부와 의회의 선형적 함수관계로 파악한다. O X

> **해설**
> 총체주의적 예산결정은 합리모형으로 예산과정을 행정부와 의회의 선형적 함수관계로 파악하는 것은 점증모형의 특징이다.

02 ☐☐ 04 서울7
점증주의 예산방식은 예산의 배정이 불안정하며 예산투쟁이 격화될 수 있다. O X

> 점증주의는 전년도예산을 인정하는 방식이므로 예산배정이 선형성을 띠게 되어 급격한 변화보다는 소폭적인 증감에 그치므로 매우 안정성을 띤다.

03 ☐☐ 05 국가9
총량적 재정규율은 예산운영 전반에 대한 미시적 예산결정을 토대로 이루어져야 한다. O X

> 총량적 재정규율은 예산운영 전반에 대한 거시적 예산결정을 토대로 자원배분을 이루려는 것이다.

04 ☐☐ 06 서울7
보수주의적 성향의 예산담당관은 합리모형에 입각한 예산결정에 긍정적이다. O X

> 보수주의적 성향의 예산담당관은 점중모형에 입각한 예산결정에 긍정적이다.

05 ☐☐ 07 충남9
합리주의 예산은 전년도 예산(base)을 검토(고려)하지 않으며, 사업별 예산이 아닌 품목별 예산을 주로 사용한다. O X

> 품목별 예산을 주로 사용하는 것은 점중주의 예산에 대한 설명이다.

06 ☐☐ 08 서울9
점증주의는 결정자의 인식능력의 한계를 전제로 하며 총체주의와 달리 결정과 관련된 모든 요소를 검토할 수 없다고 본다. O X

> 점중주의에 대한 설명이다.

07 ☐☐ 10 국회9
점증주의는 정치적 접근이라기보다 합리적, 경제적 접근방법의 원리에 가깝다. O X

> 합리적, 경제적 접근방법의 원리에 가까운 것은 합리주의이다.

08 ☐☐ 11 국가7
윌다브스키(Wildavsky)가 부와 재정의 예측성을 기준으로 분류한 예산과정형태 중에서 경제력은 낮으나 재원의 예측가능성이 높은 경우로서 미국의 지방정부에서 많이 발견되는 형태는 세입예산이다. O X

> 미국 등 선진국의 지방정부에서 흔히 발견되는 세입예산에 해당한다.

09 ☐☐ 11 국가7
증감분석법은 모든 예산항목을 매년 재검토할 필요는 없지만, 각 기관에 필요한 기본 예산액이 얼마인지에 대한 충분한 검토가 이루어질 수 있다. O X

> 증감분석법은 전년도 예산과 대비하여 증가 또는 감소된 항목과 금액을 예산안에 밝히고 비교해보는 방법으로, 각 기관에 필요한 기본 예산액이 얼마인지에 대한 충분한 검토가 이루어지기 어렵다.

01. X 02. X 03. X 04. X 05. X 06. O 07. X 08. O 09. X

10 ☐☐   11 서울7
총체주의는 목표에 대한 사회적 합의가 도출되지 않은 경우에도 적용할 수 있다는 장점을 가지고 있다. O X

> 총체주의는 목표수단분석을 전제로 하기 때문에 목표에 대한 사회적 합의가 도출될 수 있다는 가정하에 가능한 제도이다.

11 ☐☐   12 경정승진
린드블롬(C.Lindblom)은 '어떠한 근거로 X달러를 B사업 대신 A사업에 배분하도록 결정하는가?'라는 질문을 통해 예산결정이론의 필요성을 역설하였다. O X

> '어떠한 근거로 X달러를 B사업 대신 A사업에 배분하도록 결정하는가?'라는 질문을 통해 예산결정이론의 필요성을 역설한 학자는 키(O. Key)이다.

12 ☐☐   12 서울9
거시적 배분은 민간부문과 공공부문 간의 자원 배분에 관한 결정이다. O X

> 배분기구로서의 정부예산에서 거시적 배분은 민간과 공공부문 간 자원배분에 대한 결정을 말한다.

13 ☐☐   14 지방7
관계의 규칙성, 외부적 요인의 영향 결여, 좁은 역할범위를 지닌 참여자 간의 현상은 예산상의 점증주의를 유발하는 요인이다. O X

> 점증주의가 나타나는 원인이다.

14 ☐☐   15 경간부
총체주의 예산결정은 예산결정과정의 합리화를 위한 실증적 성격이 강한 의사결정방식이다. O X

> 총체주의 예산결정은 규범적·이상적 성격이 강한 의사결정방식이다. 한편 실증적 성격이 강한 것은 점증주의이다.

15 ☐☐   16 경간부
점증주의는 정치적 협상과 타협, 단편적 결정 등을 통해 효율성보다는 형평성을 고려한다. O X

> 점증주의는 자원배분의 효율성보다는 형평성을 중시한다.

16 ☐☐   16 경간부
점증주의는 경제적 합리성을 강조하는 이론이다. O X

> 경제적 합리성을 강조하는 이론은 총체주의이다.

17 ☐☐   16 경간부
총체주의는 형평성에 의한 재정배분을 중시한다. O X

> 총체주의는 자원배분의 최적화를 통한 사회후생의 극대화를 추구한다.

18 ☐☐   16 지방9
점증주의 예산결정이론은 현실설명력은 높지만 본질적인 문제해결방식이 아니며 보수적이다. O X

> 점증주의 예산결정모형은 현실성은 높지만 현상유지적·보수적이라는 한계를 갖는다.

19 ☐☐   16 지방9
점증주의 예산결정이론은 정책과정상의 갈등을 완화하고 해결하는데 필요한 정치적 합리성을 갖는다. O X

> 점증주의는 예산과정 참여자들의 역할과 기대를 안정시키므로 갈등을 완화한다.

10. X   11. X   12. O   13. O   14. X   15. O   16. X   17. X   18. O   19. O

20 16 지방7
루빈(I.Rubin)의 실시간 예산운영 모형에서 예산과정의 흐름은 '계획된 대로 수행할 수 있는가'에 대한 의사결정으로 기술적 성격이 강하고 책임성의 정치라는 특성을 지니며, 예산계획에 따른 집행과 수정 및 일탈의 허용 범위에 대한 문제가 중요하다. O X

> **해설**
> '계획된 대로 수행할 수 있는가'에 대한 의사결정으로 기술적 성격이 강하고 책임성의 정치라는 특성을 지니는 것은 집행의 흐름이다.

21 17 교행9
점증주의모형을 적용한 대표적인 예산제도에는 영기준예산제도가 있다. O X

> 점증주의모형을 적용한 대표적인 예산제도에는 품목별예산이나 성과주의 예산이 있다.

22 17 교행9
합리주의모형은 대안의 선정 시에 순현재가치, 내부수익률, 비용편익비율 등과 같은 분석기준을 주로 사용한다. O X

> 합리모형은 체계적·포괄적 대안탐색과 분석을 실시하여 포괄적인 가치변화를 추구하고 비용-편익분석 등을 사용하여 대안의 우선순위를 분석한다.

23 17 국가7
루이스(Lewis)는 예산배분결정에 경제학적 접근법을 적용하여, '상대적 가치', '증분분석', '상대적 효과성'이라는 세 가지 분석명제를 제시한다. O X

> 루이스(Lewis)는 기회비용에 입각한 상대적 가치, 상이한 목표 간 비교평가를 위한 증분분석, 공동 목표에 대한 상대적 효과성을 제시하였다.

24 17 국가7
단절균형예산이론(Punctuated Equilibrium Theory)은 급격한 단절적 예산변화를 설명하고, 나아가 그러한 변화를 예측할 수 있는 장점이 있다. O X

> 단절균형예산이론은 사후 분석적으로는 적절하지만 단절균형이 발생할 수 있는 시점을 예측하지 못하기 때문에 미래지향성 측면에서 한계가 있는 접근방법이다.

25 17 사복9
총체주의 예산이론은 예산의 목표와 목표 간 우선순위를 명확하게 설정한다. O X

> 총체주의 예산에 대한 설명이다.

26 17 지방9(추)
점증주의적 예산결정은 자원이 부족한 경우 소수 기득권층의 이해를 먼저 반영하게 되어 사회적 불평등을 야기할 우려가 있다. O X

> 점증주의적 예산결정은 자원이 부족한 경우 소수 기득권층의 이해를 먼저 반영하게 되어 사회적 불평등을 야기할 우려가 있다.

27 17 지방9(추)
점증주의적 예산결정은 다수의 참여자들 간 고리형의 상호작용을 통한 합의를 중시하는 합리주의와는 달리 선형적 과정을 중시한다. O X

> 점증모형은 선형적 과정을 중시하는 합리모형과는 달리 다수의 참여자들 간에 고리형의 상호작용을 통한 합의를 중시한다.

28 17 해경간부
총체주의는 목표에 대한 사회적 합의가 도출되지 않은 경우에도 적용할 수 있다는 장점을 가지고 있다. O X

> 총체주의는 목표에 대한 사회적 합의가 도출되지 않은 경우에는 적용할 수 없다.

20. X 21. X 22. O 23. O 24. X 25. O 26. O 27. X 28. X

29
18 경간부
점증주의 예산방식은 예산의 배정이 불안정하며 예산투쟁이 격화될 수 있다.
O X

해설 예산의 배정이 불안정하며 예산투쟁이 격화될 수 있는 것은 합리주의 예산방식이다.

30
19 국가7
윌다브스키(A. Wildavsky)의 예산행태 유형 중 국가의 경제력은 낮지만 재정 예측력이 높은 경우에 나타나는 행태는 보충적 예산(supplemental budgeting)이다.
O X

해설 윌다브스키(A. Wildavsky)의 예산행태 유형 중 국가의 경제력은 낮지만 재정 예측력이 높은 경우에 나타나는 행태는 세입 예산(revenue budgeting)이다.

31
19 국회8
점증주의는 일단 불완전한 예측을 전제로 하여 정책대안을 실시하여 보고 그때 나타나는 결과가 잘못된 점이 있으면 그 부분만 다시 수정·보완하는 방식을 택하기도 한다.
O X

해설 점증주의는 정책 기존 정책을 토대로 하여 그보다 약간 수정된 내용의 정책을 추구하는 의사결정모형이다.

32
19 서울7(2월)
서메이어(K. Thumaier) & 윌로비(K. Willoughby)의 다중 합리성모형에 따르면 미시적 수준의 예산상의 의사결정을 설명하고 탐구한다.
O X

해설 복수의 합리성 기준이 중앙예산실의 예산분석가들에게 어떤 영향을 미치는지를 미시적으로 분석하였다.

33
19 지방7
예산 결정에서 기존 사업에 대한 당위적 예산 배분을 제어할 수 있다는 점은 점증모형의 유용성이다.
O X

해설 예산 결정에서 기존 사업에 대한 당위적 예산 배분을 제어할 수 있다는 점은 합리모형의 유용성이다.

34
19 지방7
다중합리성모형은 정부 예산의 성공을 위해서는 예산 과정 각 단계에서 예산 활동 및 행태를 구분해야 함을 강조한다.
O X

해설 다중 합리성 모형은 정부예산의 과정적 접근 방법에 근거하여, 정부 예산의 성공을 위해서는 예산 과정 각 단계에서 예산 활동 및 행태를 구분해야 함을 강조한다.

35
21 국회8
정부 예산 이론 중 다중합리성 모형은 예산재원의 배분 형태가 항상 일정하게 유지되는 것이 아니라 특정 사건이나 상황에 따라 균형 상태에서 급격한 변화를 경험한 이후 다시 합리적 균형을 지속하게 된다.
O X

해설 예산재원의 배분 형태가 항상 일정하게 유지되는 것이 아니라 특정 사건이나 상황에 따라 균형 상태에서 급격한 변화를 경험한 이후 다시 합리적 균형을 지속하게 된다고 보는 것은 단절균형모형이다.

36
22 경간부
점증주의에 기반한 단절균형 예산이론은 급격한 단절적인 예산변화를 예측할 수 있다는 장점이 있다.
O X

해설 단절균형 예산이론은 사후에 분석하는 이론으로, 급격한 단절적인 예산변화를 예측하기 어렵다는 단점이 있다.

37
23 국가7
점증주의는 거시적 예산결정과 예산삭감을 설명하기에 적합한 이론이다.
O X

해설 예산 점증주의는 미시적이며 증액지향적이다.

29. X 30. X 31. O 32. O 33. X 34. O 35. X 36. X 37. X

06 예산이론전개

01 ☐☐   99 행정고시
LIBS는 흐름이 상향적이나 PBS는 하향적이다.   O X

해설
LIBS와 PBS 둘 다 상향적이다.

02 ☐☐   03 부산9
일몰법은 사업의 필요성이 없는데도 사업수행기간이 계속 존속되는 타성을 방지해 주는 감축관리의 한 방법이다.   O X

일몰법은 감축관리의 한 방법이다.

03 ☐☐   04 행정고시
계획예산제도의 프로그램 구조(program structure)는 카테고리(category) → 서브카테고리(sub-category) → 엘리먼트(element)로 세분화할 수 있다.   O X

계획예산제도는 장기적인 계획을 수립하고, 그 계획을 달성할 수 있는 실시계획을 짜며, 이를 연차적으로 단기적 예산에 반영하는 예산제도로 프로그램 구조를 세분화한다.

04 ☐☐   06 강원9
품목별 예산제도는 정부사업의 우선순위 파악이 용이하다는 장점이 있다.   O X

품목별 예산제도는 사업위주의 예산이 아니므로 정부사업의 우선순위 파악이 곤란하다.

05 ☐☐   06 강원9
계획예산제도에서는 조직 간 장벽을 제거한 상태에서 대안의 분석검토를 통하여 자원을 합리적으로 배분한다.   O X

계획예산제도는 조직 간 장벽을 제거한 국가 전체적 입장에서 자원배분을 효율적·합리적으로 배분한다.

06 ☐☐   06 국가7
영기준예산은 매년 실시되므로 단기적인 성격을 띠지만, 일몰법은 검토의 주기가 3~7년이므로 장기적인 성격을 띤다.   O X

영기준예산은 단기적이지만, 일몰법은 장기적이다.

07 ☐☐   06 대전9
품목별제도는 총체적 결정을 하고 계획예산제도는 점증적 결정을 한다.   O X

반대로 서술되었다.

08 ☐☐   06 서울9
영기준예산은 중앙집권적이고 하향적인 예산결정이다.   O X

영기준예산은 분권적이고 상향적인 특징을 지닌다.

09 ☐☐   07 강원9
성과주의 예산제도는 기획이 중앙집권적이고 결정방식이 총체적이다.   O X

계획예산제도의 특징이다.

10 ☐☐   07 경북9
영기준예산제도는 정치상황, 관리자의 가치관 등 비경제적, 심리적 요인도 고려한다.   O X

영기준예산제도는 합리주의를 지향하므로 정치상황, 관리자 가치관 등 비경제적, 심리적 요인 등을 고려하지 못한다.

01. X   02. O   03. O   04. X   05. O   06. O   07. X   08. X   09. X   10. X

11 ☐☐   07 국가7
계획예산제도는 도입 초기 행정부에 대한 의회의 통제력을 강화시킨다는 점에서 의회의 지지를 받았으나 이를 뒷받침하는 예산분석능력이 미비하여 큰 효과를 거두지 못하고 있다. ☐O☐X☐

> 계획예산제도는 의회의 심의 기능의 약화를 초래하였기에 처음부터 의회는 계획예산에 대한 이해와 지원이 부족하였고 이를 반대하였다.

12 ☐☐   07 서울7
성과주의 예산은 구체적으로 완성한 이후의 모습을 보여줌으로써 재원과 사업을 직접적으로 연계시키는 예산제도이다. ☐O☐X☐

> 성과주의 예산의 특징이다.

13 ☐☐   07 인천9
성과주의 예산제도는 예산편성과 집행의 관리가 어렵다는 단점이 있다. ☐O☐X☐

> 성과주의 예산제도는 관리중심의 예산이므로 예산편성과 집행의 효율적 관리가 가능하다.

14 ☐☐   07 충북9
계획예산제도는 목표의 구조화, 체계적인 분석, 자원배분을 위한 정보체계 등을 강조하는 예산제도이다. ☐O☐X☐

> 계획예산제도에 대한 설명이다.

15 ☐☐   08 서울7
성과주의 예산은 예산절감의 효과를 유발한다. ☐O☐X☐

> 성과주의 예산은 계량화된 정보를 통해 합리적 의사결정과 관리개선에 도움을 준다.

16 ☐☐   08 서울7
PPBS가 미시적 분석을 좋아할 때 ZBB는 거시적 분석을 좋아한다. ☐O☐X☐

> 반대로 서술되었다.

17 ☐☐   08 지방9
계획예산제도는 상향식 예산 접근으로 재정민주주의의 실현에 적합한 장점이 있다. ☐O☐X☐

> 계획예산제도는 하향적 접근으로 재정민주주의 실현에는 기여하지 못한다.

18 ☐☐   09 서울9
일몰법은 조직의 최상위 계층부터 중, 하위 계층 모두와 관련되어 있는 반면, 영기준예산은 조직의 최상위 계층과 관련이 있다. ☐O☐X☐

> 반대로 서술되었다.

19 ☐☐   10 경정승진
ZBB는 매우 유동적이며 또한 사업평가에 근거하고 있으므로 조직이 변동하는 상황에 적응할 수 있게 한다. ☐O☐X☐

> ZBB는 매년 재검토를 통해 신속한 예산조정 등 변동대응성 증진에 기여한다.

20 ☐☐   10 국가9
성과주의 예산제도는 예산서에 사업의 목적과 목표에 대한 기술서가 포함되며 재원이 활동 단위를 중심으로 배분된다. ☐O☐X☐

> 성과주의 예산제도의 특징이다.

11. X   12. O   13. X   14. O   15. O   16. X   17. X   18. X   19. O   20. O

21   11 경정승진
일몰법은 감축관리의 실행에 활용되며 영기준예산과 달리 예산에만 적용된다.   O X

해설: 일몰법은 감축관리의 실행에 활용되며 영기준예산과 달리 예산뿐 아니라 조직, 정책, 인력 등 광범위하게 적용된다.

22   11 국회8
계획예산제도는 품목별 예산과는 달리 정책별로 예산을 배분하지 않고 부서별로 예산을 배정한다.   O X

해설: 계획예산제도는 부서별로 예산을 배정하지 않고 정책별로 배분한다.

23   12 국가7
품목별 예산제도는 갈등을 야기할 수 있는 어려운 선택을 분할하기 때문에 모든 어려움에 한꺼번에 직면하지 않아도 된다.   O X

해설: 품목별 예산은 품목별로 편성되기 때문에 사업별 편성이 초래할 이익집단 간 저항이나 갈등을 피할 수 있다.

24   12 해경간부
비용·편익 내지 비용·효과분석의 대상에 있어서 신규사업은 물론 계속사업도 대상으로 하는 점증적 예산제도와는 달리 영기준예산제도는 신규사업만을 대상으로 한다.   O X

해설: 점증적 예산제도는 신규사업만을 분석하는 것과 달리 영기준예산제도는 신규사업은 물론 계속사업도 대상으로 한다.

25   13 국가9
PPBS는 계량적인 기법인 체제분석, 비용편익분석들을 사용한다.   O X

해설: PPBS는 계량적, 분석적 기법을 활용하여 능률적인 최적의 대안을 사용한다.

26   13 서울7
성과주의 예산제도는 예산비목의 증가를 통제하기 쉬우며 운영관리를 위한 지침으로 효과적이다.   O X

해설: 성과주의 예산제도는 예산의 증가를 통제하기 어렵다.

27   14 국회8
성과주의 예산제도를 기능별 예산제도 또는 활동별 예산제도라고 부르기도 한다.   O X

해설: 예산을 기능별로 분류하여 업무단위 원가와 업무량을 계산하여 편성한다.

28   15 국회8
품목별 분류는 예산집행기관의 재량을 확대하는 데 유용하지만 사업의 지출성과와 결과에 대한 측정은 곤란하다.   O X

해설: 품목별 분류는 회계검사가 용이하고 예산집행기관의 재량을 통제하는 데 유리하다.

29   15 사복9
영기준예산제도는 전년도 답습주의로 인한 재정의 경직성을 완화할 수 있다.   O X

해설: 영기준예산제도의 장점이다.

30   15 행정사
품목별 예산제도는 예산의 유용이나 남용을 방지하는 데 도움이 된다.   O X

해설: 관료의 재량을 줄임으로써 부정과 예산의 남용을 방지한다.

21. X 22. X 23. O 24. X 25. O 26. X 27. O 28. X 29. O 30. O

31 □□ 16 서울7
영기준예산은 과거연도의 예산지출이 참고자료로 고려되지 않는다. [O|X]

매년 제로(0)의 기준에서 정책의 우선순위를 엄격히 사정하여 예산을 편성함으로써 과거연도의 예산지출내역은 참고자료로 고려되지 않는다.

32 □□ 16 서울7
영기준예산은 예산의 과대추정을 억제할 수 있다. [O|X]

영기준예산은 근본적인 재평가를 통해 새롭게 결정하는 제도로, 과거의 정책이나 예산액에 구애받지 않으므로 예산의 점증적 증대를 방지할 수 있다.

33 □□ 16 서울7
ZBB는 비용편익 분석과 시스템 분석을 주요 수단으로 활용한다. [O|X]

비용편익 분석과 시스템 분석 등 계량적·경제학적 기법을 도입하고 활용하는 것은 PPBS이다.

34 □□ 16 서울9
계획예산(PPBS)은 기획의 책임이 중앙에 집중되어 있다. [O|X]

계획예산의 특징이다.

35 □□ 16 서울9
품목별(LIBS)의 정책결정방식은 분권적·참여적이다. [O|X]

영기준예산(ZBB)의 정책결정방식은 분권적·참여적이다.

36 □□ 16 서울9
성과주의 예산(PBS)과 목표관리예산(MBO)은 모두 관리에 초점이 맞추어져 있다. [O|X]

성과주의 예산과 목표관리예산의 공통점은 모두 관리에 초점을 맞추고 있다는 것이다.

37 □□ 16 지방9
품목별 예산제도는 재정민주주의 구현에 유리한 통제지향 예산제도이다. [O|X]

품목별 예산제도의 특징이다.

38 □□ 16 지방9
품목별예산제도는 정부활동의 중복방지와 통합·조정에 유리한 예산제도이다. [O|X]

품목별예산제도는 품목별로 분류하므로 정부활동 파악이 곤란하여 정부활동의 중복방지와 통합 및 조정에 불리한 예산제도이다.

39 □□ 16 지방9
품목별예산제도는 정부가 수행하는 사업과 그 효과에 대한 명확한 정보를 제공하지 못한다. [O|X]

품목별예산제도는 항목에만 관심을 가지고 지출대상별로 엄격히 분류되기 때문에 정부의 사업에 대한 정보 확인이 어렵고 사업성과 및 생산성 평가가 어렵다.

40 □□ 17 국가7(추)
영기준 예산제도는 미국 카터행정부에서 채택되었던 것으로, 전년도 예산의 답습이 아니라 백지상태에서 현행 사업을 재검토하고자 한 것이다. [O|X]

영기준 예산제도는 미국 카터행정부에서 채택되었던 것으로, 전년도 예산의 답습이 아니라 백지상태에서 현행 사업을 재검토하고자 한 것이다.

41 □□ 17 국가7(추)
품목별 예산제도는 회계책임을 명백히 할 수 없기 때문에 예산의 유용이나 남용을 방지할 수 없다. [O|X]

품목별 예산제도는 지출대상별로 예산액을 정확히 배정하므로 공무원의 회계책임을 명백히 할 수 있기 때문에 예산의 유용이나 남용을 방지할 수 있다.

정답 31. O 32. O 33. X 34. O 35. X 36. O 37. O 38. X 39. O 40. O 41. X

42 ☐☐   17 국가7(추)
성과주의 예산제도는 예산을 사업별로 편성하여, 사업 수행의 최종산출물을 강조하였다. [O|X]

> 성과주의 예산제도는 예산을 사업별로 배분하고 투입과 산출을 비교 평가한다.

43 ☐☐   17 국가7(추)
계획예산제도는 중장기적 전략기획에 따라 일관성 있게 예산이 뒷받침되는 전략예산체계를 지향한다. [O|X]

> 계획예산제도는 장기적인 기획과 단기적인 예산편성을 유기적으로 연결하여 합리적인 자원배분을 이루려는 예산제도이다.

44 ☐☐   17 국가9
영기준예산제도(ZBB)가 단위사업을 사업-재정계획에 따라 장기적인 예산편성 쪽으로 방향을 잡았다면, 계획예산제도(PPBS)는 당해 연도의 예산 제약 조건을 먼저 고려한다. [O|X]

> PPBS가 단위사업을 사업-재정계획에 따라 장기적인 예산편성 쪽으로 방향을 잡았다면, ZBB는 당해 연도의 예산 제약 조건을 먼저 고려한다.

45 ☐☐   17 국회8
계획예산제도는 모든 사업이 목표달성을 위해 유기적으로 연계되어 있어 부처 간의 경계를 뛰어넘는 자원배분의 합리화를 가져올 수 있다. [O|X]

> 계획예산제도는 부처 간 경계를 제거한 상태에서 대안을 분석·검토하므로 자원배분의 합리화와 효율성을 추구한다.

46 ☐☐   17 국회8
품목별 예산제도(LIBS)는 지출의 세부적인 사항에만 중점을 두므로 정부활동의 전체적인 상황을 알 수 없다. [O|X]

> 품목별 예산제도는 지출의 세부적인 사항에 중점을 두기 때문에 정부의 전체적인 상황을 파악하기가 어렵다.

47 ☐☐   17 국회8
성과주의 예산제도(PBS)는 예산배정 과정에서 필요사업량이 제시되지 않아서 사업계획과 예산을 연계할 수 없다. [O|X]

> 성과주의 예산제도는 예산배정 과정에서 필요사업량이 제시되고 단위원가가 곱해져 세부사업별 예산액이 제시된다.

48 ☐☐   17 국회8
목표관리제도(MBO)는 예산결정 과정에 관리자의 참여가 어렵다는 점에서 집권적인 경향이 있다. [O|X]

> 목표관리제도는 예산결정 과정에 관리자의 참여가 이루어져 분권적·상향적인 예산편성이 이루어진다.

49 ☐☐   17 서울9
성과주의 예산제도(PBS)는 관리를 지향한다. [O|X]

> 성과주의 예산제도는 관리지향적 예산제도이다.

50 ☐☐   17 서울9
영기준 예산제도(ZBB)는 목표를 지향한다. [O|X]

> 영기준 예산제도(ZBB)는 감축을 지향한다.

51 ☐☐   17 지방7
일몰제는 사업 시행 후 기존 사업과 지출에 대해 입법기관이 재검토하고 특정 조직이나 사업에 대해 존속시킬 타당성이 없다고 판명되면 자동적으로 폐지하는 제도이다. [O|X]

> 일몰법은 입법기관이 존속 결정을 하지 않은 정부의 사업 또는 조직은 기간이 지나면 폐지되도록 규정하는 것이다.

答 42. O   43. O   44. X   45. O   46. O   47. X   48. X   49. O   50. X   51. O

52 □□   17 지방9(추)
품목별 예산제도는 비교적 운영하기 쉬우나 회계책임이 분명하지 않은 단점이 있다. ⓄⓍ

해설 품목별 예산제도는 비교적 운영하기 쉬우며 회계책임이 분명하다는 장점이 있다.

53 □□   17 지방9(추)
품목별 예산제도는 예산집행자들의 재량권을 제한함으로써 행정의 정직성을 확보하려는 제도이다. ⓄⓍ

해설 품목별 예산제도는 통제중심의 예산으로 예산집행자들의 재량권 남용을 방지한다.

54 □□   17 해경간부
성과주의 예산제도는 예산비목의 증가를 통제하기 쉽다. ⓄⓍ

해설 성과주의 예산은 점증주의 예산이며, 자원배분 결정에 대한 합리성이 부족하므로 예산비목의 증가를 통제하기 어렵다.

55 □□   17 행정사
입법기관이 따로 조치를 취하지 않는 한 정부의 사업 또는 조직이 미리 정한 기간이 지나면 자동적으로 폐지 또는 폐기되도록 하는 제도를 감축관리제라고 한다. ⓄⓍ

해설 입법기관이 따로 조치를 취하지 않는 한 정부의 사업 또는 조직이 미리 정한 기간이 지나면 자동적으로 폐지 또는 폐기되도록 하는 제도를 일몰제라고 한다.

56 □□   18 경간부
성과주의 예산제도는 구체적으로 완성한 이후의 모습을 보여줌으로써 재원과 사업을 직접적으로 연계시키는 예산제도이다. ⓄⓍ

해설 성과주의 예산제도는 필요한 사업량이 제시됨으로써 재원과 사업계획의 연계가 가능하다.

57 □□   18 서울7
성과주의 예산제도(PBS : Performance Budgeting System)는 평가 대상 업무 단위가 중간 산출물인 경우가 많아 예산성과의 질적인 측면까지 평가할 수 있다. ⓄⓍ

해설 성과주의 예산은 평가대상 업무단위가 최종 산출물이 아닌 중간 산출물인 경우가 많아 집행성과에 그칠 뿐 정책성과(질적인 성과)까지는 평가할 수 없다.

58 □□   18 서울7
성과주의 예산제도(PBS : Performance Budgeting System)는 계량화된 정보를 통해 합리적인 의사결정과 관리 개선에 기여할 수 있다. ⓄⓍ

해설 성과주의 예산은 업무량이나 단위원가 등 계량화된 정보를 통해 합리적인 의사결정과 관리개선에 기여할 수 있다.

59 □□   18 지방7
계획예산제도(PPBS)의 주요한 관심 대상은 사업의 목표이나, 투입과 산출에도 관심을 둔다. ⓄⓍ

해설 계획예산은 정책과 목표를 중시하나 투입과 산출에도 관심을 둔다.

60 □□   18 지방7
목표관리 예산제도(MBO)의 도입 취지는 불요불급한 지출을 억제하고 감축관리를 지향하는데 있다. ⓄⓍ

해설 불요불급한 지출을 억제하고 감축관리를 지향하는 것은 영기준예산이다.

정답 52. Ⅹ 53. Ⓞ 54. Ⅹ 55. Ⅹ 56. Ⓞ 57. Ⅹ 58. Ⓞ 59. Ⓞ 60. Ⅹ

61 □□ 18 지방9
성과주의예산은 합리적 선택을 강조하는 총체주의 방식의 예산제도로, 조직구성원의 참여가 상대적으로 높은 분권화된 관리 체계를 갖지만, 예산편성에 비용·노력의 과다한 투입을 요구한다는 비판을 받는다. O X

해설 합리적 선택을 강조하는 총체주의 방식의 예산제도로, 조직구성원의 참여가 상대적으로 높은 분권화된 관리 체계를 갖지만, 예산편성에 비용·노력의 과다한 투입을 요구한다는 비판을 받는 것은 영기준예산제도이다.

62 □□ 18 국가9
성과주의예산제도의 도입에도 불구하고 품목별 예산제도는 우리나라에서 여전히 활용되고 있다. O X

우리나라는 품목별 예산제도 또한 병행하여 사용하고 있다.

63 □□ 19 국가7
성과주의 예산제도는 재정사업에 대한 투입보다는 그 결과에 대한 관심을 강조하고 있으나, 정작 성과측정, 사업원가 산정, 성과 - 예산의 연계 등에서 여전히 많은 난관이 있다. O X

성과주의 예산제도는 재정사업에 대한 투입보다는 그 산출·성과·결과를 중시하지만 성과측정, 사업원가 산정, 성과-예산의 연계 등에 어려움이 있다.

64 □□ 19 국가9
품목별 예산제도는 지출을 통제하고 공무원들로 하여금 회계적 책임을 쉽게 확보할 수 있는 데 용이하다. O X

품목별 예산제도는 지출의 대상과 성질별로 예산을 편성함으로써 지출을 통제하고 공무원들로 하여금 회계적 책임을 쉽게 확보할 수 있다.

65 □□ 19 국가9
품목별 예산제도는 미국 케네디 행정부의 국방장관인 맥나마라(McNamara)가 국방부에 최초로 도입하였다. O X

미국 케네디 행정부의 국방장관인 맥나마라(McNamara)가 국방부에 최초로 도입한 것은 계획예산제도이다.

66 □□ 19 국회8
품목별 예산제도(LIBS)는 왜 돈을 지출해야 하는지, 무슨 일을 하는지에 대하여 구체적인 정보를 제공하는 장점이 있다. O X

품목별 예산제도(LIBS)는 왜 돈을 지출해야 하는지, 무슨 일을 하는지에 대하여 구체적인 정보를 제공하지 못한다는 단점이 있다.

67 □□ 19 국회9
목표관리제(MBO)를 운영하는 과정에서 지나치게 쉬운 목표가 채택되거나 중요하지 않은 목표가 채택될 수 있다는 한계가 있다. O X

목표관리제는 특정 가능한 목표에 치중하므로 목표의 전환소지가 있고 기본적·장기적·질적 목표보다 단기적·양적 목표에 치중될 수도 있다.

68 □□ 19 국회9
목표관리제(MBO)는 산출물에 대한 평가와 환류를 통해 조직과 개인을 통제하고 관리한다. O X

목표설정과 달성에 대해 객관적인 기준과 책임한계를 명확하게 하여 평가 및 환류되므로 조직과 개인을 동시에 통제·관리할 수 있다.

69 □□ 19 군무원
계획예산제도는 영기준제도보다 운영 면에서 전문성을 적게 요구하므로 모든 조직 구성원들이 진지하게 참여한다. O X

계획예산제도는 최고관리층의 권한을 강화시키므로 하급공무원 및 계선기관의 참여가 어렵다.

📖 61. X 62. O 63. O 64. O 65. X 66. X 67. O 68. O 69. X

70 ☐☐ 　　　　　　　　　　　　　　　　　19 서울7
영기준 예산제도(Zero-Base Budgeting)는 예산과정에서 상향적 의사결정이 이루어지므로 실무자의 참여가 확대된다. ☐O☐X☐

> 영기준예산제도는 의사결정 패키지의 작성과 우선순위 결정 과정에 조직구성원의 참여가 이루어지므로 실무자의 참여가 확대되는 상향식 방식의 예산제도이다.

71 ☐☐ 　　　　　　　　　　　　　　　　　19 서울7
영기준 예산제도(Zero-Base Budgeting)는 예산과정에서 정치적 고려 및 관리자의 가치관이 반영될 가능성이 높다. ☐O☐X☐

> 영기준예산제도는 우선순위를 결정하는 것에만 초점을 맞추므로 예산과정에서 정치적 고려 및 관리자의 가치관 등 정치적·심리적 요인이 무시될 수 있다.

72 ☐☐ 　　　　　　　　　　　　　　　　　19 서울9(2월)
품목별 예산제도(LIBS)는 각 항목에 의한 예산배분으로 조직 목표 파악이 쉽다. ☐O☐X☐

> 품목별 예산제도(LIBS)는 각 항목에 의한 예산배분으로 조직 목표 파악이 곤란하다.

73 ☐☐ 　　　　　　　　　　　　　　　　　20 국가9
품목별 예산제도는 일에 대한 정보를 제공하며, 세입과 세출의 유기적 연계를 고려한다. ☐O☐X☐

> 품목별 예산제도는 일(사업)에 대한 정보를 제공하지 못하고 지출의 대상을 중심으로 예산을 편성하므로 세입과 세출의 유기적인 연계가 곤란하다.

74 ☐☐ 　　　　　　　　　　　　　　　　　20 국가9
계획예산제도는 비용편익분석 등을 활용함으로써 자원 배분의 합리화를 추구한다. ☐O☐X☐

> 계획예산제도는 프로그램별로 비용편익분석 등 체제분석을 활용하여 의사결정 및 자원배분의 합리화를 추구한다.

75 ☐☐ 　　　　　　　　　　　　　　　　　20 서/지9
기획예산제도는 당시 미국의 국방장관이었던 맥나마라(McNamara)에 의해 국방부에 처음 도입되었고, 국방부의 성공적인 예산개혁에 공감한 존슨(Johnson) 대통령이 1965년에 전 연방정부에 도입하였다. ☐O☐X☐

> 계획예산에 대한 설명으로, 이는 기획기능을 중시한 합리주의 예산이다.

76 ☐☐ 　　　　　　　　　　　　　　　　　21 경간부
계획예산제도는 상향식 예산편성으로 하위 구성원의 참여가 보장된다. ☐O☐X☐

> 계획예산제도는 하향식 예산편성으로 최고위층과 전문막료가 주도하며, 구성원의 참여가 저해된다.

77 ☐☐ 　　　　　　　　　　　　　　　　　21 경간부
계획예산제도는 목표와 계획에 따른 사업의 효율적 집행에 초점을 맞춘다. ☐O☐X☐

> 계획예산제도는 사업의 계획과 목표를 중시하고 투입과 산출에도 관심을 가지며 분석적 기법을 활용하여 합리적·효율적으로 집행하고 배분한다.

78 ☐☐ 　　　　　　　　　　　　　　　　　21 소방간부
품목별 예산제도는 예산을 지출 대상별로 분류·편성하여 정부가 추진하는 사업을 파악할 수 있다. ☐O☐X☐

> 품목별 예산제도는 산출이 아닌 투입에 치중하므로 지출의 목적이나 사업의 내용 및 성과 등을 파악하기 곤란하다.

79 ☐☐ 　　　　　　　　　　　　　　　　　21 경정승진
품목별예산제도는 지출목적에 부합하지 않는 예산을 집행할 수 없으며 지출대상에 따라 책임성 확보를 가능하게 한다. ☐O☐X☐

> 품목별예산제도는 예산집행에 대한 회계책임을 명확하게 하고 예산의 통제를 용이하다는 장점이 있다.

70. **O**　71. **X**　72. **X**　73. **X**　74. **O**　75. **O**　76. **X**　77. **O**　78. **X**　79. **O**

80 ☐☐   21 지방(서울)9
품목별 예산제도는 행정부의 재량권을 확대하기 위해 도입되었다. O│X

> **해설**
> 품목별 예산제도는 예산집행에 대한 회계책임을 명확하게 하는 통제지향적 예산제도로, 행정부의 권한과 재량권이 제한된다.

81 ☐☐   21 지방(서울)9
계획예산제도에서는 장기적인 기획과 단기적인 예산편성을 연계하여 합리적 예산 배분을 시도한다. O│X

> 계획예산제도는 장기적인 기획과 단기적인 예산편성을 유기적으로 연결하여 합리적인 자원 배분을 이루려는 예산제도이다.

82 ☐☐   21 군무원9
품목별 예산제도의 분석의 초점은 지출대상이며 이를 통해 통제성을 높이고자 한다. O│X

> 품목별 예산제도는 지출대상을 분석의 초점에 두고 의회의 통제를 강화하는 제도이다.

83 ☐☐   21 군무원9
계획예산제도는 목표와 예산의 연결을 통해 투명성과 대응성을 높이고자 한다. O│X

> 계획예산제도는 목표와 예산의 연결을 통해 효과성을 높이고자 한다.

84 ☐☐   22 국가7
영기준예산제도는 예산배분의 관행을 인정하지 않는 제도로서 미국의 민간기업 Texas Instruments에서 처음 시작되었고, 1970년대 미국 연방정부에 도입되었다. O│X

> 영기준예산제도는 민간기업에서 시작하였다.

85 ☐☐   22 국가7
성과주의예산제도는 산출 이후의 성과에 관심을 가지며 예산집행의 재량과 결과에 대한 책임을 강조하는 제도로서 1950년대 연방정부를 비롯해 지방정부에 확산되었다. O│X

> 산출이후 성과에 관심을 갖고 재량과 결과에 대한 책임을 강조하는 것은 신성과주의예산이다.

86 ☐☐   23 지방9
품목별 예산제도는 미국에서 공무원의 부정부패를 막고 행정의 능률을 향상시키기 위해 도입되었다. O│X

> 1920년대 입법부 우위의 통제중심적 예산제도이다.

80. X   81. O   82. O   83. X   84. O   85. X   86. O

MEMO

07 예산편성, 예산심의

01 ☐☐   04 서울7
우리나라는 예산심의를 통해서 예산이 법률과 동일한 형식으로 총액이 확정된다. ⓞⓧ

> **해설**
> 우리나라는 예산은 법률보다 하위의 효력인 예산의 형식으로 의결되는 것으로 예산이 법률과 동일한 형식으로 총액이 확정되지 않는다.

02 ☐☐   04 서울9
예산편성과정에서 인기 있는 사업의 경우 가급적 우선순위를 높여 정치 쟁점화 시킨다. ⓞⓧ

> 정치적으로 인기 있는 사업은 예산확보가 용이하므로 우선순위를 일부러 낮게 매기고 인기가 없는 사업의 우선순위를 높게 매긴다.

03 ☐☐   07 국가7
국가재정법상 예산편성 시 정부가 세출예산요구액을 감액하는 경우 감사원, 중앙선거관리위원회, 국회, 공정거래위원회는 모두 해당기관 장의 의견을 구하여야 한다. ⓞⓧ

> 예산감액시 해당기관 장의 의견을 구하여야 하는 기관은 헌법상 독립기관과 국가재정법상 독립기관이다. 따라서 공정거래위원회는 해당하지 않는다.

04 ☐☐   09 서울9(수정)
각 중앙관서의 장은 매년 1월 31일까지 당해 회계연도부터 5회계연도 이상의 기간 동안의 계속사업에 대한 중기사업계획서를 국무회의에 보고해야 한다. ⓞⓧ

> 각 중앙관서의 장이 중기사업계획서를 국무회의에 바로 보고하는 것이 아니라 기획재정부장관에게 제출하면 기획재정부장관이 취합하여 국가재정운용계획을 국무회의에 보고하도록 되어 있다.

05 ☐☐   10 경정승진
우리나라 예산심의의 경우 국회는 정부의 동의 없이 정부가 제출한 지출예산 각 항의 금액을 증가하거나 새 비목을 설치할 수 없다. ⓞⓧ

> 옳은 지문이다.

06 ☐☐   11 지방9
우리나라 예결위의 심의과정은 예산조정의 정치적 성격이 강하게 반영되는 특징이 있다. ⓞⓧ

> 자기 지역구의 이익을 챙기고 예산투쟁에서의 영향력을 과시하려는 국회의원들이 편파적 행태를 보인다.

07 ☐☐   13 군무원
예산편성 형식은 총칙-세입세출예산-계속비-명시이월비-국고채무부담행위 순이다. ⓞⓧ

> 예산편성 형식에 대한 옳은 설명이다.

08 ☐☐   13 지방9
예산결산특별위원회를 구성할 때에는 그 활동기간을 정하여야 한다. ⓞⓧ

> 예결위는 특별위원회이지만 다른 특별위와 달리 활동시한이 없이 연중활동하며 임기가 정해진 상설 특별위원회이다.

09 ☐☐   14 사복9
우리나라 예산편성절차는 중기사업계획서의 제출 → 예산편성지침 통보 → 예산요구서의 작성 및 제출 → 예산의 사정 → 국무회의 심의와 대통령 승인의 과정을 거친다. ⓞⓧ

> 우리나라 예산편성절차로 옳다.

📖 01. X   02. X   03. X   04. X   05. O   06. O   07. O   08. X   09. O

10 □□
국회는 성인지 예산서와 결산서를 예산안이나 결산서와는 독립적인 안건으로 상정하여 심사를 진행하여야 한다. ○|X|

16 교행9

> 성인지예·결산서는 예산편성안과 결산안에 포함시켜 제출한다.

11 □□
국회의장은 예산안과 결산을 소관상임위원회에 회부할 때에는 심사기간을 정할 수 있으며, 상임위원회가 이유없이 그 기간내에 심사를 마치지 아니한 때에는 이를 바로 예산결산특별위원회에 회부할 수 있다. ○|X|

16 국가9

> 국회법 제84조 제6항의 내용으로 옳은 지문이다.

12 □□
기획재정부장관은 대통령의 승인을 얻은 다음 각 중앙관서의 장에게 예산안편성지침을 통보하고 이 지침을 국회 상임위원회에 보고하여야 한다. ○|X|

17 교행9

> 기획재정부장관은 대통령의 승인을 얻은 후 각 중앙관서의 장에게 예산안편성지침을 통보하고 이를 국회 예산결산특별위원회에 보고하여야 한다.

13 □□
기획재정부장관은 국가재정운용계획과 예산편성을 연계하기 위하여 예산안편성지침에 중앙관서별 지출한도를 포함하여 통보할 수 있다. ○|X|

17 교행9

> 국가재정법 제29조의 내용으로 옳은 지문이다.

14 □□
기획재정부장관은 제출된 예산요구서가 예산안 편성지침을 부합하지 아니하는 때에는 기한을 정하여 이를 수정 또는 보완하도록 요구할 수 있다. ○|X|

17 교행9

> 국가재정법 제31조의 내용으로 옳은 지문이다.

15 □□
기획재정부는 매년 당해연도부터 5회계연도 이상의 기간에 대한 재정운용계획을 수립하여 회계연도 개시 120일 전까지 국회에 제출하여야 한다. ○|X|

17 국가7(추)

> 운용의 효율화와 건전화를 위하여 매년 당해 회계연도부터 5회계연도 이상의 기간에 대한 재정운용계획을 수립하여 회계연도 개시 120일 전까지 국회에 제출하여야 한다.

16 □□
예산안편성지침에 중앙관서별 지출한도를 포함하여 통보할 수 있는 총액배분·자율편성제도가 도입되어서, 기획재정부의 사업별 예산통제 기능이 상실되었다. ○|X|

17 국가7(추)

> 총액배분·자율편성제도의 도입은 분야별·부처별 재원배분계획을 국무위원 회의에서 함께 결정함으로써 재정투명성을 제고할 수 있으며 기획재정부의 사업별 예산통제 기능은 유지된다.

17 □□
세목 또는 세율과 관계있는 법률의 제정 또는 개정을 전제로 하여 미리 제출된 세입예산안은 소관상임위원회에서 심사한다. ○|X|

17 국회8

> 세목 또는 세율과 관계있는 법률의 제정 또는 개정을 전제로 하여 미리 제출된 세입예산안은 예산결산특별위원회, 상임위원회 모두 이를 심사할 수 없다.

18 □□
우리나라는 일반적으로 예산의 심의에서 본회의는 형식적인 경우가 많다. ○|X|

17 서울7

> 우리나라는 본회의 중심이 아니라 상임위와 예결위를 중심으로 하는 위원회 중심주의이다.

19 □□
우리나라는 정치 체계의 성격상 예산심의 과정이 의원내각제에 비해 상대적으로 엄격하지 않다. ○|X|

17 서울7

> 의원내각제의 경우 의회의 다수당이 집행부를 구성하기 때문에 예산심의 과정이 엄격하지 않은 반면, 대통령제에서는 상대적으로 엄격하다.

10. X 11. O 12. X 13. O 14. O 15. O 16. X 17. X 18. O 19. X

20 □□ 17 서울7
예산심의 과정에서 국회 상임위원회가 소관 부처의 이해 관계를 대변하기 쉽다. OX

해설: 국회는 정부 예산을 통제·감독하는 기능이 있지만 예산심의 과정에서는 상임위원회가 소관 부처의 이해관계를 대변하게 된다.

21 □□ 18 국회8
기획재정부 장관은 국무회의 심의를 거쳐 대통령 승인을 얻은 다음 연도의 총사업비 관리지침을 매년 3월 31일까지 각 중앙관서의 장에게 통보하여야 한다. OX

해설: 기획재정부 장관은 국무회의 심의를 거쳐 대통령 승인을 얻은 다음 연도의 예산안편성지침을 매년 3월 31일까지 각 중앙관서의 장에게 통보하여야 한다.

22 □□ 18 서울7
중앙관서의 장은 6월 30일까지 예산요구서를 기획재정부 장관과 국회예산결산특별위원회에 제출한다. OX

해설: 중앙관서의 장은 5월 31일까지 예산요구서를 기획재정부 장관에게 제출하며, 국회예산결산특별위원회에는 제출하지 않는다.

23 □□ 18 서울7
행정부 예산안은 대통령의 승인을 거쳐 회계연도 개시 120일 전까지 국회에 제출한다. OX

해설: 정부는 대통령의 승인을 얻은 예산안을 회계연도 개시 120일 전까지 국회에 제출하여야 한다.

24 □□ 19 지방9
예산과정은 예산편성 - 예산집행 - 예산심의 - 예산결산의 순으로 이루어진다. OX

해설: 예산과정은 예산편성 → 예산심의 → 예산집행 → 예산결산의 순으로 이루어진다.

25 □□ 20 국가9
기획재정부장관은 매년 2월 말까지 예산집행지침을 각 중앙관서의 장과 국회예산정책처에 통보하여야 한다. OX

해설: 기획재정부장관은 매년 1월 말까지 예산집행지침을 각 중앙관서의 장에게 통보하여야 한다(국가재정법 시행령 제18조).

26 □□ 20 지방7
예산결산특별위원회는 소관상임위원회에서 삭감한 세출예산 각 항의 금액을 증가하게 할 경우에 소관 상임위원회의 동의를 받지 않아도 된다. OX

해설: 예산결산특별위원회는 소관상임위원회에서 삭감한 세출예산 각 항의 금액을 증가하게 할 경우에 소관 상임위원회의 동의를 받아야 한다.

27 □□ 20 국회8
국회사무총장은 예산요구서를 매년 5월 31일까지 기획재정부장관에게 제출하여야 한다. OX

해설: 국회사무총장, 법원행정처장 등을 포함한 중앙관서의 장은 예산요구서를 매년 5월 31일까지 기획재정부장관에게 제출하여야 한다.

28 □□ 21 국가9
우리나라 예산주기에 비추어 볼 때 2021년에 감사원의 2021년도 예산에 대한 결산검사보고서 작성이 이루어진다. OX

해설: 우리나라 예산주기는 3년이므로 2021년도 예산에 대한 결산검사보고서는 2022년에 이루어진다.

29 □□ 22 경간부
국회는 정부의 동의 없이 정부가 제출한 지출예산 각항의 금액을 증가시키거나 새 비목을 설치할 수 있다. OX

해설: 국회는 정부의 동의 없이 정부가 제출한 지출예산 각항의 금액을 증가시키거나 새 비목을 설치할 수 없다.

20. O 21. X 22. X 23. O 24. X 25. X 26. X 27. O 28. X 29. X

MEMO

08 예산집행과 집행상 신축성 확보방안

01 ☐☐　　　　　　　　　　　　　　　　01 행정고시
국고채무부담행위에 대한 국회의 의결은 다음 회계연도 이후의 채무부담과 지출권한에 대한 것이다.　O X

> 국고채무부담행위는 채무부담 권한만을 허락받은 것이므로 지출권한은 해당하지 않는다.

02 ☐☐　　　　　　　　　　　　　　　　03 국가9(수정)
예산의 이체와 이월은 신축성 확보방안이다.　O X

> 옳은 설명이다.

03 ☐☐　　　　　　　　　　　　　　　　05 경기9
예산의 전용은 입법과목 간의 융통을 의미한다.　O X

> 이용에 해당한다.

04 ☐☐　　　　　　　　　　　　　　　　06 국가9
국회, 법원 등은 예비비와 별도로 예비금이라는 항목을 운용할 수 있다.　O X

> 예비비와는 별도로 헌법상 독립기관인 국회, 법원, 헌법재판소, 중앙선관위의 소관별 지출항목에는 예비금이라는 항목이 있다.

05 ☐☐　　　　　　　　　　　　　　　　06 국가9
이용, 명시이월, 계속비, 국고채무부담행위, 전용은 국회의 의결을 필요로 하는 예산집행의 신축성 확보방안이다.　O X

> 전용은 사전의결이 불필요하다.

06 ☐☐　　　　　　　　　　　　　　　　06 서울7
예산의 이월제도 시행은 집행상의 신축성을 유지하기 위하여 요구된다.　O X

> 옳은 지문이다.

07 ☐☐　　　　　　　　　　　　　　　　06 국가7
예산배정과 재배정은 지출영역과 시기를 통제하는 제도이고, 정원통제 역시 지출통제의 일종으로 볼 수 있다.　O X

> 예산배정과 재배정은 회계연도 동안 수입과 지출의 합리적 배분을 위하여 지출시기와 영역을 통제하려는 것으로 중앙예산기관장이 각 중앙관서 장에게 분기별로 집행할 수 있는 금액과 책임소재를 명확히 한다.

08 ☐☐　　　　　　　　　　　　　　　　07 인천9
계속비, 예산의 재배정, 총괄배정예산, 예산의 이용 및 전용, 예비비는 예산집행의 신축성 유지방안이다.　O X

> 예산의 재배정은 재정통제수단이다.

09 ☐☐　　　　　　　　　　　　　　　　08 경북9
예비비는 각 중앙관서의 장이 관리한다.　O X

> 예비비는 기획재정부 장관이 관리한다.

10 ☐☐　　　　　　　　　　　　　　　　08 국가9
국고채무부담행위는 법률에 따른 것과 세출예산금액 또는 계속비의 총액의 범위 이내로 한정된다.　O X

> 국고채무부담행위는 국가가 법률에 따른 것과 세출예산금액 또는 계속비 총액의 범위 이외의 채무를 부담하는 행위로, 미리 국회의 의결을 얻어야 한다.

01. X　02. O　03. X　04. O　05. X　06. O　07. O　08. X　09. X　10. X

11 ☐☐ 09 국회9
표준예산제도, 이체, 이월, 예비비, 국고채무부담행위, 추가경정예산은 신축성을 제공하기 위한 제도이다. ⓞⓧ

> 표준예산제도는 재정통제수단이다.

12 ☐☐ 09 서울9
명시이월이란 세출예산 중 경비의 성질상 연도 내에 지출을 끝내지 못할 것이 예측되는 때에 이용하는 제도로, 이월 이후에 반드시 국회의 의결을 얻어야 한다. ⓞⓧ

> 명시이월은 세출예산 중 경비의 성질상 연도 내에 지출을 끝내지 못할 것이 예측되는 경비로, 미리 국회의 의결을 얻어 다음 회계연도에 사용할 수 있는 것이기 때문에 사후 국회의결을 받을 필요가 없다.

13 ☐☐ 11 국가전환특채
장·관·항은 행정과목으로서 이들 과목 간 융통은 국회의 승인을 얻어 이용이 가능하다. ⓞⓧ

> 장·관·항은 입법과목으로서 이들 과목 간 융통은 국회의 승인을 얻어 이용이 가능하다.

14 ☐☐ 11 국회8
정부조직 등에 대한 법령의 제정, 개정, 폐지로 인해 그 직무권한에 변동이 있을 때 예산도 이에 따라서 변동시키는 이월제도가 있다. ⓞⓧ

> 이체에 대한 설명이다.

15 ☐☐ 12 경정승진
예산의 배정은 중앙관서의 장이 산하기관의 장에게 각 분기별로 집행할 수 있는 금액과 책임소재를 명확히 하는 절차로, 예산의 신축성을 확보하는 데 크게 기여한다. ⓞⓧ

> 예산의 재배정에 대한 설명이다.

16 ☐☐ 12 대구전환특채
예비비는 일반회계의 경우 세출예산의 100분의 1 이상을 계상하여야 한다. ⓞⓧ

> 예비비는 일반회계 예산총액의 100분의 1 이내의 금액을 계상하여야 한다(국가재정법 제22조 제1항).

17 ☐☐ 13 서울7
장 사이의 상호융통(전용)은 국회의 통제를 받는다. ⓞⓧ

> 장 사이의 상호융통은 이용이다.

18 ☐☐ 14 서울7
계속비는 예산집행의 신축성을 유지하는 방법으로 계속비의 지출 기간은 5년 이내이며 필요한 경우 국회의 의결을 얻어 연장할 수 있는데 매년 연부액은 국회의 의결을 받아야 한다. ⓞⓧ

> 계속비에 대한 옳은 설명이다.

19 ☐☐ 15 경정승진
사고이월은 불가피한 사유로 이월한 것이므로 국회 승인이 불필요하지만, 사고이월한 경비는 다시 다음 연도에 재차 사고이월할 수 없다. ⓞⓧ

> 사고이월에 대한 옳은 설명이다.

📖 11. X 12. X 13. X 14. X 15. X 16. X 17. X 18. O 19. O

20
예산집행은 재정통제와 재정신축성이라는 상반된 목표를 동시에 추구한다. 16 교행9

해설 예산집행은 두 가지 목표를 내포하고 있는데, 재정통제가 주된 목표이고 재정의 신축성 확보는 보완적 목표에 해당한다.

21
중앙관서의 장은 대통령령이 정하는 바에 따라 기획재정부 장관의 승인을 얻어 세항 또는 목의 금액을 전용할 수 있다. 16 교행9

해설 각 중앙관서의 장은 예산의 목적범위 안에서 재원의 효율적 활용을 위하여 대통령이 정하는 바에 따라 기획재정부 장관의 승인을 얻어 각 세항 또는 목의 금액을 전용할 수 있다.

22
예비비로 공무원의 보수 인상을 위한 인건비를 충당하기 위해서는 예산총칙 등에 따라 미리 사용 목적을 지정하여야 한다. 16 교행9

해설 공무원 보수인상을 위한 인건비 충당을 위해서는 예비비의 사용목적으로 지정할 수 없다.

23
계속비는 세출예산 중 미지출액을 당해 연도를 넘겨 다음 연도에 계속적으로 사용하는 것을 말한다. 16 국회8

해설 이월은 세출예산 중 미지출액을 당해 연도를 넘겨 다음 연도에 계속적으로 사용하는 것을 말한다.

24
과년도 지출, 수입대체경비, 선수금, 개산급 등은 예산집행상 지출특례에 해당한다. 16 서울7

해설 과년도 지출, 개산급, 수입대체경비 등은 지출특례에 해당하고, 선수금은 수입의 특례에 해당한다.

25
예비비는 예측할 수 없는 예산 외의 지출 또는 예산초과지출에 충당하기 위하여 특별회계 예산 총액의 100분의 1 이내의 금액을 세입세출예산에 계상한 것이다. 17 교행9

해설 예비비는 예측할 수 없는 예산 외의 지출 또는 예산초과지출에 충당하기 위하여 일반회계 예산 총액의 100분의 1 이내의 금액을 세입세출예산에 계상한 것이다.

26
추가경정예산은 예산 성립 이후 사업을 변경하거나 새로운 사업을 추진해야 하는 경우, 예산을 우선 집행하고 사후에 국회의 승인을 받도록 하는 것이다. 17 교행9

해설 예산 성립 이후 사업을 변경하거나 새로운 사업을 추진해야 하는 경우에 편성하는 추가경정예산도 본예산처럼 사전에 국회의 의결을 거쳐서 확정되어야 집행이 가능하다.

27
이체란 정부조직 등에 관한 법령의 제정·개정 또는 폐지로 인하여 중앙관서의 직무와 권한에 변동이 있을 때 관련 예산을 이동하는 것이다. 17 서울9

해설 이체는 정부조직 등에 관한 법령의 개정 또는 폐지로 인하여 그 직무와 권한에 변동이 있을 때에 예산도 이에 따라 변경시키는 것이다.

28
전용이란 입법 과목 간 상호 융통으로, 각 중앙관서의 장은 예산의 목적범위 안에서 재원의 효율적 활용을 위하여 기획재정부장관의 승인을 얻어 각 세항 또는 목의 금액을 전용할 수 있다. 17 서울9

해설 전용은 행정 과목 간 상호 융통으로, 각 중앙관서의 장은 예산의 목적범위 안에서 재원의 효율적 활용을 위하여 대통령이 정하는 바에 따라 기획재정부 장관의 승인을 얻어 각 세항 또는 목의 금액을 전용할 수 있다.

29
이월이란 당해 연도 예산액의 일정 부분을 다음 연도로 넘겨서 사용할 수 있는 제도이다. 17 서울9

해설 이월이란 당해 회계연도 예산의 일정액을 다음 연도에 넘겨서 사용하는 것으로 시기적 신축성을 위한 제도이다.

20. O 21. O 22. X 23. X 24. X 25. X 26. X 27. O 28. X 29. O

30 ☐☐ 18 국가9
추가경정예산은 예산의 신축성 확보를 위한 제도로서, 최소 1회의 추가경정예산을 편성하도록 「국가재정법」에 규정되어 있다. O X

> **해설**
> 추가경정예산은 예산 단일성 원칙의 예외로 편성횟수를 제한하는 규정은 없다.

31 ☐☐ 18 국회8
명시이월, 예비비 사용, 계속비, 예산의 이체 및 예산의 이용은 모두 국회의 승인이나 의결을 얻지 않아도 된다. O X

> 예산의 이체는 국회의 사전의결이 불필요한 제도인 반면 명시이월, 예비비 사용, 계속비, 예산의 이용은 모두 국회의 사전의결이 필요하다.

32 ☐☐ 18 군무원
배정과 재배정, 추가경정예산, 긴급배정, 총괄예산은 예산집행의 신축성 유지 방안이다. O X

> 배정과 재배정은 예산집행의 통제수단에, 추가경정예산, 긴급배정, 총괄예산은 예산집행의 신축성방안에 해당한다.

33 ☐☐ 19 국가9
예산의 재배정은 행정부처의 장이 실무부서에게 지출을 할 수 있는 권한을 부여하는 것을 의미한다. O X

> 예산의 재배정에 해당한다.

34 ☐☐ 19 국가9
예산의 전용을 위해서 정부 부처는 미리 국회의 승인을 받아야 한다. O X

> 예산의 전용을 위해서 정부 부처는 미리 국회의 승인을 받을 필요가 없다.

35 ☐☐ 19 지방9
예산집행의 신축성을 확보하기 위해 예비비, 총액계상 제도 등을 활용하고 있다. O X

> 예산집행의 신축성을 확보하기 위해 예산의 이용과 전용, 이체, 이월, 예비비, 계속비, 총액계상예산제도 등을 활용한다.

36 ☐☐ 20 국가9
기획재정부장관은 각 중앙관서의 장에게 예산을 배정한 때에는 감사원에 통지하여야 한다. O X

> 기획재정부장관은 각 중앙관서의 장에게 예산을 배정한 때에는 감사원에 통지하여야 한다(국가재정법 제43조).

37 ☐☐ 21 경간부
범죄수사 등 특수활동에 소요되는 경비, 여비, 경제정책상 조기 집행을 필요로 하는 공공사업비 등은 회계연도가 개시되기 이전에 예산을 배정할 수 있도록 허용하는 경우도 있다. O X

> 국가재정법 시행령 제16조에 따라 긴급배정이 가능하다.

38 ☐☐ 21 소방간부
재해복구를 위하여 필요한 때에는 회계연도마다 국회의 의결을 얻은 범위 안에서 국고채무부담행위를 할 수 있다. O X

> 재해복구를 위하여 필요한 때에는 회계연도마다 국회의 의결을 얻은 범위 안에서 국고채무부담행위를 할 수 있다.

39 ☐☐ 21 국회8
총괄예산제도는 예산집행의 신축성을 위한 제도이다. O X

> 총괄예산제도는 지출을 총액으로 승인해주는 총액계상예산제도로 예산집행의 신축성을 보장해주는 제도이다.

40 ☐☐ 21 국가7
기관(機關) 간 이용도 가능하다. O X

> 입법과목 간의 이용은 장·관·항 간에도 가능하고, 각 기관 간에도 가능하다.

정답 30. X 31. X 32. X 33. O 34. X 35. O 36. O 37. O 38. O 39. O 40. O

09 결산 및 회계감사

01 ☐☐   01 행정고시
감사원의 주요기능은 결산승인, 회계검사 및 직무감찰 등이다. O|X

> **해설**
> 결산의 승인은 국회의 고유권한이다.

02 ☐☐   07 대구9
회계검사에서 본질적으로 가장 중요시하는 것은 지출의 합법성이다. O|X

> 회계검사는 지출의 합법성 확보가 일차적 목적이며 최근에는 성과감사도 중시되고 있다.

03 ☐☐   08 경북9
세계잉여금은 세입수납액에서 세출지출액을 공제한 것이다. O|X

> 세계잉여금의 개념이다.

04 ☐☐   08 국가7
세계잉여금의 사용 또는 출연은 국회의 사전 동의를 받아야 한다. O|X

> 세계잉여금의 사용 또는 출연은 국회의 사전 동의가 필요없으며, 대통령의 승인 시 사용가능하다.

05 ☐☐   10 국가전환특채
감사원의 통제는 사후통제적 성격을 갖고 있다. O|X

> 감사원의 통제는 사후적이다.

06 ☐☐   12 국회8
예산의 결산과정에서 기획재정부 장관은 각 중앙관서의 장이 제출하는 결산보고서에 의거하여 총결산보고서를 작성하여 다음 연도 4월 말일까지 감사원에 제출한다. O|X

> 4월 10일까지이다(국가재정법 제59조).

07 ☐☐   13 경간부
국회의 결산 시 위법·부당한 지출을 무효로 하거나 취소할 수 있다. O|X

> 결산 시 위법·부당한 지출이 발견되었더라도 무효·취소할 수 없고 정치적 책임을 묻는 데 그친다.

08 ☐☐   13 국가7
예산결산특별위원회 위원장은 결산을 소관상임위원회에 회부할 때에 심사기간을 정할 수 있으며, 상임위원회가 이유 없이 그 기간 내에 심사를 마치지 아니한 때에는 이를 바로 예산결산특별위원회에 회부할 수 있다. O|X

> 결산 심의를 상임위원회에 회부하는 것은 국회의장의 권한이다.

09 ☐☐   14 군무원
감사원은 입법부와 사법부에 대하여 결산을 확인할 수 있다. O|X

> 감사원은 결산확인 대상기관에 해당한다.

10 ☐☐   16 경간부
국가재정법에 따르면 정부는 감사원의 검사를 거친 국가결산보고서를 다음 연도 5월 31일까지 국회에 제출하여야 한다. O|X

> 국가재정법 제61조의 내용이다.

01. X   02. O   03. O   04. X   05. O   06. X   07. X   08. X   09. O   10. O

11 ☐☐   16 서울9
우리나라 국가채무의 범위는 「국가회계법」 제91조 제2항에 따라 결정된다.
  O|X

> 우리나라 국가채무의 범위는 「국가재정법」 제91조 제2항에 따라 결정된다.

12 ☐☐   16 서울9
국가의 회계 또는 기금이 인수하여 보유하고 있는 채권과 차입금은 국가채무 대상에서 제외시킨다.
  O|X

> 국가의 회계 또는 기금이 인수하여 보유하고 있는 채권과 차입금은 정부 이외에 진 채무가 아니므로 국가채무 대상에서 제외시킨다.

13 ☐☐   16 서울9
정부의 대지급 이행이 확정된 채무의 경우 국공채 및 차입금이 아니더라도 국가채무에 포함시킨다.
  O|X

> 보증채무 중 정부의 대지급 이행이 확정된 채무의 경우 상환의무가 있으므로 국공채 및 차입금이 아니더라도 국가채무에 포함시킨다.

14 ☐☐   17 해경간부
결산이란 한 회계연도에서 국가의 수입과 지출의 실적을 예정적 계수로서 표시하는 행위이다.
  O|X

> 결산이란 한 회계연도의 국가의 수입과 지출의 실적을 확정적 계수로 표시하는 행위이다.

15 ☐☐   18 교행9
결산은 회계연도에서 국가의 수입과 지출을 잠정적 수치로 표시하는 행위이다.
  O|X

> 결산은 회계연도에서 국가의 수입과 지출을 확정적 수치로 표시하는 행위이다.

16 ☐☐   18 국가9
결산은 국회의 심의를 거쳐 국무회의의 의결과 대통령의 승인으로 종료된다.
  O|X

> 결산은 국무회의의 의결과 대통령의 승인 후 국회의 심의를 거쳐 종료된다.

17 ☐☐   18 국가7
국가가 보증채무를 부담하고자 하는 때에는 미리 국회의 동의를 얻어야 한다.
  O|X

> 보증채무부담행위는 미리 국회의 동의를 얻어야 한다.

18 ☐☐   18 서울7
세계잉여금 일정 비율의 공적자금 등 상환 의무화는 「국가재정법」에서 규율하고 있는 제도들 중 재정운용의 건전성 강화 목적과 관련된다.
  O|X

> 세계잉여금 일정 비율의 공적자금 등 상환 의무화는 잉여금을 추경예산 등으로 사용하는 관행을 억제하기 위한 것으로 재정 건전성 강화와 관련된다.

19 ☐☐   19 국회8
기획재정부장관은 「국가회계법」에서 정하는 바에 따라 회계연도마다 작성하여 대통령의 승인을 받은 국가결산보고서를 다음 연도 4월 10일까지 감사원에 제출하여야 한다.
  O|X

> 기획재정부장관은 다음 연도 4월 10일까지 감사원에 대통령의 승인을 받은 국가결산보고서를 제출하여야 한다.

20 ☐☐   19 지방9
기획재정부장관은 국가채무관리계획을 수립하여야 한다.
  O|X

> 기획재정부장관은 국가채무관리계획을 수립하여 매년 국회 예산결산특별위원회에 보고하여야 한다.

📖 11. X 12. O 13. O 14. X 15. X 16. X 17. O 18. O 19. O 20. O

21. 19 지방9
우리나라가 발행하는 국채의 종류에 국고채와 재정증권은 포함되지 않는다. O|X

해설: 우리나라가 발행하는 국채의 종류에 국고채와 재정증권 등이 있다.

22. 20 국가9
세계잉여금에는 일반회계, 특별회계가 포함되고 기금은 제외된다. O|X

해설: 세계잉여금은 매 회계연도 세입세출의 결산상에서 생긴 잉여금으로 일반회계와 특별회계는 포함하나 기금은 제외된다.

23. 20 국가9
결산의 결과 발생한 세계잉여금은 전액 추가경정예산에 편성하여야 한다. O|X

해설: 결산의 결과 발생한 세계잉여금은 교부금 정산, 공적자금 상환, 채무상환, 추가경정예산에 편성의 순으로 처리하고 남은 잔액은 다음연도 세입에 이입한다.

24. 20 국회8
국회사무총장은 「국가회계법」에서 정하는 바에 따라 회계연도마다 작성한 결산보고서를 다음 연도 1월 31일까지 기획재정부장관에게 제출하여야 한다. O|X

해설: 중앙관서의 장은 「국가회계법」이 정하는 바에 따라 다음 연도 2월 말일까지 중앙관서 결산보고서를 기획재정부장관에게 제출하여야 한다.

25. 21 경간부
감사원이 국가결산보고서의 위법 또는 부당한 내용을 발견하면 이를 무효로 하거나 취소할 수 있다. O|X

해설: 감사원의 결산검사는 결산의 합법성과 정확성을 검증하는 행위이므로 위법 또는 부당한 내용을 발견하더라도 이를 무효로 하거나 취소할 수 없다.

26. 21 경간부
감사원은 국가 또는 지방자치단체가 자본금의 50% 이상을 출자한 법인의 회계에 대해서 회계검사를 할 수 있다. O|X

해설: 국가 또는 지방자치단체가 자본금의 2분의 1 이상을 출자한 법인은 필요적 검사대상기관에 해당한다.

27. 21 국회8
기획재정부장관은 회계연도마다 작성하여 대통령의 승인을 받은 국가결산보고서를 다음 연도 4월 20일까지 감사원에 제출하여야 한다. O|X

해설: 기획재정부장관은 회계연도마다 작성하여 대통령의 승인을 받은 국가결산보고서를 다음 연도 4월 10일까지 감사원에 제출하여야 한다.

28. 21 국회8
국회의 사무총장은 회계연도마다 예비금사용명세서를 작성하여 다음 연도 2월말까지 기획재정부장관에게 제출하여야 한다. O|X

해설: 국회사무총장, 법원행정처장, 헌법재판소 사무처장, 중앙선거관리위원회 사무총장은 회계연도마다 예비금사용명세서를 작성하여 다음 연도 2월말까지 기획재정부장관에게 제출하여야 한다.

21. X 22. O 23. X 24. X 25. X 26. O 27. X 28. O

MEMO

10 정부회계, 조달(구매) 행정

01 ☐☐   04 서울9
발생주의 회계제도는 정부의 단기 투자사업에 있어서 현금의 출납에 근거한 회계를 가능하게 하는 제도이다. ⓄⓍ

> 현금주의 방식에 대한 설명이다.

02 ☐☐   04 서울9
분산구매의 장점으로 중소기업 보호, 특수품목 구입의 용이, 적기공급의 용이, 구매절차의 간소화, 공급자의 편익 등이 있다. ⓄⓍ

> 공급자의 편익은 집중구매의 장점이다.

03 ☐☐   05 국가7
적격심사에 의한 최저가낙찰제는 민간기업의 경쟁성과 공공의 품질 확보를 동시에 추구하고 있어서 정부부문에서 보편적으로 많이 채택하고 있는 계약자 선정방식이다. ⓄⓍ

> 적격심사에 의한 최저가낙찰제의 개념이다.

04 ☐☐   05 국회8
복식부기 회계제도는 모든 거래를 현금출납 시점을 기준으로 수입과 지출로 인식한다. ⓄⓍ

> 현금출납 시점을 기준으로 수입과 지출로 인식하는 것은 현금주의에 해당하며, 현금주의는 주로 단식부기가 사용된다.

05 ☐☐   07 국가9
정부회계는 기업회계에 비해서 예산의 준수를 강조한다. ⓄⓍ

> 정부회계에 대한 설명이다.

06 ☐☐   09 국회8
발생주의 회계 및 복식부기는 자산과 부채를 효율적으로 관리할 수 있다는 장점이 있다. ⓄⓍ

> 발생주의 회계 및 복식부기의 장점이다.

07 ☐☐   11 국가9
정부회계를 복식부기의 원리에 따라 기록할 경우 차변에 위치할 항목은 차입금의 감소이다. ⓄⓍ

> 차입금의 감소는 차변에 기입한다.

08 ☐☐   11 국회8
미수수익, 대손상각, 감가상각, 무상거래 등은 현금주의에서는 인식되지 않지만 발생주의에서는 이중거래로 인식된다. ⓄⓍ

> 발생주의에서 미수수익은 부채·자산으로 인식하고, 대손상각, 감가상각은 비용으로 인식하며, 무상거래는 이중거래로 인식한다.

09 ☐☐   12 국가7
복식부기는 상당액의 부채가 존재해도 현금으로 지출되지 않은 경우 재정건전 상태로 결산이 가능하다. ⓄⓍ

> 현금주의·단식부기에서 나타나는 현상이다.

01. X 02. X 03. O 04. X 05. O 06. O 07. O 08. X 09. X

10 ☐☐   12 지방7
집중구매는 일괄구매를 통해 구입절차를 단순화할 수 있다는 장점이 있다.
                                                                                O X

해설: 집중구매는 구입절차가 복잡하다.

11 ☐☐   12 해경간부
복식부기·발생주의 회계는 회계의 자기검증 기능으로 부정과 비리에 대한 통제가능성을 높여준다.   O X

해설: 복식부기·발생주의 회계의 장점이다.

12 ☐☐   13 지방7
발생주의 회계제도는 산출에 대한 원가 산정이 가능하기 때문에 분권화된 조직의 자율과 책임을 구현할 수 있는 중요한 수단이다.   O X

해설: 발생주의 회계제도의 특징이다.

13 ☐☐   14 지방9
정부회계의 발생주의는 정부의 수입을 납세고지시점으로, 정부의 지출을 지출원인행위 시점으로 계산하는 방식을 의미한다.   O X

해설: 발생주의의 개념이다.

14 ☐☐   14 행정사
현금주의 회계방식은 경영성과 파악이 용이하며, 발생주의 회계방식은 절차와 운용이 간편하다.   O X

해설: 반대로 서술되었다.

15 ☐☐   15 경정승진
집중구매는 중앙구매기관을 경유하여 구매해야 하므로 구입절차가 복잡하고 적기에 물품을 공급하기 어렵다.   O X

해설: 집중구매의 단점이다.

16 ☐☐   15 경정승진
집중구매는 구매조직의 관료화를 방지하고 중소기업 측면에서 유리하다.   O X

해설: 집중구매는 대기업에 유리하며 구매과정에서 정치적 압력이 작용할 수 있으므로 관료화나 red tape 현상이 발생할 수 있다.

17 ☐☐   15 경정승진
분산구매는 조달업무의 전문성을 확보할 수 있다.   O X

해설: 조달업무의 전문성을 확보할 수 있는 것은 집중구매이다.

18 ☐☐   16 사복9
우리나라의 경우 국가의 재정활동에서 발생하는 경제적 거래 등은 발생사실에 따라 복식부기방식으로 회계처리 되어야 한다.   O X

해설: 우리나라는 복식부기 방식으로 회계처리한다.

19 ☐☐   17 경간부
발생주의 회계 방식은 자의적인 회계처리가 불가능하여 통제가 용이하다.   O X

해설: 자의적인 회계처리가 불가능하여 통제가 용이한 것은 현금주의 회계방식이다.

---

10. X   11. O   12. O   13. O   14. X   15. O   16. X   17. X   18. O   19. X

20 ☐☐   17 국가7(추)
재정상태표에는 현금주의와 단식부기가, 재정운영표에는 발생주의와 복식부기가 각각 적용되고 있다. [O|X]

> 우리나라의 정부회계제도는 복식부기와 발생주의를 기본으로 하므로 재정상태표와 재정운영표에도 복식부기와 발생주의를 적용한다.

21 ☐☐   17 국가7(추)
재무제표는 국가결산보고서에 포함되어 국회에 제출하도록 하고 있다. [O|X]

> 국가결산보고서에는 세입세출결산, 재무제표, 성과보고서 등이 포함되며 국회에 제출하도록 한다.

22 ☐☐   17 국회9
단식부기에서는 상당액의 부채가 존재해도 세입세출 결산서상 재정이 건전한 상태인 것처럼 보일 수 있다. [O|X]

> 단식부기는 현금의 유출과 유입만을 현금출납장에 기록하고 반대급부인 자산 등의 변동내용은 별도의 비망기록으로 관리하게 되므로 상당액의 부채가 존재해도 재정이 건전한 상태인 것처럼 보일 수 있다.

23 ☐☐   17 국회9
복식부기를 도입하면 성과주의예산, 성과감사 등 비용과 성과 개념에 입각한 성과중심의 정부개혁이 가능하다. [O|X]

> 복식부기는 경제적 거래의 이중성을 회계처리에서 반영해 기록하는 방식으로 자기검증의 기능을 갖기 때문에 성과중심의 정부개혁이 가능하다.

24 ☐☐   17 국회9
발생주의에서 인정되는 계정과목에는 감가상각충당금, 대손충당금이 포함된다. [O|X]

> 감가상각충당금은 자산가치의 감소를 비용처리하는 것을 의미하고 대손충당금은 회수하지 못한 융자금 등을 비용으로 처리하는 것으로 모두 발생주의에서 인정된다.

25 ☐☐   17 군무원
복식부기는 총량 데이터를 확보할 수 있어 최고경영자에게 유용하며 주로 현금주의에 적용한다. [O|X]

> 현금주의에 적용하는 것은 단식부기이다.

26 ☐☐   18 국가9
단식부기는 현금의 수지와 같이 단일 항목의 증감을 중심으로 기록하는 방식이다. [O|X]

> 단식부기는 거래의 영향을 한 가지 측면에서 수입과 지출로만 파악해 기록하므로 현금의 수지와 같이 단일항목의 증감을 중심으로 기록한다.

27 ☐☐   18 국가9
단식부기는 발생주의 회계와, 복식부기는 현금주의 회계와 서로 밀접한 연계성을 갖는다. [O|X]

> 단식부기는 현금주의 회계와, 복식부기는 발생주의 회계와 서로 밀접한 연계성을 갖는다.

28 ☐☐   18 국가9
복식부기에서는 계정 과목 간에 유기적 관련성이 있기 때문에 상호 검증을 통한 부정이나 오류의 발견이 쉽다. [O|X]

> 복식부기에서는 하나의 거래를 대차 평균의 원리에 따라 차변과 대변에 동시에 기록하는 방법으로 부정과 오류의 발견이 용이하다.

29 ☐☐   18 서울9
발생주의는 현금의 수불과는 관계 없이 경제적 자원에 변동을 주는 사건이 발생된 시점에 거래를 인식하는 방식이다. [O|X]

> 발생주의는 현금의 수불과는 관계 없이 사건이 발생된 시점에 거래를 인식한다.

---

20. **X**   21. **O**   22. **O**   23. **O**   24. **O**   25. **X**   26. **O**   27. **X**   28. **O**   29. **O**

30 ☐☐ 18 서울9
현금주의는 현금의 수불과는 관계 없이 경제적 자원에 변동을 주는 사건이 발생된 시점에 거래를 인식하는 방식이다. O X

해설 현금의 수불과는 관계 없이 경제적 자원에 변동을 주는 사건이 발생된 시점에 거래를 인식하는 방식은 발생주의이다.

31 ☐☐ 18 서울9
복식부기는 하나의 거래를 대차평균의 원리에 따라 차변과 대변에 이중 기록하는 방식이다. O X

하나의 거래를 대차평균의 원리에 따라 차변과 대변에 이중 기록하는 방식은 복식부기이다.

32 ☐☐ 19 경간부
복식부기에서 자산의 감소는 대변에 위치한다. O X

복식부기에서는 자산의 감소를 대변에 기록한다.

33 ☐☐ 19 행정사
미지급비용은 현금주의에서는 인식되지 않으나 발생주의에서는 부채로 인식된다. O X

현금주의에서는 미지급비용을 인식하지 않으나 발생주의에서는 부채로 본다.

33 ☐☐ 19 행정사
국가회계법상 중앙정부의 대표적 재무제표는 재정상태보고서, 재정운영보고서, 현금흐름보고서, 순자산변동보고서로 구성된다. O X

국가회계법상 결산보고서에 포함되는 재무제표에는 재정상태표, 재정운영표, 순자산변동표로 구성되며, 현금흐름표는 포함되지 않는다.

34 ☐☐ 20 국회8
채무의 이행에 대한 국가의 보증을 받고자 하는 채무자 또는 채권자는 기획재정부장관의 의견을 받아야 한다. O X

채무의 이행에 대한 국가의 보증을 받고자 하는 채무자 또는 채권자는 소관 중앙관서의 장의 의견을 받아야 한다.

35 ☐☐ 20 경정승진
발생주의 회계제도에서는 정부가 채권을 발행할 시 자산의 증가는 기록하되 비용이나 부채는 기록하지 않는다. O X

발생주의는 복식부기 방식을 사용하므로 채권 발행 시 자산의 증가는 차변에 기록하고 동시에 부채의 증가를 대변에 기록하며, 채권발행 시 비용이 발생한 경우 비용의 발생을 차변에, 비용지급에 따른 자산감소는 대변에 기록한다.

36 ☐☐ 21 소방간부
정부 계약은 정부가 체결하는 공법상의 계약이므로 민법상 계약 원칙이 적용되지 않는다. O X

정부 계약은 국가가 사인의 지위에서 체결하는 사법상의 법률행위이므로 민법상 계약 원칙이 적용된다.

37 ☐☐ 21 소방간부
정부 계약은 일반경쟁입찰이 원칙이며, 이는 입찰 참가 기회를 확대하는 이점이 있다. O X

우리나라는 일반경쟁입찰을 원칙으로 하며, 이는 입찰참가의 기회를 균등하게 한다는 장점이 있다.

38 ☐☐ 21 군무원9
발생주의 회계제도는 복식부기 기장방식을 채택하는 것이 일반적이다. O X

발생주의는 일반적으로 복식부기 기장방식을 사용한다.

30. X 31. O 32. O 33. O 33. X 34. X 35. X 36. X 37. O 38. O

39 ☐☐　　　　　　　　　　　　　　　22 국가직9
중앙정부 결산 보고서상의 재무제표는 재정상태표, 재정운영표, 순자산변동표로 구성된다.　　　　　　　　　　　　O X

해설
국가회계법에 근거한 타당한 내용이다.

📖 39. O

MEMO

11 최근 예산제도개혁 – 신성과주의 등

01 ☐☐ 01 국회5
신성과주의 예산은 집권과 분권이 함께 나타난다. ⓄⓍ

> **해설**
> 신성과주의는 집행에 있어서는 재량을 확대하나 구체적 성과를 요구함으로써 책임을 강화하기도 한다.

02 ☐☐ 04 전북9
예비타당성 조사는 대형신규사업의 신중한 착수와 재정투자의 효율성을 높이기 위한 제도이다. ⓄⓍ

> 예비타당성 조사의 개념이다.

03 ☐☐ 06 충남9
균형성과관리는 거버넌스에 입각한 전략적인 성과관리시스템이다. ⓄⓍ

> 균형성과관리는 고객, 내부 구성원 등이 참여하는 거버넌스에 입각한 관리시스템이다.

04 ☐☐ 07 국회8
성과관리제도가 정착되면 예산편성의 자율성 확보와 함께 책임성이 크게 제고될 것으로 기대된다. ⓄⓍ

> 성과관리제도에 대한 내용이다.

05 ☐☐ 07 대전7
지출통제예산은 결과지향적 예산제도이다. ⓄⓍ

> 지출통제예산의 특징이다.

06 ☐☐ 07 전북9
자본예산제도는 자본적 지출에 대한 특별한 분석과 예산사정을 가능하게 한다는 장점이 있다. ⓄⓍ

> 자본예산제도는 자본지출을 체계적으로 관리하므로 자본계정을 중시한다.

07 ☐☐ 08 국가7
총액배분자율편성제도는 주어진 지출한도 내에서 각 부처가 자율적으로 정책과 사업을 구상한다. ⓄⓍ

> 총액배분자율편성제도의 특징이다.

08 ☐☐ 08 서울9
자본예산제도는 수익자 부담을 균등화시킬 수 있다는 장점이 있다. ⓄⓍ

> 자본예산제도에서 채권발행의 방식은 세대부담을 공평하게 한다.

09 ☐☐ 10 국가7
예산집행의 자율성과 재량권을 확대하는 대신 절약에 의한 통제도 강화하기 위하여 매년 일정비율로 국고에 반납토록 하는 제도를 효율성 배당제도라고 한다. ⓄⓍ

> 효율성배당제도에 대한 설명이다.

10 ☐☐ 11 지방9
영국의 경우 1982년에 재정관리 프로그램을 도입해 개혁을 추진하였다. ⓄⓍ

> 영국의 예산개혁에 대한 설명이다.

01. O 02. O 03. O 04. O 05. O 06. O 07. O 08. O 09. O 10. O

11 ☐☐   13 국회9
예산총액배분자율편성제도는 예산과정상 과다예산 요구-대폭삭감의 악순환을 해결하는데 도움이 된다. ⓞⓧ

> 예산총액배분자율편성제도의 특징이다.

12 ☐☐   14 국가7
예비타당성 조사제도는 사업 주무 부처(기관)에서 수행하며, 기술적인 검토와 예비설계 등에 초점을 맞춘다. ⓞⓧ

> 사업 주무 부처(기관)에서 수행하며, 기술적인 검토와 예비설계 등에 초점을 맞추는 것은 타당성조사이다.

13 ☐☐   14 서울9
예산성과금은 각 중앙관서의 장이 직권으로 성과금을 지급하거나 절약된 예산을 다른 사업에 사용할 수 있다. ⓞⓧ

> 국가재정법 제49조 제2항에 따르면 각 중앙관서의 장은 성과금을 지급하거나 절약된 예산을 다른 사업에 사용하고자 하는 때에는 예산성과금심사위원회의 심사를 거쳐야 한다.

14 ☐☐   14 행정사
균형성과표는 거시적·장기적 측면의 조직문화 형성보다는 순익과 같은 미시적·단기적 목표와 계획 및 전략에 초점을 둔다. ⓞⓧ

> 균형성과표는 미시적·단기적 목표와 거시적·장기적 목표 간의 균형을 강조한다.

15 ☐☐   15 경간부
예비타당성 조사는 기술적 분석을 중시하지만, 타당성 조사는 정책적 분석을 중시한다. ⓞⓧ

> 예비타당성 조사는 정책적 분석을, 타당성 조사는 기술적 분석을 중시한다.

16 ☐☐   15 국가9
상위계획과의 연관성, 지역경제에의 파급효과, 사업추진 의지, 민감도는 예비타당성 조사의 정책적 분석에 해당한다. ⓞⓧ

> 민감도 분석만 경제성 분석에 해당한다.

17 ☐☐   15 국가9
균형성과표는 재무, 고객, 내부 프로세스, 학습과 성장이라는 4가지 관점 간의 균형을 중시한다. ⓞⓧ

> 균형성과표는 내부(학습, 성장관점과 업무처리관점)의 관점과 외부(재무적 관점과 고객관점)의 관점 간 균형을 강조한다.

18 ☐☐   16 국가7
프로그램 예산제도는 동일한 정책목표를 가진 단위사업들을 하나의 프로그램으로 묶어 예산 및 성과 관리의 기본 단위로 삼는다. ⓞⓧ

> 프로그램 예산제도에서 프로그램이란 동일한 정책목표하에 추진되는 여러 개의 단위사업을 하나로 묶은 것을 의미한다.

19 ☐☐   16 국가7
우리나라에서는 프로그램 예산제도를 지방자치단체가 2004년부터, 중앙정부는 2008년부터 공식적으로 채택하였다. ⓞⓧ

> 우리나라는 프로그램 예산제도를 중앙정부는 2007년부터, 지방정부는 2008년부터 공식적으로 도입하였다.

20 ☐☐   16 국가7
재정사업 성과관리제도는 재정성과 목표관리제도, 재정사업 자율평가제도, 재정사업 심층평가제도의 세 가지 형태로 운영되고 있다. ⓞⓧ

> 재정사업 성과관리제도에 대한 내용으로 옳은 지문이다.

📋 11. **O**   12. **X**   13. **X**   14. **X**   15. **X**   16. **X**   17. **O**   18. **O**   19. **X**   20. **O**

21 16 사복9
예비타당성조사제도는 완성에 2년 이상이 소요되는 사업으로서 대통령령이 정하는 대규모사업에 대하여 각 중앙관서의 장이 그 사업규모 등을 정하여 미리 기획재정부장관과 협의하도록 하는 제도이다. OX

해설 총사업비제도에 대한 설명이다.

22 16 사복9
우리나라 프로그램 예산제도는 세부업무와 단가를 통해 예산금액을 산정하는 상향식 방식을 사용하고 단년도 중심의 예산이다. OX

해설 품목별 예산제도에 대한 설명이다. 프로그램 예산제도는 하향식 예산방식으로 장기사업 등 다년도 중심의 예산이다.

23 16 서울7
BSC는 추상성이 높은 비전에서부터 구체적인 성과지표로 이어지는 위계적인 체계를 가진다. OX

해설 BSC는 높은 비전에서부터 구체적인 성과지표로 이어진다.

24 16 서울7
BSC는 정부실패와 시장실패 등의 위기를 극복하기 위하여 비재무적 지표보다는 재무적 지표관리의 중요성을 강조한다. OX

해설 BSC는 재무적 관점뿐만 아니라 고객 관점, 내부프로세스 관점, 학습 및 성장 관점을 균형있게 관리하는 포괄적·통합적 성과관리시스템이다.

25 16 서울7
자본예산제도는 재정안정화 효과를 증진시킨다는 특징을 지닌다. OX

해설 자본예산제도는 경기를 과열시킴에 따라 경제 안정을 해치고 과도한 인플레이션을 조장할 가능성이 있다.

26 17 경간부
총액배분 자율편성 예산제도는 정책조정기능은 강화되고, 각 부처의 재량권이 확대되므로 예산편성은 상향적 흐름을 지닌다. OX

해설 총액배분자율편성제는 자금관리의 분권화를 강조하나 의사결정의 흐름은 하향적이다.

27 17 국가7
dBrain System은 예산편성, 집행, 결산, 사업관리 등 재정업무 전반을 종합적으로 연계 처리하도록 하는 통합재정정보시스템이다. OX

해설 디지털예산회계시스템은 예산의 편성·집행·결산·성과관리 등 정부의 재정 활동 과정에서 생성된 정보를 종합관리하는 정보시스템이다.

28 17 국가7
결과 지향적 예산제도는 각 부처 재정사업 담당자들에 대한 동기부여를 강조하고 이들에게 더 많은 권한을 부여하고자 한다. OX

해설 결과 지향적 예산제도는 부처 재정사업 담당자들에 대한 동기부여를 강조하고 이들에게 재원배분과 관련하여 더 많은 권한을 주는 분권화된 인센티브 체제를 만들었다.

29 17 국가7
dBrain 구축이 완료됨에 따라 총액배분 자율편성 예산제도의 도입이 가능해졌다. OX

해설 디지털예산회계시스템(dBrain System)이 구축되어야 총액배분자율편성 예산제도(Top-down)가 도입될 수 있는 것은 아니다.

30 17 국가7
dBrain System은 노무현 정부 당시 재정개혁의 일환으로 구축이 추진되었다. OX

해설 dBrain System은 노무현 정부의 4대 재정개혁의 일환으로 구축되었다.

21. X 22. X 23. O 24. X 25. X 26. X 27. O 28. O 29. X 30. O

31 ☐☐ 17 국가7
미국 클린턴 행정부는 결과 지향적 예산제도의 일환으로 PART(Program Assessment Rating Tool)를 도입했다. ⓞⓧ

> **해설**
> 클린턴 행정부 때 결과 지향적 예산제도의 일환으로 도입된 것은 정부성과 및 결과에 관한 법(GPRA)이다. 한편 PART는 부시 행정부에서 재정사업의 성과관리 체제를 강화하기 위해 GPRA를 보완하기 위해 제정된 것이다.

32 ☐☐ 17 국가7
20세기 후반부터 주요 국가들이 재정사업의 운영과정이나 기능에 초점을 두고 새로운 성과주의 예산체계를 도입하기 시작했다. ⓞⓧ

> 1990년대 이후 주요 국가들은 예산서의 형식보다 재정사업 운영의 과정이나 기능을 강조하였다.

33 ☐☐ 17 국가9
예비타당성조사는 대규모 신규사업에 대한 예산편성 및 기금운용계획을 수립하기 위하여 기획재정부장관 주관으로 실시하는 사전적인 타당성 검증·평가 제도이다. ⓞⓧ

> 예비타당성조사는 기획재정부장관의 주관으로 실시하는 사전적인 타당성 검증제도이다.

34 ☐☐ 17 국가9
조세지출예산제도는 조세지출의 내용과 규모를 주기적으로 공표해 조세지출을 관리하는 제도이다. ⓞⓧ

> 조세지출예산제도는 조세지출의 내용과 규모를 주기적으로 공표해 관리하는 예산제도이다.

35 ☐☐ 17 국가9
중기지방재정계획은 「지방재정법」에 근거한 사후예산제도로 지방재정 건전화를 추구한다. ⓞⓧ

> 중기지방재정계획은 「지방재정법」에 근거한 사전적 관여, 즉 사전예산제도이다.

36 ☐☐ 17 국가9
총사업비관리제도는 시작된 대형사업에 대한 총사업비를 관리해 재정지출의 생산성 제고를 도모한다. ⓞⓧ

> 총사업비관리제도는 총사업비를 관리해 재정지출의 생산성을 제고한다.

37 ☐☐ 17 국가9(추)
조세지출예산제도는 세금을 징수하기 위해 지출한 예산을 통합적으로 관리하기 위한 예산제도이다. ⓞⓧ

> 조세지출예산제도는 세금을 징수하기 위한 것이 아니라 행정부에 일임된 조세지출을 국회에서 통제하고 정책효과를 판단하고자 하는 제도이다.

38 ☐☐ 17 군무원
신성과주의예산제도(NPB)는 성과목표는 통제하되, 수단의 선택과 운영에 대한 폭넓은 재량을 허용한다. ⓞⓧ

> 신성과주의예산제도는 관리자에게 재량을 부여함으로써 수단의 선택과 운영 등에 폭넓은 재량을 허용하되 성과목표를 통제한다.

39 ☐☐ 17 서울7
디지털예산회계시스템(BAR)은 성과중심형 예산시스템으로 발생주의·복식부기 회계제도를 기반으로 한 과학적 예산 관리 제도이다. ⓞⓧ

> 디지털예산회계시스템(BAR)은 2007년 도입된 범정부적인 예산회계 정보 시스템을 의미하며 발생주의·복식부기 회계제도를 기반으로 한 성과중심형 예산시스템이다.

📖 31. X 32. O 33. O 34. O 35. X 36. O 37. X 38. O 39. O

Chapter 11 최근 예산제도개혁-신성과주의 등

40
조세지출예산제도는 예산지출을 절약하거나 조세를 통해 국고수입을 증대시킨 경우 그 성과의 일부를 기여자에게 인센티브로 지급하는 제도이다.

해설: 예산지출을 절약하거나 조세를 통해 국고수입을 증대시킨 경우 그 성과의 일부를 기여자에게 인센티브로 지급하는 제도는 예산성과금 제도이다.

41
총액배분·자율편성(top-down) 예산제도는 각 부처가 국가재정운용계획에 의해 설정된 1년 예산상한선 내에서 자율적으로 예산을 편성하는 제도이다.

해설: 총액배분·자율편성예산제도는 각 부처가 국가재정운용계획에 의해 설정된 예산상한선 내에서 자율적으로 예산을 편성하는 제도이다.

42
예비타당성조사는 총사업비 500억원 이상이면서 국가재정 지원이 300억원 이상인 신규사업 중에 일정한 절차를 거쳐 실시한다.

해설: 기획재정부장관은 총사업비가 500억원 이상이고 국가의 재정지원 규모가 300억원 이상인 신규 사업으로서 대규모사업에 대한 예산을 편성하기 위하여 미리 예비타당성조사를 실시한다.

43
총사업비관리제도는 예비타당성조사제도와 같은 시기에 도입되었다.

해설: 총사업비관리제도는 1994년 처음 도입되었고 예비타당성조사제도는 1999년부터 대형투자사업에 대해 도입·시행하고 있다.

44
학습·성장 관점은 구성원의 능력개발이나 직무만족과 같이 주로 인적자원에 대한 성과를 포함한다.

해설: 학습·성장 관점은 구성원의 능력개발이나 직무만족과 같이 주로 인적자원에 대한 성과를 포함한다.

45
상향식 예산관리모형인 총액배분 자율편성 예산제도는 전략적 재원배분을 촉진한다.

해설: 총액배분 자율편성 예산제도는 하향식 예산관리모형으로 전략적 재원배분을 촉진한다.

46
균형성과표(BSC)에서 무형자산에 대한 강조는 성과평가의 시간에 대한 관점을 단기에서 장기로 전환시킨다.

해설: 무형자산의 강조는 성과평가의 시간에 대한 관점을 단기에서 장기로 전환시킨다.

47
균형성과표(BSC)의 내부프로세스 관점에서는 통합적인 일처리절차보다 개별 부서별로 따로따로 이루어지는 일처리방식에 초점을 맞춘다.

해설: 내부프로세스 관점에서는 개별 부서별로 따로따로 이루어지는 일처리방식보다 통합적인 일처리절차에 초점을 맞춘다.

48
균형성과관리에서 재무적 관점의 성과지표는 전통적인 선행지표로서 매출, 자본 수익률, 예산 대비 차이 등이 있다.

해설: 재무적 관점의 성과지표는 전통적인 후행지표이다.

49
조세지출예산서는 직전연도실적과 당해연도 조세지출 금액을 표기하고 있어 다음연도의 계획적인 조세지출을 위한 재정정보는 제공하지 못하는 한계를 갖는다.

해설: 조세지출예산서는 직전연도실적과 당해연도 조세지출 금액을 표기하고 있어 다음연도의 계획적인 조세지출을 위한 재정정보의 제공이 가능하다.

정답: 40. X 41. O 42. O 43. X 44. O 45. X 46. O 47. X 48. X 49. X

50 ☐☐   18 국가9
조세는 현 세대의 의사결정에 대한 재정 부담을 미래 세대로 전가하지 않는다는 장점이 있다. ⃞O⃞X⃞

> 조세는 현 세대의 재정 부담을 미래 세대로 전가하지 않는다는 장점을 갖는다.

51 ☐☐   18 서울7(3월)
신성과주의 예산(New Performance Budgeting)은 과거의 성과주의 예산과 비교하여 프로그램 구조와 회계제도에 미치는 영향이 훨씬 광범위하고 포괄적이다. ⃞O⃞X⃞

> 과거의 성과예산과 비교하여 프로그램 구조와 회계제도에 미치는 영향이 좁은 범위에서 적용되는 경향이 있다.

52 ☐☐   18 서울7(3월)
신성과주의 예산(New Performance Budgeting)은 예산집행에서의 자율성을 부여하되, 성과평가와의 연계를 통해 책임성을 확보하고자 한다. ⃞O⃞X⃞

> 신성과주의는 결과기준 예산제도로 투입보다는 산출이나 성과를 중시하며 이를 책임성과 연관시키는 새로운 성과주의 예산이다.

53 ☐☐   18 지방7
균형성과표는 공무원의 능력향상을 위해 전문적 직무교육을 강화한다. ⃞O⃞X⃞

> 균형성과표의 학습과 성장관점에 대한 내용이다.

54 ☐☐   18 지방7
균형성과표는 상향식 접근방법에 기초해 공무원의 개인별 실적평가를 중시한다. ⃞O⃞X⃞

> 균형성과관리는 상향식 접근법에 기초하여 공무원의 개인별 실적평가를 중시하는 MBO와 달리 기관의 임무, 비전 및 전략목표를 토대로 하는 하향적·위계적·연역적 성과관리 방식이다.

55 ☐☐   18 지방7
프로그램 예산제도는 현재 운영되지 않는 제도이다. ⃞O⃞X⃞

> 프로그램 예산제도는 프로그램(정책사업) 중심으로 예산을 분류하는 방식으로, 우리나라의 경우 2007년 도입되어 현재 활용되고 있다.

56 ☐☐   18 지방7
프로그램 예산제도 도입 시 비목(품목)의 개수를 대폭 축소함으로써 비목 간 칸막이를 최대한 줄였다. ⃞O⃞X⃞

> 프로그램예산에서도 말단에서 품목별 분류가 사용되지만 품목의 수는 대폭 축소·통합된다.

57 ☐☐   18 지방9
총액배분·자율편성제도는 지출한도가 사전에 제시되기 때문에 부처의 재정사업에 대한 책임과 권한을 강화할 수 있다. ⃞O⃞X⃞

> 총액배분·자율편성제도는 지출한도가 사전에 제시되기 때문에 부처의 재정사업에 대한 책임과 권한을 강화할 수 있다.

58 ☐☐   18 지방9
총액배분·자율편성제도의 경우 각 중앙부처는 소관 정책과 우선순위에 입각해 연도별 재정규모, 분야별·부문별 지출한도를 제시한다. ⃞O⃞X⃞

> 총액배분·자율편성제도는 부처별로 예산총액을 정해주면 각 부처가 자율적으로 구체적인 사용처와 규모를 정하는 제도이다.

59 ☐☐   18 지방9
총액배분·자율편성제도의 경우 부처의 재량을 확대하였지만 기획재정부는 사업별 예산통제 기능을 유지하고 있다. ⃞O⃞X⃞

> 자금관리 등 미시적인 부분은 부처의 재량을 확대하였지만 기획재정부는 지출한도 하달과 전략적 배분을 통해 예산통제 기능을 유지하고 있다.

정답 50. O   51. X   52. O   53. O   54. X   55. X   56. O   57. O   58. X   59. O

마니행정학 기출 OX 총정리

60 ☐☐ 19 국가7
예비타당성조사는 대규모 건설사업, 정보화사업, 연구개발사업 등을 대상으로 하며, 교육·보건·환경 분야 등에는 아직 적용되지 않고 있다. O X

해설 예비타당성조사는 대규모 건설사업, 정보화사업, 연구개발사업, 사회복지, 보건, 교육, 노동, 문화 및 관광, 환경 분야 등의 사업에도 적용되고 있다.

61 ☐☐ 19 국가7
중기재정계획은 단년도 예산의 장점인 안정성과 일관성보다는 재정건전성 등 중장기적 거시 재정목표의 효과적인 추구를 위해 도입되었다. O X

중기재정계획은 단년도 예산편성방식의 문제점을 극복하고자 중장기 관점에서 사업을 검토하여 재원배분의 일관성·효율성·건전성 등을 제고하기 위한 제도이다.

62 ☐☐ 19 국회8
균형성과표에서 학습과 성장의 관점은 민간 부문과 정부부문이 큰 차이를 둘 필요가 없는 부분이다. O X

학습과 성장의 관점은 다른 지표를 통해 달성하고자 하는 최종적인 목표로써 주로 인적자원에 대한 성과를 포함하므로 민간부문과 정부부문이 큰 차이를 둘 필요가 없다고 할 수 있다.

63 ☐☐ 19 국회9
자본예산제도(CBS)는 세입과 세출을 경상적인 것과 자본적인 것으로 구분한다. O X

자본예산제도는 세입과 세출을 경상계정과 자본계정으로 구분·계리하여 파악하는 제도이다.

64 ☐☐ 19 국회9
자본예산제도에서 자본적 지출은 대부분 공채발행 등 차입으로 충당하는 단식예산제도의 일종이다. O X

자본적 지출은 적자재정과 공채발행으로 충당함으로써 불균형예산을 편성하는 복식예산제도의 일종이다.

65 ☐☐ 19 서울7(2월)
BSC는 관리자의 성과정보가 재무적 정보에 국한된 약점을 극복하고자 다양한 측면의 정보를 제공하며, 재무적 정보 외에 고객, 내부 절차, 학습과 성장 등 조직운영에 필요한 관점을 추가한 것이다. O X

BSC와 관련된 것으로 옳은 내용이다.

66 ☐☐ 19 지방9
예비타당성조사는 기존에 유지된 타당성조사의 문제점을 보완하기 위해 2013년부터 도입하였다. O X

기존에 유지된 타당성 조사의 문제점을 보완하기 위해 2000년부터 적용하였다.

67 ☐☐ 19 지방9
예비타당성조사는 조사대상 사업의 경제성, 정책적 필요성 등을 종합적으로 검토하여 그 타당성 여부를 판단한다. O X

예비타당성조사는 총사업비 500억(국고지원 300억) 이상의 신규사업에 대하여 주무부처가 기술적 관점에서 타당성조사를 실시하기에 앞서 기획재정부가 경제적·정책적 차원에서 타당성을 종합적으로 검토·판단하는 제도이다.

68 ☐☐ 20 경간부
조세지출예산은 경제적 불황기 내지 공황기에 적자예산을 편성하여 유효수요와 고용을 증대시킴으로써 불황을 극복하는 유용한 수단이 될 수 있다. O X

경제적 불황기 내지 공황기에 적자예산을 편성하여 유효수요와 고용을 증대시킴으로써 불황을 극복하는 유용한 수단이 될 수 있다고 보는 것은 자본예산이다.

69 ☐☐ 20 경간부
모든 조직에 공통적으로 적용할 수 있는 표준적 성과측정지표를 개발하기 어렵다는 점은 신성과주의예산제도의 단점으로 지적된다. O X

신성과관리 예산제도는 표준적인 성과측정지표를 개발하기도 어렵고 정부기관 간 또는 사업 간 성과비교가 어렵다.

📖 60. X 61. X 62. O 63. O 64. X 65. O 66. X 67. O 68. X 69. O

70 ☐☐ 20 행정사
예비타당성 조사는 대규모 공공투자사업의 타당성을 분석하고 그 결과에 따라 재정사업의 신규투자 여부를 결정한다. ⓄⓍ

> 예비타당성 조사는 대규모 공공투자사업의 타당성을 분석하고 그 결과에 따라 재정사업의 신규투자 여부를 결정하는 제도이다.

71 ☐☐ 21 경간부
신성과주의 예산제도는 중간목표가 아니라 사업이나 서비스의 최종 소비자인 국민을 중심으로 성과를 접근하기 때문에 국민의 요구에 대한 대응성을 높일 수 있다. ⓄⓍ

> 신성과주의는 서비스의 최종 소비자인 국민을 중심으로 성과에 접근하므로 국민의 요구에 대한 대응성을 높일 수 있다.

72 ☐☐ 21 지방(서울)9
균형성과표(BSC)에서 고객 관점에서의 성과지표는 시민참여, 적법절차, 내부 직원의 만족도, 정책 순응도, 공개 등이 있다. ⓄⓍ

> 정책순응도는 고객 관점에, 시민참여, 적법절차, 공개는 업무처리 관점에, 내부 직원의 만족도는 학습과 성장 관점 성과지표에 해당한다.

73 ☐☐ 21 지방(서울)9
균형성과표(BSC)는 재무적 성과지표와 비재무적 성과지표를 통한 균형적인 성과관리 도구라고 할 수 있다. ⓄⓍ

> 균형성과표는 재무적 성과지표와 비재무적 성과지표의 균형을 고려한다.

74 ☐☐ 21 지방7
예비타당성조사는 총사업비와 국가의 재정지원 규모가 일정 금액 이상인 신규사업 중 특정 요건에 해당하는 경우에 실시하며, 국회가 의결로 요구하는 사업에 대해서도 실시하여야 한다. ⓄⓍ

> 예비타당성조사는 총사업비 500억 원 이상, 국가의 재정지원 규모가 300억 원 이상인 신규사업 중 특정 요건에 해당하는 경우에 실시하며 국회가 의결로 요구하는 사업에 대해서도 실시하여야 한다.

75 ☐☐ 22 경간부
총액배분 자율편성 예산제도는 부처의 사업별 재원배분에 대해 보다 세밀한 관리·통제가 가능하다. ⓄⓍ

> 총액배분 자율편성 예산제도는 부처의 사업별 재원배분에 자율성을 부여한 제도로 세밀한 관리·통제가 곤란하다.

76 ☐☐ 22 지방9
국가회계는 디브레인(dBrain) 시스템을 통해, 지방자치단체회계는 e-호조 시스템을 통해 처리된다. ⓄⓍ

> 국가회계는 디브레인(dBrain) 시스템(디지털예산회계시스템)을 통해 처리되고, 지방자치단체 회계는 e-호조시스템(지방재정관리시스템)을 통해 처리된다.

77 ☐☐ 23 국가직9
우리나라 재정사업 성과관리상 재정사업 심층평가 결과 기획재정부장관이 필요하다고 판단하면 재정사업 자율평가를 실시할 수 있다. ⓄⓍ

> 재정사업 자율평가 결과 추가적인 평가가 필요하다고 판단되는 사업은 심층평가를 실시할 수 있다. (재정법시행령39조의3)

78 ☐☐ 23 국가직9
재정사업 자율평가는 미국 관리예산처(OMB)의 PART(Program Assessment Rating Tool)를 우리나라 실정에 맞게 도입한 제도이다. ⓄⓍ

> 미국 PART에 기원한다.

📋 70. Ⓞ 71. Ⓞ 72. Ⓧ 73. Ⓞ 74. Ⓞ 75. Ⓧ 76. Ⓞ 77. Ⓧ 78. Ⓞ

PART
06
행정통제·개혁론

- 01 행정책임
- 02 행정통제 및 통제유형
- 03 옴부즈만 및 행정참여
- 04 행정개혁, OECD 국가 및 한국의 행정개혁
- 05 정보화, 전자정부

01 행정책임

01 07 대구9
행정책임을 묻기 위해서는 행동의 동기를 파악하는 것이 가장 중요하다. O X

> 행정책임은 행정의 동기보다는 행동의 결과나 과정에 대하여 제기되는 것이다.

02 07 서울7
제도적 책임성은 절차의 준수와 책임의 완수를 별개로 본다. O X

> 제도적 책임성은 절차를 중시하며 절차의 준수는 책임의 완수로 이어진다고 본다.

03 10 국가9
자율적 책임성은 객관적으로 기준을 확정하기 곤란하므로, 내면의 가치와 기준에 따르는 것을 말한다. O X

> 자율적 책임성의 특징이다.

04 11 서울7
파이너(Finer)는 전문성이나 윤리헌장 같은 내부통제 장치들을 통해 행정책임을 확보해야 한다고 주장하였다. O X

> 프리드리히(Friedrich)가 주장한 내용이다.

05 13 해경간부
Finer의 고전적 책임론의 대표적인 것이 바로 법률이나 규칙에 대한 책임, 국민에 대한 책임, 의회에 대한 책임 등이다. O X

> 파이너는 법률이나 규칙에 대한 책임, 국민에 대한 책임, 의회에 대한 책임 등을 강조하였다.

06 15 경간부
합법적 책임, 양심적 책임, 상급자에 대한 책임, 정책에 대한 책임은 책임있는 행정인이 지는 책임으로서 객관적 책임에 속한다. O X

> 양심적 책임은 주관적, 내재적 책임에 해당한다.

07 17 경정승진
Dubnick과 Romzek의 행정책임의 유형 중 내부지향적이고 통제의 정도가 높은 책임성은 법적 책임성이다. O X

> Dubnick과 Romzek의 행정책임의 유형 중 내부지향적이고 통제의 정도가 높은 책임성은 관료적 책임성이다.

08 18 서울7(3월)
제도적 책임성은 공무원의 자율적이고 능동적인 행정책임을 의미한다. O X

> 공무원의 자율적이고 능동적인 행정책임은 비제도적 책임(자율적 책임)을 의미한다.

09 18 지방7
도의적 책임(responsibility)은 국민이나 고객의 요구, 이념, 가치에 대한 대응성을 강조하는 책임이다. O X

> 국민이나 고객의 요구, 이념, 가치에 대한 대응성을 강조하는 책임은 대응적 책임이다.

01. X 02. X 03. O 04. X 05. O 06. X 07. X 08. X 09. X

10 ☐☐   18 행정사
행정 관료의 정책형성에 대한 영향력 증가는 대의민주제의 정치적 책무성(political accountability)을 강화한다. ☐O☐X

> **해설**
> 행정 관료의 정책형성에 대한 영향력의 증가는 입법부의 통제 및 감독 등을 곤란하게 하므로 대의민주제의 정치적 책무성을 약화시킨다.

11 ☐☐   21 경간부
듀브닉과 롬젝(Dubnick and Romzek)의 행정책임성 유형 중 외부지향적이고 통제의 강도가 높은 책임성은 관료적 책임성이다. ☐O☐X

> **해설**
> 듀브닉과 롬젝의 행정책임성 유형 중 외부지향적이고 통제의 강도가 높은 책임성은 법적 책임성이다.

12 ☐☐   21 경간부
자율적 책임성(Responsibility)은 정부가 행정활동으로 국민에게 손해를 끼칠 경우 그에 대해 책임을 추궁한다. ☐O☐X

> **해설**
> 정부가 행정활동으로 국민에게 손해를 끼칠 경우 그에 대해 책임을 추궁하는 것은 제도적 책임성(Accountability)이다.

13 ☐☐   21 경간부
제도적 책임성(Accountability)은 수동적인 행정책임을 의미한다. ☐O☐X

> **해설**
> 제도적 책임성은 절차를 중시하고 합법성을 추구하는 수동적인 행정책임을 의미한다.

14 ☐☐   21 지방(서울)9
파이너(Finer)는 법적·제도적 외부통제를 강조한다. ☐O☐X

> **해설**
> 파이너는 사법부·입법부 등 제도화된 외부적인 힘에 의한 통제를 강조한다.

15 ☐☐   21 지방(서울)9
프리드리히(Friedrich)는 내재적 통제보다 객관적·외재적 책임을 강조한다. ☐O☐X

> **해설**
> 프리드리히는 객관적·외재적 책임보다 내부적 통제를 강조한다.

10. X   11. X   12. X   13. O   14. O   15. X

02 행정통제 및 통제유형

01 ☐☐ 　　　　　　　　　　　　　　　　　　　05 국가7
행정의 시정조치 가운데 실적이 목표에서 이탈된 것을 발견하고 후속행동이 전철을 밟지 않도록 시정하는 통제는 부정적 환류통제이다. O X

> **해설**
> 부정적(소극적) 환류는 실적이 목표에서 이탈했을 때 오류를 시정하는 것이다.

02 ☐☐ 　　　　　　　　　　　　　　　　　　　05 국가7
감사원에 의한 통제, 대표관료제를 통한 통제, 옴부즈만 제도, 국무총리실에 의한 통제는 내부통제에 해당한다. O X

> 옴부즈만 제도는 외부통제이다.

03 ☐☐ 　　　　　　　　　　　　　　　　　　　06 강원9
행정통제는 행정목표를 달성하기 위한 수단으로서 그 과정은 다원적이며 환류적이다. O X

> 행정통제의 특징이다.

04 ☐☐ 　　　　　　　　　　　　　　　　　　　06 국가9
궁극적으로 실질적인 행정통제가 이루어지기 위해서는 내부통제보다는 외부통제를 더욱 효과적으로 활용해야 한다. O X

> 외부통제보다 내부통제를 더욱 효과적으로 활용해야 한다.

05 ☐☐ 　　　　　　　　　　　　　　　　　　　06 선관위9
절차의 규칙성 확보와 부정방지에 치중한 통제는 공무원의 피동화와 업무수행의 소극화를 조장한다. O X

> 소극적 통제의 문제점이다.

06 ☐☐ 　　　　　　　　　　　　　　　　　　　06 충남9
최근에는 외부통제가 내부통제보다 우선시되는 추세이다. O X

> 최근 행정국가에서는 행정의 전문화로 인해 내부통제를 우선시한다.

07 ☐☐ 　　　　　　　　　　　　　　　　　　　07 충북9
국무조정실은 국정조정자의 입장에서 외부통제적인 기능을 수행한다. O X

> 국무조정실은 내부통제적 기능을 수행한다.

08 ☐☐ 　　　　　　　　　　　　　　　　　　　08 서울9
입법부에 의한 통제, 사법부에 의한 통제, 감사원에 의한 통제는 외부통제이다. O X

> 감사원에 의한 통제는 내부통제이다.

09 ☐☐ 　　　　　　　　　　　　　　　　　　　08 지방7
행정통제는 행정 체제의 일탈에 대한 감시를 통해 행정성과를 달성하려는 활동이다. O X

> 행정통제를 통해 행정의 건전성과 적정성을 유지한다.

01. O　02. X　03. O　04. X　05. O　06. X　07. X　08. X　09. O

10 ☐☐ 09 서울9
행정통제는 설정된 행정목표 또는 정책목표와 기준에 따라 성과를 측정하고 이에 맞출 수 있도록 시정하는 노력을 의미한다. ⓞⓧ

행정통제의 개념이다.

11 ☐☐ 11 국회8
길버트에 의하면 행정통제의 방법은 통제자가 행정조직 내부에 위치하는가 그렇지 않은가에 따라 공식적 통제와 비공식적 통제로 구분된다. ⓞⓧ

길버트는 행정통제자가 행정조직내부에 있는지 밖에 있는지에 따라 내부통제와 외부통제로, 공식화된 기구와 절차에 의존하는지 아닌지에 따라 공식통제와 비공식통제로 구분하였다.

12 ☐☐ 12 경정승진
정당과 압력단체에 의한 행정통제는 국민이 직접 행정을 통제하는 민중통제라고 볼 수 없다. ⓞⓧ

민중통제에 속한다.

13 ☐☐ 13 국가9
감사원의 정기 감사는 내부·공식적 통제에 속한다. ⓞⓧ

옳은 설명이다.

14 ☐☐ 13 서울9
행정통제의 중심과제는 궁극적으로 민주주의와 관료제 간의 조화 문제로 귀결된다. ⓞⓧ

옳은 지문이다.

15 ☐☐ 14 경간부
행정절차를 강화하게 되면 비공식적 절차에 의한 통제를 제한하여 행정과 시민 간의 분쟁을 심화시키는 원인이 된다. ⓞⓧ

행정절차를 강화하게 되면 비공식적 절차에 의한 통제를 제한하여 행정과 시민 간의 분쟁을 감소시킬 수 있다.

16 ☐☐ 15 국가7
시민단체는 정당과 함께 행정에 대한 공식적 통제자 역할을 한다. ⓞⓧ

정당과 시민단체는 비공식적·외부통제에 해당한다.

17 ☐☐ 15 사복9
직업윤리에 의한 통제는 비공식적 내부통제이다. ⓞⓧ

윤리에 의한 통제는 비공식, 내부통제이다.

18 ☐☐ 16 경간부
전통적인 행정통제방법으로 가장 중요시 되는 것은 입법부에 의한 내부통제이다. ⓞⓧ

입법부에 의한 통제는 외부통제이다.

19 ☐☐ 16 국가7
사법부에 의한 통제, 감사원에 의한 통제는 모두 내부통제에 해당한다. ⓞⓧ

사법부에 의한 통제는 외부·공식적 통제에 해당하지만 감사원에 의한 통제는 내부·공식적 통제에 해당한다.

20 ☐☐ 17 국회8
사후적 통제는 목표수행 행동의 결과가 목표기준에 부합되는가를 평가하여 필요한 시정조치를 취하는 통제이다. ⓞⓧ

목표수행 행동의 결과가 목표기준에 부합되는지를 평가하고 이에 필요한 시정조치를 취하는 통제를 사후적 통제라고 한다.

10. O 11. X 12. X 13. O 14. O 15. X 16. X 17. O 18. X 19. X 20. O

21 □□ 17 국회8
사전적 통제는 어떤 행동이 통제기준에서 이탈되는 결과를 발생시킬 때까지 기다리지 않고 그러한 결과의 발생을 유발할 수 있는 행동이 나타날 때마다 교정해 나간다. O X

해설 어떤 행동이 통제기준에서 이탈되는 결과를 발생시킬 때까지 기다리지 않고 그러한 결과의 발생을 유발할 수 있는 행동이 나타날 때마다 교정해 나가는 것을 동시적 통제라고 한다.

22 □□ 17 지방9
교차기능조직(criss-cross organizations)은 행정체제 전반에 걸쳐 관리작용을 분담하여 수행하는 참모적 조직단위들로서 내부적 통제체제로부터 완전히 독립되어 있다. O X

해설 교차기능조직은 행정체제 전반에 걸쳐 관리작용을 분담하여 수행하는 참모적 조직단위들로서 완전히 독립되어 있지 않고 내부통제기구로 계선기관의 의사결정에 동의·협의함으로써 사전적 통제역할을 한다.

23 □□ 17 지방9
독립통제기관(separate monitoring agency)은 일반행정기관과 대통령 그리고 외부적 통제중추들의 중간 정도에 위치하며, 상당한 수준의 독자성과 자율성을 누린다. O X

해설 독립통제기관은 행정체제의 중앙통제조직으로 높은 수준의 독립성과 자율성을 누리며 행정수반에게 직접 보고하는 의사전달의 통로를 가진다.

24 □□ 17 지방9(추)
감사원에 의한 통제는 회계검사, 직무감찰, 성과감사 등이 있다. O X

해설 감사원은 회계검사, 직무감찰, 성과감사 등을 통해 통제한다.

25 □□ 17 지방9(추)
입법통제는 행정명령·처분·규칙의 위법여부를 심사하는 외부통제 방법이다. O X

해설 행정명령·처분·규칙의 위법여부를 심사하는 외부통제 방법은 사법통제이다.

26 □□ 18 국회9
시민단체의 행정 참여에 의한 통제, 정당에 의한 통제는 모두 공식적·내부통제에 해당한다. O X

해설 시민단체의 행정 참여에 의한 통제, 정당에 의한 통제는 모두 비공식적·외부통제에 해당한다.

27 □□ 18 서울9
감찰통제, 예산통제, 인력의 정원통제, 정당에 의한 통제는 모두 외부통제이다. O X

해설 감찰통제, 예산통제, 인력의 정원통제는 내부통제에 속하고 정당에 의한 통제는 외부통제이다.

28 □□ 19 국회8
입법통제는 합법성을 강조하므로 위법행정보다 부당행정이 많은 현대행정에서는 효율적인 통제가 어렵다. O X

해설 사법통제는 합법성을 강조하므로 위법행정보다 부당행정이 많은 현대행정에서는 효율적인 통제가 어렵다.

29 □□ 19 서울9
행정 권한의 강화 및 행정재량권의 확대가 두드러지면서 행정책임 확보의 수단으로서 행정통제의 중요성이 커지고 있다. O X

해설 행정통제는 행정책임의 확보수단으로 행정의 권한이 강화되고 재량권이 확대되면서 더욱 중요해지고 있다.

21. X 22. X 23. O 24. O 25. X 26. X 27. X 28. X 29. O

30 ☐☐   19 서울9

행정이 전문성과 복잡성을 띠게 된 현대 행정국가 시대에는 내부 통제보다 외부 통제가 점차 강조되고 있다.   ○|X

> 해설
> 행정이 전문성과 복잡성을 띠게 된 현대 행정국가 시대에는 외부 통제보다 내부 통제가 점차 강조되고 있다.

31 ☐☐   19 서울9

감사원에 의한 통제, 사법부에 의한 통제는 모두 공식적·내부통제이다.   ○|X

> 사법부에 의한 통제는 공식적·외부통제이다.

32 ☐☐   20 서/지9

감사원의 직무감찰, 의회의 국정감사는 모두 외부통제이다.   ○|X

> 감사원의 직무감찰은 내부통제에, 의회의 국정감사는 외부통제에 해당한다.

33 ☐☐   20 행정사

감사원에 의한 통제, 이익집단에 의한 통제는 모두 내부통제이다.   ○|X

> 감사원에 의한 통제는 내부통제에, 이익집단에 의한 통제는 외부통제에 해당한다.

34 ☐☐   21 국가9

국회의 국정조사, 언론의 공무원 부패 보도, 행정안전부의 각 중앙행정기관 조직과 정원 통제는 모두 행정부에 대한 외부통제이다.   ○|X

> 행정안전부의 각 중앙행정기관 조직과 정원 통제는 내부통제이다.

35 ☐☐   21 경정승진

감사기관은 사전컨설팅을 통해 감사대상기관의 적극행정을 지원할 수 있다.   ○|X

> 사전컨설팅제도는 제도나 규정이 불분명하거나 선례가 없어 적극행정이 주저되는 경우 감사기관이 컨설팅을 해주고 그에 따라 업무를 처리하면 책임을 면제해 주는 제도이다.

36 ☐☐   23 국가직9

롬젝(Romzeck)의 행정책임 유형중 법적 책임은 표준운영절차(SOP)나 내부규칙(규정)에 따라 통제된다.   ○|X

> 롬젝 모형중 계층적 책임이다.

30. X   31. X   32. X   33. X   34. X   35. O   36. X

03 옴부즈만 및 행정참여

01 ☐☐   08 지방7
옴부즈만 제도는 행정결정을 취소, 변경할 수 있는 권한은 없지만 법원, 행정기관에 대한 직접적 감독권을 갖고 있다. O X

> 간접적 통제권을 갖는다.

02 ☐☐   09 국회8
옴부즈만 제도는 국민의 고발에 의해 임무수행이 수동적으로 시작되는 것이 일반적이나 직권에 의해 조사를 하는 경우도 있다. O X

> 옴부즈만 제도에 대한 옳은 설명이다.

03 ☐☐   10 국가7
행정정보공개제도는 행정책임의 확보와 통제비용 절감에 기여할 수 있다. O X

> 행정정보공개제도의 특징이다.

04 ☐☐   10 국회8
국민권익위원회는 행정체제 내의 독립통제기관으로 옴부즈만의 일종이라고 할 수 있다. O X

> 국민권익위원회의 옳은 특징이다.

05 ☐☐   10 지방9
옴부즈만은 행정행위의 합법성뿐만 아니라 합목적성 여부도 다룰 수 있다. O X

> 옴부즈만의 특징이다.

06 ☐☐   11 경정승진
국민권익위원회는 국무총리 소속기관으로 직권조사권, 사전심사권, 시정조치권고권을 갖는다. O X

> 국민권익위원회는 국무총리 소속으로 접수에 따른 조사만 가능하고 직권조사권과 사전심사권이 없으며 고충민원에 관한 조사의 결과 시정조치의 권고, 제도개선의 권고를 할 수 있다.

07 ☐☐   12 서울9
옴부즈만 제도는 행정부가 입법부의 통제로부터 자율권을 갖기 위한 수단이다. O X

> 입법부가 행정부를 통제하기 위한 수단이다.

08 ☐☐   13 행정사
국민권익위원회 위원의 임기는 3년이며 연임할 수 없다. O X

> 국민권익위원회 위원의 임기는 3년이며, 1차에 한하여 연임할 수 있다.

09 ☐☐   14 경정승진
국민권익위원회의 위원장과 위원의 임기는 각각 3년으로 하되 1차에 한하여 연임할 수 있다. O X

> 국민권익위원회의 위원장과 위원의 임기는 각각 3년으로 하며, 1차에 한해 연임할 수 있다.

10 ☐☐   15 행정사
옴부즈만 제도는 문제해결을 위한 처리과정에 시간이 많이 걸린다. O X

> 옴부즈만 제도는 저렴한 비용으로 신속히 이루어진다.

01. X   02. O   03. O   04. O   05. O   06. X   07. X   08. X   09. O   10. X

11
옴부즈만 제도는 기존의 행정결정을 무효, 취소시킬 수 없다. [O|X]

16 경간부

해설
옴부즈만 제도는 일반적으로 시정조치의 법적 강제권한이나 정부부처의 결정을 무효, 취소할 수 있는 직접적 권한이 없다.

12
시민의 행정참여로 인한 역기능으로는 행정에 참여하는 시민의 전문성 결여로 인한 의사결정의 지연과 부실의 우려가 있다. [O|X]

16 경정승진

시민의 행정참여로 인한 역기능으로 옳은 지문이다.

13
옴부즈만 제도는 설치주체에 따라 크게 의회 소속형과 행정기관 소속형으로 구분된다. [O|X]

16 지방9

옴부즈만은 의회소속인 경우가 일반적이나 우리나라처럼 행정부 소속인 경우도 있다.

14
옴부즈만 제도는 정부 행정활동의 비약적인 증대에 따른 시민의 권리침해 가능성에 대해 충분한 구제제도를 두기 위하여 핀란드에서 최초로 도입되었다. [O|X]

16 지방9

옴부즈만 제도는 스웨덴에서 처음으로 채택하였다.

15
온라인 시민 참여유형에서 옴부즈만 제도는 협의형에 해당한다. [O|X]

17 서울9

협의형은 공공정책에 관련된 주제에 대한 온라인 토론 및 실시간 토론 서비스로, 옴부즈만 제도, 행정절차법 등이 있다.

16
온라인 시민 참여유형에서 행정절차법은 정책결정형에 해당한다. [O|X]

17 서울9

행정절차법은 협의형에 해당한다.

17
업무처리에 있어 절차상의 제약이 크지 않아 옴부즈만에 대한 시민들의 접근이 용이하다. [O|X]

17 지방7

옴부즈만은 비공식적인 절차를 활용하고 절차상의 제약이 크지 않아 시민들의 접근이 용이한 편이다.

18
옴부즈만은 비교적 임기가 짧고 임기보장이 엄격하게 적용되지 않는다. [O|X]

17 지방7

옴부즈만은 직무상 독립성을 갖는 기관으로 옴부즈만의 임기는 임명권자의 임기와 같거나 장기인 경우가 많으며 임기보장이 엄격하게 적용된다.

19
국무총리 소속 국민권익위원회는 옴부즈만적 성격을 가지며, 국민권익위원회의 위원장과 부위원장은 국무총리의 제청으로 대통령이 임명한다. [O|X]

17 지방9

국민권익위원회는 국무총리소속으로 두며 위원장과 부위원장은 국무총리의 제청으로 대통령이 임명한다.

20
민원행정은 행정체제의 경계를 넘나드는 교호작용을 통하여 주로 규제와 급부에 관련된 행정산출을 전달한다. [O|X]

18 국가7

민원행정은 정부와 고객인 국민 간의 접점에서 이루어지는 행정이므로 행정체제의 경계를 넘나드는 교호작용을 통하여 주로 규제와 급부에 관련된 행정산출을 전달한다.

---

11. O 12. O 13. O 14. X 15. O 16. X 17. O 18. X 19. O 20. O

21 □□ 18 서울7
통상적으로 옴부즈만은 의회나 정부에 의해 임명되며, 임명하는 기관으로부터 직무상 엄격히 독립되어 국정을 통제한다. O X

해설 통상적으로 옴부즈만은 독립된 헌법기관으로 입법부나 사법부도 통제의 대상이다.

22 □□ 18 서울7
우리나라의 경우 1998년에 출범한 공정거래위원회가 옴부즈만 제도의 시초이다. O X

우리나라의 경우 2008년에 출범한 국민권익위원회가 옴부즈만 제도의 시초이다.

23 □□ 18 서울7(3월)
행정능력은 지적 능력, 실행적 능력을 포괄하며 정치적 능력과는 구분된다. O X

행정능력은 지적 능력, 실행적 능력, 정치적 능력의 세 가지가 있다.

24 □□ 18 서울7(3월)
행정능력을 구성하는 하위 능력요인들 간에 상충관계가 존재한다. O X

지적능력은 능률성과 실적제와 관련되고 정치적 능력은 민주성이나 엽관제와 관련되어 양자 간에는 모순관계가 존재한다.

25 □□ 18 지방7
공론조사는 조사 대상자가 중간에 탈락하는 경우가 적기 때문에 대표성 측면에서 일반 여론조사보다 우위에 있다. O X

공론조사는 조사 대상자가 중간에 탈락하는 경우가 있기 때문에 일반 여론조사보다 대표성 측면의 문제가 발생할 수 있다.

26 □□ 18 지방7
공론조사는 여론조사에 숙의와 토론과정을 보완한 것으로, 정제된 국민여론을 수렴하는 방법이라고 할 수 있다. O X

공론조사는 여론조사에서 빠진 숙의과정을 보완하는 여러 절차를 거친 후 나온 공론을 다시 확인하여 이전의 여론과 비교하는 과정으로 여론조사보다 정제된 국민 여론을 수렴하는 방법이라고 할 수 있다.

27 □□ 18 행정사
국민권익위원회는 소관 업무의 원활한 수행을 위하여 직속기관으로 시민고충처리위원회를 둔다. O X

시민고충처리위원회는 지방자치단체에 두는 기구로 국민권익위원회의 직속기관에 해당하지 않는다.

28 □□ 18 행정사
우리나라 국민권익위원회는 권고, 의견 표명, 감사 의뢰 등을 할 수 있다. O X

국민권익위원회는 시정권고 및 의견표명, 감사의뢰 등으로 고충민원을 처리한다.

29 □□ 19 지방9
옴부즈만을 임명하는 주체는 입법기관, 행정수반 등 국가별로 상이하다. O X

옴부즈만을 임명하는 주체는 입법기관, 행정수반 등 각 나라별로 상이하다.

30 □□ 19 지방9
우리나라의 국민권익위원회는 헌법상 독립성을 보장하기 위해 대통령 소속으로 설치되었다. O X

우리나라의 국민권익위원회는 법률상 기관으로 국무총리 소속으로 설치되었다.

21. O 22. X 23. X 24. O 25. X 26. O 27. X 28. O 29. O 30. X

31 □□
20 경간부
우리나라의 경우 국무총리 직속의 국가인권위원회가 옴부즈만기관에 해당한다.
O X

해설: 우리나라의 경우 국무총리 직속의 국민권익위원회가 옴부즈만기관에 해당한다.

32 □□
20 군무원9
옴부즈만(Ombudsman)제도는 행정 내부통제의 한계를 보완하는 제도이다.
O X

해설: 옴부즈만제도는 입법·사법통제의 한계를 보완하는 제도이다.

33 □□
20 서/지9
민원행정은 규정에 따라 서비스를 제공하는 전달적 행정이지만 행정구제수단으로 볼 수는 없다.
O X

해설: 민원행정은 규정에 따라 서비스 제공이 이루어지는 전달적 행정이며 가장 1차적인 행정구제수단이자 행정통제수단이다.

34 □□
20 서/지9
행정기관도 민원을 제기하는 주체가 될 수 있다.
O X

해설: 행정기관은 원칙적으로 민원이 될 수 없으나 사경제 주체로서는 민원을 제기할 수 있다.

35 □□
20 행정사
옴부즈만은 기능적으로 자율적이고 입법부와 행정부로부터 독립되어 있다.
O X

해설: 옴부즈만은 기능적으로 자율성을 지니므로 입법부와 행정부로부터 독립된 기관이다.

36 □□
21 국가7
옴부즈만 제도는 부족한 인력과 예산으로 국민의 권익을 구제하는 데 한계가 있다.
O X

해설: 옴부즈만은 법적으로 확립된 공식적인 제도이지만, 실질적으로는 인력과 예산의 부족 등으로 인해 국민의 권익을 구제하는 데 한계가 있다는 비판을 받는다.

31. X 32. X 33. X 34. O 35. O 36. O

04 행정개혁, OECD 국가 및 한국의 행정개혁

01 ☐☐   01 경간부
기술적 접근법은 행정이 수행되는 과정을 중시하고 문서양식, 행위수단, 절차 개선을 의도하는 개혁의 접근방법이다. ☐O☐X☐

> 행정이 수행되는 과정을 중시하고 절차개선 등을 의도하는 것은 기술적 접근법에 해당한다.

02 ☐☐   02 입법고시
성과중심주의, 고객지향주의, 기업가형 정부, 전자정부, 경력직 공무원제 선호 등은 최근 선진국(OECD) 행정의 주요 흐름이다. ☐O☐X☐

> 경력직 공무원제가 아니라 개방형 공무원제를 선호한다.

03 ☐☐   02 행정고시
분권화, 통솔범위의 수정, 조직발전(OD)기법의 도입, 책임의 재규정, 기능중복의 제거는 행정개혁의 구조적 접근방법에 해당한다. ☐O☐X☐

> 조직발전은 행태적 접근방법이다.

04 ☐☐   04 국가9
행정과정의 새로운 분석기법을 적용하는 것은 관리기술적 접근법에 해당한다. ☐O☐X☐

> 관리기술적 접근에 해당한다.

05 ☐☐   04 대구9
고객지향적 행정은 행정책임과 서비스의 질의 제고에 관심을 두고 있다. ☐O☐X☐

> 고객지향적 행정의 특징이다.

06 ☐☐   04 서울7
기술적 접근방법은 기능중복의 제거, 책임의 재규정, 조정 및 통제절차의 개선 등을 목표로 삼는다. ☐O☐X☐

> 구조적 접근법 중 원리전략에 해당한다.

07 ☐☐   05 국회8
우리나라는 구조적, 기술적 요인보다 인간적 요인을 중시하였다. ☐O☐X☐

> 우리나라는 구조적 접근법에 치중하였다.

08 ☐☐   06 서울9
개혁의 저항을 극복하기 위한 규범적 전략에는 개혁의 점진적 추진, 적절한 시기의 선택, 참여의 확대, 반대급부의 보장, 상급자의 권한 행사 등이 있다. ☐O☐X☐

> 개혁의 점진적 추진, 적절한 시기의 선택, 반대급부의 보장은 기술적·공리적 전략에, 참여의 확대는 규범적 전략에, 상급자의 권한행사는 강제적 전략에 해당한다.

09 ☐☐   06 선관위
행정개혁은 행정은 인위적·의식적으로 변화시키려는 것이므로 불가피하게 관련자들의 저항을 수반한다. ☐O☐X☐

> 행정개혁의 일반적 특징이다.

01. O   02. X   03. X   04. O   05. O   06. X   07. X   08. X   09. O

10 ☐☐ 07 서울7
국제적 환경의 변화, 비능률의 제거, 견제장치의 확보, 새로운 기술의 등장, 정치적 변혁의 발생은 행정개혁을 촉진하는 요인이다. [O|X]

> 견제장치의 확보는 행정개혁의 촉진과는 관련이 없다.

11 ☐☐ 07 인천9
관료제의 경직성, 개혁내용의 불확실성, 피개혁자의 능력 부족, 기득권의 침해는 행정개혁 저항의 원인에 해당한다. [O|X]

> 행정개혁 저항의 원인이다.

12 ☐☐ 10 경정승진
개혁의 점진적 추진, 적절한 시기의 선택, 개혁방법과 기술의 수정, 참여의 확대, 개혁안의 명확화와 공공성의 강조는 행정개혁의 저항을 극복하기 위한 기술적·공리적 전략에 해당한다. [O|X]

> 참여의 확대는 사회적·규범적 전략이다.

13 ☐☐ 12 경간부
행정개혁에서 기술적 접근법이란 행정정보화, 새로운 분석기법의 활용, 의사전달체계의 개선 등이 있다. [O|X]

> 의사전달체계의 개선은 구조적 접근법 중 원리전략이다.

14 ☐☐ 14 경간부
북유럽은 복지국가의 위기 속에서 행태나 문화변수, 관리기법의 변화 등에 초점을 맞추는 능률성진단, Next Steps, 책임집행기관 창설 등의 방법을 추진하였다. [O|X]

> Next Steps, 책임운영기관 창설 등은 영국의 정부개혁이다.

15 ☐☐ 15 국가9
사업(산출)중심적 접근방법은 행정활동의 목표를 개선하고 서비스의 양과 질을 개선하려는 접근방법으로 분권화의 확대, 권한 재조정, 명령계통 수정 등에 관심을 갖는다. [O|X]

> 구조적 접근법이다.

16 ☐☐ 16 교행9
김대중 행정부는 공무원의 전문성과 역량 강화를 위해 고위공무원단 제도를 도입하였다. [O|X]

> 고위공무원단제도는 노무현 행정부 때 도입되었다.

17 ☐☐ 16 교행9
이명박 행정부는 공기업 선진화를 위해 민영화, 통폐합 등의 조치를 단행하였다. [O|X]

> 이명박 행정부는 민영화, 부처 통폐합 등 작은 정부 구현정책을 공식화하였다.

18 ☐☐ 17 경정승진
구조적 접근법은 조직내부구조 개선에는 유리하지만 환경과의 관계, 조직내 인간관계, 조직의 동태적 측면을 소홀히 하였다. [O|X]

> 구조적 접근법은 조직내부구조 개선에는 유리하지만 환경과의 관계, 조직 내 인간관계 조직의 동태적 측면을 소홀히 하였다는 평가를 받는다.

📖 10. X 11. O 12. X 13. X 14. X 15. X 16. X 17. O 18. O

19 ☐☐ 17 경정승진
관료집단의 권한을 축소할 규제완화나 기구 축소는 기술적 접근 방법보다 성공가능성이 높다. OX

해설: 관료집단의 권한을 축소할 규제완화나 기구 축소는 저항을 초래할 가능성이 발생하므로 기술적 접근방법보다 성공가능성이 낮다.

20 ☐☐ 17 국가9
감사원은 「정부조직법」에서 정하는 합의제 행정기관에 해당한다. OX

해설: 감사원은 헌법상 기관이다.

21 ☐☐ 17 지방7
노무현 정부는 국무총리 소속의 국정홍보처를 신설하고 행정자치부 산하에 소방방재청을 신설하였다. OX

해설: 국무총리 소속의 국정홍보처를 신설한 정부는 김대중 정부이다.

22 ☐☐ 17 지방7
박근혜 정부는 행정안전부를 안전행정부로 개편하고, 식품의약품안전청을 식품의약품안전처로 개편하였다. OX

해설: 박근혜 정부는 행정안전부를 안전행정부로 개편하고 식품의약품안전청을 처로 개편하였다.

23 ☐☐ 18 경간부
행정개혁은 조직관리의 기술적인 속성과 함께 권력투쟁, 타협, 설득이 병행되는 사회심리적 과정을 포함한다. OX

해설: 행정개혁은 기술적인 속성뿐 아니라 사회심리적 과정도 포함한다.

24 ☐☐ 18 국가7
지방자치인재개발원, 특허청, 국립중앙박물관, 국가기록원, 문화재청은 모두 중앙행정기관의 소속기관이다. OX

해설: 지방자치인재개발원, 국가기록원은 행정안전부 소속기관에, 국립중앙박물관은 문화체육관광부 소속기관에 해당한다. 한편 특허청, 문화재청은 중앙행정기관이다.

25 ☐☐ 18 서울7(3월)
문재인 정부는 미래창조과학부는 과학기술정보통신부로 명칭을 변경하고 과학기술 혁신의 컨트롤타워 기능을 강화하기 위해 과학기술혁신본부를 차관급 기구로 두었다. OX

해설: 미래창조과학부는 과학기술정보통신부로 명칭을 변경하고 과학기술 혁신의 컨트롤타워 기능을 강화하기 위해 과학기술혁신본부를 차관급 기구로 두었다.

26 ☐☐ 18 서울7(3월)
문재인 정부의 경우 국가보훈처는 장관급으로 격상하고 대통령경호실은 차관급으로 하향 조정하며 명칭을 대통령경호처로 변경했다. OX

해설: 국가보훈처는 장관급으로 격상하고 대통령경호실은 차관급으로 하향 조정하며 명칭을 대통령경호처로 변경하였다.

27 ☐☐ 18 지방9
「정부조직법」상 법제처는 법무부 소속 행정기관이다. OX

해설: 「정부조직법」상 법제처는 국무총리 소속 행정기관이다.

28 ☐☐ 18 지방9
「정부조직법」상 특허청은 기획재정부 소속 행정기관이다. OX

해설: 「정부조직법」상 특허청은 산업통상자원부 소속 행정기관이다.

19. X 20. X 21. X 22. O 23. O 24. X 25. O 26. O 27. X 28. X

29 □□ 18 서울7
미국의 'challenge.gov' 프로그램은 국민을 프로슈머 협력자로 보기보다는 정부 정책을 홍보해야 할 대상으로 여긴다. ⓄⓍ

해설 미국의 'challenge.gov' 프로그램은 정부 혼자 해결하기 힘든 문제에 대응하기 위하여 시민의 아이디어를 광범위하게 활용하는 온라인 플랫폼으로, 국민을 정부 정책을 홍보해야 할 대상으로 보기보다는 프로슈머 협력자로 여긴다.

30 □□ 19 국회8
특허청은 중소벤처기업부 소속이고, 관세청은 산업통상자원부 소속의 행정기관이다. ⓄⓍ

해설 특허청은 산업통상자원부 소속이고, 관세청은 기획재정부 소속의 행정기관이다.

31 □□ 19 지방9
2016년 이후 정부조직은 중소기업, 벤처기업 등에 관한 사무를 관장하는 중소벤처기업부를 신설하였다. ⓄⓍ

해설 중소벤처기업부를 신설하여 중소기업, 벤처기업 등에 관한 사무를 관장하도록 하였다.

32 □□ 19 지방9
2016년 이후 정부조직은 한국수자원공사에 대한 관할권을 환경부에서 국토교통부로 이관하였다. ⓄⓍ

해설 한국수자원공사에 대한 관할권을 국토교통부에서 환경부로 이관하였다.

33 □□ 20 국회8
「정부조직법」상 과학기술정보통신부 · 문화체육관광부에는 차관 2명을 둔다. ⓄⓍ

해설 현재 복수차관을 두고 있는 부처는 기획재정부 · 과학기술정보통신부 · 외교부 · 문화체육관광부 · 산업통상자원부 · 보건복지부 · 국토교통부 7개이다.

34 □□ 20 국회8
「정부조직법」상 각 부(部) 밑에 처(處)를 둔다. ⓄⓍ

해설 「정부조직법」상 처는 모두 국무총리 소속하에 둔다.

35 □□ 21 경간부
미국 클린턴(B. Clinton) 행정부의 국정성과평가팀(National Performance Review)이 추구한 행정개혁은 고객우선주의, 권한위임, 내부관리에 대한 통제강화 등을 핵심으로 한다. ⓄⓍ

해설 클린턴 행정부의 국정성과평가팀이 추구한 행정개혁은 Gore 보고서로, 고객우선주의, 권한위임 및 내부관리에 대한 통제 등을 타파하고자 하는 번문욕례 등을 핵심으로 한다.

36 □□ 21 국가7
교육훈련과 자기계발 기회 제공은 행정개혁에 대한 저항을 극복하는 규범적 · 사회적 전략이다. ⓄⓍ

해설 교육훈련, 자기계발 기회 제공은 행정개혁의 저항을 극복하기 위한 규범적 · 사회적 전략에 해당한다.

29. X 30. X 31. O 32. X 33. O 34. X 35. X 36. O

05 정보화, 전자정부

01 ☐☐ 　　　　　　　　　　　　　　　05 경북9
다품종 소량생산, 경계의 연성화, 지식과 창의의 중요성, 조직계층 수의 증가는 정보화 사회의 특징이다. ☐O☐X☐

해설: 정보화 사회에서는 수직적인 계층의 수가 감소하게 되는 탈관료제 조직이 나타난다.

02 ☐☐ 　　　　　　　　　　　　　　　05 경북9
행정업무처리재설계(PAPR)은 정부정보에의 자유로운 접근을 보장하고 국민의 권리 및 이익을 보호한다. ☐O☐X☐

해설: 정부정보에의 자유로운 접근을 보장하고 국민의 권리 및 이익을 보호하는 것은 정보화의 결과로 나타나는 전자민주주의와 관련된다.

03 ☐☐ 　　　　　　　　　　　　　　　06 선관위9
전자정부는 다양한 행정활동이 정보시스템을 기반으로 전자적으로 수행되는 정부를 말한다. ☐O☐X☐

해설: 전자정부의 개념이다.

04 ☐☐ 　　　　　　　　　　　　　　　07 서울7
모든 행정기간의 결재 업무 중 전자결재 비율을 높여나가는 조치는 전자정부를 활용한 정부업무의 생산성 제고와 관련된다. ☐O☐X☐

해설: 정부업무의 생산성 제고를 위한 조치이다.

05 ☐☐ 　　　　　　　　　　　　　　　08 군무원
데이터마이닝이란 각 데이터 간의 상관관계를 인공지능기법으로 자동적으로 알려주는 기법으로서 과거에는 알지 못했지만 축적된 데이터 속에서 유도된 새로운 데이터모델을 발견하여 새로운 전략적 정보를 추출해내는 정보 추출 및 지식 발견 기법이다. ☐O☐X☐

해설: 데이터마이닝의 정의로 옳은 지문이다.

06 ☐☐ 　　　　　　　　　　　　　　　10 국가9
정보화 사회로 인해 피라미드형 조직구조에서 수평적 네트워크구조로 전환되고 있다. ☐O☐X☐

해설: 정보화 사회의 특징으로 옳다.

07 ☐☐ 　　　　　　　　　　　　　　　10 서울9
CRM은 고객정보를 바탕으로 업무프로세스, 조직, 인력을 정비하고 운용하는 전략이다. ☐O☐X☐

해설: 고객관계관리(CRM)의 개념이다.

08 ☐☐ 　　　　　　　　　　　　　　　10 서울9
전자정보화-전자자문-전자결정은 UN에서 본 전자거버넌스로서의 전자적 참여의 형태가 진화하는 단계이다. ☐O☐X☐

해설: 전자거버넌스란 전자정부를 활용하여 거버넌스를 구현하는 것으로 전자정보화-전자자문-전자결정 순으로 발전하고 있다.

09 ☐☐ 　　　　　　　　　　　　　　　10 지방7
지역정보화는 지역 간 정보격차를 해소하는 지역의 정보화와 지역의 균형적 발전을 위한 정보의 지방화를 포함한다. ☐O☐X☐

해설: 정보격차 해소를 위한 방법이다.

정답 01. X 02. X 03. O 04. O 05. O 06. O 07. O 08. O 09. O

10 ☐☐
11 지방7(수정)
지능정보사회 종합계획은 과학기술정보통신부에서 수립한다.
O X

> 종합계획은 과학기술정보통신부장관이 관계 중앙행정기관의 장 및 지방자치단체의 장의 의견을 들어 수립하며, 정보통신 전략위원회의 심의를 거쳐 수립·확정한다.

11 ☐☐
11 지방9
연성조직의 강화, 인적자원의 강조, 암묵지의 기능에 대한 강조는 지식행정의 특징이다.
O X

> 지식행정의 특징으로 옳다.

12 ☐☐
12 국가7
우리나라의 전자정부법에 따르면 행정기관의 장은 해당 기관에서 처리할 민원사항에 대하여 관계 법령에서 종이문서로 신청하도록 규정하고 있는 경우 전자문서로 신청을 하게 할 수 없다.
O X

> 종이문서로 신청하도록 규정한 경우에도 전자문서로 신청하게 할 수 있다(전자정부법 제7조 제1항).

13 ☐☐
12 국가9
전자정부의 발달과 함께 공공정보의 개인 사유화가 심화되었다.
O X

> 공공정보가 광범위하게 공유될 수 있게 되었다.

14 ☐☐
12 국회8
행정정보화는 대국민 행정서비스의 질적 향상을 통해 행정의 대응성을 높이고 국민의 서비스 만족도를 향상시킨다.
O X

> 행정정보화의 특징이다.

15 ☐☐
12 국회8
유비쿼터스 시스템은 언제, 어디서나 정보를 활용 가능하도록 지원함으로써 지식재산행정의 혁신 기반을 마련하였다.
O X

> 유비쿼터스 시스템의 특징이다.

16 ☐☐
12 지방9
지식관리시스템은 통합적이고 수직적인 조직구조를 형성한다.
O X

> 수직적인 구조가 아니라 탈계층적, 분권적, 유기적, 탈관료제적 구조를 형성한다.

17 ☐☐
13 국가9
중단 없는 정보 서비스의 제공, 맞춤 정보 공개, 고객 지향성, 일방향성 정보 제공은 유비쿼터스 정부(u-government)의 특징이다.
O X

> 일방향서비스는 초기 1.0 전자정부의 특성이다.

18 ☐☐
13 지방9
업무매뉴얼, 조직의 경험, 숙련된 기능, 개인적 노하우, 컴퓨터 프로그램, 정부 보고서는 모두 암묵지에 해당한다.
O X

> 조직의 경험, 숙련된 기능, 개인적 노하우만 암묵지에 해당한다.

19 ☐☐
13 행정사
전자정부는 정부 내 공문서나 자료가 전자적으로 처리되어 종이 없는 행정을 구현한다.
O X

> 전자정부의 특징이다.

📖 10. O 11. O 12. X 13. X 14. O 15. O 16. X 17. X 18. X 19. O

20 ☐☐ 14 서울9
정부 3.0은 정부 내 칸막이 해소에 역점을 두며 빅데이터를 이용한 개인정보의 유출을 방지하는 데 역점을 둔다. ⓄⓍ

해설: 빅데이터를 통한 과학적 행정구현을 지향한다.

21 ☐☐ 15 국가7
빅데이터는 비정형적 데이터가 아닌 정형적 데이터를 지칭한다. ⓄⓍ

해설: 빅데이터는 정형화된 데이터 및 비정형의 다양한 데이터를 포함한다.

22 ☐☐ 15 국가9
행정안전부 장관은 관계 행정기관 등의 장과 협의하여 정보기술아키텍처를 체계적으로 도입하고 확산시키기 위한 기본계획을 수립하여야 한다. ⓄⓍ

해설: 정보기술아키텍처의 기본계획은 행정안전부 장관이 수립한다.

23 ☐☐ 16 경간부
전자정부의 역기능 중 하나인 정보격차를 해소하기 위한 정책으로 공공 아이핀(i-PIN)의 보급 확대가 있다. ⓄⓍ

해설: 공공 아이핀(i-PIN)의 보급 확대는 개인의 정보보호를 위한 정책에 해당한다.

24 ☐☐ 16 국가9
빅데이터의 3대 특징은 크기, 정형성, 임시성이다. ⓄⓍ

해설: 빅데이터의 3대 특징은 크기, 다양성, 속도이다.

25 ☐☐ 16 국가9
e-거버넌스는 모범적인 거버넌스를 실현하기 위하여 다양한 차원의 정부와 공공부문에서 정보통신기술의 잠재력을 활용하기 위한 과정과 구조의 실현을 추구한다. ⓄⓍ

해설: 모범적인 거버넌스를 실현하기 위하여 다양한 차원의 정부와 공공부문에서 정보통신기술의 잠재력을 활용하기 위한 과정과 구조의 실현을 추구하는 것을 e-거버넌스라고 한다.

26 ☐☐ 16 국회8
스마트사회의 전자정부는 시민집단수요 중심의 맞춤형 전자정부서비스 제공을 강조한다. ⓄⓍ

해설: 스마트사회의 전자정부는 시민개인수요 중심의 맞춤형 전자정부서비스 제공을 강조한다.

27 ☐☐ 16 서울9
정부 3.0은 원스톱 서비스 제공을 위해 직접방문과 인터넷 중심기반으로 설계되었다. ⓄⓍ

해설: 정부 3.0은 개인별 맞춤형 서비스를 제공하기 위해 유·무선 인터넷 기기 통합을 중심으로 설계되었다.

28 ☐☐ 17 경간부
정부 3.0은 인터넷 사용과 함께 정부와 국민의 면대면 접촉을 강화하는 전략을 강조하고 있다. ⓄⓍ

해설: 정부 3.0은 정부와 국민의 면대면 접촉을 약화시킨다.

29 ☐☐ 17 국가7
민원서비스를 통합적으로 제공하는 '민원24'는 정보통신기술을 활용한 행정개선 사례에 해당한다. ⓄⓍ

해설: 민원24는 민원서비스를 통합적으로 제공하는 것으로 이는 정보통신기술을 활용한 행정업무 시스템이다.

정답 20. X 21. X 22. O 23. X 24. X 25. O 26. X 27. X 28. X 29. O

30 ☐☐ 17 국가7
공공기관의 공사, 용역, 물품 등의 발주정보를 공개하고 조달 절차를 인터넷으로 처리하도록 '온나라시스템'을 도입하였다. O X

해설 공공기관의 공사, 용역, 물품 등의 발주정보를 공개하고 조달 절차를 인터넷으로 처리하는 업무처리 전산화 시스템은 나라장터이다.

31 ☐☐ 17 국가7(추)
우리나라는 현재 빅데이터 활성화를 목표로 한 기본법이 시행되고 있지만 아직 지방자치단체의 조례는 제정되지 않았다. O X

해설 우리나라는 지능정보화기본법에서 빅데이터의 활용을 규정하고 있으며 지방자치단체의 경우에도 빅데이터 활용에 관한 조례를 제정 및 시행하고 있다.

32 ☐☐ 17 국가7(추)
빅데이터의 유통 활성화를 위해서는 데이터 보안, 암호화, 비식별화 등 개인정보보호를 위한 기술 개발이 중요하다. O X

해설 빅데이터의 유통 활성화를 위해서는 개인정보보호를 위한 기술 개발이 중요하다.

33 ☐☐ 17 국가7(추)
빅데이터는 반정형화된 데이터나 비정형 데이터에 이르기까지 활용하는 데이터의 수준이나 폭이 확대되고 있다. O X

해설 빅데이터의 형태는 정형화된 데이터뿐 아니라 반정형화된 데이터, 비정형 데이터 모두를 포함한다.

34 ☐☐ 17 국가9(추)
'정보화마을'은 우리나라에서 도농 간 정보과학 격차 해소를 위해 시행한 지역정보화정책의 사례이다. O X

해설 정보화마을은 행정안전부가 2001년도부터 도농간 정보격차 해소를 위해 추진해 온 정보화 역점사업이다.

35 ☐☐ 17 서울7
커뮤니티 비즈니스(Community Business)는 혁신적인 중소기업의 창업 촉진과 육성 그리고 도시의 발전이라는 두 가지 과제를 동시에 해결하기 위해 시도되었다. O X

해설 커뮤니티 비즈니스는 혁신적인 중소기업이나 도시의 발전을 위한 이론이 아니라 정부실패로 인한 지역재생, 지역커뮤니티 활성화를 위한 이론이다.

36 ☐☐ 17 서울7
커뮤니티 비즈니스는 지역공동체 단위의 사회적 기업을 함께 공유한다는 점에서 사회적 기업과 유사점이 강하다. O X

해설 커뮤니티 비즈니스는 지역의 다양한 문제 해결이나 삶의 질 향상, 지역 활성화를 목적으로 하며, 비영리성을 계속적으로 추구하는 조직체 혹은 사업부문을 의미하는 것으로 사회적 기업과 유사하다.

37 ☐☐ 17 지방9
빅데이터는 속도(velocity), 다양성(variety), 크기(volume), 수동성(passivity)을 특징으로 한다. O X

해설 수동성은 빅데이터의 특징에 해당하지 않는다.

38 ☐☐ 17 행정사
전자정부는 정보통신기술을 활용하여 효율적인 행정, 질 높은 대민서비스, 투명하고 민주적인 정부를 구현하는 실천적인 수단이다. O X

해설 전자정부는 효율적인 행정, 질 높은 대민서비스, 투명하고 민주적인 정부를 구현한다.

39 ☐☐ 17 행정사
우리나라 전자정부시스템에는 '정부민원포털(민원24)', '국가종합전자조달시스템(나라장터)', '전자통관시스템(UNI-PASS)' 등이 있다. O X

해설 우리나라 전자정부의 사례로 민원24, 국민신문고, 나라장터, 전자통관시스템이 있으며, 민원24와 국민신문고는 G2C의 사례에, 나라장터와 전자통관시스템은 G2B의 사례에 해당한다.

30. X 31. X 32. O 33. O 34. O 35. X 36. O 37. X 38. O 39. O

40 □□ 18 국회9
전자정부는 맞춤형서비스에서 쌍방향서비스로 정부혁신을 추구한다. ○X

> 전자정부는 쌍방향서비스에서 맞춤형서비스로 정부혁신을 추구한다.

41 □□ 18 서울7
인포데믹스(infordemics), 집단극화(group polarization), 정보격차(digital divide)는 전자정부의 역기능에, 선택적 정보접촉(selective exposure to information)은 전자정부 순기능에 해당한다. ○X

> 인포데믹스, 집단극화, 선택적 정보접촉, 정보격차 모두 전자정부의 역기능에 해당한다.

42 □□ 18 서울7
공동생산형 전자정부 단계에서는 정부와 국민이 공동 생산자로 등장하기 때문에 GNC(Government and Citizen)로 약칭된다. ○X

> 공동생산형 전자정부는 정부와 국민이 공동 생산자로 등장하기 때문에 GNC로 약칭된다.

43 □□ 18 지방7
G2C(Government, Citizen)의 관계 변화를 통해 시민요구에 부응하는 질 높은 행정서비스를 제공하고 시민참여를 촉진할 수 있지만 공공서비스 수요에 대한 대응성이 낮아진다. ○X

> G2C는 정부와 시민 간 전자상거래로 시민요구에 부응하는 서비스와 시민참여를 촉진시켜 행정의 대응성을 높여준다.

44 □□ 18 지방7
G2G(Government, Government)에서는 정부부처 간, 중앙과 지방정부 간에 정보를 공동활용하여 행정업무의 정확성과 효율성이 증대되고 거래비용이 감소한다. ○X

> G2G는 정부와 정부 간의 전자상거래제도를 의미하는 것으로 정부부처 간, 중앙과 지방정부 간에 정보를 공동활용하여 행정업무의 정확성과 효율성이 증대되고 거래비용을 감소시킨다.

45 □□ 18 행정사
전자정부는 수요자 중심보다는 공급자 중심의 행정서비스를 강조하는 열린 정부이다. ○X

> 전자정부는 공급자 중심보다는 수요자 중심의 행정서비스를 강조하는 열린 정부이다.

46 □□ 18 행정사
전자정부에서는 정부의 정책과정에 대한 국민의 참여와 보편적 접근을 제고한다. ○X

> 전자정부에서는 시민중심·시민편의를 중심으로 행정서비스가 제공되므로 국민이 정책에 참여하기 용이하고 시민의 접근성 또한 강화된다.

47 □□ 19 국회8
정보기술아키텍처는 정부업무, 업무수행에 필요한 데이터, 업무를 지원하는 응용서비스 요소, 데이터와 응용시스템의 실행에 필요한 정보기술, 보안 등의 관계를 구조적으로 연계한 체계로서 정보자원관리의 핵심수단이다. ○X

> 정보기술아키텍처는 정부업무, 업무수행에 필요한 데이터, 업무를 지원하는 응용서비스 요소, 데이터와 응용시스템의 실행에 필요한 정보기술, 보안 등의 관계를 구조적으로 연계한 것이다.

48 □□ 19 지방7
「전자정부법」에 따르면 행정기관의 장은 3년마다 해당 기관의 전자정부의 구현·운영 및 발전을 위한 기본계획을 수립하여야 한다. ○X

> 행정기관의 장은 5년마다 해당 기관의 전자정부의 구현·운영 및 발전을 위한 기본계획을 수립하여야 한다.

49 □□ 19 지방7
「전자정부법」에 따르면 행정안전부장관은 전자적 대민서비스와 관련된 보안대책을 국가정보원장과 사전 협의를 거쳐 마련하여야 한다. ○X

> 행정안전부장관은 전자적 대민서비스와 관련된 보안대책을 국가정보원장과 사전 협의를 거쳐 마련하여야 한다(전자정부법 제24조).

40. X 41. X 42. O 43. X 44. O 45. X 46. O 47. O 48. X

50 ☐☐ 20 국회8
「전자정부법」상 전자정부기본계획에는 전자정부서비스의 제공 및 활용 촉진, 전자정부 구현을 위한 업무 재설계, 전자정부의 국제협력에 대한 내용이 포함되어야 한다. ⓞⓧ

전자정부기본계획에는 전자정부서비스의 제공 및 활용 촉진, 전자정부 구현을 위한 업무 재설계, 전자정부의 국제협력에 대한 내용이 포함된다.

51 ☐☐ 20 서/지9
유비쿼터스 전자정부는 기술적으로 브로드밴드와 무선, 모바일 네트워크, 센싱, 칩 등을 기반으로 한다. ⓞⓧ

유비쿼터스는 브로드밴드와 무선, 모바일 네트워크, 센싱, 칩 등을 기술 기반으로 한다.

52 ☐☐ 20 서/지9
유비쿼터스 전자정부는 Any-time, Any-where, Any-device, Any-network, Any-service 환경에서 실현되는 정부를 지향한다. ⓞⓧ

유비쿼터스는 언제나, 어디서나, 어떤 기기나, 어떤 네트워크로도 서비스를 받을 수 있는 보편적 서비스 환경을 의미한다.

53 ☐☐ 20 행정사
전자정부는 단순히 정보기술에 의하여 정부의 업무처리 방식만을 변화시킨다. ⓞⓧ

전자정부는 정보기술을 활용하여 정부의 업무처리방식 및 전자거버넌스를 실현하여야 한다.

54 ☐☐ 21 국회8
4차 산업혁명으로 인해 정보의 공개와 유통으로 간접민주주의가 활성화되고 시민중심의 서비스가 제공된다. ⓞⓧ

4차 산업혁명으로 인해 시민과의 소통과 참여가 증진되고 직접민주주의가 활성화된다.

55 ☐☐ 21 국회8
4차 산업혁명은 대규모 정보에 대한 분석으로 정책의 예측가능성이 높아지게 된다. ⓞⓧ

4차 산업혁명은 초연결성, 초지능성, 초예측성을 특징으로 하므로 미래에 대한 정확한 예측이 가능해진다.

56 ☐☐ 21 지방(서울)9
4차 산업혁명은 대량 생산 및 규모의 경제 확산이 핵심이다. ⓞⓧ

대량 생산 및 규모의 경제 확산이 핵심으로 하는 것은 2차 산업혁명과 관련된다.

57 ☐☐ 21 지방(서울)9
4차 산업혁명은 초연결성, 초지능성 등의 특징이 있다. ⓞⓧ

4차 산업혁명은 초연결성, 초지능성, 초예측성을 특징으로 한다.

58 ☐☐ 21 국가7
사진은 빅데이터에 포함되지 않는다. ⓞⓧ

빅데이터는 정형데이터는 물론 반정형화된 데이터나 비정형 데이터 모두를 포함하는 개념으로 사진, 오디오, 로그 파일 등은 비정형 데이터이므로 빅데이터에 포함된다.

59 ☐☐ 21 지방7
「전자정부법」에 따르면 「고등교육법」상 사립대학은 적용받지 않는다. ⓞⓧ

「초·중등교육법」, 「고등교육법」 및 그 밖의 다른 법률에 따라 설치된 각급 학교(공·사학교 포함)는 「전자정부법」상 공공기관에 해당한다.

60 ☐☐ 22 경간부
데이터기반 행정은 행정의 정치성과 민주성을 높이는 것을 최우선 목표로 한다. ⓞⓧ

데이터기반 행정은 객관적이고 과학적인 행정을 통하여 공공기관의 책임성, 대응성 및 신뢰성을 높이고 국민의 삶의 질을 향상시키는 것을 목적으로 한다.

49. O 50. O 51. O 52. O 53. X 54. X 55. O 56. X 57. O 58. X 59. X 60. X

61 □□ 22 국가직9
일정한 기준과 절차에 따라 업무, 응용, 데이터, 기술, 보안 등 조직전체의 구성요소들을 통합적으로 분석한뒤 이들 간의 관계를 구조적으로 정리한 체계 및 이를 바탕으로 정보화 등을 통하여 구성요소들을 최족화하기 위한 방법은 정보기술아키텍쳐이다. O X

해설: 정보기술아키텍쳐에 대한 설명이다.

62 □□ 22 국가직7
'G4C'는 단일창구를 통한 민원업무혁신사업으로 데이터베이스 공동활용시스템 구축을 내용으로 한다. O X

해설: 전자정부 모형중 G4C 설명이다.

63 □□ 23 국가직9
과학기술정보통신부장관은 5년마다 행정기관등의 기관별 계획을 종합하여 '전자정부기본계획'을 수립하여야 한다. O X

해설: 중앙사무기관의 장이 수립한다. (법제5조1항)

정답: 61. O 62. O 63. X

MEMO

PART

07

지방행정론

MANI 행정학 기출 OX 총정리

- 01 지방자치의 의의, 자치권
- 02 자치단체의 종류와 계층, 구역
- 03 사무(기능)배분, 사무 종류
- 04 자치기관(장과 의회), 자치조직, 교육자치, 자치경찰 등
- 05 지방재정(Ⅰ)-지방세 등
- 06 지방재정(Ⅱ)-의존재원, 지방채, 지방공기업 등
- 07 주민참여와 주민통제
- 08 정부 간 관계론, 일선기관, 광역행정
- 09 중앙통제, 정부 간 분쟁조정, 도시행정 및 도시화

CHAPTER 01 지방자치의 의의, 자치권

01 ☐☐   01 대구9
조례와 규칙은 지방의회의 의결을 거쳐야 한다. ⓄⓍ

> 조례는 지방의회의 의결을 거쳐야 하지만, 규칙은 지방의회의 의결을 필요로 하지 않는다.

02 ☐☐   03 대구9
중앙정부와 지방정부 간의 기능배분은 역사적으로 오랜 시일 진화과정을 거치면서 점진적으로 제도화되어 온 것으로서 행정적 합리성이 중요시되고 있다고 보는 입장은 중앙정부와 지방정부 간의 기능배분을 다원주의적 관점에서 설명한 것이다. ⓄⓍ

> 다원주의 입장에 대한 지문이다.

03 ☐☐   04 국가9
신중앙집권화는 수평적·협동적 집권이 아니라 수직적·관료적 집권을 의미한다. ⓄⓍ

> 신중앙집권은 수평적·협동적 집권을 의미한다.

04 ☐☐   04 전북9
합리적 인간관과 엄격한 방법론적 개체주의 입장을 취하면서 기능배분문제도 개인후생을 극대화하고자 하는 시민과 공직자 개개인들의 합리적 선택행동에서 비롯된다고 보는 것은 중앙정부와 지방정부 간의 기능 배분을 신우파론적 관점에서 설명한 것이다. ⓄⓍ

> 신우파론적 관점으로 옳은 지문이다.

05 ☐☐   05 경기7
지방자치는 권력분산을 실현시킴으로써 중앙의 전제적 횡포를 방지할 수 있다. ⓄⓍ

> 지방자치의 의의이다.

06 ☐☐   06 대전9
단체자치는 주민의 참여 및 지방정부와 주민과의 관계를, 그리고 주민자치는 중앙정부로부터의 독립을 강조한다. ⓄⓍ

> 단체자치는 지방자치를 국가로부터 독립된 법인격을 가진 단체의 행정으로 보는 반면, 주민자치는 지방자치를 중앙 및 지방의 모든 사무를 주민 자신이 자주적으로 처리하는 행정으로 본다.

07 ☐☐   07 서울7
국민적 최저수준 유지의 필요성은 신지방분권화의 촉진요인이다. ⓄⓍ

> 신중앙집권화의 촉진요인이다.

08 ☐☐   08 서울7
지방분권은 생산적 능률의 증대에 기여한다. ⓄⓍ

> 중앙집권의 특징이다.

09 ☐☐   08 지방9(수정)
지방자치단체의 행정기구의 설치는 대통령령으로 정하는 기준에 따라 그 지방자치단체의 조례로 정한다. ⓄⓍ

> 지방자치법 제112조의 내용이다.

---

01. X   02. O   03. X   04. O   05. O   06. X   07. X   08. X   09. O

10 ☐☐ 08 국가9
중앙-지방정부 간의 기능배분문제는 개인후생을 극대화하고자 하는 시민과 공직자 개개인들의 합리적인 선택행동에서 비롯된다고 보는 것은 공공선택론의 관점에서 본 중앙-지방정부 간 기능배분에 관한 설명이다. ☐O☐X☐

> 공공선택론의 관점에서 본 중앙-지방정부 간 기능배분에 대한 설명이다.

11 ☐☐ 10 서울7
주민자치는 지역사회와 주민들이 스스로 지방정부를 결성하는 것을 의미한다. ☐O☐X☐

> 주민자치는 지방자치를 중앙 및 지방의 모든 사무를 주민 자신이 자주적으로 처리하는 행정으로 본다.

12 ☐☐ 10 서울7
우리나라의 지방자치제도에 따르면 합의제 행정기관은 대통령령에 따라 조례로 설치할 수 있다. ☐O☐X☐

> 합의제 행정기관은 대통령령이나 조례로 설치할 수 있다.

13 ☐☐ 12 국가 7
유엔의 '리우선언(1992)'에 따른 환경보존행동계획은 신중앙집권화의 촉진요인이다. ☐O☐X☐

> 리우선언은 신지방분권화와 관련된다.

14 ☐☐ 12 군무원
지방자치는 지방정부 간의 경쟁 촉진, 정책의 실험, 지역별 특성에 맞는 발전, 지역 간의 형평성 강화 등의 장점을 지닌다. ☐O☐X☐

> 지역 간의 형평성 강화는 중앙집권의 장점에 해당한다.

15 ☐☐ 12 지방9
우리나라는 자치입법권, 자치조직권, 자치재정권, 자치사법권을 인정하고 있다. ☐O☐X☐

> 자치사법권은 인정되지 않는다.

16 ☐☐ 15 교행9
규칙과 조례가 충돌할 때는 지방자치단체장의 입법권인 규칙이 조례에 우선한다. ☐O☐X☐

> 규칙과 조례가 충돌할 때는 조례가 우선한다.

17 ☐☐ 15 서울7
단체자치는 법률적 의미의 자치라고 하고, 주민자치는 대내적 자치라고 한다. ☐O☐X☐

> 단체자치와 주민자치의 의미이다.

18 ☐☐ 16 국회8
지방자치단체의 장은 법령의 범위 안에서 그 사무에 관하여 조례를 정할 수 있다. ☐O☐X☐

> 지방자치단체의 장은 법령이나 조례가 위임한 범위에서 그 권한에 속하는 사무에 관하여 규칙을 제정할 수 있다.

19 ☐☐ 16 국회8
조례를 정할 때, 주민의 권리제한에 관한 사항은 법률의 위임이 있어야 한다. ☐O☐X☐

> 주민의 권리 제한 또는 의무 부과에 관한 사항이나 벌칙을 정할 때에는 법률의 위임이 있어야 한다.

10. **O** 11. **O** 12. **X** 13. **X** 14. **X** 15. **X** 16. **X** 17. **O** 18. **X** 19. **O**

20 ☐☐ 16 국회8
지방자치단체는 조례를 위반한 행위에 대하여 조례로써 과태료를 정할 수 있으며, 그 과태료는 해당 지방자치단체의 장이 부과·징수한다. O X

해설: 지방자치단체는 조례를 위반한 행위에 대하여 조례로써 1천만 원 이하의 과태료를 정할 수 있으며, 과태료는 해당 지방자치단체의 장 또는 관할구역 안의 지방자치단체의 장이 부과·징수한다.

21 ☐☐ 16 국회9
주민자치는 권한부여 방식으로 포괄적 위임주의를 채택하고, 단체자치는 개별적 지정주의를 채택하는 경향이 있다. O X

해설: 주민자치는 권한부여 방식으로 개별적 지정주의를, 단체자치는 포괄적 위임주의를 채택한다.

22 ☐☐ 16 서울7
지방자치단체가 국가로부터 위탁받은 정치적 지배권을 행사한다고 보는 순수탁설은 전래권설의 하나이다. O X

해설: 순수탁설은 전래권설에 해당한다.

23 ☐☐ 17 국가9
「지방분권 및 지방행정체제개편에 관한 특별법」에 따르면 국가는 지방자치단체에 이양한 사무가 원활히 처리될 수 있도록 행정적·재정적 지원을 병행하여야 한다. O X

해설: 지방분권 및 지방행정체제개편에 관한 특별법 제11조 제3항의 내용이다.

24 ☐☐ 17 국가9
지방분권 및 지방행정체제 개편을 추진하기 위하여 국무총리 소속으로 지방자치발전위원회를 둔다. O X

해설: 지방분권 및 지방행정체제 개편을 추진하기 위하여 대통령 소속으로 지방자치발전위원회를 둔다.

25 ☐☐ 17 국회8
주민자치는 지방주민의 의사와 책임하에 스스로 그 지역의 공공사무를 처리한다. O X

해설: 주민자치는 지방정부와 주민과의 관계를 자치의 중점으로 보므로 지방주민의 의사와 책임하에 스스로 그 지역의 공공사무를 처리한다.

26 ☐☐ 17 국회8
지방자치단체는 자치재정권이 인정되어 조례를 통해서 독립적인 지방 세목을 설치할 수 있다. O X

해설: 우리나라의 경우 조세법률주의를 채택하고 있어 조례를 통해서 독립적인 지방 세목을 설치할 수 없다.

27 ☐☐ 17 국회8
행정기구의 설치는 대통령령이 정하는 범위 안에서 지방자치단체의 조례로 정한다. O X

해설: 행정기구의 설치와 지방공무원의 정원은 인건비 등 대통령령으로 정하는 기준에 따라 그 지방자치단체의 조례로 정한다.

28 ☐☐ 17 국회8
주민자치에서의 지방자치단체는 지방의 자치행정기관으로서 이중적 지위를 갖는다. O X

해설: 지방자치단체가 지방의 자치행정기관으로서 이중적 지위를 갖는 것은 단체자치의 특징이다.

20. O 21. X 22. O 23. O 24. X 25. O 26. X 27. O 28. X

29 ☐☐   17 지방9
지방자치단체는 법령의 위임이 없더라도 조례의 제정을 통하여 지방 세목을 설치할 수 있다.   O X

해설: 우리나라는 조세법률주의이므로 지방자치단체가 조례를 통해 독립적인 지방세목을 설치할 수 없다.

30 ☐☐   18 경간부
영국에서 실시하는 지방행정은 지방자치의 효율성 추구를 위해 자치행정과 위임행정을 포함한다.   O X

해설: 영국이나 미국 등 자치행정이 고도로 발달한 나라에서는 지방행정이 곧 자치행정의 의미로 사용된다.

31 ☐☐   18 교행9
지방분권은 정치훈련을 가능하게 하고 주민의 정치의식 수준이 향상된다는 장점이 있다.   O X

해설: 지방분권은 정치훈련 및 주민의 정치의식을 향상시킬 수 있다.

32 ☐☐   18 국가7
딜런의 규칙(Dillon's rule)에 의하면 지방정부는 '주정부의 피조물'로서 명시적으로 위임된 사항 외에도 포괄적인 권한을 지닌다.   O X

해설: 지방정부는 '주정부의 피조물'로서 명시적으로 위임된 사항 외에도 포괄적인 권한을 지닌다고 보는 것은 홈룰(Home-rule)의 법칙에 대한 설명이다.

33 ☐☐   18 국가7
영국의 경우 개별적으로 수권받은 사무에 대해서는 지방자치단체가 자치권을 보유하지만, 그 범위를 벗어나는 행위는 금지된다.   O X

해설: 영국은 개별적 지정주의를 취하므로 각 자치단체가 개별적으로 수권받은 사무에 대해서는 지방자치단체가 자치권을 보유하지만, 그 범위를 벗어나는 행위는 금지된다.

34 ☐☐   18 국회9
중앙정부가 지방정부의 행정역량을 보완하기 위해 지원을 제공해야 한다는 원칙은 지방분권의 추진 원칙인 보충성의 원칙이다.   O X

해설: 적극적 의미의 보충성 원칙으로 중앙정부는 자치단체가 재정지원 등의 일차적으로 활동할 수 있는 여건을 갖출 때까지 지원을 제공해야 한다는 내용이다.

35 ☐☐   18 서울9
단체자치에서는 법률에 의해 권한이 명시적·한시적으로 규정되어 사무를 자주적으로 처리할 수 있는 재량의 범위가 크다.   O X

해설: 주민자치에 대한 설명이다.

36 ☐☐   18 서울9
주민자치의 원리는 주로 영국과 미국에서 발달하였으며, 단체자치의 원리는 주로 독일과 프랑스에서 발달하였다.   O X

해설: 주민자치는 영·미형 국가에서 발달하였으며 단체자치는 프랑스·독일 중심 대륙형계 국가에서 발달하였다.

37 ☐☐   18 서울9
주민자치가 지방자치의 형식적·법제적 요소라고 한다면, 단체자치는 지방자치를 실현하기 위한 내용적·본질적 요소라고 할 수 있다.   O X

해설: 단체자치가 지방자치의 형식적·법제적 요소라고 한다면, 주민자치는 지방자치를 실현하기 위한 내용적·본질적 요소라고 할 수 있다.

38 ☐☐   18 서울9
지방자치단체는 법령을 위반하여 그 사무를 처리할 수 없다.   O X

해설: 지방자치단체는 법령이나 상급 지방자치단체의 조례를 위반하여 그 사무를 처리할 수 없다.

📖 29. X   30. X   31. O   32. X   33. O   34. O   35. X   36. O   37. X   38. O

Chapter 01 지방자치의 의의, 자치권

39 □□ 18 지방7
「지방자치분권 및 지방행정체제개편에 관한 특별법」상 정부업무평가위원회는 자치분권 및 지방행정체제 개편을 효과적으로 추진하기 위하여 관계 중앙행정기관의 장과 협의하고 지방자치단체의 의견을 수렴하여 자치분권 종합계획을 수립하여야 한다. O X

해설 자치분권 및 지방행정체제 개편을 효과적으로 추진하기 위하여 관계 중앙행정기관의 장과 협의하고 지방자치단체의 의견을 수렴하여 자치분권 종합계획을 수립하는 것은 대통령 소속 자치분권위원회이다.

40 □□ 18 지방7
「지방자치분권 및 지방행정체제개편에 관한 특별법」상 국가는 사무배분의 원칙에 따라 그 권한 및 사무를 적극적으로 지방자치단체에 이양하여야 하며, 그 과정에서 국가사무 또는 특별시·광역시·특별자치시·도 및 특별자치도의 사무로서 특별시·광역시·특별자치시·도 및 특별자치도 또는 시·군 및 자치구의 장에게 위임된 사무는 원칙적으로 폐지하고 자치사무와 국가사무로 이분화하여야 한다. O X

해설 「지방자치분권 및 지방행정체제개편에 관한 특별법」 제11조에 따르면 지방자치단체 장에게 위임된 기관위임사무는 이를 원칙적으로 폐지하고 자치사무와 국가사무로 이분화하도록 되어 있다

41 □□ 19 국가9
지방자치단체장과 지방의회의원을 동시에 뽑는 선거는 김대중 정부에서 처음으로 실시되었다. O X

해설 지방자치단체장과 지방의회의원을 동시에 뽑는 선거는 1995년 김영삼 정부에서 처음으로 실시되었다.

42 □□ 19 국회8
현재 지방분권과 지방자치 등의 추진을 위해 설치된 대통령 소속 위원회로 운영중인 것은 자치분권위원회이다. O X

해설 자치분권 및 지방행정체제 개편을 추진하기 위하여 대통령 소속으로 자치분권위원회를 둔다.

43 □□ 19 군무원
국가행정이 효율성을 중시하는데 비해 지방행정은 형평성 제고를 더 중시한다. O X

해설 형평성과 효율성 측면에서 보자면 상대적으로 국가행정은 형평성을, 지방행정은 효율성을 중시한다.

44 □□ 19 서울7
단체자치는 지방분권, 정치적 차원의 자치 등을 특성으로 한다. O X

해설 정치적 차원의 자치는 주민자치의 특징이다.

45 □□ 19 서울9
주민자치는 지방분권의 이념을, 단체자치는 민주주의 이념을 강조한다. O X

해설 주민자치는 민주주의 이념을, 단체자치는 지방분권의 이념을 강조한다.

46 □□ 19 서울9
사무구분에서 주민자치는 자치사무와 위임사무를 구분하지 않지만, 단체자치는 이를 구분한다. O X

해설 주민자치에서는 지방자치단체에 국가의 위임사무가 존재하지 않기 때문에 위임사무와 자치사무를 구분하지 않는다.

39. X 40. O 41. X 42. O 43. X 44. X 45. X 46. O

47 □□ 19 행정사

지방자치단체의 자치권 중 전래권설(국권설)에서 자치권은 주권적 통일국가의 통치구조 일환으로 형성된다는 의미에서 국법으로 부여된 권리로 본다. O X

> 전래권설은 지방자치권은 국권으로부터 유래한 것이라고 보는 것으로, 지방자치단체는 법률의 창조물이며 자치권은 국가로부터 전래된 권리라고 주장한다.

48 □□ 20 국가9

자치입법권은 지방의회만이 행사할 수 있는 전속적 권한이다. O X

> 자치입법권은 지방자치를 위해 필요한 자치규약(조례와 규칙)을 제정할 수 있는 권리로, 조례제정권은 지방의회의 권한이지만 규칙제정은 지방자치단체의 권한이다.

49 □□ 21 국가9

지방자치단체는 조례를 위반한 행위에 대하여 조례로써 1,500만원 이하의 과태료를 정할 수 있다. O X

> 지방자치단체는 조례를 위반한 행위에 대하여 조례로써 1천만원 이하의 과태료를 정할 수 있다.

50 □□ 21 국가9

지방자치단체는 법률의 위임이 있어야 주민의 권리를 제한하는 조례를 제정할 수 있다. O X

> 지방자치단체가 주민의 권리 제한 또는 의무 부과에 관한 사항이나 벌칙을 정할 때에는 법률의 위임이 있어야 한다.

51 □□ 21 군무원9

단체자치의 권한부여 방식은 포괄적 위임주의이다. O X

> 단체자치는 권한부여 방식으로 포괄적 예시(수권)주의를 채택한다.

52 □□ 21 군무원9

지방분권은 지역 간 격차를 완화할 수 있다는 장점이 있다. O X

> 지역 간 격차를 완화할 수 있는 것은 중앙집권의 장점이다.

53 □□ 21 지방7

지방분권화가 확대되면서 사회적 인프라가 어느 정도 갖추어진 국가에서는 지역 간 평등한 공공서비스의 수요가 증가하고 있다. O X

> 지역 간 평등한 공공서비스를 위해서는 중앙집권화가 필요하다.

54 □□ 22 경간부

지방의회는 조례를 통하여 지방세의 종목과 세율을 자체적으로 결정할 수 있다. O X

> 지방세는 법률이 정하는 바에 따라 부과징수되므로 지방의회는 조례를 통하여 지방세의 종목과 세율을 자체적으로 결정할 수 없다.

55 □□ 22 국가직7

우리나라 지방자치 역사에서 1991년 지방선거에서는 지방의회의원을 선출하였으나, 지방자치단체장 선거는 실시되지 않았다. O X

> 1991년 선거에서 지방의원 선거가 이루어 졌다. 동시선거는 1995년이다.

56 □□ 22 국가직7

우리나라 지방자치에서 1960년 지방선거에서는 서울특별시장·도지사 선거는 실시되었으나, 시·읍·면장 선거는 실시되지 않았다. O X

> 1960년 지방자치법의 개정으로 인해 서울특별시장·도지사 및 시·읍·면장과 지방의원 모두 주민직선으로 선출되었다.

47. O 48. X 49. X 50. O 51. O 52. X 53. X 54. X 55. O 56. X

02 자치단체의 종류와 계층, 구역

해설

01 ☐☐　　　　　　　　　　　　　　　　　　06 대구9
단층제는 행정의 낭비를 제거하고 능률을 증진시킨다.　　 OX

단층제의 장점이다.

02 ☐☐　　　　　　　　　　　　　　　　　　07 대전9
서귀포시와 제주시는 지방자치단체가 아니다.　　 OX

서귀포시와 제주시는 지방자치단체가 아니라 행정시이다.

03 ☐☐　　　　　　　　　　　　　　　　　　07 전북9
우리나라의 행정계층 구조의 문제점으로는 계층구조의 중복으로 인한 비효율성을 들 수 있다.　　 OX

행정계층이 3·4계층이므로 단층제에 비해서 계층구조의 중복으로 인한 비효율성을 갖는다.

04 ☐☐　　　　　　　　　　　　　　　　　　10 경정승진
단층제는 중앙집권화의 우려가 크고, 국토가 넓거나 인구가 많은 국가에서는 채택하기 곤란하다.　　 OX

단층제의 단점이다.

05 ☐☐　　　　　　　　　　　　　　　　　　12 경간부
우리나라는 특별지방자치단체에 자치단체조합과 서울특별시가 있다. OX

서울특별시는 보통지방자치단체이다.

06 ☐☐　　　　　　　　　　　　　　　　　　13 국가9
자치구의 자치권 범위는 시·군의 경우와 같다.　　 OX

자치구는 시·군 기초자치단체에 비해 자치권의 범위를 제한하고 있다.

07 ☐☐　　　　　　　　　　　　　　　　　　15 지방9
소규모 자치행정 구역을 지지하는 논리로는 티부(Tiebout)모형을 지지하는 공공선택이론가들의 관점, 새무얼슨(Samuelson)의 공공재 공급이론, 지역격차의 완화에 공헌, 주민과 지방정부 간의 소통 및 접촉기회의 증대 등이 있다.　　 OX

새무얼슨의 공공재 공급이론은 경제적 효율성을 다루는 이론으로 소규모 자치행정구역에 대한 논의와는 무관하다. 한편 지역격차의 완화에 공헌한다는 것은 중앙집권의 논리이다.

08 ☐☐　　　　　　　　　　　　　　　　　　16 교행9
우리나라의 경우 특별자치시와 특별자치도에는 자치구를 두고 있다. OX

특별자치도에는 자치시가 아닌 행정시만을 둘 수 있고 특별자치시에는 군과 자치구를 두지 않는다.

09 ☐☐　　　　　　　　　　　　　　　　　　16 교행9
특별시·광역시 및 특별자치시가 아닌 인구 50만 이상의 시에는 행정구를 둘 수 있다.　　 OX

특별시·광역시 및 특별자치시가 아닌 인구 50만 이상의 시에는 자치구가 아닌 구를 둘 수 있다.

10 ☐☐　　　　　　　　　　　　　　　　　　16 서울7
지방자치단체의 명칭과 구역을 바꾸거나 지방자치단체를 폐지, 설치, 분리, 통합할 때에는 법률로 정한다.　　 OX

지방자치법 제4조 제1항의 내용이다.

01. O　02. O　03. O　04. O　05. X　06. X　07. X　08. X　09. O　10. O

11 □□ 16 서울7
지방자치단체는 보조기관으로 소방 및 교육훈련기관을 설치할 수 있다.
O X

해설: 소방 및 교육훈련기관은 직속기관에 해당한다 (지방자치법 제113조).

12 □□ 16 서울7
서울특별시·광역시 및 특별자치시를 제외한 인구 50만 이상의 대도시의 행정, 재정운영 등에 대하여는 그 특성을 고려하여 특례를 둘 수 있다.
O X

해설: 지방자치법 제175조의 내용이다.

13 □□ 16 지방9
자치구가 아닌 구의 명칭과 구역의 변경은 그 지방자치단체의 조례로 정한다.
O X

해설: 지방자치법 제4조의2 내용으로 자치구가 아닌 구와 읍·면·동의 명칭과 구역의 변경은 그 지방자치단체의 조례로 정한다.

14 □□ 17 교행9
인구 50만 명 이상의 기초자치단체인 시에 대하여는 광역자치단체인 도가 처리하는 사무의 일부를 직접 처리하게 할 수 있다.
O X

해설: 지방자치법 제10조의 내용으로 옳은 지문이다.

15 □□ 17 국가9
제주특별자치도는 자치계층 측면에서 단층제로 운영되고 있다.
O X

해설: 제주특별자치도는 단층제이다.

16 □□ 17 국가9
자치계층은 주민공동체의 정책결정 및 집행의 단위로서 정치적 민주성 가치가 중요시된다.
O X

해설: 자치계층의 특징에 해당하는 지문이다.

17 □□ 17 국가9
세종특별자치시의 관할구역으로 자치구를 둘 수 있다.
O X

해설: 세종특별자치시의 관할구역으로 자치구를 둘 수 없다.

18 □□ 17 국가9
자치계층으로 군을 두고 있는 광역시가 있다.
O X

해설: 자치계층으로 군을 두고 있는 광역시가 있다 (예-인천광역시 옹진군, 강화군, 울산광역시 울주군).

19 □□ 17 지방7
지방자치단체는 2계층이며, 16개의 광역자치단체와 220개의 기초자치단체가 설치되어 있다.
O X

해설: 우리나라 자치단체는 광역과 기초로 구분되는 2계층의 중층제를 취하고 있으며, 17개의 광역자치단체와 226개의 기초자치단체가 설치되어 있다.

20 □□ 18 군무원
제주특별자치도와 세종특별자치시는 자치계층과 행정계층이 일치한다.
O X

해설: 제주특별자치도와 세종특별자치시의 자치계층은 단층제이며 제주특별자치도의 행정계층은 3계층, 세종특별자치시는 2계층이다.

11. X 12. O 13. O 14. O 15. O 16. O 17. X 18. O 19. X 20. X

21 ☐☐ 18 국가7
제주특별자치도지사는 제주특별자치도의 발전과 관계가 있는 사업을 위하여 필요하면 도의회 의결을 마친 후 외채 발행과 지방채 발행 한도액의 범위를 초과한 지방채 발행을 할 수 있다. OX

해설: 제주특별자치도의 경우 「제주특별자치도 특별법」상 특례에 따라 행정안전부장관의 승인 없이도 지방채를 발행할 수 있다.

22 ☐☐ 19 경간부
중층제는 국가의 감독기능 유지를 어렵게 한다. OX

해설: **중층제**는 기초지방정부에 대해 상급지방정부가 일차적 감독기관의 역할을 함으로써 국가의 감독기능을 원활하게 한다.

23 ☐☐ 19 국회9
지방자치단체는 법인이나 지방자치단체조합은 법인이 아니다. OX

해설: 지방자치단체와 지방자치단체조합은 법인이다.

24 ☐☐ 19 군무원
지방자치단체의 계층구조 중 단층제는 중앙정부의 지나친 비대화를 막을 수 있다. OX

해설: 단층제는 중앙정부의 지나친 비대화를 야기할 수 있다.

21. O 22. X 23. X 24. X

MEMO

03 사무(기능)배분, 사무 종류

01 ☐☐ 04 서울9
단체위임사무는 상급자치단체와 하급자치단체가 서로 합의하여 위임사무 내용을 결정하는 것을 말한다. O X

> **해설**
> 단체위임사무란 지방자치단체가 법령에 의하여 위임받아 처리하는 사무를 말한다.

02 ☐☐ 04 서울9
포괄적 사무배분방식이란 사무를 구체적으로 명시하지 않고 지역적 성격의 사무에 대한 처리권을 일괄적으로 부여하는 방식을 말한다. O X

> 포괄적 사무배분방식의 개념이다.

03 ☐☐ 04 충북9
기관위임사무는 모두 조례로 제정할 수 있다. O X

> 기관위임사무는 국가의 사무이므로 조례가 아닌 규칙으로만 정해야 한다.

04 ☐☐ 08 국가9
기관통합형은 견제와 균형에 유리하다. O X

> 기관통합형은 자치단체의 의결기능과 집행기능을 단일기관에 귀속시키는 형태로 견제와 균형의 원리가 미작동하게 되어 권력남용의 우려가 크다.

05 ☐☐ 08 서울9
우리나라는 도와 시·군 간 엄격한 기능분리로 인해 행정의 비효율성이 발생한다. O X

> 우리나라는 포괄적 예시주의를 취하고 있으므로 국가와 지방자치단체 간, 광역과 기초 간, 단체위임사무와 고유사무 간 기능배분이 모호하여 비효율성이 발생한다.

06 ☐☐ 08 지방7
기관분립형은 기관통합형에 비해 집행기관 구성에서 주민의 대표성을 확보할 수 있으나, 행정의 전문성이 결여될 수 있다. O X

> 기관분립형은 주민이 직접 선출한 집행기관의 장이 전문적으로 업무를 수행하여 행정의 전문성을 향상시킨다.

07 ☐☐ 09 지방7
적극적 보충성의 원칙은 개인 및 지역 간의 과도한 격차를 줄이기 위해 상급 공동체는 필요한 최소수준을 정하고 이에 미달하는 개인 및 지역을 보장해야 한다고 보는 것이다. O X

> 적극적 보충성의 원칙으로 옳은 지문이다.

08 ☐☐ 09 지방7
우리나라의 중앙과 지방 간 기능배분 방식은 포괄적 예시 원칙을 폐지하고 보충성의 원칙을 적용하고 있다. O X

> 포괄적 예시 원칙과 보충성의 원칙을 적용하고 있다.

09 ☐☐ 10 국회9
우리나라의 중앙정부와 지방정부의 기능배분방식은 포괄적 예시형 기능배분방식을 적용하고 있어 중앙기능의 지방이양률이 매우 높은 편이다. O X

> 중앙정부와 지방정부의 기능배분방식은 포괄적 예시형 기능배분방식을 적용하고 있어 중앙과 지방 간 기능 구분이 모호하고 중앙기능의 지방이양률이 매우 낮은 편이다.

01. X 02. O 03. X 04. X 05. X 06. X 07. O 08. X 09. X

10 ☐☐   10 서울9
기관대립형에서는 집행부와 의회의 마찰로 인한 비효율성이 발생할 수도 있다.
O X

| 기관대립형의 단점이다.

11 ☐☐   10 지방7
포괄적 사무배분방식은 실제에 있어 개별적 사무배부방식보다 지방자치단체 사무를 더 폭넓게 보장해주는 경향이 있다.
O X

| 포괄적 예시주의는 지방자치단체사무를 개별적 사무배분방식보다 제한적으로 인정해주는 경향이 있다.

12 ☐☐   11 경남전환특채
기관위임사무는 지방자치단체의 장이 정부의 대리인 자격으로 사무를 처리하는 것을 말한다.
O X

| 기관위임사무의 개념이다.

13 ☐☐   13 행정사
기관위임사무는 국가가 사업비 일부를 보조하며, 지방의회의 통제를 받고 지방자치단체와 국가가 공동으로 책임진다.
O X

| 단체위임사무에 대한 설명이다.

14 ☐☐   14 국가9
자치사무와 단체위임사무는 자치단체가 전액 경비를 부담하며, 기관위임사무는 원칙적으로 자치단체와 위임기관이 공동으로 분담한다.
O X

| 단체위임사무는 중앙과 지방이 공동으로 경비를 부담하고, 기관위임사무는 전액 국가가 부담한다.

15 ☐☐   15 국가9
기관위임사무는 전국적으로 획일적인 행정을 강조함으로써 지방적 특수성이 희생되기도 한다.
O X

| 기관위임사무의 단점에 대한 설명이다.

16 ☐☐   16 국가7
자치사무(고유사무)와 달리 법령에 의하여 지방자치단체에 속하는 사무(단체위임사무)에 관해서는 조례로 규정할 수 없다.
O X

| 단체위임사무는 위임된 사무이지만 지방자치단체에 자체에 위임된 사무이므로 지방의회는 이에 관여할 수 있고 조례의 제정도 가능하다.

17 ☐☐   16 국가9
지방분권화의 세계적 흐름에 따라 우리나라의 지방사무 배분방식은 제한적 열거방식을 채택하고 있다.
O X

| 우리나라 지방사무의 사무배분 방식은 포괄적 수권방식 혹은 절충적 수권방식으로서 포괄적 예시주의를 채택하고 있다.

18 ☐☐   17 국가7(추)
우리나라 지방자치단체의 사무는 위임사무와 자치사무로 구분되며, 위임사무는 다시 기관위임사무와 단체위임사무로 구분된다.
O X

| 우리나라 지방자치단체의 사무는 자치사무, 기관위임사무, 단체위임사무로 구분한다.

19 ☐☐   17 국가7(추)
병역자원의 관리업무 등 주로 국가적 이해관계가 크게 걸려 있는 사무는 단체위임사무에 속한다.
O X

| 병역자원의 관리업무 등 주로 국가적 이해관계가 크게 걸려 있는 사무는 기관위임사무에 속한다.

📖 10. O   11. X   12. O   13. X   14. X   15. O   16. X   17. X   18. O   19. X

20 □□ 17 국가9
지방자치법은 원칙적으로 사무배분방식에 있어서 포괄적 예시주의를 취하고 있다. O|X

> 지방자치법에 따르면 우리나라는 포괄적 예시주의를 취한다.

21 □□ 17 사복9
기관위임사무에 소요되는 비용은 원칙적으로 자치단체와 위임기관이 공동으로 부담한다. O|X

> 기관위임사무는 지방자치단체장이 국가의 사무를 위임 받아 수행하는 사무로 이에 소요되는 경비는 전액 국가가 부담한다.

22 □□ 17 사복9
자치사무에 대한 국가의 감독에서 적극적 감독, 즉 예방적 감독과 합목적성의 감독은 배제되는 것이 원칙이다. O|X

> 자치사무에 대한 국가의 감독은 소극적 감독, 즉 합법성에 관한 교정적 감독만 허용된다.

23 □□ 17 행정사
'기초자치단체가 처리하기 어려운 사무는 광역자치단체가 맡고 지방자치단체에서 처리하기 어려운 사무는 중앙정부의 사무로 처리해야 한다'와 관련된 사무배분 원칙은 지역성의 원칙이다. O|X

> '기초자치단체가 처리하기 어려운 사무는 광역자치단체가 맡고 지방자치단체에서 처리하기 어려운 사무는 중앙정부의 사무로 처리해야 한다'와 관련된 사무배분 원칙은 포괄성의 원칙이다.

24 □□ 18 서울9
행정처리 결과가 2개 이상의 시·군 및 자치구에 미치는 광역적 사무는 시·도가 처리한다. O|X

> 2개 이상의 시·군 및 자치구에 미치는 광역적 사무는 시·도가 처리한다.

25 □□ 18 서울9
시·도와 시·군 및 자치구의 사무가 서로 경합하면 시·도에서 먼저 처리한다. O|X

> 시·도와 시·군 및 자치구의 사무가 서로 경합하면 시·군 및 자치구에서 먼저 처리한다.

26 □□ 19 서울9(2월)
축산물·수산물 및 양곡의 수급 조절과 수출입 사무는 「지방자치법」상 지방자치단체의 사무범위에 해당한다. O|X

> 축산물·수산물 및 양곡의 수급 조절과 수출입 사무는 국가사무에 해당한다.

27 □□ 20 국가9
보건소의 운영업무와 병역자원의 관리업무는 대표적인 기관위임사무이다. O|X

> 보건소의 운영업무는 단체위임사무에, 병역자원의 관리업무는 기관위임사무에 해당한다.

28 □□ 20 국가9
중앙정부는 단체위임사무에 대해 사전적 통제보다 사후적 통제를 주로 한다. O|X

> 단체위임사무는 국가와 지방의 이해관계가 공존하는 사무로, 중앙정부는 사전통제보다 사후통제를 주로 한다.

29 □□ 20 국회8
기관위임사무는 지방자치단체의 장과 지방의회가 공동으로 수임주체가 된다. O|X

> 지방자치단체의 장과 지방의회가 공동으로 수임주체가 되는 것은 단체위임사무이다.

20. O 21. X 22. O 23. X 24. O 25. X 26. X 27. X 28. O 29. X

30 ☐☐   20 서/지9

기능 배분에 있어 가까운 정부에게 우선적 관할권을 부여하고 가까운 지방정부가 처리할 수 있는 업무에 상급 지방정부나 중앙정부가 관여해서는 안 된다는 원칙은 보충성의 원칙이다. O|X

> 보충성의 원리는 지방행정 사무가 가급적 주민이나 하급자치단체에 우선적으로 배분하고 지방정부가 처리할 수 있는 업무는 상급정부나 중앙정부가 가급적 관여해서는 안 된다는 원칙이다.

31 ☐☐   20 행정사

중층의 국가공동체 조직에서 하급단위가 잘 처리할 수 있는 업무를 상급단위에서 직접 처리하면 안된다는 원칙은 포괄성의 원칙이다. O|X

> 중층의 국가공동체 조직에서 하급단위가 잘 처리할 수 있는 업무를 상급단위에서 직접 처리하면 안된다는 원칙은 보충성의 원칙이다.

32 ☐☐   21 지방(서울)9

지방정부의 기관구성 형태 중 의회-시지배인(council-manager) 형태에서는 시지배인이 의례적이고 명목적인 기능을 수행한다. O|X

> 의회-시지배인 형태는 절충형으로, 의회의 결정을 시지배인이 책임지고 실질적 집행을 하는 형태이다.

33 ☐☐   21 지방(서울)9

지방정부의 기관구성 형태 중 강시장-의회(strong mayor-council) 형태에서는 시장이 강력한 정치적 리더십을 행사한다. O|X

> 강시장-의회 형태는 기관대립형의 가장 보편적인 유형으로, 집행권을 가진 시장이 강력한 정치적 권한을 행사한다.

34 ☐☐   21 국가7

지역주민생활과 밀접한 관련이 있는 사무는 원칙적으로 시·군 및 자치구의 사무로 배분하여야 한다. O|X

> 중앙정부의 지방자치단체 사무배분 원칙 중 기초자치단체 우선의 원칙에 해당한다.

35 ☐☐   22 국가7

기관대립형 중 약시장-의회형은 시장의 고위직 지방공무원 인사에 대해서 의회의 동의를 요하는 반면, 시장은 지방의회 의결에 대한 거부권을 가진다. O|X

> 약시장 의회형에서 시장은 지방의회 의결에 대해 거부권을 갖지 못한다.

36 ☐☐   22 국가직7

기관통합형은 지방의회에서 의결기능과 집행기능을 모두 수행하는 형태로, 영국의 의회형이 대표적이다. O|X

> 의결기능과 집행기능을 결합한 것이 기관통합형이다.

37 ☐☐   22 국가직7

지방자치법상 인구 30만 이상의 시에 대해서는 도가 처리하는 사무의 일부를 직접 처리하게 할 수 있다. O|X

> 인구 50만 이상의 시에 대해서이다.

38 ☐☐   23 지방직9

기관위임사무의 처리에 드는 경비는 중앙정부와 지방정부가 공동 부담하는 것이 원칙이다. O|X

> 기관위임사무의 경비는 전액 위임기관이 부담하는 것이 원칙이다.

---

30. O   31. X   32. X   33. O   34. O   35. X   36. O   37. X   38. X

04 자치기관(장과 의회), 자치조직, 교육자치, 자치경찰 등

01 ☐☐　　　　　　　　　　　　　　　　04 서울9
중요재산의 권리 및 처분, 규칙제정권, 청원의 수리와 처리, 지방세의 부과·징수·감면은 모두 지방의회의 권한에 속한다. ⓞⓧ

> 규칙제정권은 자치단체장의 권한이다.

02 ☐☐　　　　　　　　　　　　　　　　07 울산9
재의요구권이란 지방의회가 의결한 조례안이 월권 또는 법령에 위반되거나 공익을 현저히 해한다고 인정되는 때 지방자치단체의 장이 행사할 수 있는 권한이다. ⓞⓧ

> 지방자치법 제121조 제1항의 내용이다.

03 ☐☐　　　　　　　　　　　　　　　　08 지방7
지방의회의 의결이 국제관계에서 맺은 국제교류업무 수행에 드는 경비를 축소할 경우 지방자치단체장은 재의를 요구할 수 있다. ⓞⓧ

> 지자체장은 일정한 경우 지방의회의 의결사항에 대해 재의요구가 가능한데, '지방의회의 의결이 국제관계에서 맺은 국제교류업무 수행에 드는 경비를 축소한 경우'는 재의요구 사유에 해당하지 않는다.

04 ☐☐　　　　　　　　　　　　　　　　08 지방9
재의요구, 직무이행명령, 준예산 집행, 선결처분은 지방자치법상 지방자치단체장에게 부여된 권한 중 지방의회와 지방자치단체장이 대립·갈등하는 경우의 비상적 해결수단에 속한다. ⓞⓧ

> 직무이행명령은 지방자치단체의 장이 그 의무에 속하는 국가위임사무의 관리와 집행을 명백히 게을리 하고 있다고 인정되면 주무부장관이 그 이행할 사항을 명령할 수 있는 제도이다.

05 ☐☐　　　　　　　　　　　　　　　　09 서울9(수정)
우리나라 지방자치단체장은 지방의회의 의결이 지체될 경우 선결처분할 수 있다. ⓞⓧ

> 지방자치단체장의 권한 중의 하나이다.

06 ☐☐　　　　　　　　　　　　　　　　10 지방7
우리나라는 재의결한 조례안을 정해진 기간 내에 지방자치단체의 장이 공포하지 아니하면 지방의회의 의장이 공포한다. ⓞⓧ

> 지방자치법 제32조의 내용이다.

07 ☐☐　　　　　　　　　　　　　　　　11 경정승진
자치경찰은 지역치안의 유지에 대한 경찰의 책임성을 확보할 수 있다. ⓞⓧ

> 자치경찰제의 장점에 대한 지문이다.

08 ☐☐　　　　　　　　　　　　　　　　11 국가7
지방자치법상 지방자치단체의 장의 보조기관으로 부단체장을 둔다고 되어 있다. ⓞⓧ

> 지방자치법 제110조의 내용이다.

09 ☐☐　　　　　　　　　　　　　　　11 국가전환특채
교육감은 교육, 학예에 관한 사무에 대하여 1년에 한번 감사를 실시할 수 있다. ⓞⓧ

> 교육감은 교육행정기관에 관한 집행기관이므로 감사를 실시할 수 없다.

📖 01. X　02. O　03. X　04. X　05. O　06. O　07. O　08. O　09. X

10 ☐☐ 11 국회8
지방의회는 행정사무감사권 뿐만 아니라 조사권을 통해서도 지방자치단체를 감시하고 통제할 수 있다. ⓞⓧ

> 지방의회는 행정사무감사권과 행정사무조사권을 갖는다.

11 ☐☐ 13 지방9
예산의 심의·확정, 법령에 규정된 수수료의 부과 및 징수, 외국 지방자치단체와의 교류협력에 관한 사항은 「지방자치법」상 지방의회의 의결사항에 포함된다. ⓞⓧ

> '법령에 규정된 것을 제외한 사용료·수수료·분담금·지방세 또는 가입금의 부과와 징수'가 지방의회의 의결사항에 해당한다.

12 ☐☐ 14 서울7
지방의원은 직무수행과 관련해 면책특권이 인정되지 않고 있다. ⓞⓧ

> 지방의원에게는 면책특권이 인정되지 않는다.

13 ☐☐ 14 전북9
지방자치단체장이 선결처분을 행한 후 지방의회의 사후승인을 얻지 못하더라도 그 행위는 유효하다. ⓞⓧ

> 선결처분은 지체없이 지방의회에 보고하여 승인을 얻어야 하며, 승인을 얻지 못하면 그때부터 효력이 상실된다.

14 ☐☐ 14 지방9
재의요구를 받은 조례안은 재적의원 과반수의 출석과 출석의원 과반수의 찬성으로 재의요구를 받기 전과 같이 의결되면 조례로 확정된다. ⓞⓧ

> 재의요구를 받은 조례안은 재적의원 과반수의 출석과 출석의원 3분의 2 이상의 찬성으로 재의요구를 받기 전과 같이 의결되면 조례로 확정된다.

15 ☐☐ 14 해경간부
재의요구권이란 지방자치단체장의 결정에 대하여 지방의회의 이의가 있을 때 재심의를 요구할 수 있는 권한을 말한다. ⓞⓧ

> 재의요구권은 지방의회에서 의결된 조례나 규칙 등에 대해 지방자치단체장이 이의가 있을 때 재의를 요구할 수 있는 권한이다.

16 ☐☐ 16 경간부
기관대립형은 대의기관에 의한 민주정치와 책임행정의 구현에 적합하다. ⓞⓧ

> 기관통합형은 대의기관에 의한 민주정치와 책임행정의 구현에 적합하다.

17 ☐☐ 16 사복9
우리나라는 지방자치단체의 기관구성에 있어 기관대립형 구조를 채택하고 있다. ⓞⓧ

> 우리나라는 기관대립형 구조를 채택하고 있다.

18 ☐☐ 16 서울7
우리나라 지방자치단체의 장은 위임 또는 위탁받은 사무의 일부를 다시 위임·위탁할 수 있다. ⓞⓧ

> 지방자치법 제117조 제1항의 내용이다.

19 ☐☐ 16 서울7
지방자치단체의 장은 지방의회에서 재의결된 사항에 대해서는 대법원에 소(訴)를 제기할 수 없다. ⓞⓧ

> 지방자치단체의 장은 지방의회에서 재의결된 사항이 법률에 위반된다고 판단되면 재의결된 날부터 20일 이내에 대법원에 소(訴)를 제기할 수 있다.

📖 10. **O** 11. **X** 12. **O** 13. **X** 14. **X** 15. **X** 16. **X** 17. **O** 18. **O** 19. **X**

20 □□ 16 서울7
예산불성립 시 예산집행, 선결처분의 사후승인, 행정사무의 감사·조사는 지방의회가 지방자치단체에 대하여 행사할 수 있는 권한이다. OX

해설 예산불성립 시 예산집행은 지방자치단체장의 권한이고 선결처분의 사후승인, 행정사무의 감사·조사는 지방의회가 지방자치단체에 대하여 행사할 수 있는 권한이다.

21 □□ 16 지방9
기관통합형은 의결기능과 집행기능이 통합되어 있기 때문에 지방자치행정을 기관 간 마찰 없이 안정적으로 수행할 수 있다는 장점이 있다. OX

해설 기관통합형은 의결기관과 집행기관이 통합되어 있으므로 기관 사이의 알력을 피하고 안정적으로 수행할 수 있다는 장점이 있다.

22 □□ 16 지방9
기관대립형(기관분리형)은 집행부와 의회의 기구가 병존함에 따라 비효율성을 줄일 수 있다는 장점이 있다. OX

해설 기관대립형은 집행부와 의회가 대립할 경우 오히려 비효율성이 발생할 수 있다.

23 □□ 17 경간부
지방자치단체의 장은 재의결된 조례가 법령에 위반된다고 판단되면 7일 이내에 대법원에 제소할 수 있다. OX

해설 지방자치단체의 장은 재의결된 조례가 법령에 위반된다고 판단되면 재의결된 날부터 20일 이내에 대법원에 제소할 수 있다.

24 □□ 17 경간부
지방자치단체의 장은 재의결된 조례를 이송 받은 후 5일 이내 공포하지 않을 경우 의장이 공포한다. OX

해설 확정조례가 지방자치단체의 장에게 이송된 후 5일 이내에 지방자치단체의 장이 공포하지 아니하면 지방의회의 의장이 이를 공포한다.

25 □□ 17 교행9
지방의회의 사무직원의 정수는 지방의회가 조례로 정하고, 사무직원은 지방자치단체장의 승인을 얻어 지방의회의 의장이 임명한다. OX

해설 지방의회의 사무직원의 정수는 지방의회가 조례로 정하고, 사무직원은 지방의회의 의장의 추천에 따라 그 지방자치단체의 장이 임명한다.

26 □□ 17 교행9
지방의회의 의결사항으로 지방자치단체장의 규칙제정, 지방자치단체장의 지방채 발행, 지방자치단체의 출자 또는 출연 등이 있다. OX

해설 지방자치단체의 규칙 제정은 지방자치단체장의 권한이다. 한편 조례는 지방의회가 제정한다.

27 □□ 17 교행9
지방의회의 의원에 대한 징계의 종류로는 '공개회의에서의 경고, 공개회의에서의 사과, 30일 이내의 출석정지, 제명'이 있으며, 제명의 경우 재적의원 3분의 2 이상의 찬성이 있어야 한다. OX

해설 지방의회 의원에 대한 징계로는 경고, 사과, 30일 이내의 출석정지, 제명 등이 있고, 제명의 경우 재적의원 3분의 2이상의 찬성으로 확정된다.

28 □□ 17 지방7
우리나라의 경우 기초자치단체장 선거에서는 정당공천제를 실시하지 않고 있다. OX

해설 우리나라의 경우 기초자치단체장 선거에서 정당공천제를 실시하고 있다.

29 □□ 17 지방9(추)
기관통합형은 의결기관과 집행기관을 이원적으로 구성해 상호 견제와 균형을 도모한다. OX

해설 기관대립형은 의결기관과 집행기관을 이원적으로 구성해 상호 견제와 균형을 도모한다.

20. X 21. O 22. X 23. X 24. O 25. X 26. X 27. O 28. X 29. X

30 ☐☐　　　　　　　　　　　　　　　　17 지방9(추)
기관대립형은 행정책임의 소재가 분명하다는 장점이 있다.
O X

> 기관대립형은 의결기관과 집행기관이 명백하게 구분되므로 책임소재가 명확하다.

31 ☐☐　　　　　　　　　　　　　　　　18 경간부
기관통합형에서는 임기 동안 지방자치행정에 대한 효율성과 책임성을 확보할 수 있다.
O X

> 기관통합형은 모든 권한이 주민대표기관에 집중되므로 임기 동안 책임정치를 실현하고 효율성을 확보할 수 있다.

32 ☐☐　　　　　　　　　　　　　　　　18 국가9
지방의회는 조례로 정하는 바에 따라 위원회를 둘 수 있으며, 위원회의 종류는 상임위원회와 특별위원회로 한다.
O X

> 지방의회는 상임위원회와 특별위원회를 둘 수 있다.

33 ☐☐　　　　　　　　　　　　　　　　18 국가9
부속기관이란 행정권의 직접적인 행사를 임무로 하는 기관에 부속하여 그 기관을 지원하는 행정기관을 말한다.
O X

> 부속기관이란 시험연구기관·교육훈련기관·문화기관·의료기관·제조기관 및 자문기관 등 본부조직에 부속적인 업무를 담당하는 기관이다.

34 ☐☐　　　　　　　　　　　　　　　　18 국가9
지방의회 의장은 의결에서 표결권을 가지지 못하며, 찬성과 반대가 같으면 부결된 것으로 본다.
O X

> 지방의회 의장은 의결에서 표결권을 가지며, 찬성과 반대가 같으면 부결된 것으로 본다.

35 ☐☐　　　　　　　　　　　　　　　　18 국가9
지방의회에서 부결된 의안은 같은 회기 중에 다시 발의하거나 제출할 수 없다.
O X

> 지방의회에서 부결된 의안은 일사부재의의 원칙에 따라 같은 회기 중에 다시 발의하거나 제출할 수 없다.

36 ☐☐　　　　　　　　　　　　　　　　18 국회8
조례의 제정·개정 및 폐지, 재의요구권, 대통령령으로 정하는 중요 재산의 취득·처분, 청원의 수리와 처리는 모두 지방의회의 의결사항이다.
O X

> 재의요구권은 지방자치단체장의 권한이다.

37 ☐☐　　　　　　　　　　　　　　　　18 서울7
현재 광역-기초자치단체장 및 광역-기초의회 의원 선거 모두에 정당공천제가 허용되고 있다.
O X

> 현재 광역-기초자치단체장 및 광역-기초의회 의원 선거 모두에 정당공천제가 허용되고 있다.

38 ☐☐　　　　　　　　　　　　　　　　18 서울7
소선거구제의 경우에 풀뿌리 민주주의의 기반이 되는 주민과 의원과의 관계가 멀어질 수 있다는 단점이 있다.
O X

> 소선거구제는 선거구를 작게 하여 최다득표자 1인을 선출하는 다수대표제 방식이므로 관할 구역이 작아 풀뿌리 민주주의에 입각하여 주민과 의원과의 관계가 긴밀해질 수 있다는 장점이 있다.

39 ☐☐　　　　　　　　　　　　　　　　18 지방9
지방의회 전문위원, 자치경찰공무원은 「지방공무원법」상 특정직 지방공무원에 해당한다.
O X

> 지방의회 전문위원은 별정직 지방공무원에 해당한다.

정답 30. O　31. O　32. O　33. O　34. X　35. O　36. X　37. O　38. X　39. X

40
19 지방7
미국의 위원회형은 기관대립형의 특수한 형태로 볼 수 있다. O X

해설 미국의 위원회형은 기관통합형이다.

41
19 지방7
기관통합형의 집행기관은 기관대립형에 비해 행정의 전문성이 높지 않을 가능성이 크다. O X

해설 기관통합형의 집행기관은 기관대립형에 비해 행정의 전문성의 발전을 저해할 수 있다.

42
20 국가9
지방자치단체의 예산안 편성권은 지방자치단체장에 속한다. O X

해설 지방자치단체의 예산안 편성권은 지방자치단체장의 권한이다.

43
21 지방(서울)9
자치경찰제도는 경찰 업무의 통일성과 효율성을 높일 수 있다. O X

해설 경찰 업무의 통일성과 효율성을 높일 수 있는 것은 국가경찰제도의 특징이다.

44
21 지방(서울)9
제주자치경찰단은 주민의 생활안전 활동에 관한 사무를 수행한다. O X

해설 제주자치경찰단은 주민의 생활안전 활동에 관한 사무, 지역교통 활동에 관한 사무 등을 수행한다.

45
23 국가직9
지방의회의원은 지방공무원법상 인사위원회의 위원으로 임명되거나 위촉될 수 없다. O X

해설 지방인사위원은 법관·검사 또는 변호사 자격이 있는 사람, 공무원으로서 20년 이상 근속하고 퇴직한 사람, 초등학교·중학교·고등학교 교장 또는 교감으로 재직하는 사람 등이 가능하다.

정답 40. X 41. O 42. O 43. X 44. O 45. O

05 지방재정(Ⅰ) - 지방세 등

해설

01 □□ 06 서울9
주민세, 지방교부세, 사용료, 부담금은 자주재원에 해당한다. ⓄⓍ

주민세, 사용료는 자주재원이지만 지방교부세와 부담금은 의존재원이다.

02 □□ 06 선관위9
지방재정은 자원배분기능, 소득재분배기능, 경제안정화기능 등 포괄적인 기능을 수행하는 반면, 중앙재정은 주로 자원배분기능을 중심적으로 수행한다. ⓄⓍ

반대로 서술되었다.

03 □□ 07 전남7(수정)
취득세, 등록면허세, 지방소비세, 레저세, 지역자원시설세, 지방교육세는 모두 도세에 해당한다. ⓄⓍ

취득세, 등록면허세, 지방소비세, 레저세는 보통세에 해당하고 지역자원시설세, 지방교육세는 목적세에 해당한다.

04 □□ 09 서울7
지방세가 갖추어야 할 요건 중 부담보편의 원칙은 동등한 지위에 있는 자에게는 동등하게 과세하고 조세감면의 폭이 너무 넓어서는 안 된다는 원칙이다. ⓄⓍ

부담보편의 원칙의 개념이다.

05 □□ 09 국가7
지방세의 중요한 원칙으로는 응익성, 안정성, 보편성 등이 있다. ⓄⓍ

지방세의 원칙으로 옳은 지문이다.

06 □□ 11 지방7
기초자치단체는 목적세를 부과할 수 없다. ⓄⓍ

목적세는 모두 특별시·광역시·도세이다.

07 □□ 12 지방9(수정)
지방자치단체는 행정목적을 달성하기 위하여 특정한 자금을 운용하기 위한 기금을 설치할 경우 행정안전부장관의 승인을 얻어야 한다. ⓄⓍ

지방의회의 승인을 얻어야 한다.

08 □□ 12 전환특채
우리나라 지방세는 소득과세 중심으로 세원 확보가 매우 불안정하다. ⓄⓍ

우리나라의 지방세는 재산과세 중심으로 되어 있어 세원확보의 신장성이 부족하다.

09 □□ 13 행정사
부산광역시 기장군세로는 지방소득세와 지방교육세 등이 있다. ⓄⓍ

부산광역시 기장군은 자치구이므로 목적세인 지방교육세를 거둘 수 없다.

01. X 02. X 03. O 04. O 05. O 06. O 07. X 08. X 09. X

10 □□   13 국가7
지방소득세는 소득분과 종업원분으로 구분되며 소득분은 지방자치단체에서 소득세 및 법인세의 납세의무가 있는 자에게 부과하고, 종업원분은 종업원에게 급여를 지급하는 사업주에게 부과하는데 이는 목적세에 해당한다.
O X

> 지방소득세는 보통세의 일종이다.

11 □□   14 서울9
주민세, 담배소비세, 상속세, 취득세, 자동차세는 모두 서울특별시에서 확보할 수 있는 자주재원에 해당한다.
O X

> 상속세는 국세에 해당한다.

12 □□   15 지방9
지방소비세는 국세인 부가가치세의 일부를 일정한 기준에 따라 광역지방자치단체에 이전하는 일종의 세원공유 방식의 지방세이다.
O X

> 지방소비세의 개념이다.

13 □□   16 교행9
특별시의 재산세는 특별시분과 자치구분으로 구분하고, 특별시분은 구의 지방세수 등을 고려하여 자치구에 차등 분배하고 있다.
O X

> 특별시분 재산세 전액은 관할구역의 구에 교부하여야 한다. 또한 교부기준 및 교부방법 등은 특별시의 조례로 정하되, 교부기준을 정하지 않은 경우에는 구에 균등배분하여야 한다.

14 □□   10 서울7(수정)
사용료 수입, 수수료 수입, 재산임대수입, 사업수입, 순세계잉여금은 모두 경상적 세외수입에 포함된다.
O X

> 순세계잉여금은 세외수입에서 제외되었다.

15 □□   10 지방7
수수료는 지방자치단체가 특정인에게 제공한 행정서비스에 의해 이익을 받는 자로부터 그 비용의 전부 또는 일부를 반대급부로 징수하는 수입이다.
O X

> 수수료의 개념이다.

16 □□   14 국가7
지방세는 재산보유에 대한 과세보다 재산거래에 대한 과세의 비중이 상대적으로 높다.
O X

> 우리나라는 재산거래에 대한 과세비중이 크다.

17 □□   17 국가9(추)
지방세와 세외수입은 자주재원에 속하고, 보조금은 의존재원에 속한다.
O X

> 지방세와 세외수입은 자주재원에, 보조금은 의존재원이다.

18 □□   17 지방7
시·군의 지방세 세목에는 담배소비세, 주민세, 지방소득세, 재산세, 자동차세가 있다.
O X

> 담배소비세, 주민세, 지방소득세, 재산세, 자동차세는 시·군세이다.

📖 10. X   11. X   12. O   13. X   14. X   15. O   16. O   17. O   18. O

19 16 교행9
광역시의 경우에는 주민세 재산분 및 종업원분은 광역시세가 아니고 구세로 한다. ⓞⓧ

> 광역시의 주민세의 경우 재산분과 종업원분은 자치구세에 해당한다.

20 16 교행9
시·도는 지방교육세를 매 회계연도 일반회계예산에 계상하여 교육비특별회계로 전출하여야 한다. ⓞⓧ

> 교육세와 지방교육세는 교육비특별회계의 재원에 해당한다.

21 16 지방7
세외수입은 연도별 신장률이 안정적이며 그 종류와 형태가 다양하다. ⓞⓧ

> 세외수입은 지방 간 불균형성과 회계연도 간 불규칙성이 강하다.

22 17 서울9
지방세 중 목적세로는 담배소비세, 레저세, 자동차세, 지역자원시설세, 지방교육세 등이 있다. ⓞⓧ

> 지방세의 목적세에 해당하는 것은 지역자원시설세, 지방교육세이다. 담배소비세, 레저세, 자동차세 등은 보통세에 해당한다.

23 18 국가7
취득세, 종합부동산세, 인지세는 국세에 해당한다. ⓞⓧ

> 취득세는 지방세 중 보통세에 해당한다. 한편 종합부동산세, 인지세는 국세에 해당한다.

24 18 국회8
개별소비세, 인지세, 부가가치세, 주세는 국세 중 간접세에 해당한다. ⓞⓧ

> 국세 중 간접세에는 부가가치세, 개별소비세, 주세, 인지세, 증권거래세가 있다.

25 20 행정사
우리나라 지방세로는 담배소비세, 재산세, 취득세, 종합부동산세, 레저세 등이 있다. ⓞⓧ

> 우리나라 지방세로는 담배소비세, 재산세, 취득세, 레저세 등이 있다. 종합부동산세는 국세이다.

26 21 경간부
취득세, 지방교육세, 재산세, 레저세 중 재산세와 지방교육세는 목적세이다. ⓞⓧ

> 취득세, 재산세, 레저세는 보통세에, 지방교육세, 지역자원시설세는 목적세에 해당한다.

27 21 지방(서울)9
지방자치단체의 예비비는 지방의회의 예산안 심의 결과 감액된 지출항목에 대해 예비비를 사용할 수 있다. ⓞⓧ

> 지방의회의 예산안 심의 결과 폐지되거나 감액된 지출 항목에 대해서는 예비비를 사용할 수 없다.

28 21 지방(서울)9
지방자치단체의 예비비에서 재해·재난 관련 목적 예비비는 별도로 예산에 계상할 수 있다. ⓞⓧ

> 재해나 재난과 관련한 목적 예비비는 별도로 예산에 계상할 수 있다.

29 22 경간부
소득세, 종합부동산세, 법인세는 우리나라의 국세 중 직접세에 해당한다. ⓞⓧ

> 국세 중 직접세에는 소득세, 법인세, 상속세, 증여세, 종합부동산세가 있다.

19. O 20. O 21. X 22. X 23. X 24. O 25. X 26. X 27. X 28. O 29. O

MEMO

06 지방재정(Ⅱ)-의존재원, 지방채, 지방공기업 등

01 ☐☐ 05 인천9
지방교부세의 사용은 경상경비가 많은 부분을 차지한다. ⓞⓧ

> **해설**
> 지방교부세의 대부분이 지방자치단체가 행정 활동을 수행하고 운영하는데 필요한 고정적 비용인 경상경비에 사용된다.

02 ☐☐ 06 경기9
지방채는 자치단체가 과세권을 담보로 증서차입 또는 증권발행을 통하여 자금을 조달하는 방식이다. ⓞⓧ

> 지방채의 개념이다.

03 ☐☐ 06 경기9(수정)
지방재정진단제도는 중앙정부가 지방재정운용의 사후 평가를 통해 재정운영의 책임성과 효율성을 도모하기 위한 제도이다. ⓞⓧ

> 지방재정진단제도의 개념에 대한 지문이다.

04 ☐☐ 06 국가9
재정자립도는 지방자치단체의 재정규모와 세출구조를 반영하지 못하고 있다. ⓞⓧ

> 재정자립도는 총재원에서 자주재원이 차지하는 비율로 자치단체의 재정규모를 고려하지 못하고 경상수지 비율 등 세출구조를 고려하지 못한다는 한계가 있다.

05 ☐☐ 07 경북9
지방교부세는 국가의 사무를 지방자치단체에 위임하고 중앙정부가 그 경비를 지급하는 것이다. ⓞⓧ

> 국고보조금에 대한 설명이다.

06 ☐☐ 07 국가9
특별교부세는 보통교부세의 기능을 보완하는 것으로 보통교부세를 교부받지 못하는 지방자치단체는 특별교부세를 교부받을 수 없다. ⓞⓧ

> 재정력지수가 1보다 높아 재정이 건전한 자치단체는 보통교부세를 교부받지 못할 수 있으나 특별교부세는 교부받을 수 있다. 보통교부세와 특별교부세는 서로 별개이다.

07 ☐☐ 07 국회8
지방교부세 제도는 중앙정부와 지방정부 사이의 수직적 재정불균형과 지방자치단체 간 수평적 재정불균형을 해소하기 위해 운영된다. ⓞⓧ

> 지방교부세의 의의이다.

08 ☐☐ 09 국가7
재정자립도는 지방자치단체의 실질적 재정 상태를 나타내며 중앙정부로부터 얼마나 많은 지원을 받고 있는가를 보여준다. ⓞⓧ

> 재정의존도에 대한 개념이다.

09 ☐☐ 09 국가9
특별교부세는 행정·재정운영 실적이 우수할 경우 지급될 수 있다. ⓞⓧ

> 특별교부세는 지역 역점 시책 또는 지방행정 재정지원 등 특별한 재정수요가 있는 경우에도 지급될 수 있다.

10 ☐☐ 09 군무원
국고보조금은 지방자치단체의 자율성을 강화시킨다. ⓞⓧ

> 국고보조금은 지방정부의 자율성을 저해한다.

📖 01. O 02. O 03. O 04. O 05. X 06. X 07. O 08. X 09. O 10. X

11 ☐☐　　　　　　　　　　　　　　　　11 서울7
재정력지수는 '기준재정수요액' 대비 '기준재정수입액'의 비율로 측정된다.
　　　　　　　　　　　　　　　　　　　　　　O X

> 재정력지수의 개념이다.

12 ☐☐　　　　　　　　　　　　　　　　12 경간부
지방교부세는 모두 일반재원의 성격을 갖고 있다.　O X

> 지방교부세 중 특별교부세와 소방안전교부세는 특별재원으로서의 성격을 갖는다.

13 ☐☐　　　　　　　　　　　　　　　　12 국가7
재정자립도는 지방자치단체의 세출을 중심으로 산정되기 때문에 지방자치단체의 재정력을 효과적으로 파악하기 곤란하다.
　　　　　　　　　　　　　　　　　　　　　　O X

> 재정자립도는 세입측면에서 자치단체의 재정자립상태를 파악하는 지표이다.

14 ☐☐　　　　　　　　　　　　　　　　12 인천9
지방재정에서 중요시하는 지표로는 재정자립도, 재정자주도 그리고 재정력지수가 있다.
　　　　　　　　　　　　　　　　　　　　　　O X

> 지방재정에서 중요시하는 3대지표이다.

15 ☐☐　　　　　　　　　　　　　　　　13 서울9
재정자주도는 지방정부 일반회계 세입에서 자주재원과 지방교부세를 합한 일반재원의 비중을 의미한다.
　　　　　　　　　　　　　　　　　　　　　　O X

> 재정자주도의 개념이다.

16 ☐☐　　　　　　　　　　　　　　　　14 국회8
지방교부세의 재원은 내국세의 19.24%에 해당하는 금액과 종합부동산세 전액으로 구성된다.
　　　　　　　　　　　　　　　　　　　　　　O X

> 지방교부세의 재원은 내국세의 19.24%에 해당하는 금액과 종합부동산세 전액 및 담배개별소비세의 45% 총액과 각 정산액이다.

17 ☐☐　　　　　　　　　　　　　　　　14 사복9
지방정부가 수행하는 업무 중에서 국가사업과 지방사업의 연계를 강화하고자, 중앙정부가 지방정부의 특정 사업에 대하여 경비 일부의 용도를 지정하여 부담하는 것도 조정교부금제도의 하나에 해당한다.
　　　　　　　　　　　　　　　　　　　　　　O X

> 국가사업과 지방사업의 연계를 강화하고자 중앙정부가 지방정부의 특정 사업에 대하여 경비 일부의 용도를 지정하여 부담하는 것은 국고보조금에 대한 설명이다.

18 ☐☐　　　　　　　　　　　　　　　　14 행정사
지방자치단체들은 재정자립도 향상 차원에서 지방교부세의 증액을 위해 노력하고 있다.
　　　　　　　　　　　　　　　　　　　　　　O X

> 지방교부세의 증가와 재정자립도는 반비례 관계이다.

19 ☐☐　　　　　　　　　　　　　　　　15 해경간부
국고보조금은 중앙정부가 지방자치단체에 대해 사무와 기능을 위탁할 때 지원하는 경우도 있다.
　　　　　　　　　　　　　　　　　　　　　　O X

> 국가사무(기관위임사무)를 지방에 위임할 경우 그 경비의 전부를 지급하는 위탁금이 있으며, 단체위임사무를 지방에 위임하는 경우 그 경비의 일부를 지급하는 부담금이 있다.

20 ☐☐　　　　　　　　　　　　　　　　16 서울7
재정자립도가 같으면 그 두 자치단체 간 재정규모도 같다고 할 수 있다.
　　　　　　　　　　　　　　　　　　　　　　O X

> 재정자립도는 자치단체의 재정규모와 무관하므로 재정자립도가 높다고 해서 재정규모가 크다고 평가해서는 안 된다.

📖 11. O　12. X　13. X　14. O　15. O　16. X　17. X　18. X　19. O　20. X

21 ☐☐ 16 지방7
지방교부세의 기본 목적은 지방자치단체 간 재정격차를 줄임으로써 기초적인 행정서비스가 제공될 수 있도록 하는 데 있다. O X

> 지방교부세의 기본 목적으로 옳은 지문이다.

22 ☐☐ 16 지방7
대부분의 국고보조사업에는 차등보조율이 적용되고 있다. O X

> 보조금 관리에 관한 법률에 따라 대부분의 국고보조사업은 기준보조율이 적용되며 필요에 따라 차등보조율이 적용된다.

23 ☐☐ 17 교행9(수정)
행정안전부장관은 지방재정분석 결과 건전성과 효율성 등이 우수한 지방자치단체라 하더라도 특별교부세를 별도로 교부할 수 없다. O X

> 행정안전부장관은 재정우수자치단체에 대해서도 특별교부세를 교부할 수 있다.

24 ☐☐ 17 국가7
국고보조금은 국고보조사업의 수행에서 중앙정부의 감독을 받으므로 지방자치단체의 자율성이 약화될 우려가 있다. O X

> 국고보조금은 중앙정부의 통제 등을 기반으로 하므로 안정성과 자율성이 가장 약한 재원이다.

25 ☐☐ 17 국가7
중앙관서의 장은 보조사업을 수행하려는 자로부터 신청받은 보조금의 명세 및 금액을 조정하여 행정안전부장관에게 보조금 예산을 요구하여야 한다. O X

> 중앙관서의 장은 보조사업을 수행하려는 자로부터 신청받은 보조금의 명세 및 금액을 조정하여 기획재정부장관에게 보조금 예산을 요구하여야 한다.

26 ☐☐ 17 국가9(추)
보통교부세는 중앙정부가 용도를 제한하여 지방자치단체의 재량권이 없는 재원이다. O X

> 보통교부세는 중앙정부가 각 지방자치단체의 재정력 균형을 위해 재정부족액을 산정하여 용도에 재원을 두지 않고 교부하는 일반재원이다.

27 ☐☐ 17 국가9(추)
의존재원의 비중이 높아지면 재정분권이 취약해질 수 있다. O X

> 의존재원이 높아지면 재정상의 통제가 수반되어 재정자립도가 저하되고 재정분권이 취약해질 수 있다.

28 ☐☐ 17 국회8
자동차운송사업은 지방직영기업 대상에 해당된다. O X

> 자동차운송사업은 지방자치단체가 직접 설치·경영하는 사업으로서 대통령령으로 정하는 기준 이상의 사업인 지방직영기업의 대상에 해당한다.

29 ☐☐ 17 국회8
지방공사의 자본금은 지방자치단체가 전액 출자한다. O X

> 공사의 자본금은 그 전액을 지방자치단체가 현금 또는 현물로 출자한다.

30 ☐☐ 17 서울7
지방공기업 유형 중 지방직영기업은 지방자치단체가 일반회계와 구분되는 공기업특별회계를 설치해 독립적으로 회계를 운영하는 형태의 기업이다. O X

> 지방직영기업은 지방자치단체가 일반회계와 구분되는 특별회계(공기업특별회계)를 설치하여 운영하는 형태의 기업이다.

📖 21. O 22. X 23. X 24. O 25. X 26. X 27. O 28. O 29. O 30. O

31 ☐☐   17 서울7
일반적으로 상수도사업, 하수도사업, 공영개발, 지역개발 기금 등이 지방직영기업에 속한다.   O X

> 지방직영기업에는 일반적으로 상수도사업, 하수도사업, 공영개발, 지역개발 기금 등이 있다.

32 ☐☐   17 서울9
지방공기업 유형 중 지방직영기업은 지방자치단체가 행정조직 형태로 직접 운영하는 사업을 말한다.   O X

> 지방직영기업은 지방자치단체가 직접 운영하는 사업을 의미한다.

33 ☐☐   17 서울9
지방직영기업은 지방자치단체의 장이 지방직영기업의 관리자를 임명한다.   O X

> 관리자는 해당 지방자치단체의 공무원으로서 지방자치단체의 장이 임명하며, 임기제로 할 수 있다.

34 ☐☐   17 지방9
보통교부세의 산정기일 후에 발생한 재난을 복구하거나 재난 및 안전관리를 위한 특별한 재정수요가 생기거나 재정수입이 감소한 경우 특별교부세를 교부할 수 있다.   O X

> 특별교부세는 재난을 복구하거나 재난 및 안전관리를 위한 특별한 재정수요가 생기거나 재정수입이 감소한 경우 등 특별한 재정수요가 있을 경우에 교부할 수 있다.

35 ☐☐   17 지방9
지방교부세의 종류는 보통교부세, 특별교부세, 부동산교부세 및 교통안전교부세로 구분한다.   O X

> 지방교부세는 보통교부세, 특별교부세, 부동산교부세 및 소방안전교부세로 구분한다.

36 ☐☐   17 지방9
지방자치단체의 장은 재정투자사업에 관한 예산안을 편성할 경우 대통령령이 정하는 바에 따라 사전에 그 필요성과 타당성에 대한 심사를 하여야 한다.   O X

> 지방자치단체장은 재정투자사업에 관한 예산안을 편성할 경우 대통령령으로 정하는 바에 따라 사전에 그 필요성과 타당성에 대한 심사를 하여야 한다.

37 ☐☐   17 지방9
지방세 탄력세율 제도는 지방자치단체 재정의 신축성과 자율성을 제고하기 위한 제도이다.   O X

> 탄력세율제도는 정해진 세율을 법률의 위임에 의해 대통령령 등의 명령이나 지방정부의 조례에 의해 다르게 정할 수 있는 제도로 지방자치단체 재정의 신축성과 자율성을 제고하기 위한 제도이다.

38 ☐☐   18 국가7
의존재원은 지방자치단체의 다양성과 지방분권화를 촉진한다.   O X

> 의존재원은 국가가 정한 기준에 따라 교부되는 것으로 재정상 통제가 수반되므로 지방자치단체의 다양성과 지방분권화를 저해한다.

39 ☐☐   18 국가7
의존재원은 지방자치단체에 대한 유도·조정을 통한 국가차원의 통합성을 유지한다.   O X

> 의존재원은 자치단체 간 재정격차를 해소하고 국가차원의 재정통제와 통합성 유지를 가능하게 한다.

40 ☐☐   18 국가7
이미 발행한 지방채의 차환을 위해서 지방자치단체의 장은 지방채를 발행할 수 없다.   O X

> 지방채의 차환을 위해서 지방채를 발행할 수 있다.

31. O   32. O   33. O   34. O   35. X   36. O   37. O   38. X   39. O   40. X

41 ☐☐　　　　　　　　　　　　　　　　　　　　　18 국가7
국세감면율이란 당해 연도 국세 수입총액 대비 국세감면액 총액의 비율을 말한다. ⓄⓍ

해설 국세감면율이란 당해 연도 국세 수입총액과 국세감면액 총액을 합한 금액에서 국세감면액 총액이 차지하는 비율을 의미한다.

42 ☐☐　　　　　　　　　　　　　　　　　　　　　18 국회9
지방재정조정제도의 종류에는 조정교부금과 국고보조금 등이 있다. ⓄⓍ

해설 지방재정조정제도에는 국가에 의한 재정조정제도인 국고보조금, 지방교부세와 상급자치단체에 의한 재정조정제도인 조정교부금이 있다.

43 ☐☐　　　　　　　　　　　　　　　　　　　　　18 지방7
「지방공기업법」상 지방공기업의 범주에는 지방직영기업과 지방공사·지방공단이 포함된다. ⓄⓍ

해설 지방공기업에는 자치단체가 직접 경영하는 지방직영기업, 자치단체가 50%이상 출자한 지방공사, 자치단체가 전액을 출자한 지방공단이 포함된다.

44 ☐☐　　　　　　　　　　　　　　　　　　　　　18 지방7
지방자치단체장은 지방자치의 발전과 주민복리의 증진을 위해 지방공기업을 설립·운영할 수 있으며, 매년 경영평가 결과를 토대로 경영진단 대상 지방공기업을 선정한다. ⓄⓍ

해설 지방공기업에 대한 경영평가는 행정안전부장관 또는 자치단체장이 실시할 수 있지만 경영평가를 토대로 경영진단대상 지방공기업을 선정하는 주체는 자치단체장이 아닌 행정안전부장관이다.

45 ☐☐　　　　　　　　　　　　　　　　　　　　　19 서울7(2월)
지방공기업은 수도사업(마을상수도사업은 제외한다), 공업용수도사업, 주택사업, 토지개발사업, 하수도사업, 자동차운송사업, 궤도사업(도시철도사업을 포함한다)을 할 수 있다. ⓄⓍ

해설 「지방공기업법」상 지방직영기업의 대상사업이다.

46 ☐☐　　　　　　　　　　　　　　　　　　　　　19 서울7(2월)
재정자립도는 지방자치단체 총 예산규모 중 자주재원이 차지하는 비율로 그 산식에 있어서 분모와 분자에 모두 자주재원이 존재함으로 인해 재정자립도를 결정하는 데에 중요한 요인은 의존재원이 된다. ⓄⓍ

해설 재정자립도에서는 의존재원을 중요요인으로 본다.

47 ☐☐　　　　　　　　　　　　　　　　　　　　　19 서울9
자주재원이 적더라도 중앙정부가 지방교부세를 증액하면 재정자립도는 올라간다. ⓄⓍ

해설 자주재원의 비중이 클수록, 의존재원(지방교부세 및 국고보조금)이 작을수록 재정자립도는 높아진다.

48 ☐☐　　　　　　　　　　　　　　　　　　　　　19 서울9
국세의 지방세 이전은 재정자립도 증대에 도움이 된다. ⓄⓍ

해설 지방세는 자주재원이므로 국세의 지방세 이전은 재정자립도를 증대시키는 데 도움이 된다.

49 ☐☐　　　　　　　　　　　　　　　　　　　　　19 행정사
지방공사 및 지방공단에 소속된 직원은 신분이 지방공무원이다. ⓄⓍ

해설 지방공사 및 지방공단은 자치단체로부터 분리된 법인이므로 소속직원은 공무원이 아니다.

50 ☐☐　　　　　　　　　　　　　　　　　　　　　20 국회8
국가는 정책상 필요하다고 인정할 때 또는 지방자치단체의 재정사정상 특히 필요하다고 인정할 때에는 예산의 범위에서 지방자치단체에 교부금을 지급할 수 있다. ⓄⓍ

해설 국가는 정책상 필요하다고 인정할 때 또는 지방자치단체의 재정사정상 특히 필요하다고 인정할 때에는 예산의 범위에서 지방자치단체에 보조금을 지급할 수 있다.

41. X　42. O　43. O　44. X　45. O　46. O　47. X　48. O　49. X　50. X

51 □□
20 서/지9
재산임대수입, 조정교부금은 지방재정의 세입항목 중 자주재원에 해당한다.
O X

> 재산임대수입은 대표적인 세외수입으로 자주재원에, 조정교부금은 의존재원에 해당한다.

52 □□
21 소방간부
지방교부세는 지방정부간 균형화와 최소한의 행정서비스를 보장하는 것이 목적이다.
O X

> 지방교부세는 지방자치단체 간의 재정적 불균형을 시정하고 전국적으로 최저 생활수준을 확보하기 위해 국가가 지방자치단체에 교부하는 재원이다.

53 □□
21 경정승진
특별교부세는 지방교부세 중에서 가장 큰 비중을 차지하는 항목으로 지출 용도에 제한이 없는 일반재원이다.
O X

> 지방교부세 중에서 가장 큰 비중을 차지하는 항목으로 지출 용도에 제한이 없는 일반재원은 보통교부세이다.

54 □□
21 국회8
지방교부세의 재원에는 내국세 총액의 19.24%, 종합부동산세 총액, 담배에 부과하는 개별소비세 총액의 45%가 포함된다.
O X

> 지방교부세는 내국세 총액의 19.24%, 종합부동산세 전액, 담배에 부과하는 개별소비세 45%를 재원으로 한다.

55 □□
21 국회8
특별교부세는 그 교부 주체가 기획재정부장관으로 통합·일원화되었다.
O X

> 특별교부세의 교부주체는 행정안전부장관이다.

56 □□
21 지방(서울)9
국고보조금은 지방재정운영의 자율성을 제고한다.
O X

> 국고보조금은 특정재원이며, 국고보조사업의 수행에서 중앙정부의 감독을 받으므로 지방자치단체의 자율성을 저해한다.

57 □□
21 지방(서울)9
지방교부세는 지역 간의 재정 불균형을 시정하기 위한 제도이다.
O X

> 지방교부세는 재정적 결함이나 불균형을 시정하기 위한 수평적 조정제도이다.

58 □□
21 군무원9
지방재정 지표 중 총세입(總歲入)에서 자율적으로 사용가능한 재원의 비율을 나타내는 것은 재정자주도이다.
O X

> 재정자주도는 총세입에서 자율적으로 사용가능한 재원의 비율을 의미한다.

59 □□
22 국가직9
지방교부세는 신청주의를 원칙으로 하며 각 중앙관서의 예산에 반영되어야 한다.
O X

> 신청주의를 원칙으로 하며 각 중앙관서의 예산에 반영되어야 하는 것은 국고보조금에 대한 설명이다. 한편 지방교부세는 지방자치단체의 신청 없이 미리 정해진 법정교부세율에 따라 확보된 재원으로 교부하는 조정재원이다.

51. X 52. O 53. X 54. O 55. X 56. X 57. O 58. O 59. X

07 주민참여와 주민통제

01 ☐☐　　　　　　　　　　　　　　　　　　03 광주9
지방의회에 청원하기 위해서는 주민이 직접 지방의회에 제출하여야 한다.
　　　　　　　　　　　　　　　　　　　　　　　　　O X

> **해설**
> 지방의회의원의 소개를 얻어 지방의회에 제출하여야 한다(지방자치법 제6조 제1항).

02 ☐☐　　　　　　　　　　　　　　　　　　04 부산9
주민참여는 지역의 발전과 이익보다는 국가 전체의 발전과 이익이 앞설 수 있다.
　　　　　　　　　　　　　　　　　　　　　　　　　O X

> 주민참여는 지방자치의 토대가 되며 국가의 이익보다는 지역발전이 우선시된다.

03 ☐☐　　　　　　　　　　　　　　　　　　05 서울7
우리나라 주민투표제도에 따르면 지방자치단체의 장은 주민 또는 지방의회의 청구가 있을 때에만 주민투표를 실시할 수 있다.
　　　　　　　　　　　　　　　　　　　　　　　　　O X

> 주민투표의 청구권자는 자치단체장, 주민, 지방의회, 중앙행정기관이다.

04 ☐☐　　　　　　　　　　　　　　　　　　08 국가7
우리나라 주민소환의 대상자는 지방자치단체의 장 및 지방의회의원이지만 비례대표 지방의회의원은 제외된다.
　　　　　　　　　　　　　　　　　　　　　　　　　O X

> 지방자치법 제20조 제1항의 내용이다.

05 ☐☐　　　　　　　　　　　　　　　　　　09 국회9
주민참여는 대의정치의 결함을 보완하여 행정의 민주화를 고양시키고 행정의 전문화를 향상시킬 수 있다는 장점이 있다.
　　　　　　　　　　　　　　　　　　　　　　　　　O X

> 주민참여는 행정의 전문성을 저하시킨다.

06 ☐☐　　　　　　　　　　　　　　　　　　11 국가7
아른슈타인(S.R.Arnstein)이 분류한 주민참여수준 중 정보제공은 행정기관과 주민 간의 정보회로가 쌍방향적이어서 환류를 통한 협상과 타협에 연결되는 수준이다.
　　　　　　　　　　　　　　　　　　　　　　　　　O X

> 정보제공은 정보회로가 쌍방적이 아니라 일방적이며, 환류를 통한 협상과 타협에 연결되지 못한다.

07 ☐☐　　　　　　　　　　　　　　　　　　11 국가9
우리나라 주민참여제도의 법제화 순서로는 조례제정·개폐청구제도 → 주민투표제도 → 주민소송제도 → 주민소환제도이다.
　　　　　　　　　　　　　　　　　　　　　　　　　O X

> 조례제정·개폐청구제도(1999) → 주민투표제도(2004) → 주민소송제도(2006) → 주민소환제도(2007)

08 ☐☐　　　　　　　　　　　　　　　　　　11 서울9
납세자소송은 지방자치단체의 예산이 불법·부당하게 지출된 경우 공무원의 책임을 확보하는 데 가장 효과적인 주민통제제도이다.
　　　　　　　　　　　　　　　　　　　　　　　　　O X

> 납세자소송의 개념 및 의의이다.

09 ☐☐　　　　　　　　　　　　　　　　　　12 전환특채
지방자치단체장이 지방세의 징수를 게을리하여 재산상 손실을 끼친 경우 주민소송을 제기할 수 있다.
　　　　　　　　　　　　　　　　　　　　　　　　　O X

> 지방자치법 제17조의 내용이다.

---

01. X　02. X　03. X　04. O　05. X　06. X　07. O　08. O　09. O

10 ☐☐   13 군무원
주민투표의 발의는 지방자치단체의 장과 지방의회의원이 할 수 있다.
O X

해설 주민투표는 지방자치단체의 중요한 사안에 대해서 주민으로 하여금 결정권을 행사하도록 하는 제도로 주민투표의 발의는 지방자치단체의 장만이 할 수 있다.

11 ☐☐   14 사복9
주민투표법에 따르면 지방자치단체장 및 지방의회는 주민투표 결과 확정된 사항에 대해 원칙적으로 2년 이내에는 이를 변경하거나 새로운 결정을 할 수 없다.
O X

해설 주민투표법 제24조 제6항의 내용이다.

12 ☐☐   14 서울7
주민소환은 주민소환투표권자 총수의 2분의 1 이상의 투표자와 유효투표 총수 과반수의 찬성으로 확정된다.
O X

해설 주민소환투표권자 총수의 3분의 1 이상이다.

13 ☐☐   14 서울7
시민의 행정참여는 시민의 정책순응을 약화시킨다는 단점이 있다.
O X

해설 시민참여가 증가하면 정책 순응이 확보되고 집행이 잘된다.

14 ☐☐   14 지방7
우리나라 주민감사청구 제도의 경우 18세 이상의 주민은 50만 이상의 대도시의 경우에는 18세 이상 주민 500명을 넘지 않는 범위 내에서 해당 지방자치단체가 조례로 정하는 주민 수 이상의 연서로 청구할 수 있다.
O X

해설 우리나라 주민감사청구 제도의 경우 18세 이상의 주민으로 광역은 300명 이상, 인구 50만 이상의 대도시의 경우에는 주민 200명, 기초자치단체는 150명을 넘지 않는 범위 내에서 해당 지방자치단체가 조례로 정하는 주민 수 이상의 연서로 청구할 수 있다.

15 ☐☐   15 서울7
우리나라 주민투표제도의 경우 지방자치단체장은 지방의회의 동의 없이 직권으로 주민투표를 실시할 수 있다.
O X

해설 지방자치단체장은 미리 지방의회의 동의를 얻어 직권으로 주민투표를 실시할 수 있다.

16 ☐☐   15 서울7
「주민소환에 관한 법률」은 주민소환제의 남용을 예방하기 위해 주민소환청구 사유를 엄격하게 제한하고 있다.
O X

해설 「주민소환에 관한 법률」에서는 주민소환의 사유를 명시하고 있지 않다.

17 ☐☐   16 경간부
지방의회는 주민투표의 청구권자가 될 수 없다.
O X

해설 지방의회는 재적의원 과반수 출석과 출석의원 2/3 이상의 찬성이 확정되면 주민투표를 청구할 수 있다.

18 ☐☐   16 경간부
주민소환이 확정되면 주민소환투표대상자는 그 결과가 공표된 시점부터 그 직을 상실한다.
O X

해설 주민소환에 관한 법률 제23조의 제1항의 내용으로 옳은 지문이다.

19 ☐☐   16 경정승진
주민소환투표 대상은 선출직 지방공직자인 해당 지방자치단체의 장 및 지방회 의원이다.
O X

해설 소환투표대상은 선출직 지방공직자인 해당 지방자치단체의 장 및 지방의회의원을 대상으로 하며, 비례대표 시·도의원 및 비례대표 자치구·시·군의원은 제외한다.

10. X   11. O   12. X   13. X   14. X   15. X   16. X   17. X   18. O   19. O

20 ☐☐ 16 교행9
주민투표는 자치단체장에게, 주민감사청구는 감사원에, 주민소송은 관할 행정법원에, 주민소환은 관할 선거관리위원회에 청구한다. ○X

> 주민감사청구는 감사원이 아니라 상급단체장이나 주무부장관에게 청구한다.

21 ☐☐ 16 교행9
주민소송의 소송 대상은 주민감사를 청구한 사항 중 공금지출에 관한 사항, 해당 지방자치단체를 당사자로 하는 매매·임대·도급계약에 관한 사항 등 재무·회계에 한한다. ○X

> 지방자치법 제17조의 내용으로 옳은 지문이다.

22 ☐☐ 16 국회8
아른슈타인이 제시한 주민참여의 8단계론 중 명목적(형식적) 참여의 범주에 해당하는 것은 정보제공이다. ○X

> 아른슈타인의 정보제공에 대한 설명이다.

23 ☐☐ 16 국회8
주민투표제도는 지역주민에게 중대한 영향을 미치는 주요결정 사항들 중 「지방자치법」에 구체적으로 명시된 사안들에 대해 주민들의 직접 투표로 결정할 수 있도록 하는 것이다. ○X

> 주민투표제도는 일반법인 지방자치법에서 주민투표권의 근거를 제시하고 주민투표법에서 구체적인 사항을 규정하고 있다.

24 ☐☐ 16 서울7
주민참여예산제도는 예산과정의 투명성 및 공정성을 제고할 수 있다. ○X

> 주민참여예산제의 실시는 예산과정의 투명성과 공정성을 도모할 수 있다

25 ☐☐ 16 서울9
주민소환제도, 주민감사청구제도, 주민참여예산제도, 주민협의회제도는 모두 주민의 직접적 지방행정 참여제도와 관련된다. ○X

> 주민소환제도, 주민감사청구제도, 주민참여예산제도는 주민의 직접적 참여방식에 해당하나 주민협의회제도는 간접적 참여방식에 해당한다.

26 ☐☐ 16 지방7
「지방자치법」은 주민감사청구 요건으로 시·군·자치구의 경우 19세 이상 주민 500명 이상의 연서를 받아 감사를 청구할 수 있도록 규정하고 있다. ○X

> 주민감사청구 제도의 경우 18세 이상의 주민으로 광역은 300명 이상, 인구 50만 이상의 대도시의 경우에는 주민 200명, 기초자치단체는 150명을 넘지 않는 범위 내에서 해당 지방자치단체가 조례로 정하는 주민 수 이상의 연서로 청구할 수 있다.

27 ☐☐ 17 경간부
주민소환투표를 실시한 후 2년 미만인 경우에는 주민소환을 실시할 수 없다. ○X

> 2년이 아니라 1년이다. 해당 선출직 지방공직자에 대한 주민소환투표를 실시한 날부터 1년 이내인 때는 주민소환을 실시할 수 없다.

28 ☐☐ 17 경간부
주민소환투표결과의 확정은 주민소환투표권자 총수의 3분의 1이상의 투표와 유효투표 총수 3분의 1 이상의 찬성을 요한다. ○X

> 주민소환투표권자 총수의 1/3 이상의 투표와 유효투표 총수 과반수의 찬성으로 확정된다.

20. X 21. O 22. O 23. X 24. O 25. X 26. X 27. X 28. X

29 □□ 17 경간부
소환투표의 효력에 이의가 있는 경우 투표결과가 공표된 날부터 30일 이내 관할 선거관리위원회 위원장을 피소청인으로 하여 소청 제기가 가능하다. O X

> 소환투표의 효력에 이의가 있는 경우 투표결과가 공표된 날부터 14일 이내에 관할 선거관리위원회 위원장을 피소청인으로 하여 소청을 제기할 수 있다.

30 □□ 17 국가7(추)
지역사회의 권력구조를 설명하는 성장기구론은 토지문제와 개발문제 그리고 이와 연계된 도시의 공간확장 문제 등과 관련이 있다. O X

> 성장기구론은 성장연합이 지역사회를 주도한다는 이론으로 토지문제, 개발문제 및 이와 연계된 도시의 공간확장 문제 등에 주목하는 이론이다.

31 □□ 17 국가7(추)
성장기구론은 자기 소유의 주택가격 상승을 원하는 주민들이 많을수록 성장연합이 더 강한 힘을 발휘하는 경향이 있다. O X

> 주택가격 상승은 토지자산가와 개발관계자들에게 개발의 정당성을 확보하게 하므로 성장연합이 더 강한 힘을 발휘하게 하는데 영향을 준다.

32 □□ 17 국가7(추)
성장기구론에서 성장연합은 반성장연합에 비해서 토지 또는 부동산의 교환가치보다는 사용가치를 중시한다. O X

> 성장연합은 토지 또는 부동산의 교환가치 증대를 중시하고 반성장연합은 토지 또는 부동산의 사용가치 증대를 중시한다.

33 □□ 17 국가9(추)
주무부장관이나 시·도지사는 주민 감사청구를 처리(각하 포함)할 때 청구인의 대표자에게 반드시 증거 제출 및 의견 진술의 기회를 주어야 한다. O X

> 지방자치법 제16조의 내용으로 옳은 지문이다.

34 □□ 17 국가9(추)
개인의 사생활을 침해할 우려가 있는 사항이라도, 사무의 처리가 법령에 위반되거나 공익을 현저히 해친다고 인정되면 주민 감사청구를 할 수 있다. O X

> 개인의 사생활을 침해할 우려가 있는 사항은 사무의 처리가 법령에 위반되거나 공익을 현저히 해친다고 인정된다고 하더라도 주민 감사청구를 할 수 없다.

35 □□ 17 국가9(추)
지방자치단체의 장은 대통령령으로 정하는 바에 따라 지방예산편성 과정에 주민이 참여할 수 있는 절차를 마련하여 시행하여야 한다. O X

> 지방자치단체의 장은 대통령령으로 정하는 바에 따라 주민참여예산제도를 마련하여 시행하여야 한다.

36 □□ 17 지방7
기획재정부장관은 지방자치단체별 주민참여예산제도의 운영에 대한 평가를 실시할 수 있다. O X

> 행정안전부장관은 지방자치단체별 주민참여예산제도의 운영에 대한 평가를 실시할 수 있다.

37 □□ 17 지방7
주민투표는 특정한 사항에 대하여 찬성 또는 반대의 의사표시를 하거나 두 가지 사항 중 하나를 선택하는 형식으로 실시하여야 한다. O X

> 주민투표법 제15조의 내용으로, 주민투표는 특정한 사항에 대하여 찬성 또는 반대의 의사표시를 하거나 두 가지 사항 중 하나를 선택하는 형식으로 실시하여야 한다.

---

29. X   30. O   31. O   32. X   33. O   34. X   35. O   36. X   37. O

38 ☐☐ 　　　　　　　　　　　　　　　　　17 지방7
지방자치제가 1995년 부활한 이후 주민투표제, 주민소환제, 주민소송제, 주민참여예산제의 순서로 도입되었다. O X

> 주민투표제(2004), 주민소송제(2005), 주민참여예산제(2006), 주민소환제(2007)의 순으로 도입되었다.

39 ☐☐ 　　　　　　　　　　　　　　　　　18 경간부
주민참여는 정책의 정당성 및 정책순응을 확보할 수 있고, 시민의 역량과 자질이 증대된다. O X

> 주민참여는 주민이 주체적으로 지위를 확보함에 따라 주민자치의 실현이 가능해지고 정책의 정당성 및 정책순응을 확보할 수 있다.

40 ☐☐ 　　　　　　　　　　　　　　　　　18 교행9
주민발안은 일정한 수의 유권자의 서명으로 조례의 제정 또는 개·폐에 관하여 주민이 직접 발의하는 제도이다. O X

> 주민발안은 일정한 요건에 따라 주민이 직접 발의하는 제도이다.

41 ☐☐ 　　　　　　　　　　　　　　　　　18 국회8
주민소환이 확정되기 위해서는 주민소환투표권자의 4분의 1 이상이 투표에 참여해야 한다. O X

> 주민소환은 주민소환투표권자의 4분의 1 이상의 투표와 유효투표 총수 과반수의 찬성으로 확정된다.

42 ☐☐ 　　　　　　　　　　　　　　　　　18 국회8
시·도지사의 소환청구 요건은 주민투표권자 총수의 100분의 10 이상이다. O X

> 시·도지사에 대한 주민소환투표청구권자 서명인 수는 당해 지방자치단체의 주민소환투표청구권자 총수의 100분의 10 이상이다.

43 ☐☐ 　　　　　　　　　　　　　　　　　18 국회9
주민투표는 「공직선거법」을 준용하여 모두 개표하고 그 결과는 공표된다. O X

> 주민투표는 「주민투표법」 제24조를 준용하여 모두 개표하고 그 결과는 공표된다.

44 ☐☐ 　　　　　　　　　　　　　　　　　18 서울7(3월)
주민참여제도 중 지방자치 실시 이후 가장 먼저 도입된 것은 주민투표제이다. O X

> 주민참여제도 중 지방자치 실시 이후 가장 먼저 도입된 것은 조례제정개폐청구제로, 1999년 주민감사청구제도와 함께 도입되었다.

45 ☐☐ 　　　　　　　　　　　　　　　　　18 서울7(3월)
주민은 법령으로 정하는 바에 따라 그 지방자치단체에서 실시하는 지방의회의원과 지방자치단체의 장의 선거에 참여할 권리를 가진다. O X

> 국민인 주민은 법령으로 정하는 바에 따라 그 지방자치단체에서 실시하는 지방의회의원과 지방자치단체의 장의 선거에 참여할 권리를 가진다.

46 ☐☐ 　　　　　　　　　　　　　　　　　18 서울7(3월)
주민은 주민에게 과도한 부담을 주거나 중대한 영향을 미치는 지방자치단체의 주요 결정사항 등에 대하여 주민투표를 발의할 수 있다. O X

> 주민에게 과도한 부담을 주거나 중대한 영향을 미치는 지방자치단체의 주요 결정사항 등에 대하여 주민투표를 발의할 수 있는 주체는 지방자치단체장이다.

47 ☐☐ 　　　　　　　　　　　　　　　　　18 서울7(3월)
지방자치단체장(서울시장)이 국가위임사무의 관리와 집행을 명백히 게을리하고 있다고 인정되면 주무부장관이 기간을 정하여 서면으로 이행할 사항을 명령할 수 있다. O X

> 직무이행명령에 대한 설명이다.

38. X　39. O　40. O　41. O　42. O　43. X　44. X　45. O　46. X　47. O

48 ☐☐ 18 서울7(3월)

지방자치단체장(서울시장)은 주무부장관의 이행명령에 이의가 있으면 이행명령서를 접수한 날부터 20일 이내에 대법원에 소를 제기할 수 있다. ◯Ⅹ

> 지방자치단체장(서울시장)은 주무부장관의 이행명령에 이의가 있으면 이행명령서를 접수한 날부터 15일 이내에 대법원에 소를 제기할 수 있다.

49 ☐☐ 18 지방9

「지방자치법」상 주민의 감사청구는 주무부장관이나 시·도지사는 감사청구를 수리한 날부터 60일 이내에 감사청구된 사항에 대하여 감사를 끝내는 것을 원칙으로 한다. ◯Ⅹ

> 주무부장관이나 시·도지사는 감사청구를 수리한 날부터 60일 이내에 감사청구된 사항에 대하여 감사를 끝내야 하며, 감사결과를 청구인의 대표자와 해당 지방자치단체의 장에게 서면으로 알리고, 공표하여야 한다.

50 ☐☐ 18 지방9

지방자치단체의 18세 이상의 주민은 시·도는 500명, 인구 50만명 이상 대도시는 200명, 그밖의 시·군 및 자치구는 100명을 넘지 아니하는 범위에서 그 지방자치단체의 조례로 정하는 18세 이상의 주민수 이상의 연서로 감사를 청구할 수 있다. ◯Ⅹ

> 지방자치단체의 18세 이상의 주민은 시·도는 300명, 인구 50만명 이상 대도시는 200명, 그밖의 시·군 및 자치구는 150명을 넘지 아니하는 범위에서 그 지방자치단체의 조례로 정하는 18세 이상의 주민수 이상의 연서로 감사를 청구할 수 있다.

51 ☐☐ 19 경간부

주민소송은 주민의 감사청구를 전심절차로 하며, 다수 주민의 연서를 필요로 하지 않는다. ◯Ⅹ

> 주민소송은 주민의 감사청구를 전심절차로 하며, 다수 주민의 연서로써 하는 것이 아니라 주민 개개인의 청구로도 할 수 있으므로 연서를 필요로 하지 않는다.

52 ☐☐ 19 경간부

우리나라에서 주민참여예산제도는 주민들이 예산심의과정에 참여한다. ◯Ⅹ

> 주민참여예산제도는 주민들이 예산심의가 아닌 예산편성 과정에 참여하는 제도이다.

53 ☐☐ 19 국가9

주민은 행정기구를 설치하거나 변경하는 것에 관한 사항이나 공공시설의 설치를 반대하는 사항의 조례를 제정하거나 개정하거나 폐지할 것을 청구할 수 있다. ◯Ⅹ

> 주민은 행정기구를 설치하거나 변경하는 것에 관한 사항이나 공공시설의 설치를 반대하는 사항의 조례를 제정하거나 개정하거나 폐지할 것을 청구할 수 없다.

54 ☐☐ 19 국가9

주민은 그 지방자치단체의 장을 소환할 권리는 갖지만, 비례대표 지방의회의원을 소환할 권리를 가지고 있지는 못하다. ◯Ⅹ

> 주민은 지방자치단체의 장 및 지방의회의원(비례대표 지방의회의원은 제외)은 소환할 권리를 갖는다.

55 ☐☐ 19 서울9

주민투표에 부쳐진 사항은 법에서 정한 경우를 제외하고는 주민투표권자 총수의 3분의 1 이상의 투표와 유효 투표 수 과반수의 득표로 확정된다. ◯Ⅹ

> 주민투표의 의결정족수는 주민투표권자 총수의 4분의 1 이상의 투표와 유효 투표 수 과반수의 득표로 확정된다.

56 ☐☐ 19 서울9

지방자치단체의 장은 주민 또는 지방의회의 청구에 의한 경우가 아닌 자신의 직권으로 주민투표를 실시할 수 없다. ◯Ⅹ

> 지방자치단체의 장은 주민, 지방의회의 청구 또는 직권으로 주민투표의 실시가 가능하다.

48. X 49. O 50. X 51. O 52. X 53. X 54. O 55. X 56. X

57 ☐☐ 19 지방7
비례대표 지방의회의원에 대한 주민소환은 현행 법률상 허용되지 않는다. O X

해설: 주민은 그 지방자치단체의 장 및 지방의회의원(비례대표 지방의회의원은 제외한다)을 소환할 권리를 가진다.

58 ☐☐ 19 지방7
지방공무원의 정원에 관한 주민투표는 현행 법률상 허용되지 않는다. O X

해설: 법령에 위반되거나 재판중인 사항, 국가 또는 다른 지방자치단체의 권한 또는 사무에 속하는 사항, 행정기구의 설치·변경에 관한 사항과 공무원의 인사·정원 등 신분과 보수에 관한 사항 등은 주민투표에 부칠 수 없다.

59 ☐☐ 19 지방7
지방자치단체의 장은 주민참여예산제도를 통하여 수렴한 주민의 의견서를 지방의회에 제출하는 예산안에 첨부하여야 한다. O X

해설: 지방자치단체의 장은 주민참여예산제도를 통하여 수렴한 주민의 의견서를 지방의회에 제출하는 예산안에 첨부하여야 한다(지방재정법 제39조).

60 ☐☐ 19 지방7
주민참여예산제도는 2011년 「지방자치법」의 개정으로 모든 지방자치단체가 의무적으로 이행해야 하는 제도가 되었다. O X

해설: 주민참여예산제도는 2011년 「지방재정법」의 개정으로 모든 지방자치단체가 의무적으로 이행해야 하는 제도가 되었다.

61 ☐☐ 19 지방9
지역구지방의회의원에 대한 주민소환투표는 당해 지방의회의원의 지역선거구를 대상으로 한다. O X

해설: 지역구지방의회의원에 대한 주민소환투표는 당해 지방의회의원의 지역선거구를 대상으로 하고, 다른 지역구의원이나 비례대표의원은 제외된다.

62 ☐☐ 19 지방9
지방자치단체가 조례를 제정하면 해당 지역에 거주하는 18세 이상의 외국인에게도 주민투표권이 부여된다. O X

해설: 지방자치단체가 조례를 제정하면 해당 지역에 거주하는 18세 이상의 외국인에게도 주민투표권이 부여된다.

63 ☐☐ 20 경간부
주민참여예산제도는 결과적 측면보다는 과정적 측면의 이념을 지향한다. O X

해설: 주민참여예산제도는 예산편성단계에 주민이 참여하는 제도로 결과적 측면보다는 과정적 측면의 이념을 강조한다.

64 ☐☐ 20 경간부
주민투표제, 주민소환제, 주민소송제, 조례제정개폐청구제 중 가장 나중에 도입된 것은 주민소송제이다. O X

해설: 주민투표제, 주민소환제, 주민소송제, 조례제정개폐청구제 중 가장 나중에 도입된 것은 주민소환제이다.

65 ☐☐ 20 국회8
주민참여예산제도의 구체적인 내용은 대통령령으로 정한다. O X

해설: 주민참여예산기구의 구성·운영과 그 밖에 필요한 구체적인 사항은 대통령령이 아니라 해당 지방자치단체의 조례로 정한다.

66 ☐☐ 21 국가9
우리나라 주민소환제도에서 군수를 소환하려고 할 경우에는 해당 군의 주민소환투표청구권자 총수의 100분의 10이상의 서명을 받아 청구해야 한다. O X

해설: 군수를 소환하려고 할 경우에는 해당 군의 주민소환투표청구권자 총수의 100분의 15이상의 서명을 받아 청구해야 한다.

정답: 57. O 58. O 59. O 60. X 61. O 62. O 63. O 64. X 65. X 66. X

67 ☐☐　　　　　　　　　　　　　　　　21 국가9
우리나라 주민소환제도는 가장 유력한 직접민주주의 제도이다. ⃞O ⃞X

해설: 주민소환제도는 선출직 지방공직자의 부당행위 등을 통제하는 직접민주주의 제도이다.

68 ☐☐　　　　　　　　　　　　　　　　21 경정승진
지방자치단체장은 예산안을 지방의회에 제출할 때 주민의 의견을 수렴해야 하며, 수렴된 주민 의견서를 예산안에 첨부해야 한다. ⃞O ⃞X

해설: 지방자치단체장은 주민참여예산제도를 통하여 수렴한 주민의 의견서를 지방의회에 제출하는 예산서에 첨부하여야 한다.

69 ☐☐　　　　　　　　　　　　　　　　21 경정승진
투표인명부 작성기준일 현재 출입국관리 관계 법령에 따라 대한민국에 계속 거주할 수 있는 자격을 갖춘 18세 이상 외국인으로서 지방자치단체의 조례로 정한 사람은 원칙적으로 주민투표권을 갖는다. ⃞O ⃞X

해설: 출입국관리 관계 법령에 따라 대한민국에 계속 거주할 수 있는 자격을 갖춘 외국인으로 지방자치단체의 조례로 정한 사람은 주민투표권을 갖는다.

70 ☐☐　　　　　　　　　　　　　　　　21 국회8
주민참여예산제도는 「지방재정법」상 지방자치단체의 의무이므로, 주민참여예산제도를 통해 수렴된 주민의 의견은 예산에 반영되어야만 한다. ⃞O ⃞X

해설: 주민참여예산제도는 「지방재정법」상 지방자치단체의 의무이지만, 수렴된 주민의 의견을 예산에 반드시 반영하여야 하는 것은 아니다.

71 ☐☐　　　　　　　　　　　　　　　　21 국회8
우리나라는 주민발안제도를 통해 주민들이 지방자치단체의 조례의 제정 및 개·폐를 지방자치단체장에게 청구할 수 있다. ⃞O ⃞X

해설: 주민발안제도는 주민들이 지방자치단체의 조례의 제정 및 개폐를 지방자치단체장에게 청구할 수 있는 권한을 의미한다.

72 ☐☐　　　　　　　　　　　　　　　　21 국가7
우리나라 주민참여예산제도는 주민이 참여할 수 있는 예산의 범위가 「지방재정법」에 규정되어 있다. ⃞O ⃞X

해설: 「지방재정법」에는 주민이 참여할 수 있는 예산의 범위가 명시되어 있지 않다. 한편 「지방재정법 시행령」에는 예산과정에의 주민참여에 관한 절차 및 지원 등에 필요한 사항은 지방자치단체의 조례로 정한다고 명시되어 있다.

73 ☐☐　　　　　　　　　　　　　　　　22 경간부
우리나라의 참여예산제도는 시민들의 참여로 예산과정의 효율성을 높일 수 있지만, 적법성(legitimacy)을 저해할 것으로 우려된다. ⃞O ⃞X

해설: 시민들의 참여로 예산과정의 민주성을 높일 수 있지만, 효율성은 저해할 것으로 우려된다.

74 ☐☐　　　　　　　　　　　　　　　　23 국가직9
2021년 개정된 지방자치법상 규칙의 제정과 개정·폐지 관련 의견 제출 제도가 도입되었다. ⃞O ⃞X

해설: 지방자치법 제19조에 의해 도입되었다.

📖 67. O　68. O　69. O　70. X　71. O　72. X　73. X　74. O

08 정부 간 관계론, 일선기관, 광역행정

해설

01 ☐☐　06 서울9
협의회는 의결기관을 통해 강제이행권한을 가진다. ⃞O ⃞X

협의회는 법인격이 없으므로 강제이행권한 같은 과세권이나 집행권이 없다.

02 ☐☐　07 대전9(수정)
Wright의 정부 간 관계분석에 따르면 라이트는 정부 간 관계 모형을 대등모형(분리권위형), 내포모형(포괄권위형), 중첩모형(절충권위형)으로 구분하였다. ⃞O ⃞X

라이트가 분류한 정부 간 관계 모형이다.

03 ☐☐　07 부산9
사무를 공동처리하기 위해 조합(법인체)을 설립하는 자치단체 조합방식은 행정협의회보다 협약에 관한 효과가 일반적으로 작다고 할 수 있다. ⃞O ⃞X

조합을 설립하는 자치단체 조합방식은 행정협의회보다 협약에 관한 효과가 일반적으로 크다고 할 수 있다.

04 ☐☐　07 서울7
특별지방행정기관은 관리와 감독이 매우 어렵다는 부정적 측면을 가진다. ⃞O ⃞X

특별지방행정기관은 관리와 감독이 매우 용이하다는 긍정적 측면을 가진다.

05 ☐☐　07 해경간부
라이트의 정부 간 관계이론에 따르면 정책을 둘러싸고 정부 간 경쟁관계를 유지하는 경우를 대립형이라고 한다. ⃞O ⃞X

정책을 둘러싸고 정부 간 경쟁관계를 유지하는 것은 분리형(대등형, 독립형)이다.

06 ☐☐　08 서울9
특별지방행정기관 중 일부는 지방자치단체의 소관 사무를 처리함과 동시에 중앙정부의 소관사무도 처리한다. ⃞O ⃞X

특별지방행정기관의 특징이다.

07 ☐☐　09 지방7
공동처리방식은 둘 이상의 자치단체가 상호 협력관계를 형성하여 광역적 행정사무를 공동으로 처리하는 방식이다. ⃞O ⃞X

공동처리방식으로 옳은 지문이다.

08 ☐☐　10 국가9
사무위탁은 사무처리비용의 절감, 공동사무처리에 따른 규모의 경제 등의 장점이 있으나, 위탁처리비용의 산정문제 등으로 인해 광범위하게 이용되지 못하고 있다. ⃞O ⃞X

사무위탁의 특징 및 문제점으로 옳다.

09 ☐☐　10 지방9
연합방식은 일정한 광역권 안에 여러 자치단체를 통합한 단일의 정부를 설립하여 광역행정사무를 처리하는 방식이다. ⃞O ⃞X

합병방식에 대한 설명이다.

01. X　02. O　03. X　04. X　05. X　06. O　07. O　08. O　09. X

10 ☐☐ 11 경간부
무라마츠(Muramatsu)는 중앙-지방정부 간 관계를 수직적 통제모형과 수평적 통제모형으로 구분하고 있다. ☐O☐X

해설 무라마츠는 수직적 행정통제모형과 수평적 정치경쟁모형으로 구분하였다.

11 ☐☐ 13 국가7(수정)
2개 이상의 지방자치단체가 하나 또는 둘 이상의 사무를 공동으로 처리할 필요가 있을 때에는 규약을 정하여 그 지방의회의 의결을 거쳐 시·도는 행정안전부장관의, 시·군 및 자치구는 시·도지사의 승인을 받아 행정협의회를 설립할 수 있다. ☐O☐X

해설 지방자치단체조합에 대한 설명이다.

12 ☐☐ 13 국회8
통합방식은 각 자치단체의 특수성을 반영함으로써 지방분권화를 촉진하고 주민참여를 용이하게 하는 장점이 있어 발전도상국보다 선진 민주국가에서 많이 채택하고 있다. ☐O☐X

해설 통합방식은 각 자치단체의 특수성이 저해됨으로써 중앙집권화를 촉진하고 주민참여가 저해된다.

13 ☐☐ 13 지방9
농촌진흥청, 유역환경청, 국립검역소, 지방국토관리청은 특별지방행정기관에 포함된다. ☐O☐X

해설 농촌진흥청은 중앙행정기관에 해당한다.

14 ☐☐ 13 행정사
특별지방행정기관은 유사중복기능에 따라 효율성을 강화할 수 있다. ☐O☐X

해설 지방자치단체와의 기능중복으로 지방행정의 비효율을 초래한다.

15 ☐☐ 14 서울7
라이트의 정부 간 관계모형 중 중첩권위형은 미국의 연방정부, 주정부, 지방정부가 경쟁과 협력의 관계를 맺는다. ☐O☐X

해설 중첩권위형은 각 정부가 독립적 실체로서 교류와 협력관계를 맺는 유형이다.

16 ☐☐ 14 서울9
특별지방행정기관은 지방자치단체와 명확한 역할배분이 이루어져 행정의 효율성을 높일 수 있다. ☐O☐X

해설 특별지방행정기관은 기능중복이 발생하므로 효율성이 저해된다.

17 ☐☐ 15 국가9
특별지방행정기관은 국가의 사무를 집행하기 위해 중앙정부에서 설치한 일선 행정기관으로 자치권을 가지고 있지 않다. ☐O☐X

해설 특별지방행정기관은 자치단체가 아니므로 자치권이 없다.

18 ☐☐ 16 국회9
특별행정기관은 국가사무를 집행하고자 중앙부처가 설치하는 일선집행기관이다. ☐O☐X

해설 특별행정기관의 개념이다.

---

10. O 11. X 12. X 13. X 14. X 15. O 16. X 17. O 18. O

19 ☐☐ 16 사복9
특별지방자치단체의 설립을 통해 지방자치단체의 난립 및 구역·조직·재무 등 지방제도의 복잡성과 혼란을 완화할 수 있다. O X

해설: 특별지방자치단체는 지방자치단체의 난립 및 구역·조직·재무 등 지방제도의 복잡성과 혼란을 초래할 수 있다.

20 ☐☐ 16 서울9
자치단체조합, 전략적 협력, 분쟁조정위원회는 자치단체 상호 간의 적극적 협력을 제고하기 위한 제도적, 비제도적 방식에 해당한다. O X

해설: 자치단체조합, 전략적 협력은 자치단체 상호 간의 적극적 협력을 제고하기 위한 방식에 해당하나, 분쟁조정위원회는 지방과 지방 간의 분쟁이 발생하였을 때 이를 조정하기 위한 기구이다.

21 ☐☐ 16 지방9
로즈(Rhodes)모형에서 지방정부는 중앙정부에 완전히 예속되는 것도 아니고 완전히 동등한 관계가 되는 것도 아닌 상태에서 상호의존한다. O X

해설: 로즈의 상호의존모형에 대한 내용이다.

22 ☐☐ 16 지방9
로즈(Rhodes)는 지방정부는 법적 자원, 재정적 자원에서 우위를 점하며, 중앙정부는 정보자원과 조직자원의 측면에서 우위를 점한다고 주장한다. O X

해설: 지방정부는 정보자원과 조직자원의 측면에서 우위를 점하고, 중앙정부는 법적 자원, 재정적 자원에서 우위를 점한다.

23 ☐☐ 16 지방9
라이트(Wright) 모형 중 포괄형에서는 정부의 권위가 독립적인데 비하여, 분리형에서는 계층적이다. O X

해설: 라이트의 모형 중에서 포괄형은 정부의 권위가 계층적인데 비하여, 분리형에서는 독립적이다.

24 ☐☐ 17 사복9
행정협의조정위원회는 중앙행정기관의 장과 지방자치단체의 장이 사무를 처리할 때 의견을 달리하는 경우 이를 협의·조정하기 위하여 설치되는 기구이다. O X

해설: 행정협의조정위원회는 중앙정부와 자치단체가 사무를 처리함에 있어서 의견을 달리하는 경우 이를 협의·조정하기 위하여 국무총리 소속하에 두는 기구이다.

25 ☐☐ 17 지방9(추)
특별지방행정기관은 고유의 법인격은 물론 자치권도 가지고 있지 않다. O X

해설: 특별지방행정기관은 법인격 및 자치권을 가지지 않는다.

26 ☐☐ 17 지방9(추)
특별지방행정기관은 관할 범위가 넓을수록 이용자인 고객의 편리성이 향상된다. O X

해설: 특별지방행정기관은 관할 범위가 넓을수록 이용자인 고객의 불편을 가중시킨다.

27 ☐☐ 18 교행9
사무위탁은 둘 이상의 지방자치단체가 계약에 의하여 자기 사무의 일부를 상대방에게 위탁하여 처리하는 방식이다. O X

해설: 사무위탁은 둘 이상의 지자체가 계약에 따라 상대방에게 위탁하여 처리하는 방식이다.

19. X 20. X 21. O 22. X 23. X 24. O 25. O 26. X 27. O

28 □□ 18 행정사
우리나라 지방자치단체들 간의 공동사무를 협력·처리하는 방식에는 광역도시계획 수립, 지방자치단체조합 설립, 행정구 설치, 행정협의회 구성 등이 있다. ⓄⓍ

행정구는 자치구가 아니므로 공동사무의 주체가 될 수 없으므로 행정구(자치구가 아닌 일반구)의 설치는 공동사무를 협력·처리하는 방식에 해당하지 않는다.

29 □□ 19 경간부
특별지방행정기관은 국가사무의 효율적이고 광역적 수행을 용이하게 한다. ⓄⓍ

특별행정기관은 국가사무를 집행하고자 중앙부처가 설치하는 일선기관이므로 광역행정에 용이하다.

30 □□ 19 국가7
특별행정기관은 전문분야의 행정을 보다 효율적으로 수행하기 위해 설치하나 행정기관 간의 중복을 야기하기도 한다. ⓄⓍ

특별행정기관은 국가의 지역별 소관사무를 분담하여 행정을 효율적으로 수행하기 위하여 설치되나 지방자치단체간의 기능 중복으로 인하여 인력 및 예산 낭비 등의 비효율을 야기하기도 한다.

31 □□ 19 국가7
특별지방행정기관의 예로는 자치구가 아닌 일반행정구가 있다. ⓄⓍ

특별지방행정기관의 예로는 지방경찰서, 지방세무서 등이 있으며, 자치구가 아닌 일반행정구는 하부행정기관이다.

32 □□ 19 국회8
광역행정의 방식 중 통합방식에는 합병, 일부사무조합, 도시공동체가 있다. ⓄⓍ

광역행정의 방식 중 통합방식에는 합병이 해당되고, 일부사무조합, 도시공동체는 연합방식에 해당한다.

33 □□ 19 국회9
관계 지방자치단체의 의회 의원과 그 지방자치단체의 장은 지방자치단체조합회의의 위원이나 지방자치단체조합장을 겸할 수 없다. ⓄⓍ

관계 지방자치단체의 의회 의원과 그 지방자치단체의 장은 지방자치단체조합회의의 위원이나 지방자치단체조합장을 겸할 수 있다.

34 □□ 19 국회9
지방자치단체조합의 구성원인 시·군 및 자치구가 2개 이상의 시·도에 걸치는 지방자치단체조합은 시·도지사의 지도·감독을 받는다. ⓄⓍ

지방자치단체조합의 구성원인 시·군 및 자치구가 2개 이상의 시·도에 걸치는 지방자치단체조합은 행정안전부장관의 지도·감독을 받는다.

35 □□ 19 지방9
광역행정은 행정권과 주민의 생활권을 일치시켜 행정 효율성을 증진시킬 수 있다. ⓄⓍ

광역행정으로 인해 행정권과 생활권이 일치되므로 행정상의 효율성을 증진시킬 수 있다.

36 □□ 19 지방9
광역행정은 규모의 경제를 확보하기 어렵다. ⓄⓍ

광역행정은 통일적 행정 처리를 통해 규모의 경제를 실현할 수 있다는 장점이 있다.

37 □□ 20 국회8
라이트(Wright)의 이론 중 중첩권위형은 중앙정부와 지방정부가 상호의존적인 관계를 맺고 있는 유형을 말하며 가장 이상적인 형태다. ⓄⓍ

중첩권위형은 중앙정부와 지방정부가 상호의존적인 관계를 맺고 있는 유형으로 라이트가 분류한 모형에 해당한다.

28. X 29. O 30. O 31. X 32. X 33. X 34. X 35. O 36. X 37. O

38 　　　　　　　　　　　　　　　　　　　　20 국회8
지방자치단체 조합의 사무 처리의 효과는 지방자치단체가 아닌 지방자치단체 조합에 귀속된다. OX

해설: 지방자치단체조합은 법인격을 갖는 특별지방자치단체이므로 조합의 사무처리효과는 당연히 당해 조합에 귀속된다.

39 　　　　　　　　　　　　　　　　　　　　21 경간부
특별지방행정기관의 설치로 지역 주민들을 위한 공공서비스의 책임 행정이 약해진다. OX

해설: 특별행정기관은 지역 주민을 위한 책임행정과 대응성을 저해한다.

40 　　　　　　　　　　　　　　　　　　　　21 경간부
특별지방행정기관은 지방자치단체에서 별도로 설치한 일선 집행기관이다. OX

해설: 특별지방행정기관은 국가에서 지방자치단체에 별도로 설치한 일선하급기관이다.

41 　　　　　　　　　　　　　　　　　　　　21 국회8
광역행정의 방식 중에서 지방자치단체조합, 합병은 법인격을 갖춘 새 기관을 설립하는 방식이다. OX

해설: 법인격을 갖춘 새 기관을 설립하는 방식으로 지방자치단체조합, 합병 등이 있다.

42 　　　　　　　　　　　　　　　　　　　　22 국가직9
특별지방자치단체의 구성 지방자치단체의 장은 「지방자치법」상 겸임 제한 규정에 의해 특별지방자치단체의 장을 겸할 수 없다. OX

해설: 구성 특별지방자치단체의 장은 「지방자치법」상 겸임 제한 규정(제109조)에도 불구하고 특별지방자치단체의 장을 겸할 수 있다.

43 　　　　　　　　　　　　　　　　　　　　22 국가직9
특별지방자치단체의 의회는 규약으로 정하는 바에 따라 구성 지방자치단체의 의회 의원으로 구성한다. OX

해설: 지방자치법 제204조(의회의 조직 등) ① 특별지방자치단체의 의회는 규약으로 정하는 바에 따라 구성 지방자치단체의 의회 의원으로 구성한다.

44 　　　　　　　　　　　　　　　　　　　　23 지방직9
라이트(Wright)의 정부간관계중 대등권위모형(조정권위모형, coordinate-authority model)은 연방정부, 주정부, 지방정부가 모두 동등한 권한을 가지고 있다고 설명한다. OX

해설: 라이트의 대등권위모형은 연방정부와 주정부는 대등하지만, 지방정부는 주정부에 종속되어 있다고 본다.

38. O　39. O　40. X　41. O　42. X　43. O　44. X

09 중앙통제, 정부 간 분쟁조정, 도시행정 및 도시화

01 ☐☐   00 서울7
중앙정부는 위법·부당한 명령·처분의 시정명령 및 취소·정지를 할 수 있고, 지방자치단체의 장이 이에 이의가 있을 때에는 행정법원에 소를 제기할 수 있다. ☐O☐X

> **해설**
> 중앙정부는 위법·부당한 명령·처분의 시정명령 및 취소·정지를 할 수 있고, 지방자치단체의 장이 이에 이의가 있으면 이행명령서를 접수한 날부터 15일 이내에 대법원에 제소할 수 있다.

02 ☐☐   03 국가7
오츠(Oates)는 조화의 원칙을 들어 지방정부의 적정규모는 누출효과를 최소화할 수 있을 정도로 커야 하고, 주민들이 선호를 충족시킬 수 있을 만큼 작아야 한다는 상충된 목표를 조화시킨다는 점에서 결정되어야 한다. ☐O☐X

> 오츠의 도시적정규모의 경제이론의 내용으로 옳은 설명이다.

03 ☐☐   05 강원9
클러스터(cluster)는 시너지효과를 발생시키고 비용절감 및 정보교류에 유리하지만 지역성을 고려하지 않는다는 단점이 있다. ☐O☐X

> 클러스터는 구성주체 간 지역적 직접성과 상호 연계가 강조되므로 클러스터는 지역성을 고려한다고 볼 수 있다.

04 ☐☐   05 경기7
도시화의 흡인요인으로 도시의 집적이익, 노동수요증가, 임금향상 등이 있다. ☐O☐X

> 도시화의 흡인요인으로 옳은 지문이다.

05 ☐☐   05 부산9(수정)
분쟁조정위원회는 행정안전부장관 또는 시·도지사가 한쪽 당사자의 신청에 의하여 다른 당사자에게 통보 없이 이를 조정할 수 있다. ☐O☐X

> 분쟁에 대한 조정은 쌍방 또는 일방이 신청할 수도 있지만, 일방이 신청한 경우에는 한쪽 당사자에게 통보하여야 한다.

06 ☐☐   07 서울9
발에 의한 투표(voting with the feet)는 공공서비스의 소비자인 주민들이 선택할 수 있는 지방정부의 수가 많을 것, 공공서비스의 최저평균의 생산을 위해 주민을 계속 유입할 것, 공공재와 조세에 대한 정보가 공개되어 주민이 그 내용을 알 수 있을 것 등을 가정하고 있다. ☐O☐X

> 발에 의한 투표는 최적규모를 이루려고 노력하는 것이지 최저평균의 생산을 위하는 것이 아니다.

07 ☐☐   08 지방7(수정)
지방자치단체 상호 간 분쟁이 공익을 현저히 저해하여 조속한 조정이 필요하다고 인정될 경우에는 당사자의 신청이 없어도 행정안전부 장관 또는 시·도지사가 직권으로 이를 조정할 수 있다. ☐O☐X

> 지방자치법 제148조의 내용이다.

01. X   02. O   03. X   04. O   05. X   06. X   07. O

08 ☐☐
중앙행정기관의 장과 지방자치단체의 장이 사무를 처리할 때 의견을 달리하는 경우 이를 협의·조정하기 위하여 행정안전부 장관 소속으로 협의조정기구를 둘 수 있다. O X

해설 국무총리 소속하에 행정협의조정위원회를 둔다.

09 ☐☐
Tiebout의 발로하는 투표는 주민 요구에 대한 대응성 측면을 강조한다. O X

해설 티부가설은 주민 요구에 대한 대응성 측면보다는 시장경제원리에 의한 공공재의 효율성을 강조한다는 단점이 있다.

10 ☐☐
티보(Tiebout)의 발로하는 투표(voting with the feet) 가설은 분권화된 체제에서 효율적인 자원배분이 이루어진다고 가정하며 지역재정프로그램의 혜택은 그 지역주민만이 누릴 수 있어야 한다고 가정한다. O X

해설 티보의 발로하는 투표 가설에 대한 옳은 지문이다.

11 ☐☐
지방자치단체가 그 장이 위임받아 처리하는 국가사무에 관하여 시·도에서는 주무부장관의, 시·군 및 자치구에서는 1차로 시·도지사의, 2차로 주무부장관의 지도·감독을 받는다. O X

해설 지방자치법 제185조의 내용으로 국가사무나 시·도사무 처리의 지도·감독에 대한 내용이다.

12 ☐☐
중앙분쟁조정위원회는 중앙행정기관의 장과 지방자치단체의 장이 사무를 처리할 때 의견을 달리하는 경우 이를 협의하고 조정하기 위하여 설치하는 기구이다. O X

해설 행정협의조정위원회에 대한 설명이다.

13 ☐☐
중앙행정기관의 장이나 시·도지사는 지방자치단체의 사무에 관하여 조언 또는 권고하거나 지도할 수 있으며, 이를 위하여 필요하면 지방자치단체에 자료의 제출을 요구할 수 있다. O X

해설 지방자치법 제189조의 내용이다.

14 ☐☐
시·도지사가 국가위임사무에 대한 이행명령의 서면을 고지한 기간 안에 이행하지 아니하면 주무부장관이 그 지방자치단체의 비용부담으로 대집행할 수 있다. O X

해설 지방자치법 제189조의 내용이다.

15 ☐☐
중앙정부와 지방정부 간 갈등을 해결하기 위하여 설치된 행정협의조정위원회의 결정은 강제력을 지닌다. O X

해설 행정협의조정위원회의 실질적 구속력은 약하다.

08. X 09. X 10. O 11. O 12. X 13. O 14. O 15. X

16 ☐☐ 16 국가9
티부(Tiebout) 모형은 공급되는 공공서비스는 지방정부 간에 파급효과 및 외부효과를 발생시킨다고 가정(assumption)한다. O X

> 티부모형에서는 한 지방정부가 제공하는 서비스는 그 지역주민의 후생만 증가시킬 뿐이라고 하며 외부효과를 부정한다.

17 ☐☐ 18 군무원
중앙정부는 위법·부당한 명령·처분의 시정명령 및 취소·정지를 할 수 있고, 지방자치단체의 장은 이에 이의가 있을 때에는 행정법원에 소를 제기할 수 있다. O X

> 중앙정부는 위법·부당한 명령·처분의 시정명령 및 취소·정지를 할 수 있고, 지방자치단체의 장은 이에 이의가 있을 때에는 대법원에 소를 제기할 수 있다.

18 ☐☐ 18 행정사
한 국가는 수많은 지방정부들로 구성되어 있으며, 각 지방정부는 주민들의 의사에 따라 지출과 조세에 대한 의사결정을 할 수 있다고 보는 것은 발에 의한 투표(voting with feet)이다. O X

> 발에 의한 투표는 티부가설로 한 국가는 수많은 지방정부들로 구성되어 있으며 주민들의 의사에 따라 지출과 조세에 대한 의사결정을 할 수 있다고 가정한다.

19 ☐☐ 19 국가7
티부가설(Tiebout Hypothesis)은 주민들은 지방정부가 제공하는 서비스의 정보를 완전히 알고 있다고 가정한다. O X

> 티부가설은 모든 지방정부에 대한 정보가 공개되어 주민이 그 내용을 알 수 있는 것으로 가정한다.

20 ☐☐ 21 국가7
오츠(Oates)의 분권화정리가 성립하기 위한 조건으로 지방정부가 해당 지역에서 파레토 효율적 수준으로 공공재를 공급하여야 한다는 내용이 포함된다. O X

> 오츠의 분권화 정리에 따르면 지방공공서비스는 지방정부가 공급하는 것이 자원의 효율적 배분을 구현할 수 있다고 본다.

21 ☐☐ 22 지방9
티부(Tiebout) 모형의 전제조건으로 고정적 생산요소의 부존재를 가정한다. O X

> 티부(Tiebout) 모형의 전제조건으로 고정적 생산요소의 존재를 들 수 있다.

16. X 17. X 18. O 19. O 20. O 21. X

MEMO

MANI 행정학 기출 OX 총정리

발행일 2023년 12월 20일
편저자 김만희
펴낸이 공태현
펴낸곳 (주)법률저널
반 품 서울 관악구 복은4길 50 (서림동 120-32)
전 화 02)874-1144
팩 스 02)876-4312

ISBN 978-89-6336-858-0 13350 (종이책)
정 가 30,000원

* 이 책은 저작권법에 의해 보호를 받는 저작물입니다.
* 무단으로 전재 · 복제 · 배포할 수 없습니다.
* 잘못된 책은 구입한 서점에서 교환해 드립니다.